职业教育1+X证书
会计职业资格培训教材

经济法基础

精讲600题

环球网校会计学院 / 组编

中国人民大学出版社
· 北京 ·

本书编委会

主　编　伊贵业

副主编　陈泽鹏　李　娟　张　湧

编　委　王聪华　蔡晓毅　杨佳钰　陈益蓉

黄江玉　黄飘迎　潘杰鹏　崔志越

张梦婷　黄山恩　彭楚芳　冯洁玲

前 言

近年来，随着初级会计专业技术资格考试制度的不断推进与完善，初级会计职称考试热度仍在持续升温当中，考试人数逐年增加，但考试通过率仍处于较低水平。据环球网校会计学院的不完全调查发现，大多数考生因为自身工作或其他原因，备考时间极其有限。因此，在短时间内快速掌握重要考点进行学习成了所有考生的期望。

为了能够让考生以更少的时间来学习、理解、掌握初级会计考试中的重点、难点和常考点，本书将知识化繁为简，把萃取的精华考点和环球网校会计学院教师多年教学经验相结合，在深入研究历年初级会计考试真题的基础上，剖析命题规律、总结应试技巧、归纳学习方法，最终倾力打造了环球网校独家研发的初级会计经典母题。本书主要有以下几个特点：

成功取证宝典—— 一本极具特色、涵盖考点的考试秘籍

本书紧跟初级会计考试的最新步伐，深入研究初级会计考试的实际情况和规律后，通过对考点进行梳理和提炼形成完整的学习体系。

360°学习架构——母题、子题、真题和例题四位一体

在编写过程中，环球网校会计学院教师通过分析整理近5年真题，紧扣考试大纲，结合最新的考试“变点”进行编写。先优化结构，取精华部分，再对其进行创新：通过思维导图对每个章节的考点进行梳理，以“**母题**问答式”对考点内容进行提炼，以“**子题**填空式”对考查形式进行罗列，并由此回归至**历年真题**，且在重点、难点和常考点增设**经典例题**，实现真正的四位一体。同时，链条式紧扣着的考点，能帮助考生更好地理解考点与题目之间的联系，使考生对各个考点的考查频率和命题方式了然于心，了解整个考试框架，有明确的学习方向，从而带领考生顺利通过初级会计考试。

考点准确提炼——集经验丰富教研老师心血之作

本书编写者均为环球网校会计学院教师，各位教师均有丰富的教学经验和高水准的专

业度，致力于参透初级会计考试的重点考查方向，为考生量身定制一本可轻松学习的辅导资料。本书的价值所在是可以帮助各考生在备考时更为得心应手，重点、难点不再晦涩难懂。

增值服务完善——环球网校初会母题提分班配套视频课程、24小时学习中心答疑

为了让考生更好地学习知识，方便考生备考，本书配置了两项超强增值服务：环球网校初会母题提分班配套课程、24小时用户中心答疑。考生不仅可以进行书本的学习，还可以通过登录环球网校官方网站——学习中心或者环球网校App找到母题提分班的课程进行学习，课程中包含直播、录播、讲义下载，且支持离线下载观看，充分实现了随时随地进行学习；除此之外，环球网校用户中心24小时开放为考生进行答疑，专业问题都可以进行提问，助教会及时给予解惑，方便快捷，真正实现“轻松学习、一举拿证”。这两项增值服务可帮助考生提升和强化利用碎片时间进行学习的能力，当然，最重要的还是帮助考生顺利通过初级会计专业技术资格考试。

本书仅作为学习辅导资料帮助考生学习备考，若发现书中出现疏漏或者错误之处，欢迎考生指正并及时向我们反馈。

环球网校会计学院

巧用“各”题学初会

本书以思维导图对每个章节的考点进行简单梳理，并标明重要考点。其最大的亮点是每个考点的内容皆以“母题问答”的方式引出，再以“子题填空”的方法来检验对该考点的掌握情况，同时又将近5年的真题匹配到相应的章节知识点当中，且在重点、难点和常考点增设经典例题，确保每个考生能在有限的学习时间内提高学习效率，做到低频考点简单练、重要考点反复练、疑难考点选择练。环球网校会计学院建议您按照如下方法使用本书：

➢ 提炼经典母题，精学考点内容

每一道母题都是经过章节重要考点筛选后提炼而来，是重中之重，需要精学细学，逐一突破，某些重要考点甚至需回归教材，把握教材。针对母题提炼出来的内容，切忌走马观花，一定要一步一个脚印，扎扎实实掌握每个考点，不留任何盲点和易混点。思维导图整理出来的知识框架，有助于考生理清章节脉络，有侧重点地进行学习。

➢ 巧练精编子题，检验学习成果

在经典母题的基础上举一反三，考生在做题的过程中可活学活用，不要仅仅局限于已罗列出的子题，虽说考试出现一模一样的题目概率很小，但是万变不离其宗，只要善于总结，勤于思考，便能够充分利用有限的资源科学系统地进行学习。填空题的形式在提高难度的同时也是一种检验自己学习成果的好方法，考生可以查漏补缺，夯实基础。

➢ 掌握历年真题，洞悉命题规律

真题数量有限，每道都经教研老师精心挑选，题题都是经典，需要考生真正学懂真题考查的知识点内容。透过近5年真题的整理与分析，总结出近年来考试的出题思路，了解考试的整体难度，全面系统地在历年考试真题的基础上拓展思路，洞悉命题规律，会有助于考生更有方向、有针对性地进行备考。

➢ 理解重要例题，强化高频考点

例题数量较少，却是根据重要考点所做的拓展补充，以更多的出题角度猜测潜在的出题套路，有助于考生从多层次夯实掌握重要考点，做到活学活用、融会贯通。

➢ 分析常见错题，及时查漏补缺

针对错题需要考生自觉进行整理和分析，这样可以查漏补缺，有助于完善自己的知识体系，而且整理后的错题对于后面复习巩固非常有价值。建议考生从每一道具体的错题入手，分析题目错误的原因，如涉及知识盲点，则有针对性地去补充该知识点的相关内容；如粗心一时选错，则在考试的时候需要预留时间检查答卷；等等。自己的错误只能自己去发现，自己去查漏补缺，别人只能在你需要的时候助力一下，成功的关键在自己。

希望通过本书可以帮助广大考生在短时间内熟悉出题"套路"和学会解题"思路"，胸有成竹地应对考试。但是学习必定是一个痛苦与快乐并存的过程，痛苦的是你要一点一点、一遍一遍地学习并理解每个考点，快乐的是在这个过程中只要努力就会有所收获。正所谓天道酬勤，我们一起加油吧！

目　录

第一章

总 论

本章解读

扫码可听课

本章分值占比约 10 分，一般考查单选题、多选题和判断题。本章由三个小节组成，分为法律基础、经济纠纷的解决途径和法律责任。本章为考试非重点内容，与第七章、第八章部分内容有所联系，且知识点非常零碎，建议优先记忆重要考点。

本章框架

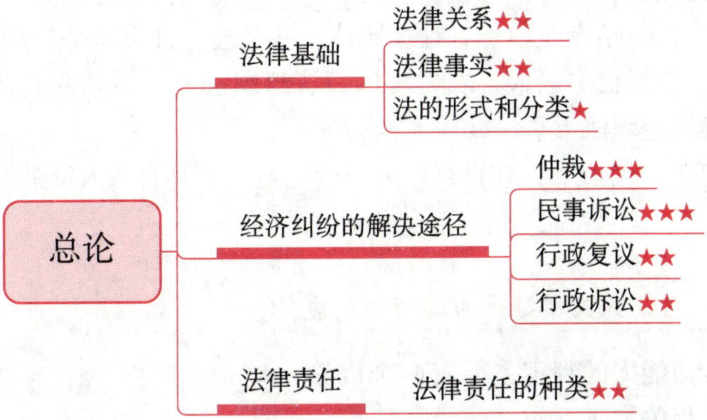

第一节 法律基础

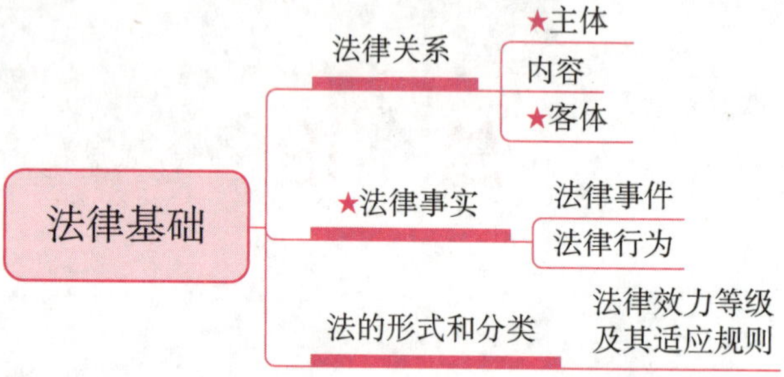

扫码可听课

法律关系

扫码可听课

母题 1-1-1 法律关系包含哪些要素？

法律关系是由法律关系的主体（法律主体）、法律关系的内容和法律关系的客体三个要素构成的【缺一不可】。

母题 1-1-2 法律关系主体的种类包括哪些？

（1）自然人：包括中国公民、居住在中国境内或在境内活动的外国公民和无国籍人。

（2）法人组织：

1）营利法人：包括有限责任公司、股份有限公司和其他企业法人等。

2）非营利法人：包括事业单位、社会团体、基金会、社会服务机构等。

3）特别法人：包括机关法人、农村集体经济组织法人、城镇农村的合作经济组织法人、基层群众性自治组织法人。

（3）非法人组织：包括个人独资企业、合伙企业、不具有法人资格的专业服务机构等。

（4）国家。

母题 1-1-3 自然人的民事行为能力如何区分？

自然人民事行为能力的判定主要看两个因素：（1）年龄；（2）精神状态【与是否残疾、智力等不直接相关】。

年龄 X	智力健全	不能完全辨认自己行为	完全不能辨认自己行为
X＜8 周岁	无行为能力人	无行为能力人	无行为能力人
8 周岁≤X＜18 周岁	限制行为能力人	限制行为能力人	
X≥16 周岁（自己有劳动收入）	视为完全行为能力人		
X≥18 周岁	完全行为能力人		

母题 1-1-4 如何确定自然人的量刑规则?

当事人	具体情形	是否负刑事责任
14 周岁≤X<16 周岁	犯故意杀人、故意伤害致人重伤或者死亡、强奸、抢劫、贩卖毒品、放火、爆炸、投毒罪的	√
14 周岁≤X<18 周岁	犯罪	从轻或减轻处罚
X≥18 周岁		√
X≥75 周岁	故意犯罪	可以从轻或减轻处罚
	过失犯罪	应当从轻或减轻处罚
精神病人	完全不能辨认或者不能控制自己行为时犯罪	×
	精神正常时犯罪	√
	尚未完全丧失辨认或控制行为能力	可以从轻或减轻处罚

【提示】“以上”≥;“以下”≤;“以内”≤;“届满”=,包括本数;“不满”<;“超过”>;“以外”>,不包括本数。

母题 1-1-5 法律关系的客体包括哪些类别?

(1)物:

1)自然物(土地、矿藏、水流、森林);2)人造物(建筑物、机器、各种产品);3)货币和有价证券;4)有体物(天然气、电力);5)无体物(权利、数据信息)。

(2)人身、人格:

1)人身和人格分别代表着人的物质形态和精神利益。

2)人身和人格是生命权、身体权、健康权、姓名权、肖像权、名誉权、荣誉权、隐私权、婚姻自主权等人身权指向的客体。

3)人身和人格又是禁止非法拘禁他人、禁止对犯罪嫌疑人刑讯逼供、禁止侮辱或诽谤他人、禁止卖身为奴、禁止卖淫等法律义务所指向的客体。

4)人的部分可以作为客体的“物”,如当人的头发、血液、骨髓、精子和其他器官从身体中分离出去,成为与身体相分的外部之物时,在某些情况下也可以视为法律上的“物”。

【提示】人的整体只能是法律关系的主体,不能作为法律关系的客体。

(3)精神产品(智力成果):

作品;发明、实用新型、外观设计;商标。

【提示】精神产品,是一种精神形态的客体,是一种思想或者技术方案,不是物,但通常有物质载体,如书籍、图册、录像、录音等。

(4)行为(行为结果):

生产经营行为、经济管理行为、完成一定工作的行为、提供一定劳务的行为。其中又包含作为(积极行为)和不作为(消极行为)。

考查形式

子题1-1-1-1：属于法律关系要素的是________。

子题1-1-2-1：属于法律关系主体的是________。

子题1-1-2-2：甲公司与乙公司签订买卖合同，向乙公司购买了一栋房屋，价款80万元。该买卖合同法律关系的主体是________。

子题1-1-2-3：属于非法人组织的是________。

子题1-1-2-4：属于法人组织的是________。

子题1-1-3-1：以自己的劳动收入为主要生活来源的公民，应视为完全民事行为能力人。该年龄阶段为________。

子题1-1-3-2：蔡某，15周岁，系舞者，月收入2 500元，完全能够满足自己生活所需。关于蔡某民事行为能力的正确表述是________。

子题1-1-3-3：自然人属于无民事行为能力人的是________。

子题1-1-3-4：自然人中，属于限制民事行为能力人的有________。

子题1-1-4-1：80周岁的人犯罪，有关该自然人的刑事责任的正确表述是________。

子题1-1-5-1：属于法律关系的客体有________。

子题1-1-5-2：属于精神产品的有________。

【提示】注意区分法律关系的主体和客体（比如：机器人不属于主体）；民事行为能力与刑事责任能力的划分。

【适用题型】单项选择题、多项选择题、判断题。

【1－2019多选】下列选项中，可以作为法律关系主体的有（　　）。

A. 个人独资企业　　B. 股份有限公司

C. 自然人　　D. 个体工商户

【2－2019多选】下列自然人中，属于限制民事行为能力人的有（　　）。

A. 范某，20周岁，有精神障碍，不能辨认自己的行为

B. 孙某，7周岁，不能辨认自己的行为

C. 周某，15周岁，体操队专业运动员

D. 杨某，13周岁，大学少年班在校大学生

【3－2018单选】赵某，15周岁，是甲省体操队专业运动员，月收入3 000元，完全能够满足自己生活所需。下列关于赵某民事行为能力的表述中，正确的是（　　）。

A. 赵某视为完全行为能力人　　B. 赵某属于完全行为能力人

C. 赵某属于限制行为能力人　　D. 赵某属于无行为能力人

【4－2018单选】下列主体中，属于非法人组织的是（　　）。

A. 基金会　　B. 有限责任公司　　C. 事业单位　　D. 合伙企业

【5－2018多选】下列关于自然人行为能力的表述中，正确的有（　　）。

A. 14周岁的李某，以自己的劳动收入为主要生活来源，视为完全民事行为能力人

B. 7周岁的王某，不能完全辨认自己的行为，是限制民事行为能力人

C. 18周岁的周某，能够完全辨认自己的行为，是完全民事行为能力人

D. 20周岁的赵某，完全不能辨认自己的行为，是无民事行为能力人

【6－2018多选】下列各项中，属于法律关系的客体的有（　　）。

A. 有价证券　　B. 库存商品　　C. 提供劳务行为　　D. 智力成果

【7－2017单选】甲公司与乙公司签订买卖合同，向乙公司购买了一台设备，价款8万元。该买卖合同法律关系的主体是（　　）。

A. 甲公司和乙公司　　B. 设备

C. 8万元价款　　D. 买卖合同

【8－2017单选】甲公司和乙公司签订买卖合同，向乙购买三台设备，总价款为60万元。该买卖合同法律关系的主体是（　　）。

A. 3台机器设备　　B. 甲公司和乙公司

C. 买卖合同　　D. 60万元借款

【9－2017多选】精神产品可以成为法律关系的客体。下列各项中，属于精神产品的有（　　）。

A. 设计　　B. 著作　　C. 发明　　D. 商标

【10－2016单选】根据民事法律制度的规定，达到一定年龄阶段，以自己的劳动收入为主要生活来源的公民，应视为完全民事行为能力人，该年龄阶段为（　　）。

A. 16周岁以上不满18周岁　　B. 18周岁以上

C. 10周岁以上不满18周岁　　D. 不满10周岁

答案及解析

1. 【答案】ABCD

【解析】法律关系主体，是指参加法律关系，依法享有权利和承担义务的当事人，包括自然人、组织、国家。

2. 【答案】CD

【解析】8周岁以上的未成年人（8周岁≤X＜18周岁）和不能完全辨认自己行为的成年人属于限制行为能力人。

3. 【答案】C

【解析】16周岁以上（≥16周岁）的未成年人（＜18周岁），以自己的劳动收入为主要生活来源的，视为完全民事行为能力人；8周岁以上（≥8周岁）的未成年人属于限制民事行为能力人。赵某15周岁，属于限制民事行为能力人。

4. 【答案】D

【解析】选项A、C，属于非营利法人；选项B，属于营利法人；选项D，非法人组织包括个人独资企业、合伙企业、不具有法人资格的专业服务机构等。

5. 【答案】CD

【解析】选项A，16周岁以上（≥16周岁）的未成年人（＜18周岁），以自己的劳动收入为主要生活来源的，视为完全民事行为能力人；选项B，8周岁以上（≥8周岁）的未成年人（＜18周岁）或者不能完全辨认自己行为的成年人属于限制民事行为能力人；选项C，18周岁以上（≥18周岁）属于完全民事行为能力人；选项D，完全不能辨认自己行为的成年人属于无民事行为能力人。

6.【答案】ABCD

【解析】法律关系的客体主要包括物（选项A、B）、人身人格、精神产品（选项D）、行为（选项C）。

7.【答案】A

【解析】法律关系的主体是指参加法律关系，依法享有权利和承担义务的当事人，法律关系的主体包括自然人、组织（法人和非法人组织）、国家。本题中法人指的是甲公司和乙公司。

8.【答案】B

【解析】选项C，属于法律关系；选项A、D，属于买卖法律关系的标的物和对价。

9.【答案】ABCD

【解析】精神产品包括：作品、著作（选项B）、发明（选项C）、商标（选项D）、设计（选项A）。

10.【答案】A

【解析】选项A，16周岁以上不满18周岁的公民，以自己的劳动收入为主要生活来源的，视为完全民事行为能力人。

法律事实

扫码可听课

母题1-1-6 法律事实是指什么？

法律事实是法律关系变动的原因，任何法律关系的发生、变更和消灭，都要有法律事实的存在，法律事实分为法律事件和法律行为。

【提示】法律行为VS法律事件

法律行为：人为可控，以人的主观意识为转移。

法律事件：人为不可控，不以人的意识为转移。

母题1-1-7 法律事件如何分类？

（1）绝对事件：自然灾害＋生老病死＋意外事故。

（2）相对事件：社会革命＋战争＋重大政策改变。

母题1-1-8 法律行为有哪些具体类别？分类标准是什么？

（1）按照行为是否符合法律规范的要求分为：合法行为和违法行为。

（2）按照行为表现形式分为：积极行为（作为）和消极行为（不作为）。

（3）按照是否通过意思表示分为：意思表示行为（签订合同）和非表示行为（拾得遗失物、发现埋藏物等）。

（4）按照主体意思表示的形式分为：单方行为（遗嘱）和多方行为（合同）。

（5）按照是否需要特定形式或实质要件分为：要式行为（票据）和非要式行为（口头订立合同）。

（6）按照主体实际参与行为的状态分为：自主行为和代理行为。

考查形式

子题1-1-6-1：能够引起法律关系发生、变更和消灭的事实是________。

子题1-1-6-2：法律事实根据是否以人的意志为转移分为________。

子题1-1-6-3：A公司与B公司签订买卖合同，约定A公司购买B公司一台设备，价款1万元。引起该买卖法律关系发生的法律事实是________。

子题1-1-7-1：属于法律事件的是________。

子题1-1-7-2：属于法律事实中的相对事件的是________。

子题1-1-7-3：属于法律事实中的绝对事件的是________。

子题1-1-8-1：属于法律行为的是________。

子题1-1-8-2：根据行为是否需要特定形式或实质要件，法律行为可以分为________。

【提示】区分法律事件和法律行为。

【适用题型】单项选择题、多项选择题、判断题。

【1-2019单选】下列各项中，属于法律事实中的相对事件的是（　　）。

A. 地震　　B. 爆发战争　　C. 纵火　　D. 行政命令

【2-2019多选】下列各项属于法律行为的有（　　）。

A. 税务登记　　B. 签发发票　　C. 爆发战争　　D. 收养孤儿

【3-2018单选】下列各项中，属于法律行为的是（　　）。

A. 流星陨落　　B. 签发支票　　C. 火山爆发　　D. 台风登陆

【4-2018单选】下列各项中，属于法律行为的是（　　）。

A. 爆发战争　　B. 发生地震　　C. 签订合同　　D. 瓜熟蒂落

【5-2017判断】甲公司向乙公司签发银行承兑汇票的行为属于法律事件。（　　）

【6-2016单选】甲公司与乙公司签订租赁合同，约定甲公司承租乙公司一台挖掘机，租期1个月，租金1万元。引起该租赁法律关系发生的法律事实是（　　）。

A. 租赁的挖掘机　　B. 甲公司和乙公司

C. 1万元租金　　D. 签订租赁合同的行为

【7-2016多选】下列各项中，能够引起法律关系发生、变更和消灭的事实有（　　）。

A. 自然灾害　　B. 公民死亡　　C. 签订合同　　D. 提起诉讼

答案及解析

1. 【答案】B

【解析】选项A属于法律事件中的绝对事件（自然灾害）；选项B属于相对事件（社会革命）；选项C、D属于法律行为。

2. 【答案】ABD

【解析】法律行为以人的意志为转移【人可为】，选项C属于法律事件【人不可为】。

3. 【答案】B

【解析】选项A、C、D属于法律事件。

4.【答案】C

【解析】选项A、B、D属于法律事件。

5.【答案】×

【解析】甲公司向乙公司签发银行承兑汇票的行为属于法律行为。

6.【答案】D

【解析】法律事实根据是否以人的意志为转移分为法律行为和法律事件，签订租赁合同的行为是以人的意志为转移，属于法律行为。

7.【答案】ABCD

【解析】法律事实，是指由法律规范所确定的，能够产生法律后果，即能够直接引起法律关系发生、变更或者消灭的情况。依据是否以人的意志为转移，法律事实可以划分为两大类：法律事件和法律行为。选项A、B属于法律事件，选项C、D属于法律行为。

法的形式和分类

扫码可听课

母题1-1-9 如何辨别我国法的形式?

（1）**宪法**：全国人民代表大会，国家根本大法，具有最高的法律效力。

（2）**法律**：全国人民代表大会及其常务委员会。

（3）**行政法规**：国务院。

（4）**部门规章**：国务院各部委。

（5）**地方法规、自治条例**：地方人民代表大会及其常务委员会。

（6）**地方规章**：地方人民政府。

母题1-1-10 我国法有哪些分类?

（1）按法的创制方式和发布形式分为：成文法和不成文法（如：习惯法）。

（2）按法的内容、效力和制定程序分为：根本法（如：宪法）和普通法。

（3）按法的内容分为：实体法（如：民法、刑法、劳动法、行政法）和程序法（如：刑事诉讼法、民事诉讼法、行政诉讼法）。

（4）按法的空间效力、时间效力或对人的效力分为：一般法和特别法。

（5）按法的主体、调整对象和渊源分为：国际法和国内法。

（6）按法律运用的目的分为：公法和私法。

【提示】凡是调整国家与公民或法人之间民事、经济关系，即调整平等主体之间的关系的法律，就是私法。

母题1-1-11 以上法的效力等级是如何?

（1）宪法>法律>行政法规>地方性法规>同级和下级政府规章。

（2）宪法>法律>行政法规>部门规章。

母题 1-1-12 法的效力有哪些原则?

适用法的效力原则为:

(1) 上位法优于下位法(有冲突时以上位法为据)。

1) 宪法至上原则;

2) 法律高于法规原则;

3) 法律高于规章原则;

4) 行政法规高于地方法规原则。

(2) 特别法优于一般法(不一致时适用特别规定)。

(3) 新法优于旧法(不一致时适用新的规定)。

(4) 变通规定优先:

1) 自治条例和单行条例变通规定优先;

2) 经济特区法规的变通规定优先。

对于同一事项之间的新的一般规定与旧的特别规定不一致时:

(1) 新的一般规定与旧的特别规定不一致时:

1) 法律由全国人民代表大会常务委员会裁决;

2) 行政法规由国务院裁决;

3) 同一机关制定的地方性法规(或者规章)由制定机关裁决。

(2) 同一位阶的法规定不一致(地方性法规和部门规章):由国务院提出意见。

1) 认为应当适用地方性法规的→决定在该地方适用地方性法规的规定;

2) 认为应该适用部门规章的→提请全国人民代表大会常务委员会裁决。

(3) 部门规章之间、部门规章与地方政府规章之间不一致:提请国务院裁决。

(4) 根据授权制定的法规与法律不一致:提请全国人民代表大会常务委员会裁决。

考查形式

子题 1-1-9-1:规范性文件中,属于行政法规的是________。

子题 1-1-9-2:属于国家的根本大法、具有最高法律效力的是________。

子题 1-1-10-1:对法所作的分类中,以法的创制方式和发布形式为依据进行分类的是________。

子题 1-1-10-2:对法所作的分类中,属于以按法的内容、效力和制定程序为依据进行分类的是________。

子题 1-1-10-3:对法所作的分类中,属于以按法的空间效力、时间效力或对人的效力为依据进行分类是________。

子题 1-1-10-4:对法所作的分类中,属于以法的内容为依据进行分类的是________。

子题 1-1-10-5:对法所作的分类中,属于以法的主体、调整对象和渊源为依据进行分类的是________。

子题 1-1-11-1:法的形式中,效力等级由高到低的是________。

子题 1-1-11-2：行政法规的地位________宪法和法律，________地方性法规、规章。

子题 1-1-12-1：部门规章之间、部门规章与地方政府规章之间不一致的________。

子题 1-1-12-2：根据授权制定的法规与法律不一致的，由________裁决。

【提示】《××办法》→规章；《××条例》→法规；《××法》→法律。

【适用题型】单项选择题、多项选择题、判断题。

【1-2017 单选】下列规范行为中，属于行政法规的是（　　）。

A. 全国人民代表大会常务委员会通过的《中华人民共和国会计法》

B. 全国人民代表大会通过的《中华人民共和国民事诉讼法》

C. 中国人民银行发布的《支付结算办法》

D. 国务院发布的《企业财务会计报告条例》

【2-2017 多选】下列关于规范性法律文件适用原则的表述中，正确的有（　　）。

A. 部门规章与地方政府规章之间对同一事项的规定不一致时，由国务院裁决

B. 行政法规之间对同一事项的新的一般规定与旧的特别规定不一致，不能确定如何适用时，由国务院裁决

C. 根据授权制定的法规与法律不一致，不能确定如何适用时，由全国人民代表大会常务委员会裁决

D. 法律之间对同一事项的新的一般规定与旧的特别规定不一致，不能确定如何适用时，由全国人民代表大会常务委员会裁决

【3-2017 单选】下列法的形式中，效力等级最低的是（　　）。

A. 宪法　　B. 行政法规　　C. 法律　　D. 地方性法规

【4-2016 判断】部门规章之间、部门规章与地方政府规章之间对同一事项的规定不一致时，由国务院裁决。（　　）

【5-2016 判断】行政法规的地位次于宪法和法律，高于地方性法规、规章。（　　）

【6-2011 单选】下列对法所作的分类中，以法的创制方式和发布形式为依据进行分类的是（　　）。

A. 成文法和不成文法　　B. 根本法和普通法

C. 实体法和普通法　　D. 一般法和特别法

【7-多选】以下哪些法律文件是由国务院颁布的？（　　）

A. 《会计法》　　B. 《总会计师条例》

C. 《会计档案管理办法》　　D. 《企业财务会计报告条例》

答案及解析

1. 【答案】D

【解析】行政法规是由国家最高行政机关即国务院在法定职权范围内为实施宪法和法

律而制定、发布的规范性文件，通常冠以条例、办法、规定等名称，如国务院令第 287 号发布的《企业财务会计报告条例》。

2.【答案】ABCD

【解析】本题考查法的效力适用原则，选项 A、B、C、D 表述均正确。

3.【答案】D

【解析】法律效力等级：宪法＞法律＞行政法规＞地方性法规＞同级地方政府规章。

4.【答案】√

【解析】题干表述正确。

5.【答案】√

【解析】法律效力等级为宪法＞法律＞行政法规＞地方性法规＞同级地方政府规章。

6.【答案】A

【解析】成文法和不成文法是根据法的创制方式和发布形式所作的分类。

7.【答案】BD

【解析】全国人大常委会颁布《会计法》，国务院颁布《总会计师条例》《企业财务会计报告条例》，财政部和国家档案局颁布《会计档案管理办法》，财政部颁布《代理记账管理办法》等。

第二节 经济纠纷的解决途径

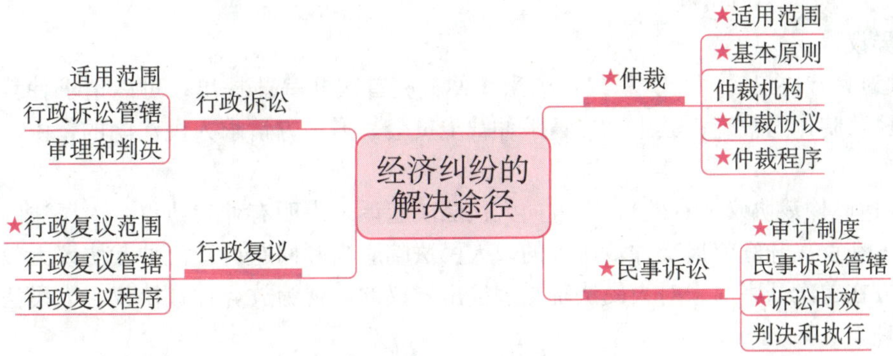

扫码可听课

仲裁

扫码可听课

母题 1-2-1 能提请仲裁的有哪些情况？

（1）适用范围：合同纠纷和其他财产权益纠纷（经济纠纷）。

（2）不能提请的情况：

1）婚姻、收养、监护、扶养、继承纠纷【与家庭人身相关】；

2）行政争议【不平等主体之间：民与官】；

3）劳动争议【适用《劳动争议调解仲裁法》】；

4）农业集体经济组织内部的农业承包合同纠纷的仲裁【适用《农村土地承包经营纠纷调解仲裁法》】。

母题1-2-2 仲裁包括哪些原则？

（1）**自愿原则**：双方自愿，达成书面仲裁协议【一定要有】。

（2）**依据事实和法律，公平合理地解决纠纷的原则**：公平合理。

（3）**独立仲裁原则**：仲裁机构独立存在，仲裁依法独立进行。

（4）**一裁终局制度**：仲裁庭作出的仲裁裁决为终局裁决。

母题1-2-3 仲裁机构是怎么设置的？

（1）仲裁委员会不按行政区划层层设立。

（2）仲裁委员会独立于行政机关，与行政机关没有隶属关系。

（3）仲裁委员会之间相互独立，没有隶属关系。

母题1-2-4 仲裁协议有哪些规范性要求？

（1）形式：书面形式订立，口头仲裁协议无效。

（2）应当具备内容：1）请求仲裁的意思表示；2）仲裁事项；3）选定的仲裁委员会。

【提示】仲裁协议对仲裁事项或者仲裁委员会没有约定或者约定不明确的，当事人可以补充协议；达不成补充协议的，仲裁协议无效。

（3）仲裁协议一经依法成立，即具有法律约束力，合同的变更、解除、终止或无效，不影响仲裁协议的效力。（独立性）

（4）效力异议：

1）当事人对仲裁协议的效力有异议：应当在仲裁庭首次开庭前提出；可以请求仲裁委员会或者人民法院作出裁定；其中一方请求仲裁委员会，另一方请求人民法院的，由人民法院裁定。

2）当事人达成仲裁协议（有效），一方向人民法院起诉未声明有仲裁协议，人民法院受理后，另一方在首次开庭前提交仲裁协议的，人民法院应当驳回起诉，但仲裁协议无效的除外；另一方在首次开庭前未对人民法院受理提出异议的，视为放弃仲裁协议，人民法院应当继续审理。

母题1-2-5 提请仲裁需要经过哪些程序？

（1）**仲裁委员会的选定**：由当事人协议选定。

（2）**仲裁庭的选定**：仲裁不实行级别管辖和地域管辖。

（3）**仲裁庭的组成**：由3名或者1名仲裁员组成。由3名仲裁员组成的，设首席仲裁员。

（4）**回避情形**【影响公正要回避】：

1）是本案当事人，或者是当事人、代理人的近亲属；

2）与本案有利害关系；

3）与本案当事人、代理人有其他关系，可能影响公正仲裁的。

4）私自会见当事人、代理人，或者接受当事人、代理人请客送礼的。

（5）**仲裁开庭**：仲裁应当开庭进行；协议不开庭的，可根据仲裁申请书、答辩书及其他材料作出裁决。

（6）**仲裁不公开**：仲裁不公开进行，协议公开的，可以公开进行；但涉及国家秘密的除外。

【提示】开庭不公开。

（7）**和解**：当事人自行和解。

（8）**调解**：当事人自愿调解的，仲裁庭应当调解；调解书（等同于裁决书效力）经双方当事人签收后，即发生法律效力。

（9）**裁决**：按照多数仲裁员的意见作出；不能形成多数意见时，按照首席仲裁员的意见作出；裁决书自作出（而非签收或送达）之日起发生法律效力。

（10）执行：当事人不履行的，另一方可向人民法院申请执行。

考查形式

子题1-2-1-1：纠纷中，当事人可以提请仲裁的有________。

子题1-2-1-2：根据《仲裁法》的规定，纠纷中，当事人不能提请仲裁的有________。

子题1-2-1-3：纠纷中，可以适用《仲裁法》解决的是________。

子题1-2-2-1：甲与乙因合同纠纷申请仲裁，但是甲不服仲裁庭作出的裁决，则________。

子题1-2-2-2（判断）：仲裁庭的裁决为终局裁决。（ ）

子题1-2-2-3：仲裁的基本原则包括________。

子题1-2-2-4：关于一裁终局表述正确的是________。

子题1-2-3-1（判断）：经济纠纷案件当事人只能向纠纷发生地仲裁机构提请仲裁。（ ）

子题1-2-3-2（判断）：仲裁委员会隶属于行政机关。（ ）

子题1-2-3-3（判断）：仲裁委员会不按行政区划层层设立。（ ）

子题1-2-4-1：根据《仲裁法》的规定，关于仲裁协议效力的表述中，正确的有________。

子题1-2-4-2：当事人对仲裁协议的效力有异议的，可以请求________作出决定或者请求________作出裁定。

子题1-2-4-3：属于仲裁协议应当具备内容的有________。

子题1-2-4-4：合同变更、解除、终止或者无效，________仲裁协议效力。

子题1-2-5-1：仲裁庭不能形成多数意见时，裁决应当由________作出。

子题1-2-5-2：关于仲裁裁决书生效时间的表述中，正确的是________。

子题1-2-5-3（判断）：仲裁实行级别管辖和地域管辖。（ ）

子题1-2-5-4：仲裁员必须要回避的情形有________。

【适用题型】单项选择题、多项选择题、判断题。

【1－2019 判断】仲裁委员会按区域层层设立。(　　)

【2－2019 判断】合同无效，合同中的仲裁条款也随之无效。(　　)

【3－2018 多选】根据《仲裁法》的规定，下列关于仲裁制度的表述中，正确的有(　　)。

A. 仲裁裁决对双方当事人都具有约束力

B. 仲裁实行一裁终局

C. 仲裁实行级别管辖和地域管辖

D. 平等主体之间发生的合同纠纷和其他财产权益纠纷，可以仲裁

【4－2018 多选】下列纠纷中，当事人可以提请仲裁的有(　　)。

A. 王某和赵某的继承纠纷　　B. 张某与丙公司的商品房买卖纠纷

C. 甲公司与乙公司的货物保管纠纷　　D. 孙某和李某的离婚纠纷

【5－2018 判断】经济纠纷案件当事人只能向纠纷发生地仲裁机构提请仲裁。(　　)

【6－2018 判断】当事人对仲裁协议的效力有异议的，可以请求仲裁委员会作出决定或者请求人民法院作出裁定。(　　)

【7－2017 多选】根据《仲裁法》的规定，下列关于仲裁协议效力的表述中，正确的有(　　)。

A. 仲裁协议对仲裁事项或者仲裁委员会没有约定或者约定不明确的，当事人又达不成补充协议的，仲裁协议无效

B. 合同的变更、解除、终止或者无效，不影响仲裁的效力

C. 当事人对仲裁效力有异议的，可以请求人民法院作出裁定

D. 当事人口头达成的仲裁协议有效

【8－2016 多选】根据《仲裁法》的规定，下列纠纷中，当事人不能提请仲裁的有(　　)。

A. 货物运输合同纠纷　　B. 收养纠纷

C. 房屋买卖合同纠纷　　D. 继承纠纷

【9－2016 多选】下列关于仲裁审理的表述中，符合仲裁法律制度规定的有(　　)。

A. 除当事人协议外，仲裁开庭进行　　B. 仲裁员不实行回避制度

C. 当事人可以自行和解　　D. 仲裁庭可以进行调解

【10－2016 多选】关于民事诉讼与仲裁法律制度相关内容的下列表述中，正确的有(　　)。

A. 民事经济纠纷实行或裁或审制度

B. 民事诉讼与仲裁均实行回避制度

C. 民事诉讼实行两审终审制度，仲裁实行一裁终局制度

D. 民事诉讼实行公开审判制度，仲裁不公开进行

答案及解析

1. 【答案】×

【解析】仲裁委员会不按行政区划层层设立。仲裁委员会独立于行政机关【民间组织】，与行政机关没有隶属关系。仲裁委员会之间同样也没有隶属关系。

2. 【答案】×

【解析】仲裁协议独立存在，合同变更、解除、终止或者无效，不影响仲裁协议效力。

3. 【答案】ABD

【解析】选项C，仲裁不实行级别管辖和地域管辖，仲裁委员会由当事人协议选定。

4.【答案】BC

【解析】选项A、D，根据法律规定，婚姻、收养、监护、扶养、继承纠纷不能提请仲裁。

5.【答案】×

【解析】仲裁不实行级别管辖和地域管辖，仲裁委员会由当事人协议选定。

6.【答案】√

7.【答案】ABC

【解析】选项D，仲裁协议应当以书面形式订立，口头达成仲裁的意思表示无效。

8.【答案】BD

【解析】根据法律规定，婚姻、收养、监护、扶养、继承纠纷不能提请仲裁。

9.【答案】ACD

【解析】选项B，仲裁员有下列情形之一的，必须回避，当事人也有权提出回避申请：1）是本案当事人或者是当事人、代理人的近亲属；2）与本案有利害关系；3）与本案当事人、代理人有其他关系，可能影响公正仲裁的；4）私自会见当事人、代理人，或者接受当事人、代理人请客送礼的。

10.【答案】ABCD

【解析】仲裁与民事诉讼都是适用于解决横向关系经济纠纷，这在法律上称为或裁或审原则。民事诉讼的审判制度包括：1）合议制度；2）回避制度；3）公开审判制度；4）两审终审制度。仲裁实行一裁终局的制度，并实行回避制度。

民事诉讼

扫码可听课

母题1-2-6 民事诉讼的适用范围包括哪些情况？

平等主体之间的财产关系和人身关系纠纷：

（1）民事案件（合同纠纷案件、财产继承案件、损害赔偿案件等）。

（2）商事案件（票据案件、股东权益纠纷案件）。

（3）劳动争议案件（劳动合同纠纷案件）。

（4）法律规定人民法院适用民事诉讼法审理的非讼案件【特别催促】：

1）适用特别程序审理的案件（选民资格案件、宣告失踪或宣告死亡案件）；

2）适用督促程序审理的案件；

3）适用催告程序审理的案件。

母题1-2-7 如何区分民事诉讼的审判制度？

（1）**合议制度（一审）**：

1）一般情形：一般3人以上的单数。由审判员、陪审员共同组成或者由审判员组成合议庭。

2）一人独任审理（审判员）：特别程序（选民资格案件及重大、疑难的案件除外）、简易程序中的小额诉讼程序、公示催告程序、督促程序【简称“特易催促”】。

（2）**回避制度**【影响公正要回避】：

1）是本案当事人，或者是当事人、代理人近亲属。

2）与本案有利害关系。

3）与本案当事人、代理人有其他关系，可能影响公正审理的。

4）违反规定私自会见当事人、代理人，或者接受当事人、代理人请客送礼的。

（3）**公开审判制度**：

1）除涉及国家秘密、个人隐私或另有规定的以外（即国家秘密、个人隐私应当不公开审理），应当公开进行。

民事诉讼【开庭又公开】VS 仲裁【开庭不公开】。

2）离婚案件、商业秘密申请不公开，可以不公开审理。

3）不论案件是否公开审理，一律公开宣告判决。

（4）**两审终审制度**：

1）经过两级法院审判后即终结。

2）二审法院的判决、裁定是终审判决、裁定，当事人不得上诉。

3）终审裁判有错误的，通过审判监督程序予以纠正。

母题 1-2-8 民事诉讼管辖有哪些类别？

（1）**级别管辖**：根据案件性质、案件繁简、影响范围来确定上、下级法院受理第一审案件的分工和权限。大多数民事案件均归**基层**人民法院管辖。

（2）**地域管辖**：分为一般地域管辖、特殊地域管辖和专属管辖等。

<table>
<tr><td rowspan="2">一般地域管辖</td><td colspan="3">由被告住所地法院管辖；被告住所地与经常居住地不一致的，由经常居住地人民法院管辖</td></tr>
<tr><td colspan="3">对被监禁的人提起的诉讼，由原告住所地人民法院管辖；原告住所地与经常居住地不一致的，由原告经常居住地人民法院管辖【原告就被告原则】</td></tr>
<tr><td rowspan="5">特殊地域管辖</td><td>合同纠纷</td><td>合同履行地</td><td rowspan="4">被告住所地</td></tr>
<tr><td>保险合同纠纷</td><td>保险标的物所在地</td></tr>
<tr><td>票据纠纷</td><td>票据支付地</td></tr>
<tr><td>侵权行为诉讼</td><td>侵权行为地（包括侵权行为实施地、侵权结果发生地）
（1）信息网络侵权行为实施地包括实施被侵权行为的计算机设备所在地，侵权结果地包括被侵权人住所地；
（2）因产品、服务质量不合格造成他人财产、人身损害提起的诉讼，产品制造地、产品销售地、服务提供地、侵权行为地、被告住所地人民法院均有管辖权</td></tr>
<tr><td>公司设立、确认股东资格、分配利润、解散等纠纷诉讼</td><td colspan="2">公司住所地</td></tr>
<tr><td rowspan="3">专属管辖</td><td>不动产纠纷</td><td colspan="2">不动产所在地法院管辖</td></tr>
<tr><td>港口作业纠纷</td><td colspan="2">港口所在地法院管辖</td></tr>
<tr><td>继承遗产纠纷</td><td colspan="2">被继承人死亡时住所地或者主要遗产所在地法院管辖</td></tr>
</table>

续表

协议管辖	合同或者其他财产权益纠纷的当事人可以书面协议选择被告住所地、合同履行地、合同签订地、原告住所地、标的物所在地等与争议有实际联系的地点的法院管辖
共同管辖和选择管辖	两个以上法院都有管辖权（共同管辖）的诉讼，原告可以向其中一个法院起诉（选择管辖）；原告向两个以上有管辖权的法院起诉的，由最先立案的法院管辖

母题 1-2-9 诉讼时效期间为多长？

诉讼时效期间届满，权利人丧失的是胜诉权【实体权利不消灭】，即丧失依诉讼程序强制义务人履行义务的权利。诉讼时效期间届满的，义务人可以提出不履行义务的抗辩；义务人已自愿履行的，不得请求返还。人民法院不得主动适用诉讼时效的规定。

（1）普通诉讼时效期间：3 年——知道或者应当知道权利受到损害十义务人。

（2）最长诉讼时效期间：20 年——知道或者应当知道权利受到损害【不需知道义务人】。

（3）**不适用诉讼时效规定**：

1）请求停止侵害、排除妨碍、消除危险；

2）不动产物权和登记的动产物权的权利人请求返回财产；

3）请求支付抚养费、赡养费、扶养费。

母题 1-2-10 如何辨别诉讼时效的中止与中断？

	中止（事由不可控，最后 6 个月内）→暂停	中断（事由可控）→重新开始
事由	（1）不可抗力 （2）无民事行为能力人或者限制民事行为能力人没有法定代理人，或者法定代理人死亡、丧失民事行为能力、丧失代理权 （3）继承开始后未确定继承人或者遗产管理人 （4）权利人被义务人或其他人控制	（1）权利人向义务人提出履行要求 （2）义务人同意履行义务 （3）权利人提出诉讼或者申请仲裁 （4）与提起诉讼或者申请仲裁具有同等效力的其他情形

母题 1-2-11 民事诉讼的判决和执行有哪些规定？

<table>
<tr><th>程序</th><th colspan="2">注意事项</th></tr>
<tr><td rowspan="3">调解</td><td>应当调解</td><td>法院审理离婚案件，应当进行调解，但不应久调不决</td></tr>
<tr><td>不应调解</td><td>适用特别程序、督促程序、公示催告程序的案件；婚姻等身份关系确认案件；其他根据案件性质</td></tr>
<tr><td colspan="2">【提示】调解书经双方当事人签收后，即具有法律效力</td></tr>
<tr><td rowspan="2">判决</td><td colspan="2">当事人不服地方人民法院第一审判决的，有权在判决书送达之日起 15 日内向上一级法院提起上诉</td></tr>
<tr><td colspan="2">【提示】第二审人民法院的判决是终审判决</td></tr>
<tr><td rowspan="2">执行</td><td colspan="2">发生法律效力的民事判决、裁定，当事人必须履行。一方拒绝履行的，对方当事人可以向人民法院申请执行，也可以由审判员移送执行员执行【2 选 1】</td></tr>
<tr><td colspan="2">调解书和其他应当由人民法院执行的法律文书，当事人必须履行。一方拒绝履行的，对方当事人可以向人民法院申请执行</td></tr>
</table>

考查形式

子题1-2-6-1：适用《民事诉讼法》的案件有________。

子题1-2-7-1：根据民事诉讼法律制度的规定，关于公开审判制度的正确表述有________。

子题1-2-7-2：对终审民事判决，当事人________；如果发现确有错误，可以通过________予以纠正。

子题1-2-7-3（判断）：法院审理民事案件，除涉及商业秘密的以外，应当公开进行。（　　）

子题1-2-7-4：甲、乙公司因技术转让合同的履行产生纠纷，甲公司向某人民法院提起诉讼，法院受理该案件。已知该案件涉及商业秘密，关于该案件是否公开审理的正确表述是________。

子题1-2-7-5（判断）：当事人申请不公开审理，可以不公开审理。（　　）

子题1-2-8-1：因不动产纠纷提起的民事诉讼，由________人民法院管辖。

子题1-2-8-2：因产品、服务质量不合格造成他人财产、人身损害提起的诉讼，________人民法院均有管辖权。

子题1-2-8-3：因确认股东资格纠纷提起的民事诉讼，由________人民法院管辖。

子题1-2-8-4：如果两个以上法院都有管辖权（共同管辖）的诉讼，原告可以向其中一个法院起诉（选择管辖）。原告向两个以上有管辖权的法院起诉的，由________的法院管辖。

子题1-2-8-5（判断）：一般地域管辖实行"原告就被告"原则。（　　）

子题1-2-8-6：甲、乙因房屋买卖纠纷欲提起诉讼，则对该案件向有管辖权的人民法院是________。

子题1-2-9-1：根据民事法律制度的规定，不适用诉讼时效的请求权是________。

子题1-2-9-2：身体受到伤害要求赔偿属于________，适用________的普通诉讼时效期间。

子题1-2-9-3（判断）：当事人可自行约定诉讼时效的期间、计算方法以及中止、中断的事由。（　　）

子题1-2-10-1：根据民事法律制度的规定，在诉讼时效期间最后6个月内，造成权利人不能行使请求权的情形中，可以导致诉讼时效中止的有________。

子题1-2-10-2：属于诉讼时效中断的是________。

子题1-2-10-3：根据民事法律制度的规定，在诉讼时效期间的一定期间内，因不可抗力或者其他障碍致使权利人不能行使请求权的，诉讼时效期间暂停计算，该期间为诉讼时效的________。

子题1-2-11-1：调解书经________后，即具有法律效力。

子题 1-2-11-2：当事人不服地方人民法院第一审判决的，有权在________送达之日起________内向上一级法院提起上诉。

【提示】注意区分“仲裁”和“民事诉讼”。

【适用题型】单项选择题、多项选择题、判断题。

【1-2019 单选】根据民事法律制度的规定，下列请求权中，适用诉讼时效的是（　　）。

A. 精神损害赔偿请求权　　B. 赡养费支付请求权

C. 抚养费支付请求权　　D. 停止侵害请求权

【2-2019 多选】根据民事诉讼法律制度的规定，下列法院中，对因产品质量不合格引起的人身损害侵权纠纷提起的诉讼享有管辖权的有（　　）。

A. 产品销售地人民法院　　B. 被告住所地人民法院

C. 侵权行为地人民法院　　D. 原告住所地人民法院

【3-2018 多选】根据民事诉讼法律制度的规定，下列关于公开审判制度的表述中，正确的有（　　）。

A. 涉及商业秘密的民事案件，当事人申请不公开审理的，可以不公开审理

B. 不论民事案件是否公开审理，一律公开宣告判决

C. 涉及国家秘密的民事案件应当不公开审理

D. 涉及个人隐私的民事案件应当不公开审理

【4-2018 判断】对终审民事判决，当事人不得上诉。（　　）

【5-2018 判断】法院审理民事案件，除涉及商业秘密的以外，应当公开进行。（　　）

【6-2018 多选】根据民事法律制度的规定，在诉讼时效期间最后 6 个月内，造成权利人不能行使请求权的下列情形中，可以导致诉讼时效中止的有（　　）。

A. 继承开始后未确定继承人或者遗产管理人

B. 不可抗力

C. 限制民事行为能力人的法定代理人丧失民事行为能力

D. 无民事行为能力人没有法定代理人

【7-2017 判断】因不动产纠纷提起的民事诉讼，由不动产所有权人住所地人民法院管辖。（　　）

【8-2017 判断】因确认股东资格纠纷提起的民事诉讼，由公司住所地人民法院管辖。（　　）

【9-2016 单选】下列不属于诉讼时效中断的是（　　）。

A. 法定代理人死亡　　B. 当事人一方提起诉讼

C. 当事人一方提出要求　　D. 当事人一方同意履行

【10-2016 单选】根据民事法律制度的规定，在诉讼时效期间的一定期间内，因不可抗力或者其他障碍致使权利人不能行使请求权的，诉讼时效期间暂停计算，该期间为诉讼时效的（　　）。

A. 最初 1 个月　　B. 最初 3 个月　　C. 最后 6 个月　　D. 最后 9 个月

【11－2016 多选】以下（　　）能引起诉讼时效的中断。

A. 当事人提起诉讼　　B. 当事人一方提出要求

C. 当事人一方同意履行义务　　D. 因不可抗力使权利人不能行使请求权

答案及解析

1.【答案】A

【解析】不适用诉讼时效的包括请求停止侵害、排除妨碍、消除危险；不动产物权和登记的动产物权的权利人请求返回财产；请求支付抚养费、赡养费、扶养费。

2.【答案】ABC

【解析】因产品、服务质量不合格造成他人财产、人身损害提起的诉讼，产品制造地、产品销售地、服务提供地、侵权行为地和被告住所地人民法院均有管辖权。

3.【答案】ABCD

【解析】选项A，离婚案件，涉及商业秘密的案件，当事人申请不公开审理的，可以不公开审理；选项C、D，法律规定，法院审理民事或行政案件，除涉及国家秘密、个人隐私或者法律另有规定的以外，应当公开进行。

4.【答案】√

【解析】对终审判决，当事人不得上诉；如果发现确有错误，可以通过审判监督程序予以纠正。

5.【答案】×

【解析】法律规定，法院审理民事或行政案件，除涉及国家秘密、个人隐私或者法律另有规定的以外，应当公开进行。离婚案件，涉及商业秘密的案件，当事人申请不公开审理的，可以不公开审理。

6.【答案】ABCD

【解析】诉讼时效期间的中止事由包括：不可抗力（选项B）；无民事行为能力人或者限制民事行为能力人没有法定代理人，或者法定代理人死亡、丧失民事行为能力、丧失代理权（选项C、D）；继承开始后未确定继承人或者遗产管理人（选项A）；权利人被义务人或者其他人控制；其他导致权利人不能行使请求权的障碍。

7.【答案】×

【解析】因不动产纠纷提起的民事诉讼，由"不动产所在地"人民法院管辖。

8.【答案】√

【解析】因公司设立、确认股东资格、分配利润、解散等纠纷提起的民事诉讼，由公司住所地人民法院管辖。

9.【答案】A

【解析】选项A，属于诉讼时效中止事由。

10.【答案】C

【解析】诉讼时效期间的中止，是指在诉讼时效期间的最后6个月内，因不可抗力或者其他障碍致使权利人不能行使请求权的，诉讼时效期间暂时停止计算。

11.【答案】ABC

【解析】在诉讼时效最后6个月内，因不可抗力或者其他障碍致使权利人不能行使请求权的，导致诉讼时效的中止。选项D，属于诉讼时效的中止。

行政复议

扫码可听课

母题 1-2-12 行政复议的受案范围包括哪些？

（1）**受案范围**：

1）对行政机关作出行政处罚决定不服；

2）认为行政机关变更或者废止农业承包合同，侵犯其合法权益的；

3）对行政机关作出的行政强制措施决定不服的；

4）对行政机关作出的证书决定不服的；

5）对行政机关作出的自然资源的所有权或者使用权的决定不服的；

6）认为行政机关侵犯其合法的经营自主权的；

7）认为行政机关违法集资、征收财物、摊派费用或者违法要求履行其他义务的；

8）没有依法发放抚恤金、社会保险金或者最低生活保障费；

9）认为行政机关不履行保护人身权利、财产权利、受教育权利法定职责的；

10）认为行政机关的其他具体行政行为侵犯其合法权益的。

【提示】结合下列“（2）排除事项”进行对比区分，考试中考查（2）的情况更多。

（2）**排除事项**：

1）当事人不服行政机关作出的行政处分或者其他人事处理决定时，不能提起行政复议；

2）当事人不服行政机关对民事纠纷的调解或其他处理，不能提起行政复议。

母题 1-2-13 行政复议有哪些程序？

（1）**时间**：自知道该具体行政行为之日起60日内。

（2）**起算**：

1）因不可抗力或者其他正当理由耽误法定申请期限的，申请期限自障碍消除之日起继续计算。

2）当场作出具体行政行为，自具体行政行为作出之日起计算。

（3）**费用**：不得向申请人收取任何费用【免费】。

（4）**申请形式**：书面或者口头。

（5）**停止执行**：行政复议期间具体行政行为不停止执行，但是，有下列情形之一的，可以停止执行：

1）被申请人认为需要停止执行的。

2）行政复议机关认为需要停止执行的。

3）申请人申请停止执行，行政复议机关认为其要求合理，决定停止执行的。

4）法律规定停止执行的。

【提示】四个主体：申请人、被申请人、复议机关、法律。

（6）**复议决定**：60＋30。

1）自受理申请之日起60日内作出行政复议决定，经行政复议机关负责人批准，可以适当延长，延长期限不得超过30日。

2）分为以下几类：

维持决定	具体行政行为认定事实清楚、证据确凿、依据正确、程序合法、内容适当的
履行决定	被申请人不履行法定职责的，决定其在一定期限内履行
撤销、变更、确认违法决定	主要事实不清、证据不足的；适用依据错误的；违反法定程序的；超越或者滥用职权的；具体行政行为明显不当的
责令重新作出具体行政行为	被申请人不得以同一事实和理由作出与原具体行政行为相同或基本相同的具体行政行为
行政复议生效：行政复议决定书一经送达，即发生法律效力	

母题1-2-14 行政复议的参加人和机关有哪些？

参加人【没有复议机关】	申请人：公民、法人或其他组织
	被申请人：作出具体行政行为的行政机关
	第三人：有利害关系的公民、法人或其他组织
复议机关	对县级以上地方各级人民政府工作部门的具体行政行为不服的，可以向该部门的本级人民政府申请，也可向上一级主管部门申请复议
	对海关、金融、税务局、外汇管理等实行垂直领导的行政机关和国家安全机关的具体行政行为不服的，向上一级主管部门申请行政复议
	对国家税务总局的具体行政行为不服的，向国家税务总局申请行政复议
	对地方各级人民政府的具体行政行为不服的，向上一级人民政府申请行政复议
	对国务院部门或者省、自治区、直辖市人民政府的具体行政行为不服的，向作出该具体行政行为的国务院部门或者省、自治区、直辖市人民政府申请行政复议。对行政复议决定不服的，可以向人民法院提起行政诉讼；也可以向国务院申请裁决。国务院的裁决为最终裁决
	对省、自治区人民政府依法设立的派出机关所属的县级地方人民政府的具体行政行为不服的，向该派出机关申请行政复议

考查形式

子题1-2-12-1：当事人可以申请行政复议的情形是________。

子题1-2-12-2：不属于行政复议范围的情形是________。

子题1-2-13-1：行政复议决定书________即发生法律效力。

子题 1-2-13-2（判断）：行政复议机关受理复议申请收取行政复议费，由申请人先行预交。（　　）

子题 1-2-13-3（判断）：在行政复议期间，行政行为一律不停止执行。（　　）

子题 1-2-13-4：行政复议期间具体行政行为不停止执行，但是有________的情形可以停止执行。

子题 1-2-13-5（判断）：申请人申请行政复议，可以口头进行申请。（　　）

子题 1-2-13-6：关于行政复议决定期限的正确表述是________。

子题 1-2-14-1：对县级以上地方各级人民政府工作部门的具体行政行为不服的，可以向该部门的________申请行政复议，也可以向________申请行政复议。

子题 1-2-14-2：根据行政复议法律制度的规定，属于行政复议参加人的是________。

【提示】联系第七章“税务行政复议”学习。

【适用题型】单项选择题、多项选择题、判断题。

【1-2019 多选】行政复议期间具体行政行为不停止执行，但是有（　　）的情形可以停止执行。

A. 复议机关认为需要停止执行的　　B. 申请人要求停止执行的

C. 被申请人认为需要停止执行的　　D. 法律规定停止执行的

【2-2019 判断】行政复议决定书经送达即发生法律效力。（　　）

【3-2019 判断】行政复议期间具体行政行为一律停止执行。（　　）

【4-2017 判断】对县级以上地方各级人民政府工作部门的具体行政行为不服的，可以向该部门的本级人民政府申请行政复议，也可以向上一级主管部门申请行政复议。（　　）

【5-2016 单选】下列情形中，当事人不能申请行政复议的是（　　）。

A. 甲公司不服市环保局对其作出的罚款决定

B. 王某不服所任职的市教育局对其作出的降级决定

C. 赵某不服市公安局对其作出的行政拘留决定

D. 乙公司不服市工商局对其作出的责令停产停业决定

答案及解析

1. 【答案】ACD

【解析】选项 B，申请人申请停止执行，行政复议机关认为其要求合理决定停止执行的，可以停止。

2. 【答案】√

【解析】仲裁裁决书“作出”生效，调解书“签收”生效。一审民事诉讼判决书送达 15 日内不上诉生效，二审民事诉讼判决书“作出”生效。

3. 【答案】×

【解析】行政复议期间具体行政行为不停止执行。

4. 【答案】√

5.【答案】B

【解析】选项B，不服行政机关作出的行政处分或者其他人事处理决定，可依照有关法律、行政法规的规定提出申诉，不能申请行政复议。

行政诉讼

扫码可听课

母题1-2-15 行政诉讼的受理范围有哪些？

（1）受理案件的范围：

1）对行政处罚不服的；

2）对行政强制措施和行政强制执行不服的；

3）对行政机关作出的有关行政许可的决定不服的；

4）对行政机关作出的自然资源的所有权或者使用权的决定不服的；

5）对征收、征用决定及其补偿决定不服的；

6）申请行政机关履行保护人身权、财产权等合法权益的法定职责，行政机关拒绝履行或者不予答复的；

7）认为行政机关侵犯其经营自主权或者农村土地承包经营权、农村土地经营权的；

8）认为行政机关滥用行政权力排除或者限制竞争的；

9）认为行政机关违法集资、摊派费用或者违法要求履行其他义务的；

10）认为行政机关没有依法支付抚恤金、最低生活保障待遇或者社会保险待遇的；

11）认为行政机关不依法履行、未按照约定履行或者违法变更、解除政府特许经营协议、土地房屋征收补偿协议等协议的；

12）认为行政机关侵犯其他人身权、财产权等合法权益的。

【提示】结合下列“（2）不予受理的案件”对比区分，考试中考查（2）的情况更多。

（2）不予受理的案件：

1）国防、外交等国家行为；

2）行政法规、规章或者行政机关制定、发布的具有普遍约束力的决定、命令；

3）行政机关对行政机关工作人员的奖惩、任免等决定；

4）法律规定由行政机关最终裁决的具体行政行为。

母题1-2-16 行政诉讼的管辖分为哪些？

<table>
<tr><td rowspan="5">级别管辖</td><td colspan="2">基层人民法院管辖第一审行政案件</td></tr>
<tr><td rowspan="4">中级人民法院管辖下列第一审行政案件</td><td>对国务院部门或者县级以上地方人民政府所作的行政行为提起诉讼的案件</td></tr>
<tr><td>海关处理的案件</td></tr>
<tr><td>本辖区内重大、复杂的案件</td></tr>
<tr><td>其他法律规定由中级人民法院管辖的案件</td></tr>
</table>

续表

地域管辖	一般行政案件	由最初作出行政行为的行政机关所在地人民法院管辖
	行政案件经复议的	由最初作出行政行为的行政机关所在地人民法院管辖，也可以由复议机关所在地人民法院管辖**【2选1】**
	对限制人身自由的行政强制措施不服提起的诉讼	由被告所在地或者原告所在地人民法院管辖
	因不动产提起的行政诉讼	由不动产所在地人民法院管辖

母题1-2-17 行政诉讼的审理和判决有哪些规定?

（1）人民法院审理行政案件，不适用调解但下列案件**可以调解**：

1）行政赔偿、补偿案件；

2）行政机关行使法律、法规规定的自由裁量权的案件。

（2）**审理依据**：人民法院审理行政案件，以法律和行政法规、地方性法规为依据，参照规章。

（3）**上诉期**：

1）当事人不服人民法院第一审裁定的，有权在判决书送达之日起**15日内**向上一级人民法院提起上诉；

2）当事人不服人民法院第一审裁定的，有权在裁定书送达之日起**10日内**向上一级人民法院提起上诉。

【提示】行政诉讼可以口头起诉。

考查形式

子题1-2-15-1：当事人对行政机关作出的决定不服提起行政诉讼，人民法院不予受理的是________。

子题1-2-15-2：对行政机关人员作出的行政处分不服的，向人民法院提起诉讼的，人民法院________。

子题1-2-16-1（判断）：对限制人身自由的行政强制措施不服提起的诉讼，由被告所在地或者原告所在地人民法院管辖。（　　）

子题1-2-16-2（判断）：经过行政复议的行政诉讼案件，均由行政复议机关所在地人民法院管辖。（　　）

母题1-2-16-3：根据行政诉讼法律制度的规定，海关处理的第一审行政案件，应当由________管辖。

子题1-2-17-1：行政赔偿、补偿以及行政机关行使法律、法规规定的自由裁量权的行政诉讼案件________调解。

子题1-2-17-2：当事人不服人民法院第一审裁定的，有权在________送达之日起________向上一级人民法院提起上诉。

子题1-2-17-3（判断）：行政诉讼可以口头起诉。（　　）

【提示】与仲裁、民事诉讼、行政复议的生效时间对比记忆。

【适用题型】单项选择题、多项选择题、判断题。

【1－2019 判断】对行政机关人员作出的行政处分不服的，向人民法院提起诉讼的，人民法院不予受理。（　）

【2－2018 单选】当事人对行政机关作出的下列决定不服提起行政诉讼，人民法院不予受理的是（　）。

A. 公安机关交通管理部对李某作出罚款 2 000 元的决定

B. 税务机关对甲公司作出税收强制执行的决定

C. 公安机关对张某作出行政拘留 3 日的决定

D. 财政部对其工作人员孙某作出记过的决定

【3－2017 单选】根据行政诉讼法律制度的规定，下列纠纷中，不属于人民法院行政诉讼受理范围的是（　）。

A. 对环境保护管理部门作出的罚款决定不服引发的纠纷

B. 对公安机关作出的行政拘留决定不服引发的纠纷

C. 对税务机关采取的阻止纳税人出境措施不服引发的纠纷

D. 对工商行政管理机关作出的任免决定不服引发的纠纷

【4－2016 多选】根据行政诉讼法律制度的规定，下列关于行政诉讼地域管辖的表述中，正确的有（　）。

A. 经过行政复议的行政诉讼案件，可由行政复议机关所在地人民法院管辖

B. 因不动产提起的行政诉讼案件，由不动产所在地人民法院管辖

C. 对限制人身自由的行政强制措施不服提起的行政诉讼案件，由被告所在地或者原告所在地人民法院管辖

D. 对责令停产停业的行政处罚不服直接提起行政诉讼的案件，由作出该行政行为的行政机关所在地人民法院管辖

【5－2016 判断】行政赔偿、补偿以及行政机关行使法律、法规规定的自由裁量权的行政诉讼案件可以调解。（　）

答案及解析

1.【答案】√

【解析】行政机关对行政机关工作人员的奖惩、任免等决定【内部行为】，不属于行政诉讼的受案范围，可以依法进行申诉。

2.【答案】D

【解析】法院不受理公民、法人或其他组织对下列事项提起的行政诉讼：（1）国防、外交等国家行为；（2）行政法规、规章或者行政机关制定，发布的具有普遍约束力的决定、命令（这类案件可以向复议机关提出行政复议）；（3）行政机关对行政机关工作人员的奖惩、任免等决定；（4）法律规定由行政机关最终裁决的具体行政行为。

3.【答案】D

【解析】选项 D，行政机关对行政机关工作人员的奖惩、任免等决定，不属于行政诉讼的受案范围。

4.【答案】ABCD

【解析】选项 A、D，行政案件由最初作出行政行为的行政机关所在地人民法院管辖。

经复议的案件，也可以由复议机关所在地人民法院管辖。选项 B，因不动产提起的行政诉讼案件，由不动产所在地人民法院管辖。选项 C，对限制人身自由的行政强制措施不服提起的诉讼，由被告所在地或者原告所在地人民法院管辖。

5.【答案】√

第三节 法律责任

★法律责任的种类
- 民事责任
- 行政责任
- 刑事责任

扫码可听课

扫码可听课

法律责任的种类

母题 1-3-1 法律责任有哪些类别?

<table>
<tr><th>责任种类</th><th colspan="4">内容</th></tr>
<tr><td>民事责任</td><td colspan="4">返还财产、赔偿损失、支付违约金、停止侵害、排除妨碍、消除危险、返还财产、恢复原状、修理、继续履行、赔偿损失、支付违约金、消除影响、恢复名誉、赔礼道歉</td></tr>
<tr><td rowspan="2">行政责任</td><td>行政处罚（外）</td><td colspan="3">警告、罚款、没收违法所得、没收非法财物、责令停产停业、暂扣或吊销许可证、暂扣或者吊销执照、行政拘留、停止出口退税权</td></tr>
<tr><td>行政处分（内）</td><td colspan="3">警告、记过、记大过、降级、撤职、开除</td></tr>
<tr><td rowspan="7">刑事责任</td><td rowspan="6">主刑</td><td>种类</td><td>期限</td><td>数罪并罚</td></tr>
<tr><td>管制</td><td>3 个月以上 2 年以下</td><td>最高 3 年</td></tr>
<tr><td>拘役</td><td>1 个月以上 6 个月以下</td><td>最高 1 年</td></tr>
<tr><td>有期</td><td>6 个月以上 15 年以下</td><td>总和刑期不满 35 年的，最高不能超过 20 年；总和刑期在 35 年以上的，最高不能超过 25 年</td></tr>
<tr><td>无期</td><td colspan="2">—</td></tr>
<tr><td>死刑</td><td colspan="2">不是罪大恶极可以缓期 **2** 年执行</td></tr>
<tr><td>附加刑</td><td colspan="3">罚金（区分罚款）、剥夺政治权利、没收财产、驱逐出境
【提示】附加刑可以和主刑一起适用，也可独立适用</td></tr>
</table>

考查形式

子题1-3-1-1：法律责任形式中，属于民事责任的是________。

子题1-3-1-2：法律责任形式中，属于行政责任的是________。

子题1-3-1-3：行政责任形式中，属于行政处罚的有________。

子题1-3-1-4：责任形式中，属于行政处分的是________。

子题1-3-1-5：法律责任形式中，属于刑事责任的有________。

子题1-3-1-6：刑事责任形式中，属于主刑的有________。

子题1-3-1-7：某行政机关财务负责人王某因犯罪被人民法院判处有期徒刑，并处罚金和没收财产，后被该行政机关开除。王某承担的法律责任中，属于刑事责任的有________。

子题1-3-1-8：刑事责任形式中，属于附加刑的有________。

子题1-3-1-9（判断）：附加刑可以同主刑一起使用，还可以单独使用。（　　）

【适用题型】单项选择题、多项选择题、判断题。

【1-2019单选】下列法律责任形式中，属于行政处罚的是（　　）。

A. 记过　B. 罚款　C. 开除　D. 降级

【2-2019单选】下列法律责任形式属于民事责任的是（　　）。

A. 暂扣许可证　B. 拘役　C. 继续履行　D. 没收非法财物

【3-2019单选】下列法律责任形式属于行政责任的是（　　）。

A. 吊销许可证　B. 管制、拘役

C. 剥夺政治权利　D. 驱逐出境

【4-2019单选】下列各项法律责任中，属于民事责任的是（　　）。

A. 罚款　B. 罚金　C. 返还财产　D. 没收财产

【5-2019单选】下列法律责任形式中，属于民事责任的是（　　）。

A. 罚金　B. 罚款　C. 没收财产　D. 赔偿损失

【6-2019单选】下列法律责任形式中，属于民事责任的是（　　）。

A. 支付违约金　B. 责令停产停业

C. 没收违法所得　D. 罚款

【7-2019多选】下列刑事责任形式中，不属于主刑的有（　　）。

A. 无期徒刑　B. 拘役　C. 驱逐出境　D. 罚金

【8-2019判断】附加刑可以同主刑一起使用，也可以单独使用。（　　）

【9-2018单选】下列责任形式中，不属于行政处分的是（　　）。

A. 罚款　B. 撤职　C. 记过　D. 降级

【10-2018单选】下列法律责任形式中，属于行政责任形式的是（　　）。

A. 责令停产停业　B. 支付违约金

C. 继续履行　D. 赔偿损失

【11-2018多选】下列法律责任形式中，属于民事责任形式的有（　　）。

A. 罚金　B. 罚款　C. 恢复原状　D. 支付违约金

【12-2017 单选】下列法律责任形式中，属于行政责任的是（ ）。

A. 罚款 B. 支付违约金 C. 罚金 D. 返还财产

【13-2017 多选】下列行政责任形式中，属于行政处罚的有（ ）。

A. 没收非法财物 B. 撤职 C. 行政拘留 D. 开除

【14-2016 单选】下列法律责任形式属于民事责任的是（ ）。

A. 拘役 B. 记过 C. 支付违约金 D. 暂扣许可证

【15-2016 多选】下列各项中，属于行政处分的有（ ）。

A. 罚款 B. 撤职 C. 记过 D. 开除

【16-2016 多选】甲行政机关财务负责人刘某因犯罪被人民法院判处有期徒刑，并处罚金和没收财产，后被甲行政机关开除。刘某承担的法律责任中，属于刑事责任的有（ ）。

A. 没收财产 B. 罚金 C. 有期徒刑 D. 开除

答案及解析

1. 【答案】B

【解析】选项A、C、D属于行政处分。

2. 【答案】C

【解析】A、D选项属于行政责任，B选项属于刑事责任中的主刑。

3. 【答案】A

【解析】选项B、C、D属于刑事责任。

4. 【答案】C

【解析】A选项属于行政责任的行政处罚，B、D选项属于刑事责任的附加刑。

5. 【答案】D

【解析】罚金、没收财产属于刑事责任，罚款属于行政责任。

6. 【答案】A

【解析】选项B、C、D属于行政责任——行政处罚。

7. 【答案】CD

【解析】C、D属于附加刑。

8. 【答案】√

9. 【答案】A

【解析】行政处分包括警告、记过、记大过、降级、撤职、开除。选项A属于行政处罚。

10. 【答案】A

【解析】选项B、C、D，属于民事责任。

11. 【答案】CD

【解析】选项A，属于刑事责任；选项B，属于行政责任。

12. 【答案】A

【解析】选项B、D，属于民事责任；选项C，属于刑事责任。

13. 【答案】AC

【解析】选项A、C属于行政处罚；选项B、D属于行政处分。

14.【答案】C

【解析】选项A，属于刑事责任中的主刑；选项B，属于行政责任中的行政处分；选项D，属于行政责任中的行政处罚。

15.【答案】BCD

【解析】选项A属于行政处罚，不属于行政处分。

16.【答案】ABC

【解析】选项D属于行政处分。

第二章

会计法律制度

本章解读

扫码可听课

本章分值占比约 9 分，一般考查单选题、多选题和判断题，本章为 2018 年新增章节，且 2018 年、2019 年均考查过不定项选择题。本章由 5 个小节组成，分为会计法律制度概述、会计核算与监督、会计机构和会计人员、会计职业道德和违反会计法律制度的法律责任。本章会计核算部分新增内容较多，需重点关注。本章为考试次重点内容，需要简单理解和记忆。

本章框架

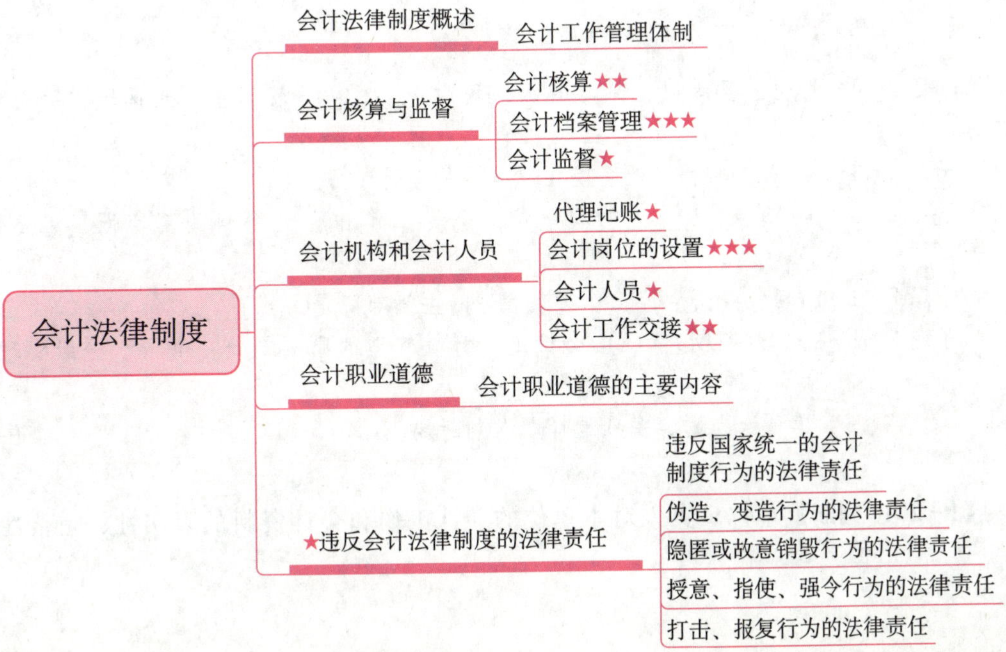

第一节 会计法律制度概述

- 会计法律制度概述
  - 会计工作管理体制
    - 会计工作的行政管理
    - 单位内部的会计工作管理

扫码可听课

扫码可听课

会计工作管理体制

母题 2-1-1 会计工作管理体制包括什么？

（1）**会计工作的行政管理**：国务院财政部门主管全国的会计工作。县级以上地方各级人民政府财政部门管理本行政区域内的会计工作。

（2）**单位内部的会计工作管理**：

1）单位负责人对本单位的会计工作和会计资料的真实性、完整性负责。

2）单位负责人应当保证会计机构、会计人员依法履行职责，不得授意、指使、强令会计机构、会计人员违法办理会计事项。

母题 2-1-2 我国会计工作行政管理的管理原则是什么？

（1）**统一领导**："国务院财政部门"主管全国的会计工作。

（2）**分级管理**："县级"以上地方各级财政部门管理本行政区域内的会计工作。

考查形式

子题 2-1-1-1：县级以上地方各级人民政府________管理本行政区域内的会计工作。

子题 2-1-1-2（判断）：国务院主管全国的会计工作。（　　）

子题 2-1-1-3：________对本单位的会计工作和会计资料的真实性、完整性负责。

子题 2-1-2-1：我国会计工作行政管理的主管部门是________。

子题 2-1-2-2（判断）：我国会计工作行政管理的原则是统一领导、分级管理。（　　）

【适用题型】单项选择题、多项选择题、判断题。

【1-2018 判断】单位负责人对本单位的会计工作和会计资料的真实性、完整性负责。（　　）

【2－2018 判断】县级以上地方各级人民政府财政部门管理本行政区域内的会计工作。（ ）

【3－单选】我国会计工作行政管理的主管部门是（ ）。

A. 财政部　B. 国家统计局　C. 审计署　D. 国家税务总局

答案及解析

1. 【答案】√
2. 【答案】√
3. 【答案】A

【解析】国务院财政部门主管全国的会计工作，县级以上地方各级人民政府财政部门管理本行政区域内的会计工作。

第二节 会计核算与监督

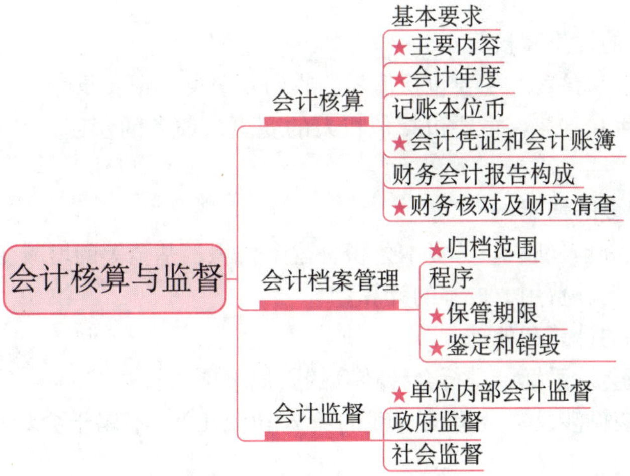

扫码可听课

会计核算

母题 2－2－1 会计核算的基本要求有哪些？

扫码可听课

（1）依法建账。

（2）根据实际发生的经济业务进行会计核算。

（3）保证会计资料的真实和完整

【提示】伪造 VS 变造。

伪造：以虚假的经济业务为前提【无中生有】。

变造：在原有基础上改变，手段是涂改、挖补。

（4）正确采用会计处理方法，不得“随意”变更。

（5）正确使用会计记录文字（所有单位：“应当”使用中文；民族自治地方、境内外资企业：可以“同时使用”一种其他文字）。

（6）使用电子计算机进行会计核算必须符合法律规定。

母题 2-2-2 会计核算的内容包括哪些？

（1）款项和有价证券的收付：

1）款项的收付，主要包括货币资金的收入、转存、付出、结存等。

2）有价证券的收付，主要包括：

a. 有价证券的购入、无偿取得、债券重组取得；

b. 有价证券的有偿转让、抵债、对外投资、捐赠；

c. 有价证券的利息和股利、溢价与折价的摊销；

d. 有价证券的期末结存、减值等。

（2）财物的收发、增减和使用：

财物的收发、增减和使用，包括存货、固定资产、投资、无形资产等的购入、自行建造、无偿取得、债务重组取得、融资租入、接受捐赠、出售、转让、抵债、无偿调出、捐赠、减值等。

（3）债权债务的发生和核算：

1）债权的发生和结算，主要包括债权的收回及孳息、债务重组、债券减值等。

2）债务的发生和结算，主要包括债权人的变更、债务的偿还及孳息、债务重组及免偿等。

（4）资本、基金的增减：

主要包括实收资本（股本）、资本公积、盈余公积、基金等的增减变动。

（5）收入、支出、费用、成本的计算。

（6）财务成果的计算和处理。

（7）需要办理会计手续，进行会计核算的其他事项。

【提示】会计核算涉及资金运动（钱的流入和流出）。**不属于会计核算内容的：**订计划、签合同。

母题 2-2-3 我国的会计年度是什么？

我国是以公历年度为会计年度，即以每年公历的1月1日起至12月31日止为一个会计年度。每一个会计年度还可以按照公历日期具体划分为半年度、季度、月度。

母题 2-2-4 记账本位币如何使用？

一般单位用人民币；特殊单位日常核算时选定一种外币为记账本位币，编制的财务会计报告应当折算为人民币。

母题 2-2-5　会计信息处理关于凭证、账簿、报告有哪些规定？

（1）会计凭证的分类及保管。

<table>
<tr><td rowspan="4">分类</td><td>原始凭证</td><td>必备内容</td><td>1）凭证的名称；2）填制凭证的日期；3）填制凭证单位名称或者填制人姓名；4）经办人员的签名或者签章；5）接收凭证单位名称；6）经济业务内容；7）数量、单价和金额</td></tr>
<tr><td rowspan="2">记账凭证</td><td>分类</td><td>收款凭证、付款凭证和转账凭证，也可使用通用记账凭证</td></tr>
<tr><td>必备内容</td><td>1）填制凭证的日期；2）凭证编号；3）经济业务摘要；4）会计科目；5）金额；6）所附原始凭证张数；7）填制凭证人员、稽核人员、记账人员、会计机构负责人（会计主管人员）签名或盖章</td></tr>
<tr><td colspan="3"></td></tr>
<tr><td>保管</td><td colspan="3">(1) 记账凭证应连同原始凭证或原始凭证汇总表，按编号顺序装订成册，按要求装订完成后由装订人在装订线封签外签名或盖章
(2) 原始凭证不得外借，其他单位如因特殊原因需要使用原始凭证时，经本单位会计机构负责人、会计主管人员批准，可以复制。向外提供复制件时需在专设登记簿上登记并由提供人员和收取人员共同签名或盖章
(3) 从外单位取得的原始凭证如有遗失，应取得原开出单位盖有公章的证明，并注明原来凭证的号码、金额和内容等，由经办单位会计机构负责人、会计主管人员和单位领导人批准后，代作原始凭证</td></tr>
</table>

（2）会计账簿的种类。

1）会计账簿的种类。

会计账簿包括总账、明细账、日记账和其他辅助性账簿。

账簿	相关内容
总账	用于分类登记单位的全部经济业务事项，提供资产、负债、所有者权益、费用、成本、收入等总括核算的资料。总账一般有订本账和活页账
明细账	用于分类登记某一类经济业务事项，提供有关明细核算资料。明细账通常使用活页账
日记账	按照经济业务事项发生的时间先后顺序，逐日逐笔进行登记的账簿。包括现金日记账和银行存款日记账。现金日记账和银行存款日记账必须采用订本式账簿。不得用银行对账单或其他方法代替日记账
其他辅助账簿	也称备查账簿，是为备忘备查而设置的

2）启用会计账簿的基本要求。

启用会计账簿时，应当在账簿封面上写明单位名称的账簿名称。在账簿扉页上应当附启用表。记账人员或者会计机构负责人、会计主管人员调动工作时，应当注明交接日期、接办人员或监交人员姓名，并由交接双方人员签名或盖章。

（3）账簿记录发生错误更正方法。

账簿记录发生错误，不准涂改、挖补、刮擦或者用药水消除字迹，不准重新抄写，必须按照下列方法进行更正：

错误原因	更正方式
登记账簿时发生错误	(1) 将错误的文字或者数字划红线注销，但必须使原有字迹仍可辨认； (2) 在划线上方填写正确的文字或者数字，并由记账人员在更正处盖章
	【提示】对于错误的数字，应当全部划红线更正，不得只更正其中的错误数字
由于记账凭证错误而使账簿记录发生错误	应当按更正的记账凭证登记账簿

(4) **财务会计报告组成**：四表【资产负债表、利润表、现金流量表及相关附表（所有者权益变动表）】、一注【附注】、一说明书【财务情况说明书】构成，对外报送的财务会计报告需要单位领导人、总会计师、会计机构负责人、会计主管人员签名或者盖章。

(5) **账务核对及财产清查**：对账包括账账核对、账证核对、账实核对。

各单位应当定期将会计账簿记录与实物、款项及有关资料相互核对，保证会计账簿记录与实物及款项的实有数额相符【账实相符】、会计账簿记录与会计凭证的有关内容相符【账证相符】、会计账簿之间相对应的记录相符【账账相符】。

财产清查制度是通过定期或不定期、全面或部分地对各项财产物资进行实地盘点和对库存现金、银行存款、债权债务进行清查核实的一种制度（为了做到账实相符，保证会计资料的真实性）。

考查形式

子题 2-2-1-1（判断）：原始凭证记载的各项内容均不得涂改。（ ）

子题 2-2-1-2（判断）：伪造会计资料，是指用涂改、挖补等手段来改变会计凭证和会计账簿的真实内容。（ ）

子题 2-2-1-3（判断）：变造会计资料，是以虚假的经济业务为前提来编制会计凭证和会计账簿，旨在以假充真。（ ）

子题 2-2-2-1：根据会计法律制度的规定，不属于会计核算内容的是________。

子题 2-2-2-2：根据会计法律制度的规定，属于有价证券的收付的主要内容的是________。

子题 2-2-2-3：根据会计法律制度的规定，财物的收发、增减和使用的主要内容的有________。

子题 2-2-2-4（判断）：有价证券的收付主要包括货币资金的收入、转存、付出、结存等。（ ）

子题 2-2-3-1（判断）：我国会计年度每年公历 1 月 1 日—12 月 31 日。（ ）

子题 2-2-3-2：会计年度可以按照公历日期具体划分为________。

子题 2-2-4-1（判断）：在编制财务会计报告时，记账本位币应为人民币。（ ）

子题 2-2-4-2（判断）：根据会计法律制度的规定，一般单位用人民币作为本位币，特殊单位日常核算时选定一种外币为记账本位币。（ ）

子题 2-2-5-1：根据会计法律制度的规定，属于会计报表的有________。

子题 2-2-5-2：应在财务报告签名或盖章的人员包括________。

子题 2-2-5-3：根据会计法律制度的规定，账务核对包括________。

子题 2-2-5-4：根据会计法律制度的规定，属于会计账簿类型的有________。

子题 2-2-5-5：根据会计法律制度的规定，原始凭证的金额有错误时，应当采取的正确做法是________。

【适用题型】单项选择题、多项选择题、判断题。

【1-2019 多选】根据会计法律制度的规定，下列各项中，属于会计报表的有（　　）。

A. 利润表　B. 资产负债表　C. 审计报告　D. 现金流量表

【2-2019 多选】下列应在财务报告签名或盖章的人员包括（　　）。

A. 单位领导人　B. 企业会计机构负责人

C. 会计主管人员　D. 总会计师

【3-2019 判断】我国会计年度为每年公历 1 月 1 日—12 月 31 日。（　　）

【4-2019 判断】原始凭证记载的各项内容均不得涂改。（　　）

【5-2019 判断】原始凭证记载的各项内容均不得更改。（　　）

【6-2018 单选】根据会计法律制度的规定，下列各项中，不属于会计核算内容的是（　　）。

A. 固定资产盘盈　B. 合同的审核和签订

C. 无形资产的购入　D. 货币资金的收入

【7-2018 多选】根据会计法律制度的规定，下列各项中，属于会计核算内容的有（　　）。

A. 财物的减值　B. 有价证券的购入

C. 债务的偿还　D. 资本公积的形成

【8-2018 多选】根据会计法律制定的规定，下列各项中，属于会计核算内容的有（　　）。

A. 资本、基金的增减　B. 债权债务的发生和结算

C. 财务成果的计算和处理　D. 款项和有价证券的收付

【9-2018 单选】根据会计法律制度的规定，下列关于账务核对的表述中，不正确的是（　　）。

A. 保证会计账簿记录与实物及款项的实有数额相符

B. 保证会计账簿记录与年度财务预算相符

C. 保证会计账簿之间相对应的记录相符

D. 保证会计账簿记录与会计凭证的有关内容相符

【10-2018 多选】根据会计法律制度的规定，下列各项中属于会计账簿类型的有（　　）。

A. 备查账簿　B. 日记账　C. 明细账　D. 总账

【11-单选】根据会计法律制度的规定，原始凭证的金额有错误时，应当采取的正确做法是（　　）。

A. 由出具单位重开

B. 由出具单位更正并加盖出具单位印章
C. 由接受单位更正并加盖接受单位印章
D. 由经办人员更正并加盖经办人员印章
【12-多选】甲公司向乙公司提供财务会计报告时，下列表述中，正确的是（　　）。
A. 财务会计报告经注册会计师审计后才能对乙公司提供
B. 会计主管人员应在财务会计报告上签名或盖章
C. 会计机构负责人应在财务会计报告上签名或盖章
D. 单位领导人应在财务会计报告上签名或盖章

答案及解析

1.【答案】ABD
【解析】会计报表包括资产负债表、利润表、现金流量表及相关附表（所有者权益变动表）。
2.【答案】ABCD
【解析】在财务报告签名或盖章的人员包括：单位领导人、总会计师、会计机构负责人、会计主管人员。
3.【答案】√
4.【答案】√
【解析】原始凭证记载的各项内容均不得涂改。原始凭证有错误的，应当由出具单位重开或者更正。
5.【答案】×
【解析】原始凭证有错误的，应当由出具单位重开或者更正**【两条路】**，更正处应当加盖出具单位印章。原始凭证金额有错误的，应当由出具单位重开，不得在原始凭证上更正**【一条路】**。
6.【答案】B
【解析】会计核算的内容包括：款项和有价证券的收付（选项D）；财物的收发、增减和使用（选项C）；债权债务的发生和结算；资本、基金的增减；收入、支出、费用、成本的计算（选项A）；财务成果的计算和处理；需要办理会计手续、进行会计核算的其他事项。
7.【答案】ABCD
【解析】会计核算的内容包括：款项和有价证券的收付（选项B）；财物的收发、增减和使用（选项A）；债权债务的发生和结算（选项C）；资本、基金的增减（选项D）；收入、支出、费用、成本的计算；财务成果的计算和处理；需要办理会计手续、进行会计核算的其他事项。
8.【答案】ABCD
【解析】会计核算的内容包括：款项和有价证券的收付（选项D）；财物的收发、增减和使用；债权债务的发生和结算（选项B）；资本、基金的增减（选项A）；收入、支出、费用、成本的计算；财务成果的计算和处理（选项C）；需要办理会计手续、进行会计核算的其他事项。

9. 【答案】B

【解析】《会计法》规定，各单位应当定期将会计账簿记录与实物、款项及有关资料相互核对，保证会计账簿记录与实物及款项的实有数额相符（选项 A）、会计账簿记录与会计凭证的有关内容相符（选项 D）、会计账簿之间相对应的记录相符（选项 C）、会计账簿记录与会计报表的有关内容相符。

10. 【答案】ABCD

【解析】会计账簿的种类主要有：总账、明细账、日记账、其他辅助类账簿（又称备查账簿）。

11. 【答案】A

【解析】"金额"错误只有"重开"一条路；其他记载事项错误"两条路"2 选 1，重开或者由出具单位更正且加盖出具单位印章。

12. 【答案】BCD

【解析】选项 A，财务会计报告须经注册会计师审计的（并非所有公司的财务会计报告都必须经过审计，上市公司才需要），注册会计师及其所在的会计师事务所出具的审计报告应当随同财务会计报告一并对外提供。选项 B、C、D，企业对外提供的财务会计报告应当由单位领导人、总会计师、会计机构负责人、会计主管人员签名或盖章。

会计档案管理

扫码可听课

母题 2-2-6 会计档案的归档范围包括哪些？

（1）会计凭证，包括原始凭证、记账凭证。

（2）会计账簿，包括总账、明细账、日记账、固定资产卡片及其他辅助性账簿。

（3）财务会计报告，包括月度、季度、半年度报告和年度财务会计报告。

（4）其他会计资料，包括银行存款余额调节表、银行对账单、纳税申报表、会计档案移交清册、会计档案保管清册、会计档案销毁清册、会计档案鉴定意见书及其他具有保存价值的会计资料。

【提示】各单位的预算、计划、制度等文件材料属于**文书档案**，不属于会计档案。

母题 2-2-7 会计档案管理的程序是什么？

（1）仅保存电子档案的条件：来源真实、电算化系统完善、电子档案管理系统完善、能防止被篡改、已备份、非需永久保存或有重要价值。

（2）临时保管：一般情况下可由会计机构临时保管一年，特殊情况为应经档案机构同意，最长不超过三年（出纳不兼管）。

（3）移交由"会计机构"编制档案移交清册，电子会计档案移交时应当将电子会计档案及其元数据一并移交。

（4）单位档案管理机构在接收电子会计档案时，应当对电子会计档案的准确性、完整性、可用性、安全性进行检测，符合要求的才能接收。

（5）会计档案一般不得外借。借出单位：因工作需要或国家规定可以外借，须严格办理手续；借入单位：妥善保管、按时归还。

（6）单位合并后原各单位解散或者一方存续其他方解散的，原各单位的会计档案应当由合并后的单位统一保管。

母题2-2-8 会计档案的保管期限为多久？

（1）**起算日期**：会计年度终了后第一天。

（2）会计档案保管期限分为永久和定期，定期保管期限一般分为【10年、30年】。

（3）永久保管的会计档案包括：年度财务报告、会计档案销毁清册、会计档案保管清册、会计档案鉴定意见书【“小宝剑”】；

（4）定期保管的会计档案包括：期限为30年的包括凭证、账簿、会计档案移交清册；10年的包括月、季、半年度财务报告、银行存款余额调节表、银行对账单、纳税申报表【月季半年报+表+单】。

母题2-2-9 会计档案的鉴定工作有哪些？

单位应当定期对已到保管期限的会计档案进行鉴定，并形成会计档案鉴定意见书。经鉴定，仍需继续保存的会计档案，应当重新划定保管期限；对保管期满，确无保存价值的会计档案，可以销毁。会计档案鉴定工作应当由单位档案管理机构牵头，组织单位会计、审计、纪检监察等机构或人员共同进行。

母题2-2-10 会计档案的销毁的基本程序和要求是什么？

（1）会计档案销毁的基本程序为：“档案机构”编制销毁清册，“单位负责人、档案管理机构负责人、会计管理机构负责人及档案管理和会计管理机构的经办人”销毁“前”在销毁清册上“签署意见”→由档案机构+会计机构（信息系统管理机构）共同派员监销→销毁后“监销人”在会计档案销毁清册上“签名或盖章”。

（2）保管期满但未结清的债权债务原始凭证；涉及其他未了事项的原始凭证；正在项目建设期间的建设单位，其保管期未满的会计档案不得销毁。

考查形式

子题2-2-6-1：根据会计法律制度的规定，属于会计档案的有________。

子题2-2-6-2：会计资料中，应当按照会计档案归档的是________。

子题2-2-7-1：单位档案管理机构在接受电子会计档案时，应当对电子档案进行检测，属于应检测的内容有________。

子题2-2-7-2（判断）：单位合并后一方存续其他方解散的，各单位的会计档案应由存续方统一保管。（ ）

子题2-2-8-1：根据会计法律制度的规定，企业会计档案中，最低保管期限为30年的是________。

子题 2-2-8-2：根据会计法律制度的规定，企业和其他组织的会计档案中，应永久保管的有________。

子题 2-2-8-3：根据会计法律制度的规定，记账凭证的保管时间应达到法定最低期限，该期限为________。

子题 2-2-9-1：会计档案的鉴定工作应由________牵头组织进行。

子题 2-2-9-2：关于甲公司对会计档案鉴定的表述中，正确的是 ________。

子题 2-2-10-1：除档案管理机构经办人外，还应当在会计档案销毁清册上签署意见的是 ________。

子题 2-2-10-2（判断）：会计档案销毁之后，监销人应该在销毁清册上签名和盖章。（　　）

子题 2-2-10-3（判断）：档案机构编制销毁清册，单位负责人、档案管理机构负责人、会计管理机构负责人及档案管理和会计管理机构的经办人销毁时在销毁清册上签署意见。（　　）

【适用题型】单项选择题、多项选择题、判断题、不定项选择题。

【1-2019 单选】会计档案的鉴定工作应由（　　）牵头组织进行。

A. 单位档案管理机构　　B. 单位会计管理机构

C. 单位审计机构　　D. 单位纪检监察机构

【2-2019 单选】根据会计法律制度的规定，下列企业会计档案中，最低保管期限为30年的是（　　）。

A. 半年度财务报告　　B. 银行对账单

C. 纳税申报表　　D. 记账凭证

【3-2019 多选】单位档案管理机构在接受电子会计档案时，应当对电子档案进行检测。下列各项中，属于应检测的内容有（　　）。

A. 可用性　　B. 安全性　　C. 准确性　　D. 完整性

【4-2019 多选】根据会计法律制度的规定，企业和其他组织的下列会计档案中，应永久保管的有（　　）。

A. 年度财务报告　　B. 半年度财务报告

C. 会计档案销毁清册　　D. 纳税申报表

【5-2019 多选】根据会计法律制度的规定，下列各项中，属于会计档案的有（　　）。

A. 原始凭证　　B. 记账凭证

C. 会计账簿　　D. 年度预算

【6-2018 单选】根据会计法律制度的规定，记账凭证的保管时间应达到法定最低期限，该期限为（　　）年。

A. 5　　B. 30　　C. 10　　D. 20

【7-2018 判断】会计档案销毁之后，监销人应该在销毁清册上签名和盖章。（　　）

【8-2018 判断】单位合并后一方存续其他方解散的，各单位的会计档案应由存续方统

一保管。（ ）

【9－2018 不定项】2017 年 2 月甲公司会计机构负责人组织会计人员对纸质及电子会计资料进行整理，移交给甲公司档案管理机构。2018 年 2 月甲公司档案管理机构负责人组织相关机构对已到保管期限的会计档案进行鉴定。对确无保存价值可以销毁的会计档案，由档案管理员编制会计档案销毁清册，经相关人员签署意见后销毁。

要求：根据上述资料，不考虑其他因素，分析回答下列小题。

〈1〉甲公司下列会计资料中，应当按照会计档案归档的是（ ）。

A. 纳税申报表　　B. 财务会计报告

C. 银行对账单　　D. 年度财务预算

〈2〉关于甲公司移交会计档案的下列表述中，正确的是（ ）。

A. 电子会计档案移交时应当将电子会计档案及其元数据一并移交

B. 纸质会计档案移交时应当拆封整理重新封装

C. 接收电子会计档案时，应当对其准确性、完整性、可用性、安全性进行检验

D. 应当编制会计档案移交清册

〈3〉关于甲公司对会计档案鉴定的下列表述中，正确的是（ ）。

A. 应当定期对已到保管期限的会计档案进行鉴定

B. 会计档案鉴定工作由会计、审计、纪检监察、档案等机构或人员共同进行

C. 鉴定后认为仍需继续保存的会计档案，应当重新划定保管期限

D. 会计档案鉴定工作应当由单位会计机构牵头

〈4〉除档案管理机构经办人外，还应当在会计档案销毁清册上签署意见的是（ ）。

A. 档案管理机构负责人　　B. 会计机构负责人

C. 单位负责人　　D. 会计管理机构经办人

答案及解析

1. 【答案】A

【解析】单位应当定期对已到保管期限的会计档案进行鉴定，并形成会计档案鉴定意见书。由档案管理机构牵头，组织会计、审计、纪检监察等机构共同进行。

2. 【答案】D

【解析】30 年：凭证、账簿、会计档案移交清册。10 年：月季半年财务报告、调节表、对账单、纳税申报表【月季半年报＋表＋单】

3. 【答案】ABCD

【解析】本题考核对电子档案检测的内容，A、B、C、D 项均属于。

4. 【答案】AC

【解析】永久保管的包括年度财务报告、会计档案保管清册、会计档案销毁清册、会计档案鉴定意见书。

5. 【答案】ABC

【解析】各单位的预算、计划、制度等文件材料属于文书档案，不属于会计档案。

6. 【答案】B

【解析】《会计档案管理办法》规定的会计档案保管期限为最低保管期限，记账凭证的

最低保管期限为 30 年。

7.【答案】×

【解析】监销人在会计档案销毁后，应当在会计档案销毁清册上签名“或”盖章。

8.【答案】√

【解析】单位合并后原各单位解散或者一方存续其他方解散的，原各单位的会计档案应当由合并后的单位统一保管。

9.（1）【答案】ABC

【解析】会计档案的归档范围包括：会计凭证、会计账簿、财务会计报告、其他会计资料，包括银行存款余额调节表、银行对账单、纳税申报表、会计档案移交清册、会计档案保管清册、会计档案销毁清册、会计档案鉴定意见书及其他具有保存价值的会计资料。

（2）【答案】ACD

【解析】纸质会计档案移交时应保持原卷的封装，因此 B 选项错误。

（3）【答案】ABC

【解析】会计档案鉴定工作应当由单位档案管理机构牵头，因此 D 选项错误。

（4）【答案】ACD

【解析】单位负责人、档案管理机构负责人、会计管理机构负责人、档案管理机构经办人、会计管理机构经办人在会计档案销毁清册上签署意见。

会计监督

扫码可听课

母题 2-2-11 什么是单位内部会计监督？

单位会计内部监督是指各单位的会计机构、会计人员依据法律法规制度的规定，通过会计手段对本单位经济活动的合法性、合理性和有效性进行监督。内部会计监督的**主体**是各单位的会计机构、会计人员，内部会计监督的**对象**是单位的经济活动。

母题 2-2-12 单位内部会计监督应遵循什么原则？

（1）**全面性原则**，指内部控制应当贯穿单位经济活动的决策、执行和监督全过程。

（2）**重要性原则**，指在全面控制的基础上，应当关注单位重要经济活动和经济活动的重大风险。

（3）**制衡性原则**，指内部控制应当在治理结构、机构设置及权责分配、业务流程等方面形成相互制约、相互监督。

（4）**适应性原则**，指内部控制应当符合国家有关规定和单位的实际情况，并随着情况的变化及时加以调整。

（5）**成本效益原则**，这是指企业内部控制应当权衡实施成本与预期效益，以适当的成本实现有效控制。

母题 2-2-13 企业内部控制和行政事业单位内部控制采用的措施有什么区别？

企业内部控制	行政事业单位内部控制
(1) 不相容职务分离控制：不相容职务包括授权批准与业务经办、业务经办与会计记录、会计记录与财产保管、业务经办与稽核检查、授权批准与监督检查； (2) 授权审批控制； (3) 会计系统控制； (4) 财产保护控制； (5) 预算控制； (6) 运营分析控制； (7) 绩效考评控制	(1) 不相容岗位相分离； (2) 内部授权审批控制； (3) 归口管理； (4) 预算控制； (5) 财产保护控制； (6) 会计控制； (7) 单据控制； (8) 信息内部公开

母题 2-2-14 什么是会计工作政府监督？

会计工作的政府监督，主要是指财政部门（国家和地方）代表国家对各单位和单位中相关人员的会计行为实施的监督检查，以及对发现的违法会计行为实施行政处罚。除财政部门外，审计、税务、人民银行、证券监管、保险监管等部门监督有关单位会计资料。

母题 2-2-15 财政部门会计监督的主要内容包括哪些？

(1) 财政部门对各单位是否依法设置会计账簿。

(2) 会计凭证、会计账簿、财务会计报告和其他会计资料是否真实、完整。

(3) 会计核算是否符合规定。

(4) 从事会计工作的人员是否具备专业能力、遵守职业道德等情况。

(5) “国务院财政部门及其派出机构”可以向被监督单位的往来单位和金融机构“查询”有关情况（查询权）。

母题 2-2-16 什么是会计工作的社会监督？

会计工作的社会监督，主要指由注册会计师及其所在的会计师事务所等中介机构接受委托，依法对单位的经济活动进行审计，出具审计报告，发表审计意见的一种监督制度。任何单位或者个人不得以任何方式要求或者示意注册会计师及其所在的会计师事务所出具不实或者不当的审计报告，鼓励单位和个人检举违法会计行为。

母题 2-2-17 审计报告中的审计意见包括哪些？

(1) 无保留意见：“所有重大方面”按照适用的编制基础编制并实现公允反映。

(2) 保留意见：无论是否能够获取充分、适当的审计证据，错报影响重大但“不具有广泛性”。

(3) 否定意见：“能够”获取充分、适当的审计证据＋错报影响重大且“具有广泛性”。

(4) 无法表示意见："不能"获取充分、适当的审计证据＋错报影响重大且"具有广泛性"。

考查形式

子题2-2-11-1：属于公司内部会计监督主体的有________。

子题2-2-11-2：内部会计监督的对象是________。

子题2-2-12-1：单位内部控制应遵循的原则包括________。

子题2-2-12-2（判断）：内部控制应当在治理结构、机构设置及权责分配、业务流程等方面形成相互制约、相互监督属于单位内部控制制衡性原则。（ ）

子题2-2-12-3（判断）：企业内部控制应当权衡实施成本与预期效益，以适当的成本实现有效控制属于单位内部控制成本效益原则。（ ）

子题2-2-13-1：属于企业内部控制应当采用措施的有________。

子题2-2-13-2（判断）：不相容职务包括授权批准与业务经办、业务经办与会计记录、会计记录与财产保管、业务经办与稽核检查、授权批准与监督检查。（ ）

子题2-2-13-3：属于行政事业单位内部控制方法的有________。

子题2-2-13-4：不相容岗位相分离属于企业内部控制应当采取的措施。（ ）

子题2-2-14-1：根据会计法律制度的规定，属于会计工作政府监督的是________。

子题2-2-14-2（判断）：会计工作的政府监督，主要是指财政部门代表国家对各单位和单位中相关人员的会计行为实施的监督检查，以及对发现的违法会计行为实施行政处罚。（ ）

子题2-2-15-1：财政部门会计监督的主要内容包括________。

子题2-2-16-1：会计工作的社会监督，主要指由注册会计师及其所在的会计师事务所等中介机构接受委托，依法对单位的经济活动进行审计，出具审计报告，发表审计意见的一种监督制度。（ ）

子题2-2-16-2（判断）：任何单位或者个人不得以任何方式要求或者示意注册会计师及其所在的会计师事务所出具不实或者不当的审计报告。（ ）

子题2-2-17-1：根据会计法律制度的规定，注册会计师已经获取被审计单位充分、适当的审计证据作为形成审计意见的基础，但认为未发现的错报对财务报表可能产生的影响重大且具有广泛性时，应发表的审计意见是________。

子题2-2-17-2：根据会计法律制度的规定，审计意见的类型包括________。

【适用题型】单项选择题、多项选择题、判断题。

【1-2019单选】根据会计法律制度的规定，注册会计师已经获取被审计单位充分、适当的审计证据作为形成审计意见的基础，但认为未发现的错报对财务报表可能产生的影响重大且具有广泛性时，应发表的审计意见是（ ）。

A. 保留意见　　B. 无法表示意见

C. 否定意见　　D. 先保留意见

【2－2019多选】下列各项中，属于甲公司内部会计监督主体的有（　　）。

A. 甲公司纪检部门　　B. 甲公司债权人

C. 甲公司会计机构　　D. 甲公司会计人员

【3－2019多选】下列各项中，属于企业内部控制措施的有（　　）。

A. 运营分析控制　　B. 财产保护控制

C. 授权审批控制　　D. 绩效考评控制

【4－2019多选】下列各项中，属于行政事业单位内部控制方法的有（　　）。

A. 会计控制　　B. 归口管理

C. 单据控制　　D. 预算控制

【5－2018单选】根据会计法律制度的规定，下列行为中，属于会计工作政府监督的是（　　）。

A. 个人检举会计违法行为

B. 会计师事务所对单位经济活动进行审计

C. 单位内部审计机构审核本单位会计账簿

D. 财政部门对各单位的会计工作进行监督检查

答案及解析

1.【答案】C

【解析】在获取充分、适当的审计证据以作为形成审计意见的基础，但认为未发现的错报（如存在）对财务报表产生的影响重大且具有广泛性时，注册会计师应当发表否定意见。

2.【答案】CD

【解析】A属于政府监督，B属于社会监督。

3.【答案】ABCD

【解析】企业内部控制措施包括：不相容职务分离，授权审批控制，会计系统控制，财产保护控制，预算控制，运行分析控制，绩效考评控制。

4.【答案】ABCD

【解析】行政事业单位内部控制方法包括：不相容岗位相分离、内部授权审批控制、会计控制、财产保护控制、预算控制、归口管理、单据控制、信息内部公开。

5.【答案】D

【解析】会计工作的政府监督，主要是指财政部门代表国家对各单位和单位中相关人员的会计行为实施的监督检查，以及对发现的违法会计行为实施行政处罚。

第三节 会计机构和会计人员

- 会计机构和会计人员
  - 代理记账
    - 审批
    - 业务范围
    - ★各自应履行的义务
  - 会计岗位的设置
    - ★要求
    - ★会计人员回避制度
  - 会计人员
    - 会计人员的内容及要求
    - 会计岗位人员岗位一般要求
    - ★会计工作禁入规定
    - 会计专业职务与会计专业技术资格
    - 会计专业技术人员继续教育
    - ★总会计师
  - 会计工作交接
    - ★会计工作交接与监交

扫码可听课

代理记账

扫码可听课

母题 2-3-1 代理记账机构的审批工作包括哪些?

除会计师事务所以外的机构从事代理记账业务，应当经县级以上人民政府财政部门（简称审批机关）批准，领取由**财政部统一规定样式**的代理记账许可证书。

母题 2-3-2 代理记账机构的业务范围有哪些?

（1）根据委托人提供的原始凭证和其他资料，按照国家统一的会计制度规定进行会计核算，**“审核”**原始凭证、填制记账凭证、登记会计账簿、编制财务会计报告。

（2）**对外提供财务会计报告。**

（3）向税务机关提供税务资料。

（4）委托人委托其他会计业务。

母题 2-3-3 委托方及代理记账机构需要履行的义务有哪些?

（1）**委托方**需要履行的义务：

1）**“填制或取得”**原始凭证并及时提供；

2）应当配备专人负责**“日常”**货币收支保管；

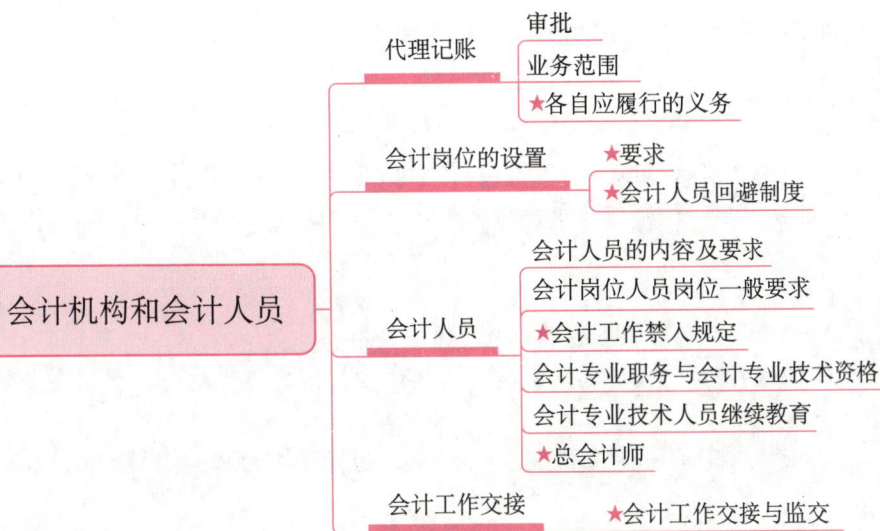

3）及时向代理记账机构提供真实、完整的原始凭证和其他相关资料；

4）对于代理记账机构退回的，要求按照国家统一的会计制度规定进行更正、补充的原始凭证，应当及时予以更正、补充。

（2）代理记账机构需要履行的义务：

1）遵守法律、法规和国家统一的会计制度的规定，按委托合同办理代理记账业务；

2）对在执行业务中知悉的商业秘密予以保密；

3）拒绝违法要求；

4）对委托人提出的有关会计处理相关问题予以解释。

考查形式

子题2-3-1-1（判断）：会计师事务所及其分所可依法从事代理记账业务。（ ）

子题2-3-1-2（判断）：会计师事务所从事代理记账业务，应当经县级以上人民政府财政部门（简称审批机关）批准，领取由财政统一规定样式的代理记账许可证书。（ ）

子题2-3-2-1：属于代理记账机构的业务范围的有________。

子题2-3-2-2（判断）：代理记账机构可以接收委托人的委托对外提供财务会计报告。（ ）

子题2-3-3-1：根据会计法律制度的规定，属于委托方需要履行的义务的是________。

子题2-3-3-2：根据会计法律制度的规定，属于代理记账机构需要履行的义务的是________。

【适用题型】单项选择题、多项选择题、判断题。

【1-2019判断】代理记账机构可以接收委托人的委托对外提供财务会计报告（ ）。

【2-多选】根据会计法律制度的规定，下列各项中，代理记账机构可以接受委托，代表委托人办理的业务事项的有（ ）。

A. 填制和审核原始凭证
B. 登记会计账簿
C. 编制财务会计报告
D. 出具审计报告

答案及解析

1.【答案】√

2.【答案】BC

【解析】选项A，代理记账机构办理的业务事项不包括填制原始凭证；选项D，属于注册会计师及其所在的事务所的业务事项。

会计岗位的设置

扫码可听课

母题2-3-4 会计岗位设置的要求有哪些？

（1）按需设岗：可以“一人一岗、一人多岗或者一岗多人”。

（2）内部牵制：出纳不得兼任稽核、会计档案保管和收入、支出、费用、债权债务账目的登记工作；并且建立轮岗制。

母题 2-3-5 会计人员回避制度的内容包括哪些？

国有机关、国有企业、事业单位任用会计人员应当实行回避制度。单位领导人的直系亲属不得担任本单位的会计机构负责人、会计主管人员。会计机构负责人、会计主管人员的直系亲属不得在本单位会计机构中担任出纳工作。

需要回避的直系亲属为：夫妻关系、直系血亲关系、三代以内旁系血亲以及配偶关系。

考查形式

子题 2-3-4-1：各项工作出纳不得兼任的有________。

子题 2-3-4-2（判断）：出纳可以兼任稽核、会计档案保管和收入、支出、费用、债权债务账目的登记工作。（　　）

子题 2-3-5-1：根据《会计基础工作规范》的要求，实行回避制度的单位，单位领导人的直系亲属不得担任本单位的________。

子题 2-3-5-2（判断）：会计机构负责人、会计主管人员的直系亲属可以在本单位会计机构中担任出纳工作。（　　）

子题 2-3-5-3（判断）：单位领导人的直系亲属不得担任本单位的会计机构负责人、会计主管人员；会计机构负责人、会计主管人员的直系亲属不得在本单位会计机构中担任出纳工作。（　　）

【适用题型】单项选择题、多项选择题、判断题。

【1-2019 多选】下列各项工作出纳不得兼任的有（　　）。

A. 会计档案保管　　B. 稽核

C. 收入费用账目的登记工作　　D. 债权债务账目的登记工作

【2-多选】根据《会计基础工作规范》的要求，实行回避制度的单位，单位领导人的直系亲属不得担任本单位的（　　）。

A. 会计机构负责人　　B. 会计主管人员

C. 总账会计　　D. 稽核

【3-单选】某国有独资公司准备更换单位财务部门的出纳人员，为了节省招聘的成本而准备在企业内部寻找合适的人员，该企业会计机构负责人为张某、企业管理部门的负责人为王某、市场部经理为田某、上级主管部门的负责人为董某，下列候选人员中不可以担任该出纳的是（　　）。

A. 张某的丈夫　　B. 王某的妻子

C. 田某的亲妹妹　　D. 董某的儿子

答案及解析

1. 【答案】ABCD

【解析】出纳人员不得兼任稽核，会计档案保管和收入、支出、费用、债权债务账目的登记工作。

2.【答案】AB

【解析】根据规定，国家机关、国有企业、事业单位任用会计人员应当实行回避制度，单位负责人的直系亲属不得担任本单位的会计机构负责人、会计主管人员。

3.【答案】A

【解析】根据规定，单位领导人的直系亲属不得担任本单位的会计机构负责人、会计主管人员；会计机构负责人、会计主管人员的直系亲属不得在本单位会计机构中担任出纳工作。

会计人员

扫码可听课

母题 2-3-6 会计人员具体包括从事哪些工作的人员？

（1）出纳；（2）稽核；（3）资产、负债和所有者权益（净资产）的核算；（4）收入、费用（支出）的核算；（5）财产成果（政府预算执行结果）核算；（6）财务会计报告（决算报告）编制；（7）会计监督；（8）会计机构内会计档案管理；（9）其他会计工作。担任单位会计机构负责人（会计主管人员）、总会计师的人员，属于会计人员。

母题 2-3-7 会计人员的一般要求有哪些？

（1）遵守《会计法》和国家统一的会计制度等法律法规。

（2）具备良好的职业道德。

（3）按照国家有关规定参加继续教育。

（4）具备从事会计工作所需要的专业能力。

会计机构负责人或会计主管人员，是在一个单位内具体负责会计工作的中层领导人员。担任单位会计机构负责人（会计主管人员）的，应当具备会计师以上专业技术资格或者从事会计工作3年以上经历。

母题 2-3-8 会计人员的禁入规定有哪些？

终身禁入：因有提供虚假财务会计报告，做假账，隐匿或者故意销毁会计凭证、会计账簿、财务会计报告，贪污，挪用公款，职务侵占等与会计职务有关的违法行为被依法追究刑事责任的人员，不得再从事会计工作。

母题 2-3-9 会计专业职务与会计专业技术资格有何要求？

（1）会计专业职务（会计职称）。

会计人员职称层级分为初级、中级、副高级和正高级。初级职称只设助理级，高级职称分设副高级和正高级，形成初级、中级、副高级会计职称的任职资格。目前，初级、中级、副高级和正高级职称名称依次为助理会计师、会计师、高级会计师和正高级会计师。

（2）会计专业技术资格。

会计专业技术资格分为初级资格、中级资格和高级资格，分别对应初级、中级、副高级会计职称（会计专业职务）的任职资格。目前，初级、中级资格实行全国统一考试制度，高级会计师资格实行考试与评审相结合制度。

母题 2-3-10　会计人员继续教育的适用范围是什么？

会计专业技术人员继续教育适用范围为用人单位的会计人员，学分要求为每年累计不少于 90 学分，专业科目一般不少于总学分的 2/3。会计专业技术人员参加继续教育取得的学分，在全国范围内当年度有效，不得结转以后年度。

母题 2-3-11　总会计师的地位是什么？

总会计师是主管本单位会计工作的行政领导，是单位行政领导成员，协助单位主要行政领导人工作，直接对单位主要行政领导人负责。总会计师组织领导本单位的财务管理、成本管理、预算管理、会计核算和会计监督等方面的工作、参与本单位重要经济问题的分析和决策，总会计师不属于会计专业职务。

【提示】国有的和国有资产占控股地位或者主导地位的大、中型企业必须设置总会计师。

考查形式

子题 2-3-6-1（判断）：会计人员不包括担任单位会计机构负责人（会计主管人员）、总会计师的人员。（　　）

子题 2-3-6-2：会计人员具体包括________人员。

子题 2-3-7-1（判断）：具备从事会计工作所需要的专业能力属于会计人员的一般要求。（　　）

子题 2-3-7-2（判断）：担任单位会计机构负责人（会计主管人员）的，应当具备会计师以上专业技术资格或者从事会计工作 2 年以上经历。（　　）

子题 2-3-8-1（判断）：因故意销毁会计凭证被依法追究刑事责任的会计人员，不得再从事会计工作。（　　）

子题 2-3-9-1：根据会计法律制度的规定，属于会计专业技术资格的有________。

子题 2-3-9-2（判断）：初级、中级、副高级和正高级职称名称依次为助理会计师、会计师、高级会计师和正高级会计师。（　　）

子题 2-3-9-3（判断）：根据会计法律制度的规定，注册会计师属于会计职称。（　　）

子题 2-3-9-4（判断）：会计人员职称层级分为初级、中级、副高级和正高级。（　　）

子题 2-3-10-1：会计专业技术人员继续教育学分要求为每年累计不少于________。

子题2-3-10-2（判断）：会计专业技术人员继续教育不少于总学分的2/3。（　　）

子题2-3-11-1：根据会计法律制度的规定，必须设置总会计师的企业是________。

子题2-3-11-2（判断）：有限责任公司应当设置总会计师。（　　）

子题2-3-11-3：根据会计法律制度的规定，关于总会计师地位的正确表述是________。

【适用题型】单项选择题、多项选择题、判断题。

【1-2019判断】因故意销毁会计凭证被依法追究刑事责任的会计人员，不得再从事会计工作（　　）。

【2-2019单选】根据会计法律制度的规定，下列企业中，必须设置总会计师的是（　　）。

A. 个人独资企业　　B. 国有大中型企业

C. 普通合伙企业　　D. 外商独资企业

【3-2019多选】根据会计法律制度的规定，下列各项中，属于会计专业技术资格的有（　　）。

A. 初级职称　　B. 中级职称

C. 高级职称　　D. 注册会计师

【4-2019多选】根据会计法律制度的规定，下列关于总会计师地位的表述中，正确的有（　　）。

A. 是单位内部审计机构负责人

B. 是单位会计机构负责人

C. 直接对单位行政领导人负责

D. 是单位行政领导成员

【5-2018单选】不属于会计职称的是（　　）。

A. 高级会计师　　B. 助理会计师

C. 会计师　　D. 总会计师

【6-2018判断】有限责任公司应当设置总会计师。（　　）

答案及解析

1.【答案】√

【解析】考核终身禁入。

2.【答案】B

【解析】国有的和国有资产占控股地位或者主导地位的大、中型企业必须设置总会计师。

3.【答案】ABC

【解析】注册会计师不属于会计职称。

4.【答案】CD

【解析】总会计师是主管本单位会计工作的行政领导，是单位行政领导成员，是协助单位行政领导人工作，直接对单位行政领导人负责。

5.【答案】D

【解析】总会计师不属于会计职称。

6.【答案】×

【解析】国有的和国有资产占控股地位或者主导地位的大、中型企业必须设置总会计师，其他单位可以根据业务需要自行决定。

会计工作交接

扫码可听课

母题 2－3－12 工作交接的程序有哪些？

（1）监交：一般会计人员→会计机构负责人监交；会计机构负责人→单位负责人监交。

（2）交接之后交接双方和监交人需要在移交清册上“签名或者盖章”；移交清册“一式三份”；接替人员应当继续使用移交的会计账簿，“不得自行另立新账”，以保持会计记录的连续性。

（3）“移交人员”对所移交的会计凭证、会计账簿、会计报表及其他会计资料的合法性、真实性承担法律责任。

考查形式

子题 2－3－12－1：根据会计法律制度的规定，负责对一般会计人员办理会计工作交接手续进行监交的是________。

子题 2－3－12－2（判断）：会计工作交接之后交接双方和监交人需要在移交清册上签名并者盖章。（　　）

子题 2－3－12－3（判断）：会计工作接替人员应当使用新的会计账簿。（　　）

【适用题型】单项选择题、多项选择题、判断题。

【1－2019 单选】根据会计法律制度的规定，下列人员中，负责对一般会计人员办理会计工作交接手续进行监交的是（　　）。

A. 档案管理机构负责人　　B. 人事部门负责人

C. 会计机构负责人　　D. 纪检部门负责人

【2－2018 不定项】2017 年 1 月甲公司一批会计档案保管期满，其中有尚未结清的债权债务原始凭证。甲公司档案管理机构请会计机构负责人张某及相关人员在会计档案销毁清册上签署意见，将该批会计档案全部销毁。2017 年 9 月出纳郑某调离，与接替其工作的王某办理了会计工作交接。2017 年 12 月为完成利润指标，会计机构负责人张某采取虚增营业收入等方法，调整了财务会计报告，并经法定代表人周某同意，向乙公司提供了未经

审计的财务会计报告。

要求：根据上述资料，不考虑其他因素，分析回答下列各题。

〈1〉关于甲公司销毁会计档案的下列表述中，正确的是（　　）。

A. 档案管理机构负责人应在会计档案销毁清册上签署意见

B. 法定代表人周某应在会计档案销毁清册上签署意见

C. 会计机构负责人张某不应在会计档案销毁清册上签署意见

D. 保管期满但未结清的债权债务原始凭证不得销毁

〈2〉下列关于会计人员郑某与王某交接会计工作的表述中，正确的是（　　）。

A. 郑某与王某应按移交清册逐项移交，核对点收

B. 应由会计机构负责人张某监交

C. 移交完毕，郑某与王某以及监交人应在移交清册上签名或盖章

D. 移交完毕，王某可自行另立新账进行会计记录

〈3〉关于甲公司向乙公司提供财务会计报告的下列表述中，正确的是（　　）。

A. 财务会计报告经注册会计师审计后才能对乙公司提供

B. 会计主管人员应在财务会计报告上签名或盖章

C. 会计机构负责人张某应在财务会计报告上签名或盖章

D. 单位领导人周某应在财务会计报告上签名或盖章

〈4〉关于会计机构负责人张某采取虚增营业收入等方法调整财务会计报告行为性质及法律后果的下列表述中，正确的是（　　）。

A. 可对张某处以罚款

B. 该行为属于编制虚假财务会计报告

C. 张某5年之内不得从事会计工作

D. 可对张某处以行政拘留

答案及解析

1.【答案】C

【解析】一般会计人员由会计机构负责人监交，会计机构负责人由单位负责人监交。

2.〈1〉【答案】ABD

【解析】选项A、B、C，单位负责人、档案管理机构负责人、会计管理机构负责人、档案管理机构经办人、会计管理机构经办人在会计档案销毁清册上签署意见。选项D，保管期满但未结清的债权债务原始凭证和涉及其他未了事项的会计凭证不得销毁。

〈2〉【答案】ABC

【解析】选项A、B，交接会计档案时，交接双方应当按照会计档案移交清册所列内容逐项交接，并由交接双方的单位有关负责人负责监督；选项C，交接完毕后，交接双方经办人和监督人应当在会计档案移交清册上签名或盖章；选项D，接替人员应当继续使用移交的会计账簿，不得自行另立新账，以保持会计记录的连续性。

〈3〉【答案】BCD

【解析】选项A，财务会计报告须经注册会计师审计的（并非所有公司的财务会计报告都必须经过审计），注册会计师及其所在的会计师事务所出具的审计报告应当随同财务

会计报告一并对外提供。选项B、C、D，对外报送的财务会计报告需要单位领导人、会计主管人员、会计机构负责人、总会计师签名或盖章。

〈4〉【答案】ABC

【解析】编制虚假财务会计报告构成犯罪的，依法追究刑事责任；尚不构成犯罪的：1）由县级以上人民政府财政部门予以通报，可以对单位并处5 000元以上10万元以下的罚款；2）对其直接负责的主管人员和其他直接责任人员，可以处3 000元以上5万元以下的罚款；3）属于国家工作人员的，还应当由其所在单位或者有关单位依法给予撤职直至开除的行政处分；4）其中的会计人员，5年内不得从事会计工作。

第四节　会计职业道德

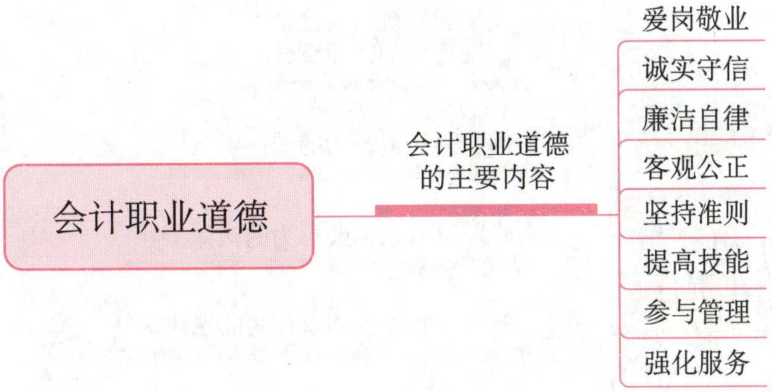

扫码可听课

会计职业道德

扫码可听课

母题2-4-1　会计职业道德的主要内容包括什么？

会计职业道德的主要内容包括爱岗敬业、诚实守信、廉洁自律、客观公正、坚持准则、提高技能、参与管理、强化服务。

考查形式

子题2-4-1-1（判断）：提高技能不属于会计职业道德的主要内容。（　　）

子题2-4-1-2：会计职业道德的主要内容包括________。

子题2-4-1-3（判断）：会计职业道德的主要内容包括爱岗敬业、诚信友善、廉洁奉公、客观公正。（　　）

【适用题型】单项选择题、多项选择题、判断题。

【2019 多选】根据会计法律制度的规定，下列各项中，属于会计职业道德内容的有（　）。

A. 坚持准则　　B. 客观公正　　C. 参与管理　　D. 廉洁自律

答案及解析

【答案】ABCD

【解析】会计职业道德主要包括爱岗敬业、诚实守信、廉洁自律、客观公正、坚持准则、提高技能、参与管理、强化服务等内容。

第五节　违反会计法律制度的法律责任

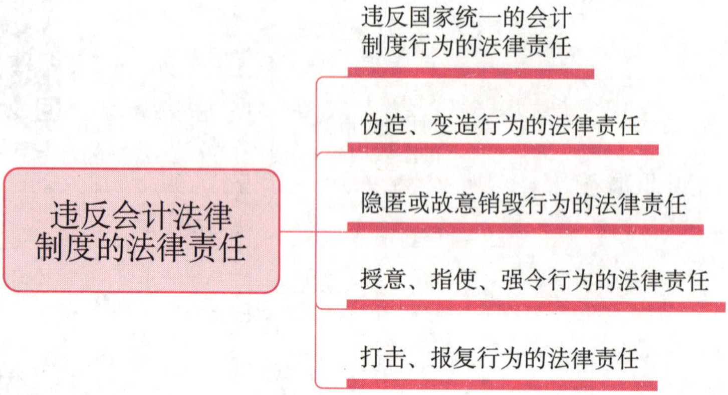

扫码可听课

违反会计法律制度的法律责任

母题 2－5－1　违反会计法律制度需要承担什么法律责任？

（1）法律责任。

类别	构成犯罪	行政处分	罚单位	罚个人	情节严重（5 年）限制工作
违反会计制度	追究刑责	√	[3 000 元，50 000 元)	[2 000 元，20 000 元)	√
伪造变造			[5 000 元，100 000 元)	[3 000 元，50 000 元)	√
隐匿 故意销毁凭证					√
授权指使强令			[5 000 元，50 000 元)	—	—
打击报复			—	—	—

（2）具体行为。

违反国家统一会计制度行为	行政责任	刑事责任
1）未按规定填制、取得原始凭证或原始凭证不符合规定； 2）以未经审核的会计凭证为依据登记账簿或登记账簿不符合规定； 3）不依法设置账簿； 4）私设账簿（账外账、小金库、两本账）； 5）向不同的使用者提供的财务会计报告编制依据不一致； 6）未按规定保管会计资料，致使会计资料毁损、灭失； 7）随意变更会计处理方法； 8）未按规定使用会计记录文字和记账本位币； 9）未按规定建立并实施单位内部会计监督制度，拒绝依法实施的监督，或不如实提供有关会计资料及有关情况； 10）任用会计人员不符合规定	1）**责令限期改正（县级以上）**； 2）罚款（单位 3 000～50 000 元，个人 2 000～20 000 元）； 3）给予行政处分（公务员）； 4）会计人员 5 年内不得从事会计工作**（情节严重）**	构成犯罪的，依法追究刑事责任
其他违法行为	**行政责任**	**刑事责任**
伪造、变造会计资料	1）通报； 2）罚款**（单位 5 000～100 000 元，个人 3 000～50 000 元）**； 3）给予**“撤职直至开除”**的行政处分； 4）会计人员 **5 年**内不得从事会计工作	构成犯罪的，依法追究刑事责任
隐匿或故意销毁依法应保存的会计资料		个人犯罪：处**5 年以下**有期徒刑或者拘役；并处或者单处**2 万元以上 20 万元以下**罚金 单位犯罪：对单位判处罚金；对直接负责的主管人员和其他直接责任人的处理同个人犯罪
授意、指使、强令他人伪造、变造或隐匿、故意销毁依法应保存的会计资料	1）罚款（5 000～50 000 元） 2）给予**“降级、撤职、开除”**的行政处分	构成犯罪的，依法追究刑事责任
单位负责人对会计人员打击报复	给予行政处分； 补救措施：恢复其名誉和原有职务、级别	构成打击报复会计人员罪，处**3 年以下有期徒刑或者拘役**
财政部门及有关行政部门工作人员职务违法行为：滥用职权、玩忽职守、徇私舞弊、泄露国家秘密、商业秘密	不构成犯罪的，依法给予行政处分	构成犯罪的，依法追究刑事责任

考查形式

子题2-5-1-1：对于变造、伪造会计凭证的正确说法是________。

子题2-5-1-2：根据会计法律制度的规定，属于违法行为的情形有________。

子题2-5-1-3：会计机构负责人采取虚增营业收入等方法调整财务会计报告行为性质及法律后果的正确表述是________。

子题2-5-1-4：授意、指使、强令他人伪造、变造或隐匿、故意销毁依法应保存的会计资料，说法正确的是________。

子题2-5-1-5：属于违反国家统一会计制度行为需要承担的行政责任有________。

【适用题型】单项选择题、多项选择题、判断题。

【1-2018单选】对于变造、伪造会计凭证，下列说法中正确的是（　　）。

A. 对单位罚款三千元以上五万元以下

B. 对个人罚款三千元以上五万元以下

C. 对单位罚款五千元以上五万元以下

D. 对个人罚款五千元以上十万元以下

【2-2018多选】根据会计法律制度的规定，下列情形中，属于违法行为的有（　　）。

A. 指使会计人员编制虚假财务会计报告

B. 变造会计账簿

C. 隐匿依法应当保存的会计凭证

D. 拒绝接收金额记载错误的原始凭证

【3-多选】会计机构负责人采取虚增营业收入等方法调整财务会计报告行为性质及法律后果的下列表述中，正确的是（　　）。

A. 可对该负责人处以罚款

B. 该行为属于编制虚假财务会计报告

C. 该负责人5年之内不得从事会计工作

D. 可对该负责人处以行政拘留

答案及解析

1.【答案】B

【解析】伪造、变造会计凭证、会计账簿，编制虚假财务会计报告，尚不构成犯罪的，由县级以上人民政府财政部门予以通报，可以对单位并处五千元以上十万元以下的罚款；对其直接负责的主管人员和其他直接责任人员，可以处三千元以上五万元以下的罚款。

2.【答案】ABC

【解析】违反会计法律制度的行为包括：违反国家统一的会计制度行为；伪造、变造会计凭证、会计账簿，编制虚假财务会计报告（选项B）；隐匿或者故意销毁依法应当保存的会计凭证、会计账簿、财务会计报告（选项C）；授意、指使、强令会计机构、会计人员及其他人员伪造、变造会计凭证、会计账簿，编制虚假财务会计报告或者隐匿、故意销毁依法应当保存的会计凭证、会计账簿、财务会计报告（选项 A)；单位负责人对依法履行职责、抵制违反《会计法》规定行为的会计人员实行打击、报复行为。

3.【答案】ABC

【解析】编制虚假财务会计报告构成犯罪的，依法追究刑事责任；尚不构成犯罪的：1）由县级以上人民政府财政部门予以通报，可以对单位并处五千元以上十万元以下的罚款；2）对其直接负责的主管人员和其他直接责任人员，可以处三千元以上五万元以下的罚款；3）属于国家工作人员的，还应当由其所在单位或者有关单位依法给予撤职直至开除的行政处分；4）其中的会计人员，5 年内不得从事会计工作。

第三章

支付结算法律制度

本章解读

扫码可听课

本章分值占比约 15 分，各种题型都有可能涉及，难度较大。本章由 7 个小节组成，分为支付结算概述、银行结算账户、票据、银行卡、网上支付、结算方式和其他支付工具、结算纪律与法律责任。本章为考试重点内容，与其他章节联系不大，可以单独复习，但是考点比较细碎、一些考点和生活比较疏远，需要在理解的基础上多做题，巩固记忆。

本章框架

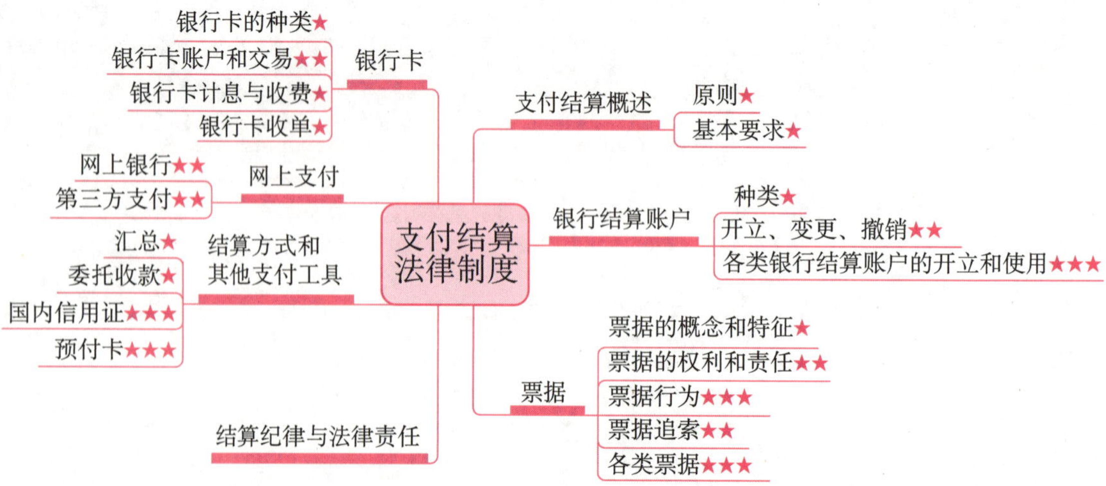

第一节　支付结算概述

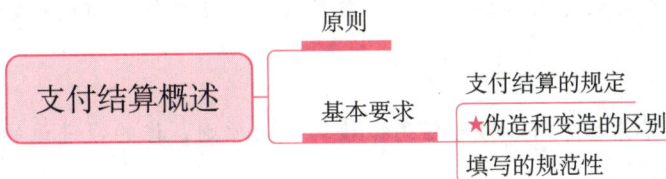

- 支付结算概述
  - 原则
  - 基本要求
    - 支付结算的规定
    - ★伪造和变造的区别
    - 填写的规范性

支付结算原则

母题 3-1-1　什么是支付结算的中介机构？

银行是支付结算和资金清算的中介机构。未经中国人民银行批准的非银行金融机构和其他单位不得作为中介机构办理支付结算业务。

母题 3-1-2　支付结算的原则是什么？

（1）恪守信用，履约付款原则。

（2）谁的钱进谁的账，由谁支配原则。

（3）银行不垫款原则（银行是办理支付结算业务的中介机构）。

考查形式

子题 3-1-1-1（判断）：非金融机构作为支付中介机构办理支付业务需经中国人民银行批准。（　　）

子题 3-1-2-1：根据支付结算法律制度的规定，银行没有为存款人垫付的义务体现了________的原则。

子题 3-1-2-2：根据支付结算法律制度的规定，属于支付结算原则的有________。

子题 3-1-2-3（判断）：支付结算遵循银行不垫款的原则。（　　）

【适用题型】单项选择题、多项选择题、判断题。

【1-2019 判断】非金融机构作为支付中介机构办理支付业务需经中国人民银行批准。（　　）

【2-2019 单选】根据支付结算法律制度的规定，银行没有为存款人垫付的义务体现了（　　）原则。

A. 银行不垫款　　　　B. 恪守信用

C. 履约付款　　　　　　D. 谁的钱进谁的账，由谁支配

【3-2018 判断】支付结算遵循银行不垫款的原则。（　　）

答案及解析

1.【答案】√

2.【答案】A

【解析】支付结算的原则：恪守信用，履约付款；谁的钱进谁的账，由谁支配；银行不垫款。

3.【答案】√

【解析】支付结算的原则：恪守信用，履约付款原则；谁的钱进谁的账，由谁支配原则；银行不垫款原则。

支付结算的基本要求

母题 3-1-3　支付结算的基本要求是什么？

收款人名称	应当记载全称或“规范化简称”
出票日期	（1）“必须”使用中文大写，小写银行不受理
	（2）日期的中文大写方法：汉语规律，数字构成，**防止变造** **前加零**：月→壹、贰、壹拾 日→壹～玖、壹拾、贰拾、叁拾 **前加壹**：日→拾壹～拾玖
金额	以中文大写和阿拉伯数码同时记载，二者**必须一致**
签章	（1）单位、银行：财务（汇票）专用章（公章）+法定代表人“或”代理人的签名或盖章
	（2）个人：本人的签名“或”盖章
更改	“金额、日期、收款人名称”不得更改
	其他内容“原”记载人可以更改，并在更改处“签章”证明

母题 3-1-4　伪造和变造的区别在哪里？

伪造	是指无权限人假冒他人或虚构他人名义签章的行为，例如伪造出票签章、背书签章、承兑签章和保证签章等	“签章”
变造	是指无权更改票据内容的人，对票据上签章以外的记载事项加以改变的行为。变造票据的方法多是在合法票据的基础上，对票据加以剪接、挖补、覆盖、涂改，**从而非法改变票据的记载事项**	“签章以外”

考查形式

子题3-1-3-1：2019年3月18日，甲公司向乙公司签发一张金额为20万元、用途为服务费的转账支票，发现填写有误。该支票记载的事项中，可以更改的是________。

子题3-1-3-2（判断）：根据支付结算法律制度的规定，金额、日期、收款人名称不得更改。（ ）

子题3-1-3-3（判断）：结算凭证金额以中文大写和阿拉伯数码同时记载，二者必须一致，二者不一致的，银行不予受理。（ ）

子题3-1-3-4：关于支票出票及补记行为的正确表述是________。

子题3-1-3-5：签发支票时，拟在支票上的签章中，正确的是________。

子题3-1-3-6（判断）：单位、银行在票据上的签章和单位在结算凭证上的签章，为该单位、银行的签章加其法定代表人或其授权的代理人的签名或盖章。（ ）

子题3-1-3-7：根据支付结算法律制度的规定，关于日期的表述正确的是________。

子题3-1-4-1（判断）：无权限人假冒他人或虚构他人名义签章的行为属于变造行为。（ ）

子题3-1-4-2：属于伪造行为的有________。

子题3-1-4-3（判断）：当票据内容有误时，可以对票据加以剪接、挖补、覆盖、涂改。（ ）

【提示】区分伪造、变造、更改。

【适用题型】单项选择题、多项选择题、判断题。

【1-2018单选】2017年8月18日，甲公司向乙公司签发一张金额为10万元、用途为服务费的转账支票，发现填写有误。该支票记载的下列事项中，可以更改的是（ ）。

A. 出票金额　　B. 收款人名称　　C. 出票日期　　D. 用途

【2-2018多选】根据支付结算法律制度的规定，下列关于办理支付结算基本要求的表述中，正确的有（ ）。

A. 结算凭证的金额以中文大写和阿拉伯数码同时记载，二者必须一致

B. 票据上出票金额、收款人名称不得更改

C. 票据的出票日期可以使用阿拉伯数码记载

D. 票据上的签章为签名、盖章或者签名加盖章

【3-2018判断】结算凭证金额以中文大写和阿拉伯数码同时记载，二者必须一致，二者不一致的，银行不予受理。（ ）

【4-2018不定项】甲公司法定代表人为赵某，公司在P银行开立支票存款账户，预留签章为公司单位公章加会计机构负责人刘某的个人名章。2017年1月11日，赵某派业务员李某采购原料，刘某签发一张转账支票交给李某，但支票上未填写金额和收款人名称，李某与乙公司签订合同后，将支票交付乙公司会计人员张某，张某在支票上填写合同金额10万元，并在收款人栏填写乙公司。1月12日张某持支票到本公司的开户银行Q银行，

拟通过委托收款方式向P银行提示付款。

要求：根据上述资料，不考虑其他因素，分析回答下列小题。

〈1〉刘某填写支票时，出票日期2017年1月11日正确的填写形式是（　　）。

A. 贰零壹柒年零壹月零拾壹日

B. 贰零壹柒年零壹月壹拾壹日

C. 贰零壹柒年壹月零拾壹日

D. 贰零壹柒年壹月壹拾壹日

〈2〉刘某签发支票时，下列拟在支票上的签章中，正确的是（　　）。

A. 甲公司财务专用章加刘某的个人名章

B. 甲公司单位公章加赵某的个人名章

C. 甲公司单位公章加刘某的个人名章

D. 甲公司财务专用章加赵某的个人名章

〈3〉下列关于该支票出票及补记行为的表述中，正确的是（　　）。

A. 刘某未填写支票金额，支票无效

B. 张某可以补记收款人为乙公司

C. 刘某未填写收款人名称，支票无效

D. 张某可以补记支票金额10万元

〈4〉张某委托Q银行收取支票款项，应当办理的手续是（　　）。

A. 在支票被背书人栏记载Q银行

B. 在支票背书人签章栏记载“委托收款”字样

C. 填制进账单

D. 在支票上记载背书日期

答案及解析

1.【答案】D

【解析】出票金额、出票日期、收款人名称不得更改，更改的票据无效。

2.【答案】ABD

【解析】选项A，票据和结算凭证金额以中文大写和阿拉伯数码同时记载，二者必须一致，二者不一致的票据无效，二者不一致的结算凭证银行不予受理。选项B，出票金额、出票日期、收款人名称不得更改，更改的票据无效。选项C，票据的出票日期必须使用中文大写，故C选项错误。选项D，票据和结算凭证上的签章，为签名、盖章或者签名加盖章。

3.【答案】√

4.〈1〉【答案】B

【解析】票据的出票日期必须使用中文大写。为防止变造票据的出票日期，在填写月、日时，月为“壹”“贰”“壹拾”的，日为“壹”至“玖”和“壹拾”“贰拾”“叁拾”的，应在其前加“零”；日为“拾壹”至“拾玖”的，应在其前加“壹”。

〈2〉【答案】C

【解析】支票上的出票人的签章，出票人为单位的，为与该单位在银行预留签章一致的财务专用章或者公章加其法定代表人或者其授权的代理人的签名或者盖章。在本题中，甲公司预留签章为公司单位公章加会计机构负责人刘某的个人名章，因此，刘某签发支票时，拟在支票上的签章为甲公司单位公章加刘某的个人名章。

〈3〉【答案】BD

【解析】支票的金额、收款人名称，可以由出票人授权补记，未补记前不得背书转让和提示付款。

〈4〉【答案】ABCD

【解析】持票人委托开户银行收款时，应作委托收款背书，在支票背面背书人签章栏签章、记载“委托收款”字样、背书日期，在被背书人栏记载开户银行名称，并将支票和填制的进账单送交开户银行。

第二节　银行结算账户

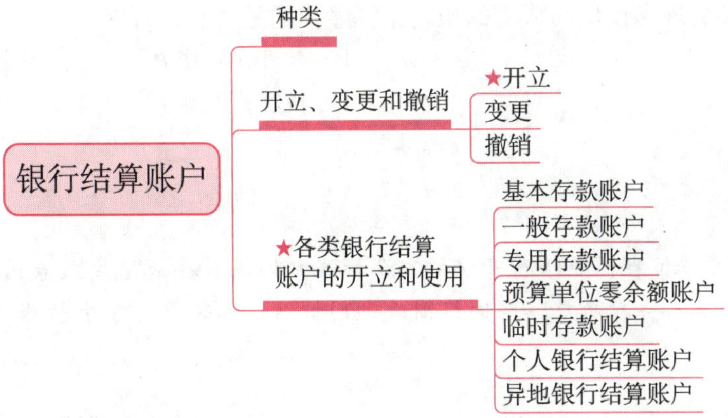

银行结算账户的种类

母题 3-2-1　银行结算账户分为哪些种类?

（1）银行结算账户按存款人不同分为单位银行结算账户和个人银行结算账户。存款人以单位名称开立的银行结算账户为单位银行结算账户。单位银行结算账户分为基本存款账户、一般存款账户、专用存款账户、临时存款账户。

（2）财政部门为实行财政国库集中支付的预算单位在商业银行开设的零余额账户按基本存款账户或专用存款账户管理。预算单位未开立基本存款账户，或者原基本存款账户在国库支付改革后按照财政部门的要求撤销的，经同级财政部门批准，预算单位零余额账户作为基本存款账户管理。除上述情况外，预算单位零余额账户作为专用存款账户管理。

考查形式

子题3-2-1-1：未在银行开立账户的W市退役军人事务局，经批准在银行开立了预算单位零余额账户，该零余额账户应按其管理的账户种类是________。

子题3-2-1-2：根据支付结算法律制度的规定，属于存款人对其特定用途资金进行专项管理和使用而成立的银行结算账户的是________。

子题3-2-1-3（判断）：预算单位开立基本存款账户的，预算单位零余额账户作为专用存款账户管理。（　　）

子题3-2-1-4（判断）：单位银行结算账户分为基本存款账户、一般存款账户、专用存款账户、临时存款账户。（　　）

【适用题型】单项选择题、多项选择题、判断题。

【1-2019单选】未在银行开立账户的W市退役军人事务局，经批准在银行开立了预算单位零余额账户，下列账户种类中，该零余额账户应按其管理的是（　　）。

A. 一般存款账户　　B. 基本存款账户

C. 专用存款账户　　D. 临时存款账户

【2-2014单选】根据支付结算法律制度的规定，下列各项中，属于存款人对其特定用途资金进行专项管理和使用而成立的银行结算账户的是（　　）。

A. 一般存款账户　　B. 专用存款账户

C. 基本存款账户　　D. 临时存款账户

答案及解析

1.【答案】B

【解析】预算单位在商业银行开设的零余额账户按基本存款账户或专用存款账户管理。预算单位未开立基本存款账户，经同级财政部门批准，预算单位零余额账户作为基本存款账户管理。

2.【答案】B

【解析】专用存款账户是存款人按照法律、行政法规和规章的规定，对特定用途资金进行专项管理和使用而开立的银行结算账户。

银行结算账户的开立、变更、撤销和相关管理

母题3-2-2　银行结算账户开立、变更和撤销的程序有哪些？

开立	开户地点	存款人应在注册地或住所地开立银行结算账户，符合异地（跨省、市、县）开户条件的也可以在异地开立银行结算账户。除国家规定外，任何单位和个人不得强令存款人到指定银行开立银行结算账户
	开户申请的预留签章要求	单位：填写“开立单位银行结算账户申请书”，并加盖单位“公章”和法定代表人或其授权代理人的签名或盖章
		个人：填写“开立个人银行结算账户申请书”，并加盖本人的签章

续表

开立	账户类别	核准类账户	预算单位专用存款账户、QFII 专用存款账户
			银行应将存款人开户申请书、相关证明文件、银行审核意见等开户资料报送中国人民银行当地支行，经其核准并核发开户许可证，中国人民银行当地支行2个工作日内对报送资料进行审核，符合开户条件的，颁发基本存款账户开户许可证 【提示】2019 年年底前，完成取消企业银行账户许可
		备案类账户	基本存款账户、一般存款账户、临时存款账户、其他专用存款账户、注册验资和增值验资的临时存款账户、个人银行结算账户
			申请开立备案类银行结算账户的，开户银行应办理开户手续，并向中国人民银行当地支行备案；备案类账户的变更及撤销应通过账户管理系统向中国人民银行当地分行报备
	账户管理协议		(1) 银行应与存款人签订银行结算账户协议，明确双方权利和义务 (2) 对存在法定代表人或者负责人对单位经营规模及业务背景等不清楚、注册地和经营地均在异地的单位，银行应当与其法定代表人或者负责人面签银行结算账户管理协议，并留存视频、音频资料等 (3) 银行为存款人开通非柜面转账业务时，双方应签订协议，约定非柜面渠道向非同名银行账户和支付账户转账的日累计限额、笔数和年累计限额等，超出限额和笔数的，应到银行柜面办理 (4) 银行应建立存款人预留签章卡片，并将签章式样和有关证明文件的原件或复印件留存归档。存款人为单位的，其预留签章为该单位的公章或财务专用章加其法定代表人（单位负责人）或其授权的代理人的签名或者盖章。存款人为个人的，其预留签章为该个人的签名或者盖章
	账户名称规定		存款人在申请开立单位银行结算账户时，其申请开立的银行结算账户的账户名称、出具的开户证明文件上记载的存款人名称以及预留银行签章中公章或财务专用章的名称应保持一致 但下列情况除外： (1) 因注册验资开立的临时存款账户 (2) 预留银行签章中公章或财务专用章的名称依法可使用简称的，账户名称应与其保持一致 (3) 没有字号的个体工商户开立的银行结算账户，其预留签章中公章或财务专用章应是"个体户"字样加营业执照上载明的经营者的签字或盖章
	生效日	基本规定	企业银行结算账户自开户之日起即可办理收付业务。单位银行结算账户，正式开立之日起"3个工作日后"，方可办理"付款业务"
		排除事项	"注册验资的临时存款账户转为基本存款账户"、因"借款转存"开立的一般存款账户除外
变更			**变更内容**：账户名称、单位的法定代表人或主要负责人、地址等 ■ 存款人更改名称但不改变开户银行及账号：5 个工作日内向开户银行提出变更申请，出具证明 ■ 变更单位的法定代表人或主要负责人、地址：5 个工作日内书面通知开户行并提供有关证明

续表

撤销	撤销情形：被撤并、解散、破产、关闭、注销、迁址、变更开户银行 ■ 拥有多个银行结算账户的，最后撤销基本存款账户 ■ 强制撤销的情形下，存款人应自银行发出通知之日起 **"30 日"** 内办理销户手续，逾期视同自愿销户 ■ 存款人尚未清偿其开户银行债务的，不得申请撤销该银行结算账户 ■ 有下列情形之一的，存款人应向开户银行提出撤销银行结算账户的申请： (1) 被撤并、解散、宣告破产或关闭的 (2) 注销、被吊销营业执照的 (3) 因迁址需要变更开户银行的 (4) 其他原因需要撤销银行结算账户的 存款人有以上第（1）、第（2）项情形的，应于5个工作日内向开户银行提出撤销银行结算账户的申请 撤销银行结算账户时，应先撤销一般存款账户、专用存款账户、临时存款账户，将账户资金转入基本存款账户后，方可办理基本存款账户的撤销 银行得知存款人有第（1）、第（2）项情形的，存款人超过规定期限未主动办理撤销银行结算账户手续的，银行有权停止其银行结算账户的对外支付 存款人因以上第（3）、第（4）项情形撤销基本存款账户后，需要重新开立基本存款账户的，应在撤销其原基本存款账户后10日内申请重新开立基本存款账户
管理	■ **实名制开立结算账户**：实名开立银行结算账户 ■ **按照账户管理规定办理结算业务**：不得出租、出借银行结算账户，不得利用银行结算账户套取银行信用或者进行洗钱活动 ■ **预留签章的管理**： (1) **遗失**：向开户银行出具书面申请、开户许可证、营业执照等相关证明文件 (2) **更换**：向开户银行出具书面申请、原预留公章或财务专用章等相关证明文件，若无法提供原预留签章应向开户银行出具原印鉴卡片、开户许可证、营业执照正本、司法部门证明等 **【提示】**单位存款人申请变更和更换预留公章或财务章，可由法定代表人或者单位负责人直接办理，也可授权他人办理

考查形式

子题 3-2-2-1：根据支付结算法律制度的规定，关于开立企业银行结算账户办理事项的正确表述是________。

子题 3-2-2-2（判断）：没有字号的个体工商户开立银行结算账户，其预留银行签章中公章或财务专用章应是"个体户"字样加营业执照上载明的经营者的签字或盖章。（　）

子题 3-2-2-3：存款人开立的银行结算账户中，须经中国人民银行分支机构核准的是________。

子题 3-2-2-4：甲公司预留银行单位公章不慎丢失，向开户银行申请更换印章。甲公司应向开户银行出具的文件有________。

子题 3-2-2-5（判断）：存款人未清偿其开户银行债务的，也可以撤销该银行结算账户。（　）

子题 3-2-2-6：根据支付结算法律制度的规定，关于单位存款人申请变更预留银行的单位财务专用章的正确表述是________。

子题 3-2-2-7：根据支付结算法律制度的规定，存款人应向开户银行提出撤销银行结算账户申请的情形有________。

子题 3-2-2-8（判断）：存款人申请开立单位银行结算账户时，需要其授权代理人的签名并盖章。（　　）

子题 3-2-2-9：存款人由于其他原因撤销基本存款账户后，需要重新开立基本存款账户，应在撤销其原本存款账户后________日内申请重新开立基本存款账户。

【适用题型】单项选择题、多项选择题、判断题、不定项选择题。

【1-2019 多选】根据支付结算法律制度的规定，关于开立企业银行结算账户办理事项的下列表述中，正确的有（　　）。

A. 银行为企业开通非柜面转账业务，应当约定通过非柜面渠道向非企业账户转账的日累计限额

B. 注册地和经营地均在异地的企业申请开户，法定代表人可授权他人代理签订银行结算账户管理协议

C. 银企双方应当签订银行结算账户管理协议，明确双方的权利和义务

D. 企业预留银行的签章可以为其财务专用章加其法定代表人的签名

【2-2019 判断】没有字号的个体工商户开立银行结算账户，其预留银行签章中公章或财务专用章应是“个体户”字样加营业执照上载明的经营者的签字或盖章。（　　）

【3-2018 单选】下列存款人开立的银行结算账户中，须经中国人民银行分支机构核准的是（　　）。

A. 以公安局在银行开立的预算单位专用存款账户

B. 丙公司在银行开立的用于注册验资的临时存款账户

C. 张某在银行开立的个人Ⅰ类银行账户

D. 甲公司在银行开立的一般存款账户

【4-2018 多选】甲公司预留银行单位公章不慎丢失，向开户银行申请更换印章。下列文件中，甲公司应向开户银行出具的有（　　）。

A. 营业执照正本

B. 司法部门的证明

C. 原印鉴卡片

D. 开户许可证

【5-2018 判断】存款人未清偿其开户银行债务的，也可以撤销该银行结算账户。（　　）

【6-2018 不定项】甲餐馆系有限责任公司，主要从事网上外卖业务。2015 年 2 月 2 日，甲餐馆因办理日常结算需要，在 P 银行开立了基本存款账户。2016 年 1 月 5 日，甲餐馆因贷款需要，在 Q 银行开立了一般存款账户。2017 年 3 月 16 日，甲餐馆因经营不善停业，注销了营业执照，甲餐馆拟撤销银行结算账户。

已知：甲餐馆只有上述两个银行结算账户。

要求：根据上述资料，不考虑其他因素，分析回答下列小题。

（1）下列关于甲餐馆在P银行开立的基本存款账户的表述中，正确的是（　　）。

A. 甲餐馆申请开立该账户时应出具企业法人营业执照正本

B. 甲餐馆可以通过该账户发放工资

C. 该账户是甲餐馆的主办账户

D. 甲餐馆可以自主选择另一家银行再开立一个基本存款账户

（2）下列业务中，属于甲餐馆在Q银行开立的一般存款账户可以办理的是（　　）。

A. 缴存现金2万元　　B. 转存借款20万元

C. 支取现金3万元　　D. 归还借款50万元

（3）甲餐馆应在2017年3月16日起的一定期限内向银行提出撤销银行结算账户的申请，该期限为（　　）个工作日。

A. 5　　B. 10　　C. 20　　D. 15

（4）下列关于甲餐馆撤销基本存款账户的表述中，正确的是（　　）。

A. 应将各种重要空白结算凭证、票据和开户许可证交回银行

B. 应先撤销在Q银行开立的一般存款账户

C. 应与P银行核对账户存款余额

D. 应清偿在Q银行的债务，并将在Q银行的账户资金转入基本存款账户

【7－2017多选】根据支付结算法律制度的规定，关于单位存款人申请变更预留银行的单位财务专用章的下列表述中，正确的有（　　）。

A. 需提供原预留的单位财务专用章

B. 需提供单位书面申请

C. 需重新开立单位存款账户

D. 可由法定代表人直接办理，也可授权他人办理

【8－2016多选】根据支付结算法律制度的规定，下列情形中，存款人应向开户银行提出撤销银行结算账户申请的有（　　）。

A. 存款人被宣告破产的

B. 存款人因迁址需要变更开户银行的

C. 存款人被吊销营业执照的

D. 存款人被撤并的

答案及解析

1. 【答案】ACD

【解析】(1) 银行应与存款人签订银行结算账户协议，明确双方权利和义务。(2) 对存在法定代表人或者负责人对单位经营规模及业务背景等不清楚、注册地和经营地均在异地的单位，银行应当与其法定代表人或者负责人面签银行结算账户管理协议，并留存视频、音频资料等，故选项B错误。(3) 银行为存款人开通非柜面转账业务时，双方应签订协议，约定非柜面渠道向非同名银行账户和支付账户转账的日累计限额、笔数和年累计限额等，超出限额和笔数的，应到银行柜面办理。(4) 银行应建立存款人预留签章卡片，并

将签章式样和有关证明文件的原件或复印件留存归档。存款人为单位的，其预留签章为该单位的公章或财务专用章加其法定代表人（单位负责人）或其授权的代理人的签名或者盖章。存款人为个人的，其预留签章为该个人的签名或者盖章。

2.【答案】√

3.【答案】A

【解析】需要中国人民银行核准的账户包括：（1）预算单位专用存款账户（选项A）；（2）合格境外机构投资者在境内从事证券投资开立的人民币特殊账户和人民币结算资金账户。对核准类账户，银行应将存款人的开户申请书、相关的证明文件和银行审核意见等开户资料报送中国人民银行当地支行，经其核准并核发开户许可证后办理开户手续。

4.【答案】ABCD

【解析】单位遗失预留公章或财务专用章的，应向开户银行出具书面申请、开户许可证、营业执照等相关证明文件。单位存款人申请更换预留公章或财务专用章但无法提供原预留公章或财务专用章的，应向开户银行出具原印鉴卡片、开户许可证、营业执照正本、司法部门的证明等相关证明文件。

5.【答案】×

【解析】存款人尚未清偿其开户银行债务的，不得申请撤销该银行结算账户。

6.〈1〉【答案】ABC

【解析】选项D，基本存款账户是存款人的主办账户，一个单位只能开立一个基本存款账户。

〈2〉【答案】ABD

【解析】一般存款账户用于办理存款人借款转存、借款归还和其他结算的资金收付。一般存款账户可以办理现金缴存，但不得办理现金支取。

〈3〉【答案】A

【解析】存款人因注销营业执照提出撤销银行结算账户申请的，应于5个工作日内向开户银行提出。

〈4〉【答案】ABCD

【解析】选项A、C，存款人撤销银行结算账户，必须与开户银行核对银行结算账户存款余额，交回各种重要空白票据及结算凭证和开户许可证，银行核对无误后方可办理销户手续。选项B、D，撤销银行结算账户时，应先撤销一般存款账户、专用存款账户、临时存款账户，将账户资金转入基本存款账户后，方可办理基本存款账户的撤销。

7.【答案】ABD

【解析】选项A、B，更换预留公章或财务专用章时，应向开户银行出具书面申请、原预留公章或财务专用章等相关证明文件。选项C，申请更换单位预留签章的，无须重新开立单位存款账户。选项D，单位存款人申请变更预留公章或财务专用章，可由法定代表人或单位负责人直接办理，也可授权他人办理。

8.【答案】ABCD

【解析】上述四项均正确。

各类银行结算账户的开立和使用

母题 3-2-3 各类单位银行结算账户的开立和使用的规定分别是什么？

基本存款账户	开户资格	企事业单位、社团、民办非企业、驻华机构、居（村、社区）委会、“团级”（含）以上军队、武警部队及分散执勤的支分队、异地“常设”机构、单位设立的“独立”核算的附属机构【非临时的均可开】
	使用范围	存款人日常经营活动的资金收付及工资、奖金和现金的支取 【提示】主办账户，一个单位只能开立一个基本存款账户
一般存款账户	使用范围	（1）**借款转存、借款归还**和其他结算的资金收付 （2）可以办理现金缴存，但不得办理现金支取 **【提示】**没有数量限制，但须在基本存款账户开户行以外的银行营业机构开立
专用存款账户	使用范围和规定	**用于特定用途专项管理**：单位银行卡账户；证券交易结算资金、期货交易保证金、信托基金专用存款账户；收入汇缴账户；业务支出账户
		（1）“单位银行卡账户”的资金必须由基本存款账户转入，该账户不得办理现金收付业务 （2）“证券交易结算资金、期货交易保证金和信托基金”专用存款账户，不得支取现金
预算单位零余额账户	使用范围和规定	（1）用于财政授权支付：可以办理转账、“提取现金” （2）可以向本单位按账户管理规定保留的相应账户划拨工会经费、住房公积金及提租补贴，以及财政部门批准的特殊款项 （3）不得违反规定向“本单位其他账户”和“上级主管单位”“所属下级单位”账户划拨资金 **【提示】**预算单位应向财政部门申请开立零余额账户；一个基层预算单位开设“一个”零余额账户
临时存款账户	使用范围和规定	“设立临时机构”“异地临时经营”“军队、武警临时任务”“注册验资、增资” **【提示】**开立临时存款账户须出具基本存款账户开户许可证
		（1）有效期最长不得超过2年 （2）可以支取现金但验资户在验资期间只收不付

母题 3-2-4 个人银行结算账户的开立方式是什么？

个人银行结算账户开立证明：实名制，需出具本人有效身份证件。

	Ⅰ类户	Ⅱ类户	Ⅲ类户
银行柜面	√	√	√
自助机具	经银行工作人员现场核验开户申请人身份信息的可开立	√	√
电子渠道	×	√	√

母题 3-2-5　个人银行结算账户有什么功能？

	Ⅰ类户	Ⅱ类户	Ⅲ类户
存款	√	√	账户余额不得超过 2 000 元
购买投资理财产品等金融产品	√	√	×
消费和缴费支付	√	限额	限额
向非绑定账户转出资金	√	限额	限额
非绑定账户资金转入	√	经确认、限额	经确认、限额
存取现金	√	经确认、限额	×
配发银行卡实体卡片	√	√	×
要点提示	**功能最全，现金存取、转账、购买金融产品、消费和缴费**	（1）购买金融产品无限额，现金存取、转账、消费和缴费有限额 （2）放贷及还贷，不受转账限额规定	转账、消费和缴费有限额，不可以现金存取和购买金融产品

【提示】开立个人户或者办理个人银行账户业务原则上应由开户申请人本人办理，符合条件（如下）可由他人办理，且需要代理人出具**代理人、被代理人有效身份证件**以及**合法的委托书**等，银行认为有必要的还应出具**证明代理关系的公证书**

条件：存款人开立代发工资、教育、社会保障（如社保、医保、军保）、公共管理（如公共事业、拆迁、捐助、助农扶农）等特殊用途个人银行账户时，可由所在单位代理办理

考查形式

子题 3-2-3-1：根据支付结算法律制度的规定，临时存款账户的有效期最长不得超过一定期限，该期限为________。

子题 3-2-3-2（判断）：单位设立的独立核算账户的附属机构不得开立基本存款账户。（　　）

子题 3-2-3-3：可开立基本存款账户的有________。

子题 3-2-3-4（判断）：因借款转存开立的一般存款账户，自开立之日起 3 个工作日后，方可使用该账户办理付款业务。（　　）

子题 3-2-3-5（判断）：一个单位可以根据实际需要在银行开立两个以上基本存款账户。（　　）

子题 3-2-3-6：根据支付结算法律制度的规定，企业临时到外地开展摄影工作 3 个月，可以开设的账户为________。

子题 3-2-3-7：根据支付结算法律制度的规定，预算单位应向________申请开立零余额账户。

子题3-2-4-1（判断）：个人银行账户分为Ⅰ类银行账户、Ⅱ类银行账户、Ⅲ类银行账户。（　　）

子题3-2-4-2：个人银行结算账户开立证明为实名制并需出具本人有效身份证件。（　　）

子题3-2-5-1（判断）：个人可以通过开立的Ⅰ类银行账户存取现金。（　　）

子题3-2-5-2（判断）：Ⅲ类银行账户任一时点账户余额不得超过1 000元。（　　）

子题3-2-5-3（判断）：通过手机银行等电子渠道受理开户申请的，银行可为开户申请人开立Ⅰ类账户。（　　）

子题3-2-5-4（判断）：新入学大学生开立用于缴纳学费的个人银行结算账户，可由所在大学代理办理。（　　）

【适用题型】单项选择题、多项选择题、判断题、不定项选择题。

【1-2019判断】新入学大学生开立用于缴纳学费的个人银行结算账户，可由所在大学代理办理。（　　）

【2-2019单选】根据支付结算法律制度的规定，临时存款账户的有效期最长不得超过一定期限，该期限为（　　）年。

A. 1　　B. 10　　C. 5　　D. 2

【3-2019判断】通过手机银行等电子渠道受理开户申请的，银行可为开户申请人开立Ⅰ类账户。（　　）

【4-2019不定项】2018年10月甲公司法定代表人王某在P银行为本公司开立了基本存款账户，同时本人在P银行申领一张借记卡，2018年11月甲公司在Q银行开立单位人民币卡账户并转入资金。2018年12月甲公司发生4笔业务：收到现金货款2万元、支付原材料采购款6万元、支付劳务费4万元、提取周转现金1万元。已知各账户存款余额充足。

要求：根据上述资料，不考虑其他因素，分析回答下列小题。

〈1〉王某在P银行申请开立甲公司存款账户的下列事项中，正确的是（　　）。

A. 代表甲公司与P银行签订银行结算账户管理协议

B. 填写开户申请书

C. 向P银行出具甲公司营业执照正本

D. 在开户申请书上加盖甲公司公章

〈2〉甲公司通过P银行存款账户可以办理的业务是（　　）。

A. 提取现金1万元　　B. 支付劳务费4万元

C. 支付原材料采购款6万元　　D. 存入现金款2万元

〈3〉王某使用其个人借记卡可以办理的业务是（　　）。

A. 购买P银行理财产品10万元　　B. 存入甲公司的现金货款2万元

C. 在商场刷卡消费1万元　　D. 在ATM机上一次性提取现金5万元

〈4〉下列关于甲公司Q银行账户的表述中，正确的是（　　）。

A. 可以存入现金货款2万元

B. 可以从甲公司P银行存款账户转入资金10万元

C. 可以支付劳务费4万元

D. 可以提取周转现金1万元

【5-2018 单选】根据支付结算法律制度的规定，关于基本存款账户的下列表述中，不正确的是（　　）。

A. 基本存款账户可以办理现金支取业务

B. 单位设立的独立核算账户的附属机构不得开立基本存款账户

C. 一个单位只能开立一个基本存款账户

D. 基本存款账户是存款人的主办账户

【6-2018 多选】下列可开立基本存款账户的有（　　）。

A. 丙会计师事务所　　B. 甲公司

C. 丁个体工商户　　D. 乙大学

【7-2018 判断】一个单位可以根据实际需要在银行开立两个以上基本存款账户。（　　）

【8-2018 判断】因借款转存开立的一般存款账户，自开立之日起3个工作日后，方可使用该账户办理付款业务。（　　）

【9-2018 单选】根据支付结算法律制度的规定，关于个人银行结算账户管理的下列表述中，不正确的是（　　）。

A. 银行可以通过Ⅰ类银行账户为存款人提供购买投资理财产品服务

B. 银行可以通过Ⅲ类银行账户为存款人提供限定金额的消费和缴费支付服务

C. 银行可以通过Ⅱ类银行账户为存款人提供购买投资理财产品服务

D. 银行可以通过Ⅱ类银行账户为存款人提供单笔无限额的存取现金服务

【10-2017 判断】个人可以通过开立的Ⅰ类银行账户存取现金。（　　）

【11-2016 单选】根据支付结算法律制度的规定，企业临时到外地进行摄影3个月，可以开设的账户为（　　）。

A. 专用存款账户　　B. 基本存款账户　　C. 一般存款账户　　D. 临时存款账户

【12-2015 单选】根据支付结算法律制度的规定，预算单位应向（　　）申请开立零余额账户。

A. 中国人民银行　　B. 财政部门　　C. 上级主管部门　　D. 社保部门

答案及解析

1.【答案】√

【解析】存款人开立代发工资、教育、社会保障、公共管理等特殊用途个人银行账户时，可由所在单位代理办理。

2.【答案】D

【解析】临时存款账户应根据有关开户证明文件确定的期限或存款人的需要确定其有效期限，最长不得超过2年。

3.【答案】×

【解析】通过网上银行和手机银行等电子渠道受理银行账户开户申请的，银行可为开户申请人开立Ⅱ类户或Ⅲ类户。Ⅰ类户柜面开户，或者自助机具开具（银行工作人员现场核验开户申请人身份信息）。

4.（1）【答案】ABC

【解析】存款人开立银行结算账户应该填制银行结算账户申请书，并加盖单位公章和法定代表人或授权代理人的签名或盖章，D选项不完整。

（2）【答案】ABCD

【解析】基本存款户用于日常转账和现金收付需要（功能最全）。

（3）【答案】AC

【解析】借记卡的主要功能包括消费、存取款、转账、代收付、外汇买卖、投资理财、网上支付等，故选项A、C正确。禁止公款私存，故选项B错误。每张卡每日累计提取不得超过2万元人民币，故选项D错误。

（4）【答案】BC

【解析】单位人民币卡账户的资金一律从基本存款账户转入，不得存取现金，不得将销货收入存入单位卡账户。单位人民币卡可办理商品交易和劳务供应款项的结算，但不得透支。单位卡不得支取现金。

5.【答案】B

【解析】单位设立的独立核算的附属机构，包括食堂、招待所、幼儿园，可以申请开立基本存款账户。

6.【答案】ABCD

【解析】下列存款人，可以申请开立基本存款账户：企业法人；非法人企业；机关、事业单位；团级（含）以上军队、武警部队及分散执勤的支（分）队；社会团体；民办非企业组织；异地常设机构；外国驻华机构；个体工商户；居民委员会、村民委员会、社区委员会；单位设立的独立核算的附属机构，包括食堂、招待所、幼儿园；其他组织（如业主委员会、村民小组等）。

7.【答案】×

【解析】基本存款账户是存款人的主办账户，一个单位只能开立一个基本存款账户。

8.【答案】×

【解析】存款人开立单位银行结算账户，自开立之日起3个工作日后，方可使用该账户办理付款业务；但注册验资的临时存款账户转为基本存款账户、因借款转存开立的一般存款账户除外。

9.【答案】D

【解析】经确认，银行可以通过Ⅱ类银行账户为存款人提供单笔限额的存取现金服务，故选项D错误。

10.【答案】√

11.【答案】D

【解析】设立临时机构，例如工程指挥部、筹备领导小组、摄制组等，因临时需要并在规定期限内使用，可以申请开立临时存款账户。

12.【答案】B

【解析】预算单位使用财政性资金，应当按照规定的程序和要求，向财政部门提出设立零余额账户的申请，财政部门同意预算单位开设零余额账户后通知代理银行。

第三节　票　据

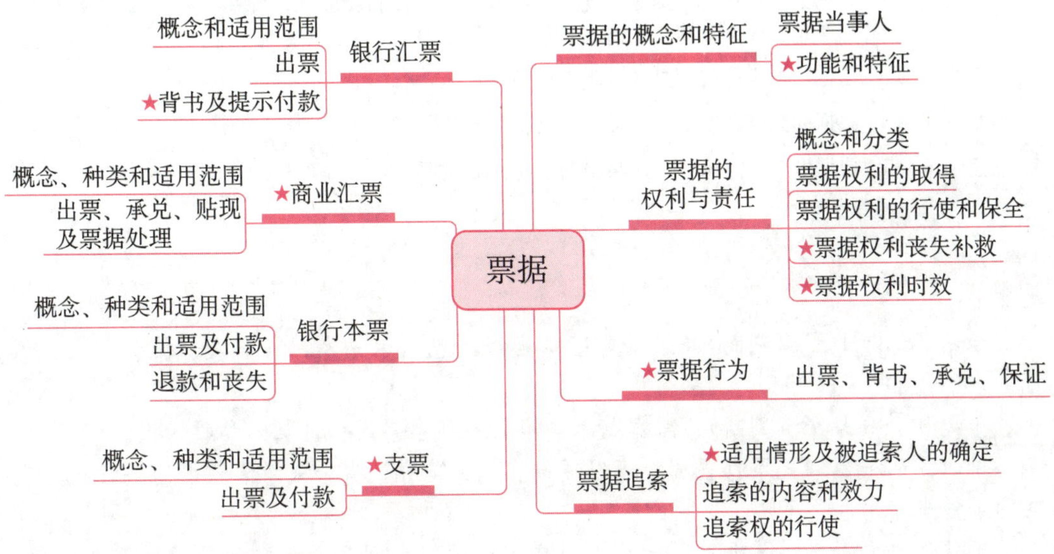

票据的概念和特征

母题 3-3-1　票据当事人包括哪些？

（1）票据基本当事人是指票据作成和交付时就已经存在的当事人，包括出票人、付款人和收款人。汇票和支票的基本当事人有出票人、收款人和付款人（汇票付款人在承兑后为承兑人）；本票的基本当事人有出票人与收款人。

（2）票据非基本当事人是指在票据作成并交付后，通过一定的票据行为加入票据关系而享有一定权利、承担一定义务的当事人，包括承兑人、背书人、被背书人、保证人等。

母题 3-3-2　票据的功能和特征有哪些？

（1）票据的功能。

1）支付功能（票据可以充当支付工具，代替现金使用）。

2）汇兑功能（票据可以代替货币在不同地方之间运送，方便异地之间的支付）。

3）信用功能（票据当事人可以凭借自己的信誉，将未来才能获得的金钱作为现在的金钱来使用）。

4）结算功能（债务抵消功能）。

5）融资功能（融通资金或调度资金，如贴现、转贴现、再贴现）。

（2）票据的特征。

特征	含义
完全有价证券	票据所表示的权利与票据不可分离，即票据权利完全证券化。换句话说，票据权利的产生、行使、转让和消灭都离不开票据
文义证券	票据上的权利义务只依票据上所记载的文义来确定，票据文义以外的任何事实与证据皆不能用来作为认定票据上的权利和义务的证据
无因证券	票据如果符合《票据法》规定的条件，票据权利就成立，持票人不必证明取得票据的原因，仅以票据文义请求履行票据权利
金钱债权证券	票据上设定的权利是给付货币而不是物品
要式证券	票据的制作、形式、文义必须具备法定的格式要件
流通证券	票据可以流通转让，使票据的功能充分发挥

考查形式

子题3-3-1-1（判断）：票据非基本当事人包括承兑人、背书人、被背书人、保证人。（ ）

子题3-3-1-2（判断）：票据基本当事人包括出票人、付款人和收款人。（ ）

子题3-3-2-1：票据当事人可以凭借自己的信誉，将未来才能获得的金钱作为现在的金钱来使用，这反映了票据的________。

子题3-3-2-2：票据可以代替货币在不同地方之间运送，方便异地之间的支付，这反映了票据的________。

子题3-3-2-3：根据支付结算法律制度的规定，企业以未到期的汇票向银行申请贴现体现了票据的________。

子题3-3-2-4：属于票据功能的是________。

子题3-3-2-5（判断）：票据所表示的权利与票据不可分离，即票据权利完全证券化，换句话说，票据权利的产生、行使、转让和消灭都离不开票据。（ ）

【适用题型】单项选择题、多项选择题、判断题。

【1-2019单选】票据可以代替货币在不同地方之间运送，方便异地之间的支付，这反映了票据的（ ）功能。

A. 支付　　B. 汇兑　　C. 信用　　D. 结算

【2-2015单选】根据支付结算法律制度的规定，企业以未到期的汇票向银行申请贴现体现了票据的（ ）功能。

A. 支付　　B. 汇兑　　C. 融资　　D. 结算

答案及解析

1.【答案】B

【解析】汇兑功能，即票据可以代替货币在不同地方之间运送，方便异地之间的支付。

2.【答案】C

【解析】票据的融资功能是通过票据的贴现、转贴现和再贴现实现的。

票据的权利与责任

母题 3-3-3　票据的权利和责任包括什么内容？

票据权利分类		(1) 付款请求权：票据收款人或最后的被背书人可以行使（第一顺序权利） (2) 追索权（第二顺序权利）：持票人可以不按票据债务人先后顺序，对其中任何一人、数人或者全体行使追索权
票据权利取得		具体情形： (1) 依法接受出票人签发的票据 (2) 依法接受背书转让的票据 (3) 因税收、继承、赠与可以依法无偿取得票据 **【提示】** ■ 因“税收、继承、赠与”可以依法“无偿”取得，“不得优于前手” ■ 以欺诈、偷盗、胁迫、恶意取得票据的，不享有票据权利
票据权利丧失补救	挂失止付	(1) 可以挂失止付的票据：已承兑的商业汇票、支票、填明“现金”字样和代理付款人的银行汇票、填明“现金”字样的银行本票 (2) 申请：填写挂失止付通知书并签章 (3) 受理：止付期“12 天”（付款人或者代理付款人自收到挂失止付通知书之日起 12 日内没有收到人民法院的止付通知书的，自第 13 日起，不再承担止付责任，持票人提示付款即依法向持票人付款） **【提示】**不是必经程序
	公示催告	(1) 申请：填写公示催告申请书，向“票据支付地”人民法院申请公示催告 (2) 受理：公告刊登媒介：“全国性”的报刊 (3) 公告：催告期：国内票据自公告发布之日起 60 日，涉外票据根据具体情况适当延长，但最长不得超过 90 日 (4) 判决
	普通诉讼	无须公示催告，可按一般的票据纠纷向法院提出诉讼
权利时效		(1) 对票据出票人和承兑人的权利，自票据到期日起 2 年 (2) 见票即付的汇票、本票，自出票日起 2 年 (3) 对支票出票人的权利，自出票日起 6 个月 (4) 追索权，自被拒绝承兑或者被拒绝付款之日起 6 个月 (5) 再追索权，自清偿或者被提起诉讼之日起 3 个月 **【提示】**票据权利丧失但仍然享有民事权利
票据责任		(1) 汇票承兑人因承兑而应承担付款义务 (2) 本票出票人因出票而承担自己付款的义务 (3) 支票付款人在与出票人有资金关系时承担付款义务 (4) 汇票、本票、支票的背书人，汇票、支票的出票人、保证人，在票据不获承兑或不获付款时的付款清偿义务

考查形式

子题3-3-3-1：根据支付结算法律制度的规定，关于票据权利时效的正确表述是________。

子题3-3-3-2：根据《票据法》的规定，票据持有人有________情形，不得享有票据权利。

子题3-3-3-3（判断）：票据权利时效持票人对前手的再追索权，自清偿或者被提起诉讼之日起6个月。（　　）

【适用题型】单项选择题、多项选择题、判断题。

【1-2019单选】 根据支付结算法律制度的规定，下列关于票据权利时效的表述中，正确的是（　　）。

A. 持票人对支票出票人的权利自出票日起1年

B. 持票人对银行汇票出票人的权利自出票日期2年

C. 持票人对前手的追索权自被拒绝承兑或拒绝付款之日起2年

D. 持票人对商业汇票承兑人的权利自到期日起1年

【2-2019多选】 根据支付结算法律制度的规定，下列关于票据权利时效的表述中，正确的有（　　）。

A. 持票人对前手的追索权，自被拒绝承兑或者拒绝付款之日起6个月

B. 持票人对银行汇票出票人的权利自出票日起1年

C. 持票人对商业汇票承兑人的权利自票据到期日起1年

D. 持票人对支票出票人的权利自出票日起6个月

【3-2018多选】 根据支付结算法律制度的规定，关于票据权利时效的下列表述中，不正确的有（　　）。

A. 持票人在票据权利时效期间内不行使票据权利的，该权利丧失

B. 持票人对前手的追索权，自被拒绝承兑或被拒绝付款之日起3个月内不行使的，该权利丧失

C. 持票人对支票出票人的权利自出票日起3个月内不行使的，该权利丧失

D. 持票人对票据承兑人的权利自票据到期日起6个月内不行使的，该权利丧失

【4-2018多选】 根据《票据法》的规定，票据持有人有下列（　　）情形，不得享有票据权利。

A. 以欺诈、偷盗、胁迫等手段取得票据的

B. 明知前手欺诈、偷盗、胁迫等手段取得票据而出于恶意取得票据的

C. 因重大过失取得不符合《票据法》规定的票据

D. 自合法取得票据的前手处因赠与取得票据的

【5-2017多选】 下列主体中，应当向持票人承担票据责任的有（　　）。

A. 不获承兑的汇票出票人乙公司

B. 对汇票予以承兑的甲公司

C. 签发银行本票的P银行

D. 空头支票出票人的开户行Q银行

答案及解析

1.【答案】B

【解析】持票人对支票出票人的权利自出票日起 6 个月，选项 A 错误。持票人对前手的追索权自被拒绝承兑或拒绝付款之日起 6 个月，选项 C 错误。持票人对商业汇票承兑人的权利自到期日起 2 年，选项 D 错误。

2.【答案】AD

【解析】持票人对商业汇票承兑人的权利自票据到期日起 2 年，选项 C 错误。持票人对银行汇票出票人的权利自出票日起 2 年，选项 B 错误。

3.【答案】BCD

【解析】选项 A，票据权利在票据权利时效期间内不行使即消灭。选项 B，(1) 持票人对一般前手的首次追索权，自被拒绝承兑或者被拒绝付款之日起 6 个月；(2) 持票人对一般前手的再追索权，自清偿日或者被提起诉讼之日起 3 个月。选项 C，持票人对支票出票人的权利，自出票日起 6 个月不行使才会丧失。选项 D，持票人对远期汇票的出票人、承兑人的权利，自票据到期日起 2 年不行使才会丧失。

4.【答案】ABC

【解析】取得票据不享有票据权利的情形：以欺诈、偷盗或者胁迫等手段取得票据的，或者明知有上述情形，出于恶意取得票据的；持票人因重大过失取得不符合《票据法》规定的票据的。

5.【答案】ABC

【解析】选项 D，出票人签发空头支票的，出票人的开户行，不承担票据责任。

票据行为

母题 3-3-4 票据行为分为哪几种?

出票	记载事项	必须记载、相对记载、任意记载、记载不产生票据法上的效力的事项			
		内容	汇票	本票	支票
	必须事项	表明“××”的字样	√	√	√
		无条件支付的委托/承诺	√	√	√
		确定的金额	√	√	授权补记
		付款人名称	√	出票人为付款人	√
		收款人名称	√	√	授权补记
		出票日期	√	√	√
		出票人签章	√	√	√
	相对事项	付款日期	√	见票即付	见票即付
		付款地	√	√	√
		出票地	√	√	√

续表

背书	种类	转让背书和非转让背书(委托收款背书和质押背书)
	记载事项	必须记载事项：背书人签章和被背书人名称 【提示】被背书人名称可以补记，背书人未记载被背书人名称即交付，持票人自己记载与背书人记载具“同等法律效力” 相对记载事项：背书日期 【提示】未记载视为“到期日前”背书
	粘单	粘单的“第一记载人”(背书人)，应在票据和粘单的粘接处签章
	背书连续	前一手背书的被背书人为后一手背书的背书人
	条件背书	所附条件“不具票据上的效力”，条件无效，背书有效
	部分背书	将票据金额部分转让或分别转让给两人以上的背书无效
	限制背书	(1) **出票人**记载“不得转让”字样，票据不得背书转让 (2) **背书人**记载“不得转让”字样，其后手再背书转让的，原背书人对后手的被背书人不承担保证责任，其只对直接的被背书人承担票据责任
	期后背书	“被拒绝承兑、被拒绝付款或超过付款提示期限”不得背书
承兑	针对对象	商业汇票
	提示承兑	(1) 定日付款、出票后定期付款：汇票到期日前 (2) 见票后定期付款的汇票：自出票日起1个月内 【提示】未按规定期限提示承兑，丧失对前手的“追索权”，但不丧失对“出票人”的权利
	受理承兑	付款人应当在自收到之日起“3日”内承兑或拒绝承兑
	承兑效力	付款人承兑汇票，不得附有条件；附有条件的，视为“拒绝承兑”。付款人承兑汇票后，应当承担到期付款的责任
	责任	出票人于汇票到期日未能足额交存票款，承兑银行仍然应当凭票向持票人无条件付款
保证	记载事项	**未记载被保证人名称**：以“出票人”或“承兑人”为被保证人（看票据是否经过承兑） **未记载保证日期**：出票日期为保证日期
	保证责任	保证人与被保证人对持票人承担连带责任
	保证效力	附条件“不影响”对汇票的保证责任

考查形式

子题 3-3-4-1（判断）：背书人在票据上背书时未记载背书日期的，背书无效。(　　)

子题 3-3-4-2：根据支付结算法律制度的规定，属于票据行为的有________。

子题 3-3-4-3（判断）：背书人未记载被背书人名称即将票据交付他人的，持票人在票据被背书人栏内记载自己的名称与背书人记载具有同等法律效力。(　　)

子题 3-3-4-4（判断）：根据支付结算法律制度的规定，保证人与被保证人对持票人承担连带责任。（　　）

【适用题型】单项选择题、多项选择题、判断题。

【1-2019 判断】背书人在票据上背书时未记载背书日期的，背书无效。（　　）

【2-2018 多选】根据支付结算法律制度的规定，下列各项中，属于票据行为的有（　　）。

A. 付款　　B. 背书

C. 承兑　　D. 出票

【3-2018 判断】背书人未记载被背书人名称即将票据交付他人的，持票人在票据被背书人栏内记载自己的名称与背书人记载具有同等法律效力。（　　）

【4-2011 多选】根据支付结算法律制度的规定，关于票据保证的下列表述中，正确的有（　　）。

A. 票据上未记载保证日期的，被保证人的背书日期为保证日期

B. 保证人未在票据或粘单上记载被保证人名称的已承兑票据，承兑人为被保证人

C. 保证人为两人以上的，保证人之间承担连带责任

D. 保证人清偿票据债务后，可以对被保证人及其前手行使追索权

答案及解析

1. 【答案】×

【解析】未记载背书日期，背书有效，视为汇票到期前背书。

2. 【答案】BCD

【解析】票据行为包括出票、背书、承兑和保证。

3. 【答案】√

4. 【答案】BCD

【解析】选项 A 票据上未记载保证日期的，以出票日期为保证日期。

票据追索

母题 3-3-5　票据追索使用的情形有哪些？

票据追索适用于两种情形，分别为到期后追索和到期前追索。

（1）到期后追索，是指票据到期被拒绝付款的，持票人对背书人、出票人以及票据的其他债务人行使的追索。

（2）到期前追索，是指票据到期日前，持票人对下列情形之一行使的追索：

1）汇票被拒绝承兑的；

2）承兑人或者付款人死亡、逃匿的；

3）承兑人或者付款人被依法宣告破产的或者因违法被责令终止业务活动的。

母题 3-3-6 票据被追索人及追索的内容分别是什么？

追索	被追索人	票据的出票人、背书人、承兑人和保证人对持票人承担连带责任。持票人行使追索权，可以不按照票据债务人的先后顺序，对“出票人、背书人、承兑人和保证人”任何一人、数人或者全体行使追索权
	追索内容	本金、利息、费用（不包括间接损失）

母题 3-3-7 持票人应如何行使追索权？

持票人应当自收到被拒绝承兑或者被拒绝付款的有关证明之日起3日内，将被拒绝事由书面通知其前手；其前手应当自收到通知书之日起3日内书面通知其再前手。持票人也可以同时向各票据债务人发出书面通知，该书面通知应当记明汇票的主要记载事项，并说明已被退票。

考查形式

子题3-3-5-1：属于票据追索时使用的情形是________。

子题3-3-5-2（判断）：持票人对汇票被拒绝承兑情形行使的追索属于到期后追索。（　　）

子题3-3-5-3（判断）：持票人对承兑人或者付款人死亡、逃匿的情形行使的追索属于到期前追索。（　　）

子题3-3-6-1（判断）：持票人应当按照票据债务人的先后顺序依次行使追索权。（　　）

子题3-3-6-2：根据支付结算法律制度的规定，关于票据追索权行使的正确表述是________。

子题3-3-7-1（判断）：票据被拒绝付款的，持票人只能按票据债务人的顺序对直接前手行使追索权。（　　）

子题3-3-7-2（判断）：持票人应当自收到被拒绝承兑或者被拒绝付款的有关证明之日起3日内，将被拒绝事由书面通知其前手的前手。（　　）

【适用题型】单项选择题、多项选择题、判断题。

【1-2019判断】持票人应当按照票据债务人的先后顺序依次行使追索权。（　　）

【2-2018单选】根据支付结算法律制度的规定，关于票据追索权行使的下列表述中，正确的是（　　）。

A. 持票人不得在票据到期前追索

B. 持票人应当按照票据的承兑人、背书人、保证人和出票人的顺序行使追索权

C. 持票人在行使追索权时，应当提供被拒绝承兑或拒绝付款的有关证明

D. 持票人应当向票据的出票人、背书人、承兑人和保证人同时追索

【3－2018 判断】票据被拒绝付款的，持票人只能按票据债务人的顺序对直接前手行使追索权。（　　）

【4－2017 多选】根据支付结算法律制度的规定，关于票据追索权的行使下列表述中，正确的是（　　）。

A. 持票人不能出示拒绝证明或退票理由的，丧失对全部票据债务人的追索权

B. 持票人收到拒绝证明后，应当将被拒绝事由书面通知其前手

C. 汇票被拒绝承兑的，持票人可以行使追索权

D. 持票人可以对出票人、背书人、承兑人和保证人中的任何一人、数人或全体行使追索权

答案及解析

1. 【答案】×

【解析】持票人可以不按照票据债务人的先后顺序，对其中任何一人、数人或者全体行使追索权。

2. 【答案】C

【解析】选项 A，在票据到期日前，出现特定情形的，持票人可以行使追索权；选项 B、D，持票人行使追索权，可以不按照票据债务人的先后顺序，对其中任何一人、数人或者全体行使追索权。

3. 【答案】×

【解析】持票人行使追索权，可以不按照票据债务人的先后顺序，对其中任何一人、数人或者全体行使追索权。

4. 【答案】BCD

【解析】选项 A，持票人不能出示拒绝证明、退票理由书或者未按照规定期限提供其他合法证明的，丧失对"其前手"（非全部票据债务人）的追索权。

银行汇票

母题 3－3－8　银行汇票的适用范围和要求有哪些?

银行汇票	适用范围	银行汇票是出票银行签发的，可以用于转账，填明"现金"字样的银行汇票也可以用于支取现金。单位、个人均可使用
	出票	收款人或者付款人为单位的，不得在"银行汇票申请书"上填明"现金"字样
		必须记载事项：字样、承诺、金额、付款人、收款人、出票日、出票章 【提示】与本票和支票进行区分，本票无"付款人名称"，支票无"收款人名称"
	审查	收款人受理银行汇票时，应审查下列事项： （1）银行汇票和解讫通知是否齐全、汇票号码和记载的内容是否一致；（2）收款人是否确为本单位或本人；（3）银行汇票是否在提示付款期限内；（4）必须记载的事项是否齐全；（5）出票人签章是否符合规定，大小写出票金额是否一致；（6）出票金额、出票日期、收款人名称是否更改，更改的其他记载事项是否由原记载人签章证明

续表

银行汇票	实际结算金额	(1) 未填明实际结算金额和多余金额或者实际结算金额超过出票金额，银行不予受理，该汇票不得背书转让 (2) 银行汇票的实际结算一经填写不得更改，更改实际结算金额的银行汇票无效
	提示付款	自“出票”之日起“1个月”，提交“汇票+解讫通知”两联；超过付款期限提示付款的，“代理付款银行”不予受理
		在银行开立存款账户的持票人向开户银行提示付款时，应在汇票背面“持票人向银行提示付款签章”处签章，签章需与预留章相同，并将银行汇票和解讫通知、进账单送交开户银行
	退款和丧失	退款缺少解讫通知的，出票银行应于“提示付款期满1个月后”办理。银行汇票丧失，持票人可以凭人民法院出具的其享有票据权利的证明，向出票银行请求付款或退款

考查形式

子题3-3-8-1：根据支付结算法律制度的规定，出票人为银行的票据是________。

子题3-3-8-2（判断）：根据支付结算法律制度的规定，银行汇票退款缺少解讫通知的，出票银行应于提示付款期满3个月后办理。（　　）

子题3-3-8-3（判断）：银行汇票是出票银行签发的，可以用于转账，填明“现金”字样的银行汇票也可以用于支取现金。（　　）

子题3-3-8-4（判断）：银行汇票的实际结算一经填写不得更改，更改实际结算金额的银行汇票无效。（　　）

子题3-3-8-5（判断）：签发银行汇票必须记载事项包括字样、承诺、金额、收款人、出票日、出票章。（　　）

【适用题型】单项选择题、多项选择题、判断题。

【1-2018单选】根据支付结算法律制度的规定，下列票据中，出票人为银行的是（　　）。

A. 现金支票

B. 商业承兑汇票

C. 银行汇票

D. 银行承兑汇票

【2-2016单选】根据支付结算法律制度的规定，下列关于银行汇票使用的表述中，正确的是（　　）。

A. 银行汇票不能用于个人款项结算

B. 银行汇票不能支取现金

C. 银行汇票的提示付款期限为自出票日起1个月

D. 银行汇票必须按出票金额付款

答案及解析

1. 【答案】C

【解析】银行汇票是指由出票银行签发的，由其在见票时按照实际结算金额无条件付给收款人或者持票人的票据。

2. 【答案】C

【解析】选项 A，单位和个人各种款项结算，均可使用银行汇票；选项 B，银行汇票可以用于转账，填明“现金”字样的银行汇票也可以用于支取现金；选项 D，收款人受理申请人交付的银行汇票时，应在出票金额以内，根据实际需要的款项办理结算，并将实际结算金额和多余金额准确、清晰地填入银行汇票和解讫通知的有关栏内。

商业汇票

母题 3-3-9　商业汇票的适用范围和要求有哪些？

<table>
<tr><td rowspan="12">商业汇票</td><td>适用范围</td><td colspan="4">商业汇票按照承兑人的不同分为商业承兑汇票和银行承兑汇票。银行承兑汇票由银行承兑，商业承兑汇票由银行以外的付款人承兑。个人不能使用。商业汇票的付款人为承兑人</td></tr>
<tr><td rowspan="2">出票</td><td colspan="4">必须记载事项：“商业承兑汇票”或“银行承兑汇票”的字样、无条件支付的委托、金额、付款人、收款人、出票日、出票章</td></tr>
<tr><td colspan="4">单张金额在“100 万元”以上的“原则上”应全部通过电子商业汇票办理
单张出票金额在“300 万元”以上的应全部通过电子商业汇票办理</td></tr>
<tr><td rowspan="9">付款</td><td rowspan="5">到期后偿付顺序</td><td>承兑人付款确认</td><td>保证增信</td><td>偿付顺序</td></tr>
<tr><td>×</td><td>×</td><td>若承兑人未付款，由贴现人先行偿付</td></tr>
<tr><td>×</td><td>√</td><td>若承兑人未付款，由保证增信行先行偿付；保证增信行未付款，由贴现人先行偿付</td></tr>
<tr><td>√</td><td>×</td><td>应当由承兑人付款；承兑人未付款的，由贴现人先行偿付</td></tr>
<tr><td>√</td><td>√</td><td>应当由承兑人付款；若承兑人未付款，由保证增信行先行偿付；保证增信行未付款，由贴现人先行偿付</td></tr>
<tr><td rowspan="4">提示付款</td><td colspan="3">提示付款期限：自汇票“到期日起 10 日”</td></tr>
<tr><td colspan="3">电子汇票提示付款日：提示付款申请的指令进入人民银行电子商业汇票系统的日期</td></tr>
<tr><td colspan="3">持票人超过提示付款期限提示付款的，持票人开户银行不予受理，但在作出说明后，承兑人或者付款人仍应当继续对持票人承担付款责任</td></tr>
<tr><td colspan="3">持票人依照规定提示付款的，付款人必须在当日足额付款</td></tr>
</table>

续表

<table>
<tr><td rowspan="12">商业汇票</td><td rowspan="7">付款</td><td>付款期限记载</td><td colspan="2">定日付款的汇票付款期限自出票日起计算，并在汇票上记载具体的到期日；
出票后定期付款的汇票付款期限自出票日期按月计算，并在汇票上记载；
见票后定期付款的汇票期限自承兑或拒绝承兑日期按月计算，并在汇票上记载</td></tr>
<tr><td rowspan="4">付款期限</td><td colspan="2">纸质商业汇票：自出票日起最长不得超过“6 个月”</td></tr>
<tr><td colspan="2">电子承兑汇票：自出票日起最长不得超过“1 年”</td></tr>
<tr><td rowspan="2">电子汇票的付款</td><td>指令于中午 12:00“前”发出→当日</td></tr>
<tr><td>指令于中午 12:00“后”发出→当日、至迟次日</td></tr>
<tr><td rowspan="2">办理付款或拒绝付款</td><td colspan="2">付款人提前收到由其承兑的商业汇票，应通知银行于汇票到期日付款；付款人在收到通知次日起 3 日内未通知银行付款的视同承诺付款</td></tr>
<tr><td colspan="2">付款人或承兑银行存在合法抗辩事由拒绝支付的，应自接到通知或接到商业汇票的次日起 3 日内，作成拒绝付款证明，连同商业汇票邮寄持票人开户银行转交持票人</td></tr>
<tr><td>承兑</td><td colspan="3">商业汇票可以在出票时向付款人提示承兑后使用，也可以在出票后先使用再向付款人提示承兑；付款人拒绝承兑的，必须出具拒绝承兑的证明。付款人承兑汇票后，应当承担到期付款的责任。
银行承兑汇票的承兑银行，应按票面金额向出票人收取万分之五的手续费</td></tr>
<tr><td rowspan="3">贴现</td><td>分类</td><td colspan="2">贴现按照交易方式，分为买断式和回购式。</td></tr>
<tr><td>条件</td><td colspan="2">（1）票据未到期；
（2）未记载“不得转让”字样；
（3）持票人非个人（在银行开立基本存款账户的企业法人、其他组织）；
（4）与出票人或者直接前手具有真实商品交易关系
【提示】（1）贴现人办理纸质票据贴现后，应当在票据上记载“已电子登记权属”等字样，该票据不再以纸质形式背书转让、设立质押或者其他交易行为
（2）贴现人可以按市场化原则选择商业银行对纸质票据进行保证增信，保证增信行对纸质票据进行保管，并对贴现人的偿付责任先行偿付</td></tr>
<tr><td>计算</td><td colspan="2">贴现利息＝票面金额×贴现率×贴现期/360
贴现期：贴现日至汇票到期前 1 日
【提示】承兑人在异地的，另加 3 天的划款日期</td></tr>
<tr><td>票据交易</td><td colspan="3">包括：转贴现、质押式回购、买断式回购</td></tr>
</table>

考查形式

子题 3-3-9-1（判断）：银行承兑汇票由承兑银行签发。（　　）

子题 3-3-9-2：根据支付结算法律制度的规定，电子承兑汇票付款期限自出票日至到期日不得超过一定期限，该期限为＿＿＿＿＿。

子题 3-3-9-3：根据支付结算法律制度的规定，关于电子银行承兑汇票持票人向银行申请办理贴现条件的正确表述是＿＿＿＿＿。

子题 3-3-9-4（判断）：根据支付结算法律制度的规定，银行汇票可以办理贴现。（　　）

子题 3-3-9-5：根据支付结算法律制度的规定，关于商业汇票出票的正确表述是________。

子题 3-3-9-6：2017 年 12 月 12 日，甲公司持有一张出票人为乙公司，金额为 100 万元，到期日为 2017 年 12 月 12 日，承兑人为 P 银行的银行承兑汇票。甲公司于 12 月 12 日去 P 银行提示付款，发现乙公司账户只有存款 20 万元。P 银行拟采取的正确做法是________。

子题 3-3-9-7（判断）：根据支付结算法律制度的规定，超过提示付款期限的，持票人仍可以采用委托收款方式提示付款。（　　）

【适用题型】单项选择题、多项选择题、判断题、不定项选择题。

【1-2019 单选】根据支付结算法律制度的规定，下列关于银行承兑汇票通过票据市场基础设施提示付款的表述中，不正确的是（　　）。

A. 承兑人存在合法抗辩事由拒绝付款的，须在提示付款日出具拒绝付款证明

B. 承兑人于到期前进行付款确认的，应于提示付款日划付资金给持票人

C. 持票人在提示付款期限内提示付款的，承兑人应在提示付款日应答

D. 承兑人在持票人提示付款后未在规定时间内应答的，视为同意付款

【2-2019 单选】根据支付结算法律制度的规定，下列关于商业承兑汇票通过委托收款方式提示付款的表述中，不正确的是（　　）。

A. 超过提示付款期限的，持票人仍可以采用委托收款方式提示付款

B. 付款人提前收到由其承兑的商业汇票，应于汇票到期日付款

C. 付款人存在合法抗辩事由的，应自接到付款通知的次日起 3 日内出具拒绝付款证明

D. 付款人在接到开户行付款通知的次日起 3 日内未通知付款的，视同承诺付款

【3-2018 单选】根据支付结算法律制度的规定，电子承兑汇票付款期限自出票日至到期日不得超过一定期限，该期限为（　　）。

A. 6 个月　　B. 1 年　　C. 3 个月　　D. 2 年

【4-2018 单选】根据支付结算法律制度的规定，下列关于电子银行承兑汇票持票人向银行申请办理贴现条件的表述中，不正确的是（　　）。

A. 持票人与出票人或者直接前手之间具有真实的商品交易关系

B. 票据必须未到期

C. 必须向银行提供合同与发票

D. 票据上必须未记载“不得转让”事项

【5-2018 单选】根据支付结算法律制度的规定，下列票据中，可以办理贴现的是（　　）。

A. 银行本票　　B. 银行承兑汇票

C. 转账支票　　D. 银行汇票

【6-2018 多选】根据支付结算法律制度的规定，下列关于商业汇票出票的表述中，正确的有（　　）。

A. 商业承兑汇票可以由收款人签发

B. 签发银行承兑汇票必须记载付款人名称

C. 银行承兑汇票应由承兑银行签发

D. 商业承兑汇票可以由付款人签发

【7-2018 多选】2017年12月12日，甲公司持有一张出票人为乙公司，金额为100万元，到期日为2017年12月12日，承兑人为P银行的银行承兑汇票。甲公司于12月12日去P银行提示付款，发现乙公司账户只有存款20万元。P银行拟采取的下列做法中，正确的有（　　）。

A. 于2017年12月12日起对乙公司欠款80万元开始计收利息

B. 于2017年12月12日起向甲公司付款20万元

C. 于2017年12月12日拒绝付款并出具拒绝付款证明

D. 于2017年12月12日向甲公司付款100万元

【8-2018 判断】银行承兑汇票由承兑银行签发。（　　）

【9-2017 不定项】2016年3月3日，甲公司为支付工程款，向乙公司签发并交付一张银行承兑汇票，出票人为甲公司，收款人为乙公司，金额为100万元，出票日期为2016年3月3日，出票后6个月付款，该汇票由P银行承兑并收取了手续费。4月1日乙公司将该汇票背书转让给丙公司用于支付货款。4月11日丙公司因资金需求在Q银行办理了票据贴现。汇票到期后，Q银行向P银行提示付款。

要求：根据上述资料，不考虑其他因素，分析回答下列小题。

〈1〉下列各项中，属于甲公司签发该汇票应出具的条件有（　　）。

A. 在P银行开立有存款的账户　　B. 具有支付汇款金额的可靠资金来源

C. 与P银行具有真实的委托付款关系　　D. 资信状况良好

〈2〉计算P银行承兑该汇票应向甲公司代取手续费的下列算式中，正确的是（　　）。

A. 1 000 000×1‰=1 000（元）　　B. 1 000 000×0.5‰=500（元）

C. 1 000 000×0.7‰=700（元）　　D. 1 000 000×0.3‰=300（元）

〈3〉下列各项中，属于丙公司向Q银行办理贴现应当具备的条件是（　　）。

A. 汇票上未记载“不得转让”事项

B. 丙公司与乙公司之间具有真实的商品交易关系

C. 丙公司在Q银行开立有存款账户

D. 汇票未到期

〈4〉Q银行应向P银行提示付款的最后日期是（　　）。

A. 2016年9月9日　　B. 2016年10月3日

C. 2016年9月3日　　D. 2016年9月12日

答案及解析

1.【答案】D

【解析】承兑人在持票人提示付款后未在规定时间内应答的，视为拒绝付款，票据市场基础设施提供拒绝付款证明并通知持票人。

2.【答案】A

【解析】超过提示付款期限提示付款的，持票人开户银行不予受理，作出说明后，承兑人或者付款人应当继续对持票人承担付款责任，A 选项错误。

3. 【答案】B

【解析】电子承兑汇票付款期限自出票日至到期日不超过 1 年。

4. 【答案】C

【解析】商业汇票的持票人向银行办理贴现必须具备下列条件：(1) 票据未到期（选项 B 正确）；(2) 票据未记载“不得转让”事项（选项 D 正确）；(3) 在银行开立存款账户的企业法人以及其他组织；(4) 与出票人或者直接前手之间具有真实的商品交易关系（选项 A 正确）。企业申请电子银行承兑汇票贴现的，无须向金融机构提供合同、发票等资料，C 项表述过于绝对。

5. 【答案】B

【解析】贴现是指票据持票人在票据未到期前为获得资金融通向银行贴付一定利息而发生的票据转让行为。银行汇票等见票即付的票据无须也不能办理贴现。

6. 【答案】ABD

【解析】选项 A、D，商业承兑汇票可以由付款人签发并承兑，也可以由收款人签发交由付款人承兑。选项 B，签发商业汇票必须记载下列事项：表明“商业承兑汇票”或“银行承兑汇票”的字样；无条件支付的委托；确定的金额；付款人名称；收款人名称；出票日期；出票人签章。选项 C，银行承兑汇票应由在承兑银行开立存款账户的存款人签发。

7. 【答案】AD

【解析】选项 A、D，银行承兑汇票的出票人于汇票到期日未能足额交存票款时，承兑银行除凭票向持票人无条件付款外，对出票人尚未支付的汇票金额按照每天万分之五计收利息。选项 B、C，持票人依照规定提示付款的，承兑银行应当在当日足额付款，承兑银行存在合法抗辩事由的除外。本题中，题目未交代任何关于合法抗辩事由的信息，故视为不存在合法的抗辩事由。

8. 【答案】×

【解析】银行承兑汇票应由在承兑银行开立存款账户的存款人签发。

9. ⟨1⟩【答案】ABCD

【解析】银行承兑汇票的出票人必须是在承兑银行开立存款账户的法人以及其他组织，并与承兑银行具有真实的委托付款关系，资信状况良好，具有支付汇票金额的可靠资金来源。

⟨2⟩【答案】B

【解析】银行承兑汇票的承兑银行，应按票面金额向出票人收取 0.5‰的手续费。故本题中，手续费计算公式为：1 000 000×0.5‰=500（元）。

⟨3⟩【答案】ABCD

【解析】贴现应当满足的条件为：票据未到期；票据未记载“不得转让”事项；持票人是在银行开立存款账户的企业法人以及其他组织；持票人与出票人或者直接前手之间具有真实的商品交易关系。

⟨4⟩【答案】D

【解析】定日付款、出票后定期付款、见票后定期付款的汇票自到期日起 10 日内提示付款。

银行本票

母题 3-3-10 银行本票的适用范围和要求有哪些？

银行本票	适用范围	银行本票可以用于转账，注明“现金”字样的银行本票可以用于支取现金。单位和个人在同一票据交换区域可以使用
	出票	必须记载事项六项：“银行本票”字样、无条件支付的承诺、确定的金额、收款人名称、出票日期、出票人签章（无付款人名称） 申请人或收款人为单位的，银行不得为其签发现金银行本票
	审查	收款人受理银行本票时，应审查下列事项： (1) 收款人是否确为本单位或本人；(2) 银行本票是否在提示付款期限内；(3) 必须记载的事项是否齐全；(4) 出票人签章是否符合规定，大小写出票金额是否一致；(5) 出票金额、出票日期、收款人名称是否更改，更改的其他记载事项是否由原记载人签章证明
	提示付款	提示付款期限：自“出票日”起最长不得超过“2个月”
	退款和丧失	申请人因银行本票超过提示付款限期或其他原因要求退款时，应将银行本票提交到出票银行
		银行本票丧失时，失票人可以凭人民法院出具的其享有票据权利的证明，向出票银行请求付款或退款

考查形式

子题 3-3-10-1（判断）：根据支付结算法律制度的规定，银行本票只限于单位使用，个人不得使用。（　　）

子题 3-3-10-2：甲公司向P银行申请签发一张银行本票交付乙公司。乙公司在收票时应当审查的票据事项有________。

子题 3-3-10-3：根据支付结算法律制度的规定，属于银行本票必须记载事项的有________。

子题 3-3-10-4（判断）：根据支付结算法律制度的规定，银行本票必须记载事项六项：“银行本票”字样；无条件支付的承诺；确定的金额；收款人名称；出票日期；出票人签章。无付款人名称。（　　）

子题 3-3-10-5（判断）：银行本票可以用于支取现金。（　　）

【适用题型】单项选择题、多项选择题、判断题。

【1-2018 单选】根据支付结算法律制度的规定，关于银行本票使用的下列表述中，不正确的是（　　）。

A. 银行本票的出票人在持票人提示见票时，必须承担付款的责任

B. 银行本票只限于单位使用，个人不得使用

C. 注明“现金”字样的银行本票可以用于支取现金

D. 收款人可以将银行本票背书转让给背书人

【2－2018 多选】甲公司向 P 银行申请签发一张银行本票交付乙公司。下列票据事项中，乙公司在收票时应当审查的有（　　）。

A. 大小写金额是否一致　　B. 出票金额是否更改

C. 银行本票是否在提示付款期限内　　D. 收款人是否为乙公司

【3－2016 多选】根据支付结算法律制度的规定，下列各项中，属于银行本票必须记载事项的有（　　）。

A. 出票人签章　　B. 出票日期　　C. 收款人名称　　D. 确定的金额

答案及解析

1. 【答案】B

【解析】选项 B，单位和个人在同一票据交换区域需要支付各种款项，均可以使用银行本票。

2. 【答案】ABCD

【解析】收款人受理银行本票时，应审查下列事项：收款人是否确为本单位或本人；银行本票是否在提示付款期限内；必须记载的事项是否齐全；出票人签章是否符合规定，大小写出票金额是否一致；出票金额、出票日期、收款人名称是否更改，更改的其他记载事项是否由原记载人签章证明。

3. 【答案】ABCD

【解析】签发银行本票时必须记载的事项：表明"银行本票"的字样；无条件支付的承诺；确定的金额；收款人名称；出票日期；出票人签章。

支票

母题 3－3－11　支票的记载事项、适用范围和要求有哪些？

支票	种类	支票分为现金支票、转账支票、普通支票 (1) 支票印有"现金"字样为现金支票，现金支票只能支取现金 (2) 支票印有"转账"字样为转账支票，转账支票只能用于转账 (3) 未印有"现金"或"转账"字样为普通支票，可用于支取现金，也可以用于转账 (4) 在普通支票左上角划两条平行线的，为划线支票，只能用于转账，不得支取现金
	适用范围	单位、个人同一票据交换区域内使用，全国支票影像系统支持全国使用
	出票	必须记载事项六项：表明"支票"的字样；无条件支付的委托；确定的金额；付款人名称（为支票上记载的出票人开户银行）；出票日期；出票人签章（无收款人名称） 授权补记事项：(1) 金额；(2) 收款人名称 【提示】 ■ 未补记前不得背书转让和提示付款 ■ 出票人可以记载自己为收款人 相对记载事项：付款地（付款人营业场所）；出票地（出票人营业场所、住所或居住地） 【提示】支票限于见票即付不得另行记载付款日期，另行记载的该记载无效

续表

支票	出票	**签发要求**：支票的出票人签发支票的金额不得超过**"付款时"**在付款人处实有的金额，**禁止签发空头支票**
	签章	■ **出票人为单位的**：与该单位在银行预留签章一致的财务专用章或者公章加其法定代表人或者其授权代理人的签名或盖章 ■ **出票人为个人的**：与该个人在银行预留签章一致的签名或盖章
	付款	提示付款期限为自出票日起**"10 日内"**
		■ 持票人持有转账支票向付款人提示付款，应在支票背面背书人签章栏签章，并将支票和填制的进账单送交出票人开户银行 ■ 持票人持有现金支票向付款人提示付款，应在支票背面"收款人签章"处签章；持票人为个人的，还需交验**本人身份证件，并在支票背面注明证件名称、号码及发证机关**

考查形式

子题 3-3-11-1：持票人对支票出票人的权利时效，自________。

子题 3-3-11-2：根据支付结算法律制度的规定，关于支票提示付款的正确说法是________。

子题 3-3-11-3（判断）：根据支付结算法律制度的规定，关于支票出票中可以授权补记的事项包括金额和收款人名称。（ ）

子题 3-3-11-4（判断）：单位或个人签发空头支票的，由其开户银行处以罚款。（ ）

子题 3-3-11-5：有关在支票上的签章的正确说法是________。

子题 3-3-11-6：属于支票必须记载事项的有________。

【适用题型】单项选择题、多项选择题、判断题、不定项选择题。

【1-2019 单选】持票人对支票出票人的权利时效，自（ ）。

A. 出票日起 6 个月　　B. 票据到期日起 3 个月

C. 被拒绝付款之日起 6 个月　　D. 提示付款之日起 3 个月

【2-2019 单选】根据支付结算法律制度的规定，下列各项关于支票提示付款说法正确的是（ ）。

A. 转账支票提示付款日期为出票日起 1 个月

B. 出票人记载自己为收款人，提示付款不予受理

C. 支票未记收款人名称，可以提示付款

D. 现金支票仅限于收款人向付款人提示付款

【3-2019 多选】根据票据法律制度的规定，下列各项中，关于票据提示付款期限说法正确的有（ ）。

A. 银行本票的提示付款期限自出票日起最长 10 日

B. 银行汇票的提示付款期限自出票日起 10 日

C. 商业汇票的提示付款期限自到期日起 10 日

D. 支票的提示付款期限自出票日起 10 日

【4-2019多选】根据支付结算法律制度的规定，下列关于支票出票的表述中，正确的有（　　）。

A. 出票人签发的支票金额不得超过其付款时在付款人处有的存款金额

B. 出票人不得签发与其预留银行签章不符的支票

C. 支票上未记载付款行名称的，支票无效

D. 出票人不得在支票上记载自己为收款人

【5-2019不定项】2017年9月30日，王女士以个人名义给父亲王老汉开具一张1万元现金支票，用途栏写明“生日快乐”，并注明付款日期为王老汉生日当天。

要求：根据上述资料，不考虑其他因素，分析回答下列小题。

〈1〉有关王女士在用途栏书写“生日快乐”的法律后果，下列说法中正确的是（　　）。

A. 银行不应拒付，因为用途栏记载事项属于票据上的其他记载事项

B. 用途栏记载事项属于绝对记载事项，书写不规范导致该支票无效

C. 用途栏记载事项属于相对应记载事项，书写不规范并不会导致该票据无效

D. 银行应予拒付，因为用途栏书写不规范

〈2〉有关王女士在支票上的签章，下列说法中正确的是（　　）。

A. 王女士所在单位的财务专用章加王女士预留银行的签名

B. 王女士所在单位的公章加王女士预留银行的盖章

C. 王女士预留银行的签名

D. 王女士预留银行的盖章

〈3〉有关王老汉向银行提示付款，下列说法中正确的是（　　）。

A. 王老汉应自出票日起10日内向银行提示付款

B. 王老汉向银行提示付款时应在支票背面收款人处签章

C. 王老汉只能在生日当天向银行提示付款

D. 王老汉向银行提示付款时应交验本人身份证

〈4〉有关王老汉持有的现金支票，下列说法中正确的是（　　）。

A. 王老汉可以委托银行收款

B. 可以不提示付款，留存作为纪念，银行将向王老汉计付利息

C. 可以背书转让给好朋友

D. 只能由王老汉向银行提示付款，不能委托银行收款

【6-2019不定项】甲公司于2010年5月在W市注册成立，在当地银行开立基本存款账户，并长期保持良好支付记录，2018年12月10日，甲公司向李某签发一张金额为2万元的现金支票。在支票提示付款期限内，李某向银行提示付款，银行工作人员发现甲公司存款账户余额为1万元，遂告知李某甲公司存款余额不足以支付票款。

要求：根据上述资料，不考虑其他因素，分析回答下列小题。

〈1〉下列事项中，甲公司向李某签发支票必须记载的是（　　）。

A. 付款地W市

B. 甲公司预留P银行签章

C. 付款银行名称P银行

D. 出款日期

〈2〉下列日期中，在该支票提示付款期限内的是（　　）。

A. 2018 年 12 月 19 日

B. 2019 年 1 月 10 日

C. 2019 年 2 月 10 日

D. 2018 年 12 月 12 日

〈3〉下列事项中，李某向 P 银行提示付款时应当办理的是（　　）。

A. 支票背面签章

B. 在支票背面注明证件名称

C. 向银行交验身份证件

D. 在支票背面注明证件号码

〈4〉关于甲公司存款余额不足以支付票款的下列表示中正确的是（　　）。

A. 李某有权要求甲公司支付赔偿金

B. 银行可向李某支付现金 1 万元

C. 李某应接受银行退票并要求银行出具拒绝付款证明

D. 李某有权要求 P 银行支付现金 2 万元

【7－2018 单选】根据支付结算法律制度的规定，下列关于票据提示付款期限的表述中，正确的是（　　）。

A. 支票的提示付款期限是自出票日起 1 个月

B. 银行汇票的提示付款期限是自出票日起 1 个月

C. 商业汇票的提示付款期限是自到期日起 1 个月

D. 银行本票的提示付款期限是自出票日起 1 个月

【8－2018 多选】下列属于支票授权补记的有（　　）。

A. 出票日期　　B. 金额　　C. 收款人名称　　D. 付款人名称

【9－2018 判断】单位或个人签发空头支票的，由其开户银行处以罚款。（　　）

【10－2011 多选】根据支付结算法律制度的规定，关于支票的下列表述中，正确的是（　　）。

A. 支票基本当事人包括出票人、付款人和收款人

B. 支票金额和收款人名称也可以由出票人授权补记

C. 出票人不得在支票上记载自己为收款人

D. 支票的付款人是出票人的开户银行

答案及解析

1. 【答案】A

【解析】持票人对支票出票人的权利，自出票日起 6 个月。

2. 【答案】D

【解析】支票的提示付款期出票日起 10 天，选项 A 错误；支票的出票人可以记载自己为收款人，选项 B 错误；支票的收款人名称可以授权补记，但是未补记的不可以提示付款，选项 C 错误。

3. 【答案】CD

【解析】银行本票的提示付款期限自出票日起最长不得超过 2 个月。银行汇票的提示付款期限自出票日起 1 个月。

4.【答案】ABC

【解析】出票人可以在支票上记载自己为收款人，D选项错误。

5.〈1〉【答案】A

【解析】王女上在用途栏书写“生日快乐”属于票据上的其他记载事项（或称非法定记载事项），记载不具有票据效力，银行不负审查责任。支票的绝对记载事项：“支票”字样、无条件支付委托、确定金额、付款人名称、出票日期、出票人签章。授权补记的绝对记载事项：支票金额、收款人名称。相对应记载事项：付款地（付款人营业场所）、出票地（出票人营业场所、住所或者经常居住地）。非法定记载事项：排除以上。

〈2〉【答案】CD

【解析】出票人为个人的，为与该个人在银行预留签章一致的签名或盖章。A、B选项说的是出票人为单位的情形，本题中出票人王女士为个人。

〈3〉【答案】ABD

【解析】支票的提示付款期自出票日起10日，A选项正确，C选项错误。收款人王老汉持用于支取现金的支票向付款人提示付款时，在支票背面“收款人签章”处签章，持票人为个人的还需要交验本人身份证，并在支票背面注明证件名称、号码及发证机关，B、D选项正确。

〈4〉【答案】D

【解析】现金支票不可以委托收款，也不可以背书转让，A、C选项错误，D选项正确。超过提示付款期银行不得计付利息，B选项错误。

6.〈1〉【答案】BCD

【解析】付款地属于支票的相对记载事项。

〈2〉【答案】AD

【解析】支票的提示付款期自出票日（2018年12月10日）起10日内，B、C选项错误。

〈3〉【答案】ABCD

【解析】A、B、C、D选项均属于提示付款应办理的事项。

〈4〉【答案】AC

【解析】签发空头支票由中国人民银行处以票面金额5%但不低于1 000元的罚款；持票人有权要求出票人赔偿支票金额2%的赔偿金。

7.【答案】B

【解析】选项A，支票的提示付款期限自出票日起10日；选项C，商业汇票的提示付款期限，自汇票到期日起10日；选项D，银行本票的提示付款期限自出票日起最长不得超过2个月。

8.【答案】BC

【解析】支票的金额、收款人名称，可以由出票人授权补记，未补记前不得背书转让和提示付款。

9.【答案】×

【解析】单位或个人签发空头支票或者签发与其预留的签章不符、使用支付密码但支付密码错误的支票，不以骗取财物为目的的，由中国人民银行处以票面金额5%但不低于

1 000 元的罚款。

10.【答案】ABD

【解析】出票人可以记载自己为收款人签发支票。

第四节 银行卡

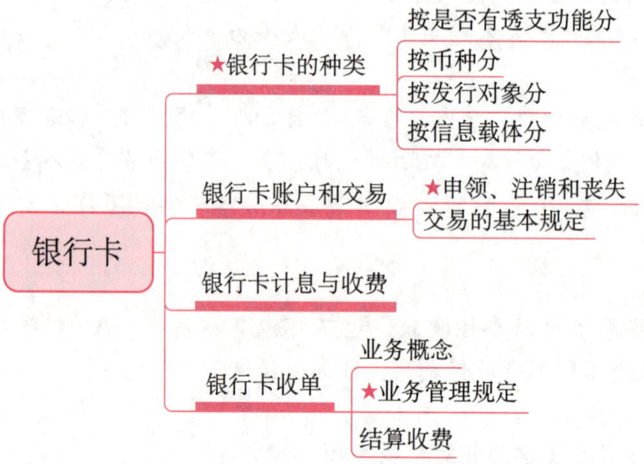

银行卡的种类

母题 3-4-1 银行卡的适用范围及分类包括哪些?

<table>
<tr><td>适用范围</td><td colspan="4">单位、个人、同城、异地均可使用</td></tr>
<tr><td rowspan="8">分类</td><td rowspan="3">是否可透支</td><td>信用卡
（可透支）</td><td>按是否向发卡银行交存备用金</td><td>贷记卡、准贷记卡</td></tr>
<tr><td rowspan="2">借记卡
（不可透支）</td><td>主要功能</td><td>消费、存取款、转账、代收付、外汇买卖、投资理财、网上支付</td></tr>
<tr><td>按功能不同区分</td><td>转账卡（含储蓄卡）、专用卡、储值卡</td></tr>
<tr><td rowspan="2">币种</td><td>人民币卡</td><td colspan="2">—</td></tr>
<tr><td>外币卡</td><td colspan="2">美国运通、维萨、大来、万事达</td></tr>
<tr><td>信息载体</td><td colspan="3">磁条卡、芯片卡</td></tr>
<tr><td>发行对象</td><td colspan="3">单位卡（商务卡）和个人卡</td></tr>
<tr><td colspan="4">联名（认同）卡：商业银行与营利性机构/非营利性机构合作发行的银行卡附属产品</td></tr>
</table>

考查形式

子题 3-4-1-1：银行卡的分类有________。

子题 3-4-1-2：根据支付结算法律制度的规定，支付工具中，可以透支的是________。

子题 3-4-1-3：属于按照是否具有透支功能对银行卡分类的是________。

子题 3-4-1-4（判断）：银行卡按币种不同分为人民币卡、外币卡和比特币卡。（　）

子题 3-4-1-5：属于借记卡的主要功能的有________。

子题 3-4-1-6（判断）：银行卡按照信息载体可分为单位卡和个人卡。（　）

子题 3-4-1-7（判断）：银行卡按照发行对象可分为磁条卡和芯片卡。（　）

【适用题型】单项选择题、多项选择题、判断题。

【1-2019 单选】银行卡的分类错误的是（　）。

A. 按是否透支分为信用卡、贷记卡

B. 按币种不同分为外币卡、人民币卡

C. 按发行对象不同分为单位卡、个人卡

D. 按信息载体不同分为磁条卡、芯片卡

【2-2018 单选】根据支付结算法律制度的规定，下列支付工具中，可以透支的是（　）。

A. 储值卡

B. 信用卡

C. 预付卡

D. 储蓄卡

【3-2016 单选】下列各项中，属于按照是否具有透支功能对银行卡分类的是（　）。

A. 磁条卡与芯片卡

B. 人民币卡与外币卡

C. 信用卡与借记卡

D. 单位卡与个人卡

答案及解析

1. 【答案】A

【解析】按是否透支分为借记卡、信用卡。

2. 【答案】B

【解析】选项 A、D，银行卡按是否具有透支功能分为信用卡和借记卡（包括储值卡、储蓄卡），前者可以透支，后者不具备透支功能。选项 C，预付卡不具有透支功能。

3. 【答案】C

【解析】按照是否具有透支功能银行卡可以分为信用卡与借记卡。

银行卡账户和交易

母题 3-4-2 银行卡的使用规定包括哪些？

申领	单位卡	开立基本存款账户，不得存取现金，不得将销货收入存入单位卡账户
	个人卡	年满“18 周岁”，申请表签名，身份证及复印件
注销	持票人在还清全部交易款项、透支本息和有关费用后，可申请办理销户（发卡行受理注销之日起 45 天后，被注销信用卡方能清户）	
挂失	发卡行或代办行	
追偿	（1）扣减持卡人保证金 （2）依法处理抵押物和质押物 （3）向保证人追索透支款项 （4）通过司法机关的诉讼程序进行追偿（没有冻结）	
单位人民币卡	（1）资金一律从基本存款账户转账存入，不得存取现金，不得存入销货收入 （2）可以办理商品交易和劳务供应款项的结算，但“不得透支” （3）销户时，资金转入其基本存款账户，不得提取现金	

考查形式

子题 3-4-2-1：关于注销银行卡的正确说法是________。

子题 3-4-2-2（判断）：注销银行卡时，需要在发卡行受理注销之日起 30 天后，被注销信用卡方能清户。（　　）

子题 3-4-2-3（判断）：单位人民币卡可以办理商品交易和劳务供应款项的结算，可以透支。（　　）

子题 3-4-2-4：属于发卡银行追偿透支款项和诈骗款项的途径的有________。

【适用题型】单项选择题、多项选择题、判断题。

【2019 多选】下列情形中，符合银行卡管理规定的有（　　）。

A. 20 周岁的赵某丢失借记卡后即持本人身份证到发卡行挂失

B. 刘某在还清全部交易款项、透支本息和有关费用后申请信用卡销户

C. 王某将本人的信用卡转借给李某使用

D. 15 周岁的张某申请个人贷记卡

答案及解析

【答案】AB

【解析】信用卡不可以转借他人使用，C 选项错误；张某未满 18 岁不得申请贷记卡，D 选项错误。

银行卡计息与收费

母题 3-4-3　信用卡（贷记卡）使用规定有哪些?

<table>
<tr><td rowspan="8">信用卡</td><td>特点</td><td>先消费后还款</td></tr>
<tr><td>信用卡预借现金业务</td><td>(1) 包括现金提取、现金转账和现金充值
(2) 信用卡持卡人通过 ATM 等自助机具办理现金提取业务，每卡每日累计不得超过人民币1 万元
(3) 发卡银行应当对借记卡持卡人在自动柜员机（ATM 机）取款设定交易上限，每卡每日累计提款不得超过2 万元人民币
(4) 储值卡的面值或卡内币值不得超过1 000 元人民币</td></tr>
<tr><td>“非现金交易”优惠</td><td>“免息还款期”（银行记账日至还款日）或“最低还款额”</td></tr>
<tr><td>透支利率</td><td>上限为日利率万分之五，下限为日利率万分之五的 0.7 倍
发卡机构调整信用卡利率的，应至少提前 45 个自然日按照约定方式通知持卡人</td></tr>
<tr><td>自主决定事项</td><td>免息还款期和最低还款额待遇的条件和标准；信用卡透支的计结息方式；信用卡溢缴款收费计付利息及利率标准；持卡人违约逾期未还款是否收取违约金；是否提供信用卡现金充值服务</td></tr>
<tr><td rowspan="2">不得收取</td><td>滞纳金；超限费</td></tr>
<tr><td>“违约金和年费、取现手续费、货币兑换费”不得计收利息</td></tr>
</table>

考查形式

子题 3-4-3-1（判断）：根据支付结算法律制度的规定，信用卡的特点是先消费后还款。(　　)

子题 3-4-3-2：发卡银行应当对借记卡持卡人在 ATM 机等自助机具取款设定交易上限，每卡每日累计提款不得超过________。

子题 3-4-3-3（判断）：发卡机构调整信息卡利率的，应至少提前 45 个自然日按照约定方式通知持卡人。(　　)

子题 3-4-3-4（判断）：储值卡的面值或卡内币值不得超过 1 000 元人民币。(　　)

子题 3-4-3-5：发卡银行应当对信用卡持卡人在 ATM 机等自助机具取款设定交易上限，每卡每日累计提款不得超过________。

子题 3-4-3-6（判断）：银行卡的发行机构对向持卡人收取的年费不得计收利息。(　　)

【适用题型】单项选择题、多项选择题、判断题。

【1-2018 判断】银行卡的发行机构对向持卡人收取的年费不得计收利息。(　　)

【2－2017 单选】根据支付结算法律制度的规定，关于信用卡计息和收费的下列表述中，正确的是（　　）。

A. 发卡机构向信用卡持卡人按约定收取违约金，不计收利息

B. 发卡机构向信用卡持卡人提供超过授信额度用卡的，应收取超限费

C. 发卡机构向信用卡持卡人收取的取现手续费，计收利息

D. 发卡机构向信用卡持卡人收取的年费，计收利息

答案及解析

1.【答案】√

【解析】发卡机构对向持卡人收取的违约金和年费、取现手续费、货币兑换费等服务费用不得计收利息。

2.【答案】A

【解析】选项 A、C、D，发卡机构对向持卡人收取的违约金和年费、取现手续费、货币兑换费等服务费用不得计收利息；选项 B，发卡机构向持卡人提供超过授信额度用卡服务的，不得收取超限费。

银行卡收单业务

母题 3－4－4　银行卡收单业务发生的风险及需要采取的措施有哪些？

<table>
<tr><td rowspan="5">收单</td><td>特约商户</td><td colspan="2">指与收单机构签订银行卡受理协议、按约定受理银行卡并委托收单机构为其完成交易资金结算的企事业单位、个体工商户或其他组织，以及按照国家工商管理机关有关规定，开展网络商品交易等经营活动的自然人
【提示】对特约商户实行实名制管理</td></tr>
<tr><td>结算账户</td><td colspan="2">■特约商户的收单银行结算账户应为其同名单位银行结算账户，或其指定的、与其存在合法资金管理关系的单位银行结算账户，需要收单机构应当审核其合法持有该账户的证明文件
■特约商户为个体工商户和自然人的，可使用其同名个人银行结算账户作为收单银行结算账户
【提示】收单机构对实体特约商户实行本地化经营和管理，不得跨省域开展收单业务</td></tr>
<tr><td>风险评级</td><td colspan="2">认定为风险等级较高商户时：
限制开通的受理卡种和交易类型、强化交易监测、设置交易限额、延迟结算、增加检查频率、建立风险准备金（但并不停止其交易）</td></tr>
<tr><td>风险事件</td><td colspan="2">包括：套现、洗钱、欺诈、移机、留存或泄露持卡人账户信息
【提示】应对措施：延迟资金结算、暂停银行卡交易、收回受理终端（关闭网络支付接口）；涉嫌违法及时报案</td></tr>
<tr><td>业务与风险管理</td><td>措施</td><td>收单机构应强化业务和风险管理措施，建立特约商户检查制度、资金结算风险管理制度、收单交易风险监测系统以及特约商户收单银行结算账户设置和变更审核和制度等</td></tr>
</table>

续表

收单	收费	收单服务费	收单机构向商户收取	实行市场调节价
			【提示】收单服务费由收单机构与特约商户协商确定具体费率	
		发卡行服务费	发卡机构向收单机构收取	借记卡：不高于0.35%（单笔金额封顶13元）
				贷记卡：不高于0.45%
			对非营利性医疗机构、教育机构、社会福利机构、养老机构、慈善机构刷卡交易，实行发卡行服务费、网络服务费全额减免	

考查形式

子题3-4-4-1：属于收单机构业务和风险管理措施的有________。

子题3-4-4-2（判断）：特约商户，是指与收单机构签订银行卡受理协议、按约定受理银行卡并委托收单机构为其完成交易资金结算的企事业单位、个体工商户或其他组织，以及按照国家工商管理机关有关规定开展网络商品交易等经营活动的企业法人。（　　）

子题3-4-4-3：根据支付结算法律制度的规定，关于银行卡收单业务的正确表述是________。

子题3-4-4-4：属于收单机构会遇到的风险事件的有________。

子题3-4-4-5：在收单机构发现特约商户发生风险事件时，应当采取的措施有________。

子题3-4-4-6（判断）：对非营利性医疗机构、教育机构、社会福利机构、养老机构、慈善机构刷卡交易，实行发卡行服务费、网络服务费全额减免。（　　）

【适用题型】单项选择题、多项选择题、判断题。

【1-2019多选】下列各项中，属于收单机构业务和风险管理措施的有（　　）。

A. 建立资金结算风险管理制度

B. 建立特约商户检查制度

C. 建立对特约商户风险评级制度

D. 建立特约商户收单银行变更审核制度

【2-2019判断】特约商户，是指与收单机构签订银行卡受理协议、按约定受理银行卡并委托收单机构为其完成交易资金结算的企事业单位、个体工商户或其他组织，以及按照国家工商管理机关有关规定，开展网络商品交易等经营活动的企业法人。（　　）

【3-2018多选】根据支付结算法律制度的规定，关于银行卡收单业务的下列表述中，正确的有（　　）。

A. 特约商户为个体工商户或自然人的，可以使用其同名个人银行结算账户作为收单银行结算账户

B. 收单机构向特约商户收取的收单服务费由收单机构与特约商户协商确定具体费率

C. 特约商户使用单位银行结算账户作为收单银行结算账户的，收单机构应当审核其合法持有该账户的证明文件

D. 收单机构应当对实体特约商户收单业务进行本地化经营和管理，不得跨省域开展收单业务

【4－2018 多选】根据支付结算法律制度的规定，下列关于银行卡收单机构对特约商户管理的表述中，正确的有（　　）。

A. 对特约商户实行实名制管理

B. 特约商户是单位的，其收单银行结算账户可以使用个人银行结算账户

C. 对实体特约商户与网络特约商户分别进行风险评级

D. 对实体特约商户收单业务实行本地化经营，不得跨省域开展收单业务

答案及解析

1. 【答案】ABCD

【解析】以上四项全属于收单机构业务与风险管理措施。

2. 【答案】×

【解析】特约商户，是指与收单机构签订银行卡受理协议、按约定受理银行卡并委托收单机构为其完成交易资金结算的企事业单位、个体工商户或其他组织，以及按照国家工商管理机关有关规定，开展网络商品交易等经营活动的自然人。

3. 【答案】ABCD

【解析】以上四项均符合银行卡收单业务管理规定。

4. 【答案】ACD

【解析】特约商户的收单银行结算账户应当为其同名单位银行结算账户，或其指定的、与其存在合法资金管理关系的单位银行结算账户，B选项错误。

第五节　网上支付

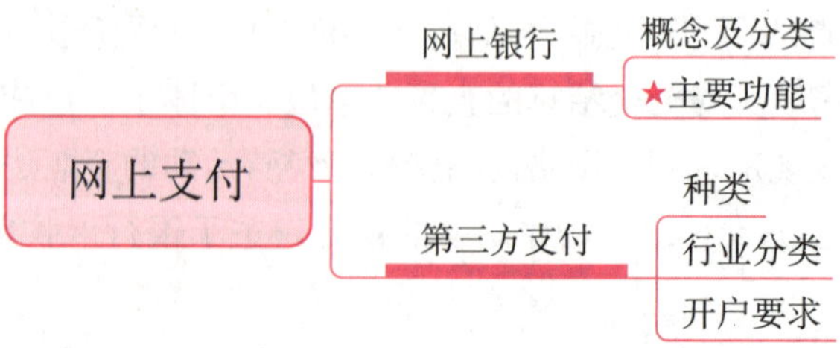

网上银行

母题 3-5-1 网上银行的概念及分类有哪些？

网上银行	概念	"3A"银行，不受时间、空间限制，能够在任何时间、任何地点，以任何方式为客户提供金融服务	
	分类	按服务对象	企业网上银行（适用于企事业单位）、个人网上银行（个人与家庭）
		按经营组织	分支型网上银行、纯网上银行

母题 3-5-2 网上银行的主要功能包括哪些？

（1）企业网上银行子系统主要业务功能：

1）账户信息查询；2）支付指令；3）**B2B 网上支付**；4）批量支付。

（2）个人网上银行子系统主要业务功能：

1）账户信息查询；2）人民币转账业务；3）银证转账业务；4）外汇买卖业务；5）账务管理业务；6）**B2C 网上支付**。

考查形式

子题 3-5-1-1（判断）：网上银行按服务对象可分为分支型网上银行、纯网上银行。（ ）

子题 3-5-1-2（判断）：网上银行是指不受时间、空间限制，能够在任何时间、任何地点，以任何方式为客户提供金融服务。（ ）

子题 3-5-2-1：属于个人网上银行具体业务功能的是________。

子题 3-5-2-2：属于企业网上银行具体业务功能的是________。

【适用题型】单项选择题、多项选择题、判断题、不定项选择题。

【2018 单选】下列各项中，不属于个人网上银行具体业务功能的是（ ）。

A. 个人账户余额查询

B. 信用卡的购物明细查询

C. B2C 网上支付

D. B2B 网上支付

答案及解析

【答案】D

【解析】B2B 网上支付属于企业网上银行的业务功能。

第三方支付

母题 3-5-3 第三方支付的主要内容有哪些？

<table>
<tr><td rowspan="5">第三方支付</td><td rowspan="2">种类</td><td>线上</td><td>互联网在线支付、移动支付中的远程支付</td></tr>
<tr><td>线下</td><td>POS 机刷卡支付、拉卡拉等自助终端支付、电话支付、手机近端支付、电视支付</td></tr>
<tr><td rowspan="2">行业分类</td><td>金融型</td><td>银联商务、快钱、易宝支付、汇付天下、拉卡拉
【提示】无担保功能</td></tr>
<tr><td>互联网型</td><td>支付宝、财付通（以在线支付为主）</td></tr>
<tr><td>开户要求</td><td colspan="2">同一个人在同一家支付机构只能开立一个Ⅲ类账户</td></tr>
</table>

考查形式

子题 3-5-3-1：根据支付结算法律制度的规定，属于线下支付的是________。

子题 3-5-3-2：根据支付结算法律制度的规定，属于线上支付的是________。

子题 3-5-3-3（判断）：银联商务、快钱、易宝支付、汇付天下、拉卡拉属于第三方支付机构的金融型支付企业。（ ）

子题 3-5-3-4：属于第三方支付机构中金融型支付企业的有________。

子题 3-5-3-5（判断）：互联网在线支付、移动支付中的远程支付属于线上支付方式。（ ）

子题 3-5-3-6：属于第三方支付机构中互联网型支付企业的有________。

【适用题型】单项选择题、多项选择题、判断题。

【1-2019 单选】根据支付结算法律制度的规定，下列属于线上支付的是（ ）。

A. 网上银行支付 B. 固定电话支付 C. 电视支付 D. POS 机刷卡支付

【2-2016 单选】下列情形中，属于线上支付的是（ ）。

A. 董某在机场购物，使用手机近端支付购物款

B. 吴某在超市购物，使用公交一卡通支付购物款

C. 周某在商场购物，通过 POS 机刷卡支付购物款

D. 郑某网上购物，通过支付宝支付货款

答案及解析

1. 【答案】A

【解析】选项 B、C、D，属于线下支付。

2. 【答案】D

【解析】线上支付包括直接使用网上银行进行的支付和通过第三方支付平台间接使用网上银行进行的支付。

第六节 结算方式和其他支付工具

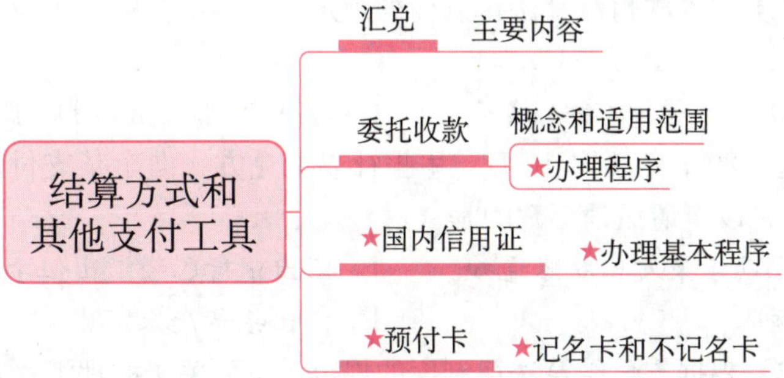

汇兑

母题 3-6-1 汇兑的主要内容有哪些?

汇兑	分类	信汇、电汇
	适用	单位、个人的各种款项的结算，均可使用汇兑结算方式
	签发汇兑凭证	必须记载事项: (1) 表明“信汇”或“电汇”的字样；(2) 无条件支付的委托；(3) 确定的金额；(4) 收款人名称；(5) 汇款人名称；(6) 汇入地点；(7) 汇入行名称；(8) 汇出地点；(9) 汇出行名称；(10) 委托日期；(11) 汇款人签章
	汇款回单	汇出银行“受理”汇款的依据，不能作为汇款转入收款人账户的证明
	收账通知	银行将款项“确已收入”收款人账户的凭据
	汇兑撤销	汇款人对汇出银行尚未汇出的款项可以申请撤销

考查形式

子题 3-6-1-1：根据支付结算法律制度的规定，签发汇兑凭证必须记载的事项有________。

子题 3-6-1-2：2018 年 1 月 10 日，甲报社以汇兑方式向李某支付稿费 2 000 元。甲报社可以申请撤销汇款的情形是________。

子题 3-6-1-3：根据支付结算法律制度的规定，关于办理汇兑业务的正确表述是________。

子题3-6-1-4（判断）：汇出银行向汇款人签发的汇款回单是银行将款项已转入收款人账户的凭据。（　　）

子题3-6-1-5（判断）：单位的各种款项的结算不可使用汇兑结算方式。（　　）

【适用题型】单项选择题、多项选择题、判断题。

【1-2019多选】根据支付结算法律制度的规定，下列事项中，签发汇兑凭证必须记载的有（　　）。

A. 确定的金额　B. 收款人名称　C. 委托日期　D. 汇款人签章

【2-2018单选】2018年1月10日，甲报社以汇兑方式向李某支付稿费2 000元。下列情形中，甲报社可以申请撤销汇款的是（　　）。

A. 汇入银行已向李某发出收账通知　B. 汇出银行已经汇出但李某尚未领取

C. 李某拒绝领取　D. 汇出银行尚未汇出

【3-2018多选】根据支付结算法律制度的规定，下列关于办理汇兑业务的表述中，正确的有（　　）。

A. 汇款回单可以作为该笔汇款已转入收款人账户的证明

B. 汇款回单是汇出银行受理汇款的依据

C. 汇兑凭证记载的汇款人、收款人在银行开立存款账户的，必须记载其账号

D. 收账通知是银行将款项确已转入收款人账户的凭据

【4-2018判断】汇出银行向汇款人签发的汇款回单是银行将款项已转入收款人账户的凭据。（　　）

答案及解析

1. 【答案】ABCD

2. 【答案】D

【解析】汇款人对汇出银行尚未汇出的款项可以申请撤销。

3. 【答案】BCD

【解析】选项A、B，汇款回单只能作为汇出银行受理汇款的依据，不能作为该笔汇款已转入收款人账户的证明；选项C，汇兑凭证记载的汇款人、收款人在银行开立存款账户的，必须记载其账号；选项D，收账通知是银行将款项确已转入收款人账户的凭据。

4. 【答案】×

【解析】汇款回单只能作为汇出银行受理汇款的依据，不能作为该笔汇款已经转入收款人账户的证明。

委托收款

母题3-6-2　委托收款的概念和适用范围有哪些？

委托收款是收款人委托银行向付款人收取款项的结算方式。单位和个人凭已承兑的商

业汇票、债券、存单等付款人债务证明办理款项的结算，均可以使用委托收款结算方式。委托收款在同城、异地均可以使用。

母题 3-6-3　办理委托收款的程序有哪些？

（1）签发委托收款凭证（必须记载事项）：

1）表明“委托收款”字样；2）确定的金额；3）付款人名称；4）委托收款凭据名称及附寄单证张数；5）委托日期；6）收款人签章。

欠缺记载上列事项之一的，银行不予受理。

（2）委托。

（3）付款：

1）以银行为付款人的，银行应当在当日将款项主动支付给收款人。

2）以单位为付款人的，银行应当及时通知付款人，需要将有关债务证明交给付款人的应交给付款人，付款人应于接到通知的当日书面通知银行付款，付款人未在接到通知的次日起 3 日内通知银行付款的，视同付款人同意付款。

（4）拒绝付款。

考查形式

子题 3-6-2-1（判断）：委托收款以单位为付款人的，银行收到委托收款凭证及债务证明，审查无误后应于当日将款项主动支付给收款人。（　　）

子题 3-6-2-2（判断）：单位和个人凭已承兑的商业汇票、债券、存单等付款人债务证明办理款项的结算，均可以使用委托收款结算方式。（　　）

子题 3-6-2-3：属于签发托收凭证必须记载的事项的是________。

子题 3-6-3-1：根据支付结算法律制度的规定，属于办理委托收款的程序的有________。

子题 3-6-3-2（判断）：委托收款以银行为付款人的，银行应当及时通知付款人，需要将有关债务证明交给付款人的应交给付款人。（　　）

【适用题型】单项选择题、多项选择题、判断题。

【2016 判断】委托收款以单位为付款人的，银行收到委托收款凭证及债务证明，审查无误后应于当日将款项主动支付给收款人。（　　）

答案及解析

【答案】×

【解析】委托收款以“银行”为付款人的，银行应当在“当日”将款项主动支付给收款人；委托收款以“单位”为付款人的，银行应当及时通知付款人，付款人应于接到通知的当日书面通知银行付款，付款人未在接到通知的次日起 3 日内通知银行付款的，视同付款人同意付款。

国内信用证

母题 3-6-4 办理国内信用证的特点、适用范围及程序有哪些？

国内信用证	特点	以人民币计价、不可撤销；不得支取现金		
国内信用证	适用范围	“国内企事业单位之间”货物和服务贸易结算（信用证只限于转账结算，不得支取现金）		
国内信用证	程序	开证担保		抵押、质押、保证均可
国内信用证	程序	通知		由开证申请人指定，如开证申请人没有指定，开证行有权指定
国内信用证	程序	转让		可转让信用证可“部分或全部”转为可由第二受益人兑用，但只能转让一次
国内信用证	程序	议付		未明示可议付：任何银行不得办理议付
国内信用证	程序	议付		明示可议付：如开证行仅指定一家议付行，未被指定为议付行的银行不得办理议付，被指定的议付行可自行决定是否办理议付
国内信用证	程序	保兑		指保兑行根据开证行的授权或者要求，在开证行承诺之外作出的对相符交单付款、确认到期付款或议付的确定承诺，并自对信用证加具保兑之时起即不可撤销地承担相应的责任
国内信用证	程序	索偿		议付行将注明付款提交的交单面函（寄单通知书）及单据寄开证行或保兑行索偿资金。除信用证另有约定外，索偿金额不得超过单据金额 议付行议付时，必须与受益人书面约定是否有追索权： （1）若有约定追索权，到期不获付款时议付行可向受益人追索 （2）若无约定追索权，到期不获付款时议付行不得向受益人追索，议付行与受益人约定的例外情况或者受益人存在信用证欺诈的情况除外
国内信用证	程序	修改		开证申请人需要对已开立信用证内容进行修改的，应向开证行提出修改申请，明确修改的内容。信用证受益人同意或拒绝接受修改的，应提供接受或拒绝修改的通知
国内信用证	程序	付款	即期	收到相符单据“次日起5个营业日”内付款
国内信用证	程序	付款	远期	收到相符单据“次日起5个营业日内确认”到期付款，并在“到期日”付款（单据日后定期付款、见单后定期付款、固定日付款）
国内信用证	程序	付款		■（远期）信用证付款期限最长不超过“1年” ■ 即使申请人交存的保证金及其存款账户余额不足支付，开证行仍应在规定的时间内付款
国内信用证	程序	注销		开证行、保兑行、议付行未在信用证有效期内收到单据的，开证行可在信用证“逾有效期1个月后”予以注销

考查形式

子题 3-6-4-1（判断）：根据支付结算法律制度的规定，国内信用证是以人民币计价、不可撤销的跟单信用证，限于转账，不得取现。（　　）

子题 3-6-4-2（判断）：国内信用证可以支取现金。（　　）

子题 3-6-4-3（判断）：信用证申请人交存的保证金和其存款账户余额不足支付的，开证行仍应在规定的付款时间内进行付款。（　　）

子题 3-6-4-4（判断）：信用证可以用于转账结算和支取现金。（　　）

子题 3-6-4-5（判断）：远期信用证付款期限最长不超过 5 个月。（　　）

子题 3-6-4-6（判断）：开证行、保兑行、议付行未在信用证有效期内收到单据的，开证行可在信用证逾有效期 1 个月后予以注销。（　　）

【适用题型】单项选择题、多项选择题、判断题。

【1-2019 单选】根据支付结算法律制度的规定，下列关于国内信用证的表述中，正确的是（　　）。

A. 可以外币计价

B. 可以签发可撤销信用证

C. 不可以支取现金

D. 不可以签发远期信用证

【2-2018 判断】国内信用证可以支取现金。（　　）

【3-2016 判断】信用证申请人交存的保证金和其存款账户余额不足支付的，开证行仍应在规定的付款时间内进行付款。（　　）

答案及解析

1. 【答案】C

【解析】国内信用证是以人民币计价、不可撤销的跟单信用证，限于转账，不得取现。

2. 【答案】×

【解析】国内信用证只限于转账结算，不得支取现金。

3. 【答案】√

【解析】根据支付结算法律制度的规定，若受益人提交了相符单据或开证行已发出付款承诺，即使申请人交存的保证金及其存款账户余额不足支付，开证行仍应在规定的时间内付款。

预付卡

母题 3-6-5　预付卡是否具有透支功能?

预付卡以人民币计价，不具有透支功能。

母题 3-6-6 记名卡和不记名卡的区别是什么？

	记名卡	不记名卡
区分标准	记载持卡人身份信息	不记载持卡人身份信息
资金限额	≤5 000 元	≤1 000 元
挂失	可挂失	不可挂失
赎回	可赎回	不可赎回
有效期	无	不得低于 3 年
提供身份证	需要	一次性购买 1 万元以上需要
使用信用卡购买及充值	×	×
转账购买 不得使用现金	单位：一次性购买 5 000 元以上 个人：一次性购买 50 000 元以上	
转账充值 【资金限制】	(1) 只能通过现金或银行转账方式进行充值，不得使用信用卡为预付卡充值 (2) 一次性充值 5 000 元以上，不得使用现金，单张预付卡充值后的资金余额不得超过规定限额 (3) 预付卡现金充值通过发卡机构网点进行，但单张预付卡同日累计现金充值在 200 元以下的，可通过自助充值终端、销售合作机构代理等方式充值	
使用规定	(1) 特约商户中使用，不得用于或变相用于提现，不得用于购买、交换非本机构发行的预付卡，卡内资金不得向银行账户或非本发卡机构开立的网络支付账户转移 (2) 发卡机构对客户备付金需 100%集中交存中国人民银行	
资金管理	备付金专用存款账户	

考查形式

子题 3-6-5-1（判断）：预付卡以人民币计价，具有透支功能。（　　）

子题 3-6-5-2（判断）：单张记名预付卡资金限额不得超过 5 000 元，单张不记名预付卡资金限额不得超过 1 000 元。（　　）

子题 3-6-6-1（判断）：李某使用现金购买了 30 000 元的记名预付卡，现金充值 2 000 元的不记名预付卡，该行为正确。（　　）

子题 3-6-6-2：根据支付结算法律制度的规定，关于预付卡的正确表述是______。

子题 3-6-6-3（判断）：多用途预付卡可以使用信用卡进行充值。（　　）

子题 3-6-6-4：王某购买了一张记名预付卡，根据支付结算法律制度的规定，该张预付卡内的资金最高限额为______。

子题 3-6-6-5：根据支付结算法律制度的规定，王某一次性购买 6 万元的预付卡，不能用的方式有______。

子题 3-6-6-6（判断）：记名卡不可以挂失，不记名卡可以挂失。（　　）

子题 3-6-6-7（判断）：记名卡可以赎回，不记名卡不可以赎回。（　　）

【适用题型】单项选择题、多项选择题、判断题。

【1－2019 多选】李某使用现金购买了 30 000 元的记名预付卡、现金充值 2 000 元的不记名预付卡，下列说法正确的有（　　）。

A. 可以使用信用卡购买预付卡

B. 应实名购买

C. 可以现金购买 30 000 元的记名预付卡

D. 可以现金充值 2 000 元的不记名预付卡

【2－2019 多选】根据支付结算法律制度的规定，下列关于预付卡的表述正确的有（　　）。

A. 单位一次性购买预付卡 5 000 元以上，不得使用现金

B. 个人一次性购买预付卡 5 万元以上的，不得使用现金

C. 预付卡一次性充值金额 5 000 元以上的，不得使用现金

D. 购买预付卡、为预付卡充值，均不得使用信用卡

【3－2018 单选】根据支付结算法律制度的规定，下列关于预付卡的表述中，正确的是（　　）。

A. 购卡人可以使用信用卡购买预付卡

B. 预付卡以人民币计价，不具有透支功能

C. 记名预付卡的有效期最长为 3 年

D. 单张记名预付卡的资金限额不得超过 1 000 元

【4－2018 判断】多用途预付卡可以使用信用卡进行充值。（　　）

【5－2016 单选】王某购买了一张记名预付卡，根据支付结算法律制度的规定，该张预付卡内的资金最高限额为（　　）元。

A. 1 000　　B. 5 000　　C. 10 000　　D. 50 000

【6－2016 多选】根据支付结算法律制度的规定，王某一次性购买 6 万元的预付卡，不能用下列哪些方式支付？（　　）

A. 转账支票　　B. 现金　　C. 信用卡　　D. 借记卡

答案及解析

1. 【答案】BCD

【解析】不可以使用信用卡购买预付卡，A 选项错误。

2. 【答案】ABCD

【解析】单位一次性购买预付卡 5 000 元以上，个人一次性购买预付卡 5 万元以上的，应当通过银行转账等非现金结算方式购买，不得使用现金，选项 A、B 正确；预付卡一次性充值金额 5 000 元以上的，不得使用现金，选项 C 正确；购卡人不得使用信用卡购买预付卡；预付卡只能通过现金或银行转账方式进行充值，不得使用信用卡为预付卡充值，选项 D 正确。

3. 【答案】B

【解析】选项 C，记名预付卡不得设置有效期，不记名预付卡有效期不得低于 3 年；选项 D，单张记名预付卡资金限额不得超过 5 000 元；选项 A，购卡人不得使用信用卡购买预付卡。

4. 【答案】×

【解析】预付卡只能通过现金或银行转账方式进行充值，不得使用信用卡为预付卡

充值。

5.【答案】B

【解析】单张记名预付卡资金限额不得超过5 000元。

6.【答案】BC

【解析】单位一次性购买预付卡5 000元以上，个人一次性购买预付卡5万元以上的，应当通过银行转账等非现金结算方式购买，不得使用现金。购卡人不得使用信用卡购买预付卡。

第七节 结算纪律与法律责任

结算纪律与法律责任
- 结算纪律
- 违反支付结算法律制度的法律责任

支付结算纪律

母题3-7-1 支付结算纪律是什么？

单位和个人的支付结算纪律	银行的支付结算纪律
(1) 不准签发没有资金保证的票据或远期支票，套取银行信用； (2) 不准签发、取得和转让没有真实交易和债权债务的票据，套取银行和他人资金； (3) 不准无理拒绝付款，任意占用他人资金； (4) 不准违反规定开立和使用账户	(1) 不准受理无理拒付、不扣少扣滞纳金； (2) 不准无理拒绝支付应由银行支付的票据款项； (3) 不准违章签发、承兑、贴现票据，套取银行资金； (4) 不准签发空头银行汇票、银行本票和办理空头汇款； (5) 不准在支付结算制度之外规定附加条件，影响汇路畅通； (6) 不准以任何理由压票、任意退票、截留挪用客户和他行资金； (7) 不准违反规定为单位和个人开立账户； (8) 不准拒绝受理、代理他行正常结算业务

考查形式

子题3-7-1-1：属于银行的支付结算纪律要求的是________。

子题3-7-1-2：属于单位和个人的支付结算纪律要求的是________。

【适用题型】单项选择题、多项选择题、判断题。

【2017单选】根据支付结算法律制度的规定，下列关于结算纪律的表述中，正确的是（　　）。

A. 单位和个人办理支付结算，不得以任何理由拒绝付款
B. 单位和个人办理支付结算，可以签发无资金保证的票据
C. 银行办理支付结算，可以在支付结算制度之外附加条件
D. 银行办理支付结算，不得以任何理由压票

答案及解析

【答案】D

【解析】银行办理支付结算，不准以任何理由压票、任意退票、截留挪用客户和他行资金。

违反支付结算法律制度的法律责任

母题 3－7－2　违反支付法律制度的法律责任有哪些？

（1）签发空头支票、印章与预留印鉴不符支票，未构成犯罪行为的法律责任。

单位或个人签发空头支票或者签发与其预留的签章不符、使用支付密码但支付密码错误的支票，不以骗取财物为目的的，由中国人民银行处以票面金额5%但不低于1 000元的罚款；持票人有权要求出票人赔偿支票金额2%的赔偿金。

（2）无理拒付，占用他人资金行为的法律责任。

商业承兑汇票的付款人对见票即付或者到期的票据，故意压票、退票、拖延支付的，按照规定处以压票、拖延支付期间内每日票据金额万分之七的罚款。

（3）违反账户规定行为的法律责任。

<table>
<tr><th rowspan="2">违法规定</th><th colspan="3">法律责任</th></tr>
<tr><th>非经营性</th><th>经营性</th><th></th></tr>
<tr><td>1）违反规定开立银行结算账户
2）伪造、变造证明文件欺骗银行开立银行结算账户
3）违反规定不及时撤销银行结算账户</td><td rowspan="3">给予警告并处以1 000元的罚款</td><td>给予警告并处以1万元≤罚款≤3万元</td><td>构成犯罪的，移交司法机关依法追究刑事责任</td></tr>
<tr><td>4）违反规定将单位款项转入个人银行结算账户
5）违反规定支取现金
6）利用开立银行结算账户逃废银行债务
7）出租、出借银行结算账户
8）从基本存款账户之外的银行结算账户转账存入、将销货收入存入或现金存入单位信用卡账户</td><td>给予警告并处以5 000元≤罚款≤3万元</td><td rowspan="2">—</td></tr>
<tr><td>9）法定代表人或主要负责人、存款人地址以及其他开户资料的变更事项未在规定期限内通知银行</td><td>给予警告并处以1 000元的罚款</td></tr>
<tr><td>10）伪造、变造、私自印制开户许可证的</td><td>处以1 000元的罚款</td><td>1万元≤罚款≤3万元</td><td>构成犯罪的，移交司法机关依法追究刑事责任</td></tr>
</table>

（4）票据欺诈等行为的法律责任。

<table>
<tr><th>违法规定</th><th colspan="2">法律责任</th></tr>
<tr><td rowspan="3">1）伪造、变造票据、托收凭证、汇款凭证、信用证，伪造信用卡等</td><td>情节一般</td><td>处有期徒刑≤5年或者拘役
并处或者单处2万元≤罚金≤20万元</td></tr>
<tr><td>情节严重</td><td>处5年≤有期徒刑≤10年
并处5万元≤罚金≤50万元</td></tr>
<tr><td>情节特别严重</td><td>处有期徒刑≥10年或者无期徒刑
并处5万元≤罚金≤50万元或者没收财产</td></tr>
<tr><td>2）故意使用伪造、变造的票据的
3）签发空头支票或者故意签发与其预留的本名签名式样或者印鉴不符的支票，骗取财物的
4）签发无可靠资金来源的汇票、本票，骗取资金的
5）汇票、本票的出票人在出票时作虚假记载，骗取财物的
6）冒用他人的票据，或者故意使用过期或者作废的票据，骗取财物的
7）付款人同出票人、持票人恶意串通，实施前六项行为之一的</td><td colspan="2">依法追究刑事责任；单位犯上述罪行的，对单位判处罚金，并对其直接负责的主管人员和其他责任人员，依照上述规定处罚</td></tr>
<tr><td>妨害信用卡管理的</td><td colspan="2">处有期徒刑≤3年或者拘役
并处或单处1万元≤罚金≤10万元</td></tr>
<tr><td>妨害信用卡管理的，数量巨大或者有下列严重情节的：
1）明知是伪造的信用卡而持有、运输的
2）明知是伪造的空白信用卡而持有、运输，数量较大的
3）非法持有他人信用卡，数量较大的
4）使用虚假的身份证明骗领信用卡的
5）出售、购买、为他人提供伪造的信用卡或者以虚假的身份证明骗领信用卡的
6）窃取、收买或者非法提供他人信用卡信息资料的</td><td colspan="2">处3年≤有期徒刑≤10年
并处2万元≤罚金≤20万元</td></tr>
<tr><td>进行信用卡诈骗活动，数额较大的</td><td colspan="2">处有期徒刑≤5年或者拘役
并处2万元≤罚金≤20万元</td></tr>
<tr><td>进行信用卡诈骗活动，数额巨大或者有其他严重情节的</td><td colspan="2">处5年≤有期徒刑≤10年
并处5万元≤罚金≤50万元</td></tr>
<tr><td>进行信用卡诈骗活动，数额巨大或者有下列严重情节的：
1）使用伪造的信用卡，或者使用以虚假的身份证明骗领的信用卡的
2）使用作废的信用卡的
3）冒用他人信用卡的
4）恶意透支的</td><td colspan="2">处有期徒刑≥10年或者无期徒刑
并处5万元≤罚金≤50万元或者没收财产</td></tr>
</table>

考查形式

子题 3-7-2-1：属于违法支付法律制度的法律责任有________。

子题 3-7-2-2：空头支票罚款的标准是________。

子题 3-7-2-3（判断）：商业承兑汇票的付款人对见票即付或者到期的票据，故意压票、退票、拖延支付的，按照规定处以压票、拖延支付期间内每日票据金额万分之五的罚款。（　　）

子题 3-7-2-4（判断）：非法大量持有他人信用卡的，应追究其刑事责任。（　　）

【适用题型】单项选择题、多项选择题、判断题。

【1-2018 判断】 非法大量持有他人信用卡的，应追究其刑事责任。（　　）

【2-单选】 签发空头支票，中国人民银行罚款的标准是（　　）。

A. 票面金额 5%但不高于 1 000 元　　B. 票面金额 5%但不低于 1 000 元

C. 票面金额 3%但不低于 1 000 元　　D. 票面金额 3%但不高于 1 000 元

答案及解析

1.【答案】√

【解析】有下列情形之一，妨碍信用卡管理的，处 3 年以下有期徒刑或者拘役，并处或者单处 1 万元以上 10 万元以下罚金；数量巨大或者有其他严重情节的，处 3 年以上 10 年以下有期徒刑，并处 2 万元以上 20 万元以下罚金：明知是伪造的信用卡而持有、运输的，或者明知是伪造的空白信用卡而持有、运输，数量较大的；非法持有他人信用卡，数量较大的；使用虚假的身份证明骗领信用卡的；出售、购买、为他人提供伪造的信用卡或者以虚假的身份证明骗领的信用卡的；窃取、收买或者非法提供他人信用卡信息资料的。

2.【答案】B

第四章

增值税、消费税法律制度

本章解读

扫码可听课

本章分值占比约 20 分，不定项选择题为必考章节。本章由 3 个小节组成，分为税收法律制度概述、增值税法律制度和消费税法律制度。其中增值税分值约占本章分值 65%左右，经常单独考查不定项选择题，也可以和消费税、资源税结合考查。本章为考试中极其重要的内容，且与第五、六、七章节联系紧密，计算部分需要重点掌握。通过做题掌握技巧，关键是知识点向做题公式转化的应用。

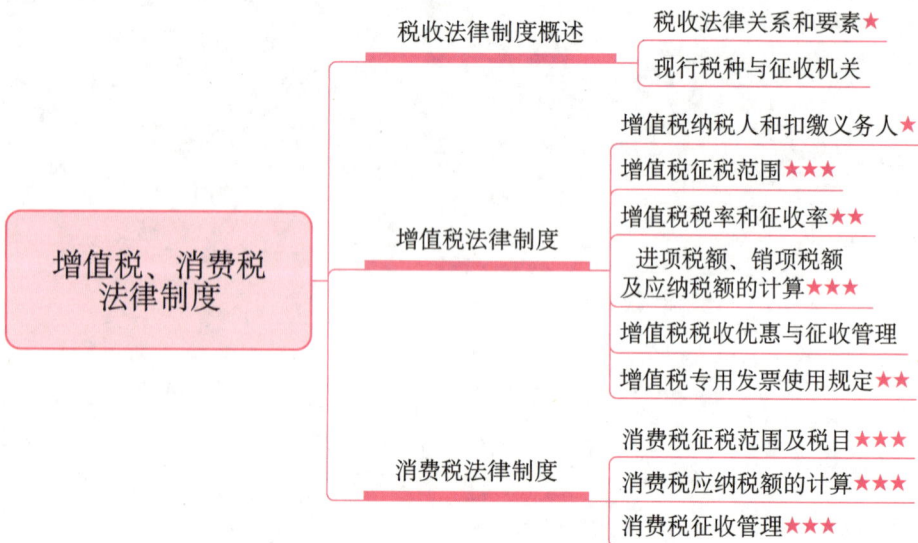

本章框架

- 增值税、消费税法律制度
  - 税收法律制度概述
    - 税收法律关系和要素★
    - 现行税种与征收机关
  - 增值税法律制度
    - 增值税纳税人和扣缴义务人★
    - 增值税征税范围★★★
    - 增值税税率和征收率★★
    - 进项税额、销项税额及应纳税额的计算★★★
    - 增值税税收优惠与征收管理
    - 增值税专用发票使用规定★★
  - 消费税法律制度
    - 消费税征税范围及税目★★★
    - 消费税应纳税额的计算★★★
    - 消费税征收管理★★★

第一节　税收法律制度概述

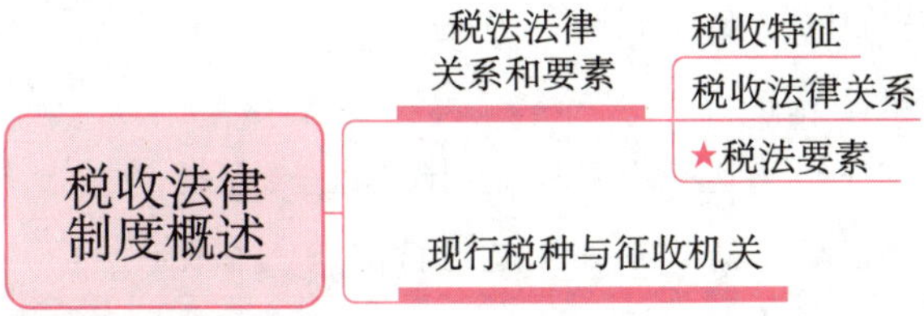

税法法律关系和要素

母题 4-1-1　税收具有哪些特征？

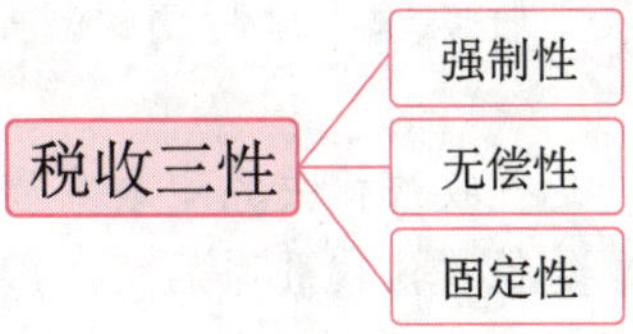

母题 4-1-2　税收法律关系包含哪些方面？

税收法律关系指主体所享受的权利和所应承担的义务，这是税收法律关系中最实质的东西，是税法的灵魂。

主体	双主体： 征税机关：国家各级税务机关和海关 纳税义务人：法人、自然人和其他组织
客体	指主体的权利、义务所共同指向的对象，也就是征税对象
内容	指主体所享受的权利和应承担的义务

母题 4-1-3　税法包含哪些要素？

纳税义务人	自然人、法人或其他组织
征税对象	区别不同类型税种的重要标志
税目	征税对象的具体化

续表

税率（计算税额的尺度）	比例税率	增值税、城市维护建设税、企业所得税
	累进税率	个人所得税→超额累进税率
		土地增值税→超率累进税率
	定额税率	城镇土地使用税、车船税
	【提示】我国不使用全额累进税率	
计税依据	从价计征、从量计征	
税收优惠	减税、免税	
	起征点	达不到不征，达到或超过**全额**征税
	免征额	达不到不征，达到了**超过部分**征税

考查形式

子题4-1-1-1：税收具有________特征。

子题4-1-1-2（判断）：税收具有强制性。（　　）

子题4-1-2-1：根据税收征收管理法律制度的规定，属于税收法律关系主体/客体/内容的有________。

子题4-1-2-2：________是税收法律关系中最实质的东西，也是税法的灵魂。

子题4-1-2-3：征税对象是税收法律关系的________。

子题4-1-3-1：区分不同税种的重要标志是________。

子题4-1-3-2：税目是征税对象的________。

子题4-1-3-3：________是计算税额的尺度。

子题4-1-3-4：属于我国税法规定的税率形式有________。

子题4-1-3-5（判断）：增值税纳税人销售额未达到起征点的，免征增值税。（　　）

子题4-1-3-6（判断）：增值税纳税人销售额超过免征额的，全额征增值税。（　　）

【适用题型】单项选择题、多项选择题、判断题。

【1-2019单选】区别不同税种的重要标志是（　　）。

A. 纳税环节　　B. 税目　　C. 税率　　D. 征税对象

【2-2016判断】增值税纳税人销售额未达到起征点的，免征增值税。（　　）

【3—2015多选】根据税收征收管理法律制度的规定，下列各项中，属于税收法律关系主体的有（　　）。

A. 征税对象　　B. 纳税人　　C. 海关　　D. 税务机关

答案及解析

1.【答案】D

【解析】征税对象是区别不同类型税种的重要标志。

2.【答案】√

3.【答案】BCD

【解析】选项 B、C、D 属于税收法律关系主体，其中征税主体包括税务机关和海关，纳税主体指纳税义务人；选项 A 属于税收法律关系的客体。

现行税种与征收机关

母题 4－1－4　我国税收征收管理机关分别负责征收哪些税种?

税务局	除去海关征收的其他所有税种
海关	关税、船舶吨税、进口环节代征的增值税、消费税

考查形式

子题 4－1－4－1：由税务局负责征收和管理的税种有________。

子题 4－1－4－2：根据税收征收管理法律制度的规定，由海关代征的税款是________。

【适用题型】单项选择题、多项选择题、判断题。

【1－2019 多选】下列税种中，由税务局负责征收和管理的有（　　）。

A. 关税　　B. 企业所得税　　C. 资源税　　D. 土地增值税

【2－2017 单选】根据税收征收管理法律制度的规定，下列税款中，由海关代征的是（　　）。

A. 境内未设立机构、场所的非居民企业来源于境内的股息所得应缴纳的企业所得税

B. 提供研发服务，但在境内未设有经营机构的企业应缴纳的增值税

C. 进口货物的企业在进口环节应缴纳的增值税

D. 从境外取得所得的居民应缴纳的个人所得税

【3－2017 单选】根据税收征收管理法律制度的规定，下列税种中，由海关负责征收的是（　　）。

A. 个人所得税　　B. 关税

C. 城镇土地使用税　　D. 城市维护建设税

答案及解析

1.【答案】BCD

【解析】关税、船舶吨税、进口环节代征的增值税、消费税由海关征收。

2.【答案】C

【解析】进口环节缴纳的增值税和消费税由海关代征。

3.【答案】B

【解析】由海关负责征收的税种有关税、船舶吨税；进口环节代征的增值税和消费税。

第二节 增值税法律制度

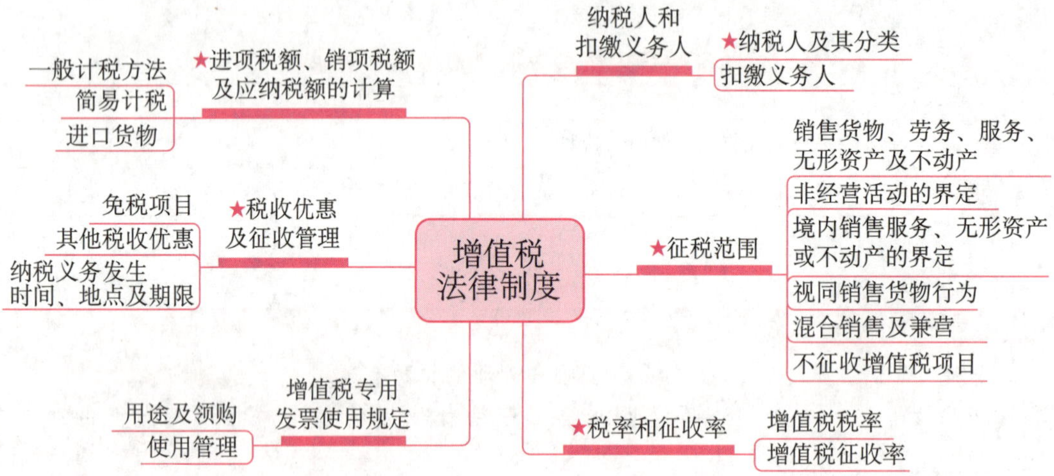

纳税人和扣缴义务人

母题 4-2-1 增值税纳税人和扣缴义务人的区分标准是什么？

（1）**小规模纳税人**：

1）年应征增值税销售额500万元以下（会计健全的，也可申请为一般纳税人）。

【提示】已登记为增值税一般纳税人的单位和个人，转登记日前的年累计销售额未超过500万元的，在2019年12月31日前，可选择登记为小规模纳税人，其未抵扣的进项税额作转出处理。

2）简易计征，可到税务机关代开专票。

【提示】小规模纳税人（除其他个人）发生增值税应税行为的（销售其取得不动产的除外）均可自行开具发票。

（2）**一般纳税人**：一般计税方法，登记为一般纳税人后不得转为小规模纳税人。

（3）**扣缴义务人**：中华人民共和国境外单位或者个人在境内销售劳务、服务、无形资产或者不动产，在境内未设有经营机构的，以其境内代理人为扣缴义务人；在境内没有代理人的，以购买方为增值税扣缴义务人。

考查形式

子题4-2-1-1（判断）：除个体工商户以外的其他个人不属于增值税一般纳税人。（ ）

子题 4-2-1-2：年应征增值税销售额________万元以上或________的，也可申请为一般纳税人。

子题 4-2-1-3：小规模纳税人销售________不得自行对外开具增值税专用发票，但可以________。

子题 4-2-1-4：登记为一般纳税人后________转为小规模纳税人。

【适用题型】单项选择题、多项选择题、判断题。

【1-2018 判断】除个体工商户以外的其他个人不属于增值税一般纳税人。（　　）

【2-2018 判断】中国境外单位或者个人在境内发生应税行为，在境内未设有经营机构的，以境内代理人为增值税扣缴义务人。（　　）

答案及解析

1. 【答案】√
2. 【答案】√

征税范围

母题 4-2-2　哪些属于增值税的征税范围？

销售货物和进口货物

销售货物	理解：在中国境内**有偿**转让**货物**的所有权（一般是 13%） ■ **有偿**是指从购买方取得货币、货物（如：以物易物）或者其他经济利益（如：抵偿债务） ■ **货物**是指有形动产，包括机器设备、各种原材料；电力、热力、气体 **【提示】**房子属于不动产，判断“动”与“不动”时把自己想象成资产，结合后面的“广告位”理解
进口货物	理解：只要报关进口的应税货物，均属于增值税的征税范围，除享受免税政策外，在进口环节缴纳（一般是 13%） **【提示】**出口货物也属于增值税征收范围，不过，对出口货物一般实行零税率

销售劳务

销售劳务（13%）	理解：销售**加工**、**修理修配**劳务，也称销售应税劳务 ■ **修理修配** VS **修缮** （1）**修理修配**：修理+修配→小志给老大爷修理经典款限量二八自行车，装配新铃铛 （2）**修缮**：修楼、修建筑物 **【提示】**单位或者个体工商户聘用的员工为本单位或者雇主提供加工、修理修配劳务不包括在内**【企业内】** ■ 加工是指委托加工，按销售应税劳务处理。要求原料及主要材料由委托方提供，受托方只提供辅料和加工劳务，制造货物并收取加工费；如果由受托方提供原料及主要材料，不属于加工业务，应视作受托方向委托方销售自产货物

销售服务【交、建、邮、电、金、现、生】

<table>
<tr><td rowspan="7">交通运输服务
(9%)</td><td colspan="3">■ 分类：陆路，水路，航空，管道
【提示】
(1) 陆路运输包括：铁路运输＋其他陆路运输（地铁、轻轨、索道、公路、缆车）
(2) 水路：程租、期租 VS 光租，航空：湿租 VS 干租</td></tr>
<tr><td rowspan="2">水路</td><td>程租：运输企业为完成某一特定航次运输任务而收取租赁费
期租：运输企业将船舶租给他人使用一定期限，按天向承租方收租赁费</td><td>提供船＋配操作者</td></tr>
<tr><td>［区分］现代服务——光租：运输企业约定时间内将船舶租给他人使用</td><td>只提供船</td></tr>
<tr><td rowspan="2">航空</td><td>湿租：航空运输企业将飞机租给他人使用一定期限，按天向承租方收租赁费</td><td>提供飞机＋配操作者</td></tr>
<tr><td>［区分］现代服务——干租：航空运输企业约定时间内将飞机租给他人使用</td><td>只提供飞机</td></tr>
<tr><td colspan="3">【提示】光租、干租属于现代服务——租赁服务</td></tr>
<tr><td colspan="3">■ 特殊规定：
(1) 出租车公司向使用本公司自有出租车的出租车司机收取的管理费用，按照陆路运输服务缴纳增值税
(2) 无运输工具承运业务，按照交通运输服务缴纳增值税
如：货物中转站【你想运货，我虽没车，但有渠道】</td></tr>
<tr><td>建筑服务
(9%)</td><td colspan="3">■ 分类：工程（新建楼），安装（安置“设备”），修缮（修补、加固、保养大楼），装饰（装修楼使之美观），其他（钻井、爆破、平整土地、园林绿化等）
【提示】后续学习联系混合销售</td></tr>
<tr><td>邮政服务
(9%)</td><td colspan="3">■ 分类：邮政普遍服务（包裹邮寄、邮票和报刊发行）、邮政特殊服务（义务兵信函、盲人读物）、其他邮政服务（邮册、纪念币等邮品销售、邮政代理）</td></tr>
<tr><td>电信服务
(9%、6%)</td><td colspan="3">■ 分类：
基础电信（通话）9%：是指利用固网、移动网、卫星、互联网，提供语音通话服务的业务活动，以及出租或者出售带宽、波长等网络元素的业务活动
增值电信（除通话其他都是）6%：是指利用固网、移动网、卫星、互联网、有线电视网络，提供短信和彩信服务、电子数据和信息的传输及应用服务、互联网接入服务等业务活动
【提示】卫星电视信号落地转接服务属于增值电信</td></tr>
<tr><td rowspan="2">金融服务
(6%)</td><td colspan="2">■ 分类：
A. 贷款服务：各种利息、罚息、融资性售后回租
B. 直接收费金融服务：信用卡、电子银行、基金信托管理、货币兑换、资金结算、账户管理、金融支付、财务担保
C. 保险服务：人身保险、财产保险
D. 金融商品转让：转让外汇、有价证券等</td><td>融资性售后回租指物件的所有权人首先与租赁公司签订《买卖合同》，将物件卖给租赁公司，取得现金。然后，物件的原所有权人作为承租人，与该租赁公司签订《回租合同》，将该物件租回。承租人按《回租合同》还完全部租金，并付清物件的残值以后，重新取得物件的所有权</td></tr>
<tr><td colspan="3">【提示】区分融资性售后回租与融资租赁：融资性售后回租具有贷款性质，属于贷款服务；融资租赁是让渡资产使用权，属于租赁服务</td></tr>
</table>

续表

现代服务 （大部分6%）	■ 分类： A. 研发和技术服务（6%）：研发、合同能源管理（节能服务公司）、工程勘察勘探（采矿）、专业技术（气象服务、地震服务、城市规划等） B. 信息技术服务（6%）：【利用计算机和通信网络】软件、电路设计及测试、信息系统、业务流程管理、信息系统增值 C. 文化创意服务（6%）：设计、知识产权、广告、会议展览 D. 物流辅助服务（6%）：航空、港口码头、货运客运场站、打捞救助、装卸搬运、仓储、收派 E. 租赁服务：包括不动产、动产融资租赁服务和不动产、动产经营租赁服务 动产租赁13%，不动产租赁9% 【提示】和“广告”有关的 1）brt公交广告位出租收取费用500元：属于动产租赁，按13%征税 2）为某图书设计广告创意插图：属于文化创意服务，按6%征税 3）TH广场大楼出租墙体广告位，属于不动产租赁，按9%征税 【提示】车辆停放服务、道路通行服务（包括过路费、过桥费、过闸费等）等按照不动产经营租赁服务缴纳增值税 F. 鉴证咨询服务（6%）：认证（检测产品）、鉴证（会计鉴证、法律鉴证等）、咨询（财务、法律、健康咨询等） 【提示】翻译服务、市场调查服务属于鉴证咨询服务 G. 广播影视服务（6%）：影视节目（作品）的制作、发行、播映（含放映） 【提示】不是生活服务 H. 商务辅助服务（6%）：企业管理（市场、物业）、经纪代理（中介）、人力资源、安全保护 I. 其他现代服务（6%）
生活服务 （6%）	■ 分类：文化体育、教育医疗、旅游娱乐、餐饮住宿、居民日常 →文化、体育、教育、医疗、旅游、娱乐、餐饮、住宿、日常 A. **文化**：文艺创作、文艺表演、文化比赛、图书借阅、档案管理、非物质遗产保护 B. **体育**：体育比赛、表演、活动、训练 C. **教育**：学历教育、培训、演讲、讲座、报告会、考试、招生 D. **医疗**：医学检查、诊断、治疗、保健、提供药品、救护车、病房住宿和伙食服务 E. **旅游**：根据旅游者要求安排游览、住宿、餐饮、购物等活动 F. **娱乐**：歌舞厅、夜总会、保龄球、酒吧 G. **餐饮**：同时提供餐饮和饮食场所方式为消费者提供饮食消费服务业务活动 H. **住宿**：【经营性】宾馆、旅社、旅馆、度假村 I. **日常**：市容市政管理、家政、婚庆、养老、殡葬、照料和护理、救助救济、美容美发、按摩、桑拿、氧吧、足疗、沐浴、洗染、摄影扩印等

销售无形资产

销售无形资产 （大部分6%）	概念：指转让无形资产所有权或者使用权的业务活动 一般税率6%，【例外】销售土地使用权（9%） ■ 无形资产特征：不具实物形态+带来经济利益 ■ 无形资产包括：技术（专利技术+非专利技术）、商标、著作权、商誉、自然资源使用权（海域使用权、土地使用权、采矿权、探矿权等）、其他权益性无形资产（高速公路经营权、代理权、网络游戏虚拟道具、冠名权、肖像权等）

销售不动产

销售不动产（9%）	指转让不动产所有权的业务活动，不动产包括建筑物、构筑物等 **具体包括**：转让建筑物有限产权或者永久使用权的（建完的），转让在建的建筑物或者构筑物所有权的（在建的），以及在转让建筑物或者构筑物时一并转让其所占土地的使用权的（房＋地） **【提示】** ■ 单独转让土地使用权按照销售无形资产缴纳增值税（地） ■ 转让建筑物或者构筑物一并转让所占土地使用权的，按照销售不动产缴纳增值税（房＋地）

母题 4-2-3 哪些活动属于非经营活动？哪些活动属于在境内销售服务、无形资产或不动产？

（1）销售服务、无形资产或者不动产，是指有偿提供服务、有偿转让无形资产或者不动产，但属于下列非经营活动的情形除外：

1）行政单位收取的同时满足以下条件的政府性基金或者行政事业性收费：

a. 由国务院或者财政部批准设立的政府性基金，由国务院或者省级人民政府及其财政、价格主管部门批准设立的行政事业性收费；

b. 收取时开具省级以上（含省级）财政部门监（印）制的财政票据；

c. 所收款项全额上缴财政。

2）单位或者个体工商户聘用的员工为本单位或者雇主提供取得工资的服务。

3）单位或者个体工商户为聘用的员工提供服务。

4）财政部和国家税务总局规定的其他情形。

（2）境内销售服务、无形资产或者不动产的界定。

1）服务（租赁不动产除外）或者无形资产（自然资源使用权除外）的销售方或者购买方在境内。

2）所销售或者租赁的不动产在境内。

3）所销售自然资源使用权的自然资源在境内。

4）财政部和国家税务总局规定的其他情形。

（3）下列情形不属于在境内销售服务或者无形资产：

1）境外单位或者个人向境内单位或者个人销售完全在境外发生的服务。

2）境外单位或者个人向境内单位或者个人销售完全在境外使用的无形资产。

3）境外单位或者个人向境内单位或者个人出租完全在境外使用的有形动产。

4）财政部和国家税务总局规定的其他情形。

母题 4-2-4 哪些行为需要视同销售？（如何确定销售额，见母题 4-2-10）

（1）单位或者个体工商户的下列行为，视同销售货物，征收增值税：

1）企业将货物交付其他单位或者个人代销。

资料1：A企业委托B商场代销货物，B商场销售受托代销的货物给消费者。

【学习提示】资料1中A企业委托B商场代销货物，视同A企业销售货物。

2）商场销售代销货物。

【学习提示】资料 1 中 B 商场销售受托代销的货物给消费者，视同 B 商场销售货物。

3）设有两个以上机构并实行统一核算的纳税人，将货物从一个机构移送至其他机构用于销售的视同销售，但相关机构设在同一县（市）的除外。

资料 2：C 总部企业有两家与其统一核算的分支机构，其中 D 分支机构位于本县，E 分支机构位于外县，本月分别向两家分支结构移送货物用于销售。

【学习提示】资料 2 中，移送货物给 E 分支机构视同 C 企业销售货物，移送货物给 D 分支机构不视同 C 企业销售货物。

4）将自产、委托加工的货物用于非增值税应税项目。

5）将自产、委托加工的货物用于集体福利或者个人消费。

资料 3：F 企业将自产的水果发放给职工，G 企业将外购的家用电器发放给职工。

【学习提示】资料 3 中 F 企业将自产的水果发放给职工，视同 F 企业销售水果。

6）将自产、委托加工或者购进的货物作为投资，提供给其他单位或者个体工商户。

7）将自产、委托加工或者购进的货物分配给股东或者投资者。

8）将自产、委托加工或者购进的货物无偿赠送其他单位或者个人。

【学习提示】资料 3 中 G 企业将外购的家用电器发放给职工不视同销售，做进项税额转出。

产品来源	消费形式	税务处理
自产、委托加工产品	对内（消费、职工福利、用于非应税）	视同销售
	对外（分配、捐赠、投资）	视同销售
外购产品	对内（消费、职工福利、用于非应税）	进项税额转出
	对外（分配、捐赠、投资）	视同销售

（2）下列情形视同销售服务、无形资产或者不动产：

1）单位或者个体工商户向其他单位或者个人无偿提供服务，但用于公益事业或者以社会公众为对象的除外。

资料 4：H 房地产企业将房屋出租给 I 酒店，不收取租金，但 H 房地产企业的工作人员可以在 I 酒店免费就餐。

【学习提示】H 房地产企业的房屋出租行为属于销售不动产租赁服务，视同 H 房地产企业销售租赁服务，征收增值税；I 酒店提供的免费餐饮服务属于视同销售餐饮服务，征收增值税。

2）单位或者个人向其他单位或者个人无偿转让无形资产或者不动产，但用于公益事业或者以社会公众为对象的除外。

资料 5：崔某将自有的两套房屋分别无偿转让给了当地的希望小学和 J 企业。

【学习提示】崔某无偿转让房屋给希望小学不视同销售；无偿转让房屋给 J 企业视同崔某销售不动产，征收增值税。

3）财政部和国家税务总局规定的其他情形。

母题 4-2-5 如何区分混合销售与兼营？

销售方式	性质	核心理解	计税原则
混合销售	正常经营	同一项销售行为（一笔业务）中既有销售货物又有销售服务 **关键词**：同时、又	从主（主业）计征，销售额为销售货物与销售服务的销售额合计
兼营	随机性	同一纳税主体，多笔业务（销售货物、服务、无形资产、不动产）之间无必然联系	兼有不同税率和征收率，分开核算分开征； 未分开核算的，一律从高适用税率

【提示】自2017年5月起，纳税人销售**活动板房、机器设备、钢结构件**等自产货物的**同时提供建筑、安装服务**，不属于混合销售，应**分别核算**货物和建筑服务的销售额，分别适用不同的税率或者征收率。

母题 4-2-6 以下哪些项目不属于增值税征税范围？

（1）根据国家指令无偿提供的**铁路运输服务、航空运输服务**，属于《营业税改征增值税试点实施办法》规定的用于**公益事业**的服务。

（2）**存款利息**。

（3）**被保险人获得的保险赔付**。

（4）房地产主管部门或者其指定机构、公积金管理中心、开发企业以及物业管理单位**代收的住宅专项维修资金**。

（5）纳税人在资产重组过程中，通过合并、分立、出售、置换等方式，将全部或者部分实物资产以及与其相关联的债权、负债和劳动力一并转让给其他单位和个人，不属于增值税的征税范围，其中涉及的货物转让，不动产、土地使用权转让行为的，不征收增值税。

考查形式

子题4-2-2-1：根据增值税法律制度的规定，应按照“销售货物”计缴增值税的是________。

子题4-2-2-2（判断）：根据营业税改征增值税的相关规定，卫星电视信号落地转接服务，属于增值电信服务。（ ）

子题4-2-2-3：属于增值税征税范围的有________。

子题4-2-3-1：甲公司聘用的全职司机为甲公司提供的驾驶服务，属于________活动，________增值税。

子题4-2-3-2：乙公司为其职工提供通勤班车服务，属于________活动，________增值税。

子题4-2-3-3：英国的丙航空公司将中国公民杨某从英国运送到美国，该航空运输服务完全发生在________，________向中国政府缴纳增值税。

子题 4-2-4-1：应视同销售服务、无形资产或者不动产征收增值税的行为有________。

子题 4-2-4-2：丁房地产企业将底商用于抵偿工程款/无偿赠送给关联企业/用于出租/发放给职工，应________，并________增值税。

子题 4-2-4-3：戊公司将外购的水果发放给职工，________，并________。

子题 4-2-4-4：己公司将外购的机器设备分配给股东和投资者/无偿赠与其他个人/投资给其他单位，应________，并________增值税。

子题 4-2-5-1：纳税人销售活动板房、机器设备、钢结构件等自产货物的同时提供建筑、安装服务，________混合销售，应________。

子题 4-2-5-2：A 公司销售货物同时提供运输服务，取得含税货物销售款 11 300 元，含税运费 113 元，则该行为属于________，A 公司应按________缴纳增值税，适用________税率。

子题 4-2-5-3：纳税人兼营行为中，未分别核算的，兼有不同税率和征收率的经营，从________适用________。

子题 4-2-6-1：不应征收增值税的是________。

子题 4-2-6-2（判断）：被保险人获得的保险赔付不征收增值税。（　　）

【适用题型】单项选择题、多项选择题、判断题、不定项选择题。

【1-2019 单选】根据增值税法律制度的规定，下列各项中，应按照“现代服务”税目计缴增值税的是（　　）。

A. 经营租赁服务　B. 融资性售后回租　C. 保险服务　D. 文化体育服务

【2-2019 多选】根据增值税法律制度的规定，应按照“交通运输服务”税目计征增值税的有（　　）。

A. 道路通行服务　B. 程租业务　C. 湿租业务　D. 期租业务

【3-2019 单选】根据增值税法律制度的规定，下列各项中，属于视同销售货物行为的是（　　）。

A. 将自产的货物用于在建办公楼　B. 将购进的货物用于个人消费

C. 将购进的货物用于集体福利　D. 将自产的货物用于对外投资

【4-2019 多选】根据增值税法律制度的规定，下列各项中，应按照“金融服务”税目计算缴纳增值税的有（　　）。

A. 转让外汇　B. 融资性售后回租　C. 货币兑换服务　D. 财产保险服务

【5-2019 判断】被保险人获得的保险赔付应征收增值税。（　　）

【6-2019 判断】以货币资金投资收取的固定利润或者保底利润，应按照“租赁服务”税目计缴增值税。

【7-2019 多选】根据增值税法律制度的规定，下列各项中，不征收增值税的有（　　）。

A. 物业管理单位收取的物业费　B. 被保险人获得的医疗保险赔付

C. 保险公司取得的财产保险费收入　D. 物业管理单位代收的住宅专项维修资金

【8－2019 多选】根据增值税法律制度的规定，下列各项中，不征收增值税的有（　　）。

A. 被保险人获得的保险赔付

B. 物业管理单位代收的住宅专项维修资金

C. 汽车租赁公司提供汽车租赁服务取得的收入

D. 搬家公司提供搬家服务取得的收入

【9－2018 多选】根据增值税法律制度的规定，企业发生的下列行为中，属于视同销售货物行为的有（　　）。

A. 将外购的货物用于个人消费

B. 将委托加工收回的货物作为投资提供给其他单位

C. 将自产的货物用于集体福利

D. 将自产的货物交付代理商代销

【10－2018 单选】根据增值税法律制度的规定，下列各项中，应按照"提供应税劳务"税目计缴增值税的是（　　）。

A. 制衣厂员工为本厂提供的加工服装服务

B. 有偿提供安装空调服务

C. 有偿修理机器设备服务

D. 有偿提供出租车服务

【11－2017 单选】根据营业税改征增值税的相关规定，下列行为中，应按照"销售不动产"税目计缴增值税的是（　　）。

A. 将建筑物广告位出租给其他单位用于发布广告

B. 转让国有土地使用权

C. 转让高速公路经营权

D. 销售底商

【12－2017 单选】根据营业税改征增值税的相关规定，下列各项中，应按照"销售服务——建筑服务"税目计缴增值税的是（　　）。

A. 出售住宅　　B. 出租办公楼　　C. 转让土地使用权　D. 平整土地

【13－2017 单选】根据营业税改征增值税的相关规定，下列各项中，应按照"销售服务——生活服务"税目计缴增值税的是（　　）。

A. 广播影视服务　B. 旅游娱乐服务　C. 文化创意服务　D. 车辆停放服务

【14－2017 单选】根据营业税改征增值税的相关规定，下列各项中，应征收增值税的是（　　）。

A. 被保险人获得的保险赔付

B. 航空公司根据国家指令无偿提供用于公益事业的航空运输服务

C. 居民存款利息

D. 母公司向子公司出售不动产

【15－2017 单选】根据营业税改征增值税的相关规定，下列各项中，应征收增值税的是（　　）。

A. 物业管理单位代收的住宅专项维修资金

B. 被保险人获得的保险赔付

C. 商业银行提供直接收费金融服务收取的手续费

D. 存款人取得的存款利息

答案及解析

1.【答案】A

【解析】选项 A，经营租赁服务属于现代服务——租赁服务；选项 B 属于金融服务——贷款服务；选项 C，保险服务属于金融服务；选项 D，文化体育服务属于生活服务。

2.【答案】BCD

【解析】A 属于不动产租赁。

3.【答案】D

【解析】自产的货物用于投资、分配、赠送要视同销售。

4.【答案】ABCD

【解析】选项 A，转让外汇属于金融服务——金融商品转让服务；选项 B，融资性售后回租属于金融服务——贷款服务；选项 C，货币兑换服务属于金融服务——直接收费金融服务；选项 D，财产保险服务属于金融服务——保险服务。

5.【答案】×

【解析】被保险人获得的保险赔付不征增值税。

6.【答案】×

【解析】以货币资金投资收取的固定和利润或者保底利润，应按照“贷款服务”税目计缴增值税。

7.【答案】BD

【解析】A 选项，物业管理单位收取的物业费属于经营收入，应缴纳增值税。C 选项，要区分是保险人还是被保险人：保险人获得的保险费收入属于经营所得，缴纳增值税；被保险人获得的保险赔付不征收增值税。

8.【答案】AB

【解析】C、D 选项属于经营活动，缴纳增值税。

9.【答案】BCD

【解析】外购用于内用（集体福利、个人消费）的需要进项税额转出，不视同销售。

10.【答案】C

【解析】选项 A，单位或者个体工商户聘用的员工为本单位或者雇主提供加工、修理修配劳务，不征收增值税。选项 B、D，按照销售服务缴纳增值税。

11.【答案】D

【解析】销售不动产，是指转让不动产所有权的业务活动。不动产，是指不能移动或者移动后会引起性质、形状改变的财产，包括建筑物、构筑物等，底商一般指高楼的 1～2 层用于商业经营性质用的门店。

12.【答案】D

【解析】选项 A，按照“销售不动产”税目计缴增值税；选项 B，按照“销售服务——租赁服务”税目计缴增值税；选项 C，按照“销售无形资产”税目计缴增值税；选项 D，按照“销售服务——建筑服务”税目计缴增值税。

13.【答案】B

【解析】选项 C，按照“销售服务——文化创意服务”税目计缴增值税；选项 D，按照“销售服务——租赁服务”税目计缴增值税；选项 A，按照“销售服务——广播影视服务”税目计缴增值税。

14.【答案】D

【解析】选项 A，被保险人获得的保险赔付，不征收增值税；选项 B，单位或个体工商户向其他单位或者个人无偿提供服务应视同销售服务，但用于公益事业或者以社会公众为对象的除外；根据国家指令无偿提供的铁路运输服务、航空运输服务属于《营业税改征增值税试点实施办法》规定的用于公益事业的服务，不视同销售服务，不征收增值税；选项 C，存款利息不征收增值税。

15.【答案】C

【解析】C 选项属于金融机构经营收入，缴纳增值税，A、B、D 三项均属于不征增值税范围。

税率和征收率

母题 4-2-7 根据增值税法律制度的规定，增值税包含哪几档税率？

增值税包含 **13%、9%、6%、0** 四档税率。

基本税率	13%	纳税人销售货物、劳务、有形动产租赁服务或者进口货物，除《增值税暂行条例》列举的外，税率均为 13%
低税率	9%	(1) 纳税人销售下列服务，税率 9%： 交通运输；邮政；基础电信；建筑；不动产租赁；销售不动产；转让土地使用权
		(2) 纳税人销售或进口下列货物： 1) 粮食等农产品、食用油、食用盐； 2) 自来水、暖气、冷气、热水、煤气、石油液化气、天然气、二甲醚、沼气、居民用煤炭制品； 3) 图书、报纸、杂志、音像制品、电子出版物； 4) 饲料、化肥、农药、农机、农膜； 5) 国务院规定的其他货物
	6%	销售服务、无形资产，除《增值税暂行条例》第 2 条第 1 项、2 项、5 项另有规定外，税率为 6%
零税率	0	(1) 纳税人出口货物，适用零税率，但是，国务院另有规定的除外 (2) 中华人民共和国境内的单位和个人销售的下列服务和无形资产，适用增值税零税率： 1) 国际运输服务 2) 航天运输服务 3) 向境外单位提供的完全在境外消费的下列服务： 研发服务、合同能源管理服务、设计服务、广播影视节目（作品）的制作和发行服务、软件服务、电路设计及测试服务、信息系统服务、业务流程管理服务、离岸服务外包业务、转让技术

母题 4-2-8　纳税人在什么情况下适用征收率？（联系母题 4-2-20 记忆）

<table>
<tr><th colspan="2">具体行为</th><th>一般纳税人</th><th>小规模纳税人</th></tr>
<tr><td colspan="2">一般情况下</td><td>采用适用税率</td><td>3%</td></tr>
<tr><td rowspan="4">三旧</td><td rowspan="2">固定资产</td><td>未抵扣→3%减按 2%</td><td rowspan="2">3%减按 2%</td></tr>
<tr><td>抵扣过→适用税率</td></tr>
<tr><td>旧货（含旧汽车、旧摩托车、旧游艇）</td><td colspan="2">3%减按 2%</td></tr>
<tr><td>旧物品</td><td>采用适用税率</td><td>3%</td></tr>
<tr><td>销售自产货物</td><td>1）县级及县级以下小型水力发电单位生产的电力。小型水力发电单位，是指各类投资主体建设的装机容量为 5 万千瓦以下（含 5 万千瓦）的小型水力发电单位
2）建筑用和生产建筑材料所用的砂、土、石料
3）以自己采掘的砂、土、石料或其他矿物连续生产的砖、瓦、石灰（不含黏土实心砖、瓦）
4）用微生物、微生物代谢产物、动物毒素、人或动物的血液或组织制成的生物制品
5）自来水（对属于一般纳税人的自来水公司销售自来水按简易办法依照 3%的征收率征收增值税，不得抵扣其购进自来水取得增值税扣税凭证上注明的增值税税款）
6）商品混凝土（仅限于以水泥为原料生产的水泥混凝土）
7）建筑企业一般纳税人提供建筑服务属于老项目的</td><td>可选择按照简易办法依照 3%征收率计算缴纳增值税，选择简易办法计算缴纳增值税后，36 个月内不得变更</td><td>—</td></tr>
<tr><td>销售货物</td><td>1）寄售商店代销寄售物品（包括居民个人寄售的物品在内）
2）典当业销售死当物品</td><td>暂按简易办法依照 3%的征收率计算缴纳增值税</td><td>—</td></tr>
<tr><td colspan="2">转让不动产</td><td>2016 年 4 月 30 日前→5%</td><td>5%</td></tr>
<tr><td colspan="2">出租不动产</td><td>2016 年 4 月 30 日前→5%</td><td>5%</td></tr>
<tr><td colspan="2">销售自行开发的房地产</td><td>老项目→5%</td><td>5%</td></tr>
<tr><td colspan="2">提供劳务派遣服务</td><td colspan="2">纳税人提供劳务派遣服务，选择差额纳税的，按照 5%的征收率征收增值税</td></tr>
</table>

【提示 1】老项目：《建筑工程施工许可证》注明的合同开工日期在 2016 年 4 月 30 日前的项目。

【提示 2】如何判断一般纳税人所销售的固定资产，是属于“按规定不得抵扣且未抵扣过进项税额的固定资产”，还是属于“按规定可以抵扣进项税额的固定资产”？

如果出售的是其他固定资产（不动产除外），应判断购进时间是 2009 年 1 月 1 日之前还是之后：

1）2009 年 1 月 1 日（不含）之前购进的，属于“按规定不得抵扣且未抵扣过进项税额的固定资产”；

2）2009年1月1日之后购进的，属于“按规定可以抵扣进项税额的固定资产”。

考查形式

子题4-2-7-1：根据增值税法律制度的规定，增值税服务中，增值税税率为9%的是________。

子题4-2-7-2：根据增值税法律制度的规定，一般纳税人销售的货物中，适用9%增值税税率的有________。

子题4-2-7-3：境内的单位和个人销售的服务和无形资产中，适用增值税零税率的有________。

子题4-2-7-4：纳税人提供国际运输服务，适用的增值税税率为________。

子题4-2-8-1：一般纳税人可选择简易办法，按________征税的行为是________。

子题4-2-8-2：纳税人销售自用小汽车，按________征税。

子题4-2-8-3：纳税人需按5%征收率纳税的行为是________。

【适用题型】单项选择题、多项选择题、判断题。

【1-2018单选】根据增值税法律制度的规定，下列各项增值税服务中，增值税税率为13%的是（　　）。

A. 邮政业服务　　B. 交通运输业服务
C. 有形动产租赁服务　　D. 增值电信服务

【2-2018多选】根据增值税法律制度的规定，一般纳税人销售下列货物中，可以选择按照简易计税方法计算增值税的有（　　）。

A. 自来水公司销售自产的自来水　　B. 县级以下小型水力发电站生产的电力
C. 食品厂销售的食用植物油　　D. 煤气公司销售的煤气

【3-2018多选】根据增值税法律制度的规定，一般纳税人销售的下列货物中，适用9%增值税税率的有（　　）。

A. 图书　　B. 粮食　　C. 天然气　　D. 暖气

【4-2016单选】一般纳税人销售的下列货物中，适用9%税率的有（　　）。

A. 洗衣液　　B. 文具盒　　C. 杂粮　　D. 蔬菜罐头

答案及解析

1.【答案】C

【解析】一般纳税人提供应税服务采取比例税率，提供有形动产租赁服务，税率为13%。

2.【答案】AB

【解析】一般纳税人销售自产的下列货物，可以选择按照简易办法依照3%征收率计算缴纳增值税：1）县级及县级以下小型水力发电单位生产的电力；2）建筑用和生产建筑材料所用的砂、土、石料；3）以自己采掘的砂、土、石料或其他矿物连续生产的砖、瓦、石灰（不含黏土实心砖、瓦）；4）用微生物、微生物代谢产物、动物毒素、人或动物的血液或组织制成的生物制品；5）自来水；6）商品混凝土（仅限于以水泥为原料生产的水泥混凝土）。

3.【答案】ABCD

4.【答案】C

【解析】选项A、B、D，应当按照13%税率征收增值税。杂粮适用于9%的低税率。

销项税额

母题4-2-9　销售额如何确定？

销售额是指纳税人销售货物、提供应税劳务或者发生应税行为向购买方收取的**全部价款和价外费用**，但是**不包括收取的销项税额**。

（1）增值税的计税销售额应当是**不含增值税的销售额**；如果题目给出的金额含增值税，应当换算成不含增值税的销售额。

1）换算方式是什么？

不含增值税销售额＝含增值税销售额÷(1＋适用税率或者征收率)

资料1：甲酒店为增值税一般纳税人，主要从事餐饮、住宿等服务。2018年12月该酒店美容部提供美容美发服务取得含增值税销售额28 620元。已知提供生活服务适用增值税税率为6%。

甲酒店提供上述服务取得的收入应计算的销项税额＝28 620÷(1＋6%)×6%
＝1 620（元）

2）如何判断题目给出的金额是否包含增值税？

a. 题目一般会明确交代是否含税，请务必**认真阅读题干**；

b. **价外费用属于含税收入**；

c. **零售价通常为含税价**；

d. **增值税专用发票**上“金额”栏内注明的金额为**不含税**金额（考题中称为“增值税专用发票上注明的金额”）；

e. 需要并入销售额一并缴纳增值税的**包装物押金**，属于**含税收入**。

（2）价外费用（含税收入），包括**价外向购买方收取**的手续费、补贴、基金、集资费、返还利润、奖励费、违约金、滞纳金、延期付款利息、赔偿金、代收款项、代垫款项、包装费、包装物租金、储备费、优质费、运输装卸费以及其他各种性质的价外收费。上述价外费用无论其会计制度如何核算，均应**（价税分离后）并入销售额**计算销项税额。

资料2：某增值税一般纳税人提供咨询服务，取得含税收入400万元，取得奖金24万元。咨询服务的增值税税率为6%。

取得的奖金属于价外费用，应当价税分离后并入销售额。

该纳税人提供咨询服务取得的收入应计算的销项税额＝(400＋24)÷(1＋6%)×6%
＝24（万元）

（3）下列项目不包括在销售额内：

1）受托加工应征消费税的消费品所**代收代缴的消费税**。

2）同时符合以下条件代为收取的政府性基金或者行政事业性收费：

a. 由国务院或者财政部批准设立的政府性基金，由国务院或者省级人民政府及其财政、价格主管部门批准设立的行政事业性收费；

b. 收取时开具省级以上财政部门印制的财政票据；

c. 所收款项全额上缴财政。

3）销售货物的同时代办保险等而向购买方收取的保险费，以及向购买方收取的代购买方缴纳的车辆购置税、车辆牌照费。

4）以委托方的名义开具发票代委托方收取的款项（代收款项）。

母题 4－2－10 哪些情形需要核定销售额？如何核定？（视同销售）

（1）需要核定销售额的情形：

1）纳税人发生视同销售行为，无销售额的。（何为视同销售，参考母题 4－2－4）

2）纳税人发生应税销售行为的价格明显偏低并无正当理由，由税务机关核定其销售额。

（2）核定销售额的方法。

主管税务机关有权按照下列顺序核定其销售额：

1）按纳税人最近时期销售同类货物、劳务、服务、无形资产或不动产的“平均”销售价格确定。

资料 3：某食品厂为增值税一般纳税人，2019 年 5 月赠送给养老院一批自产的盒装酸奶，该批酸奶不含税生产成本为 3 000 元，该食品厂同类酸奶含税价款为 4 520 元，市场价格为 4 746 元。已知增值税税率为 13%，成本利润率为 10%。

【学习提示】该批酸奶有同类酸奶价格，应按同类酸奶价格核定销售额，资料中给的市场价格和成本利润率为干扰条件。

该食品厂视同销售酸奶应核定的销项税额＝4 520÷(1＋13%)×13%
＝520（元）

2）按其他纳税人最近时期销售同类货物、劳务、服务、无形资产或不动产的“平均”销售价格确定（在题目中也可以体现为市场价格）。

资料 4：某食品厂为增值税一般纳税人，2019 年 5 月赠送给养老院一批自产的盒装酸奶，该批酸奶不含税生产成本为 3 000 元，该食品厂无同类酸奶销售价格，市场上该类酸奶的市场价格为 4 746 元。已知增值税税率为 13%，成本利润率为 10%。

【学习提示】该批酸奶无同类酸奶价格，有市场价格，应按市场价格核定销售额，资料中给的成本利润率为干扰条件。

该食品厂视同销售酸奶应核定的销项税额＝4 746÷(1＋13%)×13%＝546（元）

3）按组成计税价格确定。

（3）组成计税价格。

1）不涉及应税消费品。组成计税价格的计算公式为：

组成计税价格＝成本×(1＋成本利润率)

资料 5：某食品厂为增值税一般纳税人，2019 年 5 月赠送给养老院一批自产的盒装酸奶，该批酸奶不含税生产成本为 3 000 元，该食品厂无同类酸奶销售价格，市场上无该类酸奶的市场价格。已知增值税税率为 13%，成本利润率为 10%。

【学习提示】该批酸奶无同类酸奶价格，无市场价格，应按照组成计税价格确定销售额，且该酸奶不属于应税消费品。

该食品厂视同销售酸奶应核定的销项税额＝**组成计税价格×税率**
＝3 000×(1＋10%)×13%＝429（元）

2）应税消费品征收增值税的货物，同时又征收消费税的，其组成计税价格中应包含消费税税额。**组成计税价格的计算公式为：**

组成计税价格＝成本×(1＋成本利润率)＋消费税税额
或　　　　　＝成本×(1＋成本利润率)÷(1－消费税税率)

资料6：某化妆品厂为增值税一般纳税人，2019年5月将自产的一批新型高档化妆品发放给职工，该批化妆品不含税生产成本为4 000元，该化妆品厂无该批化妆品同类的销售价格，市场上无该类新型高档化妆品的市场价格。已知增值税税率为13%，消费税税率为15%，成本利润率为10%。

该化妆品厂视同销售新型高档化妆品应核定的销项税额＝组成计税价格×税率
＝4 000×(1＋10%)÷(1－15%)×13%
＝672.94（元）

母题4-2-11　如何确定折扣方式销售的销售额？（商业折扣）

折扣销售是指销货方在销售货物或应税劳务时，因购货方购货数量较大等原因而给予购货方的价格优惠。

(1) 纳税人采取折扣方式销售货物，如果销售额和折扣额在**同一张发票金额栏**上分别注明，可以按折扣后的销售额征收增值税。

(2) 如果将折扣额另开发票（或者将折扣额在同一张发票的备注栏分别注明），不论其在财务上如何处理，均不得从销售额中减除折扣额。

资料7：甲服装厂为增值税一般纳税人，2018年9月销售给乙企业300套服装，不含税价格为700元/套。由于乙企业购买数量较多，甲服装厂给予乙企业7折的优惠，折扣额在同一张发票的“备注”栏注明。

【学习提示】折扣额在同一张发票的“备注”栏注明，不得从销售额中减除折扣额。

甲服装厂当月的销项税额＝700×300×13%＝27 300（元）

题干表述	销项税额计算
折扣额在同一张发票的“金额栏”注明	销项税额＝700×300×70%×13%＝19 110（元）
折扣额在同一张发票的“金额栏”注明，含税价格为700元/套	销项税额＝700×300×70%÷(1＋13%)×13%＝16 912（元）
折扣额在同一张发票的“备注栏”注明，含税价格为700元/套	销项税额＝700×300÷(1＋13%)×13%＝24 159（元）
折扣额不在同一张发票上注明，价格不含税或者含税	销项税额＝700×300×13%＝27 300（元） 或　＝700×300÷(1＋13%)×13%＝24 159（元）

母题 4-2-12：如何确定以旧换新方式销售的销售额？

（1）一般货物：按**新货物的同期销售价格**（不含增值税）确定销售额，不得扣减旧货物的收购价格。

资料 8：某一般纳税人以旧换新手机 100 部，含税销售单价为 3 164 元，旧手机含税销售单价为 226 元，增值税税率为 13%。

【学习提示】纳税人采取以旧换新方式销售货物的，应当按新货物的同期销售价格确定销售额，不得扣减旧货物的收购价格。

该纳税人应纳税增值税＝3 164×100÷(1＋13%)×13%＝36 400（元）

（2）金银首饰：按销售方**实际收取**的不含增值税的全部价款征收增值税，即差额。

资料 9：某首饰店为增值税一般纳税人，2019 年 5 月采取“以旧换新”方式销售一批金项链。该批金项链含增值税价款为 135 600 元，换回的旧项链作价 124 300 元，首饰店实际收取差价款 11 300 元。已知增值税税率为 13%。

【学习提示】纳税人采取以旧换新方式销售金银首饰的，应当按销售方实际收取的不含增值税的全部价款征收增值税。

该首饰店当月该笔业务增值税销项税额＝11 300÷(1＋13%)×13%＝1 300（元）

母题 4-2-13 其他特殊销售方式下的销售额如何确定？

（1）还本销售方式销售。

还本销售是指纳税人在销售货物后，到一定期限将货款一次或分次退还给购货方全部或部分价款的一种销售方式。

纳税人采取还本销售方式销售货物，其**销售额**就是货物的销售价格，**不得从销售额中减除还本支出**。

（2）以物易物方式销售。

以物易物**双方都应作购销处理**，以各自发出的货物核算销售额并计算销项税额，以各自收到的货物按规定核算购货额并计算进项税额。在以物易物活动中，应分别开具合法的票据，如收到的货物不能取得相应的增值税专用发票或其他合法票据的，不能抵扣进项税额。

（3）直销方式销售。

1）直销企业先将货物销售给直销员，直销员再将货物销售给消费者。

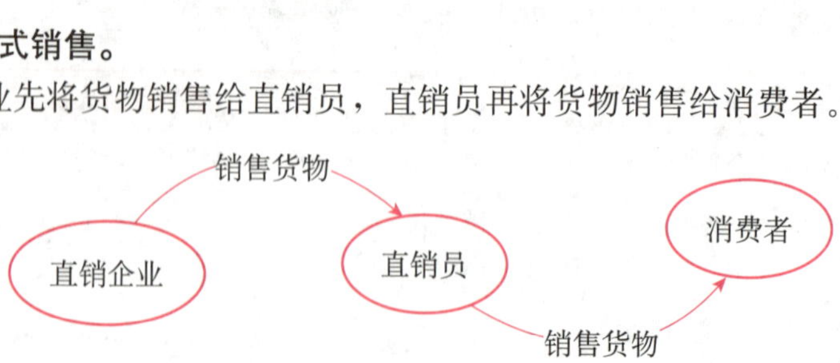

a. 直销企业的销售额为其向直销员收取的全部价款和价外费用。

b. 直销员将货物销售给消费者时，应按照现行规定缴纳增值税。

2）直销企业通过直销员向消费者销售货物。

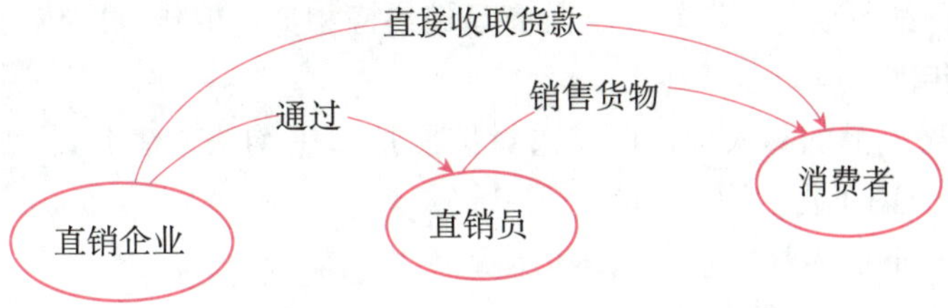

直销企业的销售额为其向消费者收取的全部价款和价外费用。

母题 4－2－14　如何确定收取包装物押金的销售额？（结合母题 4－3－4 学习）

纳税人为销售货物而出租、出借包装物收取的押金，单独记账核算的，且时间在 1 年以内，又未过期的，不并入销售额征税；但对因逾期未收回包装物不再退还的押金，应按所包装货物的适用税率计算增值税款。

实践中，应注意以下具体规定：

(1)“逾期”是指按合同约定实际逾期或以 1 年为期限，对收取 1 年以上的押金，无论是否退还均并入销售额征税。

(2) 包装物押金是含税收入，需要换算为不含税收入。

(3) 包装物租金属于价外费用，在销售货物时随同货款一并计算增值税款。

【提示】区分包装物押金和包装费、包装物租金。

(4) **对销售除啤酒、黄酒外的其他酒类产品【一般是白酒、红酒】而收取的包装物押金，无论是否返还以及会计上如何核算，均应并入当期销售额征收增值税。**

资料 10：2019 年 5 月，某酒厂（增值税一般纳税人）销售粮食白酒和啤酒给副食品公司，其中白酒开具增值税专用发票，收取不含税价款 50 000 元，另外收取包装物押金 3 390 元；啤酒开具普通发票，收取的价税合计款为 22 600 元，另外收取包装物押金 1 695 元。副食品公司按合同约定，于 2019 年 12 月将白酒、啤酒包装物全部退还给酒厂，并取回全部押金。

该酒厂 2019 年 5 月计算的增值税销项税额应为 50 000×13%＋(22 600＋3 390)/(1＋13%)×13%＝9 490（元）；2019 年 12 月未逾期，副食品公司将白酒、啤酒包装物全部退还给酒厂，并取回全部押金，因此酒厂不需要缴纳增值税。

母题 4－2－15　如何确定营改增行业的销售额？

(1) 全额计税。

1）贷款服务，以提供贷款服务取得的全部利息及利息性质的收入为销售额。

【提示】不得减除支付的存款利息、转贷利息等。

2）直接收费金融服务，以提供直接收费金融服务收取的手续费、佣金、酬金、管理费、服务费、经手费、开户费、过户费、结算费、转托管费等各类费用为销售额。

(2) 差额计税。

1）金融商品转让，计算公式为：

销售额＝卖出价－买入价

【提示1】转让金融商品出现的正负差，按盈亏相抵后的余额为销售额。若相抵后出现负差，可结转下一纳税期与下期转让金融商品销售额相抵，但年末时仍出现负差的，不得转入下一个会计年度。

【提示2】金融商品的买入价，可以选择按照加权平均法或者移动加权平均法进行核算，选择后36个月内不得变更。

【提示3】金融商品转让，不得开具增值税专用发票。

2）经纪代理服务，计算公式为：

销售额＝全部价款和价外费用－向委托方收取并代为支付的政府性基金或者行政事业性收费

向委托方收取的政府性基金或者行政事业性收费，不得开具增值税专用发票。

3）航空运输企业的销售额，不包括代收的机场建设费和代售其他航空运输企业客票而代收转付的价款。

4）一般纳税人提供客运场站服务，计算公式为：

销售额＝全部价款和价外费用－支付给承运方的运费

5）旅游服务，可以选择差额计税，计算公式为：

销售额＝全部价款和价外费用－向旅游服务购买方收取并支付给其他单位或者个人的住宿费、餐饮费、交通费、签证费、门票费和支付给其他接团旅游企业的旅游费用

【提示】选择上述办法计算销售额的试点纳税人，向旅游服务购买方收取并支付的上述费用，不得开具增值税专用发票，可以开具普通发票。

6）纳税人提供建筑服务适用简易计税方法的，计算公式为：

销售额＝全部价款和价外费用－支付的分包款

7）房地产开发企业中的一般纳税人销售其开发的房地产项目，计算公式为：

销售额＝全部价款和价外费用－受让土地时向政府部门支付的土地价款

但选择简易计税方法的《建筑工程施工许可证》注明的合同开工日期在2016年4月30日前的房地产项目除外。

考查形式

子题4－2－9－1：销售额是指纳税人销售货物、提供应税劳务或者发生应税行为向购买方收取的________，但是不包括________。

子题4－2－9－2：2019年5月甲公司销售产品取得含增值税价款113 000元，另收取包装物租金6 780元。已知增值税税率为13%，甲公司当月该笔业务增值税销项税额的算式为________。

子题4－2－9－3：根据增值税法律制度的规定，纳税人销售货物向购买方收取的款项中，属于价外费用的有________。

子题4－2－9－4：根据增值税法律制度的规定，一般纳税人收取的款项中，应并入销售额计算销项税额的有________。

子题4－2－10－1：需要核定销售额的情形包括________。

子题 4－2－10－2：甲服装厂为增值税一般纳税人，2019 年 4 月将自产的 100 件新型羽绒服作为福利发给本厂职工，该新型羽绒服生产成本为单件 1 130 元，增值税税率为 13%，成本利润为 10%。计算甲服装厂当月该笔业务增值税销项税额的算式为________。

子题 4－2－10－3：根据子题 4－2－10－2，甲服装厂的羽绒服同类含税销售价格为单件 2 260 元，则甲服装厂当月该笔业务增值税销项税额为________。

子题 4－2－10－4：根据子题 4－2－10－2，甲服装厂无同类羽绒服价格，市场上有同类羽绒服含税价格为 2 373 元，则甲服装厂当月该笔业务增值税销项税额为________。

子题 4－2－11－1：甲公司为增值税一般纳税人，2019 年 5 月采取商业折扣方式销售货物一批，该批货物不含税销售额为 90 000 元，折扣额为 9 000 元，销售额和折扣额在同一张发票上金额栏分别注明。已知增值税税率为 13%。甲公司当月该笔业务增值税销项税额的计算列式为________。

子题 4－2－11－2：根据子题 4－2－11－1，若销售额和折扣额在同一张发票上备注栏分别注明，则甲公司当月该笔业务增值税销项税额为________。

子题 4－2－11－3：根据子题 4－2－11－1，若销售额和折扣额在不同发票上金额栏注明，则甲公司当月该笔业务增值税销项税额为________。

子题 4－2－12－1：纳税人采取以旧换新方式销售货物的，应当按________的同期销售价格确定销售额，不得________。

子题 4－2－12－2（判断）：纳税人采用以旧换新方式销售的金银首饰，应按实际收取的不含增值税的全部价款征收增值税。（　　）

子题 4－2－12－3：甲公司为增值税一般纳税人，当月采取以旧换新方式销售 N 型彩电 500 台，N 型彩电同期不含增值税销售单价 4 000 元每台，旧彩电每台折价 324.8 元，甲公司销售 N 型彩电增值税销项税额为________。

子题 4－2－12－4：乙首饰店为增值税一般纳税人，2019 年 5 月采取"以旧换新"方式销售一批金项链。该批金项链不含增值税价款为 130 000 元，换回的旧项链作价 120 000 元，首饰店实际收取差价款 10 000 元，首饰店当月该笔业务增值税销项税额为________。

子题 4－2－13－1：纳税人采取还本销售方式销售货物，其________就是货物的销售价格，不得从销售额中________。

子题 4－2－13－2：以物易物双方都应作________。

子题 4－2－13－3：甲贸易公司为增值税一般纳税人，2018 年 10 月以不含税价格为 15 万元的玉米与乙公司不含税价格为 8 万元的罐头进行交换，差价款由乙公司以银行存款支付，双方均向对方开具增值税专用发票，假定当月取得的相关票据均符合税法规定，并在当月抵扣进项税额，甲贸易公司当月应缴纳增值税________万元。

子题 4－2－14－1：包装物押金是________收入，包装物租金属于________，在销售货物时随同货款一并计算增值税款。

子题 4－2－14－2：甲厂为增值税一般纳税人，2018 年 5 月销售食品取得含增值税价款 113 万元，另收取包装物押金 2.26 万元。已知增值税税率为 13%，甲厂当月销售食品应缴纳增值税为________。

子题 4-2-15-1（判断）：贷款服务适用全额计税。（　　）
子题 4-2-15-2（判断）：金融商品转让适用差额计税。（　　）
【适用题型】单项选择题、多项选择题、判断题、不定项选择题。

【1-2019 单选】甲企业为增值税一般纳税人，2019 年 4 月销售空调取得含增值税价款 610.2 万元，另收取包装物押金 5.65 万元，约定 3 个月内返还；当月确认逾期不予退还的包装物押金为 11.3 万元。已知增值税税率为 13%。计算甲企业当月上述业务增值税销项税额的下列算式中，正确的是（　　）。

A. (610.2+5.65+11.3)×13%=81.53（万元）

B. (610.2+11.3)÷(1+13%)×13%=71.5（万元）

C. (610.2+5.65+11.3)÷(1+13%)×13%=72.15（万元）

D. (610.2+11.3)×13%=80.8（万元）

【2-2019 单选】A 洗衣机生产企业是增值税一般纳税人，2019 年 1 月向某商场销售 1 000 台 A 型洗衣机，出厂不含增值税单价为 3 500 元/台，由于商场采购量大，给予其 9% 的商业折扣。并将销售额和折扣额在同张发票的金额栏分别注明。已知增值税税率为 13%，A 洗衣机生产企业当月该笔业务增值税销项税额的下列计算列式中，正确的是（　　）。

A. 3 500×1 000×13%

B. 3 500×1 000×(1−9%)×13%

C. 3 500×1 000×(1−9%)÷(1+13%)×13%

D. 3 500×1 000÷(1+13%)×13%

【3-2018 单选】某增值税一般纳税人提供咨询服务，取得含税收入 318 万元，取得奖金 5.3 万元，咨询服务的增值税税率为 6%，该业务应计算的销项税额是（　　）。

A. (318+5.3)÷(1+6%)×6%=18.3（万元）

B. 318÷(1+6%)×6%=18（万元）

C. [318÷(1+6%) +5.3] ×6%=18.318（万元）

D. 318×6%=19.08（万元）

【4-2018 单选】甲服装厂为增值税一般纳税人，2019 年 10 月将自产的 100 件新款羽绒服作为福利发给本厂职工，该新款羽绒服生产成本为单件 1 130 元，增值税税率为 13%，成本利润为 10%。计算甲服装厂当月该笔业务增值税销项税额的下列算式中，正确的是（　　）。

A. 100×1 130×13%=14 690（元）

B. 100×1 130×(1+10%)×13%=16 159（元）

C. 100×1 130×(1+10%)÷(1+13%)×13%=14 300（元）

D. 100×1 130÷(1+13%)×13%=13 000（元）

【5-2017 多选】根据增值税法律制度的规定，纳税人销售货物向购买方收取的下列款项中，属于价外费用的有（　　）。

A. 手续费　　B. 延期付款利息　　C. 包装物租金　　D. 赔偿金

【6－2016 单选】甲公司为增值税一般纳税人，2019 年 4 月采取折扣方式销售货物一批，该批货物不含税销售额为 90 000 元，折扣额为 9 000 元，销售额和折扣额在同一张发票上分别注明。已知增值税税率 13%。甲公司当月该笔业务增值税销项税额的下列计算列式中，正确的是（　　）。

A. (90 000－9 000)÷(1＋13%)×13%＝9 318.58（元）

B. 90 000×13%＝11 700（元）

C. 90 000÷(1＋13%)×13%＝10 353.98（元）

D. (90 000－9 000)×13%＝10 530（元）

【7－2016 单选】以旧换新手机 100 部，含税销售单价为 3 164 元，旧手机含税销售单价为 226 元，增值税税率为 13%，应纳增值税为（　　）。

A. 3 164×100÷(1＋13 %)×13%＝36 400（元）

B. 3 164×100×13%＝41 132（元）

C. (3 164－226)×100÷(1＋13%)×13 %＝33 800（元）

D. (3 164－226)×100×13 % ＝38 194（元）

【8－2016 多选】根据增值税法律制度的规定，下列各项中，一般纳税人在计算增值税销项税额时，应并入销售额的有（　　）。

A. 销售货物价外向购买方收取的手续费

B. 销售货物价外向购买方收取的违约金

C. 销售货物的同时代办保险而向购买方收取的保险费

D. 受托加工应征消费税的消费品所代收代缴的消费税

【9－2016 判断】纳税人采取以旧换新方式销售金银首饰，应按照其实际收取的不含增值税的全部价款征收增值税。（　　）

答案及解析

1.【答案】B

【解析】非酒类包装物的押金逾期缴纳增值税，5.65 万元未逾期，11.3 万元逾期。

2.【答案】B

【解析】注意 3 500 元为不含税单价。商业折扣按照扣除商业折扣后的金额确定销售商品收入金额。

3.【答案】A

【解析】题目明确说明咨询服务收入是含税收入；取得的奖金为价外费用，为含税金额。应纳税额＝(318＋5.3)÷(1＋6%)×6%＝18.3（万元）。

4.【答案】B

【解析】增值税是价外税，成本不含增值税，故不能价税分离，选项 C、D 错误，排除；自产货物用于职工福利，需要视同销售，没有同类价格的需要组价，本题需要按照成本×(1＋成本利润率）组价，A 选项直接用成本计算，排除；选择 B 选项。

5.【答案】ABCD

6.【答案】D

【解析】销售额和折扣额在同一张发票上分别注明的，可按折扣后的销售额征收增值税。甲公司当月该笔业务增值税销项税额＝(90 000－9 000)×13%＝10 530（元），选项D正确。

7.【答案】A

【解析】纳税人采取以旧换新方式销售货物的，应当按新货物的同期销售价格确定销售额，不得扣减旧货物的收购价格。

8.【答案】AB

【解析】下列项目不属于价外费用：受托加工应征消费税的消费品所代收代缴的消费税；符合条件的代为收取的政府性基金或行政事业性收费；销售货物的同时代办保险而向购买方收取的保险费，以及向购买方收取的代购买方缴纳的车辆购置税、车辆牌照费等；以委托方名义开具发票代委托方收取的款项。

9.【答案】√

进项税额

母题 4－2－16 哪些进项税额准予从销项税额中抵扣?

【提示】增值税扣税凭证是指增值税专用发票、海关进口增值税专用缴款书、农产品收购发票、农产品销售发票、完税凭证和符合规定的国内旅客运输发票。

（1）从销售方取得的增值税专用发票（含税控机动车销售统一发票）上注明的增值税额（如果取得增值税普通发票，通常不得抵扣进项税额）。

（2）从海关取得的海关进口增值税专用缴款书上注明的增值税额。

（3）购进农产品除取得增值税专用发票或者海关进口增值税专用缴款书外，按照农产品收购发票或者销售发票上注明的农产品买价和扣除率计算进项税额，国务院另有规定的除外。（不同扣除率适用情况见母题 4－2－17）

进项税额计算公式为：

进项税额＝买价×扣除率

（4）从境外单位或者个人购进服务、无形资产或者不动产，从税务机关或者扣缴义务人取得的代扣代缴税款的完税凭证上注明的增值税额。

（5）原增值税一般纳税人购进服务、无形资产或者不动产，取得的增值税专用发票上注明的增值税额为进项税额，准予从销项税额中抵扣。

（6）原增值税一般纳税人自用的应征消费税的摩托车、汽车、游艇，其进项税额准予从销项税额中抵扣。

（7）【变点】纳税人购进国内旅客运输服务，其进项税额允许从销项税额中抵扣。纳税人取得增值税专用发票的，以发票上注明的税额为进项税额。纳税人未取得增值税专用发票的，暂按照以下规定确定进项税额：

1）取得增值税电子普通发票的，为发票上注明的税额。

2）取得注明旅客身份信息的航空运输电子客票行程单的，为按照下列公式计算进项税额：

航空旅客运输进项税额＝(票价＋燃油附加费)÷(1＋9%)×9%

3）取得注明旅客身份信息的铁路车票的，为按照下列公式计算的进项税额：

铁路旅客运输进项税额＝票面金额÷(1＋9%)×9%

4）取得注明旅客身份信息的公路、水路等其他客票的，按照下列公式计算进项税额：

公路、水路等其他旅客运输进项税额＝票面金额÷(1+3%)×3%

【提示1】2013年8月开始，购入自用的“两车一艇”准予抵扣。

【提示2】纳税人取得的增值税扣税凭证不符合法律、行政法规或者国家税务总局有关规定的，其进项税额不得从销项税额中抵扣。

【提示3】纳税人凭完税凭证抵扣进项税额的，应当具备书面合同、付款证明和境外单位的对账单或者发票。资料不全的其进项税额不得从销项税额中抵扣。

母题4-2-17 购进农产品的进项税额如何计算抵扣？

农产品是指各种植物、动物的初级产品，适用9%的增值税税率，且农业生产者销售自产的农产品，免征增值税。

(1) 纳税人购进用于生产销售或委托加工13%税率货物的农产品，按照10%的扣除率计算进项税额。

资料1：2019年5月，甲公司（一般纳税人）向农民收购一批白桃用于加工成瓶装白桃罐头销售，收购该批白桃时向农民开具的农产品收购发票上注明买价为1 000元，白桃罐头不含税销售额为3 000元。

甲公司销售白桃罐头的销项税额＝3 000×13%＝390（元）

可以抵扣的进项税额＝买价×10%＝1 000×10%＝100（元）

资料2：2019年5月，甲公司（一般纳税人）向乙批发公司（一般纳税人）购买一批苹果用于加工成瓶装苹果酱销售，该批苹果的不含税售价为1 000元，苹果酱不含税销售额为3 000元。

【学习提示】乙批发公司并非农业生产者，其销售农产品并不免征增值税，且乙批发公司可向甲公司开具增值税专用发票。

乙批发公司向甲公司销售初级农产品的销项税额＝1 000×9%＝90（元）

【学习提示】甲公司将该批苹果加工的苹果酱全部对外销售，瓶装苹果酱属于适用13%增值税税率的货物，而甲公司可以抵扣的进项税额并不按照其从乙批发公司取得的增值税专用发票上注明的税额确定，而是按**10%**的扣除率计算抵扣。

甲公司该项业务销项税额＝3 000×13%＝390（元）

甲公司可以抵扣的进项税额＝1 000×10%＝100（元）

(2) 购进农产品直接销售、简单加工后销售等。

知识点	案例	解析
纳税人购进农产品（不用于生产销售或委托加工13%税率货物），取得一般纳税人开具的增值税专用发票或海关进口增值税专用缴款书的，**以增值税专用发票或海关进口增值税专用缴款书上注明的增值税额为进项税额**	**资料3**：2019年5月，甲超市（一般纳税人）向乙批发商（一般纳税人）购进一批苹果，取得乙批发商开具的增值税专用发票注明金额为1 000元、税额为90元。当月，甲超市将该批苹果直接分装后全部销售，取得含税收入2 180元。 **【学习提示】资料2和资料3联系对比**	资料3中，苹果属于适用9%增值税税率的初级农产品，甲超市销售该批苹果的销项税额＝2 180÷（1＋9%）×9%＝180（元） 甲超市购进该批苹果取得了增值税专用发票，可以抵扣的进项税额为票面注明的税额90元

续表

知识点	案例	解析
纳税人购进农产品（不用于生产销售或委托加工13%税率货物），取得（开具）农产品销售发票或收购发票的，以农产品销售发票或收购发票上注明的农产品买价和9%扣除率计算进项税额	**资料4**：2019年5月，甲面粉厂（一般纳税人）向农民收购一批玉米用于生产面粉，开具的农产品收购发票上注明的农产品买价为1 000元，并将该批玉米验收入库。 **【学习提示】**资料1和资料4联系对比，面粉仍然是适用9%增值税税率的初级农产品	甲面粉厂本月就购进的该批玉米可以抵扣的进项税额＝1 000×9%＝90（元）

母题 4－2－18　哪些进项税额不得从销项税额中抵扣？

（1）用于不产生销项税额的项目。

用于简易计税方法计税项目、免征增值税项目、集体福利或者个人消费（包括纳税人的交际应酬消费）的购进货物、加工修理修配劳务、服务、无形资产和不动产。

【提示1】纳税人的交际应酬消费属于个人消费。

【提示2】上述涉及固定资产、无形资产（不包括其他权益性无形资产）、不动产的，仅指专用于上述项目的固定资产、无形资产、不动产；如果既用于上述项目，又用于可抵扣项目的，该进项税额准予全部抵扣。

【提示3】自2018年1月1日起，纳税人租入固定资产、不动产，既用于一般计税方法计税项目，又用于简易计税方法计税项目、免征增值税项目、集体福利或个人消费的，其进项税额准予从销项税额中全额抵扣。

（2）非正常损失。

1）非正常损失的购进货物，以及相关的加工修理修配劳务和交通运输服务。

2）非正常损失的在产品、产成品所耗用的购进货物（不包括固定资产）、加工修理修配劳务和交通运输服务。

3）非正常损失的不动产，以及该不动产所耗用的购进货物、设计服务和建筑服务。

4）非正常损失的不动产在建工程（包括新建、改建、扩建、修缮、装饰不动产）所耗用的购进货物、设计服务和建筑服务。

【提示】非正常损失，指因管理不善造成货物被盗、丢失、霉烂变质，以及因违反法律法规造成货物被依法没收、销毁的情形。自然灾害不属于增值税法中规定的非正常损失，其进项税额可正常抵扣。

（3）购进的贷款服务、餐饮服务、居民日常服务和娱乐服务。**【非常重要！记忆】**

（4）纳税人接受贷款服务向贷款方支付的与该笔贷款直接相关的投融资顾问费、手续费、咨询费等费用，其进项税额不得从销项税额中抵扣。

母题 4－2－19　哪些情况需要扣减和转增进项税额？

（1）已抵扣进项税额的货物等改变用途（已抵→不可抵）。

1）已抵扣进项税额的购进货物（不含固定资产）、劳务、服务，发生税法规定的不得从销项税额中抵扣情形（简易计税方法计税项目、免征增值税项目的除外）的，应当将该进项税额从当期进项税额中扣减；无法确定该进项税额的，按当期外购项目的实际成本计算应扣减的进项税额。

2）已抵扣进项税额的固定资产、无形资产，发生税法规定的不得从销项税额中抵扣情形，按照下列公式计算不得抵扣的进项税额：

$$不得抵扣的进项税额=固定资产、无形资产净值\times适用税率$$

3）已抵扣进项税额的不动产，发生非正常损失，或者改变用途，转用于简易计税方法计税项目，免征增值税项目、集体福利或个人消费的，按照下列公式计算不得抵扣的进项税额：

$$\begin{matrix}不得抵扣的\\进项税额\end{matrix}=\begin{matrix}不动产\\净值率\end{matrix}\times\begin{matrix}已抵扣\\进项税额\end{matrix}=\left(\begin{matrix}不动产\\净值\end{matrix}\div\begin{matrix}不动产\\原值\end{matrix}\right)\times100\%\times\begin{matrix}已抵扣\\进项税额\end{matrix}$$

【提示】固定资产、无形资产或不动产净值＝原值－折旧或摊销。

（2）适用一般计税方法的纳税人，兼营简易计税方法计税项目、免税项目而无法划分不得抵扣的进项税额的，按下列公式计算不得抵扣的进项税额：

$$\begin{matrix}不得抵扣的\\进项税额\end{matrix}=\begin{matrix}当月无法划分的\\全部进项税额\end{matrix}\times\left(\begin{matrix}当期简易计税方法\\计税项目销售额\end{matrix}+\begin{matrix}免征增值税项目\\销售额\end{matrix}\right)\div\begin{matrix}当期全部\\销售额\end{matrix}$$

（3）纳税人适用一般计税方法计税的，因销售折让、中止或者退回而退还给购买方的增值税额，应当从当期的销项税额中扣减；因销售折让、中止或者退回而收回的增值税额，应当从当期的进项税额中扣减。

（4）按照相关规定不得抵扣且未抵扣进项税额的固定资产、无形资产、不动产，发生用途改变，用于允许抵扣进项税额的应税项目（取得合法有效的增值税扣税凭证），可在用途改变的次月按照下列公式计算可以抵扣的进项税额：（不可抵→可抵）

1） $$\begin{matrix}可以抵扣的\\进项税额\end{matrix}=\begin{matrix}固定资产、无形资产\\净值\end{matrix}\div(1+适用税率)\times适用税率$$

2） 可抵扣的进项税额＝增值税扣税凭证注明或计算的进项税额×不动产净值率

（5）自 2019 年 4 月 1 日起，增值税一般纳税人取得不动产或不动产在建工程的进项税额不再分 2 年抵扣，此前按照规定尚未抵扣完毕的待抵扣进项税额，可自 2019 年 4 月税款所属期起从销项税额中抵扣。

母题 4－2－20　一般纳税人发生哪些应税行为可以选择适用简易计税方法计税？（联系母题 4－2－8 记忆）

一般纳税人发生下列应税行为可以选择适用简易计税方法计税，不允许抵扣进项税额：

（1）公共交通运输服务，包括轮客渡、公交客运、地铁、城市轻轨、出租车、长途客运、班车。

（2）经认定的动漫企业为开发动漫产品提供的动漫脚本编撰、形象设计、背景设计、动画设计、分镜、动画制作、摄制、描线、上色、画面合成、配音、配乐、音效合成、剪辑、字幕制作、压缩转码（面向网络动漫、手机动漫格式适配）服务，以及在境内转让动漫版权（包括动漫品牌、形象或者内容的授权及再授权）。

（3）电影放映服务、仓储服务、装卸搬运服务、收派服务和文化体育服务。

（4）以在纳入“营改增”试点之日前取得的有形动产为标的物提供的经营租赁服务。

（5）在纳入“营改增”试点之日前签订的尚未执行完毕的有形动产租赁合同。

考查形式

子题4－2－16－1：一般纳税人购进货物、服务取得的合法凭证中，属于增值税扣税凭证的有________。

子题4－2－16－2：根据营业税改征增值税试点的相关规定，一般纳税人购进的服务中，准予抵扣进项税额的有________。

子题4－2－16－3：从境外单位或者个人购进服务、无形资产或者不动产，从税务机关或者扣缴义务人取得的解缴税款的________上注明的增值税额准予抵扣。

子题4－2－17－1：纳税人购进用于生产销售或委托加工13%税率货物的农产品，按照________的扣除率计算进项税额。

子题4－2－17－2：纳税人购进用于生产销售或委托加工9%税率货物的农产品，按照________的扣除率计算进项税额。

子题4－2－17－3：购进农产品除取得增值税专用发票或者海关进口增值税专用缴款书外，按照________或者________上注明的________和________计算进项税额。

子题4－2－18－1：增值税一般纳税人购进的服务，不得抵扣进项税额的有________。

子题4－2－18－2（判断）：增值税一般纳税人租入固定资产既用于一般计税方法计税项目又用于简易计税方法计税项目。其进项税额准予从销项税额中全额抵扣。（　　）

子题4－2－19－1：已抵扣进项税额的固定资产或者无形资产，发生税法规定的不得从销项税额中抵扣情形，按照下列公式计算不得抵扣的进项税额________。

子题4－2－19－2：适用一般计税方法的纳税人，兼营简易计税方法计税项目、免税项目而无法划分不得抵扣的进项税额的，按下列公式计算不得抵扣的进项税额________。

子题4－2－20－1：一般纳税人发生应税行为可以选择适用简易计税方法计税的有________。

【适用题型】单项选择题、多项选择题、判断题、不定项选择题。

【1－2019多选】根据增值税法律制度的规定，增值税一般纳税人购进的下列服务，不得抵扣进项税额的有（　　）。

A. 娱乐服务　　B. 居民日常服务　　C. 餐饮服务　　D. 贷款服务

【2－2019判断】增值税一般纳税人租入固定资产既用于一般计税方法计税项目又用于简易计税方法计税项目。其进项税额准予从销项税额中全额抵扣。（　　）

【3－2019多选】根据增值税法律制度的规定，一般纳税人购进货物、服务取得的下列合法凭证中，属于增值税扣税凭证的有（　　）。

A. 税控机动车销售统一发票　　B. 农产品收购发票

C. 农产品销售发票　　D. 海关进口增值税专用缴款书

【4－2019多选】根据增值税法律制度的规定，下列各项中，符合条件的一般纳税人，可以选择简易计税方式的有（　　）。

A. 装卸搬运服务　　B. 公共交通运输服务

C. 文化体育服务　　　　　　　　　　D. 电影放映服务

【5－2018 多选】根据增值税法律制度的规定，一般纳税人购进货物取得的下列合法凭证中，属于增值税扣税凭证的有（　　）。

A. 农产品收购发票　　　　　　　　　B. 餐饮服务

C. 海关进口增值税专用缴款书　　　　D. 税控机动车销售统一发票

【6－2018 多选】根据营业税改征增值税试点的相关规定，一般纳税人购进的下列服务中，准予抵扣进项税额的有（　　）。

A. 餐饮服务　　B. 住宿服务　　C. 广告服务　　D. 贷款服务

【7－2017 多选】根据营业税改征增值税试点的相关规定，一般纳税人发生的下列应税行为中，可以选择适用简易计税方法计缴增值税的有（　　）。

A. 收派服务　　B. 文化体育服务　　C. 公交客运服务　　D. 电影放映服务

【8－2016 多选】根据增值税法律制度的规定，一般纳税人购进货物的下列进项税额中，不得从销项税额中抵扣的有（　　）。

A. 因管理不善造成被盗的购进货物的进项税额

B. 被执法部门依法没收的购进货物的进项税额

C. 被执法部门强令自行销毁的购进货物的进项税额

D. 因地震造成毁损的购进货物的进项税额

答案及解析

1. 【答案】ABCD

【解析】购进的贷款服务、餐饮服务、居民日常服务和娱乐服务不得抵扣进项税额。

2. 【答案】√

【解析】2018 年 1 月 1 日起，纳税人租入固定资产、不动产，既用于一般计税方法计税项目，又用于简易计税方法计税项目、免征增值税项目、个人消费、集体福利的，其进项税额准予从销项税额全额抵扣。

3. 【答案】ABCD

【解析】增值税凭票扣税的：增值税“专用”发票、进口增值税“专用”缴款书、机动车销售统一发票、符合规定的国内旅客运输发票、扣缴义务人取得的税收缴款凭证。购进免税农产品计算抵扣的：凭“农产品收购发票”或“农产品销售发票”，准予抵扣的进项税额＝买价×10%扣除率。

4. 【答案】ABCD

【解析】一般纳税人发生下列应税行为可以选择适用简易计税方法计税，不允许抵扣进项税额：公共交通运输服务、电影放映服务、仓储服务、装卸搬运服务、收派服务和文化体育服务。应当简易办法计税的：寄售商店代销寄售物品、典当业销售死当物品。

5. 【答案】ACD

【解析】合法扣税凭证的种类：增值税专用发票（含税控机动车销售统一发票）（选项 D）；海关进口增值税专用缴款书（选项 C）；农产品收购发票（选项 A）；农产品销售发票、符合规定的国内旅客运输发票等；纳税人购进的贷款服务、餐饮服务、居民日常服务和娱乐服务，不得抵扣进项税额，所以 B 选项不能抵扣进项税额。

6. 【答案】BC

【解析】纳税人购进的贷款服务、餐饮服务、居民日常服务和娱乐服务，不得抵扣进项税额。

7. 【答案】ABCD

【解析】以上选项均可选择适用简易计税方法计税。

8. 【答案】ABC

【解析】自然灾害属于非常损失，不属于增值税法中规定的非正常损失，其进项税额正常抵扣。

应纳税额的计算

母题 4-2-21 一般计税方法下应纳税额如何计算？

当期应纳税额＝当期销项税额－当期准予抵扣的进项税额

当期销项税额＜当期进项税额，不足抵扣时，其**不足部分可以结转下期继续抵扣**。

资料：某商场为增值税一般纳税人，2019 年 5 月向消费者销售电器 10 台，不含税售价为 1 000 元/台。已知，销售电器适用增值税税率为 13%。

【学习提示】销项税额是指纳税人发生应税销售行为，按照不含税销售额和适用税率计算并向购买方收取的增值税税款。

计算公式为：销项税额＝不含增值税销售额×适用税率＝含税销售额÷(1＋适用税率)×适用税率。

该商场上述业务应计算的增值税销项税额＝1 000×10×13%＝1 300（元）

【提示 1】计算当期销项税额时：

（1）关注纳税义务发生时间，如果业务发生在本月，但按税法规定纳税义务是以后月份发生的，则本月不应就该项业务计算销项税额。

（2）判断题目给出的金额是否含增值税，含增值税的应先价税分离。

【提示 2】计算当期准予抵扣的进项税额时：

（1）是否取得合法扣税凭证。

（2）是否发生不得抵扣进项税额的情形，或者是否存在应当作进项税额转出的情形。

（3）是否存在上期留抵税额。

【例题 1】某银行为增值税一般纳税人，2019 年第二季度发生的有关经济业务如下（已知该银行取得增值税专用发票均符合规定，并已认证；提供金融服务适用的增值税税率为 6%）：

资料（1）：购进 5 台自助存取款机，取得增值税专用发票注明的金额为 40 万元，增值税为 5.2 万元。

【学习提示】购进经营用设备，取得了合法扣税凭证，该进项税额允许抵扣。

资料（2）：租入一处底商作为营业部，租金为 105 万元，取得增值税专用发票注明金额为 100 万元，增值税为 5 万元。

【学习提示】为经营而接受了租赁服务，取得了合法扣税凭证，该进项税额允许抵扣。

资料（3）：办理公司业务，收取结算手续费（含税）31.8 万元；收取账户管理费

（含税）26.5万元。

【学习提示】收取的结算手续费和账户管理费属于“金融服务——直接收费金融服务”。

确认销项税额＝31.8÷(1＋6%)×6%＋26.5÷(1＋6%)×6%＝1.8＋1.5
＝3.3（万元）

资料（4）：办理贷款业务取得利息收入（含税）1.06亿元。

【学习提示】收取利息收入，属于“金融服务——贷款服务”。

确认销项税额＝1.06÷(1＋6%)×6%×10 000＝600（万元）

资料（5）：吸收存款8亿元。

【学习提示】吸收存款不属于增值税征税范围。

综上所述，该银行第二季度应纳增值税税额为：

进项税额＝5.2＋5＝10.2（万元）

销项税额＝1.8＋1.5＋600＝603.3（万元）

应纳增值税税额＝603.3－10.2＝593.1（万元）

【例题2】某五金制造企业为增值税一般纳税人，该企业取得的增值税专用发票均符合规定，并已认证；购进和销售产品适用的增值税税率为13%。2019年5月，发生经济业务如下：

资料（1）：购进一批原材料，取得增值税专用发票注明的金额为50万元，增值税为6.5万元。支付运费，取得增值税普通发票注明的金额为2万元，增值税为0.18万元。

【学习提示】购进原材料，取得增值税专用发票并经认证，增值税6.5万元可以抵扣；但支付运费取得的是增值税“普通”发票，增值税0.18万元不得抵扣。

资料（2）：接受其他企业投资转入材料一批，取得增值税专用发票注明的金额为100万元，增值税为13万元。

【学习提示】接受原材料投资视同购进原材料，取得增值税专用发票并经认证，增值税13万元可以抵扣。

资料（3）：购进低值易耗品，取得增值税专用发票注明的金额为6万元，增值税为0.78万元。

【学习提示】购进低值易耗品，取得增值税专用发票并经认证，增值税0.78万元可以抵扣。

资料（4）：销售产品一批，取得不含税销售额200万元，另外收取包装物租金1.13万元。

【学习提示】销售产品同时在价外收取的包装物租金属于价外费用。

确认销项税额＝200×13%＋1.13÷(1＋13%)×13%＝26.13（万元）

资料（5）：采取以旧换新方式销售产品，新产品含税售价为7.91万元，旧产品作价2万元。

【学习提示】由于该企业生产销售的产品是五金，应按新货物的不含税销售额计算。

确认销项税额＝7.91÷(1＋13%)×13%＝0.91（万元）

资料（6）：因仓库管理不善，上月购进的一批工具被盗，该批工具的采购成本为8万元（购进工具的进项税额已抵扣）。

【学习提示】购进的工具因管理不善被盗，已经抵扣的进项税额应当转出。

转出的进项税额＝8×13%＝1.04（万元）

综上所述，该企业当月应纳增值税税额为：

准予抵扣进项税额＝6.5＋13＋0.78＝20.28（万元）

销项税额＝26＋0.13＋0.91＝27.04（万元）

进项税转出＝8×13%＝1.04（万元）

应纳增值税税额＝27.04－20.28＋1.04＝7.8（万元）

母题 4－2－22 简易计税方法应纳税额如何计算？

小规模应纳税额计算：1）应纳税额＝不含税销售额×征收率； 2）不含税销售额＝含税销售额÷(1＋征收率)	
纳税人适用简易计税方法计税的销售额	因销售折让、中止或者退回而退还给购买方的销售额，应当从当期销售额中扣减。扣减当期销售额后仍有余额造成多缴的税款，可以从以后的应纳税额中扣减
【提示】一般纳税人发生财政部和国家税务总局规定的特定应税行为，可以选择适用简易计税方法计税，但一经选择，36个月内不得变更	

一般纳税人与小规模纳税人之间增值税的核算：

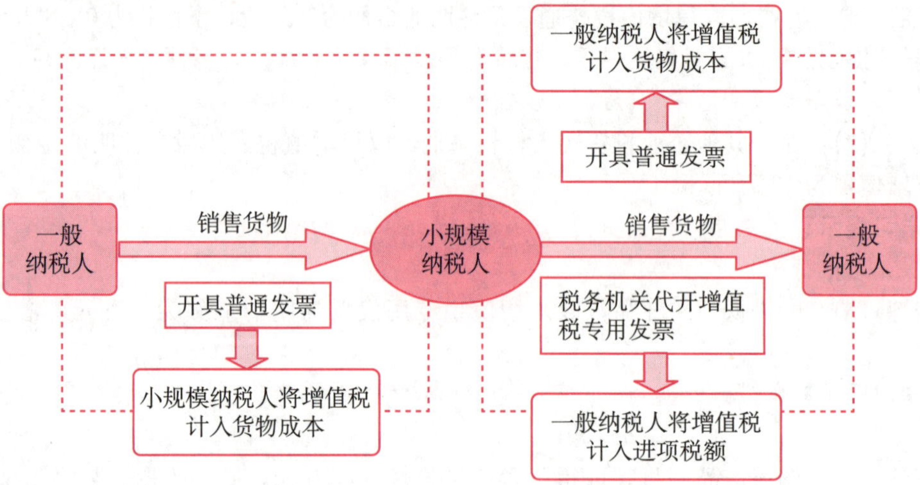

资料：北京市某企业为增值税小规模纳税人，专门从事商业咨询服务。2018年6月发生以下业务：

1）15日，向某一般纳税人企业提供资讯信息服务，取得含增值税销售额3.09万元；

2）20日，向某小规模纳税人提供注册信息服务，取得含增值税销售额1.03万元；

3）25日，购进办公用品，支付价款2.06万元，并取得增值税普通发票。

已知增值税征收率为3%。计算该企业当月应纳增值税税额。

【学习提示】小规模纳税人购进货物支付的增值税款不得抵扣。

该企业当月应纳增值税为：

销售额＝(3.09＋1.03)÷(1＋3%)＝4（万元）

应纳增值税税额＝4×3%＝0.12（万元）

母题 4-2-23　进口货物应纳税额如何计算?

纳税人进口货物，无论是一般纳税人还是小规模纳税人，均应按照组成计税价格和规定的税率计算应纳税额，不允许抵扣发生在境外的任何税金。其计算公式为：

应纳税额＝组成计税价格×税率

（1）如果进口货物是一般货物的话，不征收消费税，则上述公式中组成计税价格的计算公式为：

组成计税价格＝关税完税价格＋关税

（2）如果进口货物是应税消费品的话，征收消费税，则上述公式中组成计税价格的计算公式为：

组成计税价格＝关税完税价格＋关税＋消费税
＝(关税完税价格＋关税)÷(1－消费税税率)

资料1：某外贸公司为增值税一般纳税人，2019年5月从国外进口一批普通商品，海关核定的关税完税价格为200万元。已知进口关税税率为10％，增值税税率为13％。计算该公司进口环节应纳增值税税额。

【学习提示】根据增值税法律制度的规定，进口货物应纳增值税额，按照组成计税价格和规定税率计算。

进口环节应纳关税税额＝200×10％＝20（万元）

进口环节应纳增值税税额＝(200＋20)×13％＝28.6（万元）

资料2：某公司为增值税一般纳税人，2018年9月从国外进口一批高档化妆品，海关核定的关税完税价格为300万元。已纳关税40万元，消费税税率为15％，增值税税率为13％。计算该公司进口环节应纳增值税税额。

组成计税价格＝(300＋40)÷(1－15％)＝400（万元）

进口环节应纳增值税税额＝400×13％＝52（万元）

考查形式

子题4-2-21-1：增值税一般纳税人应缴纳增值税税额的计算公式为________。

子题4-2-21-2：计算增值税一般纳税人增值税销项税额的计算公式为________。

子题4-2-22-1：企业为增值税小规模纳税人，其计算应纳增值税税额的公式为________。

子题4-2-22-2：一般纳税人发生财政部和国家税务总局规定的特定应税行为，可以选择适用简易计税方法计税，但一经选择，________个月内不得变更。

子题4-2-22-3：小规模纳税人或适用简易计税方式的一般纳税人购进货物支付的增值税款________。

子题4-2-23-1：纳税人进口货物，无论是一般纳税人还是小规模纳税人，均应按照________和规定的________计算应纳税额。

子题4-2-23-2：如果进口货物不征收消费税，则上述公式中组成计税价格的计算公式为________。

子题 4-2-23-3：如果进口货物征收消费税，则上述公式中组成计税价格的计算公式为________。

【适用题型】单项选择题、多项选择题、判断题、不定项选择题。

【1-2019 单选】某企业为增值税小规模纳税人，2018 年 8 月购入原材料取得的增值税专用发票注明价款为 10 000 元，增值税税额为 1 300 元。当月销售产品开具的增值税普通发票注明含税价款为 123 600 元，适用的征收率为 3%。不考虑其他因素，该企业 2018 年 8 月应交纳的增值税税额为（　　）元。

A. 3 600　　B. 3 708　　C. 2 000　　D. 2 108

【2-2019 单选】甲公司为增值税一般纳税人，2018 年 9 月进口货物一批，海关审定的关税完税价格为 113 万元。已知增值税税率为 13%；关税税率为 10%。计算甲公司当月该笔业务应缴纳增值税税额的下列算式中，正确的是（　　）。

A. 113×(1+10%)÷(1+13%)×13%=14.3（万元）

B. 113÷(1+13%)×13%=13（万元）

C. 113×(1+10%)×13%=16.16（万元）

D. 113×13%=14.69（万元）

【3-2019 单选】甲餐饮公司为增值税小规模纳税人。2018 年第四季度提供餐饮服务取得含增值税销售额 103 万元，购进货物取得增值税普通发票注明税额 1.3 万元。已知增值税征收率为 3%。计算甲餐饮公司第四季度应缴纳增值税税额的下列算式中，正确的是（　　）。

A. 103×3%-1.3=1.79（万元）

B. 103÷(1+3%)×3%=3（万元）

C. 103÷(1+3%)×3%-1.3=1.7（万元）

D. 103×3%=3.09（万元）

【4-不定项】甲公司为增值税一般纳税人，当月有关经营情况如下：

（1）销售 M 型彩电，取得含增值税价款 6 780 000 元，另收取包装物租金 56 500 元。

（2）采取以旧换新方式销售 N 型彩电 500 台，N 型彩电同期含增值税销售单价为 4 520 元/台，旧彩电每台折价 316.4 元。

（3）购进生产用液晶面板，取得增值税专用发票注明税额 390 000 元。

（4）购进劳保用品，取得增值税普通发票注明税额 300 元。

（5）购进一辆销售部门和职工食堂混用的货车，取得税控机动车销售统一发票注明税额 78 000 元。

（6）组织职工夏季旅游，支付住宿费，取得增值税专用发票注明税款 1 080 元。

（7）将自产 Z 型彩电无偿赠送给某医院 150 台，委托某商场代销 800 台。作为投资提供给某培训机构 400 台，购进 50 台电脑奖励给业绩突出的职工。

已知：增值税税率为 13%，取得的扣税凭证已通过税务机关认证。

根据上述资料，不考虑其他因素，分析回答下列问题。

〈1〉计算甲公司当月销售M型彩电增值税销项税额的下列算式中，正确的是（　　）。

A. (6 780 000＋56 500)÷(1＋13%)×13%＝786 500（元）

B. 6 780 000×13%＝881 400（元）

C. 6 780 000÷(1＋13%)×13%＝780 000（元）

D. 6 780 000＋56 500×13%＝888 745（元）

〈2〉计算甲公司当月采取以旧换新方式销售N型彩电增值税销项税额的下列算式中，正确的是（　　）。

A. 500×(4 520－316.4)×13%＝273 234（元）

B. 500×(4 520－316.4)÷(1＋13%)×13%＝241 800（元）

C. 500×4 520÷(1＋13%)×13%＝260 000（元）

D. 500×［4 520÷(1＋13%)－316.4］×13%＝239 434（元）

〈3〉甲公司下列进项税额中，准予从销项税额中抵扣的是（　　）。

A. 支付住宿的进项税额1 080元

B. 购进劳保用品的进项税额300元

C. 购进货车的进项税额78 000元

D. 购进生产用液晶面板的进项税额390 000元

〈4〉甲公司的下列业务中，属于增值税视同销售行为的是（　　）。

A. 将自产的400台Z型彩电作为投资提供给某培训机构

B. 将自产的800台Z型彩电委托某商场代销

C. 将购进的50台电脑奖励给业绩突出的员工

D. 将自产的150台Z型彩电无偿赠送给某医院

【5-2019不定项】甲酒店为增值税一般纳税人。主要从事餐饮、住宿等服务。2019年4月有关经营情况如下：

(1) 酒店餐饮部和客房部提供餐饮住宿服务，取得含增值税销售额636 000元，为答谢长期合作伙伴乙公司，甲酒店为乙公司员工提供一次免费晚宴，同类晚宴的平均含增值税价格为2 650元。

(2) 酒店美容部提供美容美发服务取得含增值税销售额28 620元。

(3) 酒店停车场提供车辆停放服务取得含增值税销售额10 464元。

(4) 酒店建筑物广告位出租取得含增值税销售额10 900元。

(5) 酒店商品部销售商品取得含增值税销售额180 800元，另收取包装费1 130元。

(6) 购进客房用品，取得增值税专用发票，注明税额7 410元；向农户购进自产农产品用于餐饮服务，农产品收购发票注明买价29 700元；购进用于销售的各类商品，取得增值税专用发票注明税额4 940元。

(7) 上期留抵税额3 200元。

已知：生活服务增值税税率为6%，销售货物增值税税率为13%，农产品扣除率为9%，取得的扣税凭证已通过税务机关认证。

要求：根据上述资料，不考虑其他因素，分析回答下列小题。

〈1〉计算甲酒店当月为乙公司提供晚宴增值税销项税额的下列算式中，正确的是（　　）。

A. 0

B. 2 650×6%=159（元）

C. 2 650÷(1+6%)×6%=150（元）

D. 2 650÷(1−6%)×6%=169.15（元）

〈2〉甲酒店当月取得的下列销售额中，应该按照“现代服务”税目计算增值税的是（　　）。

A. 车辆停放服务取得的销售额 10 464 元

B. 美容美发服务取得的销售额 28 620 元

C. 餐饮、住宿服务取得的销售额 636 000 元

D. 广告位出租取得的销售额 10 900 元

〈3〉计算甲酒店当月销售商品增值税销项税额的下列算式中，正确的是（　　）。

A. (180 800+1 130)÷(1+13%)×13%=20 930（元）

B. 180 800×13%+1 130÷(1+13%)×13%=23 634（元）

C. (180 800+1 130)×13%=23 650.9（元）

D. 180 800÷(1+13%)×13%+1 130×13%=20 946.9（元）

〈4〉计算甲酒店当月准予抵扣进项税额的下列算式中，正确的是（　　）。

A. 7 410+29 700÷(1+9%)×9%+4 940+3 200=18 002（元）

B. 4 940+3 200=8 140（元）

C. 7 410+29 700×9%+4 940+3 200=18 223（元）

D. 7 410+29 700×9%+4 940=15 023（元）

【6-2019 不定项】甲商业银行 M 支行为增值税一般纳税人，主要提供相关金融服务，乙公司为其星级客户。甲商业银行 M 支行 2016 年第四季度有关经营业务的收入如下：

(1) 提供贷款服务，取得含增值税利息收入 6 491.44 万元。

(2) 提供票据贴现服务取得含增值税利息收入 874.5 万元。

(3) 提供资金结算服务取得含增值税服务费收入 37.1 万元。

(4) 提供账户管理服务，取得含增值税服务费收入 12.72 万元。

已知：金融服务增值税税率为 6%，乙公司为增值税一般纳税人。

要求：根据上述资料，不考虑其他因素，分析回答下列小题。

〈1〉甲商业银行 M 支行 2016 年第四季度取得的下列收入中应按照“金融服务——直接收费金融服务”税目计缴增值税的是（　　）。

A. 账户管理服务费收入 12.72 万元　　B. 票据贴现利息收入 874.5 万元

C. 资金结算服务费收入 37.1 万元　　D. 贷款利息收入 6 491.44 万元

〈2〉乙公司向甲商业银行 M 支行购进的下列金融服务中，不得从销项税额中抵扣进项税额的是（　　）。

A. 票据贴现服务　B. 账户管理服务　C. 贷款服务　D. 资金结算服务

〈3〉计算甲商业银行 M 支行 2016 年第四季度贷款服务增值税销项税额的下列算式中，正确的是（　　）。

A. (6 491.44+874.5)÷(1+6%) ×6%=416.94（万元）

B. 37.1×6%+12.722×(1+6%) ×6%=3.035 1（万元）

C. 37.1÷(1+6%) ×6%+874.5×6%=54.57（万元）

D. (6 491.44+37.1) ×6%=391.712 4（万元）

〈4〉计算甲商业银行M支行2016年第四季度直接收取金融服务增值税销项税额的下列算式中，正确的是（　　）。

A. 37.1÷(1+6%)×6%+12.72×6%=2.8 632（万元）

B. (37.1+12.72)÷(1+6%)×6%=2.82（万元）

C. (649 144+37.1)÷(1+6%)×6%=369.54（万元）

D. 874.5×6%+12.72÷(1+6%)×6%=53.19（万元）

【7-2019不定项】甲旅游公司为增值税一般纳税人，主要从事旅游服务。2018年10月有关经营情况如下：

(1) 提供旅游服务取得含增值税收入720.8万元，替游客向其他单位支付交通费53万元、住宿费25.44万元、门票费22.26万元，另支付本单位导游工资2.12万元。

(2) 将本年购入商铺对外出租，每月含增值税租金10.9万元，本月一次性收取3个月的含增值税租金32.7万元。

(3) 购进职工通勤用班车，取得的增值税专用发票注明税额为7.8万元。

(4) 购进广告设计服务，取得的增值税专用发票注明税额为0.6万元。

(5) 购进电信服务，取得的增值税专用发票注明税额为0.18万元。

(6) 购进会议展览服务，取得的增值税专用发票注明税额为2.4万元。

已知：旅游服务增值税税率为6%，不动产租赁服务增值税税率为9%；取得的扣税凭证已通过税务机关认证；甲旅游公司提供旅游服务选择差额计税方法计缴增值税。

要求：根据上述资料，不考虑其他因素，分析回答下列小题。

〈1〉甲旅游公司的下列支出中，在计算当月旅游服务增值税销售额时，准予扣除的是（　　）。

A. 门票费22.26万元　　　　B. 住宿费25.44万元

C. 导游工资2.12万元　　　　D. 交通费53万元

〈2〉计算甲旅游公司当月提供旅游服务增值税销项税额的下列算式中，正确的是（　　）。

A. (720.8−25.44−22.26)×6%=40.386（万元）

B. (720.8−53−2.12)×6%=39.9 408（万元）

C. (720.8−53−25.44−22.26−2.12)÷(1+6%)×6%=34.98（万元）

D. (720.8−53−25.44−22.26)÷(1+6%)×6%=35.1（万元）

〈3〉计算甲公司当月出租商铺增值税销项税额的下列算式中，正确的是（　　）。

A. 10.9÷(1+9%)×9%=0.9（万元）

B. 10.9×9%=0.98（万元）

C. 32.7÷(1+9%)×9%=2.7（万元）

D. 3×9%=2.7（万元）

〈4〉甲旅游公司的下列进项税额中，准予从销项税额中抵扣的是（　　）。

A. 购进广告设计服务所支付的进项税额0.6万元

B. 购进电信服务所支付的进项税额0.18万元

C. 购进职工通勤用班车所支付的进项税额7.8万元

D. 购进会议展览服务所支付的进项税额2.4万元

【8-2018单选】甲商店为增值税小规模纳税人，2018年8月销售商品取得含税销售

额 61 800 元，购入商品取得普通发票注明金额 10 000 元。已知增值税税率为 13%，征收率为 3%，当月应缴纳增值税税额的下列计算列式中，正确的是（　　）。

A. 61 800÷(1+3%)×3%−10 000×3%=1 500（元）

B. 61 800×3%=1 854（元）

C. 61 800×3%−10 000×3%=1 554（元）

D. 61 800÷(1+3%)×3%=1 800（元）

【9-2018 单选】甲公司为增值税一般纳税人，2018 年 5 月从国外进口一批音响，海关核定的关税完税价格为 116 万元，缴纳关税 11.6 万元。已知增值税税率为 13%，甲公司该笔业务应缴纳增值税税额的下列计算中，正确的是（　　）。

A. 116×13%=15.08（万元）

B. (116+11.6)×13%=16.59（万元）

C. 116÷(1+13%)×13%=13.35（万元）

D. (116+11.6)÷(1+13%)×13%=127.6（万元）

【10-2018 不定项】甲公司为增值税一般纳税人，主要提供餐饮、住宿服务。2017 年 8 月有关经营情况如下：

(1) 提供餐饮、住宿服务取得含增值税收入 1 431 万元。

(2) 出租餐饮设备取得含增值税收入 28.25 万元，出租房屋取得含增值税收入 5.45 万元。

(3) 提供车辆停放服务取得含增值税收入 10.9 万元。

(4) 发生员工出差火车票、飞机票支出合计 10 万元。

(5) 支付技术咨询服务费，取得的增值税专用发票注明税额为 1.2 万元。

(6) 购进卫生用具一批，取得的增值税专用发票注明税额为 1.3 万元。

(7) 从农业合作社购进蔬菜，取得的农产品销售发票注明买价为 100 万元。

已知：有形动产租赁服务增值税税率为 13%；不动产租赁服务增值税税率为 9%；生活服务、现代服务（除有形动产租赁服务和不动产租赁服务外）增值税税率为 6%；交通运输服务增值税税率为 9%；农产品扣除率为 9%；取得的扣税凭证均已通过税务机关认证。

要求：根据上述资料，不考虑其他因素，分析回答下列小题。

〈1〉甲公司下列经营业务中，应按照“现代服务”税目计缴增值税的是（　　）。

A. 房屋租赁服务　B. 住宿服务　C. 餐饮服务　D. 餐饮设备租赁服务

〈2〉下列关于甲公司增值税进项税额抵扣的表述中，正确的是（　　）。

A. 购进蔬菜的进项税额准予抵扣

B. 购进卫生用具的进项税额准予抵扣

C. 火车票、飞机票的进项税额准予抵扣

D. 支付技术咨询服务费的进项税额准予抵扣

〈3〉计算甲公司当月增值税销项税额的下列算式中，正确的是（　　）。

A. 餐饮设备出租收入的销项税额=28.25÷(1+13%)×13%=3.25（万元）

B. 餐饮、住宿收入的销项税额=1 431÷(1+6%)×6%=81（万元）

C. 车辆停放收入的销项税额=10.9÷(1+9%)×9%=0.9（万元）

D. 房屋出租收入的销项税额＝5.45÷(1＋9％)×9％＝0.45（万元）

〈4〉计算甲公司当月准予抵扣增值税进项税额的下列算式中，正确的是（　　）。

A. 10×9％＋1.2＝2.1（万元）

B. 1.2＋1.3＝2.5（万元）

C. 10×9％＋1.3＋100×9％＝11.2（万元）

D. 1.2＋10÷(1＋9％)×9％＋1.3＋100×9％＝12.33（万元）

【11－2018 不定项】甲公司为增值税一般纳税人，主要从事玩具生产和销售业务。2019 年 6 月有关经营情况如下：

（1）购进生产用原材料，取得的增值税专用发票注明税额为 20 800 元，另支付运输费，取得的增值税专用发票注明税额为 1 350 元。

（2）购进生产用小工具，取得的增值税普通发票注明税额为 1 690 元。

（3）采取预收货款方式销售拼装玩具。6 月 2 日与客户签订销售合同，6 月 5 日预收全部货款，6 月 22 日发出货物，6 月 24 日客户收到货物。

（4）销售电动玩具取得含税销售额 361 600 元，销售未使用的原材料取得含税销售额 45 200 元。

（5）受托加工玩具，取得含税加工费 56 500 元。

（6）提供玩具设计服务，取得含税销售额 31 800 元。

（7）无偿赠送一批生产成本为 5 000 元的毛绒玩具给儿童福利院，该批毛绒玩具的含税销售价格 9 040 元。

（8）上期留抵增值税税额为 1 190 元。

已知：销售货物增值税税率为 13％，提供加工劳务增值税税率为 13％，提供设计服务增值税税率为 6％；取得的增值税专用发票已通过税务机关认证。

要求：根据上述资料，不考虑其他因素，分析回答下列小题。

〈1〉甲公司的下列进项税额中，准予从销项税额中抵扣的是（　　）。

A. 支付运输费的进项税额 1 350 元

B. 购进生产用原材料的进项税额 20 800 元

C. 上期留抵增值税税额 1 190 元

D. 购进生产用小工具的进项税额 1 690 元

〈2〉甲公司当月采取预收货款方式销售拼装玩具，其增值税纳税义务发生时间是（　　）。

A. 6 月 22 日　　B. 6 月 5 日　　C. 6 月 2 日　　D. 6 月 24 日

〈3〉计算甲公司当月业务增值税销项税额的下列算式中，正确的是（　　）。

A. 受托加工玩具的销项税额＝56 500÷(1＋13％)×13％＝6 500（元）

B. 销售未使用的原材料的销项税额＝45 200×13％＝5 876（元）

C. 提供玩具设计服务的销项税额＝31 800×6％＝1 908（元）

D. 销售电动玩具的销项税额＝361 600÷(1＋13％)×13％＝41 600（元）

〈4〉计算甲公司当月无偿赠送儿童福利院毛绒玩具增值税销项税额的下列算式中，正确的是（　　）。

A. 9 040÷(1＋13％)×13％－5 000×13％＝390（元）

B. 9 040÷(1＋13％)×13％＝1 040（元）

C. 5 000×13%＝ 650（元）

D.（9 040－5 000）×13%＝525.2（元）

【12－2016 单选】甲公司为增值税一般纳税人，2019 年 1 月进口一批烟丝，海关核定的关税完税价格为 63 万元，缴纳关税税额 6.3 万元。已知烟丝增值税税率为 13%，消费税税率为 30%。甲公司该笔业务应缴纳增值税税额的下列计算列式中，正确的是（　　）。

A.（63＋6.3）÷（1－30%）×13%＝12.87（万元）

B.（63＋6.3）×13%＝9.01（万元）

C. 63÷（1－30%）×13%＝11.7（万元）

D. 63×13%＝8.19（万元）

答案及解析

1.【答案】A

【解析】应交纳的增值税＝123 600÷（1＋3%）×3%＝3 600（元）。小规模纳税人取得增值税专用发票不得抵扣进项税额。

2.【答案】C

【解析】考查增值税进口环节的组成计税价格。

3.【答案】B

【解析】小规模纳税人取得增值税专用发票或普通发票均不得抵扣进项税额。题目中 103 万元是含税价，价税分离后乘征收率即为应纳增值税税额。

4.〈1〉【答案】A

【解析】计算增值税时，首先应当换算成不含税价格，这里 M 型彩电含增值税价款为 6 780 000 元，所以先应换算成不含税价款再乘以相应税率。另外，包装物租金属于价外费用，在计算增值税时直接将包装物的租金换算为不含税的数额后作为计税依据计算增值税。这里告知的包装物租金为含税价，因此也需先换成不含税价再乘以相应税率。

〈2〉【答案】C

【解析】纳税人采用以旧换新的方式销售货物的（金银首饰除外），应该按照新货物的同期销售价格确定销售额，所以不能扣掉旧彩电的折价，用排除法即可选出 C。N 型彩电销售单价为含税价，因此需要先换算成不含税价格，不含税销售价款总额＝不含税单价×销售数量。

〈3〉【答案】CD

【解析】选项 A，员工因公出差，发生住宿费且取得增值税专用发票可以抵扣增值税，但是这里是组织旅游，因此不得抵扣。选项 B，购进的劳保用品取得的是普通发票，因此不得抵扣进项税额。选项 C，固定资产既用于不允许抵扣项目又用于抵扣项目的，该进项税准予全部抵扣。选项 D，取得了增值税专用发票，准予抵扣。

〈4〉【答案】ABD

【解析】外购用于“内用”的产品不属于视同销售，排除 C 选项。

5.〈1〉【答案】C

【解析】无偿为乙公司员工提供的晚宴服务视同销售，按照平均价格计算增值税。

〈2〉【答案】AD

【解析】“现代服务”包括：1）研发和技术服务：6%；2）信息技术服务：6%；3）文化创意服务：设计，知识产权，广告，会展6%；4）物流辅助服务：6%；5）租赁服务服务：动产13%，不动产9%；6）鉴证咨询服务：6%；7）广播影视服务：6%；8）商务辅助服务（管理，人力资源，经纪代理等）：6%；9）其他现代服务：6%。生活服务：文化，体育，教育，医疗，旅游，娱乐，餐饮，住宿，日常。

〈3〉【答案】A

【解析】包装费属于价外费用，并入销售额价税分离。甲酒店当月销售商品增值税销项税额＝(180 800＋1 130)÷(1＋13%)×13%＝20 930（元）。

〈4〉【答案】C

【解析】购进免税农产品，凭“农产品收购发票”或“农产品销售发票”准予抵扣的进项税额＝买价×9%扣除率。上期留抵税额3 200元本期可以抵扣。

6.〈1〉【答案】AC

【解析】账户管理和资金结算服务属于直接收费金融服务，贷款服务和票据贴现服务属于贷款服务。

〈2〉【答案】AC

【解析】票据贴现服务和贷款服务不得从销项税额中抵扣进项税额。

〈3〉【答案】A

【解析】资料（1）、（2）属于贷款服务，为含税收入，需价税分离。2016年第四季度贷款服务增值税销项税额＝（6 491.44＋874.5）÷(1＋6%)×6%＝416.94（万元）。

〈4〉【答案】B

【解析】资料（3）、（4）属于直接收费金融服务，且都是含税收入，销项税额＝(37.1＋12.72)÷(1＋6%)×6%＝2.82（万元）。

7.〈1〉【答案】ABD

【解析】试点纳税人提供旅游服务，可以选择以取得的全部价款和价外费用，扣除向旅游服务购买方收取并支付给其他单位或个人的住宿费、餐饮费、交通费、签证费、门票费和支付给其他接团旅游企业的旅游费用后的余额为销售额。

〈2〉【答案】D

【解析】支付本单位导游工资不可扣除。

〈3〉【答案】C

〈4〉【答案】ABD

8.【答案】D

【解析】小规模纳税人销售货物，应按照3%的征收率计算应纳税额，取得销售额含增值税的，应作价税分离计算应纳税额。小规模纳税人不得抵扣增值税进项税额。

9.【答案】B

【解析】甲公司进口音响应缴纳的增值税税额＝(关税完税价格＋关税)×增值税税率＝(116＋11.6)×13%＝16.59（万元）。

10.〈1〉【答案】AD

【解析】房屋租赁服务和设备租赁服务，属于“现代服务——租赁服务”，而住宿服务和餐饮服务属于“生活服务”。

〈2〉【答案】ABCD

【解析】纳税人购进的贷款服务、餐饮服务、居民日常服务和娱乐服务，不得抵扣进项税额。选项A、B、C、D均可抵扣增值税进项税额。

〈3〉【答案】ABCD

【解析】本题已知条件明确给出，有形动产租赁税率为13%（选项A），不动产租赁税率为9%（选项C、D），生活服务税率为6%（选项B），并且题目给出的金额都是含税金额，故价税分离除以（1+税率）之后乘以税率计算增值税销项税额。

〈4〉【答案】D

【解析】纳税人购进的旅客运输服务进项税额可以扣除，扣除金额为10÷(1+9%)×9%，购进技术咨询服务、卫生用具和蔬菜都能抵扣进项税额。

11.〈1〉【答案】ABC

【解析】购进生产用小工具取得的是增值税普通发票，不得抵扣。

〈2〉【答案】A

【解析】采取预收货款方式销售货物，纳税义务发生时间为货物发出的当天。

〈3〉【答案】AD

【解析】销售未使用的原材料的销项税额=45 200÷(1+13%)×13%=5 200（元）；提供玩具设计服务的销项税额=31 800÷(1+6%)×6%=1 800（元）。

〈4〉【答案】B

【解析】视同销售按纳税人最近时期同类货物的平均销售价格确定。当期增值税销项税额=9 040÷(1+13%)×13%=1 040（元）。

12.【答案】A

【解析】进口征收消费税的货物进口环节应纳增值税=(关税完税价格+关税)÷(1-消费税税率)×增值税税率=(63+6.3)÷(1-30%)×13%=12.87（万元）。

税收优惠与征收管理

母题 4-2-24 增值税征税范围内哪些项目免税？

【提示】税收优惠的背后原因：(1) 产业扶持；(2) 非经营项目；(3) 特殊照顾。

(1) 增值税税收优惠。

免税	传统行业	1) 农业生产者销售自产农产品；2) 避孕药具；3) 古旧图书；4) 直接用于科研、试验和教学的进口仪器、设备；5) 外国政府、国际组织（不包括外国企业）无偿援助的进口物资和设备；6) 残疾组织进口的残疾人专用品；7) 销售的自己（指其他个人）使用过的物品
	营改增	1) 托儿所、幼儿园提供的保育和教育服务；2) 养老机构提供的养老服务；3) 残疾人福利机构提供的育养服务；4) 婚姻介绍服务；5) 残疾人员本人为社会提供的服务；6) 医疗机构提供的医疗服务；7) 从事学历教育的学校提供的教育服务；8) 学生勤工俭学提供的服务；9) 个人转让著作权；10) 个人销售自建自用住房；11) 金融同业往来利息收入；12) 殡葬服务；13) 福利彩票、体育彩票的发行收入；14) 提供社区养老、托育、家政等服务取得的收入［2020年新增］

（2）地区税收优惠。

地点	个人销售购买的住房		
北上广深之外的其他地区	不足2年（<2年）	全额×征收率（5%）	
	2年以上（≥2年）	免税	
北上广深	不足2年（<2年）	全额×征收率（5%）	
	2年以上（≥2年）	非普通住宅	差额×征收率（5%）
		普通住宅	免税

（3）其他税收优惠。

即征即退	一般纳税人提供**“管道运输”“有形动产融资租赁”“有形动产融资性售后回租”**服务，实际税负**“>3%”**的部分
小微企业	增值税小规模纳税人月销售额不超过10万元（含）的，季度销售额不超过30万元（含）的，免征增值税（其他个人出租不动产适用小微企业免税规定）
其他减免税规定	1）纳税人兼营免税、减税项目的，应当分别核算免税、减税项目的销售额；未分别核算销售额的，不得免税、减税 2）纳税人销售货物或者应税劳务适用免税规定的，可以放弃免税，依照《增值税暂行条例》的规定缴纳增值税。**放弃免税后，36个月内**不得再申请免税 3）纳税人发生应税行为适用免税和零税率规定的，纳税人可以选择适用免税或者零税率

母题 4-2-25 增值税纳税义务的发生时间如何确定？

销售货物或者提供应税劳务的，其增值税纳税义务发生时间为收讫销售款或者取得索取销售款凭据的当天；先开具发票的，为开具发票的当天。

收款方式	纳税义务发生时间
直接收款	不论货物是否发出，均为收到销售款或者取得销售款凭证的当天 例如：7月31日，小志罐头厂向Y厂销售水果罐头，不含增值税销售额为100万元，当日收讫全部货款，货物于8月5日发出。 **【提示】**虽然货物于8月份发出，但小志罐头厂收讫全部货款的时间为7月份，其增值税纳税义务已于7月份发生，应当在7月份依法计算缴纳增值税
托收承付和委托银行收款	发出货物并办妥托收手续的当天
采取赊销和分期收款	书面合同约定的收款当天；无书面合同或者书面合同没有约定收款日期的，为货物发出的当天 例如：小志罐头厂采用分期收款方式向Y企业销售罐头，按照书面合同约定Y企业6月份应当支付80万元，7月份应当支付40万元，8月份应当支付10万元。 **【提示】**小志罐头厂6月仅需就“80万元”依法计算缴纳增值税，7月份仅需就“40万元”依法计算缴纳增值税，8月份仅需就“10万元”依法计算缴纳增值税。如果6月份仅收到60万元，也仍按照合同约定的应付金额“80万元”依法计算缴纳增值税，不看实际收到的

续表

收款方式	纳税义务发生时间
预收货款	货物发出的当天；但生产销售生产工期超过 12 个月的大型机械设备、船舶、飞机等货物，为收到预收款或者书面合同约定的收款日期的当天
委托代销	收到代销单位的代销清单或者收到全部或者部分货款的当天，未收到代销清单及货款的，为发出代销货物满 180 天的当天
销售应税劳务	提供劳务同时收讫销售款或者取得索取销售款凭据的当天
视同销售货物	货物移送的当天
进口货物	报关进口的当天
提供租赁服务采取预收款方式的	收到预收款的当天 例如：小志罐头厂本月与 Y 企业签订合同，将闲置厂房出租给 Y 企业，租期 5 年，全部租金于本月收讫。 **【提示】**与预收货款进行区分。本例涉及的是采取预收款方式**销售租赁服务**的纳税义务发生时间，小志罐头厂本月应当就收讫的全部租赁款依法计算缴纳增值税
销售服务、无形资产、不动产的	通常为纳税人发生应税行为并收讫销售款项或者取得索取销售款项凭据的当天；先开具发票的，为开具发票的当天
从事金融商品转让的	金融商品所有权转移的当天
发生视同销售服务、无形资产、不动产的	服务、无形资产转让完成的当天或者不动产权属变更的当天

母题 4-2-26 增值税纳税地点如何确定？

业户		申报纳税地点
固定户	一般情况	机构所在地
	总分机构不在同一县（市）	分别申报
		经批准，可以由总机构汇总向总机构所在地的主管税务机关申报
固定户到外县（市）销售或提供劳务	向机构所在地报告	机构所在地
	未报告	销售地或劳务发生地
	未向销售地申报纳税	机构所在地
非固定户		销售地或劳务发生地
其他个人提供建筑服务，销售或者租赁不动产，转让自然资源使用权		建筑服务发生地、不动产所在地、自然资源所在地
进口		报关地海关
扣缴义务人		机构所在地或者居住地

母题 4-2-27　增值税纳税期限如何限制?

纳税期限	1日、3日、5日、10日、15日、1个月或者1个季度
	■ 由主管税务机关根据纳税人应纳税额的大小分别核定 ■ 不能按照固定期限纳税的，可以按次缴纳
	以1个季度为纳税期限的规定适用于小规模纳税人、银行、财务公司、信托投资公司、信用社，以及财政部和国家税务总局规定的其他纳税人
	纳税人以1个月或者1个季度为1个纳税期的，自纳税期满之日起15日内申报纳税；以1日、3日、5日、10日或者15日为1个纳税期的，自期满之日起5日内预缴税款，于次月1日起15日内申报纳税并结清上月应纳税款
进口货物	应当自海关填发进口增值税专用缴款书之日起15日内缴纳税款

【提示】小规模纳税人＋银行业金融机构按季度纳税。

考查形式

子题 4-2-24-1：根据增值税法律制度的规定，农业生产者销售自产农产品________增值税。

子题 4-2-24-2（判断）：个人销售自建自用住房，应缴纳增值税。（　　）

子题 4-2-24-3（判断）：增值税小规模纳税人月销售额不超过10万元（含）的，免征增值税。（　　）

子题 4-2-24-4（判断）：根据增值税法律制度的规定，残疾组织进口的残疾人专用品免征增值税。（　　）

子题 4-2-24-5（判断）：残疾人提供修理自行车劳务，应缴纳增值税。（　　）

子题 4-2-25-1：委托代销的增值税纳税义务发生时间是________。

子题 4-2-25-2（判断）：某房地产企业采取预收款方式销售不动产，其纳税义务发生时间为收到预收款当天。（　　）

子题 4-2-26-1：总分机构不在同一县（市）的固定业户的申报纳税地点________。

子题 4-2-27-1：不能按照固定期限纳税的，可以按________缴纳。

子题 4-2-27-2：小规模纳税人和银行业金融机构按________纳税。

子题 4-2-27-3：纳税人进口货物，应当自海关填发进口增值税专用缴款书之日起________缴纳税款。

【适用题型】单项选择题、多项选择题、判断题。

【1-2019多选】根据增值税法律制度的规定，下列各项中，免征增值税的有（　　）。

A. 婚姻介绍所提供的婚姻介绍服务

B. 医疗机构提供医疗服务

C. 电信公司提供语音通话服务

D. 科研机构进口直接用于科学研究的仪器

【2-2019判断】个人销售自建自用住房，应缴纳增值税。（　　）

【3-2018判断】增值税小规模纳税人月销售额不超过10万元（含10万元）的，免征增值税。（　　）

【4-2018多选】根据增值税法律制度的规定，下列各项中属于增值税免税项目的有（　　）。

A. 除个体工商户以外的其他个人销售自己使用过的物品

B. 古旧图书

C. 直接用于科学研究的进口设备

D. 农业生产者销售的自产农产品

【5-2018单选】根据增值税法律制度的规定，下列各项中，属于免税项目的是（　　）。

A. 养老机构提供的养老服务

B. 装修公司提供的装饰服务

C. 企业转让著作权

D. 福利彩票的代销手续费收入

【6-2018多选】根据增值税法律制度的规定，下列服务中，免征增值税的有（　　）。

A. 学生勤工俭学提供的服务

B. 火葬场提供的殡葬服务

C. 残疾人福利机构提供的育养服务

D. 婚姻介绍所提供的婚姻介绍服务

【7-2018单选】下列各项中，不属于免税项目的是（　　）。

A. 养老机构提供的养老服务　　B. 装修公司提供的装饰服务

C. 婚介所提供的婚姻介绍服务　　D. 托儿所提供的保育服务

【8-2018单选】根据增值税法律制度的规定，下列关于增值税纳税义务发生时间的表述中，不正确的是（　　）。

A. 进口货物，为报关进口的当天

B. 提供租赁服务采取预收款方式的，为收到预收款的当天

C. 采取托收承付和委托银行收款方式销售货物，为收到银行款项的当天

D. 从事金融商品转让的，为金融商品所有权转移的当天

【9-2017单选】根据营业税改征增值税试点的相关规定，下列关于增值税纳税义务发生时间的表述中，不正确的是（　　）。

A. 纳税人发生视同销售不动产的，为不动产权属变更的当天

B. 纳税人提供建筑服务采取预收款方式的，为建筑工程完工的当天

C. 纳税人发生应税行为先开具发票的，为开具发票的当天

D. 纳税人从事金融商品转让的，为金融商品所有权转移的当天

【10-2017单选】根据增值税法律制度的规定，下列各项中，免征增值税的是（　　）。

A. 农业生产者销售自产蔬菜

B. 单位销售自己使用过的小汽车

C. 外贸公司进口服装

D. 企业销售自产的仪器设备

【11－2017 单选】 根据营业税改征增值税试点的相关规定，下列各项中，不属于免税项目的是（ ）。

A. 养老机构提供的养老服务　　B. 婚介所提供的婚姻介绍服务

C. 装修公司提供的装饰服务　　D. 托儿所提供的保育服务

【12－2016 判断】 残疾人提供修理自行车劳务，应缴纳增值税。（ ）

答案及解析

1. 【答案】ABD

【解析】婚姻介绍服务、医疗机构提供的医疗服务免征增值税。直接用于科学研究、科学实验和教学的进口仪器、设备免税。

2. 【答案】×

【解析】个人销售自建自用住房，免征增值税。

3. 【答案】√

【解析】符合小微企业免税规定。

4. 【答案】ABCD

【解析】下列项目属于《增值税暂行条例》及其实施细则规定的免税项目：农业生产者销售自产农产品；避孕药品和用具；古旧图书；直接用于科学研究、科学试验和教学的进口仪器、设备；外国政府、国际组织无偿援助的进口物资和设备；由残疾人的组织直接进口供残疾人专用的物品；销售自己使用过的物品。自己使用过的物品，指其他个人自己使用过的物品。

5. 【答案】A

【解析】选项 A，养老机构提供的养老服务，免征增值税；选项 B，装修公司提供的装饰服务，按“建筑服务”计缴增值税；选项 C，“个人”转让著作权免征增值税；选项 D，福利彩票、体育彩票的“发行”收入免征增值税，代销手续费收入按“现代服务——商务辅助服务”计缴增值税。

6. 【答案】ABCD

【解析】选项 ABCD 均属于免征增值税项目。

7. 【答案】B

【解析】托儿所、幼儿园提供的保育和教育服务免征增值税（选项 D）；养老机构提供的养老服务免征增值税（选项 A）；婚姻介绍服务免征增值税（选项 C）；选项 B 按照“销售服务”缴纳增值税。

8. 【答案】C

【解析】纳税人采取托收承付和委托银行收款方式销售货物，为发出货物并办妥托收手续的当天。

9. 【答案】B

【解析】纳税人提供建筑服务采取预收款方式的，其增值税纳税义务发生时间为收到预收款的当天。

10. 【答案】A

【解析】选项B、C、D，照章缴纳增值税；选项A，农业生产者销售的自产农产品，免征增值税。

11. 【答案】C

【解析】选项A、B、D免征增值税。

12. 【答案】×

【解析】增值税税收优惠规定，残疾人本人为社会提供的服务免征增值税。

增值税专用发票使用规定

母题 4－2－28 增值税专用发票有哪些规定？

增值税专用发票			
要点	内容		
联次	发票联	购买方持有	核算采购成本和增值税进项税额的记账凭证
	抵扣联		报送主管税务机关认证和留存备查的扣税凭证
	记账联	销售方持有	核算销售收入和增值税销项税额的记账凭证
使用规定	不得领购	会计核算不健全；有税收违法行为，拒不接受税务机关处理或拒不改正	
	不得开具	零售（不包括劳保用品）；适用免税规定；向消费者个人销售	
【提示】小规模纳税人需要开具增值税专用发票的，可自行开具（不动产除外）			

考查形式

子题 4－2－28－1：纳税人不允许开具增值税专用发票的业务为________。

子题 4－2－28－2：根据增值税法律制度的规定，关于增值税专用发票记账联用途的正确表述是________。

【适用题型】单项选择题、多项选择题、判断题。

【1－2018 单选】根据增值税法律制度的规定，纳税人发生的下列业务中，允许开具增值税专用发票的是（　　）。

A. 房地产开发企业向消费者个人销售房屋

B. 百货公司向小规模纳税人零售食品

C. 超市向消费者个人销售红酒

D. 住宿业小规模纳税人向一般纳税人提供住宿服务

【2－2018 单选】根据增值税法律制度的规定，一般纳税人发生的下列行为中，可以开具增值税专用发票的是（　　）。

A. 律师事务所向消费者个人提供咨询服务

B. 商业企业向消费者个人零售食品

C. 书店向消费者个人销售图书

D. 生产企业向一般纳税人销售货物

【3－2018 单选】根据增值税法律制度的规定，下列关于增值税专用发票记账联用途的表述中正确的是（ ）。

A. 作为购买方报送主管税务机关认证和留存备查的扣税凭证

B. 作为销售方核算销售收入和增值税销项税额的记账凭证

C. 作为购买方核算采购成本的记账凭证

D. 作为购买方核算增值税进项税额的记账凭证

【4－2018 多选】根据增值税法律制度的规定，销售下列货物中，不能开具增值税专用发票的有（ ）。

A. 白酒　　B. 卷烟　　C. 劳保鞋　　D. 食品

【5－2017 单选】根据增值税法律制度的规定，一般纳税人发生的下列业务中，允许开具增值税专用发票的是（ ）。

A. 房地产开发企业向消费者个人销售房屋

B. 超市向消费者个人销售红酒

C. 会计师事务所向一般纳税人提供咨询服务

D. 百货公司向小规模纳税人零售食品

答案及解析

1.【答案】D

【解析】选项 A、C，向消费者个人销售货物、劳务、服务、无形资产或者不动产的，不得开具增值税专用发票；选项 B，商业企业一般纳税人零售烟、酒、食品、服装、鞋帽（不包括劳保专用部分）、化妆品等消费品的，不得开具增值税专用发票；选项 D，小规模纳税人可选择自行开具增值税专用发票（销售其取得的不动产除外）。

2.【答案】D

【解析】向消费者个人销售货物、提供应税劳务或发生应税行为的，不得开具增值税专用发票。

3.【答案】B

【解析】增值税专用发票记账联的用途为：作为销售方核算销售收入和增值税销项税额的记账凭证。

4.【答案】ABD

【解析】商业企业一般纳税人零售的烟、酒、食品、服装、鞋帽（不含劳保用品）、化妆品等消费品不得开具增值税专用发票。

5.【答案】C

【解析】选项 A、B，向消费者个人销售货物或者提供应税劳务的，不得开具增值税专用发票；选项 D，商业企业一般纳税人零售烟、酒、食品、服装、鞋帽（不包括劳保专用部分）、化妆品等消费品的，不得开具增值税专用发票，购买方为增值税扣缴义务人。

第三节 消费税法律制度

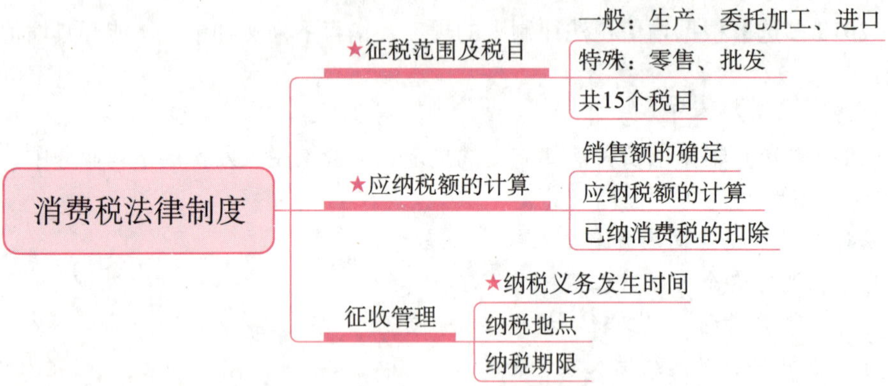

征税范围及税目

根据消费税法律制度的规定，属于消费税征税范围的有：生产并销售、委托加工、进口应税消费品的行为。

母题 4-3-1 消费税的征税范围包括哪些环节？

消费税的征收环节		具体内容
		基本环节
生产（并销售）（含视为生产）	自产销售	纳税人销售时纳税
	自产自用	■ 纳税人自产的应税消费品，用于**连续生产应税消费品**的，不纳税 ■ 用于其他方面［分为（1）和（2）］的，于移送使用时纳税 （1）用于连续生产**非应税消费品**：于移送使用时纳税（销售时不交） （2）用于在建工程、管理部门、非生产机构、提供劳务、馈赠、赞助、集资、广告、样品、职工福利、奖励等方面：于移送使用时纳税
进口		进口报关单位或个人为消费税的纳税人，进口消费税由海关代征（代收代缴）
委托加工		委托加工应税消费品，除受托方为个人外，由受托方在向委托方交货时代收代缴税款 ■ 受托方是个人由委托方收回后缴纳 ■ 受托方是单位由受托方在向委托方**交货**时代收代缴 （1）委托方将收回的应税消费品，以不高于受托方的计税价格出售的，为直接出售，不再缴纳消费税 （2）委托方以高于受托方计税价格出售的，不属于直接出售，需按规定申报缴纳消费税，在计税时准予扣除受托方已代收代缴的消费税

续表

消费税的征收环节	具体内容
特殊环节	
零售金银首饰、钻石、钻石饰品、铂金首饰、超豪华小汽车	■ 生产、进口和批发**金银**首饰、**铂**金首饰、**钻**石、钻石饰品时不征收消费税，纳税人在零售时纳税 ■ 超豪华小汽车在生产、进口环节缴纳消费税，且零售环节还要加征 10%消费税 **【提示】**一般情况：生产商（制造商）→销售商（4S 店）→消费者 汽车生产商将豪车直接销售给消费者，此时生产商包括两个环节：生产＋零售
从事卷烟**批发**业务	■ 卷烟批发商销售给非批发商单位和个人的卷烟于销售时加征一道消费税 ■ 纳税人（批发商）之间销售的卷烟不缴纳消费税 **烟草：** 生产【即出厂】（征）→ 零售 （不征）↓ 批发（不征）→ 批发 （加征）↓ 零售　　**（加征11%+0.005元/支）** 【提示】卷烟批发征税环节不得抵扣生产环节消费税

母题 4－3－2　哪些税目应纳消费税？适用什么税率？

（1）大税目及小子目。

大税目	小子目	要点提示
烟	卷烟（甲类、乙类）、雪茄烟、烟丝	烟叶不征消费税，征烟叶税
酒	白酒（粮食白酒、薯类白酒）、黄酒、啤酒、其他酒（红酒、药酒、果酒、葡萄酒等）	1）**酒精**已经不属于消费税税目 2）**调味料酒**不征消费税 3）对饮食业、商业、娱乐业举办的啤酒屋（啤酒坊）利用啤酒生产设备生产的啤酒，征消费税
高档化妆品	高档美容、修饰类化妆品、高档护肤类化妆品和成套化妆品	舞台、戏剧、影视演员化妆用的上妆油、卸妆油、油彩不属于消费税税目
贵重首饰及珠宝玉石	1）金银首饰、铂金首饰、钻石及钻石饰品（钻戒） 2）其他贵重首饰和珠宝玉石（玛瑙、珊瑚、碧玺、珍珠、黄玉、橄榄石等）	**宝石坯**是经采掘、打磨、初级加工的珠宝玉石**半成品**，征消费税
高档手表	—	销售价（不含增值税）≥10 000 元/只

续表

大税目	小子目	要点提示
高尔夫球及球具	高尔夫球、高尔夫球杆、高尔夫球包（袋）	高尔夫球杆的杆头、杆身和握把也征消费税（拆了也征）
游艇	—	一般为私人或团体购置，用于水上运动和休闲娱乐等非营利活动的各类机动艇
小汽车	乘用车、中轻型商用客车（×大型商用客车、×大货车、×大卡车）、超豪华小汽车（不含增值税零售价≥130万元的乘用车和中轻型商用客车）	1）电动汽车不属于消费税税目 2）沙滩车、雪地车、卡丁车、高尔夫车不征消费税 3）对于购进乘用车和中轻型商用客车**整车改装**生产的汽车，征消费税
摩托车	—	1）气缸容量＜250毫升的小排量摩托车不征消费税；气缸容量＝250毫升的小排量摩托车，消费税税率为3%；气缸容量＞250毫升的小排量摩托车，消费税税率为10% 2）对最大设计车速不超过50千米/小时，发动机气缸总工作容量不超过50毫升的三轮摩托车不征收消费税
鞭炮&焰火	鞭炮、焰火	体育上用的发令纸、鞭炮药引线，不征消费税
成品油	汽油、柴油、石脑油、溶剂油、航空煤油（暂缓征收）、润滑油、燃料油（需记忆）	暂缓征收同样属于消费税征收范围
木制一次性筷子	各种规格的木制一次性筷子和未经打磨、倒角的木制一次性筷子	**竹制**一次性筷子不征消费税
电池	原电池、蓄电池、燃料电池、太阳能电池、其他电池	1）无汞原电池、金属氢化物镍蓄电池（又称“氢镍蓄电池”或“镍氢蓄电池”）、锂原电池、锂离子蓄电池、太阳能电池、燃料电池和全钒液流电池免征消费税 2）自2016年1月1日起，对铅蓄电池按4%税率征收消费税（此前是暂缓征收）
涂料	—	对施工状态下挥发性有机物含量低于420克/升（含）的涂料免征消费税
实木地板	各类规格的实木地板、实木指接地板、实木复合地板、用于装饰墙壁、天棚的侧端面为榫、槽的实木装饰板（了解）	未涂饰地板包括白坯板、素板，征税

（2）税率形式及其适用税目、计税公式。

税率形式	适用税目	计税公式
从价定率	除适用从量计税、复合计税以外的其他税目	应纳税额=销售额或组成计税价格×比例税率
从量定额	啤酒、黄酒、成品油	应纳税额=销售数量×定额税率
复合计税	**卷烟、白酒**	应纳税额=销售数量×定额税率+销售额或组成计税价格×比例税率
【提示】将不同税率的应税消费品“组成成套消费品销售”的，无论是否分别核算均“从高适用税率”		

考查形式

子题4-3-1-1：根据消费税法律制度的规定，属于消费税征税范围的有/应缴纳消费税的情形是________。

子题4-3-1-2：根据消费税法律制度的规定，在零售环节加征消费税的是________。

子题4-3-1-3：属于消费税纳税人的是________。

子题4-3-2-1：根据消费税法律制度的规定，属于/征收消费税的税目是________。

子题4-3-2-2：不按照“高档化妆品”税目计征消费税的是________。

子题4-3-2-3（判断）：购进中轻型商用客车整车改装生产的汽车，不征收消费税。（ ）

子题4-3-2-4：实行从量定额与从价定率相结合的复合计征办法征收消费税的有________。

子题4-3-2-5：采用从量计征办法计缴消费税的有________。

子题4-3-2-6（判断）：雪茄烟适用从价定率和从量定额相结合的复合计征办法征收消费税。（ ）

【适用题型】单项选择题、多项选择题、判断题。

【1-2019单选】根据消费税法律制度的规定，下列商品中，不属于消费税征税范围的是（ ）。

A. 金银首饰　　B. 调味料酒　　C. 汽油　　D. 烟丝

【2-2019多选】根据消费税法律制度的规定，下列各项中，属于消费税征税范围的有（ ）。

A. 黄酒　　B. 调味料酒　　C. 啤酒　　D. 白酒

【3-2019多选】根据消费税法律制度的规定，下列情形中，属于消费税征税范围的有（ ）。

A. 甲服装厂生产销售服装

B. 丙烟草批发企业将卷烟销售给其他烟草批发企业

C. 丁商场零售金银首饰

D. 乙汽车贸易公司进口小汽车

【4-2019 多选】下列属于消费税纳税人的是（　　）。

A. 委托加工白酒的超市　　B. 进口白酒的贸易商

C. 商场销售白酒　　D. 生产白酒厂商

【5-2019 多选】根据消费税法律制度的规定，下列各项中，属于消费税征税范围的有（　　）。

A. 私人飞机　　B. 高档手表　　C. 珠宝玉石　　D. 游艇

【6-2019 单选】根据消费税法律制度的规定，下列行为中，应纳消费税的是（　　）。

A. 手表厂销售自产高档手表　　B. 珠宝店进口钻石饰品

C. 超市零售木制一次性筷子　　D. 商场零售高档化妆品

【7-2019 多选】下列在零售环节征收消费税的有（　　）。

A. 金银首饰　　B. 珍珠　　C. 铂金首饰　　D. 钻石首饰

【8-2018 单选】根据消费税法律制度的规定，下列不属于消费税征收范围的是（　　）。

A. 啤酒　　B. 实木地板　　C. 电脑　　D. 电池

【9-2018 多选】根据消费税法律制度的规定，下列各项中，属于消费税征税范围的有（　　）。

A. 私人飞机　　B. 小汽车　　C. 高档手机　　D. 游艇

【10-2018 多选】根据消费税法律制度的规定，下列消费品中，实行从量定额与从价定率相结合的复合计征办法征收消费税的有（　　）。

A. 卷烟　　B. 黄酒　　C. 白酒　　D. 小汽车

【11-2018 多选】根据消费税法律制度的规定，下列消费品中，实行从量定额与从价定率相结合的复合计征办法征收消费税的有（　　）。

A. 雪茄烟　　B. 黄酒　　C. 白酒　　D. 卷烟

【12-2018 多选】根据消费税法律制度的规定，下列应税消费品中，采用从量计征办法计缴消费税的有（　　）。

A. 黄酒　　B. 葡萄酒　　C. 啤酒　　D. 药酒

【13-2018 单选】下列各项中，不征收消费税的是（　　）。

A. 将自产白酒赠送给合伙企业　　B. 将自产的卷烟发放给员工当福利

C. 零售金银首饰　　D. 零售高档化妆品

【14-2018 单选】根据消费税法律制度的规定，下列各项中，在零售环节加征消费税的是（　　）。

A. 超豪华小汽车　　B. 游艇　　C. 电池　　D. 高档手表

【15-2018 单选】下列各项中，不征收消费税的是（　　）。

A. 销售自产小汽车　　B. 金店零售黄金

C. 烟酒公司购买葡萄酒　　D. 手表厂生产销售高档名表

【16-2018 单选】根据消费税法律制度的规定，下列各项中，不缴纳消费税的是（　　）。

A. 零售超豪华小汽车　　B. 进口钻石饰品

C. 生产销售白酒　　D. 委托加工烟丝

【17－2018 多选】根据消费税法律制度的规定，下列各项中，应缴纳消费税的有（　　）。

A. 生产销售高档化妆品　　B. 零售金银首饰
C. 进口高档手表　　D. 委托加工白酒

【18－2017 多选】2016 年 12 月甲酒厂发生的下列业务中，应缴纳消费税的有（　　）。

A. 以自产高度白酒用于连续加工低度白酒
B. 以自产低度白酒用于奖励职工
C. 以自产高度白酒用于馈赠客户
D. 以自产低度白酒用于市场推广

【19－2017 单选】根据消费税法律制度的规定，下列各项中，不征收消费税的是（　　）。

A. 酒厂用于交易会样品的自产白酒
B. 日化厂用于职工奖励的自产高档化妆品
C. 卷烟厂用于连续生产卷烟的自产烟丝
D. 地板厂用于本厂办公室装修的自产实木地板

【20－2017 判断】烟草批发企业将卷烟销售给其他烟草批发企业的，应缴纳消费税。（　　）

【21－2017 单选】根据消费税法律制度的规定，下列各项中，应征收消费税的是（　　）。

A. 地板厂销售自产实木地板　　B. 超市零售白酒
C. 百货公司零售高档化妆品　　D. 汽车厂销售自产电动汽车

【22－2017 单选】根据消费税法律制度的规定，下列消费品中，实行从价定率和从量定额相结合的复合计征办法征收消费税的是（　　）。

A. 卷烟　　B. 啤酒　　C. 高档手表　　D. 汽油

【23－2017 多选】根据消费税法律制度的规定，下列应税消费品中，实行从量计征消费税的有（　　）。

A. 黄酒　　B. 柴油　　C. 涂料　　D. 游艇

【24－2017 判断】雪茄烟适用从价定率和从量定额相结合的复合计征办法征收消费税。（　　）

【25－2016 判断】高档手表采用从量计征方法计缴消费税。（　　）

【26－2016 单选】根据消费税法律的规定，下列各项中，属于消费税征税范围的是（　　）。

A. 中轻型商用客车　B. 高档西服　　C. 进口音响　　D. 平板电脑

【27－2016 多选】根据消费税法律制度的规定，下列各项中，应征收消费税的有（　　）。

A. 甲电池厂生产销售电池　　B. 丁百货公司零售钻石胸针
C. 丙首饰厂生产销售玉手镯　　D. 乙超市零售啤酒

【28－2016 多选】根据消费税法律制度的规定，下列业务中，应征收消费税的有（　　）。

A. 烟草批发企业将卷烟销售给零售单位
B. 地板经销商提供实木地板保养服务
C. 外贸公司进口高档手表
D. 金店零售金银首饰

【29－2016 判断】委托加工的应税消费品，除受托方为个人以外，应由受托方在向委托方交货时代收代缴消费税。（　　）

答案及解析

1.【答案】B

【解析】调味料酒不征收消费税。

2.【答案】ACD

【解析】调味料酒不征收消费税。

3.【答案】CD

【解析】服装不属于应税消费品，A选项错误；卷烟批发企业销售卷烟至卷烟批发企业不征收消费税，B选项错误。

4.【答案】ABD

【解析】白酒属于一般应税产品，在基本环节征收消费税（生产、委托加工、进口）。商场销售此处是指零售，C选项错误。

5.【答案】BCD

【解析】消费税的征税范围不包括私人飞机。

6.【答案】A

【解析】只有金银铂钻在零售环节征收（超豪华小汽车是零售环节加征），选项B、C、D错误。高档手表在基本环节（生产销售、进口、委托加工）征收消费税。

7.【答案】ACD

【解析】只有金银铂钻在零售环节征收（超豪华小汽车是零售环节加征）。

8.【答案】C

【解析】电脑不属于消费税的征税范围。

9.【答案】BD

【解析】小汽车和高档手机不属于消费税征税范围。

10.【答案】AC

【解析】选项A、C，卷烟和白酒实行从量定额与从价定率相结合的复合计征办法征收消费税；选项B，黄酒实行从量定额办法计征消费税；选项D，小汽车实行从价定率办法计征消费税。

11.【答案】CD

【解析】雪茄烟：实行从价定率办法计征消费税；黄酒：实行从量定额办法计征消费税。

12.【答案】AC

【解析】选项B、D，属于其他酒，采用从价定率办法计征消费税。

13.【答案】D

【解析】纳税人将生产的应税消费品用于馈赠、职工福利的，属于消费税的视同销售，需要缴纳消费税；高档化妆品在生产、委托加工以及进口的环节缴纳消费税，零售环节不需要缴纳消费税。

14.【答案】A

【解析】超豪华小汽车在零售环节加征一道消费税。

15.【答案】C

【解析】选项 A、D，生产销售小汽车、高档名表的单位需要缴纳消费税；选项 B，零售黄金的金店需要缴纳消费税；选项 C，烟酒公司是购买方，不需要缴纳消费税。

16. 【答案】B

【解析】选项 A，超豪华小汽车在零售环节加征一道消费税；选项 B，钻石饰品在零售环节缴纳消费税，进口环节不缴纳消费税；选项 C、D，白酒和烟丝在生产销售、委托加工或进口环节缴纳消费税。

17. 【答案】ABCD

【解析】金银首饰在零售环节征收消费税；其他应税消费品，在生产、进口、委托加工环节需要缴纳消费税。

18. 【答案】BCD

【解析】纳税人自产的应税消费品，用于连续生产应税消费品的，不纳税消费税（选项 A）；凡用于其他方面的，于移送使用时，照章缴纳消费税（选项 B、C、D）。

19. 【答案】C

【解析】纳税人自产自用的应税消费品，用于连续生产应税消费品的，不征收消费税，故选项 C 正确。

20. 【答案】×

【解析】烟草批发企业之间销售卷烟，不缴纳消费税。

21. 【答案】A

【解析】纳税人生产的应税消费品，于纳税人销售时纳税。零售环节征消费税的只有金银首饰、超豪华小汽车，B、C 两项不正确。D 项电动汽车不属于消费税征收范围。

22. 【答案】A

【解析】选项 B、D，从量定额计征消费税；选项 A，卷烟、白酒实行从价定率和从量定额相结合的复合计征办法征收消费税；选项 C，从价定率计征消费税。

23. 【答案】AB

【解析】从量定额征收消费税的有：啤酒、黄酒、成品油（柴油属于成品油）。

24. 【答案】×

【解析】雪茄烟适用从价定率计征消费税。

25. 【答案】×

【解析】高档手表采用“从价”计征方法计缴消费税。

26. 【答案】A

【解析】消费税征税范围：烟；酒；高档化妆品；贵重首饰及珠宝玉石；鞭炮、烟火；成品油；摩托车；小汽车；高尔夫球及球具；高档手表；游艇；木制一次性筷子；实木地板；电池；涂料。

27. 【答案】ABC

【解析】选项 D，啤酒在零售环节不缴纳消费税。

28. 【答案】ACD

【解析】选项 B，实木地板在生产、委托加工、进口环节缴纳消费税。实木地板的保养服务不属于消费税的征税范围。

29. 【答案】√

应纳税额的计算

母题 4-3-3 一般情况下消费税计税销售额和销售数量如何确定？

（1）销售额的确定。

采用从价定率和复合计税方式计算消费税税额时涉及的销售额，指纳税人销售应税消费品向购买方收取的全部价款和价外费用，不包括应向购买方收取的增值税税款。（**换算方式参考母题** 4-2-9）

【提示】对同一纳税人同一环节既征收消费税又征收增值税的，消费税与增值税的计税销售额一般情况下是相同的。（用于“换投抵”除外，**参考母题** 4-3-4）

（2）销售数量的确定。

应税行为	销售数量
销售应税消费品	应税消费品的销售数量
自产自用应税消费品	应税消费品的移送使用数量
委托加工应税消费品	纳税人收回的应税消费品数量
进口应税消费品	海关核定的应税消费品进口征税数量

母题 4-3-4 特殊情况下消费税计税销售额和销售数量如何确定？

<table>
<tr><th colspan="2">情形</th><th>计税依据</th></tr>
<tr><td colspan="2">纳税人应税消费品的计税价格明显偏低并无正当理由的</td><td>（1）卷烟、白酒和小汽车→由国家税务总局核定，报财政部备案
（2）其他应税消费品→由省级国家税务局核定
（3）进口应税消费品→由海关核定</td></tr>
<tr><td colspan="2">纳税人通过自设非独立核算门市部销售自产应税消费品</td><td>应当按照门市部对外销售额或者销售数量征收消费税</td></tr>
<tr><td colspan="2">纳税人用于换取生产资料和消费资料、投资入股和抵偿债务等方面的应税消费品</td><td>应当以纳税人同类应税消费品的最高销售价格作为计税依据计算消费税【换投抵】</td></tr>
<tr><td colspan="2">白酒生产企业向商业销售单位收取的“品牌使用费”</td><td>是随着应税白酒的销售而向购货方收取的，属于应税白酒销售价款的组成部分。因此，不论企业采取何种方式或以何种名义收取价款，均应并入白酒的销售额中缴纳消费税</td></tr>
<tr><td rowspan="2">包装物押金</td><td>（1）非酒类产品、啤酒、黄酒</td><td>如果包装物不作价随同产品销售，而是收取押金，此项押金则不应并入应税消费品的销售额中征税
但对因逾期未收回的包装物不再退还的或者已收取的时间超过 12 个月的押金，应并入应税消费品的销售额，缴纳消费税</td></tr>
<tr><td>（2）啤酒、黄酒以外的其他酒类产品</td><td>对酒类生产企业销售酒类产品（白酒、其他酒类）而收取的包装物押金，无论押金是否返还及会计上如何核算，均应并入酒类产品销售额，征收消费税</td></tr>
</table>

续表

情形		计税依据
金银首饰	纳税人采用以旧换新（含翻新改制）方式销售的金银首饰	应按实际收取的不含增值税的全部价款确定计税依据征收消费税
	带料加工的金银首饰	应按受托方销售同类金银首饰的销售价格确定计税依据征收消费税。没有同类金银首饰销售价格的，按照组成计税价格计算纳税
	金银首饰与其他产品组成成套消费品销售的	按销售额全额征收消费税
	金银首饰连同包装物销售的	无论包装是否单独计价，也无论会计上如何核算，均应并入金银首饰的销售额计征消费税

【提示 1】使用最高销售价格作为计税依据计算消费税的仅限于“换投抵”业务，如果纳税人将应税消费品用于连续生产应税消费品以外的其他方面的，需要核定销售额（按同类消费品的平均销售价格、组成计税价格）计算纳税。

【提示 2】区分“换投抵”业务增值税与消费税的计税依据。

税种	计税依据
增值税	按平均销售价格
消费税	按最高销售价格

【提示 3】区分增值税与消费税对于包装物押金的计税环节。

消费品	收取时	逾期时
一般应税消费品押金	增值税：×	增值税：√
	消费税：×	消费税：√
白酒、其他酒类	增值税：√	增值税：×
	消费税：√	消费税：×
啤酒、黄酒	增值税：×	增值税：√
	消费税：×	消费税：×

母题 4-3-5 生产销售应纳消费税如何计算?

生产销售	一般应税消费品	从价定率	应纳税额＝销售额或组成计税价格×比例税率
	啤酒、黄酒、成品油	从量定额	应纳税额＝销售数量×定额税率
	卷烟、白酒	**复合计税**	应纳税额＝销售数量×定额税率＋销售额或组成计税价格×比例税率

资料1：某实木地板厂为增值税一般纳税人。2019年4月15日向某建材商场销售实木地板一批，取得含增值税销售额101.7万元。已知实木地板适用的增值税税率为13%，消费税税率为5%。计算该厂当月应纳消费税税额。

【学习提示】木地板厂销售实木地板是从价定率计税，取得的是含增值税销售额，需要换算成为不含增值税销售额才能计算应纳消费税，应纳税额＝销售额或组成计税价格×比例税率。

不含增值税销售额＝101.7÷(1＋13%)＝90（万元）

应纳消费税税额＝90×5%＝4.5（万元）

资料2：某石化公司2017年6月销售汽油1 000吨、柴油500吨，另向本公司在建工程车辆提供汽油5吨。已知汽油1吨＝1 388升，柴油1吨＝1 176升；汽油的定额税率为1.52元/升，柴油的定额税率为1.2元/升。计算该公司当月应纳消费税税额。

【学习提示】柴油和汽油都是从量定额计税，应纳税额＝销售数量×定额税率。

销售汽油应纳税额＝1 000×1 388×1.52÷10 000＝210.976（万元）

销售柴油应纳税额＝500×1 176×1.2÷10 000＝70.56（万元）

在建工程车辆使用汽油应纳税额＝5×1 388×1.52÷10 000＝1.054 88（万元）

应纳消费税税额合计＝210.976＋70.56＋1.054 88＝282.590 88（万元）

资料3：某白酒生产企业为增值税一般纳税人，2017年1月销售粮食白酒30吨，取得不含增值税销售额180万元；薯类白酒50吨，取得不含增值税销售额150万元。已知白酒消费税比例税率为20%；定额税率为0.5元/500克。计算该企业当月应纳消费税税额。

【学习提示】白酒采用复合计税方式，应纳税额＝销售数量×定额税率＋销售额或组成计税价格×比例税率。

从价定率应纳税额＝(180＋150)×20%＝66（万元）

从量定额应纳税额＝(30＋50)×2 000×0.5÷10 000＝8（万元）

应纳消费税税额合计＝66＋8＝74（万元）

母题4-3-6 组成计税价格应纳消费税如何计算？

组成计税价格	自产自用【无同类销售价】	从价定率	组成计税价格＝成本×(1＋成本利润率)÷(1－消费税比例税率)
		复合计税	组成计税价格＝［成本×(1＋成本利润率)＋自产自用数量×消费税定额税率］÷(1－消费税比例税率)
	委托加工	从价定率	组成计税价格＝(材料成本＋加工费)÷(1－消费税比例税率)
		复合计税	组成计税价格＝(材料成本＋加工费＋委托加工数量×消费税定额税率)÷(1－消费税比例税率)
	进口环节	从价定率	组成计税价格＝(关税完税价格＋关税)÷(1－消费税比例税率)
		复合计税	组成计税价格＝(关税完税价格＋关税＋进口数量×消费税定额税率)÷(1－消费税比例税率)

资料1：某白酒厂2017年春节前，将新研制的薯类白酒1吨作为过节福利发放给员工，该薯类白酒无同类产品市场销售价格。已知该批薯类白酒生产成本为20 000元，成本利润率为5%，白酒消费税比例税率为20%，定额税率为0.5元/500克。计算该批薯类白酒应纳消费税税额。

【学习提示】白酒厂将新研制的薯类白酒发放职工福利，属于自产自用，且无同类销售价，采用组成计税价格计税；另外，白酒本身适用复合计税方式，所以组价公式为：组成计税价格＝［成本×(1＋成本利润率）＋自产自用数量×消费税定额税率］÷(1－消费税比例税率)

组成计税价格＝［20 000×(1＋5%)＋(1×2 000×0.5)］÷(1－20%)

＝(21 000＋1 000)÷(1－20%)＝27 500（元）

应纳消费税税额＝27 500×20%＋1×2 000×0.5＝6 500（元）

资料2：某化妆品企业2017年3月受托为某商场加工一批高档化妆品，收取不含增值税的加工费13万元，商场提供的原材料金额为72万元。已知该化妆品企业无同类产品销售价格，消费税税率为15%。计算该化妆品企业应代收代缴的消费税。

【学习提示】化妆品企业受托为商场加工高档化妆品，且化妆品企业无同类产品销售价格，应按照组成计税价格计算纳税；高档化妆品采用从价定率计税方式，组价公式为：组成计税价格＝(材料成本＋加工费)÷(1－消费税比例税率)。

组成计税价格＝(72＋13)÷(1－15%)＝100（万元）

应代收代缴消费税＝100×15%＝15（万元）

资料3：某烟草公司2017年1月进口甲类卷烟100标准箱，海关核定的每箱卷烟关税完税价格为3万元。已知卷烟关税税率为25%，消费税比例税率为56%，定额税额为0.003元/支，每标准箱有250条，每条200支。计算该公司进口卷烟应纳消费税税额（单位：万元，计算结果保留四位小数）。

【学习提示】烟草公司进口甲类卷烟，应按照组成计税价格计算纳税；卷烟采用复合计税方式，所以组价公式为：组成计税价格＝(关税完税价格＋关税＋进口数量×消费税定额税率)÷(1－消费税比例税率)。

应纳关税税额＝100×3×25%＝75（万元）

组成计税价格＝(100×3＋75＋100×250×200×0.003÷10 000)÷(1－56%)

＝855.681 8（万元）

应纳消费税税额＝855.6 818×56%＋100×250×200×0.003÷10 000

＝479.181 8＋1.5＝480.681 8（万元）

母题4-3-7　什么情况下已纳的消费税可以扣除?

为了**避免重复征税**，现行消费税规定，将外购应税消费品和委托加工收回的应税消费品继续生产应税消费品销售的，可以将外购应税消费品和委托加工收回应税消费品已缴纳的消费税给予扣除。

外购、委托加工	可抵扣	外购、委托加工已税烟丝生产的**卷烟** 外购、委托加工已税高档化妆品为原料生产的高档化妆品 外购、委托加工已税珠宝、玉石为原料生产的贵重首饰及珠宝、玉石（不可以是金银首饰） 外购、委托加工已税鞭炮、焰火为原料生产的鞭炮、焰火 外购、委托加工已税杆头、杆身和握把为原料生产的高尔夫球杆 外购、委托加工已税木制一次性筷子为原料生产的木制一次性筷子 外购、委托加工已税实木地板为原料生产的实木地板 外购、委托加工已税石脑油、润滑油、燃料油为原料生产的成品油 外购、委托加工已税汽油、柴油为原料生产的汽油、柴油
	不涉及抵扣	酒、摩托车、小汽车、高档手表、游艇、电池、涂料 【口诀】一酒二车贵手表，游艇电池和涂料

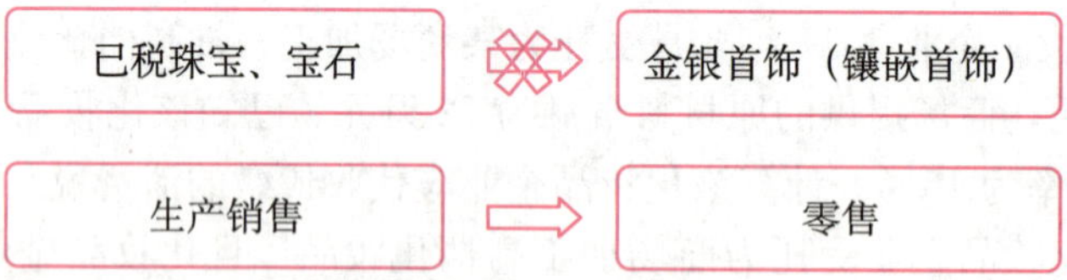

【提示】纳税人用外购的已税珠宝、玉石为原料生产的改在零售环节征收消费税的金银首饰（镶嵌首饰），在计税时一律不得扣除外购珠宝、玉石的已纳税款。【纳税环节不同不得扣除】

【提示】用于生产非应税消费品不得扣除

考查形式

子题4-3-3-1：2019年5月啤酒厂生产啤酒150吨，销售100吨，取得不含增值税销售额30万元，增值税税额3.9万元。当月销售啤酒消费税计税依据为________。

子题4-3-3-2：关于应税消费品销售额的正确表述是________。

子题4-3-3-3：自产自用应税消费品的销售数量为________。

子题4-3-4-1（判断）：纳税人通过自设非独立核算门市部销售的自产应税消费品，应当按照门市部对外销售额或者销售数量征收消费税。（　　）

子题4-3-4-2：根据消费税法律制度的规定，应当以纳税人同类应税消费品的最高销售价格作为计税依据计算缴纳消费税的是________。

子题4-3-4-3：甲汽车厂将1辆生产成本5万元的自产小汽车用于抵偿债务，同型号小汽车不含增值税的平均售价10万元/辆，不含增值税最高售价12万元/辆。已知小汽车消费税税率为5%。甲汽车厂该笔业务应缴纳消费税税额的计算列式为________。

子题4-3-4-4：根据消费税法律制度的规定，酒厂生产销售白酒收取的款项中，应并入销售额缴纳消费税的有________。

子题4-3-4-5（判断）：红酒生产企业销售红酒收取的包装物押金应并入红酒销售额，征收消费税。（　　）

子题4-3-4-6（判断）：金银首饰与其他产品组成成套消费品销售的，按销售全额征收消费税。（　　）

子题 4-3-5-1：某木地板厂为增值税一般纳税人。2019 年 4 月 15 日向某建材商场销售实木地板一批，取得含增值税销售额 101.7 万元。已知实木地板适用的增值税税率为 13%，消费税税率为 5%。该厂当月应纳消费税税额为________。

子题 4-3-5-2：某石化公司 2017 年 6 月销售汽油 1 000 吨，柴油 500 吨，另向本公司在建工程车辆提供汽油 5 吨。已知汽油 1 吨=1 388 升，柴油 1 吨=1 176 升；汽油的定额税率为 1.52 元/升，柴油的定额税率为 1.2 元/升。该公司当月应纳消费税税额为________。

子题 4-3-5-3：某卷烟生产企业为增值税一般纳税人，2017 年 2 月销售乙类卷烟 1 500 标准条，取得含增值税销售额 84 750 元。已知乙类卷烟消费税比例税率为 36%，定额税率为 0.003 元/支，每标准条有 200 支，增值税税率为 13%。该企业当月应纳消费税税额为________。

子题 4-3-6-1：某化妆品厂是增值税一般纳税人，其将自产的高档化妆品移送生产普通护肤品，并于当月全部销售，取得不含增值税销售价款 100 000 元。已知，该化妆品厂没有同类高档化妆品的销售价格，该批高档化妆品的成本为 60 000 元，成本利润率为 5%，消费税税率为 15%。应纳消费税为________。

子题 4-3-6-2：甲卷烟厂为增值税一般纳税人，受托加工一批烟丝，委托方提供的烟叶成本为 47 460 元，甲卷烟厂收取含增值税加工费 2 373 元。已知增值税税率为 13%，消费税税率为 30%，无同类烟丝销售价格，计算甲卷烟厂该笔业务应代收代缴消费税税额的算式为________。

子题 4-3-6-3：某汽车贸易公司 2017 年 4 月从国外进口小汽车 50 辆，海关核定的每辆小汽车关税完税价为 28 万元，已知小汽车关税税率为 20%，消费税税率为 25%。该公司进口小汽车应纳消费税税额为________。

子题 4-3-7-1（判断）：企业将外购已税高档化妆品原料用于连续生产高档化妆品，已缴纳的消费税准予扣除。（ ）

子题 4-3-7-2（判断）：企业用委托加工已税高档手表为原料生产的高档手表，已缴纳的消费税准予扣除。（ ）

【适用题型】单项选择题、多项选择题、判断题、不定项选择题。

【1-2019 单选】甲公司为增值税小规模纳税人，2018 年 10 月销售自产葡萄酒，取得含增值税销售额 150 174 元。已知增值税征收率为 3%；葡萄酒消费税税率为 10%。计算甲公司当月该笔业务应缴纳消费税税额的下列算式中，正确的是（ ）。

A. 150 174×(1－10%)×10%＝13 515.66（元）

B. 150 174÷(1－10%)×10%＝16 686（元）

C. 150 174÷(1＋3%)×10%＝14 580（元）

D. 150 174×10%＝15 017.4（元）

【2-2019 单选】根据消费税法律制度的规定，下列应税消费品中，应当以纳税人同类应税消费品的最高销售价格作为计税依据计缴消费税的是（ ）。

A. 用于运输车队的自产柴油

B. 用于广告宣传的自产白酒

C. 用于职工福利的自产高档化妆品

D. 用于抵偿债务的自产小汽车

【3-2019 单选】某酒厂2018年5月研发生产一种新型粮食白酒800公斤，成本为20万元，作为礼品赠送品尝，没有同类售价。已知粮食白酒的成本利润率10%，粮食白酒消费税税率为20%加0.5元/斤，则该批白酒应纳消费税金额为（　　）万元。

A. 4.80　　B. 5.60

C. 8.20　　D. 4.78

【4-2019 单选】2019年3月甲药酒厂生产240吨药酒，销售140吨，取得不含增值税销售额1 000万元，增值税税额130万元。甲药酒厂当月销售药酒消费税计税依据为（　　）。

A. 1 000万元　　B. 1 130万元

C. 240吨　　D. 140吨

【5-2019 单选】甲化妆品生产企业2017年7月从另一化妆品生产企业购进高档保湿精华一批，取得增值税专用发票上注明价款为100万元；当月领用其中的40%用于生产高档保湿粉底液并全部销售，取得不含增值税销售收入500万元，已知高档化妆品适用消费税税率为15%。有关甲化妆品生产企业上述业务应当缴纳的消费税，下列计算列式正确的是（　　）。

A. 500×15%=75（万元）

B. 500×15%-100×15%×60%=66（万元）

C. 500×15%-100×15%=60（万元）

D. 500×15%-100×15%×40%=69（万元）

【6-2019 单选】根据消费税法律制度的规定，下列项目中不可以抵扣已纳税款的是（　　）。

A. 用外购已税烟丝继续加工成卷烟

B. 用自制的化妆品继续加工高档化妆品

C. 委托加工收回的已税木制一次性筷子继续加工木制一次性筷子

D. 委托加工收回的鞭炮继续加工鞭炮

【7-2019 单选】根据消费税法律制度的规定，下列各项中，可以按当期生产领用数量计算准予扣除外购的应税消费品已纳消费税税款的是（　　）。

A. 外购已税白酒生产的药酒

B. 外购已税烟丝生产的卷烟

C. 外购已税翡翠生产加工的金银翡翠首饰

D. 外购已税钻石生产的高档手表

【8-2019 单选】某汽酒进口公司，2018年10月进口一批汽酒，已知该批汽酒的关税完税价格为10 800元；消费税税率为10%，关税税率为14%。该批汽酒进口环节应缴纳消费税税额的下列计算中正确的是（　　）。

A. 10 800×10%=1 080（元）

B. 10 800×(1+14%)×10%=1 231.2（元）

C. 10 800×14%×10%=151.2（元）

D. 10 800×(1+14%)÷(1-10%)×10%=1 368（元）

【9－2019 单选】甲药酒厂为增值税一般纳税人，2018 年 10 月销售一批药酒。取得含增值税销售额 56 500 元，另收取包装物押金 2 260 元。已知药酒增值税税率为 13%，消费税税率为 10%。下列计算甲药酒厂当月应缴纳消费税税额算式中，正确的是（　　）。

A.（56 500＋2 260）÷（1＋13%）×10%＝5 200（元）

B. 56 500÷（1＋13%）×10%＝5 000（元）

C.［56 500÷（1＋13%）＋2 260］×10%＝5 226（元）

D.（56 500＋2 260）×10%＝5 876（元）

【10－2019 多选】根据消费税法律制度的规定，下列行为中，应当以纳税人同类应税消费品的最高销售价格作为计税依据的是（　　）。

A. 将自产应税消费品用于对外捐赠

B. 将自产应税消费品用于投资入股

C. 将自产应税消费品用于换取生产资料

D. 将自产应税消费品用于抵偿债务

【11－2018 单选】甲酒厂为增值税一般纳税人，2018 年 3 月销售白酒 50 吨，取得含增值税销售额 3 390 000 元，已知增值税税率为 13%，白酒消费税比例税税率为 20%，从量税税额为 0.5 元/500 克，下列计算甲酒厂当月应缴纳消费税税额的下列算式中正确的是（　　）。

A. 3 390 000×20%＋50×2 000×0.5＝728 000（元）

B. 3 390 000÷（1＋13%）×20%＋50×2 000×0.5＝650 000（元）

C. 3 390 000×20%＝678 000（元）

D. 3 390 000÷（1＋13%）×20%＝600 000（元）

【12－2018 单选】2018 年 12 月甲啤酒厂生产 150 吨啤酒，销售 100 吨，取得不含增值税销售额 30 万元、增值税税额 3.9 万元。甲啤酒厂当月销售啤酒消费税计税依据为（　　）。

A. 100 吨　　B. 33.9 万元

C. 30 万元　　D. 150 吨

【13－2018 多选】根据消费税法律制度的规定，下列各项中，纳税人应当以同类应税消费品的最高销售价格作为计税依据的有（　　）。

A. 自产应税消费品用于换取生产资料

B. 自产应税消费品用于对外捐赠

C. 自产应税消费品用于换取消费资料

D. 自产应税消费品用于投资入股

【14－2017 单选】甲卷烟厂为增值税一般纳税人，受托加工一批烟丝，委托方提供的烟叶成本为 47 460 元，甲卷烟厂收取含增值税加工费 2 373 元，已知增值税税率为 13%，消费税税率为 30%，无同类烟丝销售价格。计算甲卷烟厂该笔业务应代收代缴消费税额的下列算式中，正确的是（　　）。

A.（47 460＋2 373）÷（1＋13%）÷（1－30%）×30%＝18 900（元）

B.（47 460＋2 373）÷（1－30%）×30%＝21 357（元）

C. 47 460÷（1－30%）×30%＝20 340（元）

D.［47 460＋2 373÷（1＋13%）］÷（1－30%）×30%＝21 240（元）

【15-2017单选】2017年5月甲化妆品厂将一批自产高档化妆品用于馈赠客户，该批高档化妆品生产成本为17 000元，无同类高档化妆品销售价格。已知高档化妆品消费税税率为15%，成本利润率为5%。计算甲化妆品厂当月该笔业务应纳消费税税额的下列算式中，正确的是（　　）。

A. 17 000×15%=2 550（元）

B. 17 000×(1+5%)×15%=2 677.5（元）

C. 17 000÷(1−15%)×15%=3 000（元）

D. 17 000×(1+5%)÷(1−15%)×15%=3 150（元）

【16-2016单选】甲汽车厂将1辆生产成本为5万元的自产小汽车用于抵偿债务，同型号小汽车不含增值税平均售价为10万元/辆，不含增值税最高售价为12万元/辆。已知小汽车消费税税率为5%。甲汽车厂该笔业务应缴纳消费税税额的下列计算列式中，正确的是（　　）。

A. 1×10×5%=0.5（万元）

B. 1×12×5%=0.6（万元）

C. 1×5×5%=0.25（万元）

D. 1×5×(1+5%)×5%=0.262 5（万元）

【17-2016单选】甲地板厂为增值税一般纳税人，2019年4月销售自产实木地板取得含增值税销售额107.35万元。已知实木地板增值税税率为13%，消费税税率为5%，甲地板厂当月该业务应缴纳消费税税额的下列计算列式中，正确的是（　　）。

A. 107.35÷(1+13%)×5%=4.75（万元）

B. 107.35÷(1−5%)×5%=5.65（万元）

C. 107.35×5%=5.37（万元）

D. 107.35÷(1+13%)÷(1−5%)×5%=5（万元）

答案及解析

1.【答案】C

【解析】小规模纳税人取得含税收入价税分离后乘适用税率算出消费税。

2.【答案】D

【解析】换取、投资、抵债，消费税按照最高销售价格计税。

3.【答案】B

【解析】组成计税价格=［800×0.5×2÷10 000+20×(1+10%)］÷(1−20%)=27.6（万元）。

从价=27.6×20%=5.52（万元）；从量=800×0.5×2÷10 000=0.08（万元）。

该批白酒应纳消费税金额为5.52+0.08=5.60（万元）。

4.【答案】A

【解析】药酒属于一般应税消费品，从价计征消费税。

5.【答案】D

【解析】当期准予扣除外购或委托加工收回的应税消费品的已纳消费税税额，应按当期生产领用数量计算。甲化妆品生产企业本月生产领用了40%的外购高档保湿精华其外购高档保湿精华时已纳的消费税税款仅可在本月扣除40%。

6.【答案】B

【解析】选项B，自产自用的非应税消费品用于连续生产应税消费品的需缴纳消费税。

7.【答案】B

【解析】酒、摩托车、小汽车、高档手表、游艇、电池、涂料不涉及抵扣问题，外购、委托加工已税珠宝、玉石为原料生产的贵重首饰及珠宝、玉石（不可以是金银首饰）可抵扣已纳消费税税款。

8.【答案】D

【解析】进口环节应纳消费税税额＝(关税完税价格＋关税)÷(1－消费税比例税率)×消费税比例税率。

9.【答案】A

【解析】包装物押金默认含增值税，且除了啤酒、黄酒外的白酒等其他酒包装物押金收取时交纳消费税（逾期时不再交纳)，故选择A选项。

10.【答案】BCD

【解析】换取、投资、抵债，消费税按照最高销售价格计税。

11.【答案】B

【解析】白酒从价消费税是用不含增值税的价格计算，本题明确说明取得含增值税销售额3 390 000元，选项A、C，没有价税分离，排除；白酒属于从价＋从量复合计征的应税消费品，D选项没有加从量消费税，排除；选择B选项。

12.【答案】A

【解析】啤酒采用从量计征消费税的方法，纳税人销售应税消费品的，为应税消费品的销售数量。

13.【答案】ACD

【解析】“换投抵”业务，消费税找“最高价”，对外捐赠要用平均价格。

14.【答案】D

【解析】委托加工的应税消费品，按受托方同类消费品的销售价格计算纳税，没有同类消费品销售价格的按组成计税价格计算纳税，本题按组成计税价格计算。甲卷烟厂该笔业务应代收代缴消费税＝组成计税价格×消费税税率＝(材料成本＋加工费)÷(1－消费税比例税率)×消费税税率＝［47 460＋2 373÷(1＋13%)］÷(1－30%)×30%＝21 240(元)。

15.【答案】D

【解析】应纳税额＝组成计税价格×比例税率＝成本×(1＋成本利润率)÷(1－比例税率)×比例税率＝17 000×(1＋5%)÷(1－15%)×15%＝3 150（元)。

16.【答案】B

【解析】消费税纳税人将生产的应税消费品用于抵偿债务的，应当以纳税人同类应税消费品的最高销售价格作为计税依据计算消费税。

17.【答案】A

【解析】实行从价定率征收的应税消费品，其计税依据为含消费税而不含增值税的销售额，如果销售额为含增值税的销售额时，必须换算成不含增值税的销售额。

征收管理

母题 4-3-8 消费税纳税义务的发生时间如何确定?

销售应税消费品	赊销和分期收款	为书面合同约定的收款日期的当天，书面合同没有约定收款日期或者无书面合同的，为发出应税消费品的当天
	预收货款	为发出应税消费品的当天
	托收承付和委托银行收款	为发出应税消费品并办妥托收手续的当天
	其他结算方式	为收讫销售款或者取得索取销售款凭据的当天
自产自用		为移送使用的当天
委托加工		为纳税人提货的当天
进口		为报关进口的当天

母题 4-3-9 消费税纳税地点如何确定?

销售、自产自用应税消费品		机构所在地或者居住地的主管税务机关
委托加工的应税消费品	受托方为单位	受托方向机构所在地或者居住地的主管税务机关申报纳税（受托方代收代缴）
	受托方为个人	委托方所在地主管税务机关（委托方自行申报）
进口		报关地海关
纳税人到外县（市）销售或者委托外县（市）代销		机构所在地或者居住地主管税务机关
总机构与分支机构不在同一县（市）的		原则上，分别向各自机构所在地的主管税务机关申报纳税 纳税人的总机构与分支机构不在同一县（市），但在同一省（自治区、直辖市）范围内，经省（自治区、直辖市）财政厅（局）、国家税务局审批同意，可以由总机构汇总向总机构所在地的主管税务机关申报缴纳消费税

母题 4-3-10 消费税纳税期限如何限制?

（1）消费税的纳税期限分别为1日、3日、5日、10日、15日、1个月或者1个季度。

【提示】纳税人的具体纳税期限，由主管税务机关根据纳税人应纳税额的大小分别核定；不能按照固定期限纳税的，可以按次纳税。

（2）纳税人进口应税消费品，应当自海关填发海关进口消费税专用缴款书之日起15日内缴纳税款。

考查形式

子题4－3－8－1：纳税人采取预收货款结算方式销售应税消费品的，其纳税义务发生时间为________。

子题4－3－8－2（判断）：纳税人自产自用应税消费品的，其纳税义务发生时间为应税消费品使用当天。（　）

子题4－3－9－1：纳税人销售应税消费品的消费税纳税地点为________。

子题4－3－9－2（判断）：委托加工的应税消费品，除受托方为个人以外，应由受托方在向委托方交货时代收代缴消费税。（　）

子题4－3－9－3：甲公司为增值税一般纳税人，机构所在地在S市。2017年2月，在S市销售货物一批，在W市报关进口货物一批，接受Y市的客户委托加工应缴纳消费税的货物一批。甲公司上述业务的纳税地点为________。

子题4－3－10－1：纳税人进口应税消费品，应当自海关填发海关进口消费税专用缴款书之日起________内缴纳税款。

【适用题型】单项选择题、多项选择题、判断题。

【1－2018单选】根据消费税法律制度的规定，下列关于消费税纳税义务发生时间的表述中，不正确的是（　）。

A. 委托加工应税消费品的，为纳税人提货的当天

B. 采取托收承付方式销售应税消费品的，为收到货款的当天

C. 进口应税消费品的，为报关进口的当天

D. 自产自用应税消费品的，为移送使用的当天

【2－2018多选】甲公司为增值税一般纳税人，机构所在地在S市。2017年2月，在S市销售货物一批，在W市报关进口货物一批，接受Y市的客户委托加工应缴纳消费税的货物一批。下列关于甲公司上述业务纳税地点的表述中，正确的有（　）。

A. 受托加工货物应向S市主管税务机关解缴代收的消费税

B. 进口货物应向W市海关申报缴纳增值税

C. 受托加工货物应向Y市主管税务机关申报缴纳增值税

D. 销售货物应向S市主管税务机关申报缴纳增值税

【3－2017单选】根据消费税法律制度的规定，下列关于消费税纳税义务发生时间的表述中，不正确的是（　）。

A. 纳税人采取预收货款结算方式销售应税消费品的，为发出应税消费品的当天

B. 纳税人自产自用应税消费品的，为移送使用当天

C. 纳税人进口应税消费品的，为报关进口的当天

D. 纳税人委托加工应税消费品的，为支付加工费的当天

【4－2016单选】根据消费税法律制度的规定，下列关于消费税纳税地点的表述中，正确的是（　）。

A. 纳税人销售的应税消费品，除另有规定外，应当向纳税人机构所在地或居住地的主管税务机关申报纳税

B. 纳税人总机构与分支机构不在同一省的，由总机构汇总向总机构所在地的主管税务机关申报纳税

C. 进口的应税消费品，由进口人或者其代理人向机构所在地的主管税务机关申报纳税

D. 委托加工的应税消费品，受托方为个人的，由受托方向居住地的主管税务机关申报纳税

【5-2016多选】根据消费税法律制度的规定，下列关于消费税纳税义务发生时间的表述中，正确的有（　　）。

A. 纳税人委托加工应税消费品的，为签订委托加工合同的当天

B. 纳税人进口应税消费品的，为报关进口的当天

C. 纳税人自产自用应税消费品的，为移送使用当天

D. 纳税人采用预收货款结算方式销售货物的，为发出应税消费品的当天

答案及解析

1.【答案】B

【解析】选项B，纳税人采取托收承付和委托银行收款方式销售的应税消费品，纳税义务发生时间为发出应税消费品并办妥托收手续的当天。

2.【答案】ABD

【解析】选项A、C，委托加工的应税消费品，由受托方向机构所在地或者居住地的主管税务机关解缴消费税税款；选项B，进口货物，应当向报关地海关申报纳税；选项D，销售货物应向其机构所在地或者居住地主管税务机关申报缴纳增值税。

3.【答案】D

【解析】纳税人委托加工应税消费品的，消费税纳税义务发生时间为纳税人提货的当天。

4.【答案】A

【解析】选项B，纳税人总机构与分支机构不在同一省的，分别向各自机构所在地的主管税务机关申报纳税；选项C，进口的应税消费品，由进口人或者其代理人向报关地海关申报纳税；选项D，委托加工的应税消费品，受托方为个人的，由委托方向机构所在地的主管税务机关申报纳税。

5.【答案】BCD

【解析】纳税人委托加工应税消费品的，为纳税人提货的当天。

第五章

企业所得税、个人所得税法律制度

本章解读

扫码可听课

本章分值占比约 20 分，是不定项选择题的必考章节。本章由 2 个小节组成，分为企业所得税法律制度和个人所得税法律制度，其中个人所得税章节 2020 年教材变动较大。企业所得税是考试重点考查对象，且做题思路比较固定，性价比较高。本章为考试重点内容，需要深入理解并扎实掌握各个考点。

本章框架

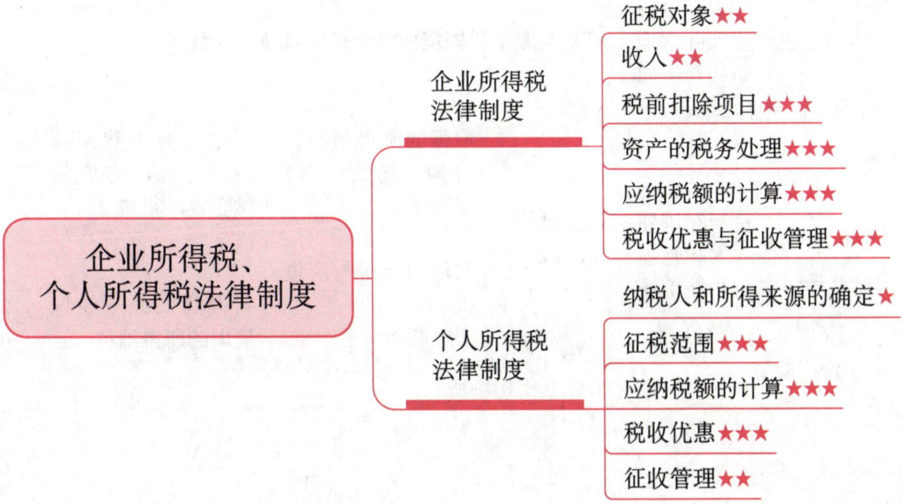

第一节 企业所得税法律制度

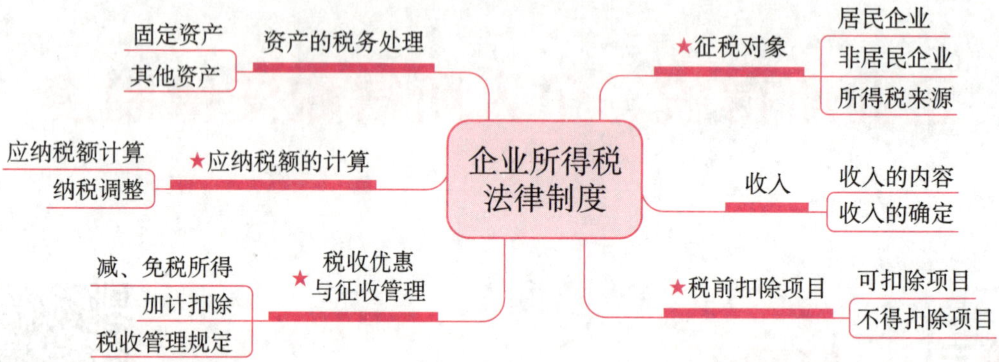

征税对象

母题 5-1-1 企业所得税纳税人如何区分？

要点	内容					
纳税人	包括企业和其他取得收入的组织					
	【提示】不包括个体工商户、个人独资企业和合伙企业【因为征收个人所得税】					
分类	居民企业	注册在境内或实际管理机构在境内	就其来源于我国境内、外的全部所得纳税			25%
	非居民企业	注册在境外且实际管理机构在境外	设立机构、场所	取得的所得与所设机构、场所“有”实际联系	无论来源于我国境内、境外，均应缴纳企业所得税	25%
				取得的所得与所设机构、场所“无”实际联系	只就其来源于我国境内的所得纳税	20%减按10%
			未设立机构场所			

母题 5-1-2 企业所得税所得来源地如何确定？

销售货物所得		按照交易活动发生地确定
提供劳务所得		按照劳务发生地确定
转让财产所得	不动产转让所得	按照不动产所在地确定
	动产转让所得	按照转让动产的企业或者机构、场所所在地确定
	权益性投资资产转让所得	按照被投资企业所在地确定
股息、红利等权益性投资所得		按照分配所得的企业所在地确定
利息所得、租金所得、特许权使用费所得		按照负担、支付所得的企业或者机构、场所所在地确定，或者按负担、支付所得的个人的住所地确定
其他所得		由国务院财政、税务主管部门确定

考查形式

子题 5-1-1-1（判断）：在中国境内设立机构、场所且取得的所得与其所设机构、场所有实际联系的非居民企业，适用的企业所得税税率为 20%。（　　）

子题 5-1-1-2：依照中国法律在中国境内设立的企业，不属于企业所得税纳税人的有________。

子题 5-1-1-3：有来源于中国境内所得的企业中，属于非居民企业的是________。

子题 5-1-2-1（判断）：动产转让所得的企业所得来源地按照转让动产的企业或者机构、场所所在地确定。（　　）

子题 5-1-2-2：企业所得税纳税人转让不动产所得按照不动产所在地确定。（　　）

【适用题型】单项选择题、多项选择题、判断题。

【1-2019 多选】根据企业所得税法律制度的规定，下列各项中，属于来源于中国境内所得的有（　　）。

A. 甲国企业在中国境内提供咨询服务取得的收入

B. 乙国企业转让中国境内公司股权取得的收入

C. 丁国企业在中国境外为中国公司技术人员提供培训服务取得的收入

D. 丙国企业通过其代理商在中国境内销售货物取得的收入

【2-2019 多选】根据企业所得税法律制度的规定，下列依照中国法律在中国境内设立的企业，属于企业所得税纳税人的有（　　）。

A. 股份有限公司　　B. 有限责任公司

C. 国有独资公司　　D. 个人独资企业

【3-2018 单选】根据企业所得税法律制度的规定，下列有来源于中国境内所得的企业中，属于非居民企业的是（　　）。

A. 依法在中国境内成立，且实际管理机构在境内的甲公司

B. 依照外国法律成立，但实际管理机构在中国境内的丙公司

C. 依照外国法律成立，且实际管理机构在中国境外的丁公司

D. 依法在中国境内成立，但实际管理机构在境外的乙公司

【4－2018 单选】根据企业所得税法律制度的规定，下列各项中，不属于企业所得税纳税人的是（　　）。

A. 甲有限责任公司　　B. 乙事业单位

C. 丙个人独资企业　　D. 丁股份有限公司

【5－2018 判断】在中国境内设立机构、场所的非居民企业取得的发生在中国境外但与其所设机构、场所有实际联系的所得无须缴纳企业所得税。（　　）

【6－2018 判断】在中国境内设立机构、场所且取得的所得与其所设机构、场所有实际联系的非居民企业，适用的企业所得税税率为20%。（　　）

【7－2018 多选】根据企业所得税法律制度的规定，下列关于来源于中国境内、境外所得确定原则的表述中，正确的有（　　）。

A. 转让不动产所得，按照不动产所在地确定

B. 股息所得，按照分配所得的企业所在地确定

C. 销售货物所得，按照交易活动发生地确定

D. 提供劳动所得，按照劳务发生地确定

【8－2016 多选】根据企业所得税法律制度的规定，下列关于确定所得来源地的表述，正确的有（　　）。

A. 提供劳务所得，按照劳务发生地确定

B. 销售货物所得，按照交易活动发生地确定

C. 不动产转让所得，按照转让不动产的企业所在地确定

D. 股息所得，按照分配股息的企业所在地确定

答案及解析

1. 【答案】ABD

【解析】选项C，在境外提供的劳务收入是在境外取得的所得。

2. 【答案】ABC

【解析】企业所得税纳税人包括各类企业、事业单位、社会团体、民办非企业单位和从事经营活动的其他组织。依照中国法律成立的个人独资企业、合伙企业，不属于企业所得税纳税义务人，不缴纳企业所得税。

3. 【答案】C

【解析】非居民企业是指依照外国（地区）法律、法规成立且实际管理机构不在中国境内，但在中国境内设立机构、场所的，或者在中国境内未设立机构场所，但有来源于中国境内所得的企业。

4. 【答案】C

【解析】C选项征收个税。

5. 【答案】×

【解析】在中国境内设立机构、场所的非居民企业取得的发生在中国境外但与其所设机构、场所有实际联系的应在我国缴纳企业所得税。

6.【答案】×

【解析】在中国境内设立机构、场所且取得的所得与其所设机构、场所有实际联系的非居民企业，适用的企业所得税税率为25%。

7.【答案】ABCD

【解析】企业所得税所得来源地的确定：销售货物所得，按照交易活动发生地确定；提供劳务所得，按照劳务发生地确定；转让财产所得，不动产转让所得按照不动产所在地确定，动产转让所得按照转让动产的企业或者机构、场所所在地确定；权益性投资资产转让所得按照被投资企业所在地确定；股息、红利等权益性投资所得，按照分配所得的企业所在地确定；利息所得、租金所得、特许权使用费所得，按照负担、支付所得的企业或者机构、场所所在地确定，或者按照负担、支付所得的个人的住所地确定；其他所得，由国务院财政、税务主管部门确定。

8.【答案】ABD

【解析】选项C，不动产转让所得，按照不动产所在地确定所得来源地。

收入

母题 5-1-3　企业收入总额包括哪些方面？

<table>
<tr><td>货币形式的收入</td><td>包括现金、存款、应收账款、应收票据、准备持有至到期的债券以及债务的豁免等（金额固定或者可确定）</td></tr>
<tr><td>非货币形式的收入</td><td>包括固定资产、生物资产、无形资产、股权投资、存货、不准备持有至到期的债券投资、劳务以及有关权益等（按照公允价值确定收入额）</td></tr>
<tr><td colspan="2">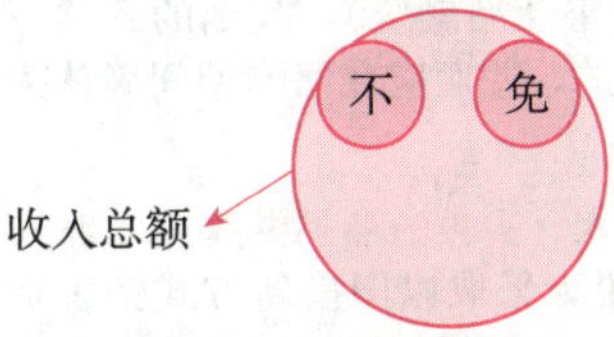

收入总额包括：
销售货物收入、提供劳务收入、转让财产收入、股息、红利等权益性投资收益、利息收入、租金收入、特许权使用费收入、接受捐赠收入、其他收入
销售（营业）收入＝销、劳、租、特
【提示1】收入总额中包含不征税收入和免税收入，但免税收入、不征税收入在计算企业所得税应纳税所得额时从收入总额中减除（具体参考母题5-1-9）
【提示2】“销售（营业）收入”是计算业务招待费、广告费和业务宣传费扣除限额的基数（具体参考母题5-1-5）
【提示3】区分三个关于财产的收入：
1）转让专利权权属取得的收入，属于企业所得税转让财产收入；
2）提供专利权使用权取得的收入，属于特许权使用费收入；
3）提供机器设备使用权取得的收入，属于租金收入</td></tr>
</table>

资料：甲公司为居民企业，登记注册地在W市，企业所得税按季预缴。主要从事建筑材料生产和销售业务。2018年有关经营情况如下：建筑材料销售收入5 000万元，生产设备出租收入60万元，国债利息收入1.5万元，存款利息收入0.8万元，存货盘盈0.2万元。

【学习提示】存货盘盈冲减管理费用，不计入收入。

甲公司的上述收入中，在计算2018年度企业所得税应纳税所得额时，应计入收入总额的是：建筑材料销售收入5 000万元，生产设备出租收入60万元，国债利息收入1.5万元，存款利息收入0.8万元。

母题5-1-4 企业的收入实现如何确定？

收入类型	实现的确认	
销售货物的收入	采用托收承付方式	在办妥托收手续时确认收入 【提示】区分增值税，增值税采用托收承付方式销售商品，在办妥托收手续并发出商品时确认收入
	采用预收款方式	在发出商品时确认收入 【提示】注意区分增值税纳税义务发生时间： （1）预收款方式销售货物：通常为“货物发出当天” （2）提供租赁服务采取预收款方式：“收到预收款当天”
	需要安装和检验	一般情况：在购买方接受商品以及安装和检验完毕时确认收入
		安装程序比较简单：可在发出商品时确认收入
	采用支付手续费方式委托代销	在收到代销清单时确认收入
	商业折扣	按照扣除商业折扣后的金额确定销售商品收入金额
	现金折扣	按扣除现金折扣前的金额确定销售商品收入金额
	销售折让/退回	冲减当期销售商品收入
	以分期收款方式销售货物	按照合同约定的收款日期确认收入
	售后回购	符合收入确认条件：销售的商品按售价确认收入，回购的商品作为购进商品处理
		不符合收入确认条件（例如以销售商品融资）：收到的款项应确认为负债，回购价格>原售价的，差额应在回购期间确认为利息费用
	以旧换新	按销售商品收入确认条件确认收入、回收的商品做购进处理 【提示】区分增值税：增值税纳税人采取以旧换新方式销售货物，应按新货物的同期销售价格确定销售额，但对金银首饰以旧换新业务，应按照销售方实际收取的不含增值税的全部价款征收增值税，不存在购进处理
	买一赠一	按公允价值比例分摊确认各项销售收入 【提示】区分增值税：增值税纳税人采取买一赠一销售货物，应按视同销售核定销售额
提供劳务收入	安装费等	提供劳务交易结果能够可靠估计的，采用完工进度（百分比）法确认
	采取产品分成方式取得收入	按照企业分得产品的日期确认收入的实现，其收入额按照产品的公允价值确定
	委托加工劳务	持续时间超过12个月，按照纳税年度内完工进度或者完成的工作量确认收入的实现
转让财产收入	转让资产股权、债权等，按照从财产受让方已收或应收的合同或协议价款确认收入	

续表

<table>
<tr><th>收入类型</th><th colspan="2">实现的确认</th></tr>
<tr><td>特许权使用费收入</td><td colspan="2">按照合同约定的特许权使用人应付特许权使用费的日期确认</td></tr>
<tr><td>股息、红利等权益性投资收益</td><td colspan="2">按照被投资方作出利润分配决定的日期确认收入的实现</td></tr>
<tr><td>利息收入</td><td colspan="2">合同约定的债务人应付利息的日期确认收入</td></tr>
<tr><td>租金收入</td><td colspan="2">合同约定的承租人应付租金的日期确认收入
【提示】如果合同规定的租赁期限跨年度，且租金提前一次性支付的，出租人可对上述已确认的收入，在租赁期内，分期均匀计入相关年度收入</td></tr>
<tr><td>接受捐赠收入</td><td colspan="2">按照实际收到捐赠资产的日期确认收入</td></tr>
<tr><td>视同销售收入</td><td colspan="2">企业发生非货币性资产交换，以及将货物、财产、劳务用于捐赠、偿债、赞助、集资、广告、样品、职工福利或者利润分配等用途的，应当视同销售货物、转让财产或者提供劳务，但国务院财政、税务主管部门另有规定的除外</td></tr>
<tr><td rowspan="5">不征税收入</td><td colspan="2">财政拨款</td></tr>
<tr><td colspan="2">依法应纳入财政管理的行政事业性收费、政府性基金</td></tr>
<tr><td rowspan="2">国务院规定的其他不征税收入</td><td>规定专项用途并批准的财政性资金</td></tr>
<tr><td>保险保障基金收入【2020 年新增】</td></tr>
<tr><td colspan="2">【提示 1】与免税收入进行区分，不征税收入不属于企业营利性活动带来的经济利益
关键词：“财政”，口诀：财政不征
【提示 2】不征税收入用于支出所形成的费用或者形成资产计算的折旧、摊销不得税前扣除</td></tr>
<tr><td rowspan="4">免税收入</td><td colspan="2">国债利息收入</td></tr>
<tr><td colspan="2">股息、红利等权益性投资收益，按以下规定：
1）非上市居民企业取得→免税
2）上市居民企业：A：持有时间＜12 个月→不免税
B：持有时间≥12 个月→免税</td></tr>
<tr><td colspan="2">符合条件的非营利组织的收入</td></tr>
<tr><td colspan="2">【提示 1】与不征税收入进行区分，不征税收入是不应列入征税范围的收入；免税收入是应列入征税范围的收入，只是国家处于特殊考虑给予税收优惠，在一定时期有可能恢复征税
【提示 2】免税收入对应的费用、折旧、摊销一般可以税前扣除</td></tr>
<tr><td colspan="3">【提示】几个易混概念的辨析：收入总额、不征税收入、免税收入、应税收入（应当计入应纳税所得额的收入）
关系：应税收入＝收入总额－不征税收入－免税收入</td></tr>
</table>

考查形式

子题 5－1－3－1：根据企业所得税法律制度的规定，属于企业取得收入的货币形式的有________。

子题 5－1－3－2：在计算企业所得税应纳税所得额时，应计入收入总额的有________。

子题5-1-3-3：提供专利权使用权取得的收入，属于________。

子题5-1-4-1：应视同销售货物的有________。

子题5-1-4-2：企业接受捐赠收入的，关于收入确认/实现时间的正确表述是________。

子题5-1-4-3：甲公司销售产品，由于购买数量多，甲公司给予购买方9折优惠，销售额和折扣额在同一张发票金额栏分别列示，销售额为含税价格4.52万元，则甲公司应确认的产品销售收入为________。

子题5-1-4-4：关于采用托收承付方式下销售商品收入金额确定的表述中，正确的是________。

子题5-1-4-5：根据企业所得税法律制度的规定，属于不征税收入的是________。

子题5-1-4-6：根据企业所得税法律制度的规定，属于免税收入的是________。

【1-2019多选】根据企业所得税法律的规定，企业取得的下列收入中属于货币形式的有（　　）。

A. 债务的豁免　　B. 现金

C. 应收账款　　D. 存货

【2-2019判断】计算企业所得税收入总额时，以分期收款方式销售货物，以发货日期来确认收入。（　　）

【3-2019判断】在计算企业所得税应纳税所得额时，利息收入按照债务人实际支付利息的日期确认收入的实现。（　　）

【4-2018单选】甲电子公司2018年9月销售一批产品，含增值税价格为45.2万元，由于购买数量多，甲电子公司给予购买方9折优惠，销售额和折扣额在同一张发票上分列列示，税率为13%。甲电子公司在计算企业所得税应纳税所得额时，应确认的产品销售收入为（　　）万元。

A. 36　　B. 40.7

C. 40　　D. 50

【5-2018单选】根据企业所得税法律制度的规定，关于确认收入实现时间的下列表述中，正确的是（　　）。

A. 权益性投资收益，按照投资方实际收到利润的日期确认收入的实现

B. 接受捐赠收入，按照合同约定的捐赠日期确认收入的实现

C. 利息收入，按照合同约定的债务人应付利息的日期确认收入的实现

D. 租金收入，按照出租人实际收到租金的日期确认收入的实现

【6-2018单选】根据企业所得税法律制度，下列各项中，属于不征税收入的是（　　）。

A. 国债利息　　B. 违约金收入

C. 股息收入　　D. 财政拨款

【7-2018单选】根据企业所得税法律制度的规定，下列各项中，属于免税收入的是（　　）。

A. 财政拨款收入

B. 转让企业债券取得的收入

C. 企业购买国债取得的利息收入

D. 县级以上人民政府将国有资产无偿划入企业并指定专门用途并按规定进行管理的政府性基金

【8－2018 多选】根据企业所得税法律制度的规定，下列收入中，应计入企业所得税收入总额的有（　　）。

A. 接受捐赠收入　　B. 特许权使用费收入

C. 利息收入　　D. 销售货物收入

【9－2017 多选】根据企业所得税法律制度的规定，下列关于收入确认的表述中，正确的有（　　）。

A. 销售商品需要安装和检验的，在收到款项时确认收入

B. 销售商品采用支付手续费方式委托代销的，在收到代销清单时确认收入

C. 销售商品采用预收款方式的，在收到预收款时确认收入

D. 销售商品采用托收承付方式的，在办妥托收手续时确认收入

【10－2017 单选】根据企业所得税法律制度的规定，下列各项中，属于不征税收入的是（　　）。

A. 财政拨款　　B. 接受捐赠收入

C. 销售货物收入　　D. 国债利息收入

【11－2017 单选】根据企业所得税法律制度的规定，关于确定收入实现的下列表述中，正确的是（　　）。

A. 权益性投资收益，按照投资方实际收到利润的日期确认收入的实现

B. 接受捐赠收入，按照合同约定的捐赠日期确认收入的实现

C. 租金收入，按照出租人实际收到租金的日期确认收入的实现

D. 利息收入，按照合同约定的债务人应付利息的日期确认收入的实现

答案及解析

1. 【答案】ABC

【解析】货币形式的收入包括现金、存款、应收账款、应收票据、准备持有至到期的债券以及债务的豁免等（金额固定或者可确定）。

2. 【答案】×

【解析】以分期收款方式销售货物的，按照合同约定的收款日期确认收入的实现。

3. 【答案】×

【解析】合同约定的债务人应付利息的日期确认收入。

4. 【答案】A

【解析】企业为促进商品销售而在商品价格上给予价格折扣属于商业折扣，商品销售涉及商业折扣的，应该扣除折扣额作为商品的销售额，故本题应确认收入＝45.2÷(1＋13％)×90％＝36（万元）。

5. 【答案】C

【解析】选项A，权益性投资收益，按照被投资方作出利润分配决定的日期确认收入的实现；选项B，接受捐赠收入，按照实际收到捐赠资产的日期确认收入的实现；选项D，租金收入，按照合同约定的承租人应付租金的日期确认收入的实现。

6.【答案】D

【解析】选项A属于免税收入；选项B为应税收入；选项C，如果是从符合条件的非上市居民企业取得的股息红利免税，从符合条件的上市居民企业取得的持有期间超过12个月免税，不足12个月不免税。

7.【答案】C

【解析】选项A属于不征税收入；选项B属于应税收入，应缴纳企业所得税；选项C属于免税收入；选项D属于不征税收入。

8.【答案】ABCD

【解析】收入总额包括：销售货物收入、提供劳务收入、转让财产收入、股息、红利等权益性投资收益、利息收入、租金收入、特许权使用费收入、接受捐赠收入、其他收入。

9.【答案】BD

【解析】选项C，销售商品采取预收款方式的，在发出商品时确认收入；选项A，销售商品需要安装和检验的，在购买方接受商品以及安装和检验完毕时确认收入；如果安装程序比较简单，可在发出商品时确认收入。

10.【答案】A

【解析】不征税收入是指从性质和根源上不属于企业营利性活动带来的经济利益、不作为应纳税所得额组成部分的收入。包括财政拨款；依法收取并纳入财政管理的行政事业性收费、政府性基金等。

11.【答案】D

【解析】选项B，接受捐赠收入，按照“实际收到”捐赠资产的日期确认收入的实现；选项C，租金收入，按照“合同约定”的承租人应付租金的日期确认收入的实现；选项A，股息、红利等权益性投资收益，除国务院财政、税务主管部门另有规定外，按照被投资方作出利润分配决定的日期确认收入的实现。

税前扣除项目

母题5-1-5 企业所得税税前有哪些项目可以扣除？

扣除项目	扣除标准	
“工资薪金”相关	工资薪金	支付给员工的劳动报酬
	基本社会保险	规定的范围和标准内的“五险一金”
	补充社会保险	补充养老、补充医疗保险费分别≤工资总额5%
	为投资者或职工（非特殊工种）支付的商业保险费	不得扣除
	职工福利费	≤工资薪金总额14%
	工会经费	≤工资薪金总额2%
	职工教育经费	≤工资薪金总额8% 超过部分，准予在以后纳税年度结转扣除

续表

<table>
<tr><th>扣除项目</th><th colspan="2">扣除标准</th></tr>
<tr><td colspan="3">【提示 1】分别计算，分别扣除；
【提示 2】区别“防暑降温费”（福利）和“防暑降温用品”（劳保）</td></tr>
<tr><td rowspan="2">借款费用</td><td>购置、建造固定资产、无形资产和经过 12 个月以上的建造才能达到预定可销售状态的存货发生借款的，在有关资产购置、建造期间发生的合理的借款费用</td><td>资本化处理，计入有关资产的成本，并依照有关规定扣除</td></tr>
<tr><td>不需要资本化的借款费用</td><td>费用化处理，列入当期损益，准予扣除</td></tr>
<tr><td rowspan="3">利息费用</td><td>非金融企业与金融企业借款</td><td>准予扣除</td></tr>
<tr><td>非金融企业与非金融企业借款</td><td>不超过金融企业同期同类贷款利率部分准予扣除</td></tr>
<tr><td colspan="2">【提示 1】准予扣除的借款费用和借款利息不包括资本化部分；
【提示 2】投资者未按期缴足资本，该企业对外借款利息，相当于投资者实缴资本与在规定期限内应缴资本额的差额应计付的利息，不得扣除</td></tr>
<tr><td rowspan="6">“销售收入”相关</td><td>业务招待费</td><td>按照发生额的 60%扣除，但最高不得超过当年销售（营业）收入的 5‰</td></tr>
<tr><td rowspan="4">广告和业务宣传费</td><td>不超过当年销售（营业）收入 15%的部分准予扣除</td></tr>
<tr><td>【提示 1】超过部分，准予结转以后纳税年度扣除</td></tr>
<tr><td>【提示 2】考试中“广告费”“业务宣传费”金额分别给出的，必须合并计算扣除限额</td></tr>
<tr><td>【提示 3】“化妆品制造或销售、医药制造和饮料制造（不含酒类制造）企业”的扣除标准为“30%”；“烟草企业”的烟草广告费和业务宣传费支出“不得扣除”</td></tr>
<tr><td colspan="2">销售（营业）收入，包括“主营业务收入”“其他业务收入”以及视同销售的收入，但不包括营业外收入和投资收益（股权投资企业除外）</td></tr>
<tr><td>捐赠支出</td><td colspan="2">■ 必须为“公益性”的，≤“年度利润总额”12%的部分准予扣除
■ 超过部分，准予结转以后“三年”内扣除
■ 企业发生的符合条件的扶贫捐赠支出准予据实扣除。企业同时发生扶贫捐赠支出和其他公益性捐赠支出时，符合条件的扶贫捐赠支出不计算在公益性捐赠支出的年度扣除限额内【20 年新增】</td></tr>
<tr><td rowspan="3">保险费</td><td>企业财产保险；职工因公出差的交通人身意外保险费支出</td><td>准予扣除</td></tr>
<tr><td>雇主责任险、公众责任险等责任保险</td><td>准予在企业所得税税前扣除，适用于 2018 年及以后年度</td></tr>
<tr><td>为投资者或职工支付的商业保险费</td><td>不得扣除（除了按规定可扣除的其他商业保险费之外）</td></tr>
<tr><td>党组织工作经费</td><td colspan="2">国有企业纳入管理费用的党组织工作经费，实际支出不超过职工年度工资薪金总额 1%的部分，可据实扣除【2020 年新增】</td></tr>
<tr><td rowspan="2">租赁支出</td><td>经营租赁</td><td>按照租赁期限均匀扣除</td></tr>
<tr><td>融资租赁</td><td>计提折旧扣除</td></tr>
<tr><td rowspan="3">手续费及佣金</td><td>保险企业</td><td>（保费收入－退保金额）×18%</td></tr>
<tr><td>金融代理</td><td>据实扣除</td></tr>
<tr><td>其他企业</td><td>合同金额×5%</td></tr>
<tr><td>其他支出</td><td colspan="2">环境保护专项资金、劳动保护费、资产损失、汇兑损失、总机构分摊的费用</td></tr>
</table>

续表

扣除项目	扣除标准	
税金	计入税金及附加扣除	消费税、城建税、教育费附加、资源税、印花税等
	计入资产成本的以后各期分摊扣除	车辆购置税、契税、不得抵扣的增值税
	不得扣除	**准予扣除的增值税、企业所得税**
损失	现金、存款、资产损失，**不包括各种行政性罚款**等 【提示】企业已经作为损失处理的资产，在以后纳税年度又全部收回或部分收回时，应当计入当期收入	
亏损弥补	延续弥补期——**“5年”**	
	【提示1】5年内不论是盈利还是亏损，都作为实际弥补期限计算	
	【提示2】境外机构的亏损，不得抵减境内机构的盈利	
	【提示3】2018年1月1日起，当年**高新企业或中小科技企业**，其具备资格年度前5个年度未弥补完的亏损，准予结转以后年度弥补，最长由5年**延长到10年**	

母题5-1-6 企业所得税税前有哪些项目不得扣除？

不得扣除项目	(1) 向投资者支付的股息、红利等权益性投资收益款项； (2) 企业所得税税款； (3) 税收滞纳金； (4) 罚金、罚款和被没收财物的损失； (5) 超过规定标准的公益性捐赠支出及所有非公益性捐赠支出（当年不得扣除）； (6) 赞助支出（例如：非广告性质赞助支出）； (7) 未经核定的准备金支出； (8) 企业之间支付的管理费、企业内营业机构之间支付的租金和特许权使用费，以及非银行企业内营业机构之间支付的利息； (9) 与取得收入无关的其他支出
【提示】上述第(3)、(4)如果是纳税人承担行政责任或刑事责任的支出，那么在企业所得税税前不得扣除；如果是**合同违约金**、**银行罚息**、法院判决由企业承担的**诉讼费**等民事性质的款项，那么可以据实在企业所得税税前扣除	

考查形式

子题5-1-5-1：根据企业所得税法律制度的规定，企业缴纳的税金中，不得在计算企业所得税应纳税所得额时扣除的有________。

子题5-1-5-2：甲企业2018年发生合理的工资薪金支出100万元，发生职工福利费18万元，职工教育经费1.5万元。根据企业所得税法律制度的规定，甲企业计算2018年企业所得税应纳税所得额时，准予扣除的职工福利费和职工教育经费金额合计为________。

子题5-1-5-3：2019年5月，甲公司向非关联企业乙公司借款100万元用于生产经营，期限为半年，双方约定年利率为10%，已知甲、乙公司都是非金融企业，金融企业同期同类贷款年利率为7.8%，甲公司在计算当年企业所得税应纳税所得额时，准予扣除的利息费用为________。

子题 5-1-5-4：甲公司 2018 年实现会计利润总额 300 万元，预缴企业所得税税额 60 万元，在“营业外支出”账目中列支了通过公益性社会团体向灾区的捐款 38 万元。已知企业所得税税率为 25%，计算甲公司当年应补缴企业所得税税额的算式为________。

子题 5-1-5-5：甲公司 2018 年度取得销售货物收入 1 000 万元，发生的与生产经营活动有关的业务招待费支出 6 万元，已知在计算企业所得税应纳税所得额时，业务招待费支出按照发生额的 60% 扣除，但最高不得超过当年销售（营业）收入的 5‰。甲公司在计算 2018 年度企业所得税应纳税所得额时，准予扣除的业务招待费支出为________。

子题 5-1-5-6：甲企业是服装制造企业，2019 年取得销售收入 3 000 万元，广告费支出 400 万元，上年结转广告费 60 万元。根据企业所得税法律制度的规定，甲企业 2018 年准予扣除的广告费是________。

子题 5-1-5-7：根据企业所得税法律制度的规定，准予在以后纳税年度结转扣除的有________。

子题 5-1-5-8：根据企业所得税法律制度，保险企业发生的手续费及佣金支出企业所得税进行税前扣除的比例为________。

子题 5-1-6-1：根据企业所得税法律制度的规定，在计算企业所得税应纳税所得额时，不得扣除的是________。

【适用题型】单项选择题、多项选择题、判断题、不定项选择题。

【1-2019 多选】根据企业所得税法律制度的规定，下列各项中，在计算企业所得税应纳税所得额时，不得扣除的有（ ）。

A. 罚金　　B. 诉讼费用

C. 罚款　　D. 税收滞纳金

【2-2018 多选】根据企业所得税法律制度的规定，企业缴纳的下列税金中，准予在计算企业所得税应纳税所得额时扣除的有（ ）。

A. 印花税　　B. 消费税

C. 土地增值税　　D. 资源税

【3-2018 单选】根据企业所得税法律制度的规定，下列各项中，在计算企业所得税应纳税所得额时，不得扣除的是（ ）。

A. 企业发生的合理的劳动保护支出

B. 企业发生的非广告性质赞助支出

C. 企业参加财产保险按照规定缴纳的保险费

D. 企业转让固定资产发生的费用

【4-2017 单选】根据企业所得税法律制度的规定，企业发生的下列税金中，在计算企业所得税所得额时不得扣除的是（ ）。

A. 车船税　　B. 允许抵扣的增值税

C. 印花税　　　　　　　　　　　　D. 城镇土地使用税

【5-2016单选】甲公司2017年度取得销售货物收入1 000万元，发生的与生产经营活动有关的业务招待费支出为6万元，已知在计算企业所得税应纳税所得额时，业务招待费支出按照发生额的60%扣除，但最高不得超过当年销售（营业）收入的5‰。甲公司在计算2017年度企业所得税应纳税所得额时，准予扣除的业务招待费支出为（　　）万元。

A. 6　　　　B. 5　　　　C. 4.97　　　　D. 3.6

【6-2016单选】甲公司2015年度实现利润总额30万元，直接向受灾地区群众捐款6万元，通过公益性社会组织向贫困地区捐款4万元。已知公益性捐赠支出不超过年度利润总额的12%的部分，准予在计算应纳税所得额时扣除，超过部分准予结转以后3年内扣除。甲公司在计算2015年度企业所得税应纳税所得额时，准予扣除的捐赠额为（　　）万元。

A. 6　　　　B. 10　　　　C. 3.6　　　　D. 4

【7-单选】根据企业所得税法律制度，保险企业发生的与其经营活动有关的手续费及佣金支出，企业所得税进行税前扣除的比例为（　　）。

A. 10%　　　　B. 12%　　　　C. 15%　　　　D. 18%

答案及解析

1. 【答案】ACD

【解析】“银行罚息”“违约金”“诉讼费”可以扣除。

2. 【答案】ABCD

【解析】四个选项均可计入税金及附加在当期扣除。

3. 【答案】B

【解析】在计算企业所得税应纳税所得额时，不得扣除的项目有：向投资者支付的股息、红利等权益性投资收益款项；企业所得税税款；税收滞纳金；罚金、罚款和被没收财物的损失。但是纳税人按照经济合同规定支付的违约金（包括银行罚息）、罚款和诉讼费用，准予在税前扣除；超过规定标准的捐赠支出；非广告性质的赞助支出；未经核定的准备金支出；企业之间支付的管理费、企业内营业机构之间支付的租金和特许权使用费，以及非银行企业内营业机构之间支付的利息，不得扣除。

4. 【答案】B

【解析】选项A、C、D在计算应纳税所得额时允许扣除。

5. 【答案】D

【解析】企业发生的与其生产、经营活动有关的业务招待费支出，按照发生额的60%扣除，但最高不得超过当年销售（营业）收入的5‰。业务招待费扣除限额1=1 000×5‰=5（万元），业务招待费扣除限额2=6×60%=3.6（万元），在税前准予扣除的业务招待费为3.6（万元）。

6. 【答案】C

【解析】直接捐赠的6万元不得扣除；通过公益性社会组织捐赠的4万元，扣除限额=30×12%=3.6（万元），准予扣除的捐赠额为3.6万元。

7. 【答案】D

【解析】自2019年1月1日起，保险企业发生的与其经营活动有关的手续费及佣金支出，企业所得税进行税前扣除的比例提高至18%。

资产的税务处理

母题 5-1-7 企业固定资产税务如何处理?

取得方式	计税基础		
外购	购买价款＋支付的相关税费＋直接归属于使该资产达到预定用途发生的其他支出		
自行建造	竣工结算前发生的支出		
融资租入	租赁合同约定付款总额	合同约定的付款总额＋签订合同中发生的相关费用	
	租赁合同未约定付款总额	资产的公允价值＋签订合同中发生的相关费用	
盘盈	同类固定资产的“重置完全价值”		
捐赠、投资、非货币性资产交换、债务重组	资产的公允价值＋支付的相关税费		
改建	改建支出增加相应的计税基础		
折旧计提方法	企业应当自固定资产投入使用月份的次月起计算折旧；停止使用的固定资产，应当自停止使用月份的次月起停止计算折旧【与会计规定一致】		
不得扣除折旧	(1) 房屋、建筑物以外未投入使用的固定资产 (2) 以经营租赁方式租入的固定资产 (3) 以融资租赁方式租出的固定资产 (4) 已足额提取折旧仍继续使用的固定资产 【提示】但如果发生了改建支出的，可以作为长期待摊费用，按照固定资产预计尚可使用年限分期摊销 (5) 与经营活动无关的固定资产 (6) 单独估价作为固定资产入账的土地 (7) 其他不得计算折旧扣除的固定资产 【提示】新房子可扣，新设备不可扣		
固定资产折旧年限	固定资产类型	折旧年限	
	房屋、建筑物	20 年	
	飞机、火车、轮船、机器、机械和其他生产设备	10 年	
	飞机、火车、轮船以外的运输工具	4 年	
	与生产经营活动有关的器具、工具、家具等	5 年	
	电子设备	3 年	

母题 5-1-8 企业其他资产税务如何处理?

资产	取得方式	计税基础
生产性生物资产	外购的固定资产	以购买价款和支付的相关税费为计税基础
	通过捐赠、投资、非货币性资产交换、债务重组等方式取得的生产性生物资产	以该资产的公允价值和支付的相关税费为计税基础
	生产性生物资产包括：经济林、薪炭林、产畜和役畜 折旧最低年限：林木类生产性生物资产为 10 年；畜类生产性生物资产为 3 年 【提示】生产性生物资产的折旧起止月份与固定资产相同	

续表

<table>
<tr><th>资产</th><th colspan="2">取得方式</th><th>计税基础</th></tr>
<tr><td rowspan="5">无形资产</td><td colspan="2">外购的无形资产</td><td>以购买价款和支付的相关税费，以及直接归属于使该资产达到预定用途发生的其他支出为计税基础</td></tr>
<tr><td colspan="2">自行开发的无形资产</td><td>以开发过程中该资产符合资本化条件后至达到预定用途前发生的支出为计税基础</td></tr>
<tr><td colspan="2">通过捐赠、投资、非货币性资产交换、债务重组等方式取得的无形资产</td><td>以该资产的公允价值和支付的相关税费为计税基础</td></tr>
<tr><td colspan="3">无形资产的摊销年限不得低于10年</td></tr>
<tr><td colspan="3">下列无形资产不得计算摊销费用扣除：
(1) 自行开发的支出已在计算应纳税所得额时扣除的无形资产；
(2) 自创商誉；
(3) 与经营活动无关的无形资产
【提示】外购商誉的支出，在企业整体转让或者清算时，准予扣除</td></tr>
<tr><td rowspan="5">长期待摊费用</td><td colspan="2">已足额提取折旧的固定资产</td><td>按照固定资产预计尚可使用年限分期摊销</td></tr>
<tr><td colspan="2">租入固定资产的改建支出</td><td>按照合同约定的剩余租赁期限分期摊销</td></tr>
<tr><td rowspan="2">固定资产的大修理支出</td><td>修理支出达到取得固定资产时的计税基础50%以上</td><td rowspan="2">按照固定资产尚可使用年限分期摊销</td></tr>
<tr><td>修理后固定资产的使用年限延长2年以上</td></tr>
<tr><td colspan="2">其他应当作为长期待摊费用的支出</td><td>次月起，分期摊销，摊销年限不得低于3年</td></tr>
<tr><td>投资资产</td><td colspan="3">企业对外投资期间，投资资产的成本在计算应纳税所得额时不得扣除
企业在转让或者处置投资资产时，投资资产的成本，准予扣除</td></tr>
<tr><td>存货</td><td colspan="3">企业使用或者销售存货，按照规定计算的存货成本，准予在计算应纳税所得额时扣除
企业使用或者销售的存货的成本计算方法，可以在先进先出法、加权平均法、个别计价法中选用一种。计价方法一经选用，不得随意变更</td></tr>
</table>

考查形式

子题5-1-7-1：根据企业所得税法律制度的规定，在计算企业所得税应纳税所得额时不得计算折旧扣除的固定资产有________。

子题5-1-7-2：应以同类固定资产的重置完全价值为计税基础的是________。

子题5-1-7-3：固定资产折旧的正确处理是________。

子题5-1-7-4：甲公司为增值税小规模纳税人，2019年4月购入一台生产用机器设备，取得增值税普通发票注明金额60万元、税额7.8万元；支付安装费，取得增值税普通发票注明金额2万元、税额0.18万元。计算甲公司该台机器设备企业所得税计税基础的算式为________。

子题5-1-7-5：根据企业所得税法律制度的规定，运输货物的大卡车最低折旧年限是________。

子题 5－1－8－1（判断）：停止使用的生产性生物资产，应当自停止使用的当月起停止计算折旧。（ ）

子题 5－1－8－2（判断）：外购的生产性生物资产，以购买价款和支付的相关税费为企业所得税的计税基础。（ ）

子题 5－1－8－3：根据企业所得税法律制度的规定，属于生产性生物资产的有________。

子题 5－1－8－4：应当以该资产的公允价值和支付的相关税费为计税基础的无形资产有________。

子题 5－1－8－5：根据企业所得税法律制度的规定，属于长期待摊费用的有________。

【适用题型】单项选择题、多项选择题、判断题、不定项选择题。

【1－2019 多选】根据企业所得税法律制度的规定，下列固定资产中，在计算企业所得税应纳税所得额时，不得计算折旧扣除的有（ ）。

A. 以融资租赁方式租出的固定资产

B. 未投入使用的房屋

C. 与经营活动无关的固定资产

D. 已足额提取折旧仍继续使用的固定资产

【2－2019 判断】企业对外投资期间，投资资产的成本在计算企业所得税应纳税所得额时不得扣除（ ）。

【3－2018 单选】根据企业所得税法律制度的规定，下列固定资产中，可以计提折旧扣除的是（ ）。

A. 以融资租赁方式租出的固定资产

B. 以经营租赁方式租入的固定资产

C. 已足额提取折旧仍继续使用的固定资产

D. 未投入使用的厂房

【4－2018 单选】甲公司为增值税小规模纳税人，2017 年 11 月购入一台生产用机器设备，取得增值税普通发票注明金额为 60 万元、税额为 7.8 万元；支付安装费，取得增值税普通发票注明金额为 2 万元、税额为 0.18 万元。计算甲公司该台机器设备企业所得税计税基础的下列算式中，正确的是（ ）。

A. 60＋7.8＋2＋0.18＝69.98（万元）

B. 60＋7.8＝67.8（万元）

C. 60＋7.8＋2＝69.8（万元）

D. 60＋2＝62（万元）

【5－2018 多选】根据企业所得税法律制度的规定，下列各项资产中，不可以计提折旧扣除的有（ ）。

A. 以经营租赁方式租出的商品

B. 未投入使用的厂房

C. 未投入使用的生产设备

D. 以融资租赁方式租出的生产设备

【6－2018 多选】根据企业所得税法律制度的规定，下列固定资产折旧的处理中，不正确的有（　　）。

A. 甲企业2017年3月5日购进一台起重机，2017年4月5日投入使用，应当自2017年4月起计算折旧

B. 丙企业2017年4月1日以融资租赁方式租出一架小型喷气式飞机，之后继续对该飞机计提折旧

C. 乙企业因生产经营调整，于2017年10月1日停止使用一批设备，应自2017年11月起停止计算折旧

D. 丁企业2017年9月以经营租赁方式租入一辆大型巴士，在计算企业所得税时，对该巴士计提折旧

【7－2018 多选】根据企业所得税法律制度的规定，下列无形资产中，应当以该资产的公允价值和支付的相关税费为计税基础的有（　　）。

A. 接受捐赠取得的无形资产

B. 通过债务重组取得的无形资产

C. 自行开发的无形资产

D. 接受投资取得的无形资产

【8－2018 多选】根据企业所得税法律制度的规定，下列各项属于生产性生物资产的有（　　）。

A. 薪炭林　　B. 产畜

C. 役畜　　D. 经济林

【9－2018 多选】根据企业所得税法律制度的规定，下列各项中，属于企业使用或者销售的存货的成本计算方法的有（　　）。

A. 加权平均法　　B. 先进先出法

C. 个别计价法　　D. 后进先出法

【10－2017 多选】根据企业所得税法律制度的规定，下列各项中，属于长期待摊费用的有（　　）。

A. 租入固定资产的改建支出

B. 购入固定资产的支出

C. 固定资产的大修理支出

D. 已足额提取折旧的固定资产的改建支出

【11－2016 多选】下列固定资产在企业所得税前不得计算扣除折旧的有（　　）。

A. 未使用的厂房

B. 经营租赁方式租入的固定资产

C. 已足额提取折旧仍继续使用的固定资产

D. 与经营活动无关的固定资产

答案及解析

1.【答案】ACD

【解析】“新房子可扣，新设备不可扣”。

2.【答案】√

3.【答案】D

【解析】下列固定资产不得计算折旧扣除：房屋、建筑物以外未投入使用的固定资产；以经营租赁方式租入的固定资产；以融资租赁方式租出的固定资产；已足额提取折旧仍继续使用的固定资产；与经营活动无关的固定资产；单独估价作为固定资产入账的土地；其他不得计算折旧扣除的固定资产。

4.【答案】A

【解析】外购固定资产，以购买价款和支付的相关税费以及直接归属于使该资产达到预定用途发生的企业支出为计税基础。

5.【答案】CD

【解析】选项C，房屋、建筑物以外未投入使用的固定资产不得计提折旧扣除；选项D，以融资租赁方式租出的固定资产，不得计提折旧扣除。

6.【答案】ABD

【解析】企业以经营租赁方式租入的固定资产、以融资租赁方式租出的固定资产不得计算折扣扣除。企业应当自固定资产投入使用月份的次月起计算折旧；停止使用的固定资产，应当自停止使用月份的次月起停止计算折旧。

7.【答案】ABD

【解析】通过捐赠（选项A）、投资（选项D）、非货币性资产交换、债务重组（选项B）等方式取得的无形资产，以该资产的公允价值和支付的相关税费为计税基础；自行开发的无形资产（选项C），以开发过程中该资产符合资本化条件后至达到预定用途前发生的支出为计税基础。

8.【答案】ABCD

【解析】生产性生物资产，包括经济林、薪炭林、产畜和役畜等。

9.【答案】ABC

【解析】企业使用或者销售的存货的成本计算方法，可以在先进先出法、加权平均法、个别计价法中选用一种。

10.【答案】ACD

【解析】长期待摊费用是指企业发生的应在1个年度以上或几个年度进行摊销的费用。在计算应纳税所得额时，企业发生的下列支出，作为长期待摊费用，按照规定摊销的，准予扣除：已足额提取折旧的固定资产的改建支出，按照固定资产预计尚可使用年限分期摊销。租入固定资产的改建支出，按照合同约定的剩余租赁期限分期摊销。固定资产的大修理支出，按照固定资产尚可使用年限分期摊销。

11.【答案】BCD

【解析】下列固定资产不得计算折旧扣除：房屋、建筑物以外未投入使用的固定资产；以经营租赁方式租入的固定资产（选项B正确）；以融资租赁方式租出的固定资产；已足额提取折旧仍继续使用的固定资产（选项C正确）；与经营活动无关的固定资产（选项D正确）；单独估价作为固定资产入账的土地；其他不得计算折旧扣除的固定资产。其他的固定资产计提的折旧是可以扣除的。

应纳税额的计算

母题 5-1-9 企业所得税的应纳税额如何计算？

（1）企业所得税的计税依据是应纳税所得额。

应纳税所得额	直接计算法	应纳税所得额＝收入总额－不征税收入－免税收入－各项扣除－以前年度亏损
	间接计算法	应纳税所得额＝利润总额（税前会计利润）±纳税调整项目金额
应纳税额		应纳税额＝应纳税所得额×适用税率－减免税额－抵免税额

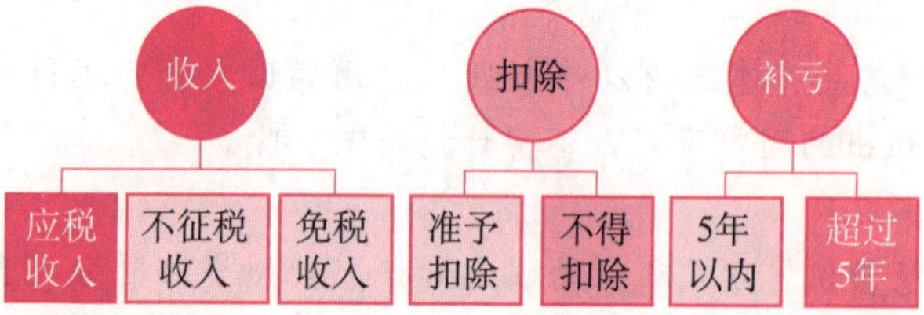

资料：甲企业本年度会计利润100万元，假定其并无纳税调整的项目、无减免税额、无抵免税额，适用的企业所得税税率为25%。

【学习提示】注意区分“应纳税额”和“应纳税所得额”。

甲企业本年度企业所得税应纳税额＝100×25%＝25（万元）

在上述式子中，“100万元”是应纳税所得额，“25万元”是应纳税额。可以简单理解为，企业挣了100万元，税务局收走了25万元，剩下75万元归企业。

【例题1】甲公司为居民企业，主要从事电冰箱的生产和销售业务。已知广告费和业务宣传费支出，不超过当年销售（营业）收入15%的部分，准予扣除。2017年有关经营情况如下：

资料（1）：销售电冰箱收入8 000万元；出租闲置设备收入500万元；国债利息收入50万元；理财产品收益30万元。

【学习提示】销售电冰箱收入属于销售货物收入，出租闲置设备收入属于租金收入，国债利息收入、理财产品收益属于股息红利等权益性投资收益（其中国债利息收入属于免税收入）。

资料（1）中甲公司的收入中，应计入2017年度企业所得税收入总额的是8 000＋500＋50＋30＝8 580（万元）。

资料（2）：符合条件的广告费支出1 500万元。

【学习提示】广告费和业务宣传费支出，不超过当年销售（营业）收入15%的部分，准予扣除。

甲公司销售（营业）收入＝8 000＋500＝8 500（万元），8 500万元×15%＝1 275万

元<1 500 万元，甲公司在计算 2017 年度企业所得税应纳税所得额时，准予扣除的广告费用支出按照实际发生的 1 275 万元扣除。

资料（3）：向银行借入流动资金支付利息支出 55 万元，非广告性赞助支出 80 万元，向客户支付违约金 3 万元，计提坏账准备 8 万元。

【学习提示】银行罚息、违约金、诉讼费可以扣除（注意这里的扣除指的是会计上已经扣除，税法上也认同，所以纳税调整时不再调整）。

计提的坏账准备、非广告性赞助支出不能扣除，需要做纳税调增。

资料（4）：全年利润总额 900 万元。

【学习提示】利润总额 900 万元，需要纳税调整算出应纳税额。

甲公司 2017 年度企业所得税应纳税额＝900【利润总额】－50【国债利息免税，纳税调减】＋（1 500－1 275）【广告费纳税调增】＋8【计提坏账准备纳税调增】＋80【非广告性赞助支出纳税调增】＝1 163（万元）。

【例题 2】甲公司为居民企业，主要从事工艺品生产和销售业务。已知公益性捐赠支出，在年度利润总额在 12%以内的部分，准予在计算应纳税所得额时扣除。2019 年有关经营情况如下：

资料（1）：销售产品收入 2 000 万元，出租设备租金收入 20 万元，接受捐赠收入 10 万元，国债利息收入 2 万元，转让商标权收入 60 万元。

资料（1）中的国债利息收入属于免税收入。

资料（2）：将价值 50 万元的产品用于换取乙公司生产的货物，将价值 34 万元的产品用于抵信用公司欠款，将价值 3.5 万元的产品用于馈赠客户，将价值 10 万元的产品用于奖励优秀职工。

【学习提示】企业所得税中的视同销售主要在于所有权的变化。

资料（2）中所有权均发生变化，属于企业所得税资产处置中的外部处置，所以均应视同销售缴纳所得税。

资料（3）：全年利润总额为 190 万元。捐赠支出 27 万元，其中直接向丁中学捐赠 3 万元，通过公益性社会组织向希望小学捐赠 24 万元。

【学习提示】已知公益性捐赠支出，在年度利润总额在 12%以内的部分，准予在计算应纳税所得额时扣除。

甲公司在计算 2019 年度企业所得税应纳所得税额时，准予扣除的公益性捐赠支出金额＝190×12%＝22.8（万元）。

资料（4）：甲企业当年度发生符合条件的扶贫方面的公益性捐赠为 15 万元。

扶贫捐赠 15 万元无须考虑税前扣除限额，准予全额税前据实扣除。

2019 年度，该企业的公益性捐赠支出＝22.8＋15＝37.8（万元），均可在税前全额扣除。

资料（5）：违反规定被工商行政管理局罚款 2.5 万元；缴纳税收滞纳金 1 万元；非广告性赞助支出 3 万元；预缴企业所得税税款 33 万元。

【学习提示】企业发生的下列支出在计算企业所得税应纳税所得额时不得在税前扣除：向投资者支付的股息、红利等权益性投资收益款项；企业所得税税款；税收滞纳金；罚金、罚款和被没收财物的损失；超过规定标准的捐赠支出；赞助支出（指企业发生的与生产经营活动无关的各种非广告性质的赞助支出）。

（2）非居民企业的应纳税所得额。

非居民企业按照下列方法计算其应纳税所得额：

1）股息、红利等权益性投资收益和利息、租金、特许权使用费所得，以收入全额为应纳税所得额。

2）转让财产所得，以收入全额减除财产净值后的余额为应纳税所得额。

3）其他所得，参照前两项规定的方法计算应纳税所得额。

（3）企业取得境外所得计税时的抵免。

企业取得的下列所得已在境外缴纳的所得税税额，可以从其当期应纳税额中抵免，抵免限额为该项所得依法计算的应纳税额；超过抵免限额的部分，可以在以后5个年度内，用每年抵免限额抵免当年应抵税额后的余额进行抵补：

1）居民企业来源于中国境外的应税所得。

2）非居民企业在中国境内设立机构、场所，取得发生在中国境外但与该机构、场所有实际联系的应税所得。

【提示1】 按国（地区）分别计算"分国不分项"，或不按国（地区）汇总计算"不分国不分项"其来源于境外的应纳税所得额，按照规定的税率（我国的税率）分别计算其可抵免境外所得税税额和抵免额，一经选择5年不变。

【提示2】 居民企业从直接或间接控制的外国企业分得的中国境外的股息红利等权益投资收益，外国企业在境外实际缴纳的所得税税额中属于该项负担的部分，可作为该居民企业抵免境外所得税税额，在规定的抵免限额内抵免。

资料（6）：甲企业2017年度境内应纳税所得额为200万元，适用25%的企业所得税税率，采用"分国不分项"分别计算其境外所得。甲企业分别在A国和B国设有分支机构（我国与A、B两国已缔结避免双重征税协定），在A国分支机构的应纳税所得额为100万元，A国的企业所得税税率为20%；在B国分支机构的应纳税所得额为50万元，B国的企业所得税税率为30%。

国家	抵免限额	境外已纳税款	处理
A国	100×**25%**=25（万元）	100×20%=20（万元）	补税5万元
B国	50×**25%**=12.5（万元）	50×30%=15（万元）	结转以后5个纳税年度抵补2.5万元

甲企业当年在我国境内应纳税额：

方法一：应纳税额=200×25%+5=55（万元）。

方法二：应纳税额=应纳税所得额×适用税率-减免税额-抵免税额=（200+100+50）×25%-（20+12.5）=55（万元）。

母题5-1-10 什么是纳税调整?

应纳税所得额的间接计算法属于难点，首先应分辨"税前应当确认多少收入""税前准予扣除多少支出"，清楚了税法如何处理之后，再确定纳税调整额。

（1）什么是纳税调整增加额?

资料1：甲企业2018年度会计利润为120万元，在计算其会计利润时扣除了一项费用

9 万元。

【学习提示】假定按照税法规定该项费用不得在计算企业所得税应纳税所得额时扣除（即“不得税前扣除”）。

则应纳税所得额＝120＋9＝129（万元）。即在会计利润“120 万元”的基础上，调整增加 9 万元后形成税法口径的利润（应纳税所得额），其中“9 万元”即纳税调增额。

【学习提示】假定按照税法规定该项费用在计算企业所得税应纳税所得额时最多只能扣除 6 万元。

则应纳税所得额＝120＋(9－6)＝123（万元）。即在会计利润“120 万元”的基础上，调整增加 3 万元后形成税法口径的利润（应纳税所得额），其中“3 万元”即纳税调增额。

资料 2：甲企业 2018 年度会计利润为 120 万元，假定其有一项收益 9 万元，在计算会计利润时按照会计准则的规定可以不作收入处理。

【学习提示】假定按照税法规定该项收益应当计入应纳税所得额。

则应纳税所得额＝120＋9＝129（万元）。

（2）什么是纳税调整减少额？

资料 3：甲企业 2018 年度会计利润为 120 万元，在计算其会计利润时扣除了一项费用 9 万元。

【学习提示】假定按照税法规定该项费用可以在计算企业所得税应纳税所得额时扣除 17 万元（在 9 万元的基础上允许再加计扣除 8 万元）。

则应纳税所得额＝120－8＝112（万元）。即在会计利润“120 万元”的基础上，调整减少 8 万元后形成税法口径的利润（应纳税所得额），其中“8 万元”即纳税调减额。

资料 4：甲企业 2018 年度会计利润为 120 万元，其中包含一项收益 9 万元。

【学习提示】假定按照税法规定该项收益可以免予征收企业所得税。

则应纳税所得额＝120－9＝111（万元）。即在会计利润“120 万元”的基础上，调整减少 9 万元后形成税法口径的利润（应纳税所得额），其中“9 万元”即纳税调减额。

【例题】甲公司为居民企业，主要从事施工设备的生产和销售业务。已知：企业所得税税率为 25%；新产品研究开发费用，在按照规定据实扣除的基础上，按照研究开发费用的 75%加计扣除。2018 年有关经营情况如下：

资料（1）：国债利息收入 40 万元，从未上市的居民企业乙公司取得股息 25.2 万元。

【学习提示】国债利息收入免税，居民企业的股息收入暂免征收企业所得税。

资料（1）中的两项收入均需纳税调减。

资料（2）：直接向某养老院捐赠 10 万元，向市场监督管理部门缴纳罚款 6 万元。

【学习提示】企业通过公益性社会组织或者县级及以上的人民政府的捐赠支出才可以按规定在计算应纳税所得额时扣除，直接向某养老院的捐赠不免税，向市场监管部分的罚款，按税法规定不得税前扣除。

资料（2）中的两项收入均需纳税调增。

资料（3）：实际发生未形成无形资产计入当期损益的新产品研究开发费用 194 万元。

【学习提示】未形成无形资产的研发费用在原扣除的基础上可以加计扣除 75%。

该研发费用需纳税调减 194×75%＝145.5（万元）。

资料（4）：经事务所审计发现甲公司接受捐赠原材料一批，取得增值税专用发票注明金额20万元、税额2.6万元，甲公司将接受的捐赠收入直接记入“资本公积”账户。

【学习提示】接受捐赠应将材料价值及其相关税费金额在会计处理上记在了“资本公积”，但在税法上需要全部（包含增值税）计入营业外收入，确认为当期所得，缴纳企业所得税。

该接受捐赠收入需纳税调增20＋2.6＝22.6（万元）。

资料（5）：全年利润总额1 522万元，预缴企业所得税税款280万元。

根据资料（1）～（4）：甲公司应纳税所得额纳税调整后＝1 522－40－25.2＋10＋6－194×75%＋22.6＝1 349.9（万元）。

甲公司2018年度应补缴企业所得税税款＝1 349.9×25%－280＝57.475（万元）。

考查形式

子题5-1-9-1：计算×公司20××年度企业所得税应纳税所得额的算式为________。

子题5-1-9-2：计算×公司20××年度企业所得税应纳税额的等式为________。

子题5-1-9-3：甲公司2018年度企业所得税应纳税所得额为1 000万元，减免税额为10万元，抵免税额为20万元。已知企业所得税税率为25%，甲公司当年企业所得税应纳税额的计算列式为________。

子题5-1-10-1：关于甲公司2018年度接受捐赠原材料企业所得税纳税调整的表述中，正确的是________。

子题5-1-10-2：关于甲公司2018年度发生的未形成无形资产的研究开发费用在企业所得税纳税调整的表述中，正确的是________。

子题5-1-10-3：计算×公司20××年度应补缴企业所得税税款的算式为________。

【适用题型】主要考查不定项选择题。

【1-2019不定项】甲公司为居民企业，主要从事电冰箱的生产和销售业务。2017年有关经营情况如下：

（1）销售电冰箱收入8 000万元；出租闲置设备收入500万元；国债利息收入50万元；理财产品收益30万元。

（2）符合条件的广告费支出1 500万元。

（3）向银行借入流动资金支付利息支出55万元。非广告性赞助支出80万元，向客户支付违约金3万元，计提坏账准备8万元。

（4）全年利润总额900万元。

已知：广告费和业务宣传费支出，不超过当年销售（营业）收入15%的部分，准予扣除。

要求：根据上述资料，不考虑其他因素，分析下列小题。

〈1〉甲公司下列收入中，应计入2017年度企业所得税收入总额的是（　　）。

A. 出租闲置设备收入500万元　　B. 国债利息收入50万元

C. 销售电冰箱收入 8 000 万元　　D. 理财产品收益 30 万元

〈2〉甲公司在计算 2017 年度企业所得税应纳税所得额时，准予扣除的广告费用支出是（　　）万元。

A. 1 275　　B. 1 500

C. 1 287　　D. 1 200

〈3〉甲公司在计算 2017 年度企业所得税应纳税所得额时，下列支出中，不能扣除的是（　　）。

A. 向银行借入流动资金支付利息支出 55 万元

B. 向客户支付违约金 3 万元

C. 计提坏账准备 8 万元

D. 非广告性赞助支出 80 万元

〈4〉计算甲公司 2017 年度企业所得税应纳税额的下列等式中，正确的是（　　）。

A. 900＋(1 500－1 287)＋80＋3＋8＝1 204（万元）

B. 900－50＋(1 500－1 275)＋80＋8＝1 163（万元）

C. 900－500＋55＋8＝463（万元）

D. 900－30＋(1 500－1 200)＝1 170（万元）

【2－2019 不定项】甲公司为居民企业，主要从事施工设备的生产和销售业务。2019 年有关经营情况如下：

（1）国债利息收入 40 万元，从未上市的居民企业乙公司取得股息 25.2 万元。

（2）直接向某养老院捐赠 10 万元，向市场监督管理部门缴纳罚款 6 万元。

（3）实际发生未形成无形资产计入当期损益的新产品研究开发费用 194 万元。

（4）经事务所审计发现甲公司接受捐赠原材料一批，取得增值税专用发票注明金额 20 万元、税额 2.6 万元，甲公司将接受的捐赠收入直接记入“资本公积”账户。

（5）全年利润总额 1 522 万元，预缴企业所得税税款 280 万元。

已知：企业所得税税率为 25%；新产品研究开发费用，在按照规定据实扣除的基础上，按照研究开发费用的 75%加计扣除。

要求：根据上述资料，不考虑其他因素，分析回答下列小题。

〈1〉计算甲公司 2019 年度企业所得税应纳税所得额时，应纳税调增的是（　　）。

A. 直接向某养老院捐赠 10 万元

B. 国债利息收入 40 万元

C. 向市场监督管理部门缴纳罚款 6 万元

D. 从未上市的居民企业乙公司取得股息 25.2 万元

〈2〉下列关于甲公司 2019 年度新产品研究开发费用企业所得税纳税调整的表述中，正确的是（　　）。

A. 纳税调减 194 万元　　B. 纳税调减 145.5 万元

C. 纳税调增 145.5 万元　　D. 纳税调增 194 万元

〈3〉下列关于甲公司 2019 年度接受捐赠原材料企业所得税纳税调整的表述中，正确的是（　　）。

A. 纳税调增 22.6 万元　　B. 纳税调减 22.6 万元

C. 纳税调减 20 万元　　　　D. 纳税调增 20 万元

〈4〉计算甲公司 2019 年度应补缴企业所得税税款的下列算式中，正确的是（　　）。

A. (1 522+40−25.2−10+6+194−20)×25%−280=146.7（万元）

B. (1 522−40−25.2+10+6−194×75%+22.6)×25%−280=57.475（万元）

C. (1 522−40−25.2+10−6−194−22.6)×25%−280=31.05（万元）

D. (1 522+40+25.2+10−6+194×75%+20)×25%−280=159.175（万元）

【3-2019 不定项】甲公司为居民企业，登记注册地在 W 市，企业所得税按季预缴，主要从事建筑材料生产和销售业务。2018 年有关经营情况如下：

(1) 建筑材料销售收入 5 000 万元，生产设备出租收入 60 万元，国债利息收入 1.5 万元，存款利息收入 0.8 万元，存货盘盈 0.2 万元。

(2) 发生的合理的劳动保护费支出 2 万元，因生产经营需要向金融企业借款利息支出 3 万元，直接向某大学捐款 1 万元，缴纳诉讼费 1.7 万元。

(3) 购置符合规定的安全生产专用设备一台，该设备投资额 45 万元，当年即投入使用。

(4) 全年利润总额为 280 万元。

已知：企业所得税税率为 25%；符合规定的安全生产专用设备的投资额的 10%可以从企业当年的应纳税额中抵免。

要求：根据上述资料，不考虑其他因素，分析回答下列小题。

〈1〉甲公司的下列收入中，在计算 2018 年度企业所得税应纳税所得额时，应计入收入总额的是（　　）。

A. 存货盘盈 0.2 万元　　　　B. 存款利息收入 0.8 万元

C. 生产设备出租收入 60 万元　　　　D. 国债利息收入 1.5 万元

〈2〉甲公司的下列支出中，在计算 2018 年度企业所得税应纳税所得额时，不得扣除的是（　　）。

A. 向金融企业借款利息支出 3 万元　　　　B. 合理的劳动保护费支出 2 万元

C. 诉讼费用 1.7 万元　　　　D. 直接向某大学捐赠 1 万元

〈3〉关于甲公司 2018 年度企业所得税应纳税所得额纳税调整下列表述正确的是（　　）。

A. 国债利息纳税调增 1.5 万元　　　　B. 国债利息纳税调减 1.5 万元

C. 直接向大学捐款纳税调增 1 万元　　　　D. 直接向大学捐款纳税调减 1 万元

〈4〉计算甲公司 2018 年度企业所得税应纳税额的下列算式中正确的是（　　）。

A. (280−1.5+1)×25%−45×10%=65.375（万元）

B. (280−1.5−0.8−0.2+3+1.7)×25%−45÷(1−10%)×10%=65.55（万元）

C. (280−1.5−0.2+1+1.7−45×10%)×25%=69.125（万元）

D. (280−60−0.8+2+3−45)×25%×(1−10%)=40.32（万元）

【4-2019 不定项】甲公司为增值税一般纳税人，2018 年度的经营情况如下：

(1) 取得手机销售收入 8 000 万元，提供专利权的使用权取得收入 100 万元。

(2) 确实无法偿付的应付款项 6 万元。

(3) 接受乙公司投资，取得投资款 2 000 万元。

(4) 当年 3 月因生产经营活动借款 300 万元，其中向金融企业借款 250 万元，期限六个月，年利率为 6%；向非金融企业丙公司借款 50 万元，期限六个月，年利率 10%；利息均已支付。

(5) 参加财产保险，按规定向保险公司缴纳保险费 5 万元。

(6) 计提坏账准备金 15 万元。

(7) 发生合理的会议费 30 万元。

(8) 发生非广告性质的赞助支出 20 万元。

(9) 通过市民政部门用于公益事业的捐赠支出 80 万元，直接向某小学捐赠 9 万元，向贫困户王某捐赠 2 万元。

(10) 全年利润总额 750 万元。

已知：公益性捐赠支出，在年度利润总额 12%以内的部分，准予在计算应纳税所得额时扣除。

要求：根据上述资料，不考虑其他因素，回答下列小题。

〈1〉根据资料，下列选项中可以计入收入总额的是（　　）。

A. 收到乙公司的投资款 2 000 万元　　B. 手机销售收入 8 000 万元

C. 提供专利权的使用权取得收入 100 万元　　D. 确实无法偿付的应付款项 6 万元

〈2〉在计算甲公司 2018 年度企业所得税应纳税所得额时，准予扣除的利息支出下列计算公式中正确的是（　　）。

A. 250×6%÷12×6=7.5（万元）

B. 250×6%÷12×6+50×10%÷12×6=10（万元）

C. 250×10%÷12×6+50×10%÷12×6=15（万元）

D. 250×6%÷12×6+50×6%÷12×6=9（万元）

〈3〉下列各项中，在计算甲公司 2018 年度企业所得税应纳税所得额时，不得扣除的是（　　）。

A. 发生的合理的会议费 30 万元　　B. 向保险公司缴纳的保险费 5 万元

C. 计提的坏账准备金 15 万元　　D. 非广告性质的赞助支出 20 万元

〈4〉甲公司在计算甲公司 2018 年度企业所得税应纳税所得额时，准予扣除的捐赠支出为（　　）万元。

A. 91　　B. 89

C. 80　　D. 90

【5－2019 不定项】甲企业为居民企业，2018 年发生部分经济事项如下：

(1) 销售产品收入 4 000 万元，出租办公楼租金收入 240 万元；信息技术服务费收入 80 万元。

(2) 用产品换取原材料，该批产品不含增值税售价 70 万元。

(3) 实发合理工资薪金总额 2 000 万元，发生职工福利费 300 万元，职工教育经费 60 万元，工会经费 24 万元。

(4) 支付诉讼费 4 万元，工商行政部门罚款 6 万元，母公司管理费 136 万元，直接捐赠给贫困地区小学 14 万元。

(5) 缴纳增值税 180 万元，消费税 38 万元，资源税 12 万元，城市维护建设税和教育费附加 23 万元。

要求：根据上述资料，分别回答下列问题。

〈1〉下列业务中，在计算企业所得税应纳税所得额时，应当计入收入总额的是（　　）。

A. 销售产品收入 4 000 元　　B. 出租办公楼租金收入 240 万元

C. 信息技术服务费收入 80 万元　　D. 用产品换取原材料 70 万元

〈2〉下列税费中，在计算企业所得税应纳税所得额时，准予扣除的是（　　）。

A. 增值税 180 万元　　B. 消费税 38 万元

C. 资源税 12 万元　　D. 城市维护建设税和教育费附加 23 万元

〈3〉下列支出中，在计算企业所得税应纳税所得额时，准予全额扣除的是（　　）。

A. 职工教育经费 60 万元　　B. 工会经费 24 万元

C. 职工福利费 300 万元　　D. 工资薪金总额 2 000 万元

〈4〉下列支出中，在计算企业所得税应纳税所得额时，不得扣除的是（　　）。

A. 工商行政部门罚款 6 万元　　B. 母公司管理费 136 万元

C. 诉讼费 4 万元　　D. 直接捐赠给贫困地区小学 14 万元

【6－2018 单选】甲公司为居民企业，2017 年度境内应纳税所得额 1 000 万元。来源于 M 国的应纳税所得额 300 万元，已在 M 国缴纳企业所得税税额 60 万元。已知企业所得税税率为 25%，甲公司 2017 年度应缴纳企业所得税税额的下列算式中，正确的是（　　）。

A. （1 000＋300）×25%－60＝265（万元）

B. 1 000×25%－60＝190（万元）

C. 1 000×25%＝250（万元）

D. （1 000＋300）×25%＝325（万元）

【7－2018 不定项】甲公司为居民企业，主要从事医药制造与销售业务，2017 年有关经营情况如下：

（1）药品销售收入 5 000 万元，房屋租金收入 200 万元，许可他人使用本公司专利特许权使用费收入 1 000 万元，接受捐赠收入 50 万元。

（2）缴纳增值税 325 万元，城市维护建设税和教育费附加 32.5 万元，房产税 56 万元，印花税 3.9 万元。

（3）捐赠支出 90 万元，其中通过公益性社会组织向受灾地区捐款 35 万元、直接向丙大学捐款 55 万元；符合条件的广告费支出 2 100 万元。

（4）全年利润总额为 480 万元。

已知：公益性捐赠支出，在年度利润总额 12%以内的部分，准予扣除，医药制造业企业发生的广告费和业务宣传费支出，不过当年销售（营业）收入 30%的部分，准予扣除。

要求：根据上述资料，不考虑其他因素，分析回答下列小题。

〈1〉甲公司的下列收入中，应计入 2017 年度企业所得税收入总额的是（　　）。

A. 房屋租金收入 200 万元　　B. 药品销售收入 5 000 万元

C. 接受捐赠收入 50 万元　　D. 特许权使用费收入 1 000 万元

〈2〉下列各项中，在计算甲公司 2017 年度企业所得税应纳税所得额时，准予扣除的是（　　）。

A. 印花税 3.9 万元

B. 增值税 325 万元

C. 房产税 56 万元

D. 城市维护建设税和教育费附加 32.5 万元

〈3〉在计算甲公司 2017 年度企业所得税应纳税所得额时，准予扣除的捐赠支出是（　　）万元。

A. 35　　B. 90

C. 57.6　　D. 55

〈4〉计算甲公司 2017 年度企业所得税应纳税所得额时，准予扣除的广告费支出是（　　）万元。

A. 2 100　　B. 1 815

C. 1 560　　D. 1 860

【8－2018 不定项】甲公司为居民企业，主要从事工艺品生产和销售业务。2017 年有关经营情况如下：

（1）销售产品收入 2 000 万元，出租设备租金收入 20 万元，接受捐赠收入 10 万元，国债利息收入 2 万元，转让商标权收入 60 万元。

（2）将价值 50 万元的产品用于换取乙公司生产的货物，将价值 34 万元的产品用于抵信用公司欠款，将价值 3.5 万元的产品用于馈赠客户，将价值 10 万元的产品用于奖励优秀职工。

（3）捐赠支出 27 万元，其中直接向丁中学捐赠 3 万元，通过公益性社会组织用于扶贫救济的捐赠 24 万元。

（4）违反规定被工商行政管理局罚款 2.5 万元；缴纳税收滞纳金 1 万元；非广告性赞助支出 3 万元。

（5）预缴企业所得税税款 33 万元。

（6）全年利润总额为 190 万元。

已知：公益性捐赠支出，在年度利润总额在 12%以内的部分，准予在计算应纳税所得额时扣除。

要求：根据上述资料，不考虑其他因素，分析回答下列小题。

〈1〉甲公司的下列收入中，属于免税收入的是（　　）。

A. 接受捐赠收入 10 万元　　B. 国债利息收入 2 万元

C. 转让商标收入 60 万元　　D. 出租设备租金收入 20 万元

〈2〉甲公司的下列业务中，在计算 2017 年度企业所得税应纳税所得额时，应视同销售计算所得税的是（　　）。

A. 将价值 34 万元的产品用于抵信用公司欠款

B. 将价值 50 万元的产品用于换取乙公司生产的货物

C. 将价值 3.5 万元的产品用于馈赠客户

D. 将价值 10 万元的产品用于奖励优秀职工

〈3〉甲公司在计算 2017 年度企业所得税应纳所得税额时，准予扣除的公益性捐赠支出金额是（ ）万元。

A. 22.8　　B. 24

C. 27　　D. 25

〈4〉甲公司在计算2017年度企业所得税应纳税所得额时，下列各项中，不得扣除的是（ ）。

A. 违反规定被工商行政管理局罚款2.5万元

B. 预缴企业所得税税款33万元

C. 缴纳税收滞纳金1万元

D. 非广告性赞助支出3万元

【9-2016单选】甲公司2015年度企业所得税应纳税所得额为1 000万元，减免税额为10万元，抵免税额为20万元。已知企业所得税税率为25%，甲公司当年企业所得税应纳税额的下列计算列式中，正确的是（ ）。

A. 1 000×25%－10－20＝220（万元）

B. 1 000×25%－10＝240（万元）

C. 1 000×25%＝250（万元）

D. 1 000×25%－20＝230（万元）

答案及解析

1.〈1〉【答案】ABCD

【解析】选项A属于租金收入，选项C属于销售货物收入，选项B、D属于股息红利等权益性投资收益（B选项也属于免税收入）。

〈2〉【答案】A

【解析】销售（营业）收入＝8 000＋500＝8 500（万元）。8 500万元×15%＝1 275万元＜1 500万元，按照实际发生的1 275万元扣除。

〈3〉【答案】CD

【解析】银行罚息、违约金、诉讼费可以扣除（注意这里的扣除指的是会计上已经扣除，税法上也认同，所以纳税调整时不再调整）。

〈4〉【答案】B

【解析】利润总额900万，需要纳税调整算出应纳税额。应纳税额＝900【利润总额】－50【国债利息免税，纳税调减】＋（1 500－1 275）【广告费纳税调增】＋8【计提坏账准备纳税调增】＋80【非广告性赞助支出纳税调增】＝1 163（万元）。

2.〈1〉【答案】AC

【解析】国债利息收入免税，需纳税调减。向市场监管部门缴纳的罚款，按税法规定不得税前扣除，需要纳税调增。居民企业的股息收入暂免征收企业所得税，需纳税调减。

〈2〉【答案】B

【解析】实际发生未形成无形资产计入当期损益的新产品研究开发费用194万元，未形成固定资产的研发费用在原扣除的基础上加计扣除75%，需纳税调减194×75%＝145.5万元。

〈3〉【答案】A

【解析】接受捐赠应将材料价值及其相关税费金额计入营业外收入，确认为当期所得，缴纳企业所得税。

接受捐赠的会计分录：

借：原材料　　20

　　应交税费——应交增值税（进项税额）　　2.6

　贷：营业外收入　　22.6

但会计上记在了“资本公积”，故应该纳税调增。

〈4〉【答案】B

3.〈1〉【答案】BCD

【解析】存货盘盈冲减管理费用，不计入收入。

〈2〉【答案】D

【解析】直接捐赠不可以税前扣除。

〈3〉【答案】BC

【解析】国债利息免税纳税调减，直接捐赠不可以税前扣除纳税调增。

〈4〉【答案】A

【解析】考核企业所得税计算的间接法。应纳税所得额＝会计利润总额±纳税调整项目金额，国债利息收入1.5万元免税收入，故调减。直接向某大学的捐赠在税法上不得扣除，故调增，应纳税所得额＝280－1.5＋1。企业购置并实际使用规定的环境保护、节能节水、安全生产等专用设备的，该专用设备的投资额的10％可以从企业当年的应纳税额中抵免（此条件可以直接锁定答案A）。

4.〈1〉【答案】ABCD

【解析】选项A属于接受捐赠收入，选项B属于销售货物收入，选项C属于特许权使用费收入，选项D属于其他收入。

〈2〉【答案】D

【解析】甲公司为非金融企业，其借款对象区分金融企业和非金融企业。甲公司与金融企业借款准予扣除，甲公司与非金融企业丙公司借款按照不超过金融企业同期同类贷款利率部分准予扣除。

〈3〉【答案】CD

【解析】未经核定的准备金支出、赞助支出不得在计算应纳税所得额时扣除。

〈4〉【答案】C

【解析】税法扣除限额＝750×12％＝90（万元），甲公司直接向某小学捐赠9万元和向贫困户王某捐赠2万元不得扣除。按本期发生通过市民政部门用于公益事业的捐赠支出80万元进行扣除。

5.〈1〉【答案】ABCD

【解析】选项A、B、C、D均属于收入总额。特别注意选项D，视同销售产品，应计入收入总额。

〈2〉【答案】BCD

【解析】利用排除法，准予在企业所得税税前扣除的税金不包括缴纳的增值税和预缴的企业所得税，故排除A选项。

〈3〉【答案】ABD

【解析】选项A，职工教育经费税前扣除限额＝2 000×8%＝160（万元），实际发生额（60万元）未超过扣除限额，准予税前全额扣除；选项B，工会经费税前扣除限额＝2 000×2%＝40（万元），实际发生额（24万元）未超过扣除限额，准予税前全额扣除；选项C，职工福利费税前扣除限额＝2 000×14%＝280（万元），实际发生额（300万元）超过了扣除限额，税前只能扣除280万元；选项D，企业发生的合理的工资薪金支出，准予税前全额扣除。

〈4〉【答案】ABD

【解析】选项A，罚金、罚款和被没收的财物，税前不得扣除；选项B，企业之间支付的管理费，税前不得扣除；选项C，纳税人按照经济合同规定支付的违约金（包括银行罚息）罚款和诉讼费用，税前准予扣除；选项D，纳税人“直接”向受赠人的捐赠不允许税前扣除。

6.【答案】A

【解析】境外所得抵免限额＝300×25%＝75（万元），大于在境外已缴纳的所得税税额60万元，需要在我国补税。在我国应缴纳的企业所得税用境内外总所得减去实际在境外已交的所得税，应缴纳的企业所得税＝（1 000＋300）×25%－60＝265（万元）。

7.〈1〉【答案】ABCD

【解析】企业收入总额是指以货币形式和非货币形式从各种来源取得的收入，包括销售货物收入，提供劳务收入，转让财产收入，股息、红利等权益性投资收益，利息收入，租金收入，特许权使用费收入，接受捐赠收入，以及其他收入。

〈2〉【答案】ACD

【解析】准予税前扣除的税金是指企业发生的除企业所得税和允许抵扣的增值税以外的各项税金及其附加。即纳税人按规定缴纳的印花税、房产税、城市维护建设税、教育费附加等可以在计算应纳税所得额时扣除。

〈3〉【答案】A

【解析】直接向丙大学捐款55万元，不符合公益性捐赠的条件，不属于公益性捐赠，不得在税前扣除。企业发生的公益性捐赠支出，在年度利润总额12%以内的部分准予扣除，公益性捐赠支出限额＝480×12%＝57.6（万元），符合条件的公益性捐赠支出为35万元，没有超过限额，准予全部扣除。

〈4〉【答案】D

【解析】对医药制造企业发生的广告费和业务宣传费支出，不超过当年销售（营业）收入30%的部分，准予扣除，超过部分，准予在以后纳税年度结转扣除。甲公司销售（营业）收入＝5 000＋200＋1 000＝6 200（万元），甲公司准予在应纳税所得额前扣除的广告费＝6 200×30%＝1 860（万元）。

8.〈1〉【答案】B

【解析】选项B属于免税收入；选项A、C、D属于应税收入。

〈2〉【答案】ABCD

【解析】企业所得税中的视同销售主要在于所有权的变化。选项A、B、C、D所有权均发生变化，属于企业所得税资产处置中的外部处置，所以均应视同销售缴纳所得税。

（3）【答案】A

【解析】根据企业所得税法律制度的规定，企业发生的公益性捐赠支出，不超过企业年度利润总额12%以内的部分准予在税前扣除；准予税前扣除的金额=190×12%=22.8（万元）。

（4）【答案】ABCD

【解析】根据企业所得税法律制度的规定，企业发生的下列支出在计算企业所得税应纳税所得额时不得在税前扣除：向投资者支付的股息、红利等权益性投资收益款项；企业所得税税款；税收滞纳金；罚金、罚款和被没收财物的损失；超过规定标准的捐赠支出；赞助支出（指企业发生的与生产经营活动无关的各种非广告性质的赞助支出）。

9.【答案】A

【解析】甲公司当年企业所得税应纳税额=1 000×25%−10−20=220（万元）。

税收优惠与征收管理

母题 5-1-11 企业所得税包含哪些税收优惠？（免税收入参考母题 5-1-4）

<table>
<tr><th>形式</th><th colspan="2">具体政策</th></tr>
<tr><td>免征</td><td colspan="2">（1）农、林、牧、渔：
1）蔬菜、谷物、薯类、油料、豆类、棉花、麻类、糖料、水果、坚果的种植；
2）农作物新品种的选育；
3）中药材的种植；
4）林木的培育和种植；
5）牲畜、家禽的饲养；
6）林产品的采集；
7）灌溉、农产品初加工、兽医、农技推广、农机作业和维修等农、林、牧、渔服务业项目；
8）远洋捕捞
（2）居民企业"500 万元"以内的"技术转让"所得；
（3）合格境外机构投资者境内转让股票等权益性投资资产所得；
（4）外国政府向中国政府提供贷款取得的利息所得；国际金融组织向中国政府和居民企业提供优惠贷款取得的利息所得
【提示】"农"不包括"部分经济作物"；"渔"指远洋捕捞</td></tr>
<tr><td>减半征收</td><td colspan="2">花卉、茶以及其他饮料作物和香料作物的种植，海水养殖、内陆养殖；居民企业超过500 万元的技术转让所得的"超过部分"</td></tr>
<tr><td rowspan="2">三免三减半</td><td colspan="2">（1）企业"从事"国家重点扶持的"公共基础设施项目的投资经营"所得
【提示】企业"承包经营、承包建设"和"内部自建自用"上述项目"不免税"</td></tr>
<tr><td colspan="2">（2）企业从事符合条件的"环境保护、节能节水"项目所得</td></tr>
<tr><td>两免三减半</td><td>集成电路设计企业和软件企业</td><td>在 2018 年 12 月 31 日前自获利年度起计算优惠期，第一年至第二年免征企业所得税，第三年至第五年按照 25%的法定税率减半征收企业所得税，并享受至期满为止</td></tr>
</table>

续表

形式	具体政策	
五免	**经营性文化事业单位转制为企业**	经营性文化事业单位指从事新闻出版、广播影视和文化艺术的事业单位
		自转制注册之日起**5年内免征**企业所得税**【2020年新增】**
加计扣除	研发费用	未形成无形资产，在**2018年1月1日至2020年12月31日**期间，按照实际发生额的**75%**在税前加计扣除；形成无形资产的，在上述期间按照无形资产成本的**175%**在税前摊销 **【提示】**下列行业不适用税前加计扣除政策： 1）烟草制造业；2）住宿和餐饮业；3）批发和零售业；4）房地产业；5）租赁和商务服务业；6）娱乐业
	残疾人工资	加计扣除**100%**
减按10%	**非居民企业**	非居民企业取得的来源于中国境内的所得，**减按10%**的税率征收企业所得税
减按15%	**高新技术企业**	—
	技术先进型服务企	服务贸易类
	西部地区的减免税	对设在西部地区以鼓励类产业项目为主营业务，且其当年度主营业务收入占总收入70%以上的企业
减按20%	**小型微利企业**	符合条件的小型微利企业，是指从事国家非限制和禁止行业，并符合年度应纳税所得额不超过300万元、从业人数不超过300人、资产总额不超过5 000万元三个条件的企业
		自2019年1月1日至2021年12月31日，对年应纳税所得额低于100万元（含）的部分，**减按25%**计入应纳税所得额；对年应纳税所得额超过100万元但不超过300万元（含）的部分，**减按50%**计入应纳税所得额。**按20%**的税率征收企业所得税
抵扣应纳税所得额	创投企业投资未上市的中小高新技术企业**两年**以上的，按照其投资额的**70%**在股权持有满两年的当年抵扣该创业投资企业的应纳税所得额；当年不足抵扣的，可以在以后纳税年度结转抵扣	
加速折旧	（1）技术进步，产品更新换代较快	缩短折旧年限（**≥60%**）
	（2）常年处于强震动、高腐蚀状态	采用加速折旧计算方法
	【提示】2018年1月1日—2020年12月31日新购的设备器具，单价不超过500万元	允许一次性扣除，不分年度计算折旧
减计收入	综合利用资源生产产品取得的收入	减按**90%**计入收入总额
	社区提供养老、托育、家政等服务取得的收入**【2020年新增】**	
债券利息减免税【20年新增】	企业取得的2012年及以后年度发行的**地方政府债券利息收入，免征**企业所得税	
	境外机构投资境内债券市场取得的债券利息收入，**暂免**征企业所得税	
	企业投资者持有2019—2023年发行的**铁路债券取得的利息收入，减半**征收企业所得税	
应纳税额抵免	投资环境保护、节能节水、安全生产等专用设备，投资额的**10%**可以在应纳税额中抵免	

母题 5－1－12　企业所得税征收管理有哪些规定？

<table>
<tr><th>项目</th><th colspan="3">具体规定</th></tr>
<tr><td rowspan="6">纳税地点</td><td rowspan="3">居民企业</td><td colspan="2">以企业登记注册地为纳税地点（法律、行政法规另有规定）</td></tr>
<tr><td colspan="2">登记注册地在境外的，以实际管理机构所在地为纳税地点</td></tr>
<tr><td colspan="2">在境内设立不具有法人资格的营业机构的，应当汇总计算缴纳</td></tr>
<tr><td rowspan="3">非居民企业</td><td>在中国境内设立机构、场所的</td><td>以机构、场所所在地为纳税地点</td></tr>
<tr><td>在中国境内设立两个或者两个以上机构、场所的</td><td>经税务机关审核批准，可以选择由其主要机构、场所汇总缴纳企业所得税</td></tr>
<tr><td>在中国境内未设立机构、场所的，或者虽设立机构、场所但取得的所得与其所设机构、场所没有实际联系的非居民企业</td><td>以扣缴义务人所在地为纳税地点</td></tr>
<tr><td rowspan="8">纳税期限</td><td colspan="3">申报：按年计征，分月或分季预缴，年终汇算清缴，多退少补</td></tr>
<tr><td colspan="3">自年度终了之日起“5 个月”内汇算清缴</td></tr>
<tr><td colspan="3">年度中间终止经营活动，自实际经营终止之日起“60 日内”汇算清缴</td></tr>
<tr><td colspan="3">企业在纳税年度内无论盈利或者亏损，无论是否享受减税、免税待遇的都应按规定办理纳税申报</td></tr>
<tr><td colspan="3">企业在一个纳税年度中间开业，使该纳税年度的实际经营不足 12 个月的，应当以其实际经营期为 1 个纳税年度</td></tr>
<tr><td colspan="3">企业依法清算时，应当以清算期作为 1 个纳税年度</td></tr>
<tr><td colspan="3">月份或季度终了之日起 15 日内，向税务机关报送预缴企业所得税纳税申报表</td></tr>
<tr><td colspan="3">【提示】企业在纳税年度内无论盈利或者亏损，都应当在法定期限内向税务机关报送企业所得税纳税申报表、财务报告等</td></tr>
</table>

考查形式

子题 5－1－11－1（判断）：企业从事花卉种植、海水养殖的所得，减半征收企业所得税。（　　）

子题 5－1－11－2：根据企业所得税法律制度的规定，企业从事下列项目的所得，免征企业所得税的有________。

子题 5－1－11－3：可以在计算企业所得税应纳税所得额时加计扣除的支出有________。

子题 5－1－11－4：创业投资企业采取股权投资方式投资于未上市的中小高新技术企业________以上的，可以按照其投资额的________在股权持有满两年的当年抵扣该创业投资企业的应纳税所得额。

子题 5－1－11－5：根据企业所得税法律制度的规定，不适用研究开发费用税前加计扣除政策的行业有________。

子题 5－1－12－1（判断）：企业在年度中间终止经营活动的，应当自实际经营终止之日起 60 日内，向税务机关办理当期企业所得税汇算清缴。（　　）

子题 5-1-12-2（判断）：企业在一个纳税年度中间开业，或者终止经营活动，使该纳税年度的实际经营期不足12个月的，应当以实际经营期为1个纳税年度。（　　）

子题 5-1-12-3：根据企业所得税法律制度的规定，企业应当自纳税年度终了之日起一定期限内，向税务机关报送年度企业所得税纳税申报表，________，该期限为________。

【适用题型】单项选择题、多项选择题、判断题。

【1-2019 单选】根据企业所得税法律该制度的规定，企业从事下列项目的所得，减半征收企业所得税的是（　　）。

A. 花卉种植　　B. 谷物种植

C. 中药材种植　　D. 蔬菜种植

【2-2019 多选】根据企业所得税法律制度的规定，企业从事下列项目的所得，免征企业所得税的有（　　）。

A. 林木种植　　B. 海水养殖

C. 蔬菜种植　　D. 花卉种植

【3-2019 判断】企业种植蔬菜、粮食，免征企业所得税（　　）。

【4-2019 单选】根据企业所得税法律制度的规定，符合条件的企业可以采取缩短折旧年限的方式计提固定资产折旧，但最低折旧年限不得低于税法规定折旧年限的一定比例。该比例为（　　）。

A. 30%　　B. 40%

C. 50%　　D. 60%

【5-2019 多选】根据企业所得税法律制度的规定，下列行业中，不适用研究开发费用税前加计扣除政策的（　　）。

A. 批发和零售业　　B. 住宿和餐饮业

C. 烟草制造业　　D. 租赁和商务服务业

【6-2018 多选】根据企业所得税法律制度的规定，下列支出中，可以在计算企业所得税应纳税所得额时加计扣除的有（　　）。

A. 安置残疾人员所支付的工资　　B. 广告费和业务宣传费

C. 研究开发费用　　D. 购置环保用设备所支付的价款

【7-2018 多选】根据企业所得税法律制度的规定，下列企业中，符合小型微利企业条件的是（　　）。

A. 乙运输公司，年度应纳税所得额130万元，从业人数55人，资产总额2 000万元

B. 丁旅游公司，年度应纳税所得额35万元，从业人数35人，资产总额600万元

C. 丙服装制造公司，年度应纳税所得额500万元，从业人数450人，资产总额8 000万元

D. 甲广告公司，年度应纳税所得额60万元，从业人数120人，资产总额500万元

【8-2018 单选】根据企业所得税法律制度的规定，企业应当自纳税年度终了之日起

（　　）个月内，向税务机关报送年度企业所得税纳税申报表。

A. 4　　B. 3

C. 6　　D. 5

【9－2017 判断】企业从事海水养殖项目的所得，免征企业所得税。（　　）

【10－2017 单选】甲企业为创业投资企业，2014 年 2 月采取股权投资方式向乙公司（未上市的中小高新技术企业）投资 300 万元，至 2016 年 12 月 31 日仍持有该股权。甲企业 2016 年在未享受股权投资应纳税所得额抵扣的税收优惠政策前的企业所得税应纳税所得额为 2 000 万元。已知企业所得税税率为 25%，甲企业享受股权投资应纳税所得额抵扣的税收优惠政策。计算甲企业 2016 年度应缴纳企业所得税税额的下列算式中，正确的是（　　）。

A. (2 000－300)×25%＝425（万元）

B. (2 000－300×70%)×25%＝447.5（万元）

C. (2 000×70%－300)×25%＝275（万元）

D. 2 000×70%×25%＝350（万元）

【11－2016 多选】根据企业所得税法律制度的规定，下列关于企业所得税纳税期限的表述中，正确的有（　　）。

A. 企业所得税按年计征，分月或者分季预缴，年终汇算清缴，多退少补

B. 企业在一个纳税年度中间开业，使该纳税年度的实际经营不足 12 个月的，应当以其实际经营期为 1 个纳税年度

C. 企业依法清算时，应当以清算期作为 1 个纳税年度

D. 企业在纳税年度中间终止经营活动的，应当自实际经营终止之日起 60 日内，向税务机关办理当期企业所得税汇算清缴

【12－2016 判断】甲企业按照国家规定享受 3 年内免缴企业所得税的优惠待遇，甲企业在这 3 年内无须办理企业所得税的纳税申报。（　　）

答案及解析

1. 【答案】A

【解析】企业从事花卉、茶以及其他饮料作物和香料作物的种植，海水养殖、内陆养殖的所得，减半征收企业所得税。

2. 【答案】AC

【解析】花卉、茶以及其他饮料作物和香料作物的种植，海水养殖、内陆养殖减半征收。

3. 【答案】√

4. 【答案】D

5. 【答案】ABCD

【解析】不适用税前加计扣除政策：烟草制造业、住宿和餐饮业、批发和零售业、房地产业、租赁和商务服务业、娱乐业、财政部和国家税务总局规定的其他行业。

6. 【答案】AC

【解析】加计扣除优惠有两个项目，研究开发费用（选项 C）和安置残疾人员所支付

的工资（选项A）；购置环节保护设备所支付的价款可以“抵减应纳税额”，不是加计扣除。

7.【答案】ABD

【解析】符合条件的小型微利企业，是指从事国家非限制和禁止行业，并符合年度应纳税所得额不超过300万元、从业人数不超过300人、资产总额不超过5 000万元三个条件的企业。

8.【答案】D

【解析】企业应当自年度终了之日起5个月内，向税务机关报送年度企业所得税纳税申报表，并汇算清缴，结清应缴应退税款。

9.【答案】×

【解析】企业从事海水养殖、内陆养殖取得的所得，减半征收企业所得税。

10.【答案】B

【解析】创业投资企业采取股权投资方式投资于未上市的中小高新技术企业2年以上的，可以按照其投资额的70%在股权持有满2年的当年抵扣该创业投资企业的应纳税所得额；当年不足抵扣的，可以在以后纳税年度结转抵扣。甲企业2016年度应缴纳企业所得税税额＝（2 000－300×70%）×25%＝447.5（万元）。

11.【答案】ABCD

12.【答案】×

【解析】纳税人享受减税、免税待遇的，在减税、免税期间应当按照规定办理纳税申报。

第二节 个人所得税法律制度

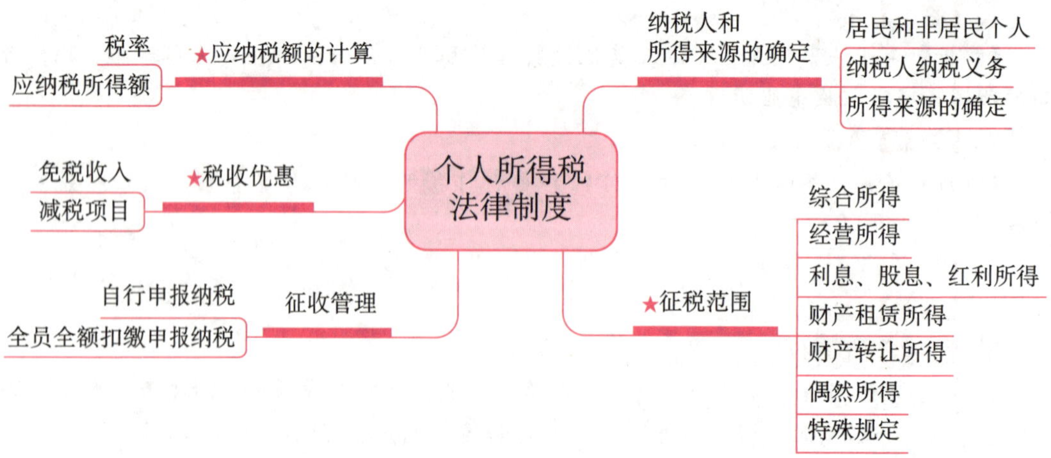

纳税人和所得来源的确定

母题 5-2-1　个人所得税纳税人中居民个人和非居民个人应如何区分？二者的纳税义务有何区别？

纳税人包括中国公民（含香港、澳门、台湾同胞）、个体工商户、个人独资企业、合伙企业投资者。

要点		判断标准	纳税义务		
分类	居民	有住所或无住所但居住累计满 183 天（1 年内）	境内所得	缴纳	无限纳税义务
			境外所得	缴纳	
	非居民	无住所且不居住、无住所居住不满 183 天（1 年内）	境内所得	缴纳	有限纳税义务
			境外所得	不缴纳	
无住所的个人		居住不超 90 天（1 年内）	境内所得（由境外雇主支付并且不由该雇主在境内的机构场所负担的部分）免予缴纳个人所得税		
		居住满 183 天（1 年内）连续不满 6 年	境内所得	缴纳	有限纳税义务
			境外所得	不缴纳	
		居住满 183 天（1 年内）连续满 6 年	境内所得	缴纳	无限纳税义务
			境外所得	缴纳	
【提示】在中国境内居住累计满 183 天的任一年度中有一次离境超过 30 天的，其累计居住满 183 天的年度连续年限重新起算；其中，一个纳税年度，即自公历 1 月 1 日起至 12 月 31 日止					

母题 5-2-2　个人所得税的所得来源应如何确定？

属于来源中国境内的所得	因任职、受雇、履约等中国境内提供劳务取得的所得
	将财产出租给承租人在中国境内使用而取得的所得
	许可各种特许权在中国境内使用而取得的所得
	转让中国境内的不动产等财产或者在中国境内转让其他财产取得的所得
	从中国境内企事业单位和其他组织以及居民个人取得的利息、股息、红利所得

考查形式

子题 5-2-1-1：居民纳税人是指________。

子题 5-2-1-2：居民纳税人境内所得是否需要缴纳个人所得税：________。

子题 5-2-1-3：非居民纳税人的境外所得是否需要缴纳个人所得税：________。

子题 5-2-1-4：非居民纳税人负有________纳税义务。

子题 5-2-1-5：一个纳税年度是指________。

子题 5-2-2-1：许可各种特许权在中国境内使用而取得的所得属于________（境内/境外）所得。

【适用题型】判断题。

【1－2018 判断】在中国境内无住所的约翰 2018 年 3 月 1 日来中国工作，2018 年 12 月 31 日离境，约翰为 2018 年度中国个人所得税的非居民纳税人。（　　）

【2－2018 判断】中国境内有住所，或者无住所而一个纳税年度内在境内居住满 183 天的个人，属于我国个人所得税的居民纳税人。（　　）

答案及解析

1.【答案】×

【解析】在中国境内无住所的约翰 2018 年 3 月 1 日来中国工作，2018 年 12 月 31 日离境。新法规定，只要在一年内在中国境内住满 183 天的个人即构成中国税收居民纳税人。在 2018 年，约翰在一年内在中国境内住满 183 天，为中国税收居民纳税人。

2.【答案】√

【解析】在中国境内有住所，或者无住所而一个纳税年度内在境内居住满 183 天的个人，属于我国个人所得税的居民纳税人，从中国境内和境外取得的所得，都依照规定在我国缴纳个人所得税。

征税范围

母题 5－2－3　现行个人所得税，分为哪几个应税项目？

现行个人所得税，分为工资薪金所得；劳务报酬所得；稿酬所得；特许权使用费所得；经营所得；利息、股息、红利所得；财产租赁所得；财产转让所得和偶然所得共 9 个应税项目。

【提示】综合所得包括工资薪金所得、劳务报酬所得、稿酬所得、特许权使用费所得四项所得。

母题 5－2－4　各应税项目具体的征税范围是什么？

<table>
<tr><th colspan="2">税目</th><th colspan="2">具体征税规定</th></tr>
<tr><td rowspan="9">综合所得</td><td rowspan="9">工资薪金【雇佣关系】</td><td colspan="2">**任职或者受雇**而取得的工资、奖金、年终加薪、劳动分红、津贴、补贴以及与任职或者受雇有关的所得</td></tr>
<tr><td colspan="2">**不征税：独生子女补贴**；公务员工资中未纳入基本工资的补贴、津贴；托儿补助费；**差旅费津贴、误餐补助**</td></tr>
<tr><td rowspan="2">**离退休人员**</td><td>再任职</td></tr>
<tr><td>从原任职单位取得补贴、奖金、实物</td></tr>
<tr><td>内部退养一次性补贴收入</td><td>按办理手续后至法定离退休年龄之间的所属月份进行平均</td></tr>
<tr><td>三险一金</td><td>缴费超过规定比例部分</td></tr>
<tr><td>**兼职**律师</td><td>兼职从律所取得工资薪金，不再减除其他费用</td></tr>
<tr><td>**非营利性研发机构和高校，从职务科技成果转化收入中基于科技人员的现金奖励**</td><td>**减按 50%**计入工资薪金所得</td></tr>
<tr><td colspan="2">其他并入工资薪金所得征税项目：公务交通、通信补贴（扣除一定标准的公务费）、各项免税之外的保险金</td></tr>
</table>

续表

<table>
<tr><th colspan="2">税目</th><th colspan="4">具体征税规定</th></tr>
<tr><td rowspan="11">综合所得</td><td rowspan="4">劳务报酬所得</td><td colspan="4">老师在外授课、演员在外演出取得所得【非雇佣关系】</td></tr>
<tr><td colspan="4">个人兼职</td></tr>
<tr><td colspan="2">受雇于律师个人，为律师个人工作</td><td colspan="2">由该律师代扣代缴</td></tr>
<tr><td colspan="2">证券经纪人、个人保险代理人取得佣金</td><td colspan="2">扣除25%的展业成本</td></tr>
<tr><td rowspan="3">稿酬所得</td><td colspan="4">作品以图书、报刊形式“出版、发表”
【提示】不以图书、报刊形式出版、发表的翻译、审稿、书画所得按“劳务报酬所得”计税</td></tr>
<tr><td colspan="4">作者去世后，财产继承人取得的遗作稿酬</td></tr>
<tr><td colspan="4">杂志社编辑、记者：发表作品→工资薪金；出版专著→稿酬所得</td></tr>
<tr><td rowspan="4">特许权使用费所得</td><td colspan="4">专利权、商标权、著作权、非专利技术以及其他特许权的使用权取得的所得</td></tr>
<tr><td colspan="4">提供著作权的使用权取得的所得（例如：作者拍卖“手稿原件或复印件”），不包括稿酬所得</td></tr>
<tr><td colspan="4">特许权的经济赔偿收入</td></tr>
<tr><td colspan="4">编剧取得的“剧本使用费”</td></tr>
<tr><td colspan="2">经营所得</td><td colspan="4">个体工商户、个人独资企业投资人、合伙企业的个人合伙人</td></tr>
<tr><td colspan="2" rowspan="9">利息、股息、红利所得</td><td rowspan="3">收购企业股权后，将企业原有盈余积累转增股本个人所得税</td><td colspan="2">收购价≥净资产价格，原盈余积累已全部计入股权交易价格</td><td rowspan="2">不征个税</td></tr>
<tr><td colspan="2">收购价<净资产价格，原盈余积累已全部计入股权交易价格股权收购价格减去原股本的差额部分已经计入股权交易价格</td></tr>
<tr><td colspan="2">收购价<净资产价格，股权收购价格低于原所有者权益的差额部分未计入股权交易价格</td><td>征收个税</td></tr>
<tr><td rowspan="2">上市公司股票</td><td>1个月以内（含1个月）</td><td>股息、红利所得全额计入</td><td rowspan="4">统一适用20%的税率计征个人所得税</td></tr>
<tr><td>期限在1个月以上至1年（含1年）</td><td>暂减按50%计入应纳税所得额</td></tr>
<tr><td rowspan="2">上市公司限售股</td><td>解禁后取得的股息、红利</td><td>上市公司股息、红利差别化个人所得税政策规定</td></tr>
<tr><td>解禁前取得的股息、红利</td><td>暂减按50%计入应纳税所得额</td></tr>
<tr><td colspan="4">【提示】个人从上市公司取得的持有期一年以上的股息、红利免税</td></tr>
<tr><td colspan="4">房屋买受人未办理房屋产权证并无条件退房取得的补偿款，应交税款由支付补偿款的房地产公司代扣代缴</td></tr>
<tr><td colspan="2">财产租赁所得</td><td colspan="4">财产租赁所得，是指个人出租不动产、机器设备、车船以及其他财产取得的所得
【提示】个人取得的财产转租收入属于“财产租赁所得”</td></tr>
<tr><td colspan="2" rowspan="2">财产转让所得</td><td colspan="4">个人转让有价证券、股权、合伙企业中的财产份额、不动产、机器设备、车船以及其他财产取得的所得
【总结】“有形资产”＋“土地使用权”＋“股权”
【提示】股票转让所得暂不征收个人所得税</td></tr>
<tr><td colspan="4">具体情形：以各种形式“转让股权”；以非货币性资产投资；转让限售股；购置债权后，主张债权取得的所得；通过网络收购虚拟货币，加价出售取得的收入
【提示】限售股持有期间取得的利息红利属于“利息、股息、红利所得”；转让限售股属于“财产转让所得”</td></tr>
</table>

续表

税目	具体征税规定			
偶然所得	个人得奖、中奖、中彩以及其他偶然性质的所得			
	单张有奖发票奖金超过"800元"			全额征收
	单张有奖发票奖金不超过"800（含）元"			暂免征收
	彩票一次中奖收入"在1万元以上"			全额征收
	彩票一次中奖收入"在1万元以下（含）"			暂免征收
	个人为单位或他人提供担保获得收入【2020年新增】			全额征收
	受赠人因无偿受赠房屋取得的受赠收入【2020年新增】			计算征收
	企业在业务宣传、广告等活动中，随机向本单位以外的个人赠送礼品（包括网络红包），以及企业在年会、座谈会、庆典以及其他活动中向本单位以外的个人赠送礼品，个人取得的礼品收入【2020年新增】 【提示】企业赠送的具有价格折扣或折让性质的消费券、代金券、抵用券、优惠券等礼品除外			计算征收
其他规定	解除劳动关系一次性补偿收入	超平均工资3倍的部分，不并入当年综合所得，单独适用综合所得税率表计税		
	个人领取企业年金、职业年金	不并入当年综合所得，全额单独计算	按月领取的	适用月度税率表
			按季领取的，平均分摊计入各月，按每月领取额	
			按年领取的	适用综合所得税率表
		（1）个人因出境定居一次性领取的；（2）个人死亡后，其指定受益人或法定继承人一次性领取的		
		其余一次性领取的		适用月度税率表
	出租车	**出租汽车经营单位对驾驶员采取单车承包、承租的**，驾驶员从事客货营运取得的收入		按"工资、薪金"征税
		出租车属个人所有，但挂靠出租汽车经营单位或企事业单位，驾驶员向挂靠单位缴纳管理费的，或出租汽车经营单位将出租车所有权转移给驾驶员的		按"经营所得"征税
	企业改组重制中取得个人量化资产	职工个人以股份形式取得，仅作为分红依据，不拥有所有权的企业量化资产		不征税
		职工个人以股份形式取得的，拥有所有权的企业量化资产，取得时暂缓征税		在实际转让时，按"财产转让所得"征税
		职工个人以股份形式取得的企业量化资产参与企业分配取得的股息、红利		按"利息、股息、红利"征税
	视为取得实物性质分配（房屋或其他财产）	企业出资购买并将所有权登记为投资者个人、投资者家庭成员或企业其他人员的	个人独资企业、合伙企业的个人投资者或其家庭成员取得	按个体工商户的"生产、经营所得"征税
		企业投资者个人、投资者家庭成员或企业其他人员向企业借款用于购买房屋及其他财产，将所有权登记为投资者、投资者家庭成员或企业其他人员，且借款年度终了后未归还借款的	除个人独资企业、合伙企业以外其他企业的个人投资者或其家庭成员取得	按"利息、股息、红利"征税
			企业其他人员取得	按"工资、薪金"征税

考查形式

子题5-2-3-1：现行个人所得税，分为________应税项目。

子题5-2-4-1：津贴、补贴是否属于工资薪金范畴：________。

子题5-2-4-2：差旅费津贴、误餐补助是否需要缴纳个税：________。

子题5-2-4-3：离退休人员再任职按________税目征收个人所得税。

子题5-2-4-4：离退休人员从原任职单位取得补贴、奖金、实物是否需要缴纳个税：________。

子题5-2-4-5：兼职律师从律所取得工资薪金，是否可以减除其他费用：________。

子题5-2-4-6：非营利性研发机构和高校，科技成果转让收入中的现金奖励，减按________计入工资薪金所得。

子题5-2-4-7：演员在外演出取得所得按________税目征收个人所得税。

子题5-2-4-8：稿酬所得是指作品以图书、报刊形式________。

子题5-2-4-9：证券经纪人、个人保险代理人取得佣金，扣除________的展业成本。

子题5-2-4-10：不以图书、报刊形式出版、发表的翻译、审稿、书画所得按________计税。

子题5-2-4-11：杂志社记者发表作品属于________所得。

子题5-2-4-12：出版社的专业作者以图书形式出版而取得的稿费收入，属于________所得。

子题5-2-4-13：作者去世后，财产继承人取得的遗作稿酬，属于________所得。

子题5-2-4-14：特许权使用费所得包括________。

子题5-2-4-15：作者拍卖“手稿原件或复印件”属于________所得。

子题5-2-4-16：编剧取得的“剧本使用费”属于________所得。

子题5-2-4-17：综合所得是指________、________、________和________。

子题5-2-4-18：合伙企业缴纳________（个人/企业）所得税。

子题5-2-4-19：持有上市公司股票期限在1个月以上至1年（含1年）取得的股息，暂减按________计入应纳税所得额。

子题5-2-4-20：个人从上市公司取得的持有期一年以上的股息、红利________。

子题5-2-4-21：个人取得的财产转租收入属于________所得。

子题5-2-4-22：转让限售股属于________所得。

子题5-2-4-23：单张有奖发票奖金不超过“800（含）元”________征收个人所得税。

子题5-2-4-24：彩票一次中奖收入“在1万元以上”________征收个人所得税。

子题5-2-4-25：出租汽车经营单位对驾驶员采取单车承包、承租的，驾驶员从事客货营运取得的收入按“________”征税。

子题5-2-4-26：出租车属个人所有，但挂靠出租汽车经营单位或企事业单位，驾驶员向挂靠单位缴纳管理费的，或出租汽车经营单位将出租车所有权转移给驾驶员的，按“________”征税。

【适用题型】单选题、判断题、不定项选择题。

【1－2019 单选】根据个人所得税法律制度的规定，在中国境内有住所的居民取得的下列所得中，属于综合所得的是（　　）。

A. 经营所得　　B. 劳务报酬

C. 利息、股息、红利所得　　D. 财产租赁所得

【2－2019 单选】出租汽车经营单位甲公司将出租车所有权转移给驾驶员李某，李某从事客货运营取得收入适用的个人所得税应纳税所得项目是（　　）。

A. 财产租赁所得　　B. 劳务报酬所得

C. 经营所得　　D. 工资、薪金所得

【3－2019 单选】在计算个人所得税时，个体工商户不得税前扣除的项目为（　　）。

A. 实际合理支出的员工工资　　B. 代他人负担的税款

C. 特殊工种从业人员的人身保险费　　D. 合理的劳动保护支出

【4－2019 多选】根据个人所得税法律制度规定，下列属于综合所得的有（　　）。

A. 工资薪金所得　　B. 财产租赁所得

C. 劳务报酬所得　　D. 财产转让所得

【5－2019 判断】作者去世后其财产继承人的遗作稿酬免征个人所得税。（　　）

【6－2018 判断】职工的误餐补助属于工资薪酬性质的补贴收入，应计算个人所得税。（　　）

【7－2018 多选】根据个人所得税法律制度的规定，下列各项中，应按照“特许权使用费所得”税目计缴个人所得税的有（　　）。

A. 编辑在自己所任职的出版社出版专著所取得的收入

B. 商标权人许可他人使用自己的商标取得的收入

C. 作家公开拍卖自己的小说手稿原件取得的收入

D. 专利权人许可他人使用自己的专利取得的收入

【8－2018 单选】根据个人所得税法律制度的规定，证券经纪人从证券公司取得的佣金收入在计缴个人所得税时适用的税目是（　　）。

A. 经营所得　　B. 劳动报酬所得

C. 特许权使用费所得　　D. 工资、薪金所得

【9－2017 多选】根据个人所得税法律制度的规定，下列各项中，应按照“工资、薪金所得”税目计缴个人所得税的有（　　）。

A. 个人在公司任职，同时兼任董事取得的董事费收入

B. 杂志社的编辑在本单位杂志上发表作品取得的所得

C. 出租车驾驶员采取单车承包方式承包出租汽车经营单位的出租车，从事客货运营取得的收入

D. 出版社的专业作者撰写的作品，由本社以图书形式出版而取得的稿费收入

【10－2017 判断】个人出版书画作品取得的所得，应按“劳务报酬所得”税目计缴个人所得税。（　　）

【11－2016 单选】根据个人所得税法律制度的规定，居民纳税人取得的下列所得中，应按“工资、薪金所得”税目计缴个人所得税的是（　　）。

A. 国债利息所得　　B. 出租闲置住房取得的所得

C. 参加商场有奖销售活动中奖取得的所得　　D. 单位全勤奖

【12-2016 单选】根据个人所得税法律制度的规定，下列各项中，应征收个人所得税的是（　）。

A. 托儿补助费　　B. 独生子女补贴

C. 离退休人员从原任职单位取得的补贴　　D. 差旅费津贴

答案及解析

1. 【答案】B

【解析】综合所得包括工资薪金所得、劳务报酬所得、稿酬所得和特许权使用费所得。

2. 【答案】C

【解析】出租车归个人（李某）所有，挂靠出租汽车经营单位的按照经营所得计征个税。

3. 【答案】B

【解析】个体工商户代其从业人员或者他人负担的税款，不得税前扣除。

4. 【答案】AC

【解析】属于个人所得税综合所得的有：工资薪金所得、劳务报酬所得、稿酬所得、特许权使用费所得。

5. 【答案】×

【解析】作者去世后，财产继承人取得的遗作稿酬，征收个人所得税。

6. 【答案】×

【解析】不属于工资、薪金所得的项目具体包括：独生子女补贴；执行公务员工资制度未纳入基本工资总额的补贴、津贴差额和家属成员的副食品补贴；托儿补助费；差旅费津贴、误餐补助（但是注意：单位以误餐补助名义发放给职工的补助、津贴不包括在内）。

7. 【答案】BCD

【解析】杂志社的编辑、记者在本单位杂志上发表作品取得的所得按照“工资薪金”计算缴纳个人所得税。出版社的专业作者撰写、编写或翻译的作品，由本社以图书形式出版而取得的稿费收入，应按“稿酬所得”项目计算缴纳个人所得税。

8. 【答案】B

【解析】证券经纪人从证券公司取得的佣金收入，按照“劳务报酬所得”项目缴纳个人所得税。

9. 【答案】ABC

【解析】选项D按“稿酬所得”税目计缴个人所得税。

10. 【答案】×

【解析】个人将其书画文学作品以图书、报刊方式出版、发表而取得的所得是“稿酬所得”。

11. 【答案】D

【解析】选项A属于“利息、股息、红利所得”税目，并享受免税的优惠；选项B属于“财产租赁所得”税目；选项C属于“偶然所得”税目。

12. 【答案】C

【解析】下列项目不属于工资、薪金性质的补贴、津贴，不予征收个人所得税：独生子女补贴；执行公务员工资制度未纳入基本工资总额的补贴、津贴差额和家属成员的副食补贴；托儿补助费；差旅费津贴、误餐补助。选项 C，离退休人员从原任职单位取得的补贴应按“工资薪金”所得计征个税。

税率和应纳税额的计算

母题 5-2-5 个人所得税各项目的适用税率分别是多少？

类别	税率具体内容
综合所得	七级超额累进税率，税率为 3%～45%
经营所得	五级超额累进税率，税率为 5%～35%
其他所得	适用税率为 **20%** 【提示】个人出租住房所得暂按 10%征税

母题 5-2-6 个人所得税的应纳税额应如何计算？

（1）综合所得个人所得税应纳税额的计算。

<table>
<tr><th>项目</th><th colspan="4">应纳税额计算</th></tr>
<tr><td rowspan="9">综合所得</td><td colspan="4">应纳税所得额＝每一纳税年度的收入额－生计费用 6 万元－专项扣除－专项附加扣除－依法确定的其他扣除
应纳税额＝应纳税所得额×适用税率－速算扣除数</td></tr>
<tr><td rowspan="3">收入额</td><td colspan="3">工资、薪金所得</td></tr>
<tr><td colspan="3">劳务报酬所得、稿酬所得、特许权使用费所得以收入减除 20%的费用后的余额为收入额
【提示】稿酬所得的收入额减按 70%【再打七折】计算</td></tr>
<tr><td colspan="2">非居民个人取得劳务报酬所得、稿酬所得、特许权使用费所得</td><td>■ 属于一次性收入：以取得该项收入为一次
■ 属于同一项目连续性收入的：以一个月内取得的收入为一次</td></tr>
<tr><td>专项扣除</td><td colspan="3">基本养老保险、基本医疗保险、失业保险等社会保险费和住房公积金等【三险一金】</td></tr>
<tr><td rowspan="3">专项附加扣除</td><td rowspan="2">子女教育</td><td colspan="2">按照每个子女每月 1 000 元的标准定额扣除</td></tr>
<tr><td>注意</td><td>■ 子女，是指婚生子女、非婚生子女、继子女、养子女
■ 父母可以选择由其中一方按扣除标准的 100%扣除，也可以选择由双方分别按扣除标准的 50%扣除，具体扣除方式在一个纳税年度内不能变更
■ 年满 3 岁至小学入学前处于学前教育阶段的子女，按本规定执行
■ 在境外接受教育的，应当留存境外学校录取通知书、留学签证等证明资料</td></tr>
<tr><td>继续教育</td><td colspan="2">在中国境内接受学历（学位）继续教育的支出，在学历（学位）教育期间按照每月 400 元定额扣除。同一学历（学位）继续教育的扣除期限不能超过 48 个月
接受技能人员职业资格继续教育、专业技术人员职业资格继续教育的支出，在取得相关证书的当年，按照 3 600 元定额扣除</td></tr>
</table>

续表

<table>
<tr><th>项目</th><th colspan="5">应纳税额计算</th></tr>
<tr><td rowspan="14">综合所得</td><td rowspan="12">专项附加扣除</td><td>继续教育</td><td>注意</td><td colspan="2">■ 个人接受本科及以下学历（学位）继续教育，符合规定扣除条件的，可以选择由其父母扣除，也可以选择由本人扣除【二选一】
■ 纳税人接受技能人员职业资格继续教育、专业技术人员职业资格继续教育的，应当留存相关证书等资料备查</td></tr>
<tr><td rowspan="2">大病医疗</td><td colspan="3">在一个纳税年度内，纳税人发生的与基本医保相关的医药费用支出，扣除医保报销后个人负担（指医保目录范围内的自付部分）累计超过15 000 元的部分，由纳税人在办理年度汇算清缴时，在 80 000 元限额内据实扣除</td></tr>
<tr><td>注意</td><td colspan="2">■ 纳税人发生的医药费用支出可以选择由本人或者配偶扣除；未成年子女发生的医药费用支出可以选择由其父母一方扣除
■【提示】每年 8 万元限额据实扣；本人扣或配偶扣；未成年子女可选一方扣；多人分别扣</td></tr>
<tr><td rowspan="2">住房贷款利息</td><td colspan="3">纳税人本人或者配偶单独或者共同使用商业银行或者住房公积金个人住房贷款为本人或者配偶购买中国境内住房，发生的首套住房贷款利息支出，在实际发生贷款利息的年度，按照每月 1 000 元的标准定额扣除，扣除期限最长不超过 240 个月</td></tr>
<tr><td>注意</td><td colspan="2">■ 纳税人只能享受一套首套住房贷款的利息扣除
■ 经夫妻双方约定，可以选择由其中一方扣除，具体扣除方式在确定后，一个纳税年度内不能变更
■ 夫妻双方婚前分别购买住房发生的首套住房贷款，其贷款利息支出，婚后可以选择其中一套购买的住房，由购买方按扣除标准的 100%扣除，也可以由夫妻双方对各自购买的住房分别按扣除标准的 50%扣除，具体扣除方式在一个纳税年度内不能变更【婚前均有房婚后扣一套】
■ 纳税人应当留存住房贷款合同、贷款还款支出凭证备查</td></tr>
<tr><td rowspan="4">住房租金</td><td colspan="2">直辖市、省会（首府）城市、计划单列市以及国务院确定的其他城市</td><td>1 500 元/月</td></tr>
<tr><td rowspan="2">上述以外</td><td>市辖区户籍人口超过 100 万的城市</td><td>1 100 元/月</td></tr>
<tr><td>市辖区户籍人口不超过 100 万的城市</td><td>800 元/月</td></tr>
<tr><td>注意</td><td colspan="2">■ 夫妻双方主要工作城市相同的，只能由一方扣除住房租金支出
■ 住房租金支出由签订租赁住房合同的承租人扣除
■ 纳税人及其配偶在一个纳税年度内不能同时分别享受住房贷款利息和住房租金专项附加扣除
■ 纳税人应当留存住房租赁合同、协议等有关资料备查</td></tr>
<tr><td rowspan="3">赡养老人</td><td>独生子女</td><td colspan="2">按照每月 2 000 元的标准定额扣除</td></tr>
<tr><td>非独生子女</td><td colspan="2">由其与兄弟姐妹分摊每月 2 000 元的扣除额度，每人分摊的额度不能超过每月 1 000 元</td></tr>
<tr><td>注意</td><td colspan="2">■ 可以由赡养人均摊或者约定分摊，也可以由被赡养人指定分摊。约定或者指定分摊的须签订书面分摊协议，指定分摊优先于约定分摊。具体分摊方式和额度在一个纳税年度内不能变更
■ 被赡养人是指年满 60 岁的父母（指生父母、继父母、养父母），以及子女均已去世的年满 60 岁的祖父母、外祖父母【无子女隔辈可扣】</td></tr>
<tr><td>其他扣除</td><td colspan="4">符合规定的商业健康保险产品的支出，按照每月 200 元的标准定额扣除</td></tr>
<tr><td colspan="5">【提示】专项扣除、专项附加扣除和依法确定的其他扣除，以居民个人一个纳税年度的应纳税所得额为限额；一个纳税年度扣除不完的，不结转以后年度扣除</td></tr>
</table>

资料 1：假定某居民个人纳税人为独生子女，2019 年交完社保和住房公积金取得税前工资收入 20 万元，劳务报酬 1 万元，稿酬 1 万元。该纳税人有两个小孩且均由其扣除子女教育专项附加，纳税人的父母健在且均已年满 60 岁。计算其当年应缴纳个人所得税税额。

【学习提示】劳务报酬所得 10 000 元以收入减除 20%费用后的余额为收入额；稿酬所得 10 000 元以收入减除 20%费用后的余额为收入额，再减按 70%计算；应纳税所得额还可以减除费用每年 60 000 元；纳税人有两个小孩且均由其扣除子女教育专项附加，则一年一个小孩可扣除 12 000 元；纳税人为独生子女且父母均已年满 60 岁，每年可扣除赡养费 24 000 元。

个人所得税税率表
（综合所得适用）

级数	全年应纳税所得额	税率（%）	速算扣除数
1	不超过 36 000 元的	3	0
2	超过 36 000 元至 144 000 元的部分	10	2 520
3	超过 144 000 元至 300 000 元的部分	20	16 920
4	超过 300 000 元至 420 000 元的部分	25	31 920
5	超过 420 000 元至 660 000 元的部分	30	52 920
6	超过 660 000 元至 960 000 元的部分	35	85 920
7	超过 960 000 元的部分	45	181 920

全年应纳税所得额＝200 000＋10 000×（1－20%）＋10 000×70%×（1－20%）－60 000－12 000×2－24 000
＝213 600－108 000
＝105 600（元）

应纳税额＝105 600×10%－2 520＝8 040（元）

（2）预扣预缴个人所得税的计算**【2020 年新增】**

项目	预扣预缴个人所得税的计算
工资、薪金所得	1）累计预扣预缴应纳税所得额＝累计收入－累计免税收入－累计减除费用－累计专项扣除－累计专项附加扣除－累计依法确定的其他扣除 其中：累计减除费用，按照**5 000 元/月**乘以纳税人当年截至本月在本单位的任职受雇月份数计算
	2）本期应预扣预缴税额＝［1）×**预扣率**－速算扣除数］－累计减免税额－累计已预扣预缴税额
劳务报酬所得、稿酬所得、特许权使用费所得	每次收入**不足 4 000 元**的，**减 800 元**费用；每次收入**高于 4 000 元**的，**减 20%**费用作为收入额 **【提示】**稿酬所得在此基础上，再**减按 70%**作为收入额
	1）劳务报酬所得应预扣预缴税额＝预扣预缴应纳税所得额×**预扣率**－速算扣除数
	2）稿酬所得、特许权使用费所得应预扣预缴税额＝预扣预缴应纳税所得额×扣除率（**20%**）

资料 2：某居民个人 2019 年每月取得工资、薪金收入均为 10 000 元，每月缴纳社保费用和住房公积金 1 500 元，该居民个人全年均享受住房贷款利息专项附加扣除，该居民个人 1—2 月累计已预扣预缴个人所得税税额为 150 元，请计算该居民个人 3 月应预扣预

缴的个人所得税税款。

【学习提示】先计算出该居民个人3月累计预扣预缴的应纳税所得额，计算出本期应预扣预缴税额之后再减去累计已预扣预缴税额，即可得出3月应预扣预缴的个人所得税。其中该居民个人全年均享受住房贷款利息专项附加扣除，按照专项附加扣除标准每月可扣除1 000元。

个人所得税预扣率表

（居民个人工资、薪金所得预扣预缴适用）

级数	全年应纳税所得额	税率（%）	速算扣除数
1	不超过36 000元的	3	0
2	超过36 000元至144 000元的部分	10	2 520
3	超过144 000元至300 000元的部分	20	16 920
4	超过300 000元至420 000元的部分	25	31 920
5	超过420 000元至660 000元的部分	30	52 920
6	超过660 000元至960 000元的部分	35	85 920
7	超过960 000元的部分	45	181 920

累计收入＝10 000×3＝30 000（元）

累计减除费用＝5 000×3＝15 000（元）

累计专项扣除＝1 500×3＝4 500（元）

累计专项附加扣除＝1 000×3＝3 000（元）

累计预扣预缴应纳税所得额＝30 000－15 000－4 500－3 000＝7 500（元）

该居民个人3月应预扣预缴税额＝7 500×3%－150＝75（元）

资料3：歌星刘某一次取得表演收入40 000元，扣除20%的费用后，应纳税所得额为32 000元。请计算其应被预扣预缴的个人所得税税额。

【学习提示】表演收入属于劳务报酬所得，预扣预缴时，劳务报酬所得每次收入不超过4 000元的，减除费用800元计算；每次收入4 000元以上的，减除费用按20%计算。

应预扣预缴税额＝预扣预缴应纳税所得额（收入额）×预扣率－速算扣除数

＝40 000×（1－20%）×30%－2 000＝7 600（元）

个人所得税税率表

（居民个人劳务报酬所得预扣预缴适用）

级数	全年应纳税所得额	税率（%）	速算扣除数
1	不超过20 000元的部分	20	0
2	超过20 000元至50 000元的部分	30	2 000
3	超过50 000部分	40	7 000

资料4：某作家为居民个人，2019年3月取得一次未扣除个人所得税的稿酬收入20 000元，请计算其应被预扣预缴的个人所得税税额。

【学习提示】稿酬所得每次收入不超过4 000元的，减除费用800元计算；每次收入4 000元以上的，减除费用按20%计算；预扣率为20%。

应预扣预缴税额＝预扣预缴应纳税所得额（收入额）×（1－30%）×预扣率

＝20 000×（1－20%）×70%×20%＝2 240（元）

（3）扣缴义务人对非居民个人所得扣缴个人所得税的计算。【2020 年新增】

项目	扣缴个人所得税的计算
非居民个人 工资、薪金所得； 劳务报酬所得；稿酬所得；特许权使用费所得	扣缴义务人应当按月或按次代扣代缴非居民个人的个人所得税
	应纳税额＝应纳税所得额×税率－速算扣除数
	【提示】非居民个人的工资、薪金所得，以每月收入额减除费用 5 000 元后的余额为应纳税所得额；劳务报酬所得、稿酬所得、特许权使用费所得以减除 20%的费用后的余额为收入额；稿酬所得在此基础上，再减按 70%作为收入额

（4）其他所得个人所得税的应纳税额的计算。

项目	应纳税额计算
经营所得	大致和企业所得税一样【提示】**按照企税思维掌握** 应纳税所得额＝全年收入总额－成本－费用－税金－损失－其他支出及以前年度亏损 应纳税额＝应纳税所得额×适用税率－速算扣除数 【提示】投资者兴办两个或两个以上企业，并且企业性质全部是个人独资的，年度终了后汇算清缴时，应汇总其所有企业的经营所得 投资者个人费用扣除标准由投资者选择在其中一个企业的生产经营所得中扣除
	【提示 1】与企业所得税不同之处： ■ 职工教育经费扣除比例：工资薪金总额的 2.5%的标准内据实扣除 ■ 公益事业捐赠支出：不超过应纳税所得额 30%的部分可据实扣除 ■ 不得扣除：个人所得税税款；税收滞纳金；罚金、罚款和被没收财物的损失；不符合扣除规定的捐赠支出；赞助支出；用于个人和家庭的支出；与取得生产经营收入无关的其他支出；其他 ■ 个体工商户研究开发新产品、新技术、新工艺所发生的开发费用，以及为此购置相关测试仪器和试验性装置费用： 1）购置费≥10 万元，不得在当期直接扣除 2）购置费＜10 万元，直接扣除 ■ 开办费：个体工商户自申请营业执照之日起至开始生产经营之日止所发生符合规定的费用，除为取得固定资产、无形资产、应资本化的汇兑损益和利息支出外： 1）可以在开始生产经营的当年一次性扣除 2）可以自生产经营月份起在不短于 3 年期限内摊销扣除 【提示 2】一经选定，不得改变 【提示 3】**对于生产经营与个人、家庭生活混用难以分清的费用，其 40%视为与生产经营有关费用，准予扣除**
财产租赁所得	以一个月内取得的收入为一次
	每次收入不超过 4 000 元的：应纳税所得额＝收入－准予扣除项目－修缮费用（**800 元为限**）－800 元（费用额） 每次收入 4 000 元以上的：应纳税所得额＝【收入－准予扣除项目－修缮费用（**800 元为限**）】×（1－20%） 提示：扣除税费不包括增值税税额，修缮费用超过每月 800 元限额的，可以在下一月份扣除
	应纳税额＝应纳税所得额×20%
	对个人按市场价格出租的居民住房取得的所得，自 2001 年 1 月 1 日起暂减按 10%的税率征收个人所得税
财产转让所得	应纳税所得额＝（收入总额－财产原值－合理税费） 应纳税额＝应纳税所得额×20% 【提示】转让限售股应纳税额＝［限售股转让收入－（限售股原值＋合理税费）］×20%

续表

项目		应纳税额计算
股息、利息、红利		以支付时取得的收入为一次
		应纳税所得额＝每次收入额 应纳税额＝应纳税所得额×20％
偶然所得		以每次收入为一次
		应纳税所得额＝每次收入额 应纳税额＝应纳税所得额×20％
特殊所得	全年一次性奖金	1）居民个人可选择不并入当年综合所得，以全年一次性奖金收入除以 12 个月得到的数额，按照按月换算后的综合所得税率表，确定适用税率和速算扣除数，单独计税： 应纳税额＝全年一次性奖金收入×适用税率－速算扣除数
		2）居民个人也可以选择并入当年综合所得计税，2022 年 1 月 1 日起，应并入综合所得计税
	上市公司股权激励	不并入当年综合所得，全额单独适用综合所得税率表： 应纳税额＝股权激励收入×适用税率－速算扣除数
	提前退休一次性补贴收入	按办理提前退休手续至法定离退休年龄之间实际年度数 A 平均分摊，确定适用税率和速算扣除数，单独适用综合所得税率表计税： 应纳税额＝［（一次性补贴收入÷A－费用扣除标准）×适用速率－速算扣除数］×A
	单位低价向职工售房	职工实际支付的购房价款低于该房屋的购置或建造成本价格的差价部分 B，不并入当年综合所得，以差价收入除以 12 个月得到的数额，按照月度税率表，确定适用税率和速算扣除数，单独计税： 应纳税额＝B×适用税率－速算扣除数

资料 5：王某 2019 年将其自有公寓对外出租，每月取得租金收入为 4 500 元，全年租金收入 54 000 元。2 月份因下水道堵塞找人修理，发生修理费用 1 000 元，计算王某 2019 年应缴纳的个人所得税税额。

【学习提示】王某每月取得资金收入为 4 500 元，每次收入 4 000 元以上的：应纳税所得额＝［收入－准予扣除项目－修缮费用（800 元为限）］×（1－20％）。由于 2 月份因下水道堵塞找人修理发生修理费 1 000 元，修缮费用超过每月 800 元限额的，可以在下一月份扣，2 月最多扣除 800 元，剩下 200 元在下月即 3 月扣除。4 500－800 后收入小于 4 000 元，因此 2 月份应纳税所得额＝收入－准予扣除项目－修缮费用（800 元为限）－800 元（费用额）。

2 月份应缴纳税额＝（4 500－800－800）×10％＝290（元）

3 月份应缴纳税额＝（4 500－200）×（1－20％）×10％＝344（元）

1 月份、4—12 月份应缴纳税额＝4 500×（1－20％）×10％×10＝3 600（元）

2019 年全年应缴纳税额＝290＋344＋3 600＝4 234（元）

资料 6：蔡某 2019 年底获得全年一次性奖金收入共 24 000 元，蔡某选择不并入当年综合所得，单独计税。蔡某的全年一次性奖金收入应缴纳个人所得税为多少？

【学习提示】居民个人取得全年一次性奖金收入可选择不并入当年综合所得计税，以全年一次性奖金收入 24 000 元除以 12 个月得到 2 000 元，按照按月换算后的综合所得税率表，确定适用税率为 3％，速算扣除数为 0。

应纳税额＝24 000×3％－0＝720（元）

母题 5-2-7 个人所得税关于捐赠具体相关规定是什么？

全额扣除	通过非营利性的社会团体和国家机关： 向红十字会事业捐赠 向农村义务教育捐赠 向公益性青少年活动场所捐赠 向福利性、非营利性老年服务机构捐赠 通过特定基金会用于公益救济的捐赠
限额扣除（30%）	教育、扶贫、济困等公益慈善事业 【提示】在应纳税所得额中扣除

考查形式

子题 5-2-5-1：个人出租住房所得暂按________征收个人所得税。

子题 5-2-5-2：纳税人的综合所得适用________征收个人所得税。

子题 5-2-6-1：特许权使用费所得的收入额是按收入减除________的费用后的余额计算。

子题 5-2-6-2：________收入额减按70%计算。

子题 5-2-6-3：非居民个人取得的劳务报酬属于同一事项连续取得收入的，以________为一次收入。

子题 5-2-6-4：同一作品再版取得的所得，应________计征个人所得税。

子题 5-2-6-5：同一作品在出版和发表时，以预付稿酬或分次支付稿酬等形式取得的收入，应________计算为一次。

子题 5-2-6-6：专项扣除是指________。

子题 5-2-6-7：专项附加扣除是指________。

子题 5-2-6-8：子女教育费附加按照________的标准定额扣除。

子题 5-2-6-9：养子女是否属于子女教育费附加的扣除范围：________。

子题 5-2-6-10：子女教育费附加，父母可以选择由其中一方按扣除标准的100%扣除，也可以选择由双方分别按扣除标准的50%扣除，具体扣除方式在________不能变更。

子题 5-2-6-11：在中国境内接受学历（学位）继续教育的支出，在学历（学位）教育期间按照________定额扣除。

子题 5-2-6-12：同一学历（学位）继续教育的扣除期限不能超过________。

子题 5-2-6-13：接受技能人员职业资格继续教育、专业技术人员职业资格继续教育的支出，在取得相关证书的当年，按照________定额扣除。

子题 5-2-6-14：在一个纳税年度内，纳税人发生的与基本医保相关的医药费用支出，扣除医保报销后个人负担（指医保目录范围内的自付部分）累计超过15 000元的部分，由纳税人在办理年度汇算清缴时，在________限额内据实扣除。

子题 5-2-6-15：发生的首套住房贷款利息支出，在实际发生贷款利息的年度，按照每月1 000元的标准定额扣除，扣除期限最长不超过________。

子题 5-2-6-16：纳税人只能享受一套________住房贷款的利息扣除。

子题 5-2-6-17：省会（首府）城市的租房租金专项扣除按照________的标准定额扣除。

子题 5-2-6-18：住房租金支出由签订租赁住房合同的________扣除。

子题 5-2-6-19：发生的赡养老人专项支出，独生子女按照________的标准定额扣除。

子题 5-2-6-20：发生的赡养老人专项支出，非独生子女由其与兄弟姐妹分摊每月 2 000 元的扣除额度，每人分摊的额度不能超过每月________。

子题 5-2-6-21：被赡养人是指年满________的父母（生父母、继父母、养父母），以及子女均已去世的年满________的祖父母、外祖父母。

子题 5-2-6-22：个体工商户经营所得的职工教育经费扣除比例：________。

子题 5-2-6-23：经营所得的赞助支出是否可以在税前扣除：________。

子题 5-2-6-24：代扣的个人所得税税款是否可以在税前扣除：________。

子题 5-2-6-25：个体工商户经营所得的公益事业捐赠支出扣除比例：________。

子题 5-2-6-26：对个人按市场价格出租的居民住房取得的所得，自 2001 年 1 月 1 日起暂________的税率征收个人所得税。

子题 5-2-6-27：财产租赁过程中发生的实际开支的修缮费用以________为限。

子题 5-2-6-28：股息、利息、红利所得________为应纳税所得额。

子题 5-2-6-29：偶然所得________为应纳税所得额。

子题 5-2-7-1：教育、扶贫、济困等公益慈善事业的捐赠支出的扣除限额标准：________。

子题 5-2-7-2：向公益性青少年活动场所捐赠是否可以全额扣除：________。

【适用题型】多项选择题、不定项选择题。

【1-2019 单选】根据个人所得税法律制度的规定，下列各项中，以一个月内取得的收入为一次的是（　　）。

A. 偶然所得　　　　B. 利息、股息、红利所得

C. 财产租赁所得　　　　D. 财产转让所得

【2-2019 多选】根据个人所得税法律的规定，下列各项中，属于专项附加扣除的有（　　）。

A. 子女教育　　　　B. 继续教育

C. 赡养老人　　　　D. 子女抚养

【3-2019 单选】根据个人所得税法律制度的规定，个体工商户发生的下列支出中，在计算个人所得税应纳税额所得应纳税所得额时不得扣除的是（　　）。

A. 非广告性的赞助支出

B. 合理的劳务保护支出

C. 实际支付给从业人员的合理的工资薪金支出

D. 按规定缴纳的财产保险费

【4-2019 单选】周某购买彩票中奖奖金 30 000 元。周某领奖时支付食宿费 400 元。已知偶然所得个人税税率为 20%。计算周某中奖奖金的下列计算个人所得税的算式正确的是（　　）。

A.（30 000－400）×20%　　B.（30 000－400）×（1－20%）×20%

C. 30 000×20%　　D. 30 000×（1－20%）×20%

【5-2019 单选】某居民个人卖房取得收入 160 万元，该房产买入时的价格为 120 万元，发生合理的税费 0.5 万元，已知财产转让所得个人所得税税率为 20%，以下计算个人所得税算式正确的是（　　）。

A.（160－0.5）×20%　　B. 160×（1－20%）×20%

C.（160－120）×20%　　D.（160－120－0.5）×20%

【6-2019 单选】张某出租住房取得租金收入 3 800 元，财产租赁缴纳税费 152 元，修缮费 600 元，已知个人出租住房暂减按 10%征收个人所得税，收入不超过 4 000 元，减除 800 元费用，下列关于张某当月租金收入应缴纳个人所得税税额的计算中，正确的是（　　）。

A.（3 800－800）×10%＝300（元）

B. 3 800×10%＝380（元）

C.（3 800－152－600－800）×10%＝224.8（元）

D.（3 800－152－600）×10%＝304.8（元）

【7-2019 多选】根据个人所得税法律制度的规定，下列各项中，属于专项附加扣除的有（　　）。

A. 继续教育　　B. 住房贷款利息

C. 赡养老人　　D. 大病医疗

【8-2018 多选】根据个人所得税法律制度的规定，个体工商户的下列支出中，在计算个人所得税应纳税所得额时，不得扣除的有（　　）。

A. 业主的工资薪金支出

B. 个人所得税税款

C. 在生产经营活动中因自然灾害造成的损失

D. 税收滞纳金

【9-2019 单选】2018 年 12 月李某购买福利彩票取得一次中奖收入 50 000 元，将其中 20 000 元通过市教育局捐赠给农村义务教育。已知偶然所得个人所得税税率为 20%。计算李某当月中奖收入应缴纳个人所得税税额的下列算式中，正确的是（　　）。

A.（50 000－20 000）×20%＝6 000（元）

B.（50 000－20 000）×（1－30%）×20%＝4 200（元）

C. 50 000×20%＝10 000（元）

D.（50 000－20 000×30%）×20%＝8 800（元）

【10-2019 不定项】中国公民陈某为国内某大学教授。2019 年 1—4 月有关收支情况如下：

（1）1 月转让一套住房，取得含增值税销售收入 945 000 元。该套住房原值 840 000 元，系陈某 2018 年 8 月购入。本次转让过程中，发生合理费用 5 000 元。

（2）2 月获得当地教育部门颁发的区（县）级教育方面的奖金 10 000 元。

（3）3 月转让从公开发行市场购入的上市公司股票 6 000 股，取得股票转让所得 120 000元。

（4）4 月在甲电信公司购话费获赠价值 390 元的手机一部；获得乙保险公司给付的保险赔款 30 000 元。

假设陈某 2019 年其他收入及相关情况如下：

（1）工资、薪金所得 190 000 元，专项扣除 40 000 元。

（2）劳务报酬所得 8 000 元，稿酬所得 5 000 元。

已知：财产转让所得个人所得税税率为 20%，个人将购买不足 2 年的住房对外销售的，按照 5%的征收率全额纳增值税。综合所得，每一纳税年度减除费用 60 000 元；劳务报酬所得、稿酬所得以收入减除 20%的费用后的余额为收入额；稿酬所得的收入减按 70%计算。

个人所得税税率表（节选）
综合所得适用

级数	全年应纳税所得额	税率	速算扣除数
1	不超过 36 000 元	3%	0
2	超过 36 000 元不超过 144 000 元的部分	10%	2 520

要求：根据上述资料，不考虑其他因素，分析回答下列小题。

〈1〉计算陈某 1 月转让住房应缴纳个人所得税税额的下列算式中，正确的是（　　）。

A. [945 000÷（1+5%）−840 000−5 000] ×20%=11 000（元）

B. 945 000−840 000×20%=21 000（元）

C. （945 000−840 000−5 000）×20%=20 000（元）

D. [945 000÷（1+5%）−840 000] ×20%=12 000（元）

〈2〉计算陈某 1 月转让住房应纳增值税税额的下列式中，正确的是（　　）。

A. 945 000×5%=47 250（元）

B. [945 000−840 000÷（1+5%）] ×5%=5 000（元）

C. 945 000÷（1+5%）×5%=45 000（元）

D. （945 000−840 000）×5%=5 250（元）

〈3〉陈某的下列所得中，不纳个人所得税的是（　　）。

A. 区（县）级教育方面的奖金 10 000 元　　B. 获赠价值 390 元的手机

C. 股票转让所得 120 000 元　　D. 获得的保险赔款 30 000 元

〈4〉计算陈某 2019 年综合所得应缴纳个人所得税的下列算式中，正确的是（　　）。

A. [190 000+8 000×（1−20%）+5 000×（1−20%）×70%−60 000−40 000] ×10%−2 520=7 400（元）

B. （190 000−60 000−40 000）×10%−2 520+8 000×（1−20%）×3%+5 000×70%×3%=6 756（元）

C. （190 000−60 000−40 000）×10%−2 520+8 000×（1−20%）×3%+5 000×（1−20%）×70%×3%=6 756（元）

D. （190 000＋8 000＋5 000×70%－60 000－40 000）×10%－2 520＝7 630（元）

【11－2018 单选】2017 年 9 月王某出租自有住房取得租金收入 6 000 元，房屋租赁过程中缴纳税费 240 元，支付该房屋的修缮费 1 000 元，已知个人出租住房个人所得税税率暂减按 10%，每次收入 4 000 元以上的，减除 20%的费用。计算王某当月出租住房应缴纳个人所得税税额的下列算式中正确的是（　　）。

A. （6 000－240－800）×10%＝496（元）

B. （6 000－240－1 000）×（1－20%）×10%＝380.8（元）

C. （6 000－240－1 000）×10%＝476（元）

D. （6 000－240－800）×（1－20%）×10%＝396.8（元）

【12－2018 单选】2018 年 1 月周某在商场举办的有奖销售活动中获得奖金 4 000 元，周某领奖时支付交通费 30 元、餐费 70 元。已知偶然所得个人所得税税率为 20%，计算周某中奖奖金的所得税税额的下列算式中，正确的是（　　）。

A. （4 000－70）×20%＝786（元）

B. （4 000－30－70）×20%＝780（元）

C. （4 000－30）×20%＝794（元）

D. 4 000×20%＝800（元）

【13－2017 判断】偶然所得按次计征个人所得税。（　　）

【14－2017 判断】个人通过网络收购玩家的虚拟货币，加价后向他人出售取得的收入，不征收个人所得税。（　　）

【15－2016 单选】2016 年 7 月，王某出租住房取得不含税租金收入 3 000 元，房屋租赁过程中缴纳的可以税前扣除的相关税费 120 元，支付出租住房维修费 1 000 元，已知个人出租住房取得的所得按 10%的税率征收个人所得税，每次收入不超过 4 000 元的，减除费用 800 元。王某当月出租住房应缴纳个人所得税税额的下列计算列式中，正确的是（　　）。

A. （3 000－120－800－800）×10%＝128（元）

B. （3 000－120－800）×10%＝208（元）

C. （3 000－120－1 000）×10%＝188（元）

D. （3 000－120－1 000－800）×10%＝108（元）

答案及解析

1. 【答案】C

【解析】财产租赁所得，以一个月内取得的收入为一次。

2. 【答案】ABC

【解析】专项附加扣除包括子女教育、继续教育、大病医疗、住房贷款利息、住房租金、赡养老人。

3. 【答案】A

【解析】从业人员工资可以扣除，财产保险费可以扣除，合理的劳动保护支出可以扣除。

4. 【答案】C

【解析】偶然所得以每次取得的收入全额征税，不得扣除购买彩票、领奖的交通食宿支出。

5.【答案】D

【解析】财产转让的计税依据为：应纳税所得额＝转让财产收入－原值－合理费用。

6.【答案】C

【解析】财产租赁所得，按照每次（月）收入不足 4 000 元的，应纳税额＝［每次（月）收入额－财产租赁过程中缴纳的税费－由纳税人负担的租赁财产实际开支的修缮费用（800 元为上限）－800 元］×20%。

7.【答案】ABCD

【解析】专项附加扣除包括：子女教育、继续教育、大病医疗、住房贷款利息、住房租金、赡养老人。

8.【答案】ABD

【解析】不得扣除项目包括：个人所得税税款；税收滞纳金；罚金、罚款和被没收财物的损失；不符合扣除规定的捐赠支出；赞助支出；用于个人和家庭的支出；与取得生产经营收入无关的其他支出；国家税务总局规定不准扣除的支出（例如，未经核准计提的各种准备金）。

9.【答案】A

【解析】偶然所得以每次取得的收入全额征税，不得扣除购买彩票、领奖的交通食宿支出。题目中通过市教育局捐赠给农村义务教育支出允许税前全额扣除。

10.〈1〉【答案】A

【解析】陈某转让住房取得收入属于财产转让所得，应缴纳个人所得税税额的计算公式为：应按税额＝［收入全额（不含增值税）－原值－合理费用］×税率＝［945 000÷（1＋5%）－840 000－5 000］×20%＝11 000（元）。

〈2〉【答案】C

【解析】个人将购买不足 2 年的住房对外销售的，按照 5%的征收率全额纳增值税，陈某 2018 年 8 月购入住房不足 2 年，于 2019 年 1 月转让，因此按 5%征收，即应纳增值税税额 945 000÷（1＋5%）×5%＝45 000（元）【计算增值税时不能扣除房产原值，需要与个人所得税进行区分】。

〈3〉【答案】BCD

【解析】省级人民政府、国务院部委和中国人民解放军军以上单位，以及外国组织、国际组织颁发的科学、教育、技术、文化、卫生、体育、环境保护等方面的奖金免征个税，A 选项错误。企业向个人销售商品提供服务的同时给予赠品，不征个税。保险赔款免税。

〈4〉【答案】A

【解析】应纳税所得额＝190 000＋8 000×（1－20%）＋5 000×（1－20%）×70%－60 000－4 0000＝99 200（元）。其中每一纳税年度减除费用 60 000 元，劳务报酬所得、稿酬所得以收入减除 20%的费用后的余额为收入额，稿酬所得再额外打七折，专项扣除 40 000 元。算出 99 200 元查表定级距，故选 A 选项。

11.【答案】D

【解析】对个人出租住房取得的所得暂减按 10%的税率征收个人所得税。财产租赁所得，每次（月）收入在 4 000 元以上的，应纳税额＝［每次（月）收入额－财产租赁过程中缴纳的税费－由纳税人负担的租赁财产实际开支的修缮费用（800元为限）]×（1－20%）×10%。王某应缴纳的个人所得税＝（6 000－240－800）×（1－20%）×10%＝396.8（元）。

12.【答案】D

【解析】个人的获奖所得按照“偶然所得”项目计征个人所得税；偶然所得按照每次收入额计征个人所得税，没有相关减除规定；偶然所得适用的个人所得税税率为20%。

13.【答案】√

14.【答案】×

【解析】个人通过网络收购玩家的虚拟货币，加价后向他人出售取得的收入，属于个人所得税应税所得，应按照“财产转让所得”项目计算缴纳个人所得税。

15.【答案】A

【解析】财产租赁所得，每次（月）收入不超过4 000元的，应纳税额＝[每次（月）收入额－财产租赁过程中缴纳的税费－由纳税人负担的租赁财产实际开支的修缮费用（800元为限）－800元]×10%；王某当月出租住房应缴纳个人所得税＝（3 000－120－800－800）×10%＝128（元）。

税收优惠

母题5-2-8 个人所得税关于免税的具体规定有哪些？

项目	具体内容
利息	国债和国家发行的金融债券利息
	储蓄存款利息
补助	保险赔款
	退休工资
	三险一金
	按照国家统一规定发给的补贴、津贴
	福利费、抚恤金、救济金
	军人的转业费、复员费
	拆迁补偿款
	国有企业职工从破产企业取得的一次性安置费收入
奖励	省级人民政府、国务院部委和中国人民解放军军以上单位，以及外国组织、国际组织颁发的科学、教育、技术、文化、卫生、体育、环境保护等方面的奖金
	个人举报、协查各种违法犯罪行为而获得的奖金
	个人办理代扣代缴手续，按规定取得的扣缴手续费
外籍个人	非现金形式或实报实销的住房补贴、伙食补贴、搬迁费、洗衣费
	合理标准的境内外出差补贴
	合理的语言训练费，子女教育费
	从外商投资企业取得的股息、红利所得
	符合条件的工资薪金所得（针对外籍专家）
	探亲费（每年不超过两次）

续表

项目	具体内容		
房屋	个人转让自用“5年以上”并且是家庭“唯一”“生活用房”取得的所得		
	房屋无偿赠与（当事双方均不征收个人所得税）	赠与近（直系）亲属	
		赠与对其承担直接抚养或者赡养义务的人	
		房屋产权所有人死亡，依法取得房屋产权的继承人	
股票相关	股息	持股>1年	免
		1个月<持股≤1年	减半
		限售股解禁前	
		期限≤1个月	全额
	上市公司股票转让所得		
中奖	彩票一次中奖收入“在1万元以下”		
	发票奖金所得“不超过800元”		
其他	被拆迁人按照规定取得的拆迁补偿费【2020年新增】		

母题 5-2-9 具体的减税项目有哪些？

减税	**残疾、孤老人员和烈属的所得**
	因严重自然灾害造成重大损失的
	其他经国务院财政部门批准减免的（报全国人大常委会备案）

考查形式

子题5-2-8-1：国债和国家发行的金融债券利息是否属于免税范围：________。

子题5-2-8-2：退休工资是否属于免税范围：________。

子题5-2-8-3：个人转让自用“________”并且是家庭“唯一”“生活用房”取得的所得免征个人所得税。

子题5-2-8-4：________人民政府、国务院部委和中国人民解放军军以上单位，以及外国组织、国际组织颁发的科学、教育、技术、文化、卫生、体育、环境保护等方面的奖金免征个人所得税。

子题5-2-8-5：外籍个人以现金形式或实报实销的住房补贴是否属于免税范围：________。

子题5-2-8-6：彩票一次中奖收入“________”免征个人所得税。

子题5-2-8-7：上市公司个人股东转增股本，个人持股期限超过1年的，股息红利所得________征收个人所得税。

子题5-2-9-1：因严重自然灾害造成重大损失的，属于________（免税/减税）范畴。

【适用题型】多项选择题、判断题。

【1-2019判断】企业按照国家有关法律规定宣告破产，企业职工从该破产企业取得的一次性安置收入，免于征收个人所得税（　　）。

【2－2018 单选】根据个人所得税法律制度的规定，下列所得中，属于免税项目的是（　　）。

A. 提前退休取得的一次性补贴

B. 退休人员从原任职单位取得的补贴

C. 内部退养取得的一次性收入

D. 按国家统一规定发放的退休工资

答案及解析

1. 【答案】√

2. 【答案】D

【解析】按国家统一规定发给干部、职工的退休工资，免征个人所得税。

征收管理

母题 5－2－10　个人所得税进行纳税申报的具体要求和期限是什么？

<table>
<tr><td rowspan="15">自行申报纳税</td><td rowspan="12">依法办理纳税申报</td><td rowspan="4">居民个人取得综合所得需要办理汇算清缴</td><td colspan="2">两处或两处以上取得综合所得，且综合所得年收入额减去专项扣除余额超过 6 万元</td><td rowspan="4">次年 3 月 1 日至 6 月 30 日内办理</td></tr>
<tr><td colspan="2">取得稿酬、劳务报酬、特许经营权使用费所得中的一项或者多项，且综合所得年收入额减去专项扣除余额超过 6 万元</td></tr>
<tr><td colspan="2">纳税年度内预缴税额低于应纳税额</td></tr>
<tr><td colspan="2">纳税人申请退税</td></tr>
<tr><td colspan="3">取得应税所得无扣缴义务人</td><td>次月 15 日内办理</td></tr>
<tr><td rowspan="3">扣缴义务人未扣缴税款</td><td rowspan="2">综合所得</td><td>居民个人（符合条件）</td><td>依法办理汇算清缴</td></tr>
<tr><td>非居民个人</td><td>次年 6 月 30 日内办理</td></tr>
<tr><td colspan="2">利息、股息、红利所得，财产租赁所得，财产转让所得和偶然所得</td><td>次年 6 月 30 日内办理</td></tr>
<tr><td>取得境外所得</td><td colspan="2">中国境内任职、受雇单位所在地→户籍所在地或中国境内经常居住地→内经常居住地</td><td>次年 3 月 1 日至 6 月 30 日内</td></tr>
<tr><td colspan="2">因移居境外注销中国户籍</td><td>户籍所在地</td><td>申请注销中国户籍前纳税申报</td></tr>
<tr><td colspan="2">非居民个人境内两处以上取得薪金</td><td>任选一处</td><td>次月 15 日内办理</td></tr>
<tr><td colspan="4">纳税人享受减税、免税待遇的，在减免税期间应当按照规定办理纳税申报</td></tr>
<tr><td rowspan="2">经营所得</td><td>预缴</td><td colspan="3">按年计算个人所得税，由纳税人在月度或季度终了后 15 日内</td></tr>
<tr><td>汇算清缴</td><td colspan="3">次年 3 月 31 日前办理</td></tr>
<tr><td>纳税申报方式</td><td colspan="4">纳税人可以采用远程办税端、邮寄等方式申报，也可以直接到主管税务机关申报</td></tr>
</table>

母题 5－2－11　全员全额扣缴申报纳税的具体要求是什么？

全员全额扣缴	定义	指扣缴义务人应当在代扣税款的次月 15 日内，向主管税务机关报送其支付所得的所有个人的有关信息、支付所得数额、扣除事项和数额、扣缴税款的具体数额和总额以及其他相关涉税信息资料	
	扣缴义务人	向个人支付所得的单位或者个人	
		责任与义务	税务机关对扣缴义务人按照规定扣缴的税款，按年付给 2%的手续费 【提示】不包括税务机关、司法机关等查补或者责令补扣的税款
	代扣代缴期限	扣缴义务人每月或者每次预扣、代扣的税款，应当在次月 15 日内缴入国库	

考查形式

子题 5－2－10－1：居民个人从两处或两处以上取得综合所得，且综合所得年收入额减去专项扣除余额________需要进行汇算清缴。

子题 5－2－10－2：纳税年度内预缴税额高于应纳税额是否需要进行汇算清缴：________。

子题 5－2－10－3：居民个人取得综合所得需要办理汇算清缴，应在取得所得的次年________内办理。

子题 5－2－10－4：取得应税所得无扣缴义务人是否应依法自行纳税申报：________。

子题 5－2－10－5：因移居境外注销中国户籍的个人应在________地纳税申报。

子题 5－2－10－6：纳税人取得经营所得的，应在________预缴。

子题 5－2－10－7：纳税人取得经营所得的，应在________汇算清缴。

子题 5－2－10－8：纳税人进行纳税申报方式有________。

子题 5－2－11－1：扣缴义务人每月或者每次预扣、代扣的税款，应当________缴入国库。

【适用题型】多项选择题、判断题。

【1－2019 判断】个体工商户在减税免税期间也应该申报纳税。（　　）

【2－2018 多选】根据个人所得税法律制度的规定，下列情形中，纳税人应当按照规定办理个人所得税自行纳税申报的有（　　）。

A. 王某从英国取得所得

B. 林某从出版社取得劳务报酬所得，其年收入额减去专项扣除的余额共 8 万元

C. 法国人李某从境内两家公司取得工资、薪金所得

D. 张某因移居境外注销中国户籍

【3－2019 单选】居民个人从境外取得所得，应在次年（　　）申报纳税。

A. 3 月 1 日—6 月 30 日　　　　B. 1 月 1 日—2 月 28 日

C. 1月1日—5月31日　　D. 3月1日—5月31日

答案及解析

1.【答案】√

【解析】纳税人享受减税、免税待遇的，在减免税期间应当按照规定办理纳税申报。

2.【答案】ABCD

【解析】纳税人需要办理纳税申报的七种情况：取得劳务报酬所得、稿酬所得、特许权使用费所得中一项或者多项所得，且综合所得年收入额减去专项扣除的余额超过6万元的需要年终办理汇算清缴；取得应税所得没有扣缴义务人；取得应税所得，扣缴义务人未扣缴税款；取得境外所得；因移居境外注销中国户籍；非居民个人在中国境内从两处以上取得工资、薪金所得；国务院规定的其他情形。

3.【答案】A

【解析】居民个人从中国境外取得所得的，应当在取得所得的次年3月1日至6月30日内申报纳税。

第六章

其他税收法律制度

本章解读

扫码可听课

本章分值占比约 14 分，一般考查单选题、多选题和判断题，部分小税种可能会与第四章增值税不定项结合考查。本章教材由 8 个小节组成，分为房产税、契税、土地增值税、城镇土地使用税、车船税、印花税、资源税和其他相关税种，本书将此 14 个小税种和 1 个费划分为六大部分，详见下列框架。本章为考试次重点内容，考核分值较高，所含考点极其繁杂细碎，但只要做好整理对比和记忆，就能成功攻克本章。

本章框架

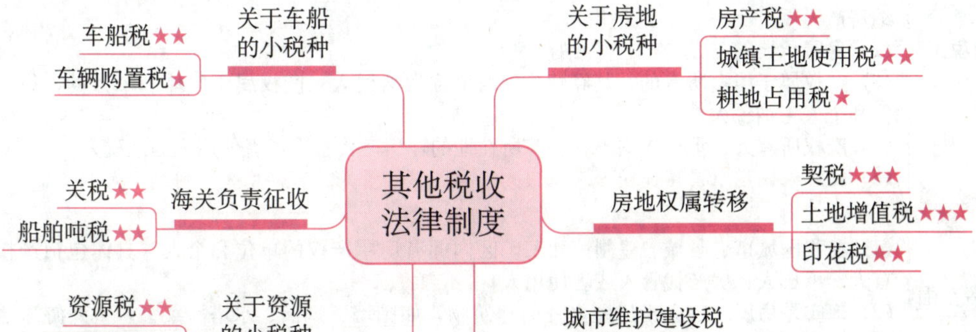

第一节 关于房地的小税种

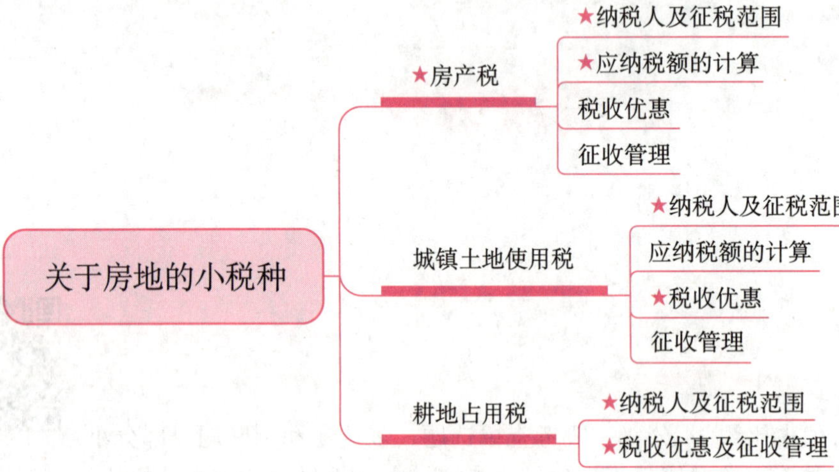

房产税

母题 6-1-1 是否应当缴纳房产税?

要点	具体内容
纳税人	【总原则】受益人纳税（所有人、出租人、承典人、代管人、使用人） 【提示】 (1) 房屋出租的，“出租人”为纳税人，但纳税人“无租使用”房产，由“使用人”代为缴纳房产税 (2) 房屋承典的，“承典人”为纳税人 (3) 产权属于国家所有的，其经营管理的单位为纳税人；产权属于集体和个人的，集体单位和个人为纳税人 (4) 产权所有人、承典人均不在房产所在地的，房产代管人或者使用人为纳税人 (5) 房产未确定以及租典纠纷未解决的，房产“代管人或者使用人”为纳税人
征税范围	(1) 在我国城市、县城、建制镇和工矿区内拥有房屋产权的单位和个人（具体包括产权所有人、承典人、房产代管人或者使用人）“不包括农村” (2) 确实是房屋（独立于房屋之外的建筑物，如围墙、烟囱、水塔、菜窖、室外游泳池等不属于房产税的征税范围）

母题 6-1-2 房产税应纳税额如何计算？

<table>
<tr><td rowspan="5">应纳税额计算</td><td>从价计征</td><td colspan="2">全年应纳税额＝应税房产原值×（1－扣除比例）×1.2%</td></tr>
<tr><td>从租计征</td><td colspan="2">全年应纳税额＝租金收入×12%</td></tr>
<tr><td rowspan="2">税收优惠</td><td>个人出租住房不区分用途</td><td rowspan="2">减按 4%税率征收</td></tr>
<tr><td>单位按“市场价格”向“个人”出租用于“居住”</td></tr>
<tr><td colspan="3">【房产原值】
（1）不减除折旧
（2）以房屋为载体不可随意移动的附属设备和配套设施应计入房产原值
（3）改建、扩建的，要相应增加房屋的原值
（4）以房产投资联营遵循实质重于形式原则
【提示】单位、个人分别前半年自用，后半年出租的情形，应分开核算</td></tr>
</table>

母题 6-1-3 房产税有哪些税收优惠？

<table>
<tr><td rowspan="4">税收优惠</td><td>（1）国家机关、人民团体、军队“自用”的房产
【提示】军队空余房产租赁收入暂免征收房产税
（2）由国家财政部门拨付事业经费的单位所有的“本身业务范围”内使用的房产
（3）宗教寺庙、公园、名胜古迹“自用”的房产
（4）个人所有“非营业用”的房产
（5）租金偏低的公房出租
（6）公共租赁住房
（7）高校学生公寓
（8）非营利性医疗机构自用的房产
（9）老年服务机构自用房产
（10）危房、毁损不堪居住房屋停用后
（11）大修理连续停用半年以上停用期间
（12）基建工地临时房屋施工期间
（13）2019 年 1 月 1 日至 2021 年 12 月 31 日，对国家级、省级科技企业孵化器、大学科技园和国家备案众创空间自用以及无偿或通过出租等方式提供给在孵对象使用的房产【新增】
（14）2019 年 1 月 1 日至 2021 年 12 月 31 日，对农产品批发市场、农贸市场（包括自有和承租）专门用于经营农产品的房产，暂免征收房产税。对同时经营其他产品的，按其他产品与农产品交易场地面积的比例确定征免房产税
农产品批发市场、农贸市场的行政办公区、生活区，以及商业餐饮娱乐等非直接为农产品交易提供服务的房产，应按规定征收房产税</td><td>免征</td></tr>
<tr><td>（15）“企业”拥有并运营管理的大型体育场馆，其用于体育活动的房产</td><td>减半</td></tr>
<tr><td>（16）其他用于体育活动的房产
【注意】（15）、（16）用于体育活动的天数不得低于全年自然天数的 70%</td><td>免征</td></tr>
<tr><td colspan="2">【记忆提示】（1）～（9）非经营房产；（10）～（12）临时房及停用房；（15）、（16）全民健身</td></tr>
</table>

母题 6-1-4 房产税纳税义务发生时间如何确定？

纳税行为	纳税义务发生时间
将原有房产用于生产经营	从生产经营之月起
新建房屋用于生产经营	从建成之次月起
委托施工企业建设的房屋	从办理验收手续之次月起
购置新建商品房	自房屋交付使用之次月起
纳税人购置存量房	自办理房屋权属转移、变更登记手续，房地产权属登记机关签发房屋权属证书之次月起，缴纳房产税
纳税人出租、出借房产	自交付出租、出借房产之次月起
房地产开发企业自用、出租、出借本企业建造的商品房	自房屋使用或交付之次月起
依法终止房产税纳税义务的，其应纳税款的计算截止到房产状态发生变化的当月末 **【记忆提示】**纳税人将原有房产用于生产经营，从生产经营“之月”起，缴纳房产税；其他为自×××“之次月”起	

考查形式

子题 6-1-1-1（判断）：房产产权未确定以及租典纠纷未解决的，暂不征收房产税。（　　）

子题 6-1-1-2（判断）：张某将个人拥有产权的房屋出典给李某，则李某为该房屋房产税的纳税人。（　　）

子题 6-1-1-3：根据房产税法律制度的规定，不属于房产税征税范围的房屋是________。

子题 6-1-2-1：2018 年甲公司的房产原值为 1 000 万元，已计提折旧 400 万元。已知从价房产税税率为 1.2%，当地规定的房产税扣除比例为 30%。甲公司当年应缴纳房产税税额的计算式为________。

子题 6-1-2-2：甲公司厂房原值 500 万元，已提折旧 200 万元，已知房产原值减除比例为 30%；房产税从价征税率为 1.2%，计算甲公司年度应缴纳房产税税额的算式为________。

子题 6-1-2-3：2016 年 7 月 1 日，甲公司出租商铺，租期半年。一次性收取含增值税租金 126 000 元，已知增值税征收率 5%，房产税从租计征的税率为 12%，计算甲公司出租商铺应纳税额的算式为________。

子题 6-1-2-4：某企业一幢房产原值 600 000 元，已知房产税税率为 1.2%，当地规定的房产税扣除比例为 30%，该房产年度应缴纳的房产税税额为________。

子题 6-1-3-1（判断）：宗教寺庙、公园、名胜古迹自用的房产减半征收房产税。（　　）

子题 6-1-3-2（判断）：企业拥有并运营管理的大型体育场馆，其用于体育活动的房产免征房产税。（　　）

子题 6-1-3-3（判断）：房地产开发企业建造的商品房，在出售前，不征收房产税，但对出售前房地产开发企业已使用或出租、出借的商品房应按规定征收房产税。（　　）

子题 6-1-4-1：甲公司委托某施工企业建造一幢办公楼，工程于 2018 年 12 月完工，2019 年 1 月办妥（竣工）验收手续，4 月付清全部工程价款。根据房产税法律制度的规定，甲公司对此幢办公楼房产税的纳税义务发生时间是________。

子题 6-1-4-2（判断）：纳税人将原有房产用于生产经营，从生产经营下月起，缴纳房产税。（ ）

【适用题型】单项选择题、多项选择题、判断题。

【1-2019 单选】根据房产税法律制度的规定，下列各项中，应缴纳房产税的是（ ）。

A. 老年服务机构自用的房产　　B. 个人拥有的市区经营性用房

C. 名胜古迹自用的办公用房　　D. 国家机关自用的房产

【2-2019 单选】2018 年甲公司的房产原值为 1 000 万元，已计提折旧 400 万元。已知从价房产税税率为 1.2%，当地规定的房产税扣除比例为 30%。甲公司当年应缴纳房产税税额的下列计算中正确的是（ ）。

A.（1 000－400）×（1－30%）×1.2%＝5.04（万元）

B.（1 000－400）×1.2%＝7.2（万元）

C. 1 000×（1－30%）×1.2%＝8.4（万元）

D. 1 000×1.2%＝12（万元）

【3-2018 判断】房产产权未确定以及租典纠纷未解决的，暂不征收房产税。（ ）

【4-2018 单选】根据房产税法律制度的规定，下列房屋中，不属于房产税征税范围的是（ ）。

A. 建制镇的房屋　　B. 农村的房屋

C. 县城的房屋　　D. 城市的房屋

【5-2017 单选】甲公司厂房原值 500 万元，已提折旧 200 万元，已知房产原值减除比例为 30%；房产税从价征税率为 1.2%，计算甲公司年度应缴纳房产税税额的下列算式中，正确的是（ ）。

A. 200×（1－30%）×1.2%＝1.68（万元）

B.（500－200）×（1－30%）×1.2%＝2.52（万元）

C. 500×1.2%＝6（万元）

D. 500×（1－30%）×1.2%＝4.2（万元）

【6-2017 单选】根据房产税法律制度的规定，下列各项中，应征收房产税的是（ ）。

A. 国家机关自用的房产　　B. 高等学校的学生公寓

C. 个人出租的住房　　D. 老年服务机构自用的房产

【7-2017 单选】2016 年 7 月 1 日，甲公司出租商铺，租期半年。一次性收取含增值税租金 126 000 元，已知增值税征收率 5%，房产税从租计征的税率为 12%，计算甲公司出租商铺应纳税额的下列算式中，正确的是（ ）。

A. 126 000×（1－30%）×12%＝10 584（元）

B. 126 000×12%=15 120（元）

C. 126 000÷（1+5%）×（1−30%）×12%=10 080（元）

D. 126 000÷（1+5%）×12%=14 400（元）

【8－2016单选】根据房产税法律制度的规定，下列各项中，不属于房产税征税范围的是（　　）。

A. 建制镇工业企业的厂房　　B. 农村的村民住宅

C. 市区商场的地下车库　　D. 县城商业企业的办公楼

【9－2016判断】房地产开发企业建造的商品房，出售前已使用的，不征收房产税。（　　）

【10－2010单选】甲公司委托某施工企业建造一幢办公楼，工程于2009年12月完工，2010年1月办妥（竣工）验收手续，4月付清全部工程价款。根据房产税法律制度的规定，甲公司对此幢办公楼房产税的纳税义务发生时间是（　　）。

A. 2009年12月　　B. 2010年1月

C. 2010年2月　　D. 2010年4月

【11－判断】张某将个人拥有产权的房屋出典给李某，则李某为该房屋房产税的纳税人。（　　）

答案及解析

1. 【答案】B

【解析】选项A、C、D免征房产税。

2. 【答案】C

【解析】已提折旧不得从原值中扣除。从价计征房产税的全年应纳税额=应税房产原值×（1−扣除比例）×1.2%。

3. 【答案】×

【解析】产权未确定以及租典纠纷未解决的，房产代管人或者使用人为纳税人。

4. 【答案】B

【解析】房产税的纳税人，是指在我国城市、县城、建制镇和工矿区内拥有房屋产权的单位和个人，不包括农村。

5. 【答案】D

【解析】从价计征房产税的，以房产原值一次减除10%～30%后的余值为计税依据。甲公司年度应缴纳房产税税额=500×（1−30%）×1.2%=4.2（万元）。

6. 【答案】C

【解析】个人出租的住房，应按照4%的税率征收房产税。

7. 【答案】D

【解析】出租房产计征房产税的租金收入不含增值税。甲公司应纳房产税税额=126 000÷（1+5%）×12%=14 400（元）。

8. 【答案】B

【解析】房产税的纳税人是指在我国城市、县城、建制镇和工矿区（不包括农村）内拥有房屋产权的单位和个人。

9. 【答案】×

【解析】房地产开发企业建造的商品房，在出售前，不征收房产税，但对出售前房地产开发企业已使用或出租、出借的商品房应按规定征收房产税。

10. 【答案】C

【解析】纳税人委托施工企业建设的房屋，从办理验收手续之“次月”起，缴纳房产税。

11. 【答案】√

【解析】房产税法律制度规定，房屋出典的，承典人为房产税的纳税人。

城镇土地使用税

母题 6-1-5 是否应当缴纳城镇土地使用税?

要点	具体内容
纳税人	（1）城镇土地使用税由**拥有土地使用权的单位或者个人**缴纳 （2）拥有土地使用权的纳税人不在土地所在地的，由**“代管人或者实际使用人”**缴纳 （3）土地使用权未确定或者权属纠纷未解决的，由**“实际使用人”**纳税 （4）土地使用权共有的，共有各方均为纳税人，由共有各方按实际使用土地的面积占总面积的比例**“分别缴纳”** **【提示】**房屋租赁，由**“出租方”**缴纳城镇土地使用税
征税范围	凡在**城市、县城、建制镇和工矿区范围内（不包括农村）**的土地，不论是属于国家所有的土地，还是属于集体所有的土地，都属于城镇土地使用税的征税范围

母题 6-1-6 缴纳城镇土地使用税应纳税额如何计算?

<table>
<tr><td rowspan="4">应纳税额计算</td><td colspan="2">年应纳税额＝实际占用应税土地面积（平方米）×适用税额
【提示】计算与税收优惠的结合考查</td></tr>
<tr><td rowspan="3">实际占用面积</td><td>已测定——以“测定”面积为准</td></tr>
<tr><td>未测定——以“证书确定”面积为准</td></tr>
<tr><td>没证书——“据实申报”，核发证书后再作调整</td></tr>
</table>

母题 6-1-7 城镇土地使用税有哪些税收优惠?

<table>
<tr><td rowspan="3">税收优惠</td><td rowspan="3">一般规定</td><td>免税：
（1）国家机关、人民团体、军队自用的土地
（2）由国家财政部门拨付事业经费的单位自用的土地
（3）宗教寺庙、公园、名胜古迹自用的土地
（4）市政街道、广场、绿化地带等公共用地
（5）直接用于农、林、牧、渔业的生产用地
（6）经批准开山填海整治的土地和改造的废弃土地，从使用的月份起免缴土地使用税 5—10 年</td></tr>
<tr><td>【记忆提示】（1）～（4）非经营行为；（5）、（6）国家鼓励行为</td></tr>
<tr><td>【提示 1】企业范围内的荒山、林地、湖泊等占地，全额征收城镇土地使用税
【提示 2】公园、名胜古迹内的“索道公司经营用地”，应按规定缴纳城镇土地使用税</td></tr>
</table>

续表

税收优惠	特殊规定	(1) 缴纳了耕地占用税的，从批准征用之日起“满 1 年后”征收城镇土地使用税 (2) 免税单位无偿使用纳税单位的土地——免征 纳税单位无偿使用免税单位的土地——征 (3) 体育用地（同房产税） (4) 经批准开发建设经济适用房的用地——免征 其他各类房地产开发用地——征 (5) 厂区内（生产经营用：包括办公区、生活区、绿化带、机场跑道等）——征 (6) 老年服务机构自用的土地——免征
		厂区外——不征： (1) 火电厂：围墙外的灰场、输灰管、输油（气）管道、铁路专用线用地；供电部门的“输电线路”“变电站”用地 (2) 盐场：盐滩、矿井用地 (3) 林业系统：育林地、运材道、防火用地、防火设施；森林公园、自然保护区 (4) 水利设施：水库库区、大坝、灌渠 (5) 港口：码头用地 (6) 机场：飞行区、场内外通信导航设施用地、飞行区四周排水防洪设施用地、场外的跑道用地 (7) 石油行业：地质勘探、钻井、井下作业、油气田地面工程等施工临时用地；企业厂区以外的铁路专用线、公路及输油管道用地；油气长输管线用地；在城市、县城、建制镇以外工矿区内的消防、防洪排涝、防风、防沙设施用地 【提示 1】2019 年 1 月 1 日至 2021 年 12 月 31 日，对国家级、省级科技企业孵化器、大学科技园和国家备案众创空间自用以及无偿或通过出租等方式提供给在孵对象使用的土地，免征城镇土地使用税 【提示 2】2019 年 1 月 1 日至 2021 年 12 月 31 日，对农产品批发市场、农贸市场（包括自有和承租）专门用于经营农产品的土地，暂免征收房产税。对同时经营其他产品的，按其他产品与农产品交易场地面积的比例确定征免城镇土地使用税 农产品批发市场、农贸市场的行政办公区、生活区，以及商业餐饮娱乐等非直接为农产品交易提供服务的土地，应按规定征收城镇土地使用税

母题 6-1-8 城镇土地使用税征收管理包括什么内容？

纳税行为	纳税义务发生时间
纳税人购置新建商品房	自房屋交付使用之次月起
纳税人购置存量房	自办理房屋权属转移、变更登记手续，房地产权属登记机关签发房屋权属证书之次月起
纳税人出租、出借房产	自交付出租、出借房产之次月起
以出让或转让方式有偿取得土地使用权的	应由受让方从合同约定交付土地时间的次月起缴纳城镇土地使用税；合同未约定交付土地时间的，由受让方从合同签订的次月起缴纳城镇土地使用税
纳税人新征用的“耕地”	自批准征用之日起满 1 年时
纳税人新征用的“非耕地”	自批准征用次月起

考查形式

子题6-1-5-1：根据城镇土地使用税法律制度的规定，应缴纳城镇土地使用税的城市用地有________。

子题6-1-5-2：根据城镇土地使用税法律制度的规定，关于城镇土地使用税纳税人的正确表述是________。

子题6-1-5-3（判断）：拥有土地使用权的纳税人不在土地所在地的，由代管人或实际使用人缴纳城镇土地使用税。（　　）

子题6-1-6-1：甲贸易公司位于市区，实际占地面积为5 000平方米，其中办公区占地4 000平方米，生活区占地1 000平方米，甲贸易公司还有一处位于农村的仓库，实际面积为1 500平方米。已知城镇土地使用税适用税率每平方米税额为5元。计算甲贸易公司全年应缴纳城镇土地使用税税额的算式为________。

子题6-1-7-1（判断）：根据城镇土地使用税法律制度的规定，企业生活区用地不属于城镇土地使用税免税项目。（　　）

子题6-1-7-2（判断）：根据城镇土地使用税法律制度的规定，对火电厂厂区围墙外的灰场、输灰管、输油（气）管道、铁路专用线用地，免征城镇土地使用税。（　　）

子题6-1-7-3（判断）：根据城镇土地使用税法律制度的规定，水库管理部门的办公用地属于城镇土地使用税免税范围。（　　）

子题6-1-7-4：根据城镇土地使用税法律制度的规定，不征收城镇土地使用税的土地是________。

子题6-1-8-1（判断）：根据城镇土地使用税法律制度的规定，纳税人以出让方式有偿取得土地使用权，应从合同约定交付土地使用时间的次月起缴纳城镇土地使用税。（　　）

子题6-1-8-2（判断）：纳税人购置新建商品房，自房屋交付使用当月缴纳城镇土地使用税。（　　）

子题6-1-8-3（判断）：根据城镇土地使用税法律制度的规定，缴纳了耕地占用税的，从批准征用之日起满1年后征收城镇土地使用税。（　　）

【适用题型】单项选择题、多项选择题、判断题。

【1-2019单选】甲商贸公司位于市区，实际占用面积为5 000平方米，其中办公区占地4 000平方米，生活区占地1 000平方米。甲贸易公司还有一个位于农村的仓库，租给公安局使用，实际占地面积为1 500平方米。按每平方米税额为5元计算。甲商贸公司全年应缴纳城镇土地使用税税额的下列算式中，正确的是（　　）。

A. 5 000×5＝25 000（元）

B. （5 000＋1 500）×5＝32 500（元）

C. （4 000＋1 500）×5＝27 500（元）

D. 4 000×5＝20 000（元）

【2-2019单选】根据城镇土地使用税法律制度的规定，下列城市用地中，不属于城镇土地使用税免税项目的是（　　）。

A. 市政街道公共用地　　B. 国家机关自用的土地

C. 企业生活区用地　　D. 公园自用的土地

【3－2019 判断】纳税人购置新建商品房，自房屋交付使用当月缴纳城镇土地使用税。（　　）

【4－2018 单选】根据城镇土地使用税法律制度的规定，下列用地中，免予缴纳城镇土地使用税的是（　　）。

A. 港口的码头用地　　B. 邮政部门坐落在县城内的土地

C. 水电站的发电厂房用地　　D. 火电厂厂区围墙内的用地

【5－2018 多选】根据城镇土地使用税法律制度的规定，下列关于城镇土地使用税纳税义务发生时间的表述中，正确的有（　　）。

A. 纳税人购置新建商品房，自房屋交付使用之次月起缴纳城镇土地使用税

B. 纳税人以出让方式有偿取得土地使用权，应从合同约定交付土地使用时间的次月起缴纳城镇土地使用税

C. 纳税人新征用的耕地，自批准征用之日起满1年时才开始缴纳城镇土地使用税

D. 纳税人新征用的非耕地，自批准征用次月起缴纳城镇土地使用税

【6－2018 单选】根据城镇土地使用税法律制度的规定，下列各项中不属于免税项目地是（　　）。

A. 水库管理部门的办公用地　　B. 大坝用地

C. 堤防用地　　D. 水库库区用地

【7－2017 单选】根据城镇土地使用税法律制度的规定，下列土地中，不征收城镇土地使用税的是（　　）。

A. 位于县城的国家所有土地

B. 位于城市的公园内索道公司经营用地

C. 位于农村的集体所有土地

D. 位于工矿区的集体所有土地

【8－2017 多选】根据城镇土地使用税法律制度的规定，下列城市用地中，应缴纳城镇土地使用税的有（　　）。

A. 市政街道公共用地　　B. 商业企业经营用地

C. 民航机场场内道路用地　　D. 火电厂厂区围墙内的用地

【9－2016 多选】根据城镇土地使用税法律制度的规定，下列关于城镇土地使用税纳税人的表述中，正确的有（　　）。

A. 土地使用权未确定或权属纠纷未解决的，由实际使用人纳税

B. 土地使用权共有的，共有各方均为纳税人，由共有各方分别纳税

C. 拥有土地使用权的纳税人不在土地所在地的，由代管人或实际使用人纳税

D. 城镇土地使用税由拥有土地使用权的单位或个人缴纳

【10－2016 判断】拥有土地使用权的纳税人不在土地所在地的，由代管人或实际使用人缴纳城镇土地使用税。（　　）

答案及解析

1.【答案】A

【解析】城镇土地使用税的纳税人，是指在城市、县城、建制镇、工矿区范围内使用土地的单位和个人，不包括农村。

2.【答案】C

【解析】企业生活区用地属于经营用地，征收城镇土地使用税。

3.【答案】×

【解析】纳税人购置新建商品房，自房屋交付使用之次月起，缴纳城镇土地使用税。

4.【答案】A

【解析】选项B，对邮政部门坐落在城市、县城、建制镇、工矿区范围内的土地，应当依法征收城镇土地使用税；对坐落在城市、县城、建制镇、工矿区范围以外的，尚在县邮政局内核算的土地，在单位财务账中划分清楚的，不征收城镇土地使用税。选项C，水电站的发电厂房用地，生产、办公、生活用地，应征收城镇土地使用税。对其他用地给予免税照顾。选项D，火电厂厂区围墙内的用地均应征收城镇土地使用税。对厂区围墙外的灰场、输灰管、输油（气）管道、铁路专用线用地，免征城镇土地使用税；厂区围墙外的其他用地，应照章征税。

5.【答案】ABCD

【解析】选项B，纳税人以出让或转让方式有偿取得土地使用权的，应由受让方从合同约定交付土地时间的次月起缴纳城镇土地使用税；合同未约定交付时间的，由受让方从合同签订的次月起缴纳城镇土地使用税。

6.【答案】A

【解析】水利设施及其管护用地（如水库库区、大坝、堤防、灌溉、泵站等用地）免征城镇土地使用税，其他用地，如生产、办公、生活用地，应照章征税。

7.【答案】C

【解析】凡是“城市、县城、建制镇和工矿区”范围内（不包括农村）的土地，不论是国家所有的土地，还是集体所有的土地，都是城镇土地使用税的征税范围。因此选项C错误。

8.【答案】BCD

【解析】选项A属于法定免缴土地使用税的优惠范围。城镇土地使用税的征税范围是税法规定的纳税区域内的土地；凡在城市、县城、建制镇、工矿区范围内的土地，不论是国家所有土地，还是集体所有土地，都属于城镇土地使用税的征税范围。

9.【答案】ABCD

【解析】土地使用权未确定或权属纠纷未解决的，由实际使用人纳税；土地使用权共有的，共有各方均为纳税人，由共有各方分别纳税；拥有土地使用权的纳税人不在土地所在地的，由代管人或实际使用人纳税；城镇土地使用税由拥有土地使用权的单位或个人缴纳。

10.【答案】√

耕地占用税

母题 6-1-9 耕地占用税的内容包括什么？

<table>
<tr><th>要点</th><th colspan="2">具体内容</th></tr>
<tr><td rowspan="4">纳税人</td><td colspan="2">我国境内占用耕地建设建筑物、构筑物或者从事非农业建设的单位和个人</td></tr>
<tr><td colspan="2">经申请批准占用耕地的→纳税人为农用地转用审批文件中标明的建设用地人</td></tr>
<tr><td colspan="2">农用地转用审批文件中未标明建设用地人的→纳税人为用地申请人</td></tr>
<tr><td colspan="2">未经批准占用耕地的→纳税人为实际用地人</td></tr>
<tr><td>征税范围</td><td colspan="2">包括纳税人为建设建筑物、构筑物或从事其他非农业建设而占用的国家所有和集体所有的耕地
【提示】耕地，是指用于种植农作物的土地。占用园地、林地、草地、农田水利用地、养殖水面、渔业水域滩涂以及其他农用地建设建筑物、构筑物或者从事非农业建设的，按规定缴纳耕地占用税</td></tr>
<tr><td>计税依据</td><td colspan="2">纳税人实际占用的耕地面积（包括经批准占用的耕地面积和未经批准占用的耕地面积）</td></tr>
<tr><td>应纳税额的计算</td><td colspan="2">实际占用耕地面积（平方米）×适用税率</td></tr>
<tr><td rowspan="4">税收优惠</td><td rowspan="2">免征</td><td>军事设施、学校、幼儿园、社会福利机构、医疗机构</td></tr>
<tr><td>【提示 1】学校内经营性场所、教职工住房和医院内职工住房不免征
按规定免征或者减征耕地占用税后纳税人改变原占地用途，不再属于免征或者减征耕地占用税情形的，应当按照当地适用税额补缴耕地占用税
【提示 2】农村烈士遗属、因公牺牲军人遗属、残疾军人以及符合农村最低生活保障条件农村居民，在规定用地标准以内新建自用住宅，免征耕地占用税</td></tr>
<tr><td>减半征</td><td>农村居民在规定用地标准以内占用耕地新建自用住宅
【提示】农村居民经批准搬迁，新建自用住宅占用耕地不超过原宅基地面积的部分，免征耕地占用税</td></tr>
<tr><td>最低额征</td><td>铁路、公路、飞机场跑道、停机坪、水利工程、港口、航道（减按 2 元/平方米）</td></tr>
<tr><td rowspan="3">纳税义务发生时间</td><td>经批准</td><td>纳税义务发生之日起 30 日内</td></tr>
<tr><td>未经批准</td><td>实际占用耕地的当日</td></tr>
<tr><td>纳税申报数据材料</td><td>纳税人占地类型、占地面积和占地时间→以自然资源等相关部门提供的资料为准；
未提供相关材料或材料信息不完整的→由自然资源等相关部门自收到申请之日起30 日内出具认定意见</td></tr>
<tr><td>纳税申报</td><td colspan="2">(1) 纳税人占用耕地或其他农用地，应当在耕地或其他农用地所在地申报纳税
(2) 耕地占用税由税务机关负责征收
(3) 税务机关发现纳税人的纳税申报数据资料异常或者纳税人未按照规定期限申报纳税的，可以提请相关部门进行复核，相关部门应当自收到税务机关复核申请之日起30 日内向税务机关出具复核意见
纳税人的纳税申报数据资料异常或者纳税人未按照规定期限申报纳税的，包括下列情形：
1) 纳税人改变原占地用途，不再属于免征或者减征耕地占用税情形，未按照规定进行申报的
2) 纳税人已申请用地但尚未获得批准先行占地开工，未按照规定进行申报的</td></tr>
</table>

续表

要点	具体内容
纳税申报	3）纳税人实际占用耕地面积大于批准占用耕地面积，未按照规定进行申报的 4）纳税人未履行报批程序擅自占用耕地，未按照规定进行申报的 5）其他应提请相关部门复核的情形 （4）纳税人因建设项目施工或者地质勘查临时占用耕地，应当按照规定缴纳耕地占用税。纳税人在批准临时占用耕地期满之日起一年内依法复垦，恢复种植条件的，全额退还已经缴纳的耕地占用税 （5）因挖损、采矿塌陷、压占、污染等损毁耕地属于税法所称的非农业建设，应依照税法规定缴纳耕地占用税；自自然资源、农业农村等相关部门认定损毁耕地之日起 3 年内依法复垦或修复，恢复种植条件的，按规定办理退税 （6）纳税人改变占地用途，不再属于免征或减征情形的，应自改变用途之日起 30 日内申报补缴税款，补缴税款按改变用途的实际占用耕地面积和改变用途时当地适用税额计算

考查形式

子题 6－1－9－1（判断）：建设直接为农业生产服务的生产设施占用税法规定的农用地的，不征收耕地占用税。（　　）

子题 6－1－9－2：根据耕地占用税法律制度的规定，免征耕地占用税的有________。

子题 6－1－9－3（判断）：根据耕地占用税法律制度的规定，县级以上人民政府教育行政部门登记注册或者备案的幼儿园内专门用于幼儿保育、教育的场所免征耕地占用税。（　　）

子题 6－1－9－4（判断）：根据耕地占用税法律制度的规定，经批准建设的港口内供船舶进出、停靠以及旅客上下、货物装卸的场所免征耕地占用税。（　　）

子题 6－1－9－5（判断）：经批准设立的养老机构内专门为老年人提供生活照顾的场所免征耕地占用税。（　　）

子题 6－1－9－6：纳税人改变占地用途，不再属于免征或减征情形的，应自改变用途之日起______申报补缴税款，补缴税款按改变用途的实际占用耕地面积和改变用途时当地适用税额计算。

子题 6－1－9－7（判断）：根据耕地占用税法律制度的规定，铁路、公路、飞机场跑道、停机坪、水利工程、港口、航道属于减半征收范围。（　　）

【适用题型】单项选择题、多项选择题、判断题。

【1－2019 判断】建设直接为农业生产服务的生产设施占用税法规定的农用地的，不征收耕地占用税。（　　）

【2－2017 多选】根据耕地占用税法律制度的规定，下列各项中，免征耕地占用税的有（　　）。

A. 医院内职工住房占用耕地　　B. 军事设施占用耕地

C. 城区内机动车道占用耕地　　D. 公立学校教学楼占用耕地

答案及解析

1. 【答案】√

2. 【答案】BD

【解析】免征耕地占用税的有：军事设施、学校、幼儿园、社会福利机构、医疗机构。

第二节　房地权属转移

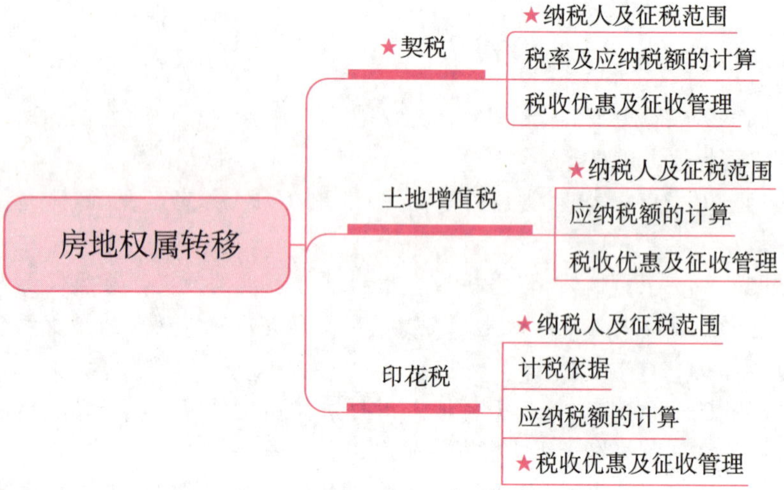

契税

母题 6-2-1　是否应当缴纳契税？

纳税人	在我国境内“承受”土地、房屋权属转移的单位和个人，即“受让方”（土地、房屋未发生转移的，不征收契税）
征税范围	(1) 国有土地使用权出让 (2) 土地使用权转让（包括以出售、赠与、交换等方式将土地使用权转移给其他单位和个人） (3) 房屋买卖、赠与、交换 (4) 视同应税行为： 1) 以土地、房屋权属 a. 抵债 b. 作价入股 c. 投资 2) 以获奖方式承受土地、房屋权属 3) 以预购方式或者预付集资建房款方式承受土地、房屋权属

续表

征税范围	【提示】 (1) 土地使用权的转让不包括"农村集体土地承包经营权"的转移 (2) 土地、房屋权属的典当、"继承"、分拆（分割）、出租、抵押，不属于契税的征税范围 (3) 抵押 VS 抵债：是否涉及土地、房屋权属转移

母题 6-2-2 契税应纳税额如何计算？

税率	采用比率税率，实行 3%～5%的幅度税率	
应纳税额计算	应纳税额＝计税依据×税率	
	计税价格	买卖、国有土地使用权出让、土地使用权出售——成交价格；土地使用权、房屋赠与——市场价格；交换——价格差额；划拨土地出售——以补交的土地使用权出让费用或土地收益
	【提示】交换价格不相等，由"多交付货币"的一方缴纳契税；交换价格相等，免征契税	

母题 6-2-3 契税有哪些税收优惠？

免税	(1) 国家机关、事业单位、社会团体、军事单位承受土地、房屋用于办公、教学、医疗、科研和军事设施的 (2) 城镇职工按规定第一次购买公有住房的 (3) 纳税人承受荒山、荒沟、荒丘、荒滩土地使用权，用于农、林、牧、渔业生产的 (4) 应予以免税的外国驻华使馆、领事馆、联合国驻华机构及其外交代表、领事官员和其他外交人员承受土地、房产权属的 【提示】因不可抗力住房灭失而重新购买住房的酌情减免，不是免税
纳税义务发生时间	纳税人签订土地、房屋权属转移合同的当天，或纳税人取得其他具有土地、房屋权属转移合同性质凭证的当天
纳税地点	契税实行属地征收管理；纳税人发生契税纳税义务时，应向土地、房屋所在地的税务机关申报纳税
纳税期限	自纳税义务发生之日起"10 日"内

考查形式

子题 6-2-1-1：根据契税法律制度的规定，属于契税纳税人的是________。

子题 6-2-1-2：根据契税法律制度的规定，属于契税征收范围的是________。

子题 6-2-1-3（判断）：张某转让位于市区的一套自有房产，该交易涉及的契税应由张某申报缴纳。（　）

子题 6-2-1-4（判断）：张某将自有房屋对外出租，不缴纳契税。（　）

子题 6-2-1-5：根据契税法律制度的规定，不征收契税的是________。

子题 6-2-1-6（判断）：房屋抵押不属于契税的征税范围。（　）

子题 6-2-2-1：2019 年 10 月陈某与李某互换房屋，经房地产评估机构评估，陈某房屋价值 220 万元，李某房屋价值 180 万元，李某向陈某支付差价 40 万元，该房屋交换行为缴纳契税的计税依据是________。

子题6-2-2-2：2016年2月周某以150万元价格出售自有住房一套，购进价格200万元住房一套。已知契税适用税率为5%，计算周某上述行为应缴纳契税税额的算式为________。

子题6-2-2-3：2016年10月王某购买一套住房，支付房价97万元，增值税税额8.73万元，已知契税适用税率为3%，计算王某应缴纳契税税额的算式为________。

子题6-2-3-1（判断）：国家机关承受房屋用于办公，免征契税。（　）

子题6-2-3-2（判断）：纳税人承受荒山、荒沟、荒丘、荒滩土地使用权，用于农、林、牧、渔业生产的，免征契税。（　）

子题6-2-3-3（判断）：城镇职工按规定第一次购买公有住房的免征契税。（　）

子题6-2-3-4（判断）：纳税人应当自纳税义务发生之日起15日内应向土地、房屋所在地的税收征收就按办理纳税申报，并在税收征收机关核定的期限内缴纳税款。（　）

【适用题型】单项选择题、多项选择题、判断题。

【1-2019单选】根据契税法律制度的规定，下列各项中，属于契税纳税人的是（　）。

A. 受让土地使用权的单位　　B. 出租房屋的个人

C. 承租房屋的个人　　D. 转让土地使用权的单位

【2-2019单选】根据契税法律制度的规定，下列各项中，属于契税征收范围的是（　）。

A. 房屋继承　　B. 房屋出租

C. 房屋交换　　D. 房屋抵押

【3-2019单选】2018年10月张某与李某互换房屋，经房地产评估机构评估，张某房屋价值220万元，李某房屋价值180万元，李某向张某支付差价40万元，该房屋交换行为缴纳契税的计税依据是（　）万元。

A. 220　　B. 180

C. 40　　D. 400

【4-2019判断】张某转让位于市区的一套自有房产，该交易涉及的契税应由张某申报缴纳。（　）

【5-2019判断】张某将自有房屋对外出租，不缴纳契税。（　）

【6-2018单选】根据契税法律制度的规定，下列行为中，属于契税征税范围的是（　）。

A. 房屋抵押　　B. 房屋交换

C. 房屋继承　　D. 房屋出租

【7-2018判断】房屋抵押不属于契税的征税范围。（　）

【8-2018判断】国家机关承受房屋用于办公，免征契税。（　）

【9－2018 多选】根据契税法律制度的规定，下列各项中，属于契税征税范围的有（　　）。

A. 房屋赠与　　B. 国有土地使用权出让

C. 土地使用权转让　　D. 房屋继承

【10－2017 单选】根据契税法律制度的规定，下列各项中，不征收契税的是（　　）。

A. 王某与李某互换房屋并向李某补偿差价款 10 万元

B. 张某受赠房屋

C. 夏某购置商品房

D. 赵某抵押房屋

【11－2017 单选】2016 年 2 月周某以 150 万元价格出售自有住房一套，购进价格 200 万元住房一套。已知契税适用税率为 5%，计算周某上述行为应缴纳契税税额的下列算式中，正确的是（　　）。

A. 150×5%＋200×5%＝17.5（万元）

B. 150×5%＝7.5（万元）

C. 200×5%－150×5%＝2.5（万元）

D. 200×5%＝10（万元）

【12－2017 单选】2016 年 10 月王某购买一套住房，支付房价 97 万元，增值税税额 8.73 万元，已知契税适用税率为 3%，计算王某应缴纳契税税额的下列算式中，正确的是（　　）。

A. （97＋8.73）×3%＝3.1 719（万元）

B. （97－8.73）×3%＝2.6 481（万元）

C. 97÷（1－3%）×3%＝3（万元）

D. 97×3%＝2.91（万元）

【13－2016 单选】根据税收法律制度的规定，下列各项中属于契税纳税人的是（　　）。

A. 向养老院捐赠房产的李某

B. 承租住房的刘某

C. 购买商品房的张某

D. 出售商铺的林某

【14－2016 单选】根据契税法律制度的规定，下列行为中，不属于契税征税范围的是（　　）。

A. 房屋买卖　　B. 房屋交换

C. 房屋租赁　　D. 房屋赠与

【15－2016 多选】根据契税法律制度的规定，下列各项中，属于契税征税范围的有（　　）。

A. 国有土地使用权出让　　B. 房屋交换

C. 农村集体土地承包经营权转移　　D. 土地使用权赠与

答案及解析

1. 【答案】A

【解析】出租不涉及契税的缴纳，因为没有房屋权属的转移，B、C选项错误；契税应为承受方缴纳，D选项错误。

2. 【答案】C

【解析】典当、“继承”、分折（分割）、出租、抵押，不属于契税的征税范围。

3. 【答案】C

【解析】交换房屋行为应缴纳的契税的计税依据为房屋交换价格差额款40万元（多付钱一方）。

4. 【答案】×

【解析】契税应由受让方（买方）缴纳。

5. 【答案】√

【解析】契税以在我国境内转移土地、房屋权属的行为作为征税对象，出租不涉及房屋权属转移，不缴纳契税。

6. 【答案】B

【解析】土地、房屋典当、继承、分折（分割）、抵押以及出租等行为，不属于契税的征税范围，A、C、D选项错误。

7. 【答案】√

【解析】土地、房屋典当、继承、分折（分割）、抵押以及出租等行为，不属于契税的征税范围。

8. 【答案】√

【解析】国家机关、事业单位、社会团体、军事单位承受土地、房屋用于办公、教学、医疗、科研和军事设施的，免征契税。

9. 【答案】ABC

【解析】契税征税范围：国有土地使用权出让、土地使用权转让、房屋买卖、房屋赠与、房屋交换。土地、房屋典当、继承、分折（分割）、抵押以及出租等行为，不属于契税的征税范围。

10. 【答案】D

【解析】选项A、B、C，在我国境内“承受”（受让、购买、受赠、交换等）土地、房屋权属转移的单位和个人，应照章缴纳契税；选项D，土地、房屋典当、继承、分折（分割）、“抵押”以及出租等行为，不属于契税的征税范围。

11. 【答案】D

【解析】契税的纳税人，是指在我国境内承受土地、房屋权属转移的单位和个人。

12. 【答案】D

【解析】房屋买卖，以成交价格作为计税依据，且该成交价格不含增值税；王某应缴纳契税＝97×3%＝2.91（万元）。

13. 【答案】C

【解析】契税的纳税人是在我国境内承受土地、房屋权属的单位和个人。

14. 【答案】C

【解析】选项A、B、D，房屋买卖、交换和赠与，房屋产权权属发生转移，属于契税的征税范围；选项C，房屋租赁，房屋产权权属没有发生转移，不属于契税征税范围。

15. 【答案】ABD

【解析】选项C，农村集体土地承包经营权转移，不属于契税的征税范围。

土地增值税

母题6-2-4　是否应当缴纳土地增值税？

<table>
<tr><th>要点</th><th colspan="2">具体内容</th></tr>
<tr><td>纳税人</td><td colspan="2">转让国有土地使用权、地上建筑物及其附着物（简称转让房地产）并取得收入的单位和个人</td></tr>
<tr><td rowspan="6">征税范围</td><td>出让与转让</td><td>出让（不征）；转让（征）</td></tr>
<tr><td>赠与</td><td>赠与直系亲属或承担直接赡养义务人、通过相关机构赠与教育、民政和其他社会福利、公益事业（不征）；赠与其他人（征）</td></tr>
<tr><td>整体改制重组、合并、分立、投资联营</td><td>不征
【提示】不适用于房地产企业</td></tr>
<tr><td>房屋交换</td><td>个人互换住房（免征）；企业互换（征）</td></tr>
<tr><td>抵押</td><td>抵押期间（不征），抵押期满“且”发生权属转移（征）</td></tr>
<tr><td colspan="2">【提示1】其他规定可通过常识判断，依据为房屋权属是否发生转移且有增值
【提示2】房地产的出租、代建行为、重新评估不征</td></tr>
</table>

母题6-2-5　土地增值税应纳税额如何计算？

<table>
<tr><td>税率</td><td colspan="3">四级超率累进税率</td></tr>
<tr><td rowspan="8">应纳税额计算</td><td rowspan="2">计税公式</td><td colspan="2">土地增值税应纳税额＝增值额×税率－扣除项目金额×速算扣除系数</td></tr>
<tr><td colspan="2">增值额＝转让房地产取得的收入－扣除项目金额</td></tr>
<tr><td rowspan="6">扣除项目</td><td rowspan="6">房地产企业出售（新房）</td><td>取得土地使用权支付的金额，包括地价款、契税</td></tr>
<tr><td>房地产开发成本，包括土地征用和拆迁费、前期工程费、耕地占用税等</td></tr>
<tr><td>房地产开发费用，指与房地产开发项目有关的销售费用、管理费用和财务费用：
（1）能够按提供金融机构证明的，允许据实扣除：
允许扣除的房地产开发费用＝利息＋（取得土地使用权所支付的金额＋房地产开发成本）×5%以内</td></tr>
<tr><td>（2）不能提供金融机构证明的：
允许扣除的房地产开发费用＝（取得土地使用权所支付的金额＋房地产开发成本）×10%以内
（3）超息、罚息不允许扣除</td></tr>
<tr><td>与转让房地产有关的税金，包括城建税、教育费附加</td></tr>
</table>

续表

应纳税额计算	扣除项目	房地产企业出售（新房）	财政部确定的其他扣除项目： 可加计扣除金额＝（取得土地使用权支付的金额＋房地产开发成本）×20％
			【提示】（1）判定利息是否明确；（2）印花税不单独扣除；（3）增值税不得扣除
		非房地产企业出售新房	取得土地使用权支付的金额
			房地产开发成本
			房地产开发费用
			与转让房地产有关的税金，包括城建税、教育费附加、印花税
		出售旧房	旧房及建筑物的评估价格＝重置成本价×成新度折扣率
			取得土地使用权所支付的地价款
			与转让房地产有关的税金
			【提示】旧房成本按评估价值扣除
		【提示】申报扣除项目金额不实的	税务机关对计算的房屋成本价和取得土地使用权时的基准地价进行评估，根据评估价格确定的**房产扣税项目金额＋**用该房产所坐落土地取得时的基准价或标准地价确定的**土地的扣除项目金额＝该房地产的扣除项目金额**
		出售土地	取得土地使用权所支付的地价款
			与转让房地产有关的税金

母题 6－2－6 土地增值税的税收优惠及征收管理内容包括哪些？

免税	纳税人建造普通标准住宅【高级公寓、度假村、别墅等**不属于**】出售，增值额未超过扣除项目金额 20％	
	转让旧房作为公共租赁住房房源“且”增值额未超过扣除项目金额 20％	
	因国家建设需要依法征用、收回的房地产	
	【提示】因上述原因而“自行转让”比照国家收回处理	
	居民个人转让住房	
纳税申报	纳税人应在转让房地产合同签订后 7 日内，到房地产所在地主管税务机关办理纳税申报，并提交有关资料，然后在税务机关规定的期限内缴纳土地增值税	
清算	应当清算	（1）房地产开发项目（包含普通住宅和非普通住宅）全部竣工、完成销售 （2）整体转让未竣工决算房地产开发项目 （3）直接转让土地使用权
	可以清算	（1）已竣工验收的房地产开发项目，已转让的房地产建筑面积占整个项目可售建筑面积的比例在“85％”以上，或该比例虽未超过 85％，但剩余的可售建筑面积已经出租或自用 （2）取得销售（预售）许可证满“三年”仍未销售完毕 （3）纳税人申请注销税务登记但未办理土地增值税清算手续

考查形式

子题 6-2-4-1：根据土地增值税法律制度的规定，属于土地增值税纳税人的是________。

子题 6-2-4-2：根据土地增值税法律制度的规定，属于土地增值税征税范围的是________。

子题 6-2-5-1：根据土地增值税法律制度的规定，在计算土地增值税计税依据时，应列入房地产开发成本的有________。

子题 6-2-5-2（判断）：纳税人建造普通标准住宅出售，增值额超过扣除项目金额 20%的，应按全部增值额计算缴纳土地增值税。（　）

子题 6-2-5-3：甲房地产公司 2015 年销售自行开发的商业房地产项目，取得收入 20 000 万元，准予从房地产转让收入额减除的扣除项目金额 12 000 万元。已知土地增值税税率为 40%，速算扣除系数为 5%，甲房地产公司该笔业务应缴纳土地增值税税额的计算列式为________。

子题 6-2-5-4：根据土地增值税法律制度的规定，在计算土地增值税计税依据时不允许扣除的是________。

子题 6-2-6-1（判断）：房地产开发项目中同时包含普通住宅和非普通住宅的，应分别计算土地增值税的增值额。（　）

子题 6-2-6-2：根据土地增值税法律制度的规定，免征土地增值税的是________。

子题 6-2-6-3：根据土地增值税法律制度的规定，不属于纳税人应当进行土地增值税清算的是________。

【适用题型】单项选择题、多项选择题、判断题。

【1-2019 单选】 根据土地增值税法律制度的规定，下列各项中，属于土地增值税纳税人的是（　）。

A. 出售房屋的企业　　B. 购买房屋的个人
C. 出租房屋的个人　　D. 购买房屋的企业

【2-2019 单选】 根据土地增值税法律制度的规定，下列行为中，属于土地增值税征税范围的是（　）。

A. 房地产的继承　　B. 房地产的转让
C. 房地产的重新评估　　D. 房地产的出租

【3-2019 多选】 根据土地增值税法律制度的规定，下列行为中应征收土地增值税的有（　）。

A. 个人出租不动产　　B. 企业出售不动产
C. 企业转让国有土地使用权　　D. 政府出让国有土地使用权

【4-2019 多选】 根据地方增值税法律制度的规定，下列各项中，在计算土地增值税计税依据时，应列入房地产开发成本的有（　）。

A. 土地出让金　　B. 前期工程费

C. 耕地占用税　　D. 公共配套设施费

【5－2018 单选】根据土地增值税法律制度的规定，下列行为中，应缴纳土地增值税的是（　　）。

A. 房地产的出租　　B. 国有土地使用权的转让

C. 国有土地使用权的出让　　D. 房地产的继承

【6－2018 判断】纳税人建造普通标准住宅出售，增值额超过扣除项目金额 20％的，应按全部增值额计算缴纳土地增值税。（　　）

【7－2018 单选】根据土地增值税法律制度的规定，下列各项中，在计算土地增值税计税依据时不允许扣除的是（　　）。

A. 在转让房地产时缴纳的城市维护建设税

B. 纳税人为取得土地使用权所支付的地价款

C. 土地征用及拆迁补偿费

D. 超过贷款期限的利息部分

【8－2017 单选】根据土地增值税法律制度的规定，下列各项中，不属于土地增值税纳税人的是（　　）。

A. 出售写字楼的乙公司　　B. 转让国有土地使用权的甲公司

C. 出售商铺的潘某　　D. 出租住房的孙某

【9－2017 单选】根据土地增值税法律制度的规定，下列各项中，免征土地增值税的是（　　）。

A. 企业以房地产抵债而发生权属转移的房地产

B. 企业之间交换房地产

C. 由一方出地，另一方出资金，企业双方合作建房，建成后转让的房地产

D. 因城市实施规划，国家建设的需要而搬迁，企业自行转让的房地产

【10－2017 判断】房地产开发项目中同时包含普通住宅和非普通住宅的，应分别计算土地增值税的增值额。（　　）

【11－2016 单选】甲房地产公司 2015 年销售自行开发的商业房地产项目，取得收入 20 000 万元，准予从房地产转让收入额减除的扣除项目金额 12 000 万元。已知土地增值税税率为 40％，速算扣除系数为 5％，甲房地产公司该笔业务应缴纳土地增值税税额的下列计算列式中，正确的是（　　）。

A. （20 000－12 000）×40％－20 000×5％＝2 200（万元）

B. （20 000－12 000）×40％－12 000×5％＝2 600（万元）

C. 20 000×40％－12 000×5％＝7 400（万元）

D. 20 000×40％－（20 000－12 000）×5％＝7 600（万元）

【12－2014 单选】根据土地增值税法律制度的规定，下列各项中，不属于纳税人应当进行土地增值税清算的是（　　）。

A. 直接转让土地使用权

B. 房地产开发项目全部竣工、完全销售的

C. 整体转让未竣工决算房地产开发项目的

D. 取得销售（预售）许可证满 3 年仍未销售完毕的

【13－2014 多选】下列各项中，属于土地增值税的核定征收的情形的有（　　）。

A. 依照法律、行政法规的规定应当设置但未设置账簿的

B. 擅自销毁账簿或者拒不提供纳税资料的

C. 虽设置账簿，但账目混乱或者成本资料、收入凭证、费用凭证残缺不全的

D. 申报的计税依据明显偏低，又无正当理由的

答案及解析

1. 【答案】A

【解析】B、D 选项交契税，C 选项房屋出租不交契税也不交土地增值税，因为不涉及权属的转移。

2. 【答案】B

【解析】继承、出租不征收土地增值税，A、D 选项错误；房产的转让征收土地增值税（出让不征），B 选项正确；房地产评估增值的征收土地增值税，C 选项表述不准确，故不选。

3. 【答案】BC

【解析】土地使用权的出让不征土地增值税，转让征收土地增值税。出售不动产交纳土地增值税，出租不动产不征土地增值税。

4. 【答案】BCD

【解析】房地产开发成本包括土地征用及拆迁补偿费（含耕地占用税）、前期工程费、建筑安装工程费、基础设施费、公共配套设施费和开发间接费用等。

5. 【答案】B

【解析】选项 A，出租房地产，未发生房产产权、土地使用权的转让行为，不属于土地增值税的征税范围；选项 C，土地增值税只对转让国有土地使用权的行为征税，对出让国有土地的行为不征税；选项 D，土地增值税只对有偿转让的房地产征税，对以继承、赠与等无偿转让的房地产不征税。

6. 【答案】√

7. 【答案】D

【解析】对于超过贷款期限的利息部分在计算土地增值税时不允许扣除。

8. 【答案】D

【解析】选项 D，房地产出租，没有发生房屋产权、土地使用权的转让，不属于土地增值税的征税范围，故孙某不属于土地增值税纳税人。选项 A、B、C，土地增值税的纳税人为“转让”国有土地使用权、地上建筑物及其附着物并取得收入的单位和个人。

9. 【答案】D

【解析】选项 A、B、C，照章征收土地增值税；选项 D，因国家建设需要依法征用、收回的房地产，免征土地增值税；因城市实施规划、国家建设的需要而搬迁，由纳税人自行转让原房地产的，免征土地增值税。

10. 【答案】√

11. 【答案】B

【解析】土地增值税应纳税额＝增值额×适用税率－扣除项目金额×速算扣除系数。

12.【答案】D

【解析】选项D，属于主管税务机关可要求纳税人进行土地增值税清算的情形。

13.【答案】ABCD

印花税

母题6-2-7 哪些情况应当缴纳印花税？

要点	具体内容	
纳税人	书立	立合同人、立账簿人、立据人、电子应税凭证的签订人
		【提示】立合同人指合同当事人，不包括担保人、证人、鉴定人
	领受	领受人
	使用	使用人
征税范围		
合同类（11类）	借款、租赁、买卖、技术；建设工程、承揽、融资租赁、运输；保管、仓储、财产保险 口诀：借租买技、建承融输（榕树）、保仓财 （一项技术你很需要，最初是借，后来是租，最后干脆买下来了，为的是建成一棵大榕树，保管仓库的财产）	
产权转移书据	土地使用权出让和转让书据；房屋等建筑物、构筑物所有权；股权（不包括上市和挂牌公司股票）、商标专用权、著作权、专利权、专有技术使用权转让书据	
营业账簿	资金账簿（征）、其他营业账簿（不征）	
权利、许可证照	不动产权证书、工商营业执照、商标注册证、专利证书【不包括卫生许可证、餐饮许可证】	
证券交易	在依法设立的证券交易所上市交易或者在国务院批准的其他证券交易场所转让公司股票和以股票为基础发现的存托凭证 【提示】证券交易印花税只对出让方征收，不对受让方征收	

母题6-2-8 印花税的计税依据是什么？

类别	计税依据	
	包括	不包括
买卖合同、建设工程合同	支付价款	—
承揽合同	报酬	委托方提供的材料
租赁合同、融资租赁合同	租金	租赁财产价值
运输合同	运费	装卸费等其他杂费
仓储合同	仓储费	—
保管合同	保管费	—
证券交易	成交金额	—
证券交易（非集中）	过户前一个交易日收盘价	—
	证券面值（无收盘价）	

续表

类别	计税依据	
	包括	不包括
借款合同	借款金额	利息
财产保险合同	保费	被保险物价值
技术合同	价款、报酬、使用费	—
营业账簿	以“实收资本”与“资本公积”两项的合计金额为计税依据	
其他账簿	免税	
权利、许可证照	应税凭证件数（5元/件）	

母题 6-2-9　印花税应纳税额如何计算？

应纳税额计算	从价计征和定额贴花	应纳税额=计税依据×适用税率	
		应税合同	(1) 买卖合同、建工合同——支付价款 (2) 承揽合同——支付报酬 (3) 租赁合同和融资租赁合同——租金（不包括财产价值） (4) 运输合同——运费（不包括装卸费、保险费） (5) 保险合同——保费（不包括保险物价值） (6) 仓储合同——仓储费 (7) 借款合同——借款金额（非利息） (8) 产权转移书据——书据列明的价款（不包括增值税税款） (9) 营业账簿——实收资本、资本公积合计 (10) 应税权利、许可证照——按件确定（定额贴花） (11) 证券交易——成交金额
			【提示】载有两个或两个以上应适用不同税目税率经济事项的同一凭证，如分别记载金额的，应分别计算应纳税额；如未分别记载金额的，按税率高的计算应纳税额

母题 6-2-10　印花税有哪些税收优惠？ 征收管理内容包括哪些？

税收优惠	(1) 应纳税额不足1角	金额较小
	(2)“电网与用户”之间签订的供用电合同 (3) 个人（不包括个体工商户）转让、租赁住房订立的应税凭证 (4) 商店、门市部的零星加工修理业务开具的修理单 (5) 电话和联网购物 (6) 铁路、公路、航运、水路承运快件行李、包裹开具的托运单据	个人的小额交易
	(7)“人身保险合同” (8) 企业与主管部门签订的租赁承包合同 (9) 银行“同业拆借”合同、“借款展期”合同、“无息、贴息”贷款合同、“日拆性”贷款合同、“国际金融组织”向我国提供优惠贷款订立的借款合同、金融机构与“小微企业”订立的借款合同 (10)“法律、会计、审计”合同；“出版”合同；“委托代理”合同 (11) 非记载资金的其他账簿，车间、门市部、仓库设置的不记载金额的登记簿、统计簿、台账等 (12) 物资调拨单	非列举合同

续表

税收优惠	(13) 已经缴纳印花税的凭证的副本或抄本 (14) **既书立合同，又开立单据的，只就合同贴花**，所开立的各类单据，不再贴花 (15) 对企业兼并的并入资金，凡已按资金总额贴花的，接收单位对并入的资金，不再补贴印花 (16) 纳税人已履行并贴花的合同，发现实际结算金额与合同所载金额不一致的，一般不再补贴印花	**已贴过印花**
	(17) 财产所有人将财产赠给政府、社会福利单位、学校所立的书据	**鼓励行为**
	(18) 图书、报、刊发行单位之间，发行单位与订阅单位或个人之间书立的凭证 (19) 农业保险合同、农业生产者购买生产资料或销售自产农产品签订的买卖合同 (20) 铁道企业特定凭证免税 **【提示】**自2019年1月1日至2021年12月31日，对高校学生签订的高校学生公寓租赁合同免税	**照顾行为**
	(21) 军队、武警部队订立、领受的应税凭证	**非经营行为**
	(22) 由外国运输企业运输进口货物的，外国运输企业所持有的一份结算凭证 (23) 抢险救灾物资运输结算凭证 (24) 为新建铁路运输施工所属物料，使用工程临管线专用运费结算凭证	**运输、货运**
	(25) 股权转让（国有股权的无偿划转） **【提示】**上市公司国有股权无偿转让，需要免征证券交易印花税的，须由企业提出申请，报证券交易所所在地税务局审批，并报国家税务总局备案	**政策扶持**
征收管理	纳税期限： ■ 按季、按年：季度、年末终了之日起**15**日内申报并缴纳税款 ■ 按次计征：纳税义务发生之日起**15**日内申报并缴纳税款	

考查形式

子题6-2-7-1：根据印花税法律制度的规定，属于印花税征税范围的有________。

子题6-2-7-2：甲公司与乙公司签订买卖合同，合同约定丙为担保人，丁为鉴定人。关于该合同印花税纳税人的正确表述是________。

子题6-2-7-3：根据印花税法律制度的规定，属于印花税纳税人的有________。

子题6-2-8-1：根据印花税法律制度的规定，以件数为印花税计税依据的是________。

子题6-2-8-2（判断）：根据印花税法律制度的规定，应税产权转移书据的计税依据，为产权转移书据列明的价款，不包括增值税税款。（　）

子题6-2-9-1：甲公司向乙公司租赁2台起重机并签订租赁合同，合同注明起重机总价值为80万元，租期为2个月，每台每月租金2万元。已知租赁合同适用的印花税税率为1‰。根据印花税法律制度的规定，甲公司和乙公司签订该租赁合同共计应缴印花税________元。

子题 6-2-9-2：根据印花税法律制度的规定，按件贴花的是________。

子题 6-2-9-3（判断）：纳税人签订的商品房销售合同应按照“产权转移书据”税目计缴印花税。（　　）

子题 6-2-10-1（判断）：根据印花税法律制度的规定，印花税季度、年末终了之日起 15 日内申报并缴纳税款。（　　）

子题 6-2-10-2（判断）：纳税人已履行并贴花的合同，发现实际结算金额与合同所载金额不一致的，一般不再补贴印花。（　　）

【适用题型】单项选择题、多项选择题、判断题。

【1-2019 单选】甲公司向乙公司租赁 2 台起重机并签订租赁合同，合同注明起重机总价值为 80 万元，租期为 2 个月，每台每月租金 2 万元。已知租赁合同适用印花税税率为 1‰。根据印花税法律制度的规定，甲公司和乙公司签订该租赁合同共计应缴印花税（　　）元。

A. 40　　B. 80

C. 160　　D. 800

【2-2019 单选】根据印花税法律制度的规定，下列合同中，应征收印花税的是（　　）。

A. 金融机构与小型微型企业订立的借款合同

B. 农民销售自产农产品订立的买卖合同

C. 发电厂与电网之间签订的购售电合同

D. 代理单位与委托单位之间签订的委托代理合同

【3-2019 单选】根据印花税法律制度的规定，下列各项中，以件数为印花税计税依据的是（　　）。

A. 营业账簿　　B. 著作权转让书据

C. 不动产权证书　　D. 财产保险合同

【4-2019 多选】根据印花税法律制度的规定，下列各项中，属于印花税征税范围的有（　　）。

A. 审计咨询合同　　B. 财产保险合同

C. 技术中介合同　　D. 建筑工程分包合同

【5-2018 单选】甲公司与乙公司签订买卖合同，合同约定丙为担保人，丁为鉴定人。下列关于该合同印花税纳税人的表述中，正确的是（　　）。

A. 甲、乙、丙和丁为纳税人　　B. 甲、乙和丁为纳税人

C. 甲、乙为纳税人　　D. 甲、乙和丙为纳税人

【6-2018 单选】根据印花税法律制度的规定，下列各项中，不征收印花税的是（　　）。

A. 未按期兑现的货物运输合同

B. 以电子形式签订的买卖合同

C. 建设工程合同的分包合同

D. 企业与主管部门签订的租赁承包合同

【7－2018 单选】 下列不属于印花税征税范围的是（　　）。

A. 餐饮服务许可证　　B. 营业执照

C. 商标注册证　　D. 土地使用证

【8－2018 多选】 根据印花税法律制度的规定，下列各项中，免征印花税的有（　　）。

A. 发行单位与订阅单位之间书立的凭证

B. 无息、贴息借款合同

C. 已缴纳印花税的凭证的副本

D. 财产所有人将财产赠给学校所立的书据

【9－2017 单选】 根据印花税法律制度的规定，下列凭证中，按件贴花的是（　　）。

A. 财产保险合同　　B. 产权转移书据

C. 借款合同　　D. 权利、许可证照

【10－2017 多选】 根据印花税法律制度的规定，下列合同中，属于印花税征税范围的有（　　）。

A. 技术合同　　B. 租赁合同

C. 买卖合同　　D. 运输合同

【11－2017 多选】 根据印花税法律制度的规定，下列各项中，属于印花税纳税人的有（　　）。

A. 各类电子应税凭证的签订人　　B. 立据人

C. 立账簿人　　D. 立合同人

【12－2016 判断】 纳税人签订的商品房销售合同应按照"产权转移书据"税目计缴印花税。（　　）

【13－2016 单选】 下列各项中以件数缴纳印花税的有（　　）。

A. 产权转移书据　　B. 买卖合同

C. 权利、许可证照　　D. 运输合同

答案及解析

1. 【答案】C

【解析】租期内全部租金＝2×2×2＝8（万元），租赁合同应当以凭证所载租金作为计税依据，又由于签订合同的各方当事人都是印花税的纳税人，因此，该租赁合同双方当事人甲公司和乙公司共计应缴印花税＝8×10 000×1‰×2＝160（元）。

2. 【答案】C

【解析】金融机构与小型、微型企业签订的借款合同免征印花税；销售自产农产品订立的买卖合同和农业保险合同免征印花税，选项A、B免税。发电厂与电网之间、电网与电网之间签订的购售电合同，按购销合同征收印花税，选项C正确。选项D，代理单位与委托单位之间签订的委托代理合同不征收印花税。

3. 【答案】C

【解析】应税营业账簿的计税依据为，营业账簿记载的实收资本（股本）、资本公积合计金额，选项 A 错误；应税产权转移书据的计税依据为，产权转移书据列明的价款，不包括增值税税款，若产权转移书据中价款与增值税税款未分开列明的，按照合计金额确定，选项 B 错误；财产保险合同中的保险费为计税依据，选项 D 错误；不动产权证书、营业执照、商标注册证、专利证书均为按件贴花，单位税额为每件 5 元。

4.【答案】BCD

【解析】“法律、会计、审计”合同免印花税。

5.【答案】C

【解析】印花税的纳税人是指书立合同的当事人（甲和乙），不包括合同的担保人（丙）、证人和鉴定人（丁）。

6.【答案】D

【解析】财产租赁合同，不包括企业与主管部门签订的租赁承包合同。

7.【答案】A

【解析】印花税中的“权利、许可证照”包括不动产权证书、营业执照、商标注册证、专利证，不包括餐饮服务许可证，所以本题选择 A 选项。

8.【答案】ABCD

【解析】根据印花税的税收优惠政策，免征印花税的有：已缴纳印花税的凭证的副本或者抄本；财产所有人将财产赠给政府、社会福利单位、学校所立的书据；无息、贴息借款合同；外国政府或者国际金融组织向中国政府及国家金融机构提供优惠贷款所书立的合同；农林作物、牧业畜类保险合同；书、报、刊发行单位之间，发行单位与订阅单位或个人之间书立的凭证。

9.【答案】D

【解析】权利、许可证照按照每件 5 元贴花。

10.【答案】ABCD

【解析】以上选项均属于印花税征税范围。

11.【答案】ABCD

【解析】印花税纳税人包括：立合同人；立账簿人；立据人；领受人；使用人；各类电子应税凭证的签订人。

12.【答案】√

【解析】纳税人签订的商品房销售合同应按照“产权转移书据”税目计缴印花税。

13.【答案】C

【解析】权利、许可证照按件贴花。

第三节 关于车船的小税种

- 关于车船的小税种
  - 车船税
    - ★纳税人及征税范围
    - 应纳税额的计算
      - ★计税依据
    - ★税收优惠
    - 征收管理
  - 车辆购置税
    - ★纳税人及征税范围
    - 税收优惠
    - 征收管理

车船税

母题 6-3-1 是否应当缴纳车船税？

要点	具体内容
纳税人	车辆、船舶的“所有人或者管理人”（拥有并使用） 从事机动车第三者责任强制保险业务的“保险机构”为扣缴义务人
征税范围	（1）依法应当在车船登记管理部门登记的机动车辆和船舶 （2）依法不需要在车船登记管理部门登记的在单位内部场所行驶或者作业的机动车辆和船舶
税目	乘用车、商用车、挂车、其他车辆、摩托车和船舶

母题 6-3-2 车船税应纳税额如何计算【计税依据】？

<table>
<tr><td rowspan="9">应纳税额计算</td><td colspan="4">应纳税额＝计税依据×定额税率</td></tr>
<tr><td rowspan="7">计税依据</td><td rowspan="2">乘用车、客车和摩托车</td><td>＞1.6 升</td><td rowspan="2">辆</td></tr>
<tr><td>≤1.6 升（减半）</td></tr>
<tr><td colspan="2">货车、专用作业车和轮式专用机械车
【提示】（不包括拖拉机）</td><td rowspan="2">整备质量（自重）每吨</td></tr>
<tr><td colspan="2">挂车（减半：按货车税额 50%）</td></tr>
<tr><td colspan="2">机动船舶</td><td rowspan="2">净吨位每吨</td></tr>
<tr><td colspan="2">非机动驳船、拖船（减半：按机动船舶税额 50%）</td></tr>
<tr><td colspan="2">游艇</td><td>艇身长度每米</td></tr>
<tr><td colspan="4">【提示】新车船自购入“当月”计征车船税</td></tr>
</table>

母题 6－3－3 车船税有哪些税收优惠？

税收优惠	具体规定	
免税	农业生产	捕捞、养殖渔船
	特权车辆	军队、武警部队专用车船，警用车船（白牌）
		外国驻华使领馆、国际组织驻华代表机构及其有关人员的车船（黑牌）
		悬挂应急救援专用号牌的国家综合性消防救援车辆和国家综合性消防救援船舶
	使用新能源车船（纯电动商用车、插电式混合动力汽车、燃料电池商用车） 【提示】不免：非新能源的救护车、市政公务车、公共汽车	
	按规定缴纳船舶吨税的机动船舶，自车船税法实施之日 5 年内免征车船税	
不征	外国、港、澳、台临时入境车船、纯电动乘用车和燃料电池乘用车	
减半	拖船、非机动驳船	
	节约能源的车船（1.6 升及以下小排量）	
	挂车	

母题 6－3－4 车船税征收管理的规定有哪些？

要点	主要规定
纳税义务发生时间	取得车船所有权或者管理权的当月
纳税期限	按年申报，分月计算，**一次性**缴纳
纳税地点	扣缴义务人代收代缴车船税的，为扣缴义务人所在地
	纳税人自行申报缴纳车船税的，为车船登记地的主管税务机关
	不需要办理登记的车船，为车船的所有人或者管理人所在地
代收代缴税款	已代收代缴车船税的，纳税人不再向车辆登记地的主管税务机关申报缴纳车船税
【提示 1】在一个纳税年度内，已完税的车船被盗抢等，可以申请退还自被盗抢等月份起至该纳税年度终了期间的税款 【提示 2】已办理退税的被盗抢车船失而复得的，纳税人应当从公安机关出具相关证明的当月起计算缴纳车船税 【提示 3】购置的新车船，购置当年的应纳税额自纳税义务发生之日起按月计算。应纳税额为年应纳税额除以 12 再乘以应纳税月份数	

考查形式

子题 6－3－1－1：根据车船税法律制度的规定，不属于车船税征税范围的是________。

子题 6－3－1－2：根据车船税法律制度的规定，应缴纳车船税的是________。

子题 6－3－1－3（判断）：甲钢铁厂依法不需要在车船登记管理部门登记的在单位内部场所行驶的机动车辆，属于车船税的征税范围。（ ）

子题6-3-2-1：甲公司2016年拥有机动船舶10艘，每艘净吨位为150吨，非机动驳船5艘，每艘净吨位为80吨，已知机动船舶适用年基准税额为每吨3元。计算甲公司当年应缴纳车船税税额的计算式为________。

子题6-3-2-2：根据车船税法律制度的规定，以“辆数”为计税依据的是________。

子题6-3-2-3：根据车船税法律制度的规定，非机动驳船计税依据为________。

子题6-3-3-1（判断）：根据车船税法律制度的规定，非新能源的救护车、市政公务车、公共汽车需要征收车船税。（ ）

子题6-3-3-2（判断）：根据车船税法律制度的规定，军队、武警部队专用车船，警用车船（白牌）免征车船税。（ ）

子题6-3-3-3（判断）：根据车船税法律制度的规定，节约能源的车船（1.6升以下小排量）全额征收车船税。（ ）

子题6-3-3-4（判断）：根据车船税法律制度的规定，拖船、非机动驳船和挂车免征车船税。（ ）

子题6-2-4-1（判断）：根据车船税法律制度的规定，车船税纳税义务发生时间为取得车船所有权或者管理权的当天。（ ）

子题6-2-4-2（判断）：已办理退税的被盗抢车船失而复得的，纳税人应当从公安机关出具相关证明的当月起计算缴纳车船税。（ ）

【适用题型】单项选择题、多项选择题、判断题。

【1-2019单选】根据车船税法律制度规定，下列各项中，属于非机动驳船计税依据的是（ ）。

A. 辆数　　B. 净吨位数

C. 艇身长度　　D. 整备质量吨位数

【2-2018单选】根据车船税法律制度的规定，下列各项中不属于车船税征税范围的是（ ）。

A. 摩托车　　B. 拖拉机

C. 游艇　　D. 挂车

【3-2018单选】根据车船税法律制度的规定，下列各项中，以“辆数”为计税依据的是（ ）。

A. 货车　　B. 轮式专用机械车

C. 乘用车　　D. 专用作业车

【4-2017单选】根据车船税法律制度的规定，下列车船中，应缴纳车船税的是（ ）。

A. 商用客车　　B. 警用车船

C. 捕捞渔船　　D. 养殖渔船

【5-2017单选】甲公司2016年拥有机动船舶10艘，每艘净吨位为150吨，非机动驳船5艘，每艘净吨位为80吨，已知机动船舶适用年基准税额为每吨3元。计算甲公司当

年应缴纳车船税税额的下列计算式中，正确的是（　　）。

A. 10×150×3×50%+5×80×3=3 450（元）

B. （10×150+5×80）×3=5 700（元）

C. 10×150×3+5×80×3×50%=5 100（元）

D. （10×150+5×80）×3×50%=2 850（元）

【6-2017 多选】根据车船税法律制度的规定，下列有关车船税计税依据的表述中，正确的有（　　）。

A. 商用客车以辆数为计税依据

B. 机动船舶以整备质量吨位数为计税依据

C. 游艇以艇身长度为计税依据

D. 商用货车以净吨位数为计税依据

【7-2016 单选】根据车船税法律制度的规定，下列车船中，应征收车船税的是（　　）。

A. 捕捞渔船

B. 符合国家有关标准的纯电动乘用车

C. 军队专用车船

D. 观光游艇

【8-2016 多选】下列车船税计税依据正确的有（　　）。

A. 商用货车以辆数

B. 商用客车以辆数

C. 机动船舶以净吨位数

D. 游艇以艇身长度

【9-2016 判断】甲钢铁厂依法不需要在车船登记管理部门登记的在单位内部场所行驶的机动车辆，属于车船税的征税范围。（　　）

答案及解析

1. 【答案】B

【解析】非机动驳船计税依据的是净吨位数。

2. 【答案】B

【解析】车船税征税范围中“其他车辆”不包括拖拉机，拖拉机不属于车船税的征税范围。

3. 【答案】C

【解析】专用作业车、货车和轮式专用机械车均以整备质量吨位数为计税依据；乘用车以辆数为计税依据。

4. 【答案】A

【解析】警用车船、捕捞渔船、养殖渔船免征车船税。

5. 【答案】C

【解析】非机动驳船的车船税税额按照机动船舶税额的50%计算。

6. 【答案】AC

【解析】选项B，机动船舶以净吨位数为计税依据；选项D，商用货车以整备质量吨位数为计税依据。

7. 【答案】D

【解析】捕捞、养殖渔船，军队、武装警察部队专用的车船，免征车船税；纯电动乘用车和燃料电池乘用车不属于车船税征收范围，对其不征车船税。

8.【答案】BCD

【解析】商用货车计税依据为整备质量每吨，选项A错误。

9.【答案】√

车辆购置税

母题 6-3-5 车辆购置税包括什么内容?

要点	具体内容
纳税人	在中华人民共和国境内购置汽车、有轨电车、汽车挂车、排气量超过150毫升的摩托车的单位和个人
征税范围	汽车、有轨电车、汽车挂车、排气量超过150毫升的摩托车
税率	固定比例税率10%
计税依据	(1) 购买自用：**实际支付给销售者的全部价款**×10%→**不包括增值税税额** 【提示】《中华人民共和国车辆购置税法》已于2019年7月1日起施行 (2) 进口自用：(关税完税价格+关税+消费税)×10% (3) 自产自用应税车辆的计税价格，按照纳税人生产的同类应税车辆的销售价格确定，**不包括增值税税额** (4) 受赠、获奖或者以其他方式取得并自用的应税车辆的计税价格，按照购置应税车辆时相关凭证载明的价格确定，**不包括增值税税额** (5) 纳税人申报的应税车辆计税价格明显偏低，又无正当理由，由税务机关按法律规定核算其应纳税额 纳税人以外汇结算应税车辆价款的，按照申报纳税之日的人民币汇率中间价折合成人民币计算缴纳税款
应纳税额	应纳税额=计税依据×税率（计税依据同增值税） 进口应税车辆应纳税额=（关税完税价格+关税+消费税）×税率
税收优惠免税	黑牌车（**外用**）；**设有固定装置的非运输车（想成清洁车）；公共电汽车**；白牌车（**军用、警用**）、**悬挂应急救援专用号牌的国家综合性消防救援车辆【新增】**
纳税申报	**一次征收** 在向公安机关车辆管理机构办理车辆登记注册“前”，缴纳车辆购置税 【提示】公安机关交通管理部门办理车辆注册登记，应当根据税务机关提供的应税车辆完税或者免税电子信息对纳税人申请登记的车辆信息进行核对，核对无误后依法办理车辆注册登记 车辆购置税纳税义务发生时间为纳税人购置应税车辆的当日。纳税人应当自纳税义务发生之日起60日内申报缴纳车辆购置税
纳税地点	(1) 需要登记注册的，纳税地点为车辆登记注册地 (2) 不需要办理车辆登记注册手续的，向纳税人所在地的主管税务机关申报
准予申请退税	(1) 车辆退回生产企业或经销商 (2) 符合免税条件但已征税 【提示】自“办理纳税申报之日”起按“已缴纳税款年限”，每满1年扣减10%计算退税，不满1年的全额退税

考查形式

子题6-3-5-1：根据车辆购置税法律制度的规定，不属于车辆购置税免税项目的是________。

子题6-3-5-2：根据车辆购置税法律制度的规定，免征车辆购置税的是________。

子题6-3-5-3：根据车辆购置税法律制度的规定，不属于车辆购置税征税范围的是________。

子题6-3-5-4：根据车辆购置税法律制度的规定，计入车辆购置税价外费用的是________。

子题6-3-5-5：甲企业进口自用小汽车一辆，海关审定的关税完税价格为60万元，缴纳关税15万元，消费税25万元。已知车辆购置税税率为10%。计算甲企业进口小汽车应缴纳车辆购置税税额的算式为________。

【适用题型】单项选择题、多项选择题、判断题。

【1-2019单选】根据车辆购置税法律制度的规定，下列车辆中，不属于车辆购置税免税项目的是（　　）。

A. 外国驻华使馆的自用小汽车　　B. 设有固定装置的非运输车辆

C. 城市公交企业购置的公共汽电车　　D. 个人购买的经营用小汽车

【2-2018单选】根据车辆购置税法律制度的规定，下列各项中，免征车辆购置税的是（　　）。

A. 个人购买自用的汽车　　B. 个人受赠自用的摩托车

C. 外国使馆购买自用的汽车　　D. 企业自产自用的汽车

【3-2018单选】根据车辆购置税法律制度的规定，下列费用中，计入车辆购置税价外费用的是（　　）。

A. 保管费　　B. 车辆购置税

C. 车辆牌照费　　D. 代办保险而向购买方收取的保险费

【4-2018单选】甲企业进口自用小汽车一辆，海关审定的关税完税价格为60万元，缴纳关税15万元，消费税25万元。已知车辆购置税税率为10%。计算甲企业进口小汽车应缴纳车辆购置税税额的下列算式中，正确的是（　　）。

A. （60＋25）×10%＝8.5（万元）　　B. 60×10%＝6（万元）

C. （60＋15＋25）×10%＝10（万元）　　D. （60＋15）×10%＝7.5（万元）

【5-2017单选】根据车辆购置税法律制度的规定，下列各项中，不属于车辆购置税征税范围的是（　　）。

A. 电动自行车　　B. 汽车挂车

C. 汽车　　D. 有轨电车

答案及解析

1.【答案】D

【解析】免税车辆：黑牌车（外用）；设有固定装置的非运输车；公共电汽车；白牌车（军用、警用）、纯电动汽车、插电式（含增程式）混合动力汽车、燃料电池汽车、悬挂应急救援专用号牌的国家综合性消防救援车辆。

2.【答案】C

【解析】外国驻华使馆、领事馆和国际组织驻华机构及其外交人员自用的车辆，免税。

3.【答案】A

【解析】价外费用是指销售方价外向购买方收取的基金、集资费、违约金、手续费、包装费、优质费、运输装卸费、保管费以及其他各种性质的价外收费；不包括销售方代办保险等而向购买方收取的保险费，以及向购买方收取的代购买方缴纳的车辆购置税、车辆牌照费。

4.【答案】C

【解析】进口应税车辆应纳税额＝计税依据×税率＝(关税完税价格＋关税＋消费税)×税率＝（60＋15＋25）×10%＝10（万元）。

5.【答案】A

【解析】车辆购置税的“应税车辆”包括：汽车、汽车挂车、有轨电车、排气量超过150毫升的摩托车。

第四节　海关负责征收的税种

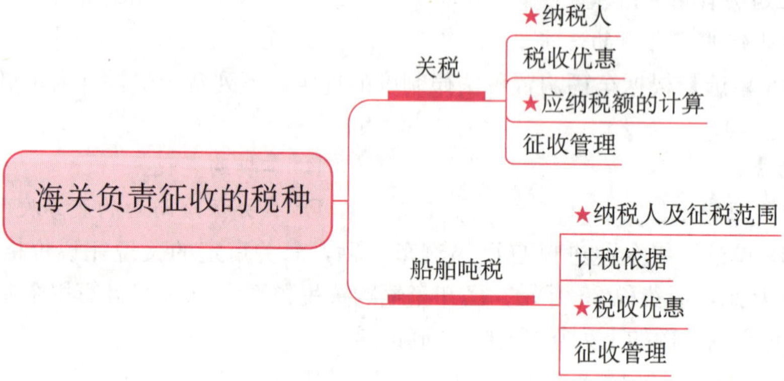

关税

母题 6-4-1　哪些情况需要征收关税？

要点	具体内容
纳税人	进、出口货物的收、发货人；入境物品的所有人或持有人；进口个人邮递物品的收件人 【提示1】不包括代理人 【提示2】关税的课税对象是进出境的**货物、物品**

续表

要点	具体内容
免税	（1）一票货物关税税额在人民币**50元**以下的 （2）**无商业价值**的广告品及货样 （3）**国际组织、外国政府**无偿赠送的物资 （4）进出境运输工具装载的途中必需的燃料、物料和饮食用品 （5）因故退还的中国出口货物，可以免征进口关税，但已征收的出口关税不予退还 （6）因故退还的境外进口货物，可以免征出口关税，但已征收的进口关税不予退还
酌情减免税	（1）在境外运输途中或者在起卸时，遭受到损坏或者损失的 （2）起卸后海关放行前，因不可抗力遭受损坏或者损失的 （3）海关查验时已经破漏、损坏或者腐烂，经证明不是保管不慎造成的

母题 6-4-2 交多少关税？

<table>
<tr><th>要点</th><th colspan="3">具体内容</th></tr>
<tr><td rowspan="7">进口关税应纳税额</td><td colspan="3">完税价格×税率</td></tr>
<tr><td rowspan="6">关税完税价格</td><td rowspan="2">计入</td><td>（1）实际支付或应当支付的货款
（2）支付给“卖方”的佣金
（3）货物运抵我国关境内输入地点起卸“前”的包装费、运费、保险费和其他劳务费
（4）向境外支付的与该进口货物有关的专利、商标、著作权，以及专有技术、计算机软件和资料等费用</td></tr>
<tr><td>【提示】卖方给的“正常回扣”（折扣）可扣除</td></tr>
<tr><td rowspan="2">不计入</td><td>（1）向境外采购代理人支付的“买方”佣金
（2）报关费、商检费等报关费用
（3）进口货物运抵境内输入地点起卸“后”的运输及其相关费用、保险费
（4）厂房、机械、设备等货物进口后进行基建、安装、装配、维修和技术服务的费用</td></tr>
<tr><td>【提示】卖方因违约支付的罚款（违约金）不得扣除</td></tr>
<tr><td colspan="2">口诀：佣金卖入买不入，回扣，罚不扣</td></tr>
<tr><td colspan="2">特殊贸易下进口货物的完税价格：
往境外加工的货物，出境时已向海关报明，并在海关规定期限内复运进境的，以境外加工费和料件费以及复运进境的运输及相关费用的保险费审查确定完税价格
到岸价格是指货价加上货物运抵我国关境内输入地点起卸后的包装费、运费、保险费和其他劳务等费用构成的一种价格</td></tr>
</table>

续表

<table>
<tr><th>要点</th><th colspan="2">具体内容</th></tr>
<tr><td rowspan="7">进口关税应纳税额</td><td>进口税率分类</td><td>特点</td></tr>
<tr><td>（1）最惠国税率
【最惠国】</td><td>■ 原产于与我国共同适用最惠国条款的世界贸易组织成员国或地区的进口货物
■ 原产于与我国签订含有相互给予最惠国待遇的双边贸易协定的国家或者地区的进口货物
■ 原产于我国的进口货物，适用最惠国税率</td></tr>
<tr><td>（2）协定税率
【优惠＋协定】</td><td>对原产于与我国签订含有关税优惠条款的区域性贸易协定的国家或地区的进口货物</td></tr>
<tr><td>（3）特惠税率
【特惠】</td><td>对原产于与我国签订含有特殊关税优惠条款的贸易协定的国家或地区的进口货物</td></tr>
<tr><td>（4）普通税率</td><td>除（1）、（2）、（3）外，进口货物适用何种关税税率是以进口货物的原产地为标准的
■ 原产地不明的货物，适用普通税率</td></tr>
<tr><td>（5）暂定税率
【个别安排】</td><td>在（1）最惠国税率基础上，出于双边关系考虑需要个别安排的进口货物</td></tr>
<tr><td>（6）关税配额税率
【配额】</td><td>进口国限制进口货物数量的措施</td></tr>
<tr><td rowspan="3">出口关税应纳税额</td><td colspan="2">应纳税额＝出口货物完税价格×出口税率</td></tr>
<tr><td colspan="2">出口货物完税价格＝离岸价格÷（1＋出口税率）</td></tr>
<tr><td colspan="2">【提示】关税为价外税</td></tr>
<tr><td>税率的确定</td><td colspan="2">（1）进出口货物，应当按照收发货人或者他们的代理人申报进口或者出口之日实施的税率征税
（2）进口货物到达前，经海关核准先行申报的，应当按照装载此货物的运输工具申报进境之日实施的税率征税
（3）进出口货物的补税和退税，适用该进出口货物原申报进口或者出口之日实施的税率，但另有规定除外</td></tr>
<tr><td rowspan="3">计税依据</td><td>从价</td><td>一般货物
应纳税额＝应税货物数量×单位完税价格×适用税率</td></tr>
<tr><td>从量</td><td>啤酒、原油等
应纳税额＝应税进口货物数量×关税单位税额</td></tr>
<tr><td>复合</td><td>广播用录像机、放像机、摄像机
应纳税额＝应税货物数量×关税单位税额＋应税货物数量×单位完税价格×适用税率</td></tr>
<tr><td>滑准税</td><td colspan="2">关税税率随进口商品价格的变动而反方向变动，即“价格越高，税率越低”</td></tr>
</table>

母题 6-4-3 怎么交关税?

<table>
<tr><td rowspan="4">征收管理</td><td rowspan="4">1退
1补
3追</td><td>纳税义务人应当在海关签发税款缴款凭证次日起 15 日内，向指定银行缴纳税款</td></tr>
<tr><td>由于海关误征、货物短卸、已征出口关税但因故未装运出口申报退关的，纳税人可以从缴纳税款之日起 1 年内申请退税</td></tr>
<tr><td>进出口货物完税后，如发现少征或漏征税款，海关有权在 1 年内予以补征
【提示】逾期不缴的，除依法追缴外，由海关自到期次日起至缴清税款之日止，按日征收欠缴额 0.5‰的滞纳金</td></tr>
<tr><td>发货人或其代理人违反规定而造成少征或漏征税款的，海关在 3 年内可以追缴</td></tr>
</table>

考查形式

子题 6-4-1-1：关税的纳税人包括________。

子题 6-4-1-2（判断）：购货代理人属于关税的纳税人。（　　）

子题 6-4-1-3（判断）：因故退还的中国出口货物，可以免征进口关税，但已征收的出口关税不予退还。（　　）

子题 6-4-1-4：属于经海关审查无误后可以免征关税的是________。

子题 6-4-1-5：关税的课税对象是进出境的________。

子题 6-4-1-6：海关可以酌情减免关税的是________。

子题 6-4-1-7（判断）：无商业价值的广告品及货样，经海关审核无误后可以免征关税。（　　）

子题 6-4-2-1：根据关税法律制度的规定，原产于与我国签订含有特殊关税优惠条款的是________。

子题 6-4-2-2：原产地不明的进口货物适用的关税税率是________。

子题 6-4-2-3（判断）：到岸价格包括货价，加上货物运抵我国关境内输入地点起卸后的包装费、运费、保险费和其他劳务等费用构成的一种价格。（　　）

子题 6-4-2-4：关税应纳税额计算方法中，关税税率随进口商品价格的变动而反方向变动的是________。

子题 6-4-2-5：进口货物中，实行从量定额计征关税的有________。

子题 6-4-2-6：根据关税法律制度的规定，实行从价加从量复合税率计征进口关税的有________。

子题 6-4-2-7（判断）：进口货物成交过程中，卖方付给进口人的正常回扣，在计算进口货物完税价格时不得从成交价格中扣除。（　　）

子题 6-4-3-1：由于海关误征、货物短卸、已征出口关税但因故未装运出口申报退关的，纳税人可以从缴纳税款之日起________。

子题 6-4-3-2：进出口货物完税后，如发现少征或漏征税款，海关有权在________。

子题 6-4-3-3：发货人或其代理人违反规定而造成少征或漏征税款的，海关在________可以追缴。

【适用题型】单项选择题、多项选择题、判断题。

【1-2019 单选】境内一单位将一批货物运往境外加工，出境时向海关报明价值 1 000 元，支付境外加工费 600 元、料件费 500 元；支付复运进境的运输费 500 元和保险费 100 元。该货物适用关税税率 10%，则该单位应缴纳的进口关税为（　　）元。

A. 170　　B. 110

C. 250　　D. 390

【2-2019 单选】2018 年 9 月甲公司进口一批货物，海关审定的成交价格为 1 100 万元，货物运抵我国境内输入地点起卸前的运费 96 万元，保险费 4 万元。已知关税税率为

10%。计算甲公司该笔业务应缴纳的关税税额的下列算式中，正确的是（　　）。

A.（1 100+96+4）×10%=120（万元）

B.（1 100+4）×10%=110.4（万元）

C. 1 100×10%=110（万元）

D.（1 100+96）×10%=119.6（万元）

【3－2019 单选】根据关税法律制度的规定，原产于与我国签订含有特殊关税优惠条款的是（　　）。

A. 协定税率　　B. 最惠国税率

C. 特惠税率　　D. 普通税率

【4－2019 判断】到岸价格是指货价加上货物运抵我国关境内输入地点起卸后的包装费、运费、保险费和其他劳务等费用构成的一种价格。（　　）

【5－2018 单选】根据关税法律制度的规定，对原产于与我国签订含有特殊关税优惠条款的贸易协定的国家或地区的进口货物，适用特定的关税税率。该税率为（　　）。

A. 普通税率　　B. 协定税率

C. 特惠税率　　D. 最惠国税率

【6－2018 单选】根据关税法律制度的规定，下列应纳税额计算方法中，税率随着进口商品价格的变动而反方向变动的是（　　）。

A. 从价税计算方法　　B. 复合税计算方法

C. 滑准税计算方法　　D. 从量税计算方法

【7－2017 单选】根据关税法律制度的规定，原产地不明的进口货物适用的关税税率是（　　）。

A. 普通税率　　B. 特惠税率

C. 最惠国税率　　D. 协定税率

【8－2017 多选】根据关税法律制度的规定，下列进口货物中，实行从价加从量复合税率计征进口关税的有（　　）。

A. 摄影机　　B. 广播用录像机

C. 啤酒　　D. 放像机

【9－2017 判断】无商业价值的广告品及货样，经海关审核无误后可以免征关税。（　　）

【10－2017 单选】根据关税法律制度的规定，对原产于与我国签订含有关税优惠条款的区域性贸易协定的国家或地区的进口货物征收关税时，使用的税率形式是（　　）。

A. 普通税率　　B. 协定税率

C. 最惠国税率　　D. 特惠税率

【11－2016 单选】根据关税法律制度的规定，下列进口货物中，实行从量计征进口关税的是（　　）。

A. 啤酒　　B. 汽车

C. 高档手表　　D. 高档化妆品

【12－2016 单选】2015 年 6 月，甲公司进口一批货物。海关核定的货价为 90 万元，货物运抵我国关境内输入地点起卸前的包装费 2 万元，运费 5 万元，保险费 0.3 万元。已

知关税税率为10%。甲公司当月进口该批货物应缴纳关税税额的下列计算列式中，正确的是（　　）。

A.（90+2+5）×10%=9.7（万元）

B.（90+5+0.3）×10%=9.53（万元）

C.（90+2）×10%=9.2（万元）

D.（90+2+5+0.3）×10%=9.73（万元）

【13-2016多选】根据关税法律制度的规定，下列各项中，属于进口关税税率的有（　　）。

A. 普通税率　　B. 最惠国税率

C. 特惠税率　　D. 协定税率

【14-2016判断】进口货物成交过程中，卖方付给进口人的正常回扣，在计算进口货物完税价格时不得从成交价格中扣除。（　　）

答案及解析

1.【答案】A

【解析】本题考查特殊贸易下进口货物的完税价格。运往境外加工的货物，出境时已向海关报明，并在海关规定期限内复运进境的，以境内加工费和料件费以及复运进境的运输及相关费用的保险费审查确定完税价格；如果都不行则可用原出境货物在境外支付的工缴费加上运抵中国关境输入地点起卸前的包装费、运费、保险费和其他劳务费等作为完税价格（本题适用）。应纳关税=（600+500+500+100）×10%=170（元）。

2.【答案】A

【解析】进口环节，关税完税价格包括货价以及货物运抵我国关境内输入地点起卸前的包装费、运费、保险费和其他劳务费等费用。

3.【答案】C

【解析】对原产于与我国签订含有特殊关税优惠条款的贸易协定的国家或地区的进口货物适用特惠税率。

4.【答案】×

【解析】到岸价格是指货价加上货物运抵我国关境内输入地点起卸前的包装费、运费、保险费和其他劳务费等费用构成的一种价格。

5.【答案】C

【解析】对原产于与我国签订含有特殊关税优惠条款的贸易协定的国家或者地区的进口货物，适用特惠税率。

6.【答案】C

【解析】滑准税是指关税的税率随着进口货物价格的变动而反方向变动的一种税率形式，即价格越高，税率越低。

7.【答案】A

【解析】对原产于未与我国共同适用最惠国条款的世界贸易组织成员国或地区，未与我国订有相互给予最惠国待遇、关税优惠条款贸易协定的特殊关税优惠条款贸易协定的国家或者地区的进口货物，以及原产地不明的货物，按照普通税率征税。

8. 【答案】ABD

【解析】选项C，实行从量计征关税。

9. 【答案】√

10. 【答案】B

【解析】对原产于与我国签订含有关税优惠条款的区域性贸易协定的国家或地区的进口货物，按协定税率征收关税。

11. 【答案】A

【解析】选项B、C、D，实行从价计征进口关税。

12. 【答案】D

【解析】一般贸易项下进口货物以海关审定的“成交价格”为基础的“到岸价格”作为完税价格。到岸价格是指包括货价以及货物运抵我国关境内输入地点起卸前的包装费、运费、保险费和其他劳务费等费用构成的一种价格。甲公司进口该批货物应纳关税税额＝(90＋2＋5＋0.3)×10%＝9.73（万元）。

13. 【答案】ABCD

【解析】四个选项均正确。

14. 【答案】×

【解析】根据关税法律制度的规定，卖方付给进口人的正常回扣，应从成交价格中扣除。

船舶吨税

母题 6-4-4 船舶吨税包含哪些内容？

要点	具体内容
纳税人	进入境内港口的船舶的负责人
征税范围	自中国境外港口进入境内港口的船舶
计税依据	船舶净吨位 拖船和非机动驳船按相同净吨位船舶税率的50%计征
税率	设置优惠税率和普通税率
应纳税额	应纳税额＝应税船舶吨位×适用税率
税收优惠	■ 应纳税额在人民币50元以下的 ■ 自境外以购买、受赠、继承等方式取得船舶所有权的初次进口到港的空载船舶 ■ 吨税执照期满后24小时内不上下客货的船舶 ■ 非机动船舶（不包括非机动驳船） ■ 捕捞、养殖渔船 ■ 避难、防疫隔离、修理、终止运营或者拆解，并不上下客货的船舶 ■ 军队或者武装警察专用或者征用【军用】 ■ 警用船舶【警用】 ■ 外国驻华使领馆、国际组织驻华代表机构【外用】
征收管理	义务发生时间：应税船舶进入境内港口的当日 征收机关：海关 纳税期限：海关填发吨税缴款凭证之日起15日内缴清税款

考查形式

子题 6-4-4-1：不予以免征船舶吨税的是________。

子题 6-4-4-2：属于船舶吨税征税范围的是________。

子题 6-4-4-3：拖船和非机动驳船按相同净吨位船舶税率的________计征。

子题 6-4-4-4：根据船舶吨税法律制度的规定，应税船舶负责人应当自海关填发吨税缴款凭证之日起一定期限内缴纳税款，该期限是________。

【适用题型】单项选择题、多项选择题、判断题。

【1-2019 单选】根据船舶吨税法律制度的规定，下列船舶中，不予免征船舶吨税的是（　　）。

A. 捕捞渔船　　　　B. 非机动驳船

C. 养殖渔船　　　　D. 军队专用船舶

【2-2014 单选】根据船舶吨税法律制度的规定，应税船舶负责人应当自海关填发吨税缴款凭证之日起一定期限内缴纳税款，该期限是（　　）日。

A. 30　　　　B. 3

C. 15　　　　D. 10

答案及解析

1. 【答案】B

【解析】拖船和非机动驳船按相同净吨位船舶税率的 50%计征。

2. 【答案】C

第五节　关于资源的小税种

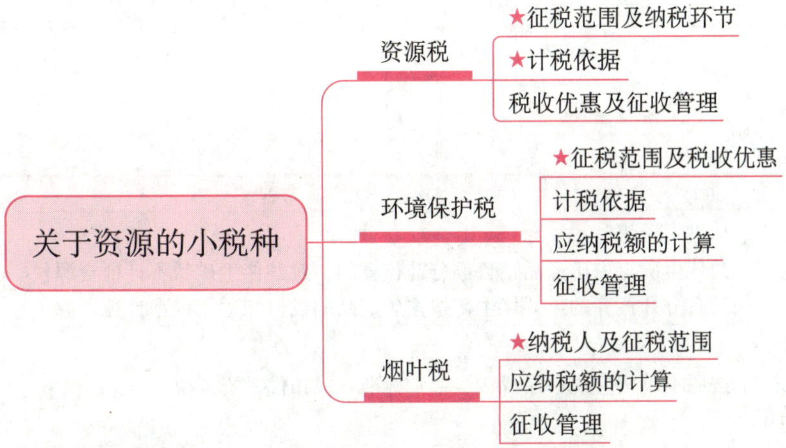

资源税

母题 6-5-1 哪些情况需要交资源税？

要点	具体内容		
纳税人和扣缴义务人	在中国领域及领海开采规定的矿产品或者生产盐的单位和个人		
	收购未税矿产品的单位（独立矿山、联合企业和其他单位）为资源税的扣缴义务人		
征税范围	原油	天然原油	征
		“人造”石油	不征
		开采原油过程中用于“加热、修井”的原油	免税
	天然气	专门或与原油同时开采	征
		煤矿生产的天然气	不征
	煤炭	原煤、“未税”原煤加工的洗选煤	征
		“已税”原煤加工煤炭制品	不征
	金属矿、海盐、其他非金属矿（井矿盐、提取地下卤水晒制盐）		征
	自2017年12月1日起在北京、天津、山西、内蒙古、山东、河南、四川、陕西、宁夏等9个省（自治区、直辖市）扩大水资源税改革试点		
纳税环节	(1) 资源税由开采或生产应税产品的单位和个人在应税产品的销售或自用环节计算缴纳 【提示1】资源税在生产、开采销售（包括出口）或自用环节计算缴纳，在进口、批发、零售等环节不缴纳资源税 【提示2】不同于增值税，资源税实行一次课征制度，在生产、开采销售（包括出口）或自用环节缴纳过资源税，以后流转的各环节均不再重复征收资源税 (2) 以自采原矿加工应税产品或者精矿产品 1) 纳税人开采或者生产应税产品，自用于连续生产应税产品的，移送时不缴纳资源税 【提示】纳税人将开采的原煤自用于连续生产洗选煤的，在原煤移送使用环节不缴纳资源税；将开采的原煤加工成洗选煤销售的，应当计算缴纳资源税 2) 纳税人以自采原矿加工精矿产品的，在原矿移送使用时不缴纳资源税，在精矿销售或自用时缴纳资源税 【提示1】纳税人以自采原矿加工金锭的，在金锭销售或自用时缴纳资源税 【提示2】纳税人销售自采原矿或者自采原矿加工的金精矿、粗金，在原矿或者金精矿、粗金销售时缴纳资源税，在移送使用时不缴纳资源税 3) 纳税人开采或生产应税产品，自用于连续生产应税产品或精矿产品以外的其他方面，视同销售，缴纳资源税		

母题 6-5-2 交多少资源税？

要点	具体内容
基本规定	从价定率或从量定额(粘土、砂石) 计征
伴采矿产品税率	共伴生矿与主矿产品销售额分开核算的，对共伴生矿暂不计征资源税
	没有分开核算的，共伴生矿按主矿产品的税目和适用税率计征资源税
独立矿山、联合企业收购未税矿产品的单位	按照本单位应税产品税额（率）标准，代扣代缴资源税

续表

<table>
<tr><th>要点</th><th colspan="3">具体内容</th></tr>
<tr><td>其他单位</td><td colspan="3">税务机关核定</td></tr>
<tr><td rowspan="13">计税依据</td><td rowspan="8">从价定率</td><td colspan="2">应纳税额＝应税产品的销售额×适用的比例税率</td></tr>
<tr><td colspan="2">全部价款和价外费用，不包括收取的增值税销项税额和运杂费用
【提示】运杂费用是指应税产品从坑口或洗选（加工）地到车站、码头或购买方指定地点的运输费用、建设基金以及随运销产生的装卸、仓储、港杂费用；运杂费用应与销售额分别核算，凡未取得相应凭据或不能与销售额分别核算的，应当一并计征资源税</td></tr>
<tr><td rowspan="2">煤炭</td><td>将原煤加工为洗选煤销售的，以洗选煤销售额乘以折算率作为应税煤炭销售额
【提示】洗选煤销售额包括洗选副产品的销售额，不包括洗选煤从洗选煤厂到车站、码头等的运输费用</td></tr>
<tr><td>将原煤自用于连续生产洗选煤的，移送使用环节，不缴纳资源税</td></tr>
<tr><td rowspan="2">精矿</td><td>征税对象为精矿的，销售原矿时，将原矿销售额换算为精矿销售额，即精矿销售额＝原矿销售额×换算比</td></tr>
<tr><td>征税对象为原矿的，销售自采原矿加工的精矿，应将精矿销售额折算为原矿销售额，即原矿销售额＝精矿销售额×折算率</td></tr>
<tr><td>销售额明显偏低并且无正当理由、视同销售而无销售额的
（按顺序确定销售额）</td><td>（1）按纳税人最近时期同类产品的平均销售价格确定
（2）按其他纳税人最近时期同类产品的平均销售价格确定
（3）按组成计税价格确定：
组成计税价格＝成本×（1＋成本利润率）÷（1－税率）</td></tr>
<tr><td colspan="2" style="display:none"></td></tr>
<tr><td rowspan="5">从量定额</td><td colspan="2">应纳税额＝应税产品的销售数量×适用的定额税率</td></tr>
<tr><td>纳税人开采或者生产应税产品销售的</td><td>以实际销售数量为销售数量</td></tr>
<tr><td>纳税人开采或者生产应税产品自用的</td><td>以移送时的自用数量（包括生产自用和非生产自用）为销售数量</td></tr>
<tr><td>纳税人不能准确提供应税产品销售数量或移送使用数量的</td><td>以应税产品的产量或按主管税务机关确定的折算比换算成的数量为计征资源税的销售数量</td></tr>
<tr><td>纳税人将其开采的矿产品原矿自用于连续生产精矿产品，无法提供移送使用原矿数量的</td><td>可将其精矿按选矿比折算成原矿数量，以此作为销售数量</td></tr>
</table>

母题 6-5-3　怎么交资源税？

<table>
<tr><th>要点</th><th colspan="2">主要规定</th></tr>
<tr><td>免征</td><td colspan="2">开采原油过程中用于加热、修井的原油；油田范围内运输稠油过程中用于加热的原油、天然气</td></tr>
<tr><td rowspan="2">减征</td><td>对依法在建筑物下、铁路下、水体下通过充填开采方式采出的矿产资源</td><td>减征 50%</td></tr>
<tr><td>我国油气田稠油、高凝油和高含硫天然气</td><td>减征 40%</td></tr>
</table>

续表

<table>
<tr><th>要点</th><th colspan="2">主要规定</th></tr>
<tr><td rowspan="3">减征</td><td>三次采油；深水油气田；对实际开采年限在15年以上的衰竭期矿山开采的矿产资源</td><td>减征30%</td></tr>
<tr><td>低丰度油气田资源税</td><td>暂减征20%</td></tr>
<tr><td colspan="2">【提示】纳税人开采的原油、天然气同时符合两项级以上减税规定，只能选其中一项执行，不能叠加适用</td></tr>
<tr><td>特殊情况</td><td colspan="2">纳税人开采或者生产应税产品过程中，因意外事故或者自然灾害等原因遭受重大损失的，由省、自治区、直辖市人民政府酌情决定减税或者免税</td></tr>
<tr><td rowspan="4">征收管理</td><td rowspan="2">纳税义务发生时间</td><td>(1) 采取分期收款结算方式销售应税产品的为销售合同规定的收款日期的当天
(2) 采取预收货款结算方式销售应税产品的为发出应税产品的当天
(3) 采取其他结算方式销售应税产品的为收讫销售款或取得索取销售款凭据的当天
(4) 纳税人自产自用应税产品为移送适用应税产品的当天
(5) 扣缴义务人代扣代缴税款的为支付首笔货款或首次开具支付货款凭据的当天</td></tr>
<tr><td>(1) 销售或自用环节计算缴纳
(2) 自采原矿加工精矿产品的，原矿移送使用时不缴纳，精矿销售或自用时缴纳
(3) 自采原矿加工金锭，在金锭销售或自用时缴纳</td></tr>
<tr><td>纳税期限</td><td>1日、3日、5日、10日、15日或1个月，期满之日起10日内申报纳税</td></tr>
<tr><td>纳税地点</td><td>开采地、生产地、收购地主管税务机关</td></tr>
</table>

考查形式

子题6-5-1-1：属于资源税征税范围的是________。

子题6-5-1-2（判断）：海盐属于资源税征税范围。（ ）

子题6-5-1-3：开采原油过程中用于“加热、修井”的原油________资源税。

子题6-5-1-4：属于资源税纳税人的是________。

子题6-5-1-5（判断）：纳税人将开采的原煤自用于连续生产洗选煤的，在原煤移送使用环节缴纳资源税。（ ）

子题6-5-1-6（判断）：根据资源税法律制度的规定，实木地板应征收资源税。（ ）

子题6-5-2-1：征税对象为原矿的，销售自采原矿加工的精矿，应将精矿销售额折算为原矿销售额；征税对象为精矿的，销售原矿时，将原矿销售额换算为精矿销售额；计算公式分别为________。

子题6-5-2-2：粘土、砂石采用________计征资源税。

子题6-5-2-3：将原煤加工为洗选煤销售的，以________作为应税煤炭销售额。

子题6-5-3-1（判断）：根据资源税法律制度的规定，自采原矿加工精矿产品的，原矿移送使用时不缴纳，精矿销售或自用时缴纳。（ ）

子题6-5-3-2：纳税人以1个月为1期纳税的，自期满之日起________申报纳税。

子题6-5-3-3：资源税纳税地点为________的主管税务机关。

【适用题型】单项选择题、多项选择题、判断题。

【1-2019 单选】2018 年 9 月，甲矿场自采铅锌矿原矿对外销售，取得不含税 600 万元，铅锌矿征税对象为精矿，税率 3%，换算比为 1.5。计算当月应纳资源税的算式为（　　）。

A. 600×3%

B. 600÷1.5×3%

C. 600×（1−1÷1.5）×3%

D. 600×1.5×3%

【2-2019 单选】甲煤矿为增值税一般纳税人，2018 年 10 月开采原煤 1 000 吨，将其中 600 吨对外销售，含增值税单价 452 元/吨。已知原煤增值税税率为 13%，资源税税率为 8%。计算甲煤矿当月上述业务应缴纳资源税税额的下列算式中，正确的是（　　）。

A. 600×452×8%=21 696（元）

B. 600×452÷（1+13%）×8%=19 200（元）

C. 1 000×452÷（1+13%）×8%=32 000（元）

D. 1 000×452×8%=36 160（元）

【3-2019 多选】下列各项中属于资源税征税范围的有（　　）。

A. 石灰石　　B. 硫酸钾

C. 粘土　　D. 砂石

【4-2018 单选】根据资源税法律制度的规定，下列各项中，不属于资源税征税范围的是（　　）。

A. 开采的原煤　　B. 以未税原煤加工的洗选煤

C. 以空气加工生产的液氧　　D. 开采的天然气

【5-2018 单选】根据资源税法律制度的规定，下列各项中，不属于资源税征税范围的是（　　）。

A. 原油　　B. 海盐

C. 井矿盐　　D. 人造石油

【6-2018 单选】根据资源税法律制度的规定，关于资源税纳税义务发生时间的下列表述中，不正确的是（　　）。

A. 自产自用应税资源品目的，为移送使用应税产品的当天

B. 销售应税资源品目采取预收货款结算方式的，为收讫销售款的当天

C. 扣缴义务人代扣代缴资源税税款的，为支付首笔货款或开具应支付货款凭据的当天

D. 销售应税资源品目采取分期收款结算方式的，为销售合同规定的收款日期的当天

【7-2017 多选】根据资源税法律制度的规定，下列各项中，免征资源税的有（　　）。

A. 开采原油过程中用于加热的原油

B. 开采原油过程中用于修井的原油

C. 开采后出口的原油

D. 开采后销售的原油

【8-2017 多选】根据资源税法律制度的规定，下列资源税纳税环节的表述中，正确的有（　　）。

A. 纳税人以自产原矿加工金锭销售的，在金锭销售环节缴纳资源税
B. 纳税人自产原矿加工金精矿销售的，在原矿移送环节缴纳资源税
C. 纳税人自产原矿销售的，在原矿销售环节缴纳资源税
D. 纳税人以自产原矿加工金锭自用，在金锭自用环节缴纳资源税

【9－2017 判断】海盐属于资源税征税范围。（　　）

【10－2016 单选】根据资源税法律制度的规定，下列产品中，应征收资源税的是（　　）。

A. 与原油同时开采的天然气　　B. 人造石油
C. 实木地板　　D. 已税原煤加工的洗选煤

【11－2016 单选】根据资源税法律制度规定，下列各项中，属于资源税征税范围的是（　　）。

A. 液体盐　　B. 煤矿生产的天然气
C. 以已税原煤加工的洗选煤　　D. 人造石油

【12－2016 单选】根据资源税法律制度的规定，下列各项中，按照固定税额从量征收资源税的是（　　）。

A. 天然气　　B. 粘土
C. 煤炭　　D. 原油

答案及解析

1. 【答案】D

【解析】征税对象为精矿的，销售原矿时，将原矿销售额换算为精矿销售额。

2. 【答案】B

【解析】从价计征资源税按照实际销售数量计算（全部价款＋价外费用，不包括增值税销项税额和运杂费用）。

3. 【答案】ABCD

【解析】上述四项均属于资源税的其他非金属矿税目。

4. 【答案】C

【解析】空气与液氮不属于资源税的征税范围，不缴纳资源税。

5. 【答案】D

【解析】开采的天然原油征税，人造石油不征税。

6. 【答案】B

【解析】纳税人销售应税资源品目采取预收货款结算方式的，纳税义务发生时间为发出应税产品的当天。

7. 【答案】AB

【解析】选项 A、B，开采原油过程中用于加热、修井的原油，免税；选项 C、D，开采后出口和销售的原油正常纳税。

8. 【答案】ACD

【解析】选项 B，金矿以标准金锭为征税对象，纳税人销售金原矿、金精矿的，应将其销售额换算为金锭销售额缴纳资源税。

9.【答案】√

10.【答案】A

【解析】选项 B、C、D，均不征收资源税。

11.【答案】A

【解析】资源税征税范围：矿产品和盐两大类；原油中人造石油不征税；天然气中，煤矿生产的天然气不征税；煤炭的征税范围是原煤和以未税原煤加工的洗选煤，不包括已税原煤加工的洗选煤。

12.【答案】B

【解析】对非金属矿中的“粘土、砂石”，采用从量定额方法征收资源税。

环境保护税

母题 6-5-4　哪些情况需要交环境保护税?

<table>
<tr><th>要点</th><th colspan="2">具体内容</th></tr>
<tr><td rowspan="2">纳税人</td><td colspan="2">“直接”向环境排放应税污染物的企业事业单位和其他生产经营者</td></tr>
<tr><td colspan="2">【提示 1】向依法设置的污水、生活垃圾“集中处理”场所排放；在符合环保标准的设施贮存或处置固体废物不属于直接排放（超过规定排放标准的，应当缴纳环境保护税）
【提示 2】不包括“直排”的不从事生产经营的其他个人</td></tr>
<tr><td>征税范围</td><td colspan="2">大气污染物、水污染物、固体废物、噪声</td></tr>
<tr><td rowspan="2">税收优惠</td><td>免征</td><td>（1）农业生产（不包括规模化养殖）
（2）机动车、航空器等流动污染源排放应税污染物的
（3）污染物集中处理场所排放应税污染物，不超过规定标准
（4）纳税人综合利用的固体废物，符合环保标准的</td></tr>
<tr><td>减征</td><td>（1）排放浓度值低于规定标准 30%的，减按 75%征收；低于规定标准 50%的，减按 50%征收
（2）工业噪声声源一个月内超标“不足 15 天”的，减半计算</td></tr>
</table>

母题 6-5-5　交多少环境保护税?

<table>
<tr><th>要点</th><th colspan="4">具体内容</th></tr>
<tr><td rowspan="4">计税依据</td><td rowspan="2">大气和水</td><td rowspan="2">污染当量数</td><td rowspan="4">测定</td><td>安装自动监测设备→自动监测数据</td></tr>
<tr><td>未安装自动监测设备→监测机构出具的数据</td></tr>
<tr><td>固体废物</td><td>排放量</td><td>不具备监测条件→排污系数、物料衡算</td></tr>
<tr><td>噪声</td><td>超过国家规定标准的分贝数</td><td>不能按上述方法计算→抽样测算</td></tr>
<tr><td rowspan="2">应纳税额</td><td colspan="4">计税依据×适用税额</td></tr>
<tr><td>噪声计算</td><td colspan="3">（1）一个单位边界上多处噪声超标，按“最高处”计算；超过 100 米有两个以上噪声超标，按“两个单位”计算
（2）一个单位有不同地点作业场所的，应当分别计算
（3）昼、夜均超标的，昼、夜分别计算
（4）夜间频繁突发和夜间偶然突发厂界超标噪声，按等效声级和峰值噪声两种指标中超标分贝值高的计算</td></tr>
</table>

母题 6-5-6 怎么交环境保护税？

要点	具体内容
征收管理	企业申报、税务征收、环保协同、信息共享 【提示】环境保护税由税务机关（非环保部门）依法征收
	纳税义务时间为排放污染物当日
	按“月”计算，按“季”向应税污染物“排放地”的税务机关申报缴纳

考查形式

子题 6-5-4-1：减征环境保护税的是________。

子题 6-5-4-2：环境保护税的纳税人是________向环境排放________的企业事业单位和其他生产经营者。

子题 6-5-4-3：属于环境保护税征税范围的是________。

子题 6-5-4-4：免征环境保护税的是________。

子题 6-5-4-5：排放浓度值低于规定标准 30%的，减按________征收环境保护税；低于规定标准 50%的，减按________征收环境保护税。

子题 6-5-5-1（判断）：企业事业单位和其他生产经营者向依法设立的污水集中处理、生活垃圾集中处理场所排放应税污染物的，不缴纳相应污染物的环境保护税。（　　）

子题 6-5-6-1：关于环境保护税纳税义务发生时间的正确表述是________。

子题 6-5-6-2：环境保护税纳税地点为________的主管税务机关。

【适用题型】单项选择题、多项选择题、判断题。

【1-2019 单选】根据环境保护税法律制度的规定，下列各项中，不属于环境保护税征税范围的是（　　）。

A. 固体废物　　B. 光污染

C. 水污染物　　D. 噪声

【2-2018 单选】下列各项中，不征收环境保护税的是（　　）。

A. 光源污染　　B. 噪声污染

C. 水污染　　D. 大气污染

【3-2018 多选】根据环境保护税法制度的规定，下列各项中，属于环境保护税征税范围的有（　　）。

A. 噪声　　B. 固体废物

C. 大气污染物　　D. 水污染物

【4-2018 判断】企业事业单位和其他生产经营者向依法设立的污水集中处理、生活垃圾集中处理场所排放应税污染物的，不缴纳相应污染物的环境保护税。（　　）

答案及解析

1.【答案】B

【解析】环境保护税征收范围包括大气污染物、水污染物、固体废物、噪声（工业）。

2.【答案】A

【解析】我国《环境保护税法》所称的“应税污染物”，是指规定的大气污染物、水污染物、固体废物和噪声，不包括光源污染。

3.【答案】ABCD

【解析】环境保护税的征税范围：大气污染物、水污染物、固体废物和工业噪声。

4.【答案】√

烟叶税

母题 6-5-7　烟叶税包含哪些内容？

<table>
<tr><th>要点</th><th colspan="2">具体内容</th></tr>
<tr><td>纳税人</td><td colspan="2">收购烟叶的单位（包括受委托收购烟叶的单位）
【提示】个人不可以是烟叶税的纳税人</td></tr>
<tr><td>征税范围</td><td colspan="2">晾晒烟叶、烤烟叶
【提示】烟丝、卷烟、雪茄烟征收消费税</td></tr>
<tr><td>税率</td><td colspan="2">20%</td></tr>
<tr><td>计税依据</td><td colspan="2">实际支付的价款总额＝收购价款＋价外补贴（收购价款的 10%）</td></tr>
<tr><td>纳税环节</td><td colspan="2">烟叶收购环节</td></tr>
<tr><td>应纳税额</td><td colspan="2">应纳税额＝烟叶价款总额×税率＝烟叶收购价款×（1＋10%）×税率
推导：应纳税额＝收购烟叶实际支付的价款总额×税率＝（烟叶收购价＋价外补贴）×税率
＝（烟叶收购价＋烟叶收购价×10%）×税率
＝烟叶收购价×（1＋10%）×税率【20%】</td></tr>
<tr><td rowspan="4">征收管理</td><td>纳税义务发生时间</td><td>收购烟叶的当天</td></tr>
<tr><td rowspan="2">纳税期限</td><td>烟叶税的纳税义务发生时间为纳税人收购烟叶的当日</td></tr>
<tr><td>按月计征，自纳税义务发生之日起 15 日内申报并缴纳税款</td></tr>
<tr><td>纳税地点</td><td>烟叶收购地的主管税务机关</td></tr>
</table>

考查形式

子题 6-5-7-1：根据烟叶税法律制度的规定，属于烟叶税纳税人的是________。

子题 6-5-7-2：烟叶税的计税依据为________。

子题 6-5-7-3：属于烟叶税征税范围的是________。

子题 6-5-7-4：属于烟叶税纳税环节的是________。

子题 6-5-7-5：纳税人自纳税义务发生之日起________申报并缴纳烟叶税税款。

子题 6-5-7-6：烟叶税纳税地点为________的主管税务机关。

【适用题型】单项选择题、多项选择题、判断题。

【1－2018 单选】根据烟叶税法律制度的规定，下列属于烟叶税纳税人的是（　　）。

A. 生产烟叶的个人　　B. 收购烟叶的单位

C. 销售香烟的单位　　D. 消费香烟的个人

【2－2018 多选】根据烟叶税法律制度规定，下列各项中属于烟叶税征收范围的有（　　）。

A. 晾晒烟叶　　B. 烟丝　　C. 卷烟　　D. 烤烟叶

【3－2016 判断】烟叶税的纳税人为种植烟叶的单位和个人。（　　）

答案及解析

1.【答案】B

【解析】烟叶税的纳税人为在中华人民共和国境内收购烟叶的单位。

2.【答案】AD

【解析】烟叶税的征税范围包括晾晒烟叶和烤烟叶，烟丝和卷烟不属于烟叶税的征税范围。

3.【答案】×

【解析】烟叶税的纳税人为在我国境内收购烟叶的单位。

第六节　城市维护建设税及教育费附加

城市维护建设税及教育费附加

- ★税率及计税依据
- 应纳税额的计算
- 税收优惠及征收管理

城市维护建设税及教育费附加

母题 6－6－1　城市维护建设税及教育费附加包括哪些内容？

事项	城建税	教育费附加
税率	7%（市区）；5%（其他） 【提示】由受托方代征、代扣两税，城建税适用“受托方所在地”税率	3%
计税依据	纳税人实际缴纳的增值税、消费税税额，以及出口货物、劳务或跨境服务、无形资产增值税免抵税额	
应纳税额（费）	应纳税额＝（实缴增值税、消费税和出口货物、劳务或跨境销售服务、无形资产增值税免抵税额）×适用税率	应纳教育费附加＝（实际缴纳的增值税＋实际缴纳的消费税）×3%

续表

事项	城建税	教育费附加
减免税	（1）进口不征；（2）出口不退；（3）“两税”减免而退税，同时退还；（4）对“两税”先征后返、先征后退、即征即退，除另有规定“城、教”不予退还 口诀：进口不征，出口不退，退税可退	

考查形式

子题 6-6-1-1：城建税与教育费附加的计税依据是________。

子题 6-6-1-2（判断）：对于由减免增值税、消费税而发生退税的，已征收的城市维护建设税不予退还。（　　）

子题 6-6-1-3：根据城市维护建设税法律制度的规定，关于城市维护建设税税收优惠的表述中，正确的是________。

子题 6-6-1-4（判断）：对出口产品退还增值税的，可同时退还已缴纳的城市维护建设税。（　　）

【适用题型】单项选择题、多项选择题、判断题。

【1-2019 单选】2018 年 12 月，M 市甲厂受托为 N 县乙厂加工一批烟丝，取得不含增值税加工费 3 000 元，乙厂提供烟叶成本 60 000 元，甲厂无同类烟丝销售价格。已知烟丝消费税税率为 30%；M 市和 N 县适用的城市维护建设税税率分别为 7%和 5%。计算甲厂当月该笔业务应代收代缴城市维护建设税税额的下列算式中，正确的是（　　）。

A. （60 000+3 000）×30%×7%=1 323（元）

B. （60 000+3 000）÷（1-30%）×30%×5%=1 350（元）

C. （60 000+3 000）×30%×5%=945（元）

D. （60 000+3 000）÷（1-30%）×30%×7%=1 890（元）

【2-2019 单选】2018 年 12 月甲机构向税务机关应缴纳增值税 30 万元，实际缴纳 20 万元；向税务机关应缴纳消费税 28 万元，实际缴纳 12 万元。已知教育费附加征收比率为 3%。计算甲企业当月应当缴纳教育费附加的下列算式中，正确的是（　　）。

A. 28×3%=0.84（万元）　　B. （30+28）×3%=1.74（万元）

C. （20+12）×3%=0.96（万元）　　D. 30×3%=0.9（万元）

【3-2018 单选】甲企业位于 A 市。本月应缴纳的增值税为 7 000 元，实际缴纳的增值税为 6 000 元；本月应缴纳的消费税为 5 000 元，实际缴纳的消费税为 4 000 元。该企业本月应该缴纳的城市维护建设税是（　　）。

A. （7 000+5 000）×7%　　B. （6 000+4 000）×7%

C. （7 000+5 000）×5%　　D. （6 000+4 000）×5%

【4-2018 单选】2018 年 10 月，甲公司向税务机关实际缴纳增值税 70 000 元，消费税 50 000 元；向海关缴纳进口环节增值税 40 000 元，消费税 30 000 元。已知城市维护建设税适用税率为 7%，计算甲公司当月应缴纳城市维护建设税税额的下列算式中，正确的是（　　）。

A. （70 000+50 000+40 000+30 000）×7%=13 300（元）

B. （70 000＋50 000）×7%＝8 400（元）

C. （70 000＋40 000）×7%＝7 700（元）

D. （50 000＋30 000）×7%＝5 600（元）

【5-2017 判断】对于由减免增值税、消费税而发生退税的，已征收的城市维护建设税不予退还。（　　）

【6-2016 单选】根据城市维护建设税法律制度的规定，下列关于城市维护建设税税收优惠的表述中，不正确的是（　　）。

A. 对增值税实行先征后退办法的，除另有规定外，不予退还随增值税附征的城市维护建设税

B. 对增值税实行即征即退办法的，除另有规定外，不予退还随增值税附征的城市维护建设税

C. 海关对进口产品代征的增值税，不征收城市维护建设税

D. 对出口产品退还增值税的，可同时退还已缴纳的城市维护建设税

答案及解析

1. 【答案】D

【解析】本题考查城建税计算，以实缴增值税、消费税之和为计税依据。结合委托加工考察，由受托方代扣代缴消费税，收回受托方产品出售后才缴纳增值税，本题未说明则依据代扣代缴消费税作为计算城建税的税基。城建税适用“受托方所在地”税率（本题中为7%），委托加工从价定率，无同类销售价格，组成计税价格＝（材料成本＋加工费）÷（1－消费税比例税率）＝（60 000＋3 000）÷（1－30%）＝90 000（元），应交消费税＝90 000×30%＝27 000（元），应交城建税＝27 000×7%＝1 890（元）。

2. 【答案】C

【解析】纳税人“实缴”的“两税”税额（增值税、消费税）为教育费附加的计税依据。

3. 【答案】B

【解析】城市维护建设税的计税依据是纳税人实际缴纳的增值税、消费税税额；纳税人所在地为市区的，城建税税率为7%。所以本题正确答案为B选项。

4. 【答案】B

【解析】城市维护建设税的计税依据，是纳税人实际缴纳的增值税、消费税税额以及出口货物、劳务或者跨境销售服务、无形资产增值税免抵税额。海关对进口产品代征的增值税、消费税，不征收城市维护建设税。

5. 【答案】×

【解析】对于由减免增值税、消费税而发生退税的，可同时退还已征收的城市维护建设税。

6. 【答案】D

【解析】对出口产品退还增值税、消费税的，不退还已缴纳的城市维护建设税。

第七章

税收征收管理法律制度

本章解读

扫码可听课

本章分值占比约 7 分，一般考查单选题、多选题和判断题。本章由 5 个小节组成，分为税收征收管理法概述、税务管理、税款征收与税务检查、税务行政复议和税收法律责任。税收征收管理法概述为新增内容，关注征纳双方的权利和义务。本章为考试非重点内容，其中第四节“税务行政复议”与第一章内容有关联，可以联系对比记忆。

本章框架

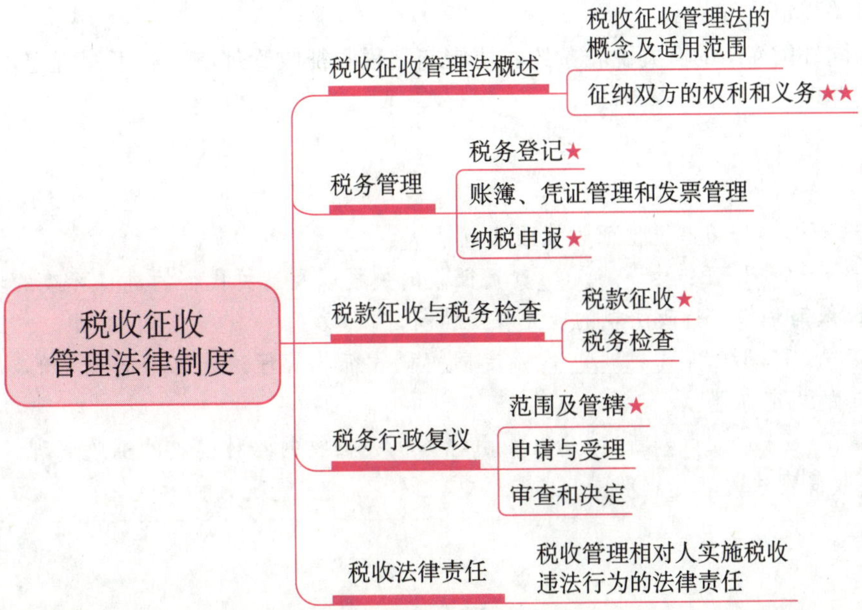

第一节 税收征收管理法概述

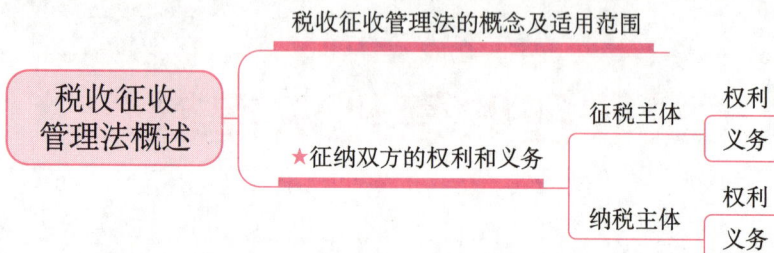

- 税收征收管理法概述
  - 税收征收管理法的概念及适用范围
  - ★征纳双方的权利和义务
    - 征税主体
      - 权利
      - 义务
    - 纳税主体
      - 权利
      - 义务

税收征收管理法的概念及适用范围

母题 7-1-1 什么是税收征收管理法？它的适用范围是什么？

（1）税收征收管理法的概念。

税收征收管理法，是指调整税收征收与管理过程中所发生的社会关系的法律规范的总称。包括国家权力机关制定的税收征管法律、国家权力机关授权行政机关制定的税收征管行政法规和有关税收征管的规章制度等。

（2）税收征收管理法的适用范围。

凡依法由税务机关征收的各种税收的征收管理，均适用《税收征收管理法》，如增值税、消费税、企业所得税、车船税、印花税等。

由海关负责征收的关税以及海关代征的进口环节的增值税、消费税，依照法律、行政法规的有关规定执行。

我国同外国缔结的有关税收条约、协定与《税收征收管理法》有不同规定，按条约、协定规定办理。

考查形式

子题 7-1-1-1：税收征收管理法包括________。

子题 7-1-1-2：由________负责征收的关税以及海关代征的进口环节的增值税、消费税，依照法律、行政法规的有关规定执行。

子题 7-1-1-3：________，协定同《税收征收管理法》有不同规定的，依照条约、协定的规定办理。

子题 7-1-1-4（判断）：凡依法由税务机关征收的各种税收的征收管理，均适用《税收征收管理法》。（ ）

子题 7-1-1-5（判断）：我国同外国缔结的有关税收条约、协定与《税收征收管理法》有不同规定，按《税收征收管理法》规定办理。（ ）

【适用题型】单项选择题、多项选择题、判断题。

征纳双方的权利和义务

母题 7-1-2 征纳双方的权利和义务是什么？

征纳双方在税收征收管理中既享有各自的权利，也须承担各自的义务，它们共同构成了税收法律关系的内容。

征纳双方	权利	义务
征税主体	税收立法权、税务管理权、税款征收权（最基本、最主要）、税务检查权、税务行政处罚权、其他职权	（1）依法为纳税人、扣缴义务人的情况保守秘密 （2）税务人员不得受贿、徇私舞弊、不征或少征应纳税额；不得滥用职权多征或故意刁难纳税人和扣缴义务人 （3）税收人员在核定应纳税额、调整税收定额、进行税务检查、实施税务行政处罚、办理税务行政复议时，与纳税人、扣缴义务人、直接责任人有利害关系的，应当回避 （4）建立、健全内部制约和监督管理制度等
纳税主体	（1）知情权；（2）要求保密权；（3）依法享受税收优惠权；（4）申请退还多缴税款权；（5）申请延期申报权；（6）纳税申报方式选择权；（7）申请延期缴纳税款权；（8）索取有关税收凭证的权利；（9）委托税务代理权；（10）陈诉权、申辩权；（11）对未出示税务检查证和税务检查通知书的拒绝检查权；（12）依法要求听证的权利；（13）税收法律救济权；（14）税收监督权	（1）按期办理税务登记，及时核定应纳税种、税目 （2）依法设置账簿、保管账簿和有关资料以及依法开具、使用、取得和保管发票的义务 （3）财务会计制度和会计核算软件备案的义务 （4）按照规定安装、使用税控装置的义务 （5）按期、如实办理纳税申报的义务 （6）按期缴纳或解缴税款的义务 （7）接受税收检查的义务 （8）代扣、代收、代缴的义务等

考查形式

子题 7-1-2-1：征税主体的职权包括________。

子题 7-1-2-2：纳税主体的权利包括________。

子题 7-1-2-3（判断）：依法设置账簿、保管账簿和有关资料以及依法开具、使用、取得和保管发票的义务属于征税主体的义务。（ ）

【适用题型】单项选择题、多项选择题。

【2019 多选】下列各项中，属于税务机关职权的有（　　）。

A. 税务管理权　　B. 税款征收权

C. 税务检查权　　D. 税收法律、法规和规章的知情权

答案及解析

【答案】ABC

【解析】根据税收征收管理法律制度的规定，税务管理权、税款征收权和税务检查权是税务机关的职权，而税收法律、法规和规章的知情权是纳税主体的权利。

第二节　税务管理

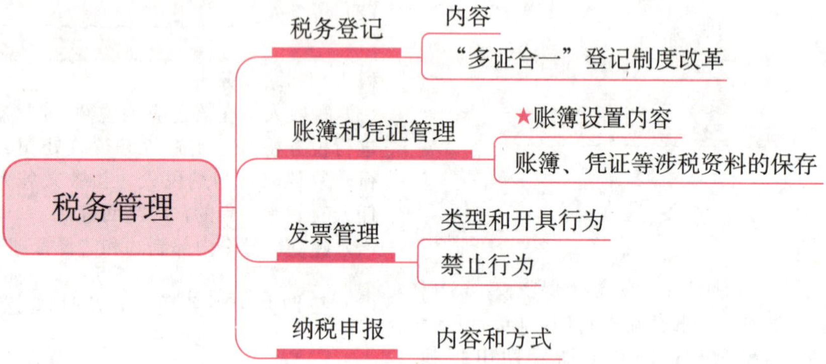

税务登记

母题 7-2-1　税务登记管理包括哪些内容？

（1）需要办理税务登记的人员有：

1）从事生产、经营的纳税人（具体包括企业，企业在外地设立的分支机构和从事生产、经营的场所，个体工商户和从事生产、经营的事业单位）。

2）非从事生产经营但依法负有纳税义务的单位和个人。

3）扣缴义务人。

（2）不用办理纳税登记的人员：

1）个人；2）国家机关；3）无固定生产经营场所的流动性农村小商贩。

母题 7-2-2　多证合一指的是什么？

在全面实施工商营业执照、组织机构代码证、税务登记证、社会保险登记证、统计登记证"五证合一""一照一码"登记制度改革和个体户工商营业执照、税务登记证"两证

整合”的基础上，将涉及企业、个体工商户和农民专业合作社（统称企业）登记、备案等有关事项和各类证照进一步整合到营业执照上，实现“多证合一、一照一码”（照指营业执照，码指统一社会信用代码）。

考查形式

子题 7-2-1-1（判断）：企业在外地设立从事生产、经营的场所不需要办理税务登记。（　　）

子题 7-2-1-2（判断）：非从事生产经营但依法负有纳税义务的单位和个人不用办理纳税登记。（　　）

子题 7-2-1-3（判断）：无固定生产经营场所的流动性农村小商贩需要办理税务登记。（　　）

子题 7-2-1-4：属于需要办理税务登记的人员有________。

子题 7-2-1-5：属于不用办理税务登记的人员有________。

子题 7-2-2-1（判断）：五证合一的“五证”指的是工商营业执照、组织机构代码证、税务登记证、社会保险登记证、统计登记证。（　　）

【适用题型】单项选择题、多项选择题、判断题。

【2011 判断】 企业在外地设立从事生产、经营的场所不需要办理税务登记。（　　）

答案及解析

【答案】×

【解析】企业在外地设立从事生产、经营的场所，应当办理税务登记。

账簿和凭证管理

母题 7-2-3　账簿设置的内容有哪些？

要点	内容	
账簿设置	纳税人	从事生产、经营的纳税人应当**自领取营业执照或者发生纳税义务之日起“15日内”**
	扣缴义务人	**自税收法律、行政法规规定的扣缴义务发生之日起“10日内”**

母题 7-2-4　账簿、凭证等涉税资料应如何保存？

从事生产、经营的纳税人、扣缴义务人必须按照国务院财政、税务主管部门规定的保管期限保管账簿、记账凭证、完税凭证及其他有关资料。

账簿、记账凭证、报表、完税凭证、发票、出口凭证以及其他有关涉税资料应当**保存10年**；但是法律、行政法规另有规定的除外。账簿、记账凭证、完税凭证及其他有关资料**不得伪造、变造或者擅自损毁**。

考查形式

子题7-2-3-1：从事生产、经营的纳税人应当自领取营业执照或者发生纳税义务之日起________日内，按照国家有关规定设置账簿。

子题7-2-3-2：根据税收征收管理法律制度规定，从事生产、经营的纳税人应当自领取营业执照或者发生纳税义务之日起，一定期限内，按照国家规定设置账簿，该期限为________。

子题7-2-3-3（判断）：从事生产、经营的纳税人应当领取营业执照或者发生纳税义务之日起15日内，按照国家有关规定设置账簿。（ ）

子题7-2-4-1：根据税收征收管理法律制度规定，账簿、记账凭证、报表、完税凭证、发票、出口凭证以及其他有关涉税资料应当保存________年。

子题7-2-4-2（判断）：账簿、记账凭证、完税凭证及其他有关资料不得伪造、变造或者擅自损毁。（ ）

【适用题型】单项选择题、多项选择题、判断题。

【2019单选】从事生产、经营的纳税人应当自领取营业执照或者发生纳税义务之日起（ ）日内，按照国家有关规定设置账簿。

A. 5　　B. 10　　C. 15　　D. 30

答案及解析

【答案】C

【解析】纳税人自领取营业执照或者发生纳税义务之日起15日内，按规定设置账簿。

发票管理

母题7-2-5 发票应该怎样进行管理？

发票管理	种类	增值税专用发票	增值税专用发票、机动车销售统一发票
		增值税普通发票	增值税普通发票（折叠票）、增值税电子普通发票和增值税普通发票（卷票）
		其他发票	除上述发票以外
	适用范围	（1）增值税一般纳税人 发生应税销售行为，使用增值税发票管理系统开具增值税专用发票、增值税普通发票、机动车销售统一发票 （2）增值税小规模纳税人 发生应税销售行为，开具增值税普通发票，一般不使用增值税专用发票，可以到税务机关代开增值税专用发票	

续表

发票管理	适用范围	(3) 增值税普通发票（卷票）由纳税人自愿选择使用，重点在生活性服务业纳税中推广 (4) 门票、过路（过桥）费发票、定额发票、客运发票和二手销售统一发票继续使用 (5) 餐饮行业增值税一般纳税人购进农业生产者自产农产品，可使用税务机关监制的农产品收购发票 (6) 采取汇总纳税的金融机构、省、自治区所辖市以下分支机构可以使用地是机构统一领取的增值税发票；直辖市、计划单列市机构统一领取的增值税发票 (7) 税务机关使用新系统代开增值税专用发票和增值税普通发票
	开具	一般由收款方向付款方开具，特殊情况可由付款方向收款方开具
		应当按照规定的时限、顺序、栏目，“全部联次一次性如实开具”，并加盖“发票专用章”
		购买方为企业的，索取增值税“普通发票”时，应向销售方提供纳税人识别号或统一社会信用代码
		任何单位和个人不得有下列虚开发票（**与实际经营业务情况不符**）的行为： (1) 为他人、为自己开具与实际经营业务情况不符的发票 (2) 让他人为自己开具与实际经营业务情况不符的发票 (3) 介绍他人开具与实际经营业务情况不符的发票
	禁止行为	(1) 转借、转让、介绍他人转让发票、发票监制章和发票防伪专用品 (2) 知道或者应当知道是私自印制、伪造、变造、非法取得或者废止的发票而受让、开具、存放、携带、邮寄、运输 (3) 拆本使用发票 (4) 扩大发票使用范围 (5) 以其他凭证代替发票使用
	【提示】 小规模纳税人免税：小规模纳税人发生增值税应税销售行为，月销售额未超过 10 万元（以 1 个季度为 1 个纳税期的，季度销售额未超过 30 万元）的	
	保管	已开具的发票存根联和发票登记簿应当保存“5 年”（保存期满，报经税务机关查验后销毁）
	检查	(1) 检查印制、领购、开具、取得、保管和缴销发票的情况 (2) 调出发票查验 (3) 查阅、复制与发票有关的凭证、资料 (4) 向当事人各方面询问与发票有关的问题与情况 (5) 在查处发票案件时，对于案件有关的情况和资料，可以记录、录音、录像、照相和复制

考查形式

子题 7-2-5-1：根据税收征收管理法律制度的规定，开具发票的单位和个人应当依照税务机关的规定存放和保管发票，已经开具的发票存根联和发票登记簿应当至少保存一定期限，该期限为________。

子题 7-2-5-2：根据税收征收管理法律制度的规定，属于税务机关发票管理权限的有________。

子题7-2-5-3：根据税收征收管理法律制度的规定，属于增值税专用发票的是________。

子题7-2-5-4：根据税收征收管理法律制度的规定，属于虚开发票行为的有________。

子题7-2-5-5：根据税收征收管理法律制度的规定，任何单位和个人应当按照发票管理规定使用发票，禁止的行为有________。

子题7-2-5-6（判断）：已开具的发票存根联和发票登记簿应当保存5年。（　）

【适用题型】单项选择题、多项选择题、判断题。

【1-2018单选】根据税收征收管理法律制度的规定，开具发票的单位和个人应当依照税务机关的规定存放和保管发票，已经开具的发票存根联和发票登记簿应当至少保存一定期限，该期限为（　）年。

A. 20　B. 15　C. 10　D. 5

【2-2018多选】根据税收征收管理法律制度的规定，下列各项中，属于税务机关发票管理权限的有（　）。

A. 检查印制、领购、开具、取得、保管和缴销发票的情况

B. 查阅、复制与发票有关的凭证、资料

C. 调出发票查验

D. 向当事各方询问与发票有关的问题和情况

答案及解析

1.【答案】D

【解析】已开具的发票存根联和发票登记簿，应当保存5年；保存期满，报经税务机关查验后销毁。

2.【答案】ABCD

【解析】税务机关在发票管理中有权进行下列检查：检查印制、领购、开具、取得、保管和缴销发票的情况；调出发票查验；查阅、复制与发票有关的凭证、资料；向当事各方询问与发票有关的问题和情况；在查处发票案件时，对与案件有关的情况和资料，可以记录、录音、录像、照相和复制。

纳税申报

母题7-2-6　纳税申报包括什么内容？

（1）税种、税目。

（2）**应纳税项目或应代扣代缴、代收代缴税款项目。**

（3）计税依据。

(4) 扣除项目及标准。

(5) 适用税率或者单位税额。

(6) 应减免税项目及税额。

(7) 应纳税额或者应代扣代缴、代收代缴税额。

(8) 税款所属期限、延期缴纳税款、欠税、滞纳金等。

母题 7-2-7　纳税申报的方式有哪些?

<table>
<tr><th colspan="2">方式</th><th>具体内容</th></tr>
<tr><td colspan="2">自行申报（直接申报）</td><td>纳税人、扣缴义务人在规定的申报期限内，自行直接到主管税务机关指定的办税服务场所办理的纳税申报手续</td></tr>
<tr><td colspan="2">邮寄申报</td><td>以“寄出”的邮戳日期为实际申报日期</td></tr>
<tr><td colspan="2">数据电文申报</td><td>以税务机关计算机网络系统收到该数据电文的时间为实际申报日期</td></tr>
<tr><td rowspan="2">其他方式</td><td>简易申报</td><td rowspan="2">实行定期定额缴纳税款的纳税人</td></tr>
<tr><td>简并征期</td></tr>
<tr><td colspan="3">【提示】纳税人在纳税期内没有应纳税款也应当按照规定办理纳税申报；享受减、免税待遇，在减税、免税期间的，均应当按规定办理纳税申报</td></tr>
<tr><td rowspan="4">可延期申报</td><td>不可抗力</td><td>无须申请直接延期，税务机关事后查明、核准</td></tr>
<tr><td>其他原因</td><td>纳税人提出书面申请，税务机关核准</td></tr>
<tr><td rowspan="2">预交税款</td><td>多缴：退，但不支付利息</td></tr>
<tr><td>少缴：补，但不支付滞纳金</td></tr>
</table>

考查形式

子题 7-2-6-1：根据税收征收管理法律制度的规定，下列属于纳税申报内容的是________。

子题 7-2-7-1（判断）：纳税人在纳税期内没有应纳税款，可以不办理纳税申报。(　　)

子题 7-2-7-2：根据税收征收管理法律制度的规定，属于纳税申报方式的有________。

子题 7-2-7-3（判断）：扣缴义务人因不可抗力因素不能按期办理纳税申报或者报送代扣代缴、代收代缴税款报告表的，可以延期办理。(　　)

子题 7-2-7-4（判断）：简易申报、简并征期实行定期定额缴纳税款。(　　)

子题 7-2-7-5（判断）：邮寄申报以寄出的邮戳日期为办理申报手续日期。(　　)

子题 7-2-7-6（判断）：纳税人、扣缴义务人在规定的申报期限内，自行直接到主管税务机关指定的办税服务场所办理的纳税申报手续属于自行申报方式。(　　)

子题 7-2-7-7（判断）：享受减免税，需要纳税申报。(　　)

子题 7-2-7-8（判断）：纳税人享受免税待遇的，在免税期间无须办理纳税申报。(　　)

【适用题型】单项选择题、多项选择题、判断题。

【1－2019 多选】根据税收征收管理法律制度的规定，下列各项中，属于纳税申报方式的有（　　）。

A. 简易申报　　B. 数据电文申报
C. 自行申报　　D. 邮寄申报

【2－2019 判断】享受减免税，需要纳税申报。（　　）

【3－2019 判断】纳税人享受免税待遇的，在免税期间无须办理纳税申报。（　　）

【4－2018 判断】纳税人在纳税期内没有应纳税款，可以不办理纳税申报。（　　）

【5－2018 多选】根据税收征收管理法律制度的规定，下列纳税申报方式中，符合法律规定的有（　　）。

A. 甲企业在规定的申报期限内，自行到主管税务机关指定的办税服务大厅申报
B. 经税务机关批准，丙企业以网络传输方式申报
C. 经税务机关批准，乙企业使用统一的纳税申报专用信封，通过邮局交寄
D. 实行定期定额缴纳税款的丁个体工商户，采用简易申报方式申报

答案及解析

1.【答案】ABCD

2.【答案】√

3.【答案】×

【解析】纳税人享受减税、免税待遇的，在减免税期间应当按照规定办理纳税申报。

4.【答案】×

【解析】纳税人在纳税期内没有应纳税款的，也应当按照规定办理纳税申报。

5.【答案】ABCD

【解析】纳税申报方式是指纳税人和扣缴义务人在纳税申报期限内，依照规定到指定的税务机关进行申报纳税的形式。纳税申报方式主要有以下几种：自行申报；邮寄申报；数据电文申报；实行定期定额缴纳税款的纳税人，可以采取简易申报、简并征期等方式申报纳税。

第三节　税款征收与税务检查

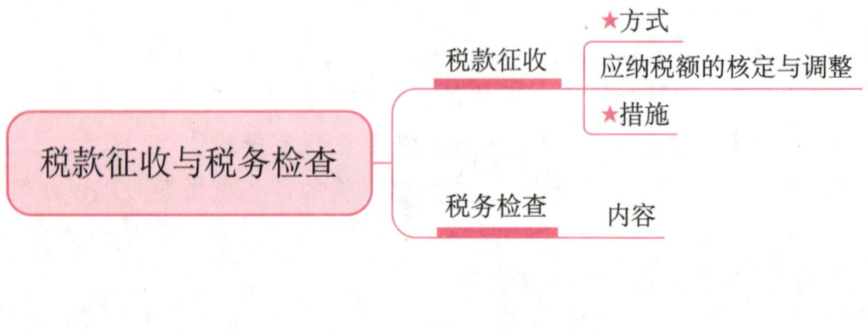

税款征收

母题 7-3-1　税款征收的方式有几种?

税款征收方式，是指税务机关根据各税种的不同特点和纳税人的具体情况而确定的计算、征收税款的形式和方法，包括确定**征收方式和缴纳方式**。

税款征收方式	适用范围（特点）
查账征收	**财务会计制度健全**、能够如实核算和提供生产经营情况，并能正确计算应纳税额和如实履行纳税义务的纳税人
查定征收	**生产经营规模较小、产品零星、税源分散**、会计账册不健全，但能**控制**原材料或进项货物
查验征收	纳税人财务制度不健全、生产经营不固定、**零星分散、流动性大**的税源
定期定额征收	**生产经营规模小**，达不到规定设置账簿标准，难以查账征收，不能准确计算计税依据的个体工商户（含个人独资企业）

母题 7-3-2　税款征收包括哪些内容?

<table>
<tr><th>要点</th><th colspan="3">具体内容</th></tr>
<tr><td rowspan="2">应纳税额核定调整</td><td>情形</td><td colspan="2">■ 依照可以不设置账簿（无账可查）
■ 依照应当设置但未设置账簿的（无账可查）
■ 擅自销毁账簿或者拒不提供纳税资料的（无账可查）
■ 虽设置账簿，但账目混乱或者成本资料、收入凭证、费用凭证残缺不全，难以查账的（有账但记账不准确）
■ 发生纳税义务，未按照规定的期限办理纳税申报，经税务机关责令限期申报，逾期仍不申报的（一错再错）
■ 纳税人申报的计税依据明显偏低，又无正当理由的（无理由偏低）</td></tr>
<tr><td>方法</td><td colspan="2">（1）参照当地同类行业或者类似行业中经营规模和收入水平相近的纳税人的税负水平核定
（2）按“营业收入”或“成本+合理费用+利润”核定
（3）按照耗用原材料、燃料、动力等推算或者测算核定
（4）按照其他合理方法核定
【提示】当其中一种方法不足以正确核定应纳税额时，可以同时采用两种以上的方法核定</td></tr>
<tr><td rowspan="3">措施</td><td rowspan="3">责令缴纳</td><td>适用情形</td><td>应税未税（纳税人、扣缴义务人、担保人）、未按照规定办理税务登记的、有根据认为可能逃税</td></tr>
<tr><td>不缴后果</td><td>责令提供担保、强制执行</td></tr>
<tr><td>滞纳金</td><td>滞纳金=应纳税款×滞纳天数×0.5‰
滞纳天数：自纳税期限届满之次日起至实际缴纳税款之日止</td></tr>
</table>

续表

要点	具体内容		
措施	纳税担保	范围	税款、滞纳金和实现税款、滞纳金的费用
		方式	保证、抵押（所有权未转移）、质押（所有权已转移）
		情形	（1）税务机关有根据认为纳税人有逃避纳税义务行为，在规定的纳税期限之前经责令其限期缴纳税款，在“限期内”发现纳税人有明显的转移、隐匿财产的迹象 （2）欠缴税款、滞纳金的纳税人或者其法定代表人需要出境 （3）纳税人同税务机关在“纳税”上发生争议而未缴清税款，需要申请行政复议 【提示】对“罚款”不服申请行政复议无须提供担保
	税收保全	前提	税务机关责令具有税法规定情形的“纳税人”提供纳税担保而纳税人拒绝或不能提供担保
		具体措施	（1）书面通知“冻结”金额“相当于应纳税款”的存款（**陷阱**：冻结全部资金） （2）“扣押、查封”价值“相当于应纳税款”的商品、货物或者其他财产，其他财产包括纳税人的房地产、现金、有价证券等不动产和动产（**陷阱**：全部财产）
		期限	一般最长不得超过“6个月”
	税收保全 & 强制执行共性		批准人：县以上税务局（分局）局长
			不适用：个人及其所扶养家属维持生活必需的住房和用品，单价5 000元以下的其他生活用品（个人及其所扶养家属维持生活必需的住房和用品不包括机动车辆、金银饰品、古玩字画、豪华住宅或者一处以外的住房） 个人所扶养家属，是指与纳税人共同居住生活的配偶、直系家属以及无生活来源并由纳税人扶养的其他家属
	强制执行	前提	从事生产经营的“纳税人、扣缴义务人”未按照规定的期限缴纳或者解缴税款，“纳税担保人”未按照规定的期限缴纳所担保的税款，由税务机关责令限期缴纳，逾期仍未缴纳
		具体措施	（1）书面通知从其存款中“扣缴”税款 （2）“扣押、查封、依法拍卖或者变卖”价值相当于应纳税款的商品、货物或者其他财产，以拍卖或者变卖所得抵缴税款 【提示】强制执行的金额包括滞纳金（无罚款）
	阻止出境		出境前未按规定结清应纳税款、滞纳金或提供纳税担保，税务机关可以通知出境管理机关阻止出境

考查形式

子题7-3-1-1：税务机关针对纳税人的不同情况可以采取不同的税款征收方式。对于账册不健全，但能控制原材料、产量或进销货物的单位，适用的税款征收方式是________。

子题7-3-1-2：根据税收征收管理法律制度的规定，适用于纳税人财务制度不健全，生产经营不固定，零星分散，流动性大的税源的税款征收方式是________。

子题7-3-2-1：根据税收征收管理法律制度的规定，税务机关可以责令纳税人提供纳税担保的是________。

子题 7－3－2－2：根据税收征收管理法律制度的规定，属于纳税担保范围的是________。

子题 7－3－2－3：根据税收征收管理法律制度的规定，纳税人发生的情形中，税务机关有权核定其应纳税额的有________。

子题 7－3－2－4：根据税收征收管理法律制度的规定，不适用税收保全的财产是________。

子题 7－3－2－5：维持生活必需的住房和用品，不在强制执行措施的范围之内。对单价在一定金额以下的其他生活用品，不采取强制执行措施。该金额为________。

子题 7－3－2－6：根据税收征收管理法律制度的规定，属于税务机关可以采取的强制执行措施是________。

子题 7－3－2－7：根据税收征收管理法律制度的规定，属于纳税担保方式的是________。

子题 7－3－2－8：税务机关在查阅甲公司公开披露的信息时发现，其法定代表人张某有一笔股权转让收入未申报缴纳个人所得税，要求张某补缴 80 万元。张某在未结清应纳税款、滞纳金的情况下，拟出国考察，且未提供纳税担保，税务机关知晓后对张某可以采取的税款征收措施是________。

子题 7－3－2－9：根据税收征收管理法律制度的规定，属于税收保全措施的有________。

子题 7－3－2－10：按照规定甲公司最晚应于 2019 年 5 月 15 日缴纳应纳税款，甲公司迟迟未缴纳，主管税务机关责令其于当年 6 月 30 日前缴纳，并加收滞纳金，甲公司最终于 7 月 14 日缴纳税款，关于主管税务机关对甲公司加收滞纳金的起止时间为________。

【适用题型】单项选择题、多项选择题、判断题。

【1－2019 单选】根据税收征收管理法律制度的规定，下列情形中，税务机关可以责令纳税人提供纳税担保的是（　　）。

A. 纳税人按照规定应设置账簿而未设置

B. 纳税人同税务机关在纳税上发生争议而未缴清税款，需要申请行政复议的

C. 纳税人对税务机关作出逾期不缴纳罚款加处罚款的决定不服，需要申请行政复议的

D. 纳税人开具与实际经营业务情况不符的发票

【2－2019 单选】根据税收征收管理法律制度的规定，下列费用中，不属于纳税担保范围的是（　　）。

A. 罚款　　B. 税款

C. 实现税款的费用　　D. 税收滞纳金

【3－2018 单选】根据税收征收管理法律制度的规定，下列税款征收方式中，适用于纳税人财务制度不健全，生产经营不固定，零星分散，流动性大的税源的是（　　）。

A. 定期定额征收　　B. 查定征收

C. 查验征收　　D. 查账征收

【4－2018 多选】根据税收征收管理法律制度的规定，纳税人发生的下列情形中，税务机关有权核定其应纳税额的有（　　）。

A. 纳税人申报的计税依据明显偏低，又无正当理由的

B. 依照法律、行政法规的规定可以不设置账簿的

C. 拒不提供纳税资料的

D. 虽设置账簿、但账目混乱、难以查账的

【5－2018 单选】按照规定甲公司最晚应于 2017 年 5 月 15 日缴纳应纳税款，甲公司迟迟未缴纳，主管税务机关责令其于当年 6 月 30 日前缴纳，并加收滞纳金，甲公司最终于 7 月 14 日缴纳税款，关于主管税务机关对甲公司加收滞纳金的起止时间的下列表述中，正确的是（　　）。

A. 2017 年 6 月 15 日至 2017 年 7 月 15 日

B. 2017 年 6 月 30 日至 2017 年 7 月 15 日

C. 2017 年 5 月 16 日至 2017 年 7 月 14 日

D. 2017 年 7 月 1 日至 2017 年 7 月 14 日

【6－2018 单选】根据税收征收管理法律制度的规定，下列各项中，不适用税收保全措施的财产是（　　）。

A. 纳税人的古董　　B. 纳税人的别墅

C. 纳税人的豪华小汽车　　D. 纳税人的家庭唯一普通住房

【7－2018 单选】根据税收征收管理法律制度的规定，下列各项中，属于税务机关可以采取的强制执行措施是（　　）。

A. 责令缴纳　　B. 阻止出境

C. 责令提供纳税担保　　D. 拍卖变卖

【8－2018 单选】根据税收征收管理法律制度的规定，下列各项中，属于税款征收强制执行措施的是（　　）。

A. 书面通知纳税人开户银行冻结纳税人的金额相当于应纳税款的存款

B. 责令纳税人为应当缴纳的税款提供担保

C. 在规定的纳税期之前责令纳税人限期缴纳应纳税款

D. 变卖纳税人价值相当于应纳税款的商品，以变卖所得抵缴税款

【9－2017 单选】根据税征收管理法律制度的规定，下列各项中，不属于纳税担保方式的是（　　）。

A. 质押　　B. 扣押

C. 抵押　　D. 保证

【10－2017 单选】税务机关在查阅甲公司公开披露的信息时发现，其法定代表人张某有一笔股权转让收入未申报缴纳个人所得税，要求张某补缴 80 万元。张某在未结清应纳税款、滞纳金的情况下，拟出国考察，且未提供纳税担保，税务机关知晓后对张某可以采取的税款征收措施是（　　）。

A. 通知出境管理机关阻止其出境　　B. 查封股权交易账户

C. 查封住房　　　　D. 冻结银行存款

【11－2018 多选】 根据税收征收管理法律制度的规定，下列各项中，属于税收保全措施的有（　　）。

A. 拍卖纳税人的价值相当于应纳税款的财产

B. 责令纳税人提供纳税担保

C. 书面通知纳税人开户银行冻结纳税人的金额相当于应纳税款的存款

D. 扣押纳税人的价值相当于应纳税款的商品

【12－2018 多选】 根据税收征收管理法律制度的规定，下列各项中，可以适用税收保全措施的财产有（　　）。

A. 金银首饰　　　　B. 古玩字画

C. 豪华住宅　　　　D. 小汽车

【13－2017 多选】 根据税收征收管理法律制度的规定，下列各项中，适用纳税担保的情形有（　　）。

A. 从事生产、经营的纳税人未按规定期限缴纳税款，税务机关责令限期缴纳，逾期仍未缴纳的

B. 欠缴税款、滞纳金的纳税人或者其法定代表人需要出境的

C. 纳税人有明显的转移、隐匿其应纳税的商品、货物，以及其他财产或者应纳税收入的迹象

D. 纳税人同税务机关在纳税上发生争议而未缴清税款，需要申请行政复议的

【14－2016 单选】 根据税收征收管理法律制度的规定，下列各项中，不属于纳税担保范围的是（　　）。

A. 罚款　　　　B. 滞纳金

C. 税款　　　　D. 实现税款、滞纳金的费用

【15－2016 单选】 根据税收征收管理法律制度的规定，税务机关依法采取强制执行措施时，对个人及其所扶养家属维持生活必需的住房和用品，不在强制执行措施的范围之内。对单价在一定金额以下的其他生活用品，不采取强制执行措施。该金额为（　　）元。

A. 5 000　　　　B. 10 000

C. 20 000　　　　D. 15 000

答案及解析

1. 【答案】B

【解析】 责令提供纳税担保适用情形：税务机关有根据认为纳税人有逃避纳税义务行为，在规定的纳税期限之前经责令其限期缴纳税款，在“限期内”发现纳税人有明显的转移、隐匿财产的迹象；欠缴税款、滞纳金的纳税人或者其法定代表人需要出境；纳税人同税务机关在“纳税”上发生争议而未缴清税款，需要申请行政复议。

2. 【答案】A

【解析】 纳税担保范围包括税款、滞纳金和实现税款、滞纳金的费用。

3. 【答案】C

4. 【答案】ABCD

【解析】纳税人有下列情形之一的，税务机关有权核定其应纳税额：依照法律、行政法规的规定可以不设置账簿的；依照法律、行政法规的规定应当设置但未设置账簿的；擅自销毁账簿或者拒不提供纳税资料的；虽设置账簿，但账目混乱或者成本资料、收入凭证、费用凭证残缺不全，难以查账的；发生纳税义务，未按照规定的期限办理纳税申报，经税务机关责令限期申报，逾期仍不申报的；纳税人申报的计税依据明显偏低，又无正当理由的。

5.【答案】C

【解析】加收滞纳金的起止时间：自税款法定缴纳期限届满次日起（5月16日）至纳税人、扣缴义务人实际缴纳或者解缴税款之日止（7月14日）。

6.【答案】D

【解析】个人及其所扶养家属维持生活必需的住房和用品，不在税收保全措施的范围之内；生活必需的住房和用品不包括机动车辆、金银饰品、古玩字画、豪华住宅或者一处以外的住房。

7.【答案】D

【解析】税务机关可以采取的强制执行措施包括强制扣款和拍卖变卖。

8.【答案】D

【解析】税款征收强制执行措施包括：强制扣款、拍卖变卖。

9.【答案】B

【解析】纳税担保，是指经税务机关同意或确认，纳税人或其他自然人、法人、经济组织以“保证、抵押、质押”的方式，为纳税人应当缴纳的税款及滞纳金提供担保的行为，不包括扣押方式。

10.【答案】A

【解析】欠缴税款的纳税人或者其法定代表人在出境前未按规定结清应纳税款、滞纳金或者提供纳税担保的，税务机关可以通知出境管理机关阻止其出境。

11.【答案】CD

【解析】选项A，“拍卖”属于税收强制措施；选项B，提供纳税担保不是税收保全措施。

12.【答案】ABCD

【解析】个人及其所扶养的家属维持生活必需的住房和用品，不在税收保全措施范围之内。个人及其所扶养家属维持生活必需的住房和用品不包括机动车辆、金银首饰、古玩字画、豪华住宅或一处以外的住房，因此四个选项均属于可以适用税收保全措施的财产。

13.【答案】BCD

【解析】适用纳税担保的情形：（1）税务机关有根据认为从事生产、经营的纳税人有逃避纳税义务行为的，可在规定的纳税期限之前，责令其限期缴纳应纳税款；在限期内发现纳税人有明显的转移、隐匿其应纳税的商品、货物以及其他财产或者应纳税收入迹象的，责成纳税人提供纳税担保的；（2）欠缴税款、滞纳金的纳税人或者其法定代表人需要出境的；（3）纳税人同税务机关在纳税上发生争议而未缴清税款，需要申请行政复议的；（4）税收法律、行政法规规定可以提供纳税担保的其他情形；纳税人未按照规定期限缴纳税款的，税务机关可责令限期缴纳，逾期仍未缴纳的，税务机关可以采取税收强制执行措施。

14.【答案】A

【解析】纳税担保的范围包括税款、滞纳金和实现税款、滞纳金的费用。

15.【答案】A

【解析】税务机关对单价5 000元以下的其他生活用品，不采取强制执行措施。

税务检查

母题7-3-3 税务检查具体包括哪些内容？

<table>
<tr><th>要点</th><th colspan="2">具体内容</th></tr>
<tr><td>证件</td><td colspan="2">税务人员进行税务检查时，应当出示“税务检查证”和“税务检查通知书”</td></tr>
<tr><td>权力</td><td colspan="2">(1) 检查扣缴义务人代扣代缴、代收代缴税款账簿、记账凭证和有关资料（查账）
(2) 检查纳税人托运、邮寄应税商品、货物或者其他财产的有关单据（查账）
(3) 检查纳税人存放在生产、经营场所的应纳税的货物（查物）
(4) 检查纳税人的账簿、记账凭证、报表和有关资料（提供资料）
(5) 询问纳税人、扣缴义务人与纳税或者代扣代缴、代收代缴税款有关的问题和情况</td></tr>
<tr><td rowspan="6">注意</td><td>场地检查</td><td>不能进入生活场所</td></tr>
<tr><td>交通邮政检查</td><td>只能检查有关“单据、凭证和资料”，不能对其他内容进行检查，比如旅客自带的行李物品等</td></tr>
<tr><td rowspan="2">存款账户检查权</td><td>经“县以上税务局（分局）局长批准”可以查询从事生产经营的纳税人、扣缴义务人在银行或者其他金融机构的存款账户</td></tr>
<tr><td>经“设区的市、自治州以上税务局（分局）局长”批准，可以查询案件涉嫌人员的储蓄存款</td></tr>
<tr><td colspan="2">对满足法定条件的纳税人，可按批准权限采取税收保全措施或者强制执行措施</td></tr>
</table>

考查形式

子题7-3-3-1（判断）：纳税人对税务检查人员未出示税务检查证和税务检查通知书的，有权拒绝检查。（ ）

子题7-3-3-2（判断）：税务人员进行税务检查时，应当出示税务检查证和税务检查通知书。（ ）

子题7-3-3-3：根据税收征收管理法律制度的规定，属于税务机关纳税检查职权的有________。

【适用题型】单项选择题、多项选择题、判断题。

【1-2017判断】纳税人对税务检查人员未出示税务检查证和税务检查通知书的，有权拒绝检查。（ ）

【2-2016多选】根据税收征收管理法律制度的规定，下列各项中，属于税务机关纳税检查职权的有（ ）。

A. 检查扣缴义务人代扣代缴、代收代缴税款账簿、记账凭证和有关资料

B. 检查纳税人托运、邮寄应税商品、货物或者其他财产的有关单据

C. 检查纳税人存放在生产、经营场所的应纳税的货物

D. 检查纳税人的账簿、记账凭证、报表和有关资料

答案及解析

1. 【答案】√

2. 【答案】ABCD

【解析】检查扣缴义务人代扣代缴、代收代缴税款账簿、记账凭证和有关资料；检查纳税人托运、邮寄应税商品、货物或者其他财产的有关单据；检查纳税人存放在生产、经营场所的应纳税的货物；检查纳税人存放在生产、经营场所的应纳税的货物；检查纳税人的账簿、记账凭证、报表和有关资料。

第四节　税务行政复议

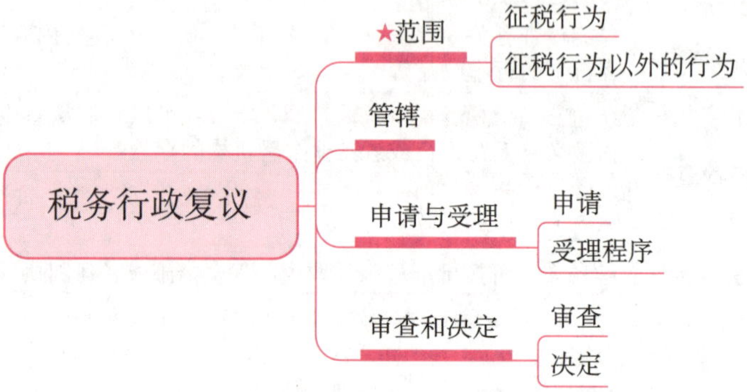

范围

母题 7-4-1　税务行政复议范围是什么？

要点	具体内容
税务行政复议范围	纳税人、扣缴义务人及纳税担保人对税务机关作出的“征税行为”不服的，应当先向复议机关申请行政复议，对行政复议决定不服，可以再向人民法院提起行政诉讼
	（1）征税行为 1）税务机关作出的征税行为：确认纳税主体、征税对象、征税范围、减税、免税、退税、抵扣税款、适用税率、计税依据、纳税环节、纳税期限、纳税地点 2）税款征收方式：征收税款（查账、查定、查验、定期定额）、代扣代缴、代收代缴、代征行为 3）加收滞纳金

续表

要点	具体内容
税务行政复议范围	（2）**非征税行为** 1）行政许可、行政审批行为 2）发票管理行为，包括发售、收缴、代开发票行为 3）税收保全措施、强制执行措施 4）**行政处罚行为：**a. 罚款；b. 没收财物和违法所得；c. 停止出口退税权 5）税务机关不依法履行下列职责的行为：a. 开具、出具完税凭证、外出经营活动税收管理证明；b. 行政赔偿；c. 行政奖励 6）资格认定行为 7）不依法确认纳税担保行为 8）政府公开信息工作中的具体行政行为 9）纳税信用等级评定行为 10）税务机关通知出入境管理机关阻止出境行为 11）税务机关作出的其他具体行政行为
	行政复议纠纷的解决途径：一般案件采用**或议或诉、议中不诉、诉中不议、议后可诉、诉后不可议**

考查形式

子题 7-4-1-1：根据税收征收管理法律制度的规定，纳税人对税务机关作出的具体行政行为不服，可以提出行政复议申请的有________。

子题 7-4-1-2（判断）：税务机关不依法开具完税凭证的行为属于税务行政复议的范围。（　　）

子题 7-4-1-3（判断）：根据税收征收管理法律制度的规定，税务机关的征税行为包括确认纳税主体、征税对象、征税范围、减税、免税、退税、抵扣税款、适用税率、计税依据、纳税环节、纳税期限、纳税地点。（　　）

子题 7-4-1-4（判断）：行政复议纠纷的解决途径：一般案件采用或议或诉、议中不诉、诉中不议、议后可诉、诉后不可议。（　　）

子题 7-4-1-5：根据税收征收管理法律制度的规定，行政处罚行为包括________。

【提示】联系第一章第二节经济纠纷的解决途径中的行政复议学习，参考母题 1-2-12 至 1-2-14

【适用题型】单项选择题、多项选择题、判断题。

【1-2019 单选】根据税收征收管理法律制度的规定，纳税人对税务机关下列具体行政行为不服的，可以直接向人民法院提起行政诉讼的是（　　）。

A. 加收滞纳金　　B. 行政审批

C. 确认征税对象　　D. 征收税款

【2-2018 多选】根据税收征收管理法律制度的规定，税务机关作出的下列行政行为中，纳税人不服时可以选择申请税务行政复议或者直接提起行政诉讼的有（　　）。

A. 加收滞纳金　　B. 罚款

C. 没收财物和违法所得　　D. 征收税款

【3-2018 单选】根据税收征收管理法律制度的规定，税务机关做出的下列具体行政行

为中，纳税人不服时可以选择申请税务行政复议或者直接提起行政诉讼的是（　　）。

A. 加收滞纳金　　B. 征收税款

C. 确认纳税主体　　D. 没收财物和违法所得

【4－2018 判断】税务机关不依法开具完税凭证的行为属于税务行政复议的范围。（　　）

【5－2018 单选】税务机关作出的下列行为中，纳税人不服时应申请行政复议，不服行政复议再提起行政诉讼的是（　　）。

A. 纳税信用等级评定　　B. 税收强制执行措施

C. 行政审批　　D. 纳税地点确认

【6－2017 单选】根据税收征收管理法律制度的规定，税务机关作出的下列具体行政行为中，申报人不服，应当先向复议机关申请行政复议，对行政复议决定不服的，可以在向人民法院提起行政诉讼的是（　　）。

A. 行政处罚行为　　B. 税收保全行为

C. 征收税款行为　　D. 发票管理行为

【7－2017 单选】根据税收征收管理法制度的规定，纳税人对税务机关的下列具体行政行为不服时，应当先申请行政复议，对行政复议决定不服的，可以再向人民法院提起行政诉讼的是（　　）。

A. 税收保全　　B. 代开发票

C. 税款征收　　D. 资格认定

【8－2016 多选】根据税收征收管理法律制度的规定，纳税人对税务机关作出的下列具体行为不服，可以提出行政复议申请的有（　　）。

A. 税收保全措施　　B. 确认征税对象

C. 行政审批　　D. 加收滞纳金

【9－2016 多选】申请人对下列（　　）不服的，可以提出行政复议申请。

A. 确认征税对象　　B. 加收滞纳金行为

C. 行政许可、行政审批行为　　D. 不依法确认纳税担保行为

【10－2016 多选】根据税收征收管理法律制度的规定，纳税人对税务机关作出的下列具体行政行为不服，可以提出行政复议申请的有（　　）。

A. 确认计税依据　　B. 加收滞纳金

C. 征收税款　　D. 确认纳税主体

答案及解析

1. 【答案】B

【解析】A、C、D选项均属于征税行为，征税行为要复议前置（先复议后诉讼）。

2. 【答案】BC

【解析】选项A、D属于税务机关作出的征税行为，应该先向复议机关申请行政复议；对复议决定不服的，可以再向人民法院提起行政诉讼。

3. 【答案】D

【解析】选项A、B、C属于征税行为，纳税人不服的，必须先申请行政复议，对行政

复议决定不服的，可以向人民法院提起行政诉讼；选项 D 不属于征税行为，纳税人不服的，可以申请行政复议，也可以直接向人民法院提起行政诉讼。

4.【答案】√

【解析】税务机关不依法开具完税凭证的行为属于税务行政复议的范围。

5.【答案】D

【解析】税务机关作出的征税行为，包括确认纳税主体、征税对象、征税范围、减税、免税、退税、抵扣税款、适用税率、计税依据、纳税环节、纳税期限、纳税地点和税款征收方式等具体行政行为，征收税款、加收滞纳金，扣缴义务人、受税务机关委托的单位和个人做出的代扣代缴、代收代缴、代征行为等。申请人对上述行为不服的，应当先向复议机关申请行政复议，对行政复议决定不服的，可以再向人民法院提起行政诉讼。

6.【答案】C

【解析】选项 C 属于征税行为，纳税人不服的，必须先申请行政复议，对行政复议决定不服的，可以向人民法院提起行政诉讼；选项 A、B、D 不属于征税行为，纳税人不服的，可以申请行政复议，也可以直接向人民法院提起行政诉讼。

7.【答案】C

【解析】选项 A、B、D 不属于征税行为，纳税人不服的，可以申请行政复议，也可以直接向人民法院提起行政诉讼；选项 C 属于征税行为，纳税人不服的，必须先申请行政复议，对行政复议决定不服的，可以向人民法院提起行政诉讼。

8.【答案】ABCD

【解析】上述四项均正确。

9.【答案】ABCD

【解析】以上四个选项均正确。

10.【答案】ABCD

【解析】税务机关作出的“征税行为”，包括确认纳税主体、征税对象、征税范围、减税、免税、退税、抵扣税款、适用税率、计税依据、纳税环节、纳税期限、纳税地点和税款征收方式等具体行政行为，征收税款、加收滞纳金，扣缴义务人、受税务机关委托的单位和个人作出的代扣代缴、代收代缴、代征行为等。

管辖

母题 7-4-2　税务行政复议管辖包括什么内容?

	分类	申请主体
复议管辖	对各级税务局具体行政行为不服	上一级税务局
	对计划单列市税务局具体行政行为不服	国家税务总局
	对税务所（分局）、各级税务局的稽查局具体行政行为不服	所属税务局
	对国家税务总局不服	国家税务总局
	对两个以上税务机关共同作出的具体行政行为不服	共同上一级税务机关

续表

<table>
<tr><th></th><th colspan="2">分类</th><th>申请主体</th></tr>
<tr><td rowspan="4">复议管辖</td><td colspan="2">对税务机关与其他行政机关共同作出的具体行政行为不服</td><td>共同上一级行政机关</td></tr>
<tr><td colspan="2">对被撤销的税务机关在撤销以前所作出的具体行政行为不服</td><td>继续行使其职权的税务机关的上一级税务机关</td></tr>
<tr><td rowspan="2">逾期不缴纳罚款加处罚款</td><td>对加处罚款不服</td><td>作出行政处罚决定的税务机关</td></tr>
<tr><td>对已处罚款和加处罚款都不服</td><td>作出行政处罚决定的税务机关的上一级税务机关</td></tr>
</table>

考查形式

子题7-4-2-1（判断）：对国家税务总局的具体行政行为不服的，向国务院申请行政复议。（ ）

子题7-4-2-2（判断）：对各级税务局的具体行政行为不服的，应该向上一级税务局申请行政复议。（ ）

子题7-4-2-3（判断）：对计划单列市税务局的具体行政行为不服的，向国务院申请行政复议。（ ）

子题7-4-2-4（判断）：逾期不缴纳罚款加处罚款时，对加处罚款不服的，应当向作出行政处罚决定的税务机关的上一级税务机关申请行政复议。（ ）

【适用题型】单项选择题、多项选择题、判断题。

【2018判断】对国家税务总局的具体行政行为不服的，向国务院申请行政复议。（ ）

答案及解析

【答案】×

【解析】对国家税务总局作出的具体行政行为不服的，向国家税务总局申请行政复议；对行政复议决定不服，申请人可以向人民法院提起行政诉讼，也可以向国务院申请裁决；国务院的裁决为“终局裁决”。

申请与受理

母题7-4-3 税务行政复议如何申请？

（1）申请人可以在知道税务机关**作出具体行政行为之日起60日内**提出行政复议申请。

【提示】因不可抗力因素或者被申请人设置障碍等原因耽误法定申请期限的，申请期限的计算应当扣除被耽误时间。

（2）申请人对税务机关作出逾期不缴纳罚款加处罚款的决定不服的，应当先缴纳罚款和加处罚款，再申请行政复议。

（3）申请人**申请行政复议，可以书面申请，也可以口头申请**：

1）书面申请的，可以采取当面递交、邮寄、传真或者电子邮件等方式提出行政复议申请。

2）口头申请的，复议机关应当当场制作行政复议申请笔录，交申请人核对或者向申请人宣读，并向申请人确认。

母题 7-4-4　税务行政复议受理程序是什么？

（1）复议机关收到行政复议申请后，应当在5个工作日内进行审查，决定是否受理。

【提示】对应当先向复议机关申请复议，对行政复议决定不服再向人民法院提出行政诉讼的具体行政行为，复议机关决定不予受理或者受理以后超过行政复议期限不作答复的，申请人可以自收到不予受理决定之日起或者行政复议期满之日起15日内，依法向人民法院提起行政诉讼。

（2）行政复议期间具体行政行为不停止执行。但有下列情形之一的，可以停止执行：

1）被申请人认为需要停止执行的。

2）复议机关认为需要停止执行的。

3）申请人申请停止执行，复议机关认为其要求合理，决定停止执行的。

4）法律规定停止执行的。

考查形式

子题 7-4-3-1：根据税收征收管理法律制度的规定，纳税人申请税务行政复议的法定期限是________。

子题 7-4-3-2（判断）：根据税收征收管理法律制度的规定，申请人可以在知道税务机关作出具体行政行为之日起30日内提出行政复议申请。（　　）

子题 7-4-3-3（判断）：申请人对税务机关作出逾期不缴纳罚款加处罚款的决定不服的，应当先缴纳罚款和加处罚款，再申请行政复议。（　　）

子题 7-4-3-4（判断）：申请人申请行政复议，不可以口头申请，只可以书面申请。（　　）

子题 7-4-4-1：复议机关收到行政复议申请后，应当在________工作日内进行审查，决定是否受理。

子题 7-4-4-2：根据税收征收管理法律制度的规定，属于可以采取停止执行的情况是________。

子题 7-4-4-3（判断）：根据税收征收管理法律制度的规定，申请人申请停止执行，复议机关认为其要求合理，决定停止执行的，可以停止执行。（　　）

【适用题型】单项选择题、多项选择题、判断题。

【2019单选】根据税收征收管理法律制度的规定，纳税人申请税务行政复议的法定期限是（　　）。

A. 在税务机关作出具体行政行为之日起60日内

B. 在税务机关作出具体行政行为之日起3个月内

C. 在知道税务机关作出具体行政行为之日起3个月内

D. 在知道税务机关作出具体行政行为之日起60日内

答案及解析

【答案】D

【解析】复议期限：申请人可以在知道具体行政行为之日起60日内提出。

审查和决定

母题7-4-5 审查和决定的内容是什么？

行政复议审查	
听证	(1) 重大、复杂案件，申请人提出要求或者行政复议机构认为必要 (2) 听证公开举行（涉及国家秘密、商业秘密、个人隐私除外） (3) 行政复议机构审理行政复议案件，听证人员不得少于2人，听证主持人由行政复议机构指定
行政复议决定	
具体行政行为有下列情形之一的，决定撤销、变更或者确认该具体行政行为违法： (1) 主要事实不清、证据不足的 (2) 适用依据错误的 (3) 违反法定程序的 (4) 超越或滥用职权的 (5) 具体行政行为明显不当的	
复议机关应当自受理申请之日起60日内作出行政复议决定。情况复杂、不能在规定期限内作出行政复议决定的，经复议机关负责人批准，可以适当延期，并告知申请人和被申请人；但延期不得超过30日【提示】60+30	
复议机关作出行政复议决定，应当制作行政复议决定书，并加盖印章。行政复议决定书一经送达，即发生法律效力	

考查形式

子题7-4-5-1：根据税收征收管理法律制度的规定，税务行政复议机构认为被审查的具体行政行为符合法定情形时，可以决定撤销、变更或者确认该具体行政行为违法。该法定情形有________。

子题7-4-5-2（判断）：根据税收征收管理法律制度的规定，复议机关应当自受理申请之日起180日内作出复议决定。（　　）

子题7-4-5-3（判断）：税务行政复议决定自作出之日起发生法律效力。（　　）

子题7-4-5-4：根据税收征收管理法律制度的规定，关于税务行政复议审查听证的表述中，正确的是________。

子题7-4-5-5（判断）：行政复议听证人员不得少于5人。（　　）

【适用题型】单项选择题、多项选择题、判断题。

【1-2019多选】根据税收征收管理法律制度的规定，税务行政复议机构认为被审查的具体行政行为符合法定情形时，可以决定撤销、变更或者确认该具体行政行为违法。该法

定情形有（　　）。

A. 适用依据错误的　　B. 滥用职权的

C. 违反法定程序的　　D. 主要事实不清，证据不足的

【2－2018 单选】根据税收征收管理法律制度的规定，下列关于税务行政复议决定的表述中，不正确的是（　　）。

A. 复议机关应当自受理申请之日起 180 日内作出行政复议决定

B. 具体行政行为认定事实清楚，证据确凿，适用依据正确，程序合法，内容适当的，行政复议机构作出维持的复议决定

C. 具体行政行为适用依据错误的，行政复议机构作出撤销、变更该具体行政行为的复议决定

D. 被申请人不履行法定职责的，行政复议机构作出要求被申请人在一定期限内履行的复议决定

【3－2017 判断】税务行政复议决定自作出之日起发生法律效力。（　　）

【4－2017 多选】根据税收征收管理法律制度的规定，行政复议机构决定撤销、变更或者确认被申请人具体行政行为违法的情形有（　　）。

A. 被申请人的具体行政行为超越职权的

B. 被申请人的具体行政行为证据不足的

C. 被申请人的具体行政行为适用依据错误的

D. 被申请人的具体行政行为明显不当的

【5－2017 单选】根据税收征收管理法律制度的规定，下列关于税务行政复议审查的表述中，不正确的是（　　）。

A. 对重大案件，申请人提出要求或者行政复议机构认为必要时，可以采取听证的方式审理

B. 行政复议机构审理行政复议案件，应当由 2 名以上行政复议人员参加

C. 对国家税务总局的具体行政行为不服申请行政复议的案件，由国务院提出书面答复

D. 行政复议原则上采用书面审查的办法

答案及解析

1.【答案】ABCD

2.【答案】A

【解析】复议机关应当自受理申请之日起 60 日内作出行政复议决定。

3.【答案】×

【解析】复议机关作出行政复议决定，应当制定行政复议决定书，并加盖印章。行政复议决定书一经送达，即发生法律效力。

4.【答案】ABCD

【解析】具体行政行为有下列情形之一的，行政复议机关应决定予以撤销、变更或者确认其违法：（1）主要事实不清、证据不足的；（2）适用依据错误的；（3）违反法定程序的；（4）超越或者滥用职权的；（5）具体行政行为明显不当的。

5.【答案】C

【解析】对国家税务总局的具体行政行为不服的，向国家税务总局申请行政复议。

第五节 税收法律责任

- 税收法律责任
  - 税收管理相对人实施税收违法行为的法律责任
    - 违反税务管理规定的法律责任
    - 逃税行为
    - ★欠税行为
    - 抗税行为
    - 骗税行为
    - ★重大税收违法失信案件信息公布

税收法律责任

母题 7-5-1 违反税务管理的法律责任有哪些？

行为	法律责任
纳税人有下列行为之一： （1）未按规定设置、保管账簿或保管记账凭证和有关资料； （2）未按规定将财务、会计制度或财务、会计处理办法和会计核算软件报送税务机关备查； （3）未按规定将其全部银行账号向税务机关报告； （4）未按规定安装、使用税控设置，或损毁或擅自改动税控装置	税务机关责令限期改正，可以处2 000元以下的罚款；情节严重的，处2 000元以上1万元以下的罚款
扣缴义务人未按照规定设置、保管代扣代缴、代收代缴税款账簿或保管代扣代缴、代收代缴税款记账凭证及有关资料	税务机关责令限期改正，处2 000元以下的罚款；情节严重的，处2 000元以上5 000元以下的罚款
纳税人未按照规定期限办理纳税申报和报送纳税资料的，或扣缴义务人未按照规定期限向税务机关报送代扣代缴、代收代缴税款报告表和有关资料	税务机关责令限期改正，处2 000元以下的罚款；情节严重的，处2 000元以上1万元以下的罚款
纳税人、扣缴义务人编造虚假计税依据	税务机关责令限期改正，并处5万元以下的罚款
非法印制、转借、倒卖、变卖或伪造完税凭证	税务机关责令限期改正，处2 000元以上1万元以下的罚款；情节严重的，处1万元以上5万元以下的罚款；构成犯罪依法追究刑事责任
银行和其他金融机构未依照税收征管法的规定在从事生产、经营的纳税人的账户中登录税务登记证件号码，或者未按规定在税务登记证件中登录从事生产、经营纳税人的账户账号	处2 000元以上2万元以下的罚款；情节严重的，处2万元以上5万元以下的罚款

续表

行为	法律责任
扣缴义务人应扣、应收而不收	对扣缴义务人处应扣未扣、应收未收税款50%以上3倍以下的罚款
税务代理人违反税收法律、行政法规，造成纳税人未缴或少缴税款	纳税人缴纳或补缴应纳税款、滞纳金外，对税务代理人处纳税人未缴或少缴税款50%以上3倍以下的罚款

母题 7-5-2 逃避税务机关追缴欠税行为的法律责任包括什么？

行为	行为特征	法律责任
逃税	纳税人采取欺骗、隐瞒手段进行虚假纳税申报或者不申报，逃避缴纳税款的行为 纳税人采取伪造、变造、隐匿、擅自销毁账簿、记账凭证，或者在账簿上多列支出或者不列、少列收入，或者经税务机关通知申报而拒不申报或者进行虚假的纳税申报的手段，不缴或者少缴应纳税款的行为	追缴税款、滞纳金，并处罚款
欠税	纳税人欠缴应纳税款、采取转移或隐匿财产的手段，妨碍税务机关追缴欠缴的税款的行为	
抗税	暴力、威胁	
骗税	以假报出口等手段骗取出口退税款	追缴税款，并处税款1倍以上5倍以下的罚款，在规定期间内停止办理退税
扣缴义务人应扣未扣、应收未收税款		向纳税人追缴税款
		对扣缴义务人处以罚款

母题 7-5-3 重大税收违法失信案件信息公布的内容包括什么？

信息公布	内容
公布信息的案件范围	符合下列标准之一的案件： (1) 纳税人伪造、变造、隐匿、擅自销毁账簿、记账凭证，或者在账簿上多列支出或者不列、少列收入，或者经税务机关通知申报而拒不申报或者进行虚假的纳税申报，不缴或者少缴应纳税款100万元以上，且任一年度不缴或者少缴应纳税款占当年各税种应纳税总额10%以上 (2) 纳税人欠缴应纳税款，采取转移或者隐匿财产的手段，妨碍税务机关追缴欠缴的税款，欠缴税款金额10万元以上 (3) 骗取国家出口退税款 (4) 以暴力、威胁方法拒不缴纳税款 (5) 虚开增值税专用发票或者虚开用于骗取出口退税、抵扣税款的其他发票 (6) 虚开普通发票100份或者金额40万元以上 (7) 私自印制、伪造、变造发票，非法制造发票防伪专用品，伪造发票监制章 (8) 具有偷税、逃避追缴欠税、骗取出口退税、抗税、虚开发票等行为，经税务机关检查确认走逃（失联）

续表

信息公布	内容
公布的案件信息内容	(1) 法人或者其他组织、自然人名称等相关基本信息； (2) 主要违法事实； (3) 走逃（失联）情况； (4) 适用相关法律依据；税务处理、税务行政处罚等情况； (5) 实施检查的单位； (6) 公布的重大税收违法失信案件负有直接责任的涉税人员专业服务机构及从业人员
案件信息公布程序	当事人在法定期间内**没有申请行政复议或者提起行政诉讼**，或者经行政复议或者法院裁判对此案件最终确定效力后，依法向社会公布；**未作出决定的案件**，经税务机关查证处理，进行公告**30日**后，依法向社会公布 **【提示】**符合上述标准的重大税收违法失信案件当事人，在**公布前**缴清税款、滞纳金和罚款的，经实施检查的税务机关确认只将案件信息录入相关税务信息管理系统，不需向社会公布该案件信息；在**公布后**缴清的税务机关确认后应停止公布并从公告栏中撤出，并将缴清税款、滞纳金和罚款情况通知相关部门
案件信息公布管理	(1) 案件信息已经录入相关税务信息管理系统，作为当事人的税收信用记录**永久保存**； (2) 重大税收违法失信案件信息自公布之日起满**3年**的，**停止公布并从公告栏中撤出**； (3) 重大税收违法失信案件信息实行动态管理，**案件信息撤出或者发生变化的**，税务机关应当及时向同级参与联合惩戒和管理的部门提供**更新信息**

考查形式

子题7-5-1-1（判断）：扣缴义务人未按照规定设置、保管代扣代缴、代收代缴税款账簿或保管代扣代缴、代收代缴税款记账凭证及有关资料，税务机关责令限期改正，处2 000元以上5 000元以下的罚款。（　）

子题7-5-1-2：扣缴义务人应扣、应收而不收的，由税务机关向纳税人追缴税款，对扣缴义务人处应扣未扣、应收未收税款________罚款。

子题7-5-1-3（判断）：纳税人、扣缴义务人编造虚假计税依据的，由税务机关责令限期改正，并处5万元以下的罚款。（　）

子题7-5-2-1（判断）：纳税人对税务机关作出逾期不缴纳罚款加处罚款的决定不服，申请行政复议前应先缴纳罚款和加处罚款。（　）

子题7-5-2-2：根据税收征收管理法律制度的规定，纳税人发生逃税行为时，税务机关可以行使的权力有________。

子题7-5-2-3：根据税收征收管理法律制度的规定，纳税人发生欠税行为时，税务机关可以行使的权力有________。

子题7-5-2-4：根据税收征收管理法律制度的规定，纳税人发生抗税行为时，税务机关可以行使的权力有________。

子题 7-5-2-5：根据税收征收管理法律制度的规定，纳税人发生骗税行为时，税务机关可以行使的权力有________。

子题 7-5-2-6（判断）：根据税收征收管理法律制度的规定，纳税人发生逃税行为时，税务机关可以追缴税款和滞纳金，并处以罚金。（　　）

子题 7-5-2-7（判断）：纳税人有骗税行为，由税务机关追缴其骗取的退税款并按规定处罚款，构成犯罪的依法追究刑事责任。（　　）

子题 7-5-2-8：根据税收征收管理法律制度的规定，纳税人有骗税行为，由税务机关追缴其骗取的退税款，并处骗取税款一定倍数的罚款，该倍数为________。

子题 7-5-2-9：属于税法规定的逃税手段的有________。

子题 7-5-3-1：未作出决定的案件，经税务机关查证处理，________，依法向社会公布。

子题 7-5-3-2：重大税收违法失信案件信息________，停止公布并从公告栏中撤出。

子题 7-5-3-3（判断）：纳税人欠缴应纳税款，采取转移或者隐匿财产的手段，妨碍税务机关追缴欠缴的税款，欠缴税款金额 10 万元以上的属于公布的信息的案件范围。（　　）

子题 7-5-3-4（判断）：具有偷税、逃避追缴欠税、骗取出口退税、抗税、虚开发票等行为，经税务机关检查确认走逃（失联）属于公布的案件信息内容。（　　）

【适用题型】单项选择题、多项选择题、判断题。

【1-2019 判断】纳税人对税务机关作出逾期不缴纳罚款加处罚款的决定不服，申请行政复议前应先缴纳罚款和加处罚款。（　　）

【2-2019 多选】纳税人发生逃税行为时，税务机关可以行使的权力有（　　）。

A. 追缴税款　　B. 加收滞纳金　　C. 处以罚款　　D. 处以罚金

【3-2017 判断】纳税人有骗税行为，由税务机关追缴其骗取的退税款并按规定处罚款，构成犯罪的依法追究刑事责任。（　　）

【4-2016 单选】根据税收征收管理法律制度的规定，纳税人有骗税行为，由税务机关追缴其骗取的退税款，并处骗取税款一定倍数的罚款，该倍数为（　　）。

A. 5 倍以上 10 倍以下　　B. 1 倍以上 5 倍以下

C. 10 倍　　D. 10 倍以上 15 倍以下

【5-2016 多选】下列属于税法规定的逃税手段的有（　　）。

A. 伪造变造账簿、记账凭证　　B. 以暴力拒不缴纳税款

C. 隐匿、擅自销毁账簿和记账凭证　　D. 转移或者隐匿财产

答案及解析

1. 【答案】√

2. 【答案】ABC

【解析】根据税收征收管理法律制度的规定，对于逃税行为，税务机关可以追缴税款和滞纳金，并处以罚款。但不能处以罚金，因为罚金是刑事责任形式。

3.【答案】√

【解析】纳税人有骗税行为，由税务机关追缴其骗取的退税款并处骗取税款1倍以上5倍以下的罚款，构成犯罪的依法追究刑事责任。

4.【答案】B

【解析】纳税人有骗税行为，由税务机关追缴其骗取的退税款，并处骗取税款1倍以上5倍以下的罚款；构成犯罪的，依法追究刑事责任。

5.【答案】AC

【解析】逃税，是指纳税人采取欺骗、隐瞒手段进行虚假纳税申报或者不申报，逃避缴纳税款，采取伪造、变造、隐匿、擅自销毁账簿、记账凭证，或者在账簿上多列支出或者不列、少列收入，或者经税务机关通知申报而拒不申报或者进行虚假的纳税申报的手段，不缴或者少缴应纳税款的行为。

第八章

劳动合同与社会保险法律制度

本章解读

扫码可听课

本章分值占比约 15 分，考查不定项选择题频率较高，且与实际生活结合比较紧密，属于易学、分高的高性价比章节。本章主要由 2 个小节组成，分为劳动合同法律制度和社会保险法律制度。劳动合同法律制度中的劳动仲裁与第一章经济仲裁有所联系，且该小节中的各种“金”、各种“期”是常考点，需要整理对比理解并掌握记忆各个考点。

本章框架

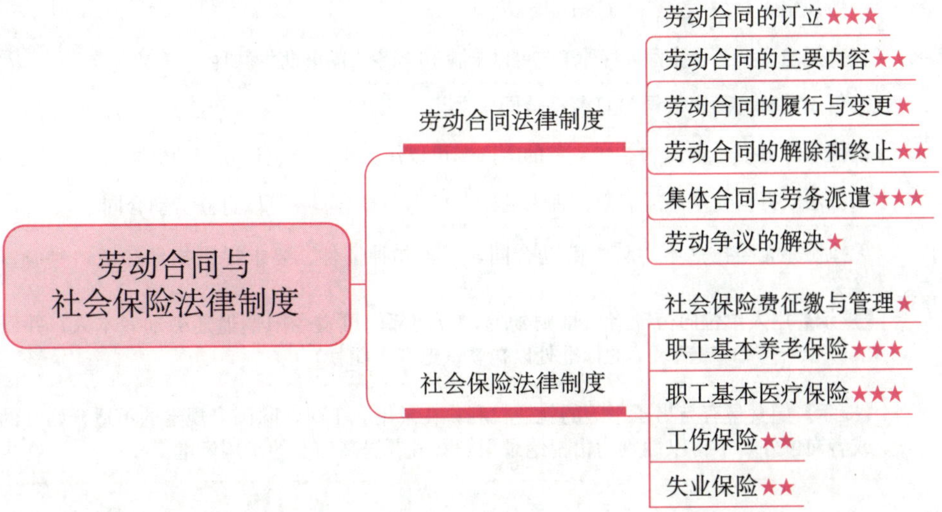

第一节 劳动合同法律制度

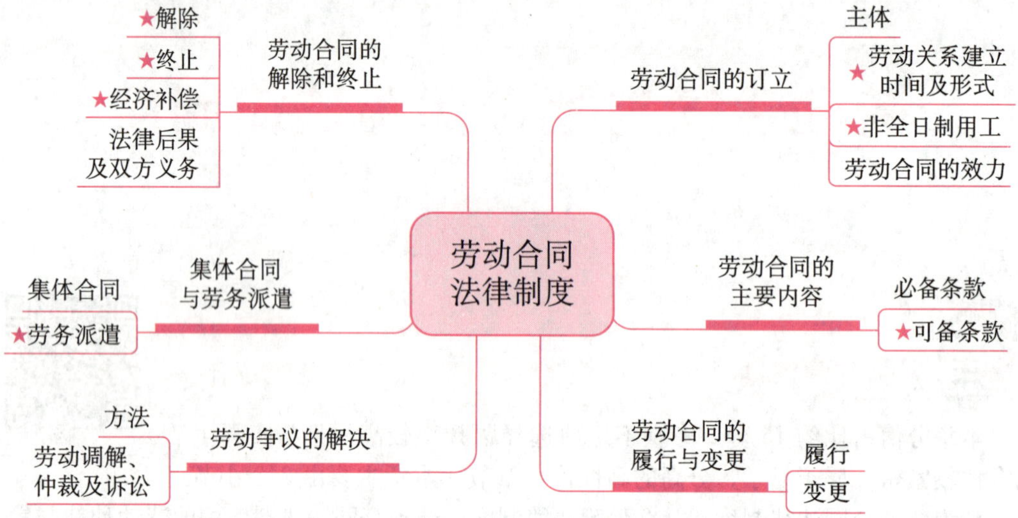

劳动合同的订立

母题 8-1-1 劳动合同订立的主体是谁?

订立主体	基本内容	
劳动者	一般规定	年满 16 周岁（≥16 周岁）
	特殊规定	文艺、体育、特种工艺可以未满 16 周岁（需审批）【口诀：文体特工】
	不可以同时与两家公司签订劳动合同	
用人单位	依法取得营业执照或者登记证书的	可以作为用人单位订立劳动合同
	未依法取得营业执照或者登记证书的	受用人单位委托可以订立劳动合同
	无执照亦无委托书不得订立劳动合同，不得扣押证件、要求提供担保和收取财物，告知义务 【提示】用人单位向劳动者收取财物的，劳动部门可责令限期退还劳动者本人，并以每人 500 元以上 2 000 元以下的标准处以罚款（退款＋罚款）	
	【提示】妇女享有与男子平等的就业权利，在录用职工时，除国家规定的不适合妇女的工种或者岗位外，不得以性别为由拒绝录用妇女或者提高妇女的录用标准	

母题 8-1-2 什么时候签订劳动合同，包括哪些形式？

<table>
<tr><td>建立劳动关系</td><td colspan="3">用工之日
【提示】劳动关系的建立时间只与“用工之日”有关，与是否签订劳动合同、签订时间、合同约定期限、试用期满时间、发放第一笔工资时间等均无关系</td></tr>
<tr><td rowspan="7">签订合同</td><td>形式</td><td colspan="2">书面（例外：非全日制用工）</td></tr>
<tr><td>订立时间</td><td colspan="2">自用工之日起“1 个月”内订立书面合同
【提示】若只是建立劳动关系，未签订书面劳动合同，不利于劳动关系的法律维护</td></tr>
<tr><td rowspan="3">未签订的后果</td><td>用工之日起≤1 个月</td><td>劳动者不签：“终止关系”“支付报酬”“无经济补偿”</td></tr>
<tr><td>1 个月≤用工之日起<1 年</td><td>■ 单位不签：补签合同、支付双倍工资
【提示】双倍工资起算与截止时间：
1）起算时间为用工之日起满 1 个月的次日；2）截止时间为补订书面劳动合同的前 1 日
■ 劳动者不签：用人单位应该书面通知劳动者终止劳动关系、向劳动者支付经济补偿</td></tr>
<tr><td>1 年≤用工之日起</td><td>■ 单位不签（属于单位严重违规）：支付 11 个月双倍工资、视为已订立无固定期限合同、立即补订合同</td></tr>
<tr><td rowspan="2">非全日制用工</td><td colspan="2">可订立口头协议
适用：日均工作≤4h，周工作≤24h</td></tr>
<tr><td colspan="2">相关规定：
（1）不得约定试用期，用工小时计酬标准不得低于用人单位所在地人民政府规定的最低小时工资标准
（2）双方任何一方都可“随时通知”对方终止用工、终止无经济补偿
（3）可按小时、日或周结算工资，但报酬结算周期最长不得超过 15 日【不可以是月】
（4）可与多家订立，但后订立不能影响先订立劳动合同</td></tr>
</table>

母题 8-1-3 如何分辨劳动合同是否有效？

<table>
<tr><td rowspan="2">合同生效</td><td>生效条件</td><td>协商一致，经用人单位与劳动者在劳动合同文本上签字或者盖章生效
【提示】劳动合同的生效不等同于劳动关系的建立，劳动关系的建立以实际用工为标志</td></tr>
<tr><td>文本</td><td>劳动合同文本由用人单位和劳动者各执一份</td></tr>
<tr><td rowspan="2">无效合同</td><td>法定情形</td><td>（1）欺诈、胁迫、乘人之危
（2）单位免除自己的法定责任、排除劳动者权利
（3）违反法律、法规强制性规定的</td></tr>
<tr><td>后果</td><td>无效合同，自始无效；部分无效的、其他部分仍然有效
【提示 1】劳动者已付出劳动的可要求报酬，造成损失可要求“有过错的一方”赔偿
【提示 2】对劳动合同的无效或者部分无效有争议的，由劳动争议仲裁机构或者人民法院确认</td></tr>
</table>

考查形式

子题 8-1-1-1：根据劳动合同法律制度的规定，用人单位不得招用________。

子题 8-1-1-2：特定用人单位中，可以招用未满 16 周岁未成年人的有________。

子题 8-1-1-3：属于用人单位订立劳动合同时应当承担的义务有________。

子题 8-1-2-1（判断）：用人单位与劳动者自签订书面劳动合同之日起建立劳动关系。（　　）

子题 8-1-2-2：2018 年 4 月 10 日，李某到甲公司工作。4 月 14 日，甲公司与李某订立劳动合同，约定合同期限 3 年，试用期 2 个月。5 月 16 日，甲公司向李某发放 4 月份工资。根据劳动合同法律制度的规定，甲公司与李某劳动关系建立的时间是________。

子题 8-1-2-3：2018 年 4 月，赵某应聘到甲公司工作，双方口头约定了 1 个月试用期，但未订立书面劳动合同。根据劳动合同法律制度的规定，关于双方劳动关系建立的正确表述是________。

子题 8-1-2-4：用人单位自用工之日起超过 1 个月不满 1 年未与劳动者订立书面劳动合同的，应当________。

子题 8-1-2-5：用人单位自用工之日起满 1 年未与劳动者订立书面劳动合同的，应当________。

子题 8-1-2-6：李某 2018 年 8 月进入甲公司工作，甲公司按月支付工资。至年底甲公司尚未与李某签订劳动合同。关于甲公司与李某劳动关系的正确表述是________。

子题 8-1-2-7（判断）：用人单位自用工之日起满 1 年未与劳动者订立书面劳动合同的，视为自用工之日起满 1 年的当日已经与劳动者订立无固定期限劳动合同。（　　）

子题 8-1-2-8：可作为非全日制用工劳动者劳动报酬支付周期结算单位的有________。

子题 8-1-2-9（判断）：根据劳动合同法律制度的规定，非全日制用工可以约定试用期（　　）。

子题 8-1-2-10：用人单位与劳动者可以不签订书面劳动合同的情形是________。

子题 8-1-3-1：关于无效劳动合同法律后果的正确表述是________。

子题 8-1-3-2：劳动合同无效或者部分无效的有________。

【适用题型】单项选择题、多项选择题、判断题。

【1-2019 单选】甲公司与小王签订了劳动合同，乙公司认为小王是该公司急需用的人才，于是高薪聘请小王到公司上班，小王也与乙公司签订了劳动合同，最后造成了甲公司直接遭受经济损失，下列说法正确的是（　　）。

A. 甲公司承担责任

B. 小王与乙公司应承担连带责任

C. 甲公司直接找小王承担责任

D. 小王与乙公司均不承担责任

【2－2019 多选】根据劳动合同法律制度的规定，下列关于非全日制用工的表述中，正确的是（　　）。

A. 双方当事人任何一方都可以随时通知对方终止用工

B. 双方当事人可以约定试用期

C. 劳动报酬结算支付周期最长不得过 15 日

D. 双方当事人可以订立口头协议

【3－2019 多选】根据劳动合同法律制度的规定，下列关于无效劳动法合同的表述中，正确的有（　　）。

A. 劳动合同部分无效，不影响其他部分效力的，其他部分仍然有效

B. 无效劳动合同，从订立时起就没有法律的约束力

C. 劳动合同被确认无效，劳动者已付出劳动的，用人单位应当向劳动者支付劳动报酬

D. 劳动合同被确认无效时，给对方造成损害的，有过错的一方应当承担赔偿责任

【4－2018 多选】根据劳动合同法律制度的规定，用人单位招用未满 16 周岁的未成年人应按规定履行审批手续并保障其接受义务教育的权利。下列用人单位中，可招用未满 16 周岁未成年人的有（　　）。

A. 文艺单位　　　　B. 物流配送单位

C. 体育单位　　　　D. 餐饮单位

【5－2018 单选】2017 年 7 月 1 日，李某到甲公司工作，按月领取工资 3 000 元。同年 9 月 1 日，甲公司与李某签订书面劳动合同。已知，当地月最低工资标准为 1 800 元，当地上年度职工月平均工资为 3 500 元。因未及时与李某签订书面劳动合同，甲公司应向其补偿的工资数额为（　　）元。

A. 7 000　　B. 1 800　　C. 3 000　　D. 3 500

【6－2018 判断】用人单位与劳动者自签订书面劳动合同之日起建立劳动关系。（　　）

【7－2018 多选】根据劳动合同法律制度的规定，下列关于无效劳动合同法律后果的表述中，正确的有（　　）。

A. 劳动合同部分无效，不影响其他部分效力的，其他部分仍然有效

B. 劳动合同被确认无效，给对方造成损害的，有过错的一方应当承担赔偿责任

C. 无效劳动合同，从合同订立时起就没有法律约束力

D. 劳动合同被确认无效，劳动者已付出劳动的，用人单位应当向劳动者支付劳动报酬

【8－2018 多选】根据劳动合同法律制度的规定，下列各项中，可作为非全日制用工劳动者劳动报酬支付周期结算单位的有（　　）。

A. 周　　B. 日　　C. 月　　D. 小时

【9－2018 单选】根据劳动合同法律制度的规定，下列关于非全日制用工的表述中，不正确的是（　　）。

A. 双方当事人任何一方可以随时通知对方终止用工

B. 双方当事人不得约定试用期

C. 双方当事人可以订立口头协议

D. 用人单位可以按月结算劳动报酬

【10－2017 多选】 根据非全日制法律制度的规定，关于非全日制用工的下列表述中，正确的有（　　）。

A. 非全日制用工小时计酬标准不得低于用人单位所在地人民政府规定的最低小时工资标准

B. 非全日制用工劳动报酬结算支付周期最长不得超过15日

C. 非全日制用工双方当事人可以约定试用期

D. 非全日制用工双方当事人可以订立口头协议

【11－2016 单选】 用人单位招用劳动者的下列情形中，符合法律规定的是（　　）。

A. 丙超市与刚满15周岁的初中毕业生赵某签订劳动合同

B. 乙公司以只招男性为由拒绝录用应聘者李女士从事会计工作

C. 甲公司设立的分公司已领取营业执照，该分公司与张某订立劳动合同

D. 丁公司要求王某提供2 000元保证金后才与其订立劳动合同

【12－2016 判断】 劳动合同被确认为无效，劳动者已经付出劳务的，用人单位应向劳动者支付劳动报酬。（　　）

答案及解析

1. 【答案】C

【解析】劳动者不可以同时与两家公司签订劳动合同（非全日制用工除外）。

2. 【答案】ACD

【解析】非全日制用工不可以约定试用期，B选项错误。

3. 【答案】ABCD

【解析】无效合同，自始无效；部分无效的、其他部分仍然有效。劳动者已付出劳动的可要求报酬，造成损失可要求“有过错的一方”赔偿。

4. 【答案】AC

【解析】《劳动法》规定，禁止用人单位招用未满16周岁的未成年人；文艺、体育、特种工艺单位招用未满16周岁的未成年人，必须依照国家有关规定，履行审批手续，并保障其接受义务教育的权利。

5. 【答案】C

【解析】用人单位自用工之日起超过1个月不满1年未与劳动者订立书面劳动合同的（甲公司与李某补订合同时距用工之日起已满2个月），应当自用工之日满1个月的次日起至补订书面劳动合同的前1日（8月1日—8月31日），向劳动者每月支付2倍的工资（1倍正常工资＋1倍工资补偿）。本题中，李某已经按月领取正常工资，因此，还需要向李某支付8月1日—8月31日的工资补偿3 000元。

6. 【答案】×

【解析】用人单位自“用工之日”起即与劳动者建立劳动关系。

7. 【答案】ABCD

【解析】选项A，劳动合同部分无效，不影响其他部分效力的，其他部分仍然有效；

选项B，劳动合同被确认无效，给对方造成损害的，有过错的一方应当承担赔偿责任；选项C，无效劳动合同，从订立时起就没有法律约束力；选项D，劳动合同被确认无效，劳动者已付出劳动的，用人单位应当向劳动者支付劳动报酬。

8.【答案】ABD

【解析】非全日制用工可按周、日、小时支付工资，但报酬结算周期最长不得超过15日。

9.【答案】D

【解析】选项D，用人单位可按小时、日或周为单位结算工资，但非全日制用工劳动报酬结算支付周期最长不得超过15日。

10.【答案】ABD

【解析】选项C，非全日制用工双方当事人不得约定试用期。

11.【答案】C

【解析】根据《劳动法》的规定，禁止用人单位招用未满十六周岁的未成年人，选项A错误；妇女享有与男性平等的就业权利，在录用职工时，除国家规定的不适合妇女的工种或者岗位外，不得以性别为由拒绝录用妇女或者提高妇女的录用标准，选项B错误；用人单位招用劳动者，不得扣押劳动者的居民身份证和其他证件，不得要求劳动者提供担保或者以其他名义向劳动者收取财物，选项D错误。

12.【答案】√

劳动合同的主要内容

母题 8-1-4　劳动合同包括哪些必备条款？

（1）必备条款。

合同条款	具体要求
必备条款	用人单位的名称、住所和法定代表人或者主要负责人
	劳动者的姓名、住址和居民身份证或者其他有效身份证件号码
	劳动合同期限
	工作内容和工作地点、工作时间和休息休假
	劳动报酬、社会保险
	劳动保护、劳动条件和职业危害防护

（2）必备条款具体内容。

必备条款	种类	具体内容
合同期限	以完成一定工作任务为期限的劳动合同	以完成单项工作任务为期限的劳动合同
		以项目承包方式完成承包任务的劳动合同
		因季节原因用工的劳动合同

续表

<table>
<tr><th>必备条款</th><th>种类</th><th colspan="3">具体内容</th></tr>
<tr><td rowspan="7">合同期限</td><td>固定期限合同</td><td colspan="3">双方明确约定合同终止时间</td></tr>
<tr><td rowspan="6">无固定期限合同</td><td rowspan="3">应当</td><td colspan="2">劳动者在“该用人单位”连续工作满“10 年”的</td></tr>
<tr><td colspan="2">用人单位初次实行劳动合同制度或者国有企业改制重新订立劳动合同时，劳动者在该用人单位连续工作“满 10 年”“且”距法定退休年龄“不足 10 年”的</td></tr>
<tr><td colspan="2">连续订立 2 次固定期限劳动合同“且”劳动者没有下列法定情形：
（1）严重违反用人单位的规章制度的
（2）严重失职，营私舞弊，给用人单位造成重大损害的
（3）劳动者同时与其他用人单位建立劳动关系，对完成本单位的工作任务造成严重影响，或者经用人单位提出，拒不改正的
（4）劳动者以欺诈、胁迫的手段或者乘人之危，使用人单位在违背真实意思的情况下订立或者变更劳动合同，致使劳动合同无效的
（5）被依法追究刑事责任的
[（1）～（5）劳动者“有问题”]
（6）劳动者“患病或者非因工负伤”，在规定的医疗期满后不能从事原工作，也不能从事由用人单位另行安排的工作的
（7）劳动者不能胜任工作，经过培训或者调整工作岗位，仍不能胜任工作的
[（6）、（7）劳动者“很可怜”]</td></tr>
<tr><td>视为</td><td colspan="2">用人单位自用工之日起 1 年内不与劳动者订立书面劳动合同的，视为订立无固定期限劳动合同</td></tr>
<tr><td>责任</td><td colspan="2">用人单位违反规定不与劳动者订立无固定期限劳动合同的，自应当订立无固定期限劳动合同之日起向劳动者每月支付 2 倍的工资
【提示】区别于用人单位未按照法律规定期限签订书面劳动合同，此处的“2 倍工资”没有最多 11 个月的限制</td></tr>
<tr><td></td><td colspan="2"></td></tr>
<tr><td rowspan="3">工作时间（h）</td><td>标准工时制</td><td colspan="2">8h/40h（日/周）</td><td rowspan="3">【提示】用人单位与工会和劳动者协商后可延长工作时间
（1）一般：天≤1h
（2）特殊：天≤3h，月≤36h</td></tr>
<tr><td>不定时工作制</td><td colspan="2">≤8h≤40h（日/周），每周至少休息 1 天</td></tr>
<tr><td>综合计算工时制</td><td colspan="2">以周、月、季、年为周期综合计算，但平均工时同标准工时制</td></tr>
<tr><td rowspan="5">带薪年休假</td><td colspan="4">【提示】看累计工作年限（1 年起步，10 年分界）</td></tr>
<tr><td>满 1 年不满 10 年</td><td>5 天</td><td>病假累计 2 个月以上不享受</td><td rowspan="3">带薪事假累计 20 天以上；享受寒暑假超过年休假天数均不享受</td></tr>
<tr><td>满 10 年不满 20 年</td><td>10 天</td><td>病假累计 3 个月以上不享受</td></tr>
<tr><td>满 20 年</td><td>15 天</td><td>病假累计 4 个月以上不享受</td></tr>
<tr><td colspan="4">【提示 1】国家法定休假日、休息日不计入年休假假期
【提示 2】换单位当年度休假天数按在本单位剩余日历天数折算确定，折算后不足 1 整天的部分不享受年休假</td></tr>
</table>

续表

必备条款	种类	具体内容
劳动报酬支付	工资应当以法定货币支付，不得以实物及有价证券替代货币支付	
	约定支付工资的日期遇节假日或者休息日的，应提前在最近的工作日支付	
	工资至少每月支付一次，实行周、日、小时工资制的可按周、日、小时支付工资	
加班工资	部分人放假节日	有工资无加班费
	平时加班	150%【不可以调休作补偿，该晚上睡觉的就要晚上睡觉】
	周末加班	安排调休
		不安排调休，200%
	法定休假日加班	300%【不可以调休作补偿，该过年回家就要过年回家】
	罚则	责令支付，逾期按应付金额 50%～100%加付赔偿金
最低工资制度	扣工资	因劳动者本人原因给用人单位造成经济损失的，用人单位可以按照劳动合同的约定要求其赔偿经济损失，可以从工资扣除，但“每月”扣除部分不得超过劳动者当月工资的 20%，剩余工资部分不得低于当地月最低工资标准
	罚则	责令支付差额部分，逾期按应付金额 50%～100%加付赔偿金
社会保险	包括基本养老保险、基本医疗保险、失业保险、工伤保险等 【提示】参加社会保险、缴纳社会保险费是用人单位与劳动者的法定义务，双方都必须履行	
其他内容	劳动保护、劳动条件和职业危害防护	

母题 8-1-5　劳动合同包括哪些可备条款?

劳动合同的可备条款包括试用期、服务期、保守商业秘密及竞业限制、其他事项。

可备条款	具体要求	
试用期	**劳动合同期限 X**	**试用期 Y**
	非全日制用工	不得约定试用期
	以完成一定工作任务为期限	
	$X<3$ 个月	
	3 个月$\leqslant X<1$ 年	$Y\leqslant 1$ 个月
	1 年$\leqslant X<3$ 年	$Y\leqslant 2$ 个月
	3 年$\leqslant X$	$Y\leqslant 6$ 个月
	无固定期限	
	同一用人单位与同一劳动者只能约定一次试用期【三个一】	
	试用期工资不得低于用人单位所在地的最低工资标准，且不得低于本单位相同岗位最低档工资或者劳动合同约定工资的 80%	
	试用期应包含在劳动合同期限内	

续表

<table>
<tr><th>可备条款</th><th colspan="3">具体要求</th></tr>
<tr><td rowspan="5">服务期</td><td colspan="3">单位为劳动者“提供专项培训费用”，可以约定服务期，劳动者违反约定，应当支付违约金</td></tr>
<tr><td colspan="3">服务期未满，合同期满，合同续延至服务期满</td></tr>
<tr><td colspan="3">违约赔偿以培训费为限并扣除已履行服务期比例
【提示】若双方约定的违约金数额超过上述计算结果，则约定的违约金数额无效，若低于计算结果则以约定为准</td></tr>
<tr><td colspan="2">解除劳动关系，劳动者有过错的</td><td>劳动者支付违约金</td></tr>
<tr><td colspan="2">解除劳动关系，单位有过错的</td><td>不得要求劳动者支付违约金</td></tr>
<tr><td rowspan="9">保守商业秘密及竞业限制</td><td>对象</td><td colspan="2">高管、高技和其他负保密义务人员（非所有劳动者）</td></tr>
<tr><td rowspan="3">订立</td><td>约定补偿金</td><td>有效</td></tr>
<tr><td>未约定补偿金</td><td>无效</td></tr>
<tr><td>约定的竞业限制期限超过“2 年”</td><td>超过部分无效</td></tr>
<tr><td rowspan="5">履行</td><td>“未约定”经济补偿但劳动者实际履行，可要求按合同解除“前 12 个月平均工资的 30%”“合同履行地最低工资标准”两者中较高者按月支付经济补偿</td><td>有效</td></tr>
<tr><td>单位主张解除，劳动者可要求支付“额外 3 个月”补偿金</td><td>解除</td></tr>
<tr><td>单位原因不支付补偿金时间“不满 3 个月”，劳动者可要求支付，此时不可以要求解除约定</td><td>有效</td></tr>
<tr><td>单位原因导致“3 个月”不支付补偿金，劳动者劳动者可要求支付，同时可以要求解除约定</td><td>解除</td></tr>
<tr><td>劳动者不履行，单位要求支付违约金、赔偿金后还可要求继续履行</td><td>有效</td></tr>
<tr><td colspan="4">【提示 1】用人单位仅可在“服务期”及“竞业限制”中与劳动者约定违约金
【提示 2】劳动者违反竞业限制约定，向用人单位支付违约金后，用人单位要求劳动者按照约定继续履行限制义务的，人民法院应予支持</td></tr>
</table>

考查形式

子题 8－1－4－1：根据劳动合同法律制度的规定，属于劳动合同必备条款的有________。

子题 8－1－4－2：2008 年以来，甲公司与职工均已连续订立 2 次固定期限劳动合同，再次续订劳动合同时，除职工提出订立固定期限劳动合同外，甲公司应与之订立无固定期限劳动合同的有________。

子题 8－1－4－3：用人单位自用工之日起________不与劳动者订立书面劳动合同的，视为订立无固定期限劳动合同。

子题 8－1－4－4：张某于 2013 年 1 月首次就业后一直在甲公司工作，2018 年张某可以享受的当年年休假天数为________。

子题 8－1－4－5：刘某在甲公司工作 3 年。已知刘某累计工作 18 年且符合享受年休假条件。刘某可享受的当年年休假天数为________。

子题 8-1-4-6（判断）：国家法定休假日、休息日不计入年休假的假期。（ ）

子题 8-1-4-7（判断）：机关、团体、企业、事业单位等单位的职工连续工作 6 个月以上的，享受带薪年休假。（ ）

子题 8-1-4-8：方某工作已满 15 年，2009 年上半年在甲公司已休带薪年休假 5 天；下半年调到乙公司工作，提出补休年休假的申请。已知，方某调到乙公司工作时当年剩余日历天数占全年日历天数的比例约为 1/2。乙公司对方某补休年休假申请符合法律规定的答复是________。

子题 8-1-4-9（判断）：职工带薪事假累计 20 天以上，不可享受当年年休假。（ ）

子题 8-1-4-10（判断）：职工享受寒暑假超过年休假天数的，当年可享受年休假。（ ）

子题 8-1-4-11（判断）：用人单位与劳动者约定的日期支付，如遇节假日或休息日，则应该延迟至最近的工作日。（ ）

子题 8-1-4-12：劳动报酬支付应当以________支付，不得以________支付。

子题 8-1-4-13：2018 年 5 月甲公司安排李某于 5 月 1 日（国际劳动节）、5 月 7 日（周六）分别加班 1 天，事后未安排补休，已知甲公司实行标准工时制，李某的日工资为 200 元。计算甲公司应支付李某 5 月最低加班工资的算式为________。

子题 8-1-4-14：2016 年 5 月甲公司安排职工刘某在日标准工作时间以外延长工作时间累计 12 小时。已知甲公司实行标准工时制度，刘某日工资为 160 元。甲公司应支付刘某 5 月最低加班工资的算式为________。

子题 8-1-4-15：工人李某在加工一批零件时因疏忽致使所加工产品全部报废，给工厂造成经济损失 6 000 元。工厂要求李某赔偿经济损失，从其每月工资中扣除，已知李某每月工资收入 1 100 元，当地月最低工资标准 900 元。根据劳动合同法律制度的规定，该工厂可从李某每月工资中扣除的最高限额为________。

子题 8-1-5-1：根据劳动合同法律制度的规定，劳动合同包括的可备条款有________。

子题 8-1-5-2：同一用人单位与同一劳动者只能约定________试用期。

子题 8-1-5-3（判断）：劳动合同仅约定试用期没有约定劳动合同期限的，劳动合同无效。（ ）

子题 8-1-5-4：张某与 A 公司签订了 3 年期限的劳动合同，试用期 2 个月，试用期满后月工资 2 000 元，当地最低工资标准为 1 500 元。根据劳动合同法律制度的规定，张某的试用期工资不得低于________。

子题 8-1-5-5（判断）：试用期应包含在劳动合同期限内。（ ）

子题 8-1-5-6（判断）：劳动合同期限小于 3 个月的，不能约定试用期。（ ）

子题 8-1-5-7：吴某受甲公司委派去德国参加技术培训，公司为此支付培训费用 10 万元。培训前双方签订协议，约定吴某自培训结束后 5 年内不得辞职，否则应支付违约金10万元。吴某培训完毕后在甲公司连续工作满2年时辞职。甲公司依法要求吴某支付的违约金数额最高为________。

子题8-1-5-8：根据劳动合同法律制度的规定，劳动者违反服务期的约定，应当向用人单位支付________。

子题8-1-5-9：甲公司为员工张某支付培训费用3万元，约定服务期3年。2年后，张某以甲公司自其入职之日起从未按照合同约定提供劳动保护为由，向甲公司提出解除劳动合同。根据劳动合同法律制度的规定，表述正确的是________。

子题8-1-5-10：根据劳动合同法律制度的规定，对负有保密义务的劳动者，用人单位可以在劳动合同或者保密协议中与劳动者约定竞业限制条款，但竞业限制不得超过一定期限。该期限为________。

子题8-1-5-11：劳动者违反竞业限制约定，向用人单位支付违约金后，用人单位要求劳动者________，人民法院应予以支持。

子题8-1-5-12：用人单位仅可在"________"及"________"中与劳动者约定违约金。

子题8-1-5-13（判断）：用人单位和劳动者订立保密协议及竞业限制时，未约定补偿金的，保密协议及竞业限制无效。（　）

子题8-1-5-14：单位和劳动者签订竞业限制，由于单位原因导致"3个月"不支付补偿金的，劳动者可要求________，同时可以要求________。

【学习提示】注意区分几个"期"：试用期、服务期、医疗期、带薪年休假。

【适用题型】单项选择题、多项选择题、判断题、不定项选择题。

【1-2019单选】用人单位与劳动者签订了4年劳动合同，试用期不得超过（　）个月。

A. 1　　B. 3　　C. 6　　D. 2

【2-2019单选】根据劳动合同法律制度的规定，下列各项中属于劳动合同可备条款的是（　）。

A. 休息、休假　　B. 服务期　　C. 工作时间　　D. 合同期限

【3-2019单选】甲公司依法安排职工魏某于2018年9月23日（周日）加班1天，事后未安排补休，9月24日（中秋节）加班1天。已知甲公司实行标准工时制，魏某日工资300元。计算甲公司依法应支付魏某9月最低加班工资的下列算式中，正确的是（　）。

A. 300×150%×1+300×200%×1=1 050（元）

B. 300×200%×2=1 200（元）

C. 300×200%×1+300×300%×1=1 500（元）

D. 300×150%×1+300×300%×1=1 350（元）

【4-2019单选】甲公司职工齐某因违规操作给公司造成经济损失8 000元，甲公司按照劳动合同约定要求齐某赔偿该损失，并按月从其工资中扣除，已知齐某月工资2 600元。当地月最低工资标准为2 200元，甲公司每月可以从齐某工资中扣除的最高限额为（　）元。

A. 520　　B. 440　　C. 400　　D. 2 600

【5-2019 不定项】孙某曾应聘在甲公司工作，试用期满后从事技术工作，2 年后跳槽至乙企业成为该企业的业务骨干。甲公司为实施新的战略，拟聘请孙某担任公司高管。经协商，双方签订了劳动合同，约定：

（1）劳动合同期限为 2 年，试用期为 3 个月。

（2）合同期满或因其他原因离职后，孙某在 3 年内不得从事与甲公司同类的业务工作，公司在孙某离职时一次性支付补偿金 10 万元。

在劳动合同期满前 1 个月时，孙某因病住院。3 个月后，孙某痊愈，到公司上班时，公司通知孙某劳动合同已按期终止，病休期间不支付工资，也不向其支付 10 万元补偿金。孙某同意公司不支付 10 万元补偿金，但要求公司延续劳动合同期至病愈，并支付病休期间的病假工资和离职的经济补偿。甲公司拒绝了孙某的要求，孙某随即进入同一行业的丙公司从事与甲公司业务相竞争的工作。甲公司认为孙某违反了双方在劳动合同中的竞业限制约定，应承担违约责任。

已知：孙某实际工作年限为 12 年。

要求：根据上述资料，不考虑其他因素，分析回答下列问题。

〈1〉对甲公司与孙某约定的劳动合同条款所作的下列判断中，正确的是（　　）。

A. 甲公司与孙某不应约定试用期

B. 甲公司与孙某可以约定试用期

C. 甲公司与孙某可以约定离职后不得从事同类行业

D. 甲公司与孙某约定离职后不得从事同类行业的时间超过法定最长期限

〈2〉孙某可以享受的法定医疗期是（　　）个月。

A. 1　　B. 3　　C. 6　　D. 12

〈3〉对劳动合同终止及孙某病休期间工资待遇的下列判断中，正确的是（　　）。

A. 孙某与公司约定的劳动合同期满时，劳动合同自然终止

B. 孙某与公司的劳动合同期限应延续至孙某病愈出院

C. 公司只需支付孙某劳动合同期满前 1 个月的病假工资

D. 公司应支付孙某 3 个月病休期间的病假工资

〈4〉对甲公司与孙某各自责任的下列判断中，符合法律规定的是（　　）。

A. 孙某应遵守竞业限制约定，承担违约责任

B. 竞业限制约定已失效，孙某不需要承担违约责任

C. 甲公司应支付孙某离职的经济补偿

D. 甲公司不需支付孙某离职的经济补偿

【6-2018 单选】张某于 2013 年 1 月首次就业后一直在甲公司工作，2018 年张某可以享受的当年年休假天数为（　　）天。

A. 0　　B. 10　　C. 15　　D. 5

【7-2018 单选】刘某在甲公司工作 3 年。已知刘某累计工作 18 年且符合享受年休假条件。刘某可享受的当年年休假天数为（　　）天。

A. 10　　B. 5　　C. 15　　D. 20

【8-2018 单选】甲公司职工罗某已享受带薪年休假 3 天，同年 10 月罗某又向公司提

出补休当年剩余年休假的申请。已知罗某首次就业即到甲公司工作，工作已满 12 年，且不存在不能享受当年年休假的情形。罗某可享受剩余年休假的天数为（　　）天。

A. 2　　B. 5　　C. 7　　D. 12

【9－2018 多选】根据劳动合同法律制度的规定，下列关于劳动报酬支付的表述中，正确的有（　　）。

A. 用人单位与劳动者约定的支付工资日期遇节假日的，应顺延至最近的工作日支付

B. 用人单位应当向劳动者支付婚丧假期间的工资

C. 对在五四青年节（工作日）照常工作的青年职工，用人单位应支付工资报酬但不支付加班工资

D. 用人单位不得以实物及有价证券替代货币支付工资

【10－2018 判断】用人单位与劳动者约定的支付工资日期，如遇节假日或休息日，则应该延迟至最近的工作日。（　　）

【11－2018 多选】甲公司与其职工对试用期期限的下列约定中，符合法律规定的有（　　）。

A. 夏某的劳动合同期限 4 年，双方约定的试用期为 4 个月

B. 周某的劳动合同期限 1 年，双方约定的试用期为 1 个月

C. 刘某的劳动合同期限 2 年，双方约定的试用期为 3 个月

D. 林某的劳动合同期限 5 个月，双方约定的试用期为 5 日

【12－2018 多选】根据劳动合同法律制度的规定，下列劳动合同可以约定试用期的有（　　）。

A. 无固定期限劳动合同

B. 劳动合同期限不满 3 个月的

C. 1 年期劳动合同

D. 以完成一定工作任务为期限的劳动合同

【13－2018 判断】劳动合同仅约定试用期没有约定劳动合同期限的，劳动合同无效。（　　）

【14－2018 单选】根据劳动合同法律制度的规定，对负有保密义务的劳动者，用人单位可以在劳动合同或者保密协议中与劳动者约定竞业限制条款，但竞业限制不得超过一定期限。该期限为（　　）年。

A. 3　　B. 2　　C. 5　　D. 1

【15－2017 多选】甲公司与职工对试用期期限的下列约定中，符合法律规定的有（　　）。

A. 王某的劳动合同期限 6 个月，双方约定的试用期为 20 日

B. 张某的劳动合同期限 4 年，双方约定的试用期为 4 个月

C. 赵某的劳动合同期限 2 个月，双方约定的试用期为 5 个月

D. 李某的劳动合同期限 2 年，双方约定的试用期为 2 个月

【16－2017 单选】2018 年 5 月甲公司安排职工刘某在日标准工作时间以外延长工作时间累计 12 小时。已知甲公司实行标准工时制度，刘某日工资为 160 元。分析甲公司应支付刘某 5 月最低加班工资的下列算式中，正确的是（　　）。

A. 160÷8×12×300%=720（元）　　B. 160÷8×12×150%=360（元）
C. 160÷8×12×100%=240（元）　　D. 160÷8×12×200%=480（元）

【17-2017 多选】根据劳动合同法律制度的规定，下列关于劳动报酬支付的表述中，正确的有（　　）。

A. 对在国际劳动妇女节（工作日）照常工作的女职工，用人单位应支付加班工资
B. 用人单位应当支付劳动者在法定休假日期间的工资
C. 用人单位与劳动者约定的支付工资日期遇节假日的，应提前在最近的工作日支付
D. 用人单位不得以有价证券代替货币支付工资

【18-2017 单选】2018年10月甲公司安排职工李某于10月1日（国庆节）、10月15日（周六）分别加班1天，事后未安排其补休。已知甲公司实行标准工时制，李某的日工资为300元。计算甲公司应支付李某10月最低加班工资的下列算式中，正确的是（　　）。

A. 300×200%+300×150%=1 050（元）
B. 300×300%+300×300%=1 800（元）
C. 300×100%+300×200%=900（元）
D. 300×300%+300×200%=1 500（元）

【19-2016 单选】2016年7月2日，贾某初次就业即到甲公司工作。2018年9月28日，贾某向公司提出当年年休假申请。贾某依法可享受的年休假天数为（　　）天。

A. 0　　B. 5　　C. 10　　D. 15

【20-2016 多选】2008年以来，甲公司与下列职工均已连续订立2次固定期限劳动合同，再次续订劳动合同时，除职工提出订立固定期限劳动合同外，甲公司应与之订立无固定期限劳动合同的有（　　）。

A. 不能胜任工作，经过培训能够胜任的李某
B. 因交通违章承担行政责任的范某
C. 患病休假，痊愈后能继续从事原工作的王某
D. 同时与乙公司建立劳动关系，经甲公司提出立即改正的张某

【21-2016 单选】根据劳动合同法律制度的规定，用人单位与劳动者约定了试用期的，劳动者在试用期的工资不得低于用人单位所在地的最低工资标准，也不得低于相同岗位最低档工资或者劳动合同约定工资的一定比例，该比例为（　　）。

A. 50%　　B. 60%　　C. 80%　　D. 70%

【22-2016 多选】根据劳动合同法律制度的规定，下列关于试用期约定的表述中，正确的有（　　）。

A. 非全日制用工，不得约定试用期
B. 劳动合同期限1年以上不满3年的，试用期不得超过2个月
C. 3年以上固定期限的劳动合同，试用期不得超过6个月
D. 无固定期限的劳动合同，试用期不得超过6个月

【23-2016 多选】下列关于劳动合同试用期期限表达正确的是（　　）。

A. 劳动合同期限3个月以上不满一年，试用期不得超过1个月
B. 劳动合同期限1年以上不满3年，试用期不得超过2个月

C. 劳动合同期限3年以上固定期限的，试用期不得超过6个月

D. 无固定期限的劳动合同，试用期不得超过6个月

【24－2016单选】吴某受甲公司委派去德国参加技术培训，公司为此支付培训费用10万元。培训前双方签订协议，约定吴某自培训结束后5年内不得辞职，否则应支付违约金10万元。吴某培训完毕后在甲公司连续工作满2年时辞职。甲公司依法要求吴某支付的违约金数额最高为（　　）万元。

A. 0　　B. 10　　C. 6　　D. 4

【25－2016多选】下列各项中，人民法院适用竞业限制条款处理劳动争议案件时应予支持的有（　　）。

A. 在竞业限制期限内，用人单位解除竞业限制协议时，劳动者要求用人单位额外支付3个月竞业限制经济补偿的

B. 劳动者违反竞业限制约定，向用人单位支付违约金后，用人单位要求劳动者按照约定继续履行竞业限制义务的

C. 劳动合同解除后，履行了竞业限制义务的劳动者按照协议约定要求用人单位支付竞业限制经济补偿的

D. 劳动合同解除后，因用人单位的原因3个月未支付竞业限制经济补偿，劳动者要求解除竞业限制约定的

答案及解析

1.【答案】C

【解析】劳动合同期限大于等于3年，试用期不得超过6个月。

2.【答案】B

【解析】劳动合同的可备条款包括试用期、服务期、保守商业秘密及竞业限制、其他事项。

3.【答案】C

【解析】周日安排加班未安排补休按照日工资200%向劳动者支付工资，法定假日（中秋）不能安排补休，按照日工资300%向劳动者支付工资。

4.【答案】C

【解析】扣工资的20%VS最低工资标准，按孰高发放。2 600×20%＝520（元），2 600－520＝2 080（元）＜2 200（元），按照2 200元发放，可以扣除2 600－2 200＝400（元）。

5.〈1〉【答案】ACD

【解析】根据规定，同一用人单位与同一劳动者只能约定一次试用期，选项A正确；对负有保密义务的劳动者，用人单位可以在劳动合同或者保密协议中与劳动者约定竞业限制条款，并约定在解除或者终止劳动合同后，在竞业限制期限内按月给予劳动者经济补偿，选项C正确；竞业限制期限，不得超过2年，选项D正确。

〈2〉【答案】C

【解析】根据规定，实际工作年限10年以上的，在本单位工作年限5年以下的，医疗期为6个月。

〈3〉【答案】BD

【解析】根据规定，企业职工在医疗期内，病假工资或疾病救济费可以低于当地最低工资标准支付，但最低不能低于最低工资标准的80%；医疗期内不得解除劳动合同，如果医疗期内劳动合同期满，则合同必须续延至医疗期满，职工在此期间仍然享受医疗期内待遇，选项B、D正确。

(4)【答案】BC

【解析】用人单位如果要求劳动者签订竞业限制条款，要给予劳动者相应的经济补偿，否则该条款无效，因此孙某不用承担违约责任，选项A错误，选项B正确；题目中是劳动合同期满，单位不同意续签合同（劳动者没错、劳动者未提出解除劳动关系），则单位要依法向劳动者支付经济补偿，因此选项C正确，选项D错误。

6.【答案】D

【解析】职工累计工作已满1年不满10年的，年休假为5天。

7.【答案】A

【解析】职工累计工作已满10年不满20年的，年休假为10天。

8.【答案】C

【解析】职工累计工作已满10年不满20年的，年休假10天；本题中，罗某首次就业即到甲公司工作，且工作已满12年，年休假10天，罗某可享受剩余年休假的天数为7（10—3）天。

9.【答案】BCD

【解析】选项A，工资必须在用人单位与劳动者约定的日期支付，如遇节假日或休息日，则应提前在最近的工作日支付；选项B，用人单位应当依法支付劳动者在法定休假日和婚丧假期间以及依法参加社会活动期间的工资；选项C，在部分公民放假的节日期间（妇女节、青年节），对参加社会活动或单位组织庆祝活动和照常工作的职工，单位应支付工资报酬，但不支付加班工资；选项D，根据国家有关规定，工资应当以法定货币支付，不得以实物及有价证券替代货币支付。

10.【答案】×

【解析】工资必须在用人单位与劳动者约定的日期支付，如遇节假日或休息日，则应“提前”在最近的工作日支付。

11.【答案】ABD

【解析】选项A，3年以上（包括3年）固定期限和无固定期限的劳动合同，试用期不得超过6个月；选项B、C，劳动合同期限1年以上（包括1年）不满3年的，试用期不得超过2个月；选项D，劳动合同期限3个月以上不满1年的，试用期不得超过1个月。

12.【答案】AC

【解析】非全日制用工，以完成一定工作任务为期限，劳动合同期限不满3个月的不得约定试用期。

13.【答案】×

【解析】劳动合同仅约定试用期的，试用期不成立，该期限为劳动合同期限。

14.【答案】B

【解析】用人单位可以与劳动者签订竞业限制协议，但约定的期限不得超过2年。

15.【答案】ABD

【解析】选项C，劳动合同期限不满3个月的，不得约定试用期。

16.【答案】B

【解析】用人单位依法安排劳动者在日标准工作时间以外延长工作时间的，按照不低于劳动合同规定的劳动者本人小时工资标准的150%支付劳动者工资。

17.【答案】BCD

【解析】选项A，在部分公民放假的节日期间（妇女节、青年节），对参加社会活动或单位组织庆祝活动和照常工作的职工，单位应支付"工资报酬"，但不支付"加班工资"。

18.【答案】D

【解析】用人单位依法安排劳动者在休息日工作，不能安排补休的，按照不低于劳动合同规定的劳动者本人日或小时工资标准的200%支付劳动者工资；用人单位依法安排劳动者在法定休假日工作的，按照不低于劳动合同规定的劳动者本人日或小时工资标准的300%支付劳动者工资；本题中的加班工资为：300×300%+300×200%=1 500（元）。

19.【答案】B

【解析】职工累计工作已满1年不满10年的，年休假5天；已满10年不满20年的，年休假10天；已满20年的，年休假15天。本题中，贾某的累计工作年限为2年有余，属于"已满1年不满10年"的情形，可以享受的带薪年休假为5天。

20.【答案】ABCD

【解析】有下列情况之一，劳动者提出或者同意续订、订立劳动合同的，除劳动者提出订立固定期限劳动合同外，应当订立无固定期限劳动合同：劳动者在该用人单位连续工作满10年的；用人单位初次实行劳动合同制度或者国有企业改制重新订立劳动合同时，劳动者在该用人单位连续工作满10年且距法定退休年龄不足10年的；连续订立2次固定期限劳动合同，且劳动者没有下述情形，续订劳动合同的：(1) 严重违反用人单位的规章制度的；(2) 严重失职，营私舞弊，给用人单位造成重大损害的；(3) 劳动者同时与其他用人单位建立劳动关系，对完成本单位的工作任务造成严重影响，或者经用人单位提出，拒不改正的（选项D）；(4) 劳动者以欺诈、胁迫的手段或者乘人之危，使用人单位在违背真实意思的情况下订立或者变更劳动合同，致使劳动合同无效的；(5) 被依法追究刑事责任的（选项B）；(6) 劳动者"患病或者非因工负伤"，在规定的医疗期满后不能从事原工作，也不能从事由用人单位另行安排的工作的（选项C）；(7) 劳动者不能胜任工作，经过培训或者调整工作岗位，仍不能胜任工作的（选项A）。

21.【答案】C

【解析】劳动者在试用期的工资不得低于本单位相同岗位最低档工资或者劳动合同约定工资的80%，并不得低于用人单位所在地的最低工资标准。

22.【答案】ABCD

23.【答案】ABCD

【解析】《劳动合同法》规定对试用期有下列规定：劳动合同期限三个月以上不满一年的，试用期不得超过一个月；劳动合同期限一年以上不满三年的，试用期不得超过二个月；三年以上固定期限和无固定期限的劳动合同，试用期不得超过六个月；同一用人单位与同一劳动者只能约定一次试用期。

24.【答案】C

【解析】约定的违约金（10万元）未超过公司支付的培训费用（10万元）；约定的服务期共计5年，已履行2年，因此，甲公司依法要求吴某支付的违约金最高额＝10×（5－2）÷5＝6（万元）。

25.【答案】ABCD

【解析】选项A，在竞业限制期限内，用人单位请求解除竞业限制协议时，人民法院应予支持；在解除竞业限制协议时，劳动者请求用人单位额外支付劳动者3个月的竞业限制经济补偿的，人民法院应予支持；选项B，劳动者违反竞业限制约定，向用人单位支付违约金后，用人单位要求劳动者按照约定继续履行竞业限制义务的，人民法院应予支持；选项C，当事人在劳动合同或保密协议中约定了竞业限制和经济补偿（竞业限制补偿金），当事人解除劳动合同时，除另有约定外，用人单位要求劳动者履行竞业限制义务，或者劳动者履行了竞业限制义务后要求用人单位支付经济补偿的，人民法院应予支持；选项D，当事人在劳动合同或者保密协议中约定了竞业限制和经济补偿，劳动合同解除或者终止后，因用人单位的原因导致3个月未支付经济补偿，劳动者请求解除竞业限制约定的，人民法院应予支持。

劳动合同的履行与变更

母题8-1-6 劳动合同如何履行和变更？

要点	内容
双方履行	用人单位与劳动者按照劳动合同的约定，全面履行各自的义务
	用人单位应当向劳动者支付劳动报酬，拖欠报酬的，劳动者可依法向当地**“人民法院”**申请支付令
	用人单位不得强迫或者变相强迫劳动者加班，安排加班的，应当支付加班费
	劳动者拒绝用人单位管理人员违章指挥、强令冒险作业，不视为违反劳动合同
	用人单位变更名称、法定代表人以及合并分立等不影响劳动合同的履行
设定规章	对用人单位和劳动者均具有法律约束力
	制定直接涉及劳动者切身利益的规章时，应当**经职工代表大会或全体职工讨论**
	用人单位应当将涉及劳动者切身利益的规章制度**公示或者告知**，未经公示或告知，该规章制度对劳动者不生效
	公示或告知可以采用张贴通告、员工手册送达、会议精神传达等方式
	规章制度违反法律、法规规定的，由劳动行政部门**责令改正，给予警告**；给劳动者造成损害的，应当承担赔偿责任
变更	用人单位与劳动者**协商一致**，可以变更劳动合同约定的内容
	变更合同应采用**书面形式**；变更后的合同文本由双方各执一份
	未采用书面形式，但已实际履行了口头变更超过1个月，且变更后的劳动合同内容不违法，当事人未以书面形式主张合同变更无效的，则变更有效

考查形式

子题8-1-6-1：用人单位不得强迫或者变相强迫劳动者加班，安排加班的，应当________。

子题8-1-6-2（判断）：用人单位发生合并或者分立等情况，原劳动合同不再继续履行。（ ）

子题8-1-6-3（判断）：用人单位应当将直接涉及劳动者切身利益的规章制度和重大事项决定公示或者告知劳动者。（ ）

子题8-1-6-4：未采用书面形式，但已实际履行了口头变更超过________，且变更后的劳动合同内容不违法，当事人未以书面形式主张合同变更无效的，则变更有效。

【适用题型】单项选择题、多项选择题、判断题。

【1-2016单选】2017年10月，张某到甲公司工作。2018年11月，甲公司与张某口头商定将其月工资由原来的4 500元提高至5 400元。双方实际履行3个月后，甲公司法定代表人变更。新任法定代表人认为该劳动合同内容变更未采用书面形式，变更无效，决定仍按原每月4 500元的标准向张某支付工资。张某表示异议并最终提起诉讼。关于双方口头变更劳动合同效力的下列表述中，正确的是（ ）。

A. 双方口头变更劳动合同且实际履行已超过1个月，该劳动合同变更有效

B. 劳动合同变更在实际履行3个月期间有效，此后无效

C. 因双方未采取书面形式，该劳动合同变更无效

D. 双方口头变更劳动合同但实际履行未超过6个月，该劳动合同变更无效

【2-2016多选】根据劳动合同法律制度的规定，下列关于劳动合同履行的表述中，正确的有（ ）。

A. 用人单位拖欠劳动报酬的，劳动者可以依法向人民法院申请支付令

B. 用人单位发生合并或者分立等情况，原劳动合同不再继续履行

C. 劳动者拒绝用人单位管理人员违章指挥、强令冒险作业的，不视为违反劳动合同

D. 用人单位变更名称的，不影响劳动合同的履行

【3-2015判断】用人单位应当将直接涉及劳动者切身利益的规章制度和重大事项决定公示或者告知劳动者。（ ）

答案及解析

1. 【答案】A

【解析】变更劳动合同未采用书面形式，但已经实际履行了口头变更的劳动合同超过1个月，且变更后的劳动合同内容不违反法律、行政法规、国家政策以及公序良俗，当事人以未采用书面形式为由主张劳动合同变更无效的，人民法院不予支持；用人单位变更名称、法定代表人等事项，不影响劳动合同的履行。

2. 【答案】ACD

【解析】选项B，用人单位发生合并或者分立等情况，原劳动合同继续有效，劳动合同由承继其权利和义务的用人单位继续履行。

3. 【答案】√

劳动合同的解除和终止

母题 8-1-7 劳动合同如何解除?

<table>
<tr><th>要点</th><th colspan="3">内容</th></tr>
<tr><td>解除概念</td><td colspan="3">劳动合同订立后期满前，因双方协商提前结束劳动关系，或因出现法定的情形，一方单方通知对方结束劳动关系，分为协商解除和法定解除</td></tr>
<tr><td rowspan="3">协商解除</td><td colspan="3">用人单位与劳动者协商一致，可以解除劳动合同</td></tr>
<tr><td colspan="3">用人单位提出，必须依法向劳动者支付经济补偿</td></tr>
<tr><td colspan="3">劳动者主动辞职，用人单位无须向劳动者支付经济补偿</td></tr>
<tr><td rowspan="7">法定解除</td><td rowspan="4">劳动者</td><td>提前通知解除</td><td>试用期提前 3 天，非试用期提前 30 天书面形式</td></tr>
<tr><td rowspan="2">随时通知解除
【侵犯权益】</td><td>单位错误在先，但未危及劳动者的人身安全（需要支付补偿）：
(1) 用人单位未按照劳动合同约定提供劳动保护或者劳动条件
(2) 用人单位未及时足额支付劳动报酬
(3) 用人单位未依法为劳动者缴纳社会保险费
(4) 用人单位违反法律、行政法规强制性规定的
(5) 用人单位的规章制度违反法律、法规的规定，损害劳动者权益的
(6) 用人单位在劳动合同中免除自己的法定责任、排除劳动者权利的
(7) 用人单位以欺诈、胁迫的手段或者乘人之危，使劳动者在违背真实意思的情况下订立或者变更劳动合同的</td></tr>
<tr><td>劳动者履行通知义务即可解除合同，而无须履行“提前”义务</td></tr>
<tr><td>无须通知解除
【危及生命】</td><td>单位严重侵犯劳动者权益甚至威胁生命（需要支付补偿）：
(1) 用人单位以暴力、威胁或者非法限制人身自由的手段强迫劳动者劳动的
(2) 用人单位管理人员违章指挥、强令冒险作业危及劳动者人身安全的</td></tr>
<tr><td rowspan="3">单位</td><td>无过失性辞退
或者提前通知
解除</td><td>提前 30 天或额外支付 1 个月工资（需要支付补偿）：
(1) 劳动者患病或非因工负伤，不能从事原工作，也不能从事另行安排的工作
(2) 劳动者不能胜任工作，经过培训或者调整工作岗位，仍不能胜任
(3) 客观情况发生重大变化，致使劳动合同无法履行，未能就变更合同内容达成协议</td></tr>
<tr><td rowspan="2">随时通知解除
【劳动者
有错误】</td><td>“试用期”或劳动者有过错（无须补偿）：
(1) 劳动者在试用期间被证明不符合录用条件
(2) 劳动者严重违反用人单位的规章制度
(3) 劳动者同时与其他用人单位建立劳动关系，对本单位的工作任务造成严重影响，或者经用人单位提出，拒不改正的
(4) 劳动者严重失职，营私舞弊，给用人单位造成重大损害的
(5) 劳动者被依法追究刑事责任的
(6) 劳动者以欺诈、胁迫的手段或者乘人之危，使用人单位在违背真实意思的情况下，订立或者变更劳动合同致使劳动合同无效的</td></tr>
<tr><td>【提示】在试用期间，劳动者提前 3 天通知用人单位解除合同；用人单位可以随时通知劳动者解除合同</td></tr>
</table>

续表

要点	内容		
法定解除	单位	经济性裁员	单位经济原因需要裁减人员（**支付补偿金**）： （1）依照《企业破产法》规定进行**重整** （2）生产经营发生**严重困难** （3）企业**转产、重大技术革新或者经营方式调整**，经变更劳动合同后，仍需裁减人员
			优先留用： （1）与本单位订立较长期限的固定期限劳动合同的 （2）与本单位订立无固定期限劳动合同的 （3）家庭无其他就业人员，有需要抚养的老人或者未成年人的 **【提示】**裁减人员后，在六个月内重新招用人员的，应当通知被裁减人员，并在同等条件下优先招用被裁减的人员
			裁员 **20 人**以上或者裁减不足 20 人但占企业职工总数 **10%**以上，用人单位需提前 30 日向工会或者全体职工说明情况，听取工会或者职工意见后，裁减人员方案经向劳动者行政部门报告，可以裁减人员

母题 8-1-8 劳动合同什么时候终止？

（1）具体内容。

要点	具体内容		
终止概念	劳动用人单位与劳动者之间的劳动关系因某种法律事实的出现而自动归于消灭，或导致劳动关系的继续履行成为不可能而消灭 **【提示】**解除是一方或者双方“主动”“人为”地提前结束合同；终止是出现法定事由后，“被动”提前或如期结束合同，注意区分两者概念		
履行完毕	劳动合同期满	用人单位“维持或者提高”劳动合同约定条件续订劳动合同，**劳动者不同意**续订	**不需要补偿金**
		用人单位决定不续订或降低条件续订	**需要补偿金**
	以完成一定工作任务为期限的劳动合同任务完成		
劳动者开始享受社保、退休	劳动者开始依法享受基本养老保险待遇		**不需要补偿金**
	劳动者**达到法定退休年龄**	用人单位**“正常”**缴纳社会保险（默认情形）	**需要补偿金**
		用人单位**“未”**缴纳社会保险	
一方不再存在	劳动者死亡，或者被人民法院宣告死亡或者宣告失踪		**不需要补偿金**
	用人单位被依法宣告破产		**需要补偿金**
	用人单位被吊销营业执照、责令关闭、撤销或者用人单位决定提前解散		
不得终止（延续至相应的情形消失）	1）从事接触职业病危害作业的劳动者未进行离岗前职业健康检查，或者疑似职业病病人在诊断或者医学观察期间的 2）在本单位患**职业病或者因工负伤**并被确认丧失或者部分丧失劳动能力的 3）患病或者非因工负伤，在规定的**医疗期内**的 4）**女职工在孕期、产期、哺乳期的** 5）**在本单位连续工作满 15 年，且距法定退休年龄不足 5 年的** 但若符合因劳动者过错解除劳动合同的情形，则不受上述限制性规定的影响		

续表

要点	具体内容		
补偿金的支付	法定情形	无论合同解除还是终止，只要不是在试用期间，劳动者无过错且非主动提出离职就应当给予补偿	
	依据	根据在用人单位的工作年限和工资标准来计算	
	年限	满 1 年	支付 1 个月工资
		6 个月以上不满 1 年的	按 1 年计算
		不满 6 个月的	支付半个月工资
	公式	**经济补偿金＝工作年限×月工资**	
		月工资是劳动合同解除或者终止前 12 个月的平均工资，不满 12 个月的，按照实际工作的月数计算平均工资	
	基数	**最低工资标准≤月平均工资≤上年度职工月平均工资 3 倍**	
	【提示 1】“高薪职工”（月工资＞所在地区上年度职工月平均工资 3 倍）支付经济补偿的年限**“最高不超过 12 年”【正常工资没有 12 年的限制】** **【提示 2】**医疗期职工工资标准最低不得低于最低工资标准的 80%		
法律后果	1）双方劳动关系消灭 2）单位应出具离职证明，并在**“15 日内”**办理档案和社会保险关系转移手续，未出具离职书面证明，由劳动行政部门责令改正；给劳动者造成损害的，应当承担赔偿责任 3）用人单位扣押劳动者档案或者其他物品的，由劳动行政部门责令限期退还，并以**每人 500 元以上 2 000 元以下**的标准处以罚款 4）用人单位应当在向劳动者支付经济补偿的，在办结工作交接时支付，未支付经济补偿的，由劳动行政部门责令限期支付；逾期不支付的，责令用人单位按应付金额 50%以上 100%以下的标准向劳动者加付赔偿金 5）用人单位已经解除或者终止的劳动合同的文本，至少保存**“2 年”**备查		
	【提示 1】用人单位支付了赔偿金的，不再支付经济补偿 **【提示 2】**赔偿金的计算年限自用工之日起计算		

（2）各种支付金。

类型	适用条件	性质	支付主体
竞业限制补偿金	单位与劳动者有竞业限制约定	法定＋约定（竞业限制约定生效的必要条件）	单位
经济补偿金	劳动关系的解除和终止过程中除劳动者主动辞职或试用期外，劳动者无过错	法定（不以过错为条件，无惩罚性，是一项社会义务）	**单位**
违约金	劳动者违反了**服务期和竞业禁止**的规定（仅上述两项可约定）	法定＋约定（以**过错为构成要件**，具有惩罚性和赔偿性）	劳动者
赔偿金	用人单位和劳动者由于自己的过错给对方造成损害	法定＋约定（以过错为构成要件，具有惩罚性和赔偿性）	单位或劳动者
代通知金	无过失性辞退替代提前 1 个月的通知时间	法定（仅起到替代作用）	单位

(3) 各种“钱”的发放。

类型	工资标准	“白话”理解
停工留薪期	工资福利不变	因工伤住院，单位不能少发工资，原来发多少，现在还发多少
医疗期	病假工资可低于当地最低工资标准，但是以当地最低工资标准80%为限	自己伤到自己住院（患病或非因工伤），病假期间吃的不多，可以低于最低工资标准（**参考母题8-2-3**）
试用期工资	不低于本单位相同岗位工资80%/劳动合同约定工资80%，并不低于当地最低工资标准	就算是试用期也不能欺负人，以两个80%为限（考试给出一个），若是低于当地最低工资标准，按照最低工资标准发
经济损失赔偿	每月扣除部分不超过劳动者当月工资20%，扣除后小于当地最低工资标准，按当地最低工资标准发	劳动者犯了错（损坏公司设备）扣工资，但是要保证基本生存，如果扣了工资的20%后低于当地最低工资标准，按当地最低工资标准发
年休假期间工资	同正常工作期间工资收入	年休假是享有的劳动者权利，好好放假，不扣工资
约定服务期期间	不影响正常工资调整机制，提高劳动者在服务期期间的劳动报酬	公司培训你花了钱，约定了服务期，在这期间好好为公司干活儿，不然会影响你的升职加薪前途
劳务派遣期间工资	被派遣劳动者享有与用工单位劳动者同工同酬的权利	劳务派遣的劳动者并不比用工单位的员工缺胳膊少腿儿，干同样的工作拿同样的钱
经济补偿金	**公式参考上述8-1-8**	无论合同解除还是终止，只要不是在试用期间，劳动者无过错且非主动提出离职就应当给予补偿 【好客的中国人，客人走的时候，只要主人开心，客人没做错事，主人会送家里做的泡菜和点心】

考查形式

子题8-1-7-1：根据劳动合同法律制度的规定，劳动者需提前通知用人单位即可解除劳动合同的情形有________。

子题8-1-7-2：甲公司职工周某不能胜任工作。公司为其调整工作岗位后，仍不能胜任，甲公司拟解除与周某的劳动合同。关于甲公司解除劳动合同方式及后果的正确表述是________。

子题8-1-7-3：根据劳动合同法律制度的规定，属于用人单位可依据法定程序进行经济性裁员的情形有________。

子题8-1-7-4：根据劳动合同法律制度的规定，该公司裁减人员达到一定人数或者一定比例以上，甲公司应当向工会或者全体职工说明情况，听取工会或者职工的意见，并将裁减人员方案向劳动行政部门报告，甲公司可不执行该程序的裁减人员的最多数量是________。

子题 8-1-7-5：用人单位经济性裁员应优先留用的职工有________。

子题 8-1-8-1：用人单位“维持或者提高”劳动合同约定条件续订劳动合同，劳动者不同意续订的，用人单位________支付经济补偿给劳动者。

子题 8-1-8-2：劳动者达到法定退休年龄，用人单位未为其缴纳社会保险的，用人单位________支付经济补偿给劳动者。

子题 8-1-8-3：从事接触职业病危害作业的劳动者未进行离岗前职业健康检查，或者疑似职业病病人在诊断或者医学观察期间的，________终止劳动合同。

子题 8-1-8-4：劳动者在本单位连续工作满________年，且距法定退休年龄不足________年的，单位不得终止劳动合同。

子题 8-1-8-5：无论是合同解除还是终止，只要不是在________，劳动者________单位就应当给予补偿。

子题 8-1-8-6：计算劳动合同解除时用人单位应向劳动者支付经济补偿数额的算式为________。

子题 8-1-8-7：根据劳动合同法律制度的规定，用人单位违法解除劳动合同时，劳动者可以得到的赔偿金的情形有________。

子题 8-1-8-8（判断）：用人单位支付了赔偿金的，不再支付经济补偿。（　）

【适用题型】单项选择题、多项选择题、判断题、不定项选择题。

【1-2019 单选】甲公司通过签订服务期协议，提供 10 万元专项培训费用将尚有 4 年劳动合同期限的职工刘某派出参加 6 个月的专业技术培训。双方约定，刘某培训结束后须在甲公司工作满 5 年，否则应向公司支付违约金。刘某培训结束工作 2 年时因个人原因向公司提出解除劳动合同。下列关于刘某服务期约定及劳动合同解除的表述中，正确的是（　）。

A. 双方不得在服务期协议中约定违约金

B. 5 年服务期的约定因超过劳动合同剩余期限而无效

C. 刘某可以解除劳动合同，但甲公司有权要求其支付违约金

D. 服务期约定因限制了刘某的自主择业权的

【2-2019 单选】王某在甲公司工作 2 年 8 个月，甲公司提出并与王某协商解除了劳动合同。已知王某在合同解除前 12 个月的平均工资为 13 000 元，当地上年度职工月平均工资为 4 000 元，当地月最低工资标准为 2 000 元，劳动合同解除时。甲公司依法应向王某支付的经济补偿数额为（　）元。

A. 36 000　　B. 6 000　　C. 12 000　　D. 39 000

【3-2019 单选】2018 年 12 月 31 日，甲公司与孙某的劳动合同期满，甲公司不再与其续订。已知孙某在甲公司工作年限为 5 年，劳动合同终止前 12 个月的平均工资为 13 000 元。甲公司所在地上年度职工月平均工资为 4 000 元，当地月最低工资标准为 2 000 元。劳动合同终止时，甲公司法应向孙某支付的经济补偿数额为（　）元。

A. 20 000　　B. 10 000　　C. 65 000　　D. 60 000

【4-2019 单选】根据劳动合同法律制度的规定，劳动合同解除的下列情形中，用人单

位有权依照约定要求劳动者支付违约金的是（　　）。

A. 劳动者同时与其他用人单位建立劳动关系，经用人单位提出拒不改正而由用人单位解除劳动合同的

B. 劳动者因用人单位未及时足额支付劳动而解除劳动合同的

C. 劳动者严重违反用人单位规章制度而由用人单位解除劳动合同的

D. 劳动者违反服务期的定解除劳动合同的

【5－2019 多选】根据劳动合同法律制度的规定，下列职工中，属于用人单位经济性裁员应优先留用的有（　　）。

A. 与本单位订立无固定期限劳动合同

B. 与本单位订立较短期限的固定期限劳动合同的

C. 与本单位订立较长期限的固定期限劳动合同的

D. 家庭无其他就业人员，有需要赡养的老人或者抚养未成年人的

【6－2019 多选】根据劳动合同法律制度的规定，下列关于用人单位违反解除劳动合同法律后果的表述中正确的有（　　）。

A. 用人单位支付了赔偿金的，不再支付经济补偿

B. 违法解除劳动合同赔偿金的计算年限自用工之日起计算

C. 劳动者要求继续履行且劳动合同可以继续履行的，用人单位应当继续履行的

D. 劳动者不要求继续履行劳动合同的，用人单位应当按经济补偿标准的 2 倍向劳动者支付赔偿金

【7－2019 多选】根据劳动合同法律制度的规定，下列关于试用期内劳动合同解除的表述中，正确的有（　　）。

A. 劳动者不需事先通知用人单位即可解除劳动合同

B. 劳动者在试用期内被证明不符合录用条件，用人单位可随时通知劳动者解除劳动合同

C. 劳动者提前 3 日通知用人单位可解除劳动合同

D. 劳动者在试用期内被依法追究刑事责任，用人单位可随时通知劳动者解除劳动合同

【8－2019 不定项】2017 年 7 月 31 日，甲公司录用周某担任出纳，双方口头约定了 2 年期劳动合同，约定周某试用期 2 个月，月工资 3 500 元，公司在试用期间可随时解除合同；试用期满考核合格，月工资提高至 4 000 元；如考核不合格，再延长试用期 1 个月。2017 年 9 月 15 日，双方签订了书面劳动合同。2017 年 9 月 30 日，因未通过公司考核，周某试用期延长 1 个月。

因甲公司连续 2 个月无故拖欠劳动报酬，2018 年 6 月 1 日，周某单方面解除了劳动合同并向当地劳动争议仲裁机构申请仲裁，该机构作出终局裁决。

已知：甲公司实行标准工时制，当地月最低工资标准为 2 000 元。

要求：根据上述资料，不考虑其他因素，分析回答下列小题：

〈1〉甲公司与周某对试用期的下列的约定中，符合法律规定的是（　　）。

A. 试用期满周某考核不合格，再延长 1 个月试用期

B. 试用期 2 个月

C. 试用期内甲公司可随时解除劳动合同

D. 试用期月工资 3 500 元

〈2〉因甲公司无故拖欠劳动报酬，周某单方面解除劳动合同采取的方式是（　　）。

A. 应提前 30 日书面通知甲公司而解除　　B. 可随时通知甲公司而解除

C. 不需通知甲公司即可解除　　D. 应提前 3 日通知甲公司而解出

〈3〉周某申请劳动仲裁要求甲公司支付的下列各项中，符合法律规定的是（　　）。

A. 拖欠的劳动报酬　　B. 解除劳动合同的经济补偿金

C. 试用期后违约金　　D. 未及时签订书面劳动合同的 2 倍工资

〈4〉对劳动争议终局裁决的下列表述中，正确的是（　　）。

A. 对该终局裁决不服，周某有权提起诉讼

B. 对该终局裁决不服，甲公司和周某均不得提起诉讼

C. 对该终局裁决自作出之日起生效

D. 对该终局裁决不服，甲公司有权提起诉讼

【9-2018 单选】根据劳动合同法律制度的规定，下列情形中，劳动者不需事先告知用人单位即可解除劳动合同的有（　　）。

A. 用人单位未按照劳动合同约定提供劳动保护的

B. 用人单位管理人员违章指挥、强令冒险作业危及劳动者人身安全的

C. 用人单位以欺诈手段使劳动者在违背真实意思的情况下签订劳动合同的

D. 用人单位未及时足额支付劳动报酬的

【10-2018 单选】甲公司职工周某不能胜任工作。公司为其调整工作岗位后，仍不能胜任，甲公司拟解除与周某的劳动合同。下列关于甲公司解除劳动合同方式及后果的表述中，不正确的是（　　）。

A. 甲公司额外支付周某 1 个月工资后可解除劳动合同

B. 甲公司可提前 30 日以书面形式通知周某而解除劳动合同

C. 甲公司无须通知周某即可解除劳动合同

D. 甲公司解除劳动合同应向周某支付经济补偿

【11-2018 单选】根据劳动合同法律制度的规定，下列情形中，不能导致劳动合同终止的是（　　）。

A. 劳动者开始依法享受基本养老保险待遇的

B. 劳动者医疗期内遇劳动合同期满的

C. 劳动者达到法定退休年龄的

D. 劳动者被人民法院宣告死亡的

【12-2018 多选】根据劳动合同法律制度的规定，下列解除或者终止劳动合同的情形中，用人单位不向劳动者支付经济补偿的有（　　）。

A. 用人单位通知非全日制用工劳动者终止用工的

B. 自用工之日起 1 个月内，经用人单位书面通知后，劳动者不与用人单位订立劳动合同，用人单位书面通知劳动者终止劳动关系的

C. 劳动者达到法定退休年龄而终止劳动合同的

D. 用人单位因劳动者在试用期间被证明不符合录用条件而解除劳动合同的

【13-2018 单选】根据劳动合同法律制度的规定，劳动合同解除的下列情形中，用人单位不向劳动者支付经济补偿的是（　　）。

A. 劳动者因用人单位未及时足额支付劳动报酬而解除劳动合同的

B. 由用人单位提出并与劳动者协商一致而解除劳动合同的

C. 劳动者不能胜任工作，经过培训或者调整工作岗位，仍不能胜任而被用人单位解除劳动合同的

D. 劳动者在试用期间被证明不符合录用条件的

【14-2018 单选】2016 年 11 月 1 日，郑某到甲公司工作。2018 年 1 月 30 日，郑某因公司未及时足额向其支付劳动报酬而解除劳动合同。已知郑某离职前 12 个月的平均工资为 11 000 元。当地上年度职工月平均工资为 3 200 元。计算劳动合同解除时甲公司应向郑某支付经济补偿数额的下列算式中，正确的是（　　）。

A. 3 200×3×1.5＝14 400（元）　　B. 3 200×3×2＝19 200（元）

C. 11 000×2＝22 000（元）　　D. 1 100×1.5＝ 16 500（元）

【15-2018 多选】根据劳动合同法律制度的规定，下列情形中，用人单位应当向劳动者支付经济补偿的有（　　）。

A. 用人单位被依法宣告破产而终止劳动合同的

B. 由用人单位提出并与劳动者协商一致而解除劳动合同的

C. 固定期限劳动合同期满，用人单位维持或者提高劳动合同约定条件续订劳动合同，劳动者不同意续订的

D. 以完成一定工作任务为期限的劳动合同因任务完成而止的

【16-2017 单选】2012 年 4 月 1 日，张某到甲公司工作。2018 年 8 月 1 日，双方的劳动合同期满，甲公司不再与张某续约，已知劳动合同终止前 12 个月张某月平均工资 5 000 元，甲公司所在地职工平均工资 4 500 元。计算劳动合同终止后甲公司应向张某支付经济补偿的下列算式中，正确的是（　　）。

A. 5 000×5.5＝27 500（元）　　B. 4 500×7＝31 500（元）

C. 4 500×6＝27 000（元）　　D. 5 000×6.5＝32 500（元）

【17-2017 多选】根据劳动合同法律制度的规定，因下列情形解除劳动合同的，用人单位应向劳动者支付经济补偿的有（　　）。

A. 劳动者不能胜任工作，经过培训或者，调整工作岗位，仍不能胜任工作的

B. 用人单位未及时足额支付劳动报酬的

C. 用人单位未按照劳动合同约定提供劳动保护或者劳动条件的

D. 劳动者同时与其他用人单位建立劳动关系，经用人单位提出，拒不改正的

【18-2017 多选】根据劳动合同法律制度的规定，劳动合同解除或者终止的下列情况中，用人单位应向劳动者支付经济补偿的有（　　）。

A. 劳动者符合不需事先告知用人单位即可解除劳动合同情形而解除劳动合同的

B. 劳动者提出并与无过错用人单位协商一致解除劳动合同的

C. 以完成一定工作任务为期限的劳动合同因任务完成而终止的

D. 劳动者提前 30 日以书面形式通知无过错用人单位而解除劳动合同的

【19-2016 多选】根据劳动合同法律制度的规定，下列各项中，属于用人单位可依据

法定程序进行经济性裁员的情形有（　　）。

A. 企业转产，经变更劳动合同后，仍需裁减人员的

B. 依照企业破产法规定进行重整的

C. 企业重大技术革新，经变更劳动合同后，仍需裁减人员的

D. 生产经营发生严重困难的

【20－2013 多选】劳动合同期限内，甲公司的职工王某正好处在孕期，但甲公司要解除劳动合同。根据劳动合同法律制度的规定，下列表述中，正确的有（　　）。

A. 甲公司不能解除劳动合同

B. 甲公司可以解除劳动合同

C. 如果甲公司提出解除劳动合同，王某提出继续履行劳动合同的，应当继续履行

D. 如果甲公司提出解除劳动合同，王某也同意不继续履行劳动合同的，解除劳动合同后，甲公司应当向王某支付经济补偿金

答案及解析

1.【答案】C

【解析】劳动者本人违反服务期约定应当支付违约金。

2.【答案】A

【解析】王某在甲公司工作 2 年 8 个月，按照 3 个月支付经济补偿金；王某工资 13 000 元和上年度职工平均工资 4 000 元的 3 倍作比较，1 3000 元＞4 000 元×3＝12 000 元，故按照每月 12 000 元发放，共 3 个月×12 000 元＝36 000 元。

3.【答案】D

【解析】劳动者月工资高于用人单位所在地上年度职工月平均工资 3 倍的，向其支付经济补偿的标准按职工月平均工资 3 倍的数额支付（12 年限制）。经济补偿金＝5×（4 000×3）＝60 000（元）。

4.【答案】D

【解析】用人单位仅可在“服务期”及“竞业限制”中与劳动者约定违约金。

5.【答案】ACD

【解析】经济性裁员优先留用下列人员：与本单位订立无固定期限劳动合同；与本单位订立较长期限的固定期限劳动合同的；家庭无其他就业人员，有需要扶养的老人或者未成年人的。

6.【答案】ABCD

【解析】考核违法解除或终止劳动合同的法律责任。

7.【答案】BCD

【解析】劳动者在试用期提前 3 天通知用人单位解除劳动合同，选项 A 错误，选项 C 正确；选项 B、D 属于用人单位可随时通知劳动者解除劳动合同的情形。

8.〈1〉【答案】BCD

【解析】1 年≤X＜3 年，试用期不超过 2 个月；劳动者在试用期间被证明不符合录用条件可以随时解除劳动合同；试用期工资不得低于本单位相同岗位最低档工资或者劳动合同约定工资的 80%，即 4 000×80%＝3 200 元＜3 500 元，符合标准。同一用人单位与同

一劳动者只能约定一次试用期（三个一），选项A错误。

(2)【答案】B

【解析】甲公司拖欠劳动报酬，周某可以随时通知解除劳动合同。

(3)【答案】ABD

【解析】仅可对服务期和竞业禁止约定违约金，选项C错误。

(4)【答案】AC

【解析】对劳动争议裁决不服的，劳动者不服，15日内起诉；用人单位不能提起劳动诉讼，但裁决符合撤销情形的，可以申请撤销；终局裁决自作出之日起生效。

9.【答案】B

【解析】选项A、C、D属于劳动者可随时通知解除劳动合同的情形。

10.【答案】C

【解析】本题考查无过失性辞退的情形，用人单位提前30日以书面形式通知劳动者本人或额外支付劳动者1个月工资后，可以解除劳动合同；用人单位还应当向劳动者支付经济补偿。

11.【答案】B

【解析】劳动合同终止的情形：劳动合同期满的；劳动者开始依法享受基本养老保险待遇的（选项A）；劳动者达到法定退休年龄（选项C）；劳动者死亡，或者被人民法院宣告死亡或者宣告失踪的（选项D）；用人单位被依法宣告破产的；用人单位被吊销营业执照、责令关闭、撤销或者用人单位决定提前解散的。

12.【答案】ABCD

【解析】选项A，非全日制终止用工，用人单位不向劳动者支付经济补偿金；选项B，经用人单位书面通知，劳动者不与用人单位订立书面劳动合同，无须向劳动者支付经济补偿金；选项C，劳动者达到法定退休年龄的，劳动合同终止，无须向劳动者支付经济补偿金；选项D，劳动者在试用期间被证明不符合录用条件的，无须向劳动者支付经济补偿金。

13.【答案】D

【解析】选项A属于劳动者随时通知解除劳动合同的情形，用人单位应当向劳动者支付经济补偿；选项B，由用人单位提出解除劳动合同而与劳动者协商一致的，必须依法向劳动者支付经济补偿；选项C属于用人单位提前30日以书面形式通知劳动者本人或者额外支付劳动者1个月工资后，可以解除劳动合同的规定情形，用人单位应当向劳动者支付经济补偿。

14.【答案】A

【解析】经济补偿金＝工作年限×月工资＝3 200×3×1.5＝14 400（元）。

15.【答案】ABD

【解析】选项A，用人单位被依法宣告破产或者被吊销营业执照、责令关闭、撤销或者用人单位决定提前解散而终止劳动合同的，应当向劳动者支付经济补偿；选项B，用人单位提出解除劳动合同并与劳动者协商一致而解除劳动合同的，应当向劳动者支付经济补偿；选项C，除用人单位维持或者提高劳动合同约定条件续订劳动合同，劳动者不同意续订的情形外，劳动合同期满终止固定期限劳动合同的，应当向劳动者支付经济补偿；选项

D，以完成一定工作任务为期限的劳动合同因任务完成而终止的，应当向劳动者支付经济补偿。

16.【答案】D

【解析】经济补偿金=工作年限×月工资。根据规定，经济补偿按劳动者在本单位的工作年限，每满一年支付1个月工资的标准向劳动者支付；6个月以上不满1年的，按1年计算，不满6个月的，向劳动者支付半个月的工资的经济补偿。月工资是指劳动者在劳动合同解除或者终止前12个月的平均工资，平均工资低于当地最低工资标准的，按当地最低工资标准计算。所以张某在甲公司工作6年零4个月，工作年限应为6.5年；甲公司应当向张某支付的经济补偿金=6.5×5 000=32 500（元）。

17.【答案】ABC

【解析】选项D属于劳动者有过错，用人单位无须向其支付经济法补偿金。

18.【答案】AC

【解析】选项B、D，劳动者提出（提前30天或者协商一致）与“无过错”的用人单位解除劳动合同的，用人单位不需支付经济补偿金。

19.【答案】ABCD

【解析】经济性裁员的情形包括：依照企业破产法规定进行重整的（选项B）；生产经营发生严重困难的（选项D）；企业转产、重大技术革新或者经营方式调整，经变更劳动合同后，仍需裁减人员的（选项A、C）；其他因劳动合同订立时所依据的客观经济情况发生重大变化，致使劳动合同无法履行的。

20.【答案】AC

【解析】选项A、B，在女职工怀孕期间，用人单位不得解除劳动合同。选项C、D，如果用人单位违法解除劳动合同的，劳动者可以要求继续履行劳动合同，享受在劳动关系存续期间的待遇；如果劳动者不愿继续履行劳动合同或者劳动合同的履行已经不可能，用人单位应当依照《劳动合同法》规定的经济补偿金标准2倍向劳动者支付“赔偿金”，支付了赔偿金的，不再支付经济补偿金。

集体合同与劳务派遣

母题8-1-9　集体合同包括什么内容?

要点	内容	
集体合同	订立主体	工会（上级工会指导下的劳动者）与企业
	订立程序	（1）合同内容协商：企、职工双方代表人数对等，**各≥3人，各1名首席代表** （2）集体合同草案：职工代表大会或者全体职工讨论，**全体≥2/3**出席方可举行；**全体≥1/2**同意方可通过
	生效要件	报劳动行政部门，自其**“收到”之日起“15日内”**未提出异议
	两个不低于	（1）集体合同劳动报酬和劳动条件不低于当地人民政府规定的最低标准 （2）单位与劳动者订立合同不低于集体合同规定的标准

母题 8-1-10 劳务派遣包括什么内容？

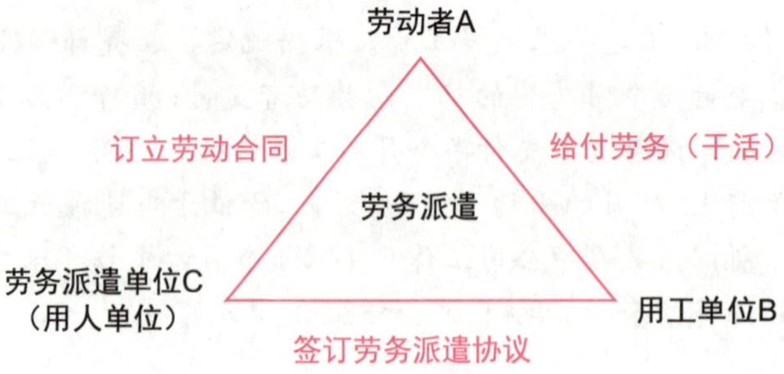

劳务派遣	概念	由劳务派遣单位与劳动者订立劳动合同，与用工单位订立劳务派遣协议，将被派遣劳动者派往用工单位给付劳务
	适用类型	临时性工作岗位（≤6个月）、辅助性工作岗位、替代性工作岗位
	派遣（用人、输出）单位 上图的C	（1）与劳动者订立"2年以上"的固定期限劳动合同，按月支付"劳动报酬" （2）劳动者无工作期间，派遣单位应按最低工资标准按月支付报酬 （3）将派遣协议的内容告知劳动者，不得克扣报酬 （4）不得设立劳务派遣单位向本单位或者所属单位派遣劳动者 （5）不得向劳务派遣者收取费用 **【提示】**与劳动者建立劳动关系、支付报酬、缴纳保险、支付离职补偿均为用人单位责任
	用工（输入）单位 上图的B	（1）派遣员工/（正式员工+派遣员工）≤10% （2）不得将连续用工期限分割订立数个短期劳务派遣协议 （3）不得将被派遣劳动者再派遣到其他单位
	劳动者 上图的A	（1）享有与用工单位的劳动者同工同酬的权利 （2）有权依法参加或者组织工会，维护自身的合法权益
	【提示1】劳务派遣"三性"原则："临时性""辅助性""替代性" **【提示2】**劳务派遣单位和用工单位均不得向被派遣劳动者收取费用	

考查形式

子题 8-1-9-1：集体合同草案应当提交职工代表大会或者全体职工讨论，全体________出席方可举行；全体________同意方可通过。

子题 8-1-9-2（判断）：集体合同中双方约定的劳动报酬和劳动条件等标准可以低于当地人民政府规定的最低标准。（ ）

子题 8-1-9-3：集体合同订立后，应当报送劳动行政部门，自其________未提出异议的，集体合同即行生效。

子题 8-1-10-1：劳务派遣由劳务派遣单位与________订立劳动合同，与________订立劳务派遣协议，将________派往用工单位给付劳务。

子题 8-1-10-2：根据劳动合同法律制度的规定，关于劳务派遣用工适用的岗位包括________。

子题 8-1-10-3（判断）：劳务派遣单位应当与被派遣劳动者订立 2 年以上的固定期限劳动合同。（　　）

子题 8-1-10-4：根据劳动合同法律制度的规定，劳务派遣临时性岗位最长期限为________。

【适用题型】单项选择题、多项选择题、判断题、不定项选择题。

【1-2019 单选】甲劳务派遣公司与乙公司签订劳务派遣协议。将张某派遣到乙公司工作。下列关于张某劳动合同签订的表述中，正确的是（　　）。

A. 乙公司应当与张某签订劳动合同

B. 甲公司应当与张某签订劳动合同

C. 甲公司和乙公司应在劳务派遣协议中约定，由甲公司或乙公司与张某签订劳动合同

D. 甲公司和乙公司应当分别与张某签订劳动合同

【2-2018 多选】根据劳动合同法律制度的规定，下列关于不同用工形式劳动报酬结算支付周期的表述中，正确的有（　　）。

A. 非全日制用工劳动者的劳动报酬结算支付周期最长不得超过 15 日

B. 全日制用工劳动者的劳动报酬至少每周支付一次

C. 被派遣劳动者的劳动报酬，在结束劳务派遣用工时支付

D. 对完成一次性临时劳动或某项具体工作的劳动者，用人单位应按有效协议或者合同规定其完成劳动任务后即支付劳动报酬

【3-2018 单选】甲劳务派遣公司安排职工张某到用工单位乙公司工作。下列关于该劳务派遣用工的表述中，不正确的是（　　）。

A. 甲劳务派遣公司应当与乙公司订立劳务派遣协议

B. 张某只能在乙公司从事临时性，辅助性或者替代性的工作

C. 乙公司不得再将张某派遣到其他用人单位

D. 乙公司应按月向张某支付报酬

【4-2018 不定项】2018 年 3 月甲劳务派遣公司与乙公司签订劳务派遣协议，将张某派遣到乙公司工作。2018 年 7 月张某在乙公司的工作结束。此后甲、乙未给张某安排工作，也未向其支付任何报酬。2018 年 9 月，张某得知自 2018 年 3 月被派遣以来，甲乙均未为其缴纳社会保险费，遂提出解除劳务合同。

要求：根据上述资料，不考虑其他因素，分析回答下列小题。

〈1〉下列各项中，属于甲劳务派遣公司和乙公司签订劳务派遣协议中应当约定的是（　　）。

A. 派遣岗位　　B. 派遣期限　　C. 派遣人员数量　　D. 劳动报酬

〈2〉关于张某无工作期间报酬支付及标准的表述中正确的是（　　）。

A. 张某无权要求支付报酬

B. 乙公司应向其按月支付报酬

C. 张某报酬标准为支付单位所在地的最低工资标准

D. 甲公司应向其按月支付报酬

〈3〉关于张某解除劳动合同的方式中，正确的是（　　）。

A. 不需要事先告知公司即可解除劳动合同

B. 可随时解除劳动合同

C. 应提前30日以书面形式提出方能解除劳动合同

D. 应提前30日通知公司方能解除劳动合同

〈4〉关于张某解除劳动合同的法律后果的表述中，正确的是（　　）。

A. 张某无权要求经济补偿　　B. 甲公司应向张某支付经济补偿

C. 甲公司可要求张某支付违约金　　D. 乙公司影响张某支付违约金

【5-2017单选】根据劳动合同法律制度的规定，下列关于劳务派遣用工形式的表述中，不正确的是（　　）。

A. 被派遣劳动者享有与用工单位的劳动者同工同酬的权利

B. 用人单位不得设立劳务派遣单位向本单位或者所属单位派遣劳动者

C. 被派遣劳动者在无工作期间，劳务派遣单位应当按照所在地人民政府规定的最低工资标准，向其按月支付报酬

D. 劳务派遣单位可与被派遣劳动者订立1年期劳动合同

【6-2017判断】集体合同中双方约定的劳动报酬和劳动条件等标准可以低于当地人民政府规定的最低标准。（　　）

答案及解析

1. 【答案】B

【解析】劳务派遣单位（用人单位）与劳动者签订劳动合同，劳务派遣单位（用人单位）和用工单位签订劳务派遣协议。

2. 【答案】AD

【解析】选项A，非全日制用工劳动报酬结算支付周期最长不得超过15日；选项B、D，工资至少每月支付一次，实行周、日、小时工资制的可按周、日、小时支付工资，对完成一次性临时劳动或某项具体工作的劳动者，用人单位应按有关协议或合同规定在其完成劳动任务后即支付工资；选项C，劳务派遣单位应当与被派遣劳动者订立2年以上的固定期限劳动合同，按月支付劳动报酬。

3. 【答案】D

【解析】劳务派遣单位应当与被派遣劳动者订立2年以上的固定期限劳动合同，按月支付劳动报酬。

4. 〈1〉【答案】ABCD

【解析】劳务派遣单位派遣劳动者应当与用工单位订立劳务派遣协议。劳务派遣协议应当约定派遣岗位和人员数量、派遣期限、劳动报酬和社会保险费的数额与支付方式以及违反协议的责任。

〈2〉【答案】CD

【解析】被派遣劳动者在无工作期间，劳务派遣单位（甲公司）应当按照所在地人民政府规定的最低工资标准，向其按月支付报酬。

〈3〉【答案】B

【解析】用人单位未依法为劳动者缴纳社会保险费的，劳动者可随时通知用人单位解除劳动合同。

〈4〉【答案】B

【解析】劳务派遣单位（甲公司）是《劳动合同法》所称用人单位，应当履行用人单位对劳动者的义务（包括但不限于依法支付经济补偿金）。

5.【答案】D

【解析】劳务派遣单位应当与被派遣劳动者订立 2 年以上的固定期限劳动合同，按月支付劳动报酬。

6.【答案】×

【解析】集体合同中劳动报酬和劳动条件等标准不得低于当地人民政府规定的最低标准。

劳动争议的解决

母题 8-1-11 劳动争议的解决包括哪些方式？

要点		具体内容
适用范围		（1）因确认劳动关系发生的争议 （2）因订立、履行、变更、解除和终止劳动合同发生的争议 （3）因除名、辞退和辞职、离职发生的争议 （4）因工作时间、休息休假、社会保险、福利、培训以及劳动保护发生的争议 （5）因劳动报酬、工伤医疗费、经济补偿或者赔偿金等发生的争议
解决方式	协商和解	劳动者可以与单位协商，也可请“工会或者第三方”共同与单位协商，达成和解协议
	劳动调解	当事人不愿协商、协商不成或者达成和解协议后不履行的，可以向“调解组织”书面或者口头申请调解 调解组织包括： （1）企业劳动争议调解委员会（由职工代表和企业代表组成） （2）依法设立的基层人民调解组织 （3）在乡镇、街道设立的具有劳动争议调解职能的组织 **【提示 1】**调解达成时，必须制作调解协议书： （1）双方当事人签名或者盖章，经调解员签名并加盖调解组织印章后生效，对双方当事人具有约束力 （2）一方当事人在协议约定期限内不履行调解协议的，另一方当事人可以依法申请仲裁 （3）支付拖欠劳动报酬、赔偿金等事项达成调解协议，用人单位不履行的，劳动者可以持调解协议书依法向人民法院申请支付令 **【提示 2】**自劳动争议调解组织受到调解申请之日起“15 日”内未达成调解协议的，当事人可以依法申请仲裁
	劳动仲裁	不愿调解、调解不成或者达成调解协议后不履行的，可以向劳动争议仲裁委员会申请仲裁 **【提示】**双方可不经和解、调解，直接提起劳动仲裁
	劳动诉讼	对“仲裁裁决不服”的，除劳动争议调解仲裁法另有规定的以外，可以自收到仲裁裁决书之日起 15 日内向人民法院提起诉讼 **【提示】**区别于经济仲裁的“一裁终局”原则，**劳动仲裁是向人民法院提起诉讼的“必经程序”，其遵循“先裁后审”原则**

续表

要点	具体内容
举证责任	发生劳动争议，当事人对自己提出的主张，有责任提供证据
	与争议事项有关的证据属于用人单位掌握管理的，用人单位应当提供；用人单位不提供的，应当承担不利后果
	【提示】行政复议的举证责任，由被申请人承担

母题 8-1-12 劳动仲裁包括哪些程序？（注意区分经济仲裁）

（1）劳动仲裁程序。

要点	内容		
仲裁机构	劳动争议仲裁委员会（不收费、不按行政区划层层设立）		
基本规定	劳动仲裁是劳动争议当事人向人民法院提起诉讼的“必经程序”（非一裁终局）		
	劳动仲裁不收费		
参加人	当事人	一般情况	发生争议的劳动者和用人单位
		劳务派遣	劳务派遣单位和用工单位为共同当事人
		个人承包经营	发包的组织和个人承包经营者为当事人
		用人单位被吊销营业执照等	出资人、开办单位或主管部门作为共同当事人
	当事人代表	发生争议的劳动者一方在“10人以上”，并有共同请求的，劳动者可以推举“3至5名”代表参加仲裁活动	
	代理人	委托代理	当事人可以委托代理人参加仲裁活动
		法定代理	1）丧失或部分丧失民事行为能力的劳动者，由其法定代理人代为参加仲裁活动 2）劳动者死亡的，由其近亲属或代理人参加仲裁活动
	第三人	与处理结果有利害关系，可以申请参加或由劳动争议仲裁委员会通知其参加	
管辖权	地域管辖权	由合同履行地或者用人单位所在地管辖	
	两方两地申请	由合同履行地管辖	
	履行地不明确	由用人单位所在地管辖	
	多个履行地	受理在先原则	
	【提示1】劳动仲裁委员会不按行政区划层层设立，但有地域管辖问题 【提示2】区分立案在先原则		
申请	时效	自当事人知道或者应当知道之日起1年 **劳动关系存续期间因拖欠劳动报酬发生争议的，劳动者申请仲裁不受1年仲裁时效期间的限制**；但劳动关系终止的，应当自劳动关系终止之日起1年内提出	
	方式	书面、口头均可（与经济仲裁区分）	

续表

<table>
<tr><th>要点</th><th colspan="4">内容</th></tr>
<tr><td rowspan="3">受理</td><td colspan="2" rowspan="3">收到仲裁申请之日起5日内</td><td>符合受理条件的</td><td>应当受理</td></tr>
<tr><td>不符合受理条件的</td><td>书面通知申请人不予受理，并说明理由</td></tr>
<tr><td>逾期未作出决定</td><td>申请人可以向人民法院提起诉讼</td></tr>
<tr><td rowspan="7">开庭</td><td>先行调解</td><td colspan="3">仲裁庭在作出裁决前，应当先行调解</td></tr>
<tr><td colspan="4">开庭并公开，当事人协议不公开进行或者涉及国家秘密、商业秘密和个人隐私的，经当事人书面申请，应当不公开</td></tr>
<tr><td>仲裁庭制</td><td colspan="3">仲裁庭由3名仲裁员组成，设首席仲裁员
简单劳动争议案件可以由1名仲裁员独任仲裁</td></tr>
<tr><td>回避制度</td><td colspan="3">1）是本案当事人或者当事人、代理人的近亲属的
2）与本案有利害关系的
3）与本案当事人、代理人有其他关系，可能影响公正裁决的
4）私自会见当事人、代理人，或者接受当事人、代理人请客送礼的</td></tr>
<tr><td rowspan="2">缺席开庭</td><td colspan="3">申请人无正当理由拒不到庭或者未经仲裁庭同意中途退庭的，可以视为撤回仲裁申请</td></tr>
<tr><td colspan="3">被申请人无正当理由拒不到庭或者未经仲裁庭同意中途退庭的，可以缺席裁决</td></tr>
<tr><td>仲裁时效</td><td colspan="3">自受理申请之日起45日内结束。需要延期的，经仲裁委员会主任批准，可以延期并书面通知当事人，延长期限不得超过15日</td></tr>
<tr><td rowspan="9">裁决</td><td rowspan="3">原则</td><td>能形成多数意见的</td><td colspan="2">按照多数仲裁员的意见作出，少数仲裁员的不同意见应当记入笔录</td></tr>
<tr><td>不能形成多数意见时</td><td colspan="2">按照首席仲裁员的意见作出</td></tr>
<tr><td>一部分事实已经清楚</td><td colspan="2">可以就该部分先行裁决</td></tr>
<tr><td>终局裁决</td><td colspan="3">涉及钱且不超过当地月最低工资标准12个月的金额事项、合同必备条款争议
【提示1】裁决涉及“数项”，单项数额不超过上述标准，应当适用终局裁决
【提示2】裁决内容同时涉及终局裁决和非终局裁决的，应当分别制作裁决书
【提示3】劳动者对劳动仲裁的终局裁决不服可以直接向人民法院提起诉讼；用人单位对终局裁决不服只能向人民法院申请撤销该裁决，而不能直接起诉</td></tr>
<tr><td rowspan="2">撤销</td><td colspan="3">1）适用法律、法规确有错误的
2）劳动争议仲裁委员会无管辖权的
3）违反法定程序的
4）裁决所根据的证据是伪造的
5）对方当事人隐瞒了足以影响公正裁决的证据的
6）仲裁员在仲裁该案时有索贿受贿、徇私舞弊、枉法裁决行为的</td></tr>
<tr><td colspan="3">自收到裁决书之日起30日内向仲裁委员会所在地的中级人民法院申请</td></tr>
<tr><td>生效</td><td colspan="3">终局裁决：作出之日起
非终局裁决：自收到裁决书之日起15日内不起诉</td></tr>
<tr><td rowspan="2">执行</td><td>移送人民法院先予执行（不需提供担保）</td><td colspan="2">追索劳动报酬、赔偿金等案件：
1）当事人之间权利义务关系明确
2）不先予执行将严重影响申请人的生活</td></tr>
<tr><td>发生法律效力的调解书、裁决书逾期不履行</td><td colspan="2">当事人向人民法院申请执行</td></tr>
</table>

（2）经济仲裁VS劳动仲裁。

事项	经济仲裁	劳动仲裁
仲裁协议	书面仲裁协议	不涉及仲裁协议
原则	或裁或审	先裁后审
仲裁委员会	都不按行政区划层层设立	
管辖	不实行地域管辖，仲裁委员会由当事人协议选定	劳动争议由劳动合同履行地或者用人单位所在地的劳动争议仲裁委员会管辖
程序	开庭不公开	开庭又公开
是否收费	收费	不收费
口头申请	×	√
一裁终局	√	终局裁决的劳动争议： 1）劳动者不服，15日内起诉 2）用人单位不能提起劳动诉讼；裁决符合撤销情形的，可以申请撤销
		其他劳动争议：15日内起诉

考查形式

子题8-1-11-1：根据劳动合同法律制度的规定，用人单位与劳动者发生争议，可以采取的解决方法包括________。

子题8-1-11-2（判断）：用人单位与劳动者发生劳动争议，劳动者可以与用人单位协商，也可以请工会或者第三方共同与用人单位协商，达成和解协议。（　）

子题8-1-11-3（判断）：劳动者和用人单位发生劳动争议，可以不经劳动仲裁直接向人民法院提起劳动诉讼。（　）

子题8-1-11-4：行政复议的举证责任，由________承担。

子题8-1-11-5：根据劳动争议调解仲裁法律制度的规定，劳动者对劳动争议的终局裁决不服，可以自收到仲裁裁决书之日起一定期限内向人民法院提起诉讼。该期限为________。

子题8-1-12-1：劳动仲裁________，当事人协议不公开进行或者涉及国家秘密、商业秘密和个人隐私的，经当事人书面申请，应当________。

子题8-1-12-2（判断）：仲裁员与案件当事人、代理人有其他关系，可能影响公正裁决的，在仲裁劳动争议案件时应当回避。（　）

子题8-1-12-3：劳动者与用人单位因确认劳动关系发生劳动争议的，应当自知道或应当知道其权利被侵害之日起一定期限内提出仲裁申请。该期限为________。

子题8-1-12-4（判断）：经济纠纷仲裁和劳动仲裁均不按行政区划层层设立。（　）

【适用题型】单项选择题、多项选择题、判断题。

【1－2019 单选】根据劳动争议调解仲裁法律制度的规定，下列关于劳动仲裁申请的表述中，正确的是（　　）。

A. 当事人应当先申请调解，调解不成的方可申请劳动仲裁

B. 当事人应当在劳动争议发生后达成仲裁协议，方可申请劳动仲裁

C. 当事人应当向劳动合同履行地或者用人单位所在地的仲裁委员会申请劳动仲裁

D. 当事人应当事先达成仲裁协议，方可申请劳动仲裁

【2－2018 单选】根据劳动争议调解仲裁法律制度的规定，下列关于劳动争议终局裁决效力的表述中，正确的是（　　）。

A. 一方当事人逾期不履行终局裁决的，另一方当事人可以向劳动仲裁委员会申请强制执行

B. 终局裁决被人民法院裁定撤销的，当事人可以自收到裁定书之日起 15 日向人民法院提起诉讼

C. 劳动者对终局裁决不服的，不得向人民法院提起诉讼

D. 用人单位对终局裁决不服的，应向基层人民法院申请撤销

【3－2018 单选】2017 年 7 月 10 日，刘某到甲公司上班，公司自 9 月 10 日起一直拖欠其劳动报酬，直至 2018 年 1 月 10 日双方劳动关系终止。下列关于刘某申请劳动仲裁的期间的表述中，正确的是（　　）。

A. 应自 2017 年 9 月 10 日起 1 年内提出申请

B. 应自 2017 年 9 月 10 日起 3 年内提出申请

C. 应自 2018 年 1 月 10 日起 1 年内提出申请

D. 应自 2017 年 7 月 10 日起 3 年内提出申请

【4－2018 单选】根据劳动争议调解仲裁法律制度的规定，关于因用人单位在劳动关系存续期间拖欠劳动报酬发生争议的仲裁时效期间的下列表述中，正确的是（　　）。

A. 自用人单位拖欠劳动报酬之日起 1 年

B. 劳动关系终止的，自劳动关系终止之日起 3 年

C. 自用人单位拖欠劳动报酬之日起 3 年

D. 劳动关系终止的，自劳动关系终止之日起 1 年

【5－2018 单选】根据劳动争议调解仲裁法律制度的规定，劳动者对劳动争议的终局裁决不服，可以自收到仲裁裁决书之日起一定期限内向人民法院提起诉讼。该期限为（　　）日。

A. 30　　B. 90　　C. 15　　D. 60

【6－2018 判断】用人单位对劳动争议终局裁决不服的，可以自收到仲裁裁决书之日起 15 日内向人民法院提起诉讼。（　　）

【7－2017 多选】关于一般经济纠纷仲裁和劳动仲裁共同点的下列表述中，正确的有（　　）。

A. 仲裁庭仲裁案件均适用回避制度

B. 当事人均须在事前或者事后达成仲裁协议，仲裁委员会方可受理

C. 仲裁委员会均不按实行行政区划层层设立

D. 当事人对仲裁裁决不服，均可向人民法院起诉

【8－2016 单选】根据劳动争议调解仲裁法律制度的规定，劳动者与用人单位因确认劳

动关系发生劳动争议的，应当自知道或应当知道其权利被侵害之日起一定期限内提出仲裁申请。该期限为（ ）。

A. 3年 B. 6个月 C. 1年 D. 2年

【9－2014多选】根据劳动合同法律制度的规定，用人单位与劳动者发生争议，可以采取的解决方法包括（ ）。

A. 协商 B. 调解 C. 仲裁 D. 诉讼

【10－2013判断】劳动者和用人单位发生劳动争议，可以不经劳动仲裁直接向人民法院提起劳动诉讼。（ ）

【11－2012判断】发生争议的用人单位未办理营业执照、被吊销营业执照、营业执照到期继续经营、被责令关闭、被撤销以及用人单位解散、歇业，不能承担相关责任的，应当将用人单位和其出资人、开办单位或者主管部门作为共同当事人。（ ）

答案及解析

1. 【答案】C

【解析】和解、调解不是劳动仲裁的必经程序，选项A错误；劳动仲裁不涉及仲裁协议（区分经济仲裁），选项B、D错误；劳动仲裁实行地域管辖（劳动争议由劳动合同履行地或者用人单位所在地仲裁委员会），选项C正确。

2. 【答案】B

【解析】选项A，一方当事人逾期不履行的，另一方当事人可以依照《民事诉讼法》的有关规定向人民法院申请执行；选项B，终局裁决被人民法院裁定撤销的，当事人可以自收到裁定书之日起15日内就该劳动争议事项向人民法院提起诉讼；选项C，劳动者对劳动争议的终局裁决不服的，可以自收到仲裁裁决书之日起15日内向人民法院提起诉讼；选项D，用人单位有证据证明仲裁裁决有法律规定的撤销情形的，可以自收到仲裁裁决书之日起30日内向劳动争议仲裁委员会所在地的中级人民法院申请撤销裁决。

3. 【答案】C

【解析】劳动关系存续期间因拖欠劳动报酬发生争议的，劳动者申请仲裁不受1年仲裁时效期间的限制；但是，劳动关系终止的，应当自劳动关系终止之日起1年内提出。

4. 【答案】D

【解析】劳动争议申请仲裁的时效期间为1年。仲裁时效期间从当事人知道或者应当知道其权利被侵害之日起计算。劳动关系存续期间因拖欠劳动报酬发生争议的，劳动者申请仲裁不受1年仲裁时效期间的限制；但是，劳动关系终止的，应当自劳动关系终止之日起1年内提出。

5. 【答案】C

【解析】劳动者对劳动争议的终局裁决不服的，可以自收到仲裁裁决书之日起15日内向人民法院提起诉讼。

6. 【答案】×

【解析】劳动者对劳动争议的终局裁决不服的，可以自收到仲裁裁决书之日起15日内向人民法院提起诉讼。

7. 【答案】AC

【解析】选项 B，一般经济纠纷的仲裁，当事人必须在事先或事后达成仲裁协议，才能据此向仲裁机构提出仲裁申请，而劳动争议的仲裁，则不要求当事人达成仲裁协议，只要一方当事人提出申请，有关仲裁机构即可受理；选项 D，一般经济纠纷的仲裁实行“一裁终局”制度；而劳动争议仲裁，当事人对裁决不服的，除法律规定的几类特殊劳动争议外，可以向人民法院起诉。

8.【答案】C

【解析】劳动争议申请仲裁的时效期间为 1 年，仲裁时效期间从当事人知道或者应当知道其权利被侵害之日起计算。

9.【答案】ABCD

【解析】劳动争议的解决方法：协商、劳动调解、劳动仲裁和劳动诉讼。

10.【答案】×

【解析】劳动仲裁是劳动争议当事人向人民法院提起诉讼的必经程序。

11.【答案】√

第二节　社会保险法律制度

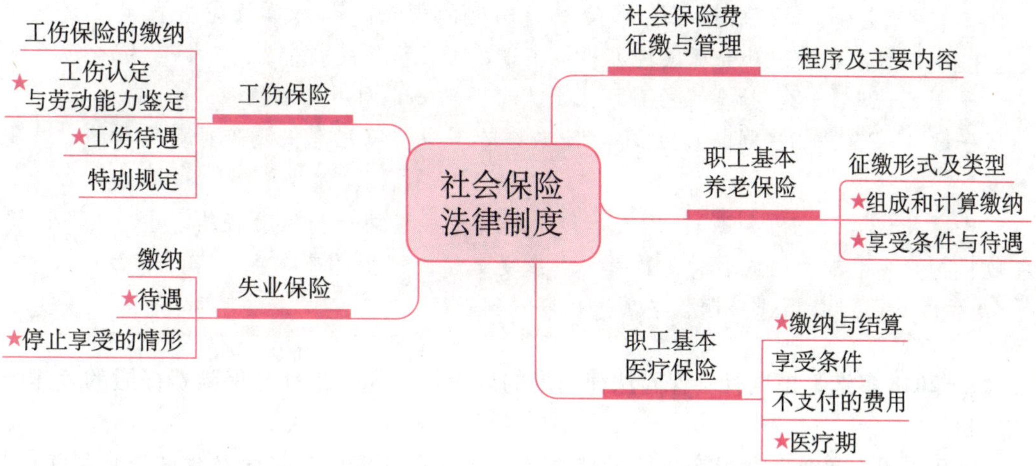

社会保险费征缴与管理

母题 8-2-1　社会保险费征缴与管理包括哪些程序和内容?

要点	具体内容	
社会保险登记	用人单位	整合到营业执照上，“多证合一、一照一码”
	个人	用人单位自用工之日起 **30 日**内为其向社会保险经办机构申请办理

续表

<table>
<tr><th>要点</th><th colspan="2">具体内容</th></tr>
<tr><td rowspan="3">社会保险费缴纳</td><td>用人单位部分</td><td>用人单位自行申报、按时足额缴纳</td></tr>
<tr><td>职工部分</td><td>用人单位代扣代缴，用人单位按月将缴纳社会保险费的明细情况告知本人</td></tr>
<tr><td colspan="2">【提示】用人单位未按规定申报的，按照该单位上月缴费额的110%确定应当缴纳数额</td></tr>
<tr><td rowspan="3">社会保险基金管理</td><td colspan="2">按照社会保险险种分别建账，分账核算</td></tr>
<tr><td colspan="2">专款专用，任何组织和个人不得侵占或者挪用，存入财政专户</td></tr>
<tr><td colspan="2">全国社会保障基金由全国社会保障基金管理运营机构负责管理运营</td></tr>
<tr><td rowspan="3">法律责任</td><td colspan="2">用人单位不办理社会保险登记的，由社会保险行政部门责令限期改正；逾期不改正的，对用人单位处应缴社会保险费数额1倍以上3倍以下的罚款，对其直接负责的主管人员和其他直接责任人员处500元以上3 000元以下的罚款</td></tr>
<tr><td colspan="2">用人单位未按时足额缴纳社会保险费的，由社会保险费征收机构责令限期缴纳或者补足，并自欠缴之日起，按日加收0.05%的滞纳金；逾期仍不缴纳的，由有关行政部门处欠缴数额1倍以上3倍以下的罚款</td></tr>
<tr><td colspan="2">用人单位拒不出具终止或者解除劳动关系证明的，由劳动行政部门责令改正</td></tr>
</table>

考查形式

子题8-2-1-1：根据社会保险法律制度的规定，用人单位应当自用工之日起________内为其职工向社会保险经办机构申请办理社会保险登记。

子题8-2-1-2：社会保险费职工个人缴纳部分，由用人单位________。

子题8-2-1-3（判断）：社会保险基金管理应按照社会保险险种分别建账，分账核算。（　　）

子题8-2-1-4（判断）：用人单位未按时足额缴纳社会保险费的，由社会保险费征收机构责令限期缴纳或者补足，并自欠缴之日起按日加收滞纳金。（　　）

【适用题型】单项选择题、多项选择题、判断题。

【1-2018多选】根据社会保险法律制度的规定，下列关于社会保险费征缴的表述中，正确的有（　　）。

A. 已在用人单位参加社会保险的非全日制从业人员可以直接向社会保险费征收机构缴纳社会保险费

B. 职工应缴纳的社会保险费由用人单位代扣代缴

C. 用人单位应当自用工之日起30日内为其职工向社会保险经办机构申请办理社会保险登记

D. 用人单位未按时足额缴纳社会保险费的，由社会保险费征收机构责令其限期缴纳或者补足

【2-2017判断】用人单位未按时足额缴纳社会保险费的，由社会保险费征收机构责令限期缴纳或者补足，并自欠缴之日起按日加收滞纳金。（　　）

答案及解析

1.【答案】BCD

【解析】选项 A，未在用人单位参加社会保险的非全日制从业人员以及其他灵活就业人员，可以直接向社会保险费征收机构缴纳社会保险费；选项 B，职工应当缴纳的社会保险费由用人单位代扣代缴；选项 C，用人单位应当自用工之日起 30 日内为其职工向社会保险经办机构申请办理社会保险登记；选项 D，用人单位未按时足额缴纳社会保险费的，由社会保险费征收机构责令其限期缴纳或者补足。

2.【答案】√

【解析】用人单位未按时足额缴纳社会保险费的，由社会保险费征收机构责令限期缴纳或者补足，并自欠缴之日起，按日加收 0.05%的滞纳金。

职工基本养老保险

母题 8-2-2 基本养老保险如何缴纳？ 待遇是什么？

<table>
<tr><th>要点</th><th colspan="3">内容</th></tr>
<tr><td>征缴形式</td><td colspan="3">由用人单位和职工共同缴纳</td></tr>
<tr><td rowspan="4">类型</td><td colspan="2" rowspan="3">职工基本养老保险</td><td>包括：所有类型的企业（实行“企业化管理”的事业单位）及其职工</td></tr>
<tr><td>不包括：公务员和参照公务员管理的工作人员</td></tr>
<tr><td>【提示】灵活就业人员可以参加“基本养老保险”和“基本医疗保险”，由个人缴纳保险费</td></tr>
<tr><td colspan="2">城乡居民社会养老保险</td><td>年满 16 周岁的非在校学生；非公务员；非职工</td></tr>
<tr><td rowspan="4">组成</td><td colspan="2">单位缴费部分</td><td>记入基本养老保险统筹基金</td></tr>
<tr><td colspan="2">个人缴费部分</td><td>记入个人账户
【提示】不得提前支取、记账利率不得低于银行定期存款利率，免征利息税，余额可以依法继承</td></tr>
<tr><td colspan="2">政府补贴部分</td><td>基本养老保险基金出现支付不足时，政府给予补贴</td></tr>
<tr><td colspan="3">【提示】个人达到法定退休年龄时，基本养老保险金分段计算、统一支付</td></tr>
<tr><td rowspan="5">计算缴纳</td><td>单位缴费</td><td colspan="2">缴费比例 16%，按工资总额的比例缴纳</td></tr>
<tr><td rowspan="3">个人缴费</td><td colspan="2">按本人工资的 8%缴纳：个人养老保险账户月存储额=本人月缴费工资×8%</td></tr>
<tr><td colspan="2">缴费基数为职工上一年度月平均工资或上月工资收入【包括工资、奖金、津贴、补贴等】</td></tr>
<tr><td colspan="2">基数上限：当地职工月工资 300%
基数下限：当地职工月平均工资 60%</td></tr>
<tr><td colspan="3">【提示】城镇个体工商户和灵活就业人员的缴费基数为当地上年度在岗职工月平均工资，缴费比例为 20%，其中 8%记入个人账户</td></tr>
</table>

续表

要点		内容
享受条件	法定退休年龄	男≥60周岁；女工人≥50周岁，女干部≥55周岁
	累计缴费年限	达到法定退休年龄时累计缴费**满15年**的，按月领取基本养老金
保险待遇	支付职工基本养老金	对符合享受条件的人员国家按月支付基本养老金
	丧葬补助金和遗属抚恤金	个人**因病或者非因工死亡**的，其遗属可以领取丧葬补助金和抚恤金，所需资金从基本养老保险基金中支付
		【提示】同时符合基本养老保险丧葬补助金、工伤保险丧葬补助金和失业保险丧葬补助金的，其遗属只能选择领取其中的一项（3选1）
	病残津贴	个人未达到法定退休年龄时**因病或者非因工致残完全丧失劳动能力**的，可以领取病残津贴

考查形式

子题8-2-2-1：职工每月应缴纳的基本养老保险费按本人工资的________缴纳。

子题8-2-2-2：根据社会保险法律制度的规定，参加职工基本养老保险的个人，达到法定退休年龄且累计缴费满一定年限的，方可享受职工基本养老保险待遇，该年限为________。

子题8-2-2-3：根据社会保险法律制度的规定，城镇个体工商户和灵活就业人员参加职工基本养老保险的，以当地上年度在岗职工平均工资为缴费系数，按一定比例缴纳职工基本养老保险费，该比例为________。

子题8-2-2-4：个人因病或者非因工死亡的，其遗属可以领取________，所需资金从基本养老保险基金中支付。

子题8-2-2-5（判断）：对符合职工基本养老保险享受条件的人员，国家按月支付基本养老金。（ ）

子题8-2-2-6（判断）：参加基本养老保险的个人死亡，同时符合领取基本养老保险丧葬补助金、工伤保险丧葬补助金和失业保险丧葬补助金条件的，其遗属只能选择领取其中的一项。（ ）

【适用题型】单项选择题、多项选择题、判断题。

【1-2019判断】参加基本养老保险的个人，在未达到法定退休年龄因病或非因工伤致残完全丧失劳动能力的，可以领取病残津贴。（ ）

【2-2019判断】参加基本养老保险的个人死亡，同时符合领取基本养老保险丧葬补助金、工伤保险丧葬补助金和失业保险丧葬补助金条件的，其遗属只能选择领取其中的一项。（ ）

【3-2018单选】根据社会保险法律制度的规定，参加职工基本养老保险的个人，达到法定退休年龄且累计缴费满一年限的，方可享受职工基本养老保险待遇，该年限为（ ）年。

A. 5　　B. 20　　C. 15　　D. 10

【4-2018判断】参加职工基本养老保险的个人，达到法定退休年龄时累计缴费10年的，按月领取基本养老金。（ ）

【5-2017 单选】甲公司职工孙某已参加职工基本养老保险，月工资 15 000 元。已知甲公司所在地职工月平均工资为 4 000 元，月最低工资标准为 2 000 元。计算甲公司每月应从孙某工资中扣缴基本养老保险费的下列算式中，正确的是（　　）。

A. 4 000×3×8%=960（元）　　B. 2 000×3×8%=480（元）

C. 15 000×8%=1 200（元）　　D. 4 000×8%=320（元）

【6-2017 多选】根据社会保险法律制度的规定，下列关于职工基本养老保险待遇的表述中，正确的有（　　）。

A. 参保职工因病死亡的，其遗属可以领取丧葬补助金

B. 对符合职工基本养老保险享受条件的人员，国家按月支付基本养老金

C. 参保职工在未达到法定退休年龄时因病致残而完全丧失劳动能力的，可以领取病残津贴

D. 参保职工非因工死亡的，其遗属可以领取抚恤金

【7-2016 单选】甲公司高级管理人员张某 2017 年度月平均工资为 15 000 元，公司所在地职工月平均工资为 4 000 元。2018 年甲公司每月应扣缴张某基本养老保险费的下列结算列式中，正确的是（　　）。

A. 4 000×2×8%=640（元）　　B. 15 000×8%=1 200（元）

C. 4 000×8%=320（元）　　D. 4 000×3×8%=960（元）

答案及解析

1. 【答案】√

2. 【答案】√

3. 【答案】C

【解析】参加职工基本养老保险的个人，达到法定退休年龄时累计缴费满 15 年的，按月领取基本养老金。

4. 【答案】×

【解析】参加职工基本养老保险的个人，达到法定退休年龄时累计缴费满 15 年的，按月领取基本养老金。

5. 【答案】A

【解析】职工个人按照本人缴费工资的 8%缴费，记入个人账户。本人月平均工资高于当地职工月平均工资 300%的，按当地职工月平均工资的 300%作为缴费基数。

6. 【答案】ABCD

【解析】选项 B，对符合基本养老保险享受条件的人员，国家按月支付基本养老金；选项 A、D，参加基本养老保险的个人，因病或者非因工死亡的，其遗属可以领取丧葬补助金和抚恤金；选项 C，参加基本养老保险的个人，在未达到法定退休年龄时因病或者非因工致残完全丧失劳动能力的，可以领取病残津贴。

7. 【答案】D

【解析】按照现行政策，职工个人按照本人缴费工资的 8%缴费，记入个人账户。职工本人月平均工资高于当地职工月工资 300%的，按当地职工月平均工资的 300%作为缴费基数。张某每月应缴纳的基本养老保险费=4 000×3×8%=960（元）。

职工基本医疗保险

母题 8-2-3 职工基本医疗保险包含哪些内容？（医疗期★）

要点	内容	
概述	由用人单位和职工按照国家规定共同缴纳 【提示】2019年3月6日起，全面推进生育保险和职工基本医疗保险合并实施	
类型	职工基本医疗保险	企业、国家机关、个体户、灵活就业等人员 【提示】包括公务员
	城乡居民基本医疗保险	除参保职工基本医疗保险外的其他所有城乡居民 【提示】包括学生
缴费	单位缴费：职工工资总额的6% 个人缴费：本人工资的2%	单位缴费的30%转入个人账户，其余用于建立统筹基金 【提示】基本医疗保险个人账户储存额的计算
	退休人员	达到法定退休年龄时累计缴费达到规定年限，退休后"不再缴纳"基本医疗保险费，按照规定"享受"基本医疗保险待遇 【提示】基本医疗保险最低缴费年限"没有全国统一的规定"
费用结算	参保人员医疗费用中应由基本医疗保险基金支付的部分，由社会保险经办机构与医疗机构、药品经营单位直接结算 【提示】目前各地对职工基本医疗保险费用结算的方式并不一致	
享受条件	在协议医疗机构就医、购药或定点零售药店购买药品，符合药品目录、诊疗项目、医疗服务设施标准和给付标准 【提示】需急诊、抢救的，可以在非协议医疗机构就医；因抢救必须使用的药品可以适当放宽范围	
	符合医保范围的医疗费用，起付线以上、封顶线以下的部分，由社会医疗统筹基金按90%比例支付 起付线：一般为当地职工年平均工资的10%左右 封顶线：一般为当地职工年平均工资的6倍左右 【提示1】封顶线以上可通过参加单位补充养老保险或商业险解决 【提示2】起付线以下的部分个人自付	
不支付的费用	应当从工伤保险基金中支付的	
	应当由第三人负担的	第三人不支付或者无法确定第三人的，由基本医疗保险基金先行支付，医疗保险基金先有权向第三人追偿
	应当由公共卫生负担的	
	在境外就医的	

医疗期（参考母题8-1-8）

职工因患病或非因工负伤停止工作，治病休息，但不得解除劳动合同

工作年限	在本单位工作年限	医疗期期间	计算方法
＜10年	＜5年	3个月	6个月内累计
	≥5年	6个月	12个月内累计
≥10年	＜5年		
	5年≤年限＜10年	9个月	15个月内累计
	10年≤年限＜15年	12个月	18个月内累计
	15年≤年限＜20年	18个月	24个月内累计
	≥20年	24个月	30个月内累计

续表

要点	内容
劳动合同	医疗期内，除劳动者有法定情形外，用人单位不得解除或终止劳动合同，医疗期内遇合同期满，合同必须**续延至医疗期满**
	对医疗期满尚未痊愈者，或者医疗期满后被解除劳动合同的，用人单位需给予其经济补偿

【提示 1】医疗期包括公休、假日和法定节日
【提示 2】对某些患特殊疾病的职工，**24 个月**内尚不能痊愈的，可以适当延长医疗期
【提示 3】病假工资或疾病救济费可以低于当地最低工资标准，但不能＜最低工资标准 **80%**

考查形式

子题 8-2-3-1：单位缴费职工基本医疗保险的________转入个人账户，其余用于建立统筹基金。

子题 8-2-3-2（判断）：职工非因工负伤享受医疗期待遇的，公休、假日和法定节日不包括在病休期间。（　　）

子题 8-2-3-3（判断）：医疗期是指企业职工因工负伤停止工作，治病休息的期限。（　　）

子题 8-2-3-4：甲公司职工赵某实际工作年限为 6 年，在甲公司工作年限为 2 年。赵某因患病住院治疗，其依法可享受的医疗期限为________。

子题 8-2-3-5：医疗期内不得解除劳动合同，医疗期内遇合同期满，合同必须________。

【适用题型】单项选择题、多项选择题、判断题。

【1-2019 单选】甲公司职工赵某实际工作年限为 6 年，在甲公司工作年限为 2 年。赵某因患病住院治疗，其依法可享受的医疗期限为（　　）个月。

A. 3　　B. 6　　C. 9　　D. 12

【2-2017 判断】职工非因工负伤享受医疗待遇的，公休、假日和法定节假日不包括在病休期间内。（　　）

【3-2017 单选】甲公司职工刘某实际工作 8 年，在甲公司工作 3 年，因患病住院治疗，刘某可享受的医疗期间为（　　）个月。

A. 9　　B. 6　　C. 12　　D. 3

【4-2016 多选】2011 年张某初次就业到甲公司工作。2018 年初，张某患重病向公司申请病休。关于张某享受医疗期待遇的下列表述中，正确的有（　　）。

A. 医疗期内，甲公司应按照张某病休前的工资待遇向其支付病假工资

B. 张某可享受不超过 6 个月的医疗期

C. 公休、假日和法定节日不包括在医疗期内

D. 医疗期内，甲公司不得单方面解除劳动合同

答案及解析

1. 【答案】A

【解析】实际工作年限 10 年以下的，在本单位工作年限 5 年以下的医疗期为 3 个月。

2. 【答案】×

【解析】病休期间，公休、假日和法定节日包括在内。

3. 【答案】D

【解析】实际工作年限10年以下的，在本单位工作年限5年以下的，医疗期为3个月。

4. 【答案】BD

【解析】选项A，企业职工在医疗期内，其病假工资、疾病救济费和医疗待遇按照有关规定执行；病假工资或疾病救济费可以低于当地最低工资标准支付，但最低不能低于最低工资标准的80%。选项C，公休、假日和法定节日包括在医疗期内。

工伤保险

母题8-2-4 工伤保险包含哪些内容？

要点		内容
缴费		由"单位"缴纳，为本单位职工工资总额乘以单位缴费费率之积 【提示】个人不缴纳工伤保险
工伤保险基金组成		用人单位缴纳的工伤保险费
		工伤保险基金的利息
		依法纳入工伤保险基金的其他资金构成
		【提示】任何单位或者个人不得将工伤保险基金挪作其他用途
工伤认定	**应当认定**	与工作有直接因果关系 （1）在工作时间和工作场所内，因**工作原因**受到事故伤害的 （2）**工作时间前后**在工作场所内，从事与工作有关的预备性或收尾性工作受到事故伤害的 （3）在**工作时间和工作场所内**，因履行工作职责受到暴力等意外伤害的 （4）患职业病的 （5）因工外出期间，由于**工作原因**受到伤害或者发生事故下落不明的 （6）**在上下班途中，受到非本人主要责任的交通事故或者城市轨道交通、客运轮渡、火车事故伤害的**
	视同工伤	与工作有间接因果关系 （1）在工作时间和工作岗位，突发疾病死亡或者在**48小时**内经抢救无效死亡的（此疾病非工作造成） （2）在抢险救灾等维护国家利益、公共利益活动中受到伤害的 （3）原在军队服役，因战、因公负伤致残，已取得革命伤残军人证，到用人单位后旧伤复发的
	不认定	故意犯罪；醉酒或者吸毒；自残或者自杀等与工作无关情形
劳动能力鉴定	劳动功能障碍程度	分为十个伤残等级，最重的为一级，最轻的为十级
	生活自理障碍程度	三个等级：生活完全不能自理、生活大部分不能自理和生活部分不能自理
		自劳动能力鉴定结论作出之日起**1**年后，认为伤残情况发生变化的，可以申请劳动能力复查鉴定

续表

要点	内容	
工伤保险待遇	停工留薪期待遇	(1) 工资待遇"不变" (2) 护理费用由所在单位负责 (3) 停工留薪期一般不超过12个月。伤情严重或者情况特殊，可以适当延长，延长不得超过12个月 (4) 评定伤残等级后，转为享受伤残待遇 (5) 停工留薪期满后仍需治疗，继续享受工伤医疗待遇 【提示】与医疗期待遇进行区分
		本人工资是因工作遭受事故前12个月平均月缴费工资 不高于平均工资的300%；不低于统筹地区平均工资的60%
	伤残待遇	(1) 一次性伤残补助金（都有） (2) 生活护理费 (3) 伤残津贴 【提示】1～4级伤残津贴由工伤保险支付，5、6级伤残津贴由用人单位支付，7～10级伤残只有一次性伤残补助金而无伤残津贴 (4) 辞退补助（一次性工伤医疗补助金、一次性伤残就业补助金）
	工亡待遇	(1) 丧葬补助（6个月工资） (2) 遗属抚恤金 (3) 一次性工亡补助金（上一年度全国城镇居民人均可支配收入的20倍） 【提示】1～4级伤残，停工留薪期满死亡，可以享受(1)、(2)
停止享受	丧失享受待遇条件的	
	拒不接受劳动能力鉴定的	
	拒绝治疗的	
特别规定	用人单位不支付的，从工伤保险基金中先行支付，由用人单位偿还。用人单位不偿还的，社会保险经办机构可以追偿	
	第三人不支付工伤医疗费用或者无法确定第三人的，由工伤保险基金先行支付。工伤保险基金先行支付后，有权向第三人追偿	

考查形式

子题8-2-4-1：工伤保险由________缴纳，为本单位职工工资总额乘以单位缴费费率之积。

子题8-2-4-2：员工在工作时间和工作岗位，突发疾病死亡或者在48小时内经抢救无效死亡的，应当________（认定/视同）工伤。

子题8-2-4-3：员工因工外出期间，由于工作原因受到伤害或者发生事故下落不明的，应当________（认定/视同）工伤。

子题8-2-4-4：参加工伤保险的职工因工死亡，其近亲属可以按照一定标准从工商保险金领取一次性工亡补助金。该标准为________。

子题8-2-4-5：根据社会保险法律制度的规定，参加工伤保险的职工因工伤死亡的，其近亲属可享受遗属待遇，属于该待遇的有________。

子题 8-2-4-6（判断）：职工发生工伤事故但所在用人单位未依法缴纳工伤保险费的，不享受工伤保险待遇。（　　）

【适用题型】单项选择题、多项选择题、判断题、不定项选择题。

【1-2019 单选】根据社会保险法律制度的规定，职工因工死亡，其近亲属可按照上一年度全国城镇居民人均可支配收入的一定倍数领取一次性工亡补助金，该倍数为（　　）倍。

A. 20　　B. 10　　C. 15　　D. 5

【2-2019 多选】根据社会保险法律制度的规定，职工发生伤亡的下列情形中，应当认定为工伤或者视同工伤的有（　　）。

A. 在抢险救灾等维护国家利益、公共利益活动中受到伤害的

B. 因工外出期间，由于工作原因受到伤害的

C. 在工作时间和工作岗位，突发疾病 72 小时后死亡的

D. 工作时间前在工作场所内，从事与工作有关的预备性工作受到事故伤害的

【3-2019 判断】根据社会保险法律制度规定，甲某上班期间心脏病犯了属于工伤（　　）。

【4-2019 判断】职工参加工伤保险由用人单位和职工共同缴纳工伤保险费。（　　）

【5-2019 不定项】2015 年 1 月 4 日，甲公司初次录用张某并安排其担任车间操作工，月工资 5 000 元，双方签订了 5 年期劳动合同。

2018 年 1 月 5 日，张某在工作中突发心脏病入院治疗，一个半月后出院上班。住院治疗期间，公司按月向张某支付工资。

2018 年 10 月 10 日，张某在下班后做收尾性工作时，被车间坠物砸伤腿部致残并被确认部分丧失劳动能力，住院治疗 2 个月后出院。因张某腿部伤残不能从事原工作，甲公司欲解除双方的劳动合同。

已知：张某实际工作年限 8 年，甲公司已为其办理社会保险，甲公司所在地月最低工资标准为 1 800 元。

要求：根据上述资料，不考虑其他因素，分析回答下列小题。

〈1〉张某在工作中突发心脏病入院治疗法律后果的下列表述中，正确的是（　　）。

A. 张某在工作中突发心脏病应视同工伤

B. 张某可享受 3 个月的医疗期待遇

C. 张某在工作中突发心脏病不应认定为工伤

D. 张某应享受停工留薪期待遇

〈2〉张某突发心脏病住院期间，甲公司按月向其支付的工资不得低于（　　）元。

A. 1 800　　B. 4 000　　C. 1 440　　D. 5 000

〈3〉张某下班后做收尾性工作被车间坠落物砸伤法律后果的下列表述中，正确的是（　　）。

A. 张某受伤住院期间的工资福利待遇保持不变

B. 张某受伤住院期间的工资福利待遇，由甲公司按月支付

C. 张某受伤应认定为工伤

D. 张某受伤是在下班之后，不应认定为正伤

〈4〉甲公司解除劳动合同的下列表述中，正确的是（　　）。

A. 甲公司可提前 30 日以书面形式通知张某解除劳动合同

B. 甲公司可额外支付张某 1 个月工资后解除劳动合同

C. 甲公司不得单方面解除与张某的劳动合同

D. 甲公司无须提前通知张某即可解除劳动合同

【6 - 2018 多选】 劳动者发生伤亡的下列情形中，应当认定为工伤的有（　　）。

A. 吴某在车间工作期间因醉酒导致自身受伤

B. 保安万某在工作期间因履行工作职责被打伤

C. 陈某在上班途中，受到非本人主要责任交通事故伤害的

D. 赵某在外地出差期间登山游玩时摔伤

【7 - 2018 多选】 根据社会保险法律制度的规定，下列人员中，属于工伤保险覆盖范围的有（　　）。

A. 个体工商户的雇工　　B. 国有企业职工

C. 事业单位职工　　D. 民办非企业单位职工

【8 - 2018 单选】 根据社会保险法律制度的规定，参加工伤保险的职工因工死亡，其近亲属可以按照一定标准从工商保险金领取一次性工亡补助金。该标准为（　　）。

A. 上一年度全国城镇居民人均可支配收入的 10 倍

B. 上一年度全国城镇居民人均可支配收入的 5 倍

C. 上一年度全国城镇居民人均可支配收入的 15 倍

D. 上一年度全国城镇居民人均可支配收入的 20 倍

【9 - 2017 单选】 根据社会保险法律制度的规定，下列社会保险项目中，仅由用人单位缴纳社会保险费的是（　　）。

A. 职工基本养老保险　　B. 工伤保险

C. 失业保险　　D. 职工基本医疗保险

答案及解析

1. 【答案】A

2. 【答案】ABD

【解析】选项 A，视同工伤；选项 B、D，应当认定工伤；在工作时间和工作岗位，突发疾病死亡或者在 48 小时内经抢救无效死亡的视同工伤，选项 C，错误。

3. 【答案】×

【解析】在工作时间和工作岗位，突发疾病死亡或者在 48 小时内经抢救无效死亡的才视同工伤。

4. 【答案】×

【解析】工伤保险由单位缴纳，个人不缴纳。

5. 〈1〉【答案】BC

【解析】在工作时间和工作岗位，突发疾病死亡或者在 48 小时内经抢救无效死亡的，

视同工伤；突发心脏病入院治疗不属于视同工伤情形，选项A错误，选项C正确；选项B，实际工作年限10年以下的，在本单位工作年限5年以下的医疗期为3个月；选项D，停工留薪期属于工伤医疗待遇，张某不享受工伤医疗待遇。

(2)【答案】C

【解析】病假工资或疾病救济费可以低于当地最低工资标准支付，但最低不能低于最低工资标准的80%，因此按月支付的工资不得低于1 800×80%=1 440（元）。

(3)【答案】ABC

【解析】工作时间前后在工作场所内，从事与工作有关的预备性或收尾性工作受到事故伤害的应当认定为工伤，享受停工留薪期，原工资福利待遇不变，由所在单位按月支付。

(4)【答案】C

【解析】在本单位患职业病或者因工负伤并被确认丧失或者部分丧失劳动能力的，用人单位不得单方解除劳动合同，也不得终止劳动合同。

6.【答案】BC

【解析】根据《工伤保险条例》第十四条的规定，职工有下列情形应认定工伤：在工作时间和工作场所内，因工作原因受到事故伤害的；工作时间前后在工作场所内，从事与工作有关的预备性或者收尾性工作受到事故伤害的；在工作时间和工作场所内，因履行工作职责受到暴力等意外伤害的；患职业病的；因工外出期间，由于工作原因受到伤害或者发生事故下落不明的；在上下班途中，受到非本人主要责任的交通事故或者城市轨道交通、客运轮渡、火车事故伤害的；法律、行政法规规定应当认定为工伤的其他情形。不认定工伤的情形：故意犯罪；醉酒或者吸毒；自残或者自杀；法律、行政法规规定的其他情形。

7.【答案】ABCD

【解析】中华人民共和国境内的企业（选项B）、事业单位（选项C）、社会团体、民办非企业单位（选项D）、基金会、律师事务所、会计师事务所等组织的职工和个体工商户的雇工（选项A），均有依照规定享受工伤保险待遇的权利。

8.【答案】D

【解析】根据规定，职工因工死亡，其近亲亲属按照规定从工伤保险基金领取丧葬补助金、供养亲属抚恤金和一次性工亡补助金。一次性工亡补助金，标准为上一年度全国城镇居民人均可支配收入的20倍。

9.【答案】B

【解析】选项B，职工应当参加工伤保险，由用人单位缴纳工伤保险费，职工不缴纳工伤保险费。

失业保险

母题8-2-5 失业保险包含哪些内容？

<table>
<tr><th>要点</th><th colspan="2">内容</th></tr>
<tr><td rowspan="2">缴费</td><td colspan="2">由用人单位和职工按照国家规定共同缴纳</td></tr>
<tr><td>单位+个人：1%</td><td>个人：不得超过单位费率</td></tr>
</table>

续表

<table>
<tr><th>要点</th><th colspan="3">内容</th></tr>
<tr><td>享受条件</td><td colspan="3">已缴保费“满 1 年”；非因本人意愿中断就业；已经进行失业登记，并有求职要求</td></tr>
<tr><td rowspan="6">领取</td><td rowspan="3">缴费年限</td><td>满 1 年不足 5 年（1 年 $\leqslant X<$ 5 年）</td><td>领取最长期限 12 个月</td></tr>
<tr><td>满 5 年不足 10 年（5 年 $\leqslant X<$ 10 年）</td><td>领取最长期限 18 个月</td></tr>
<tr><td>10 年以上（$X\geqslant$ 10 年）</td><td>领取最长期限 24 个月</td></tr>
<tr><td>起算</td><td colspan="2">领取期限自办理失业登记之日起</td></tr>
<tr><td>标准</td><td colspan="2">最低生活保障标准≤保险金≤最低工资标准</td></tr>
<tr><td colspan="3">【提示】用人单位应将失业人员的名单自终止或解除关系之日起 7 日内告知社会保险经办机构</td></tr>
<tr><td>保险待遇</td><td colspan="3">失业保险金</td></tr>
<tr><td rowspan="3">其他保险待遇</td><td>享受基本医疗保险待遇</td><td colspan="2">失业人员应当缴纳的基本医疗保险费从失业保险金中支付</td></tr>
<tr><td>死亡补助</td><td colspan="2">领取失业保险金期间死亡，向遗属发放一次性丧葬补助金和抚恤金</td></tr>
<tr><td colspan="3">职业介绍与培训补贴</td></tr>
<tr><td>停止领取</td><td colspan="3">重新就业、应征服兵役、移居境外、享受基本养老保险待遇的、被判刑收监执行的、无正当理由，拒不接受培训的</td></tr>
</table>

考查形式

子题 8-2-5-1：不可再继续领取失业保险金的人员有________。

子题 8-2-5-2：根据社会保险法律制度的规定，属于失业保险待遇的有________。

子题 8-2-5-3（判断）：失业人员领取失业保险金的期限自失业之日起计算。（　　）

子题 8-2-5-4：根据社会保险法律制度的规定，单位与劳动者已累计缴纳失业保险满 4 年的，劳动者领取失业保险金的期限最长为________。

子题 8-2-5-5（判断）：失业保险费由用人单位缴纳，职工不需要缴纳失业保险费。（　　）

【适用题型】单项选择题、多项选择题、判断题。

【1-2019 多选】根据社会保险法律制度的规定，失业人员在领取失业保险金期间，出现法定情形时，应停止领取失业保险金，并同时停止享受其他失业保险待遇。下列各项中，属于该法定情形的有（　　）。

A. 应征服兵役的　　　　B. 移居境外的

C. 重新就业的　　　　D. 享受基本养老保险待遇的

【2-2018 多选】根据社会保险法律制度的规定，下列社会保险项目中，应由用人单位和劳动者共同缴纳保险费的有（　　）。

A. 工伤保险　　B. 职工基本养老保险
C. 职工基本医疗保险　　D. 失业保险

【3-2018 多选】 下列哪些人员不可再继续领取失业保险金？（　　）

A. 重新就业　　B. 依法享受基本养老保险
C. 服兵役　　D. 移民国外

【4-2017 多选】 甲公司职工高某因公司被依法宣告破产而失业，已知高某失业前，甲公司与高某已累计缴纳失业保险满4年，失业后高某及时办理了失业登记。下列关于高某领取失业保险待遇的表述中，正确的有（　　）。

A. 高某在领取失业保险金期间，不参加职工基本医疗保险，亦不享受基本医疗保险待遇
B. 高某领取失业保险金的期限最长12个月
C. 高某领取失业保险金期限自办理失业登记之日起计算
D. 高某领取失业保险金的标准不得低于城市居民最低生活保障标准

【5-2017 多选】 下列失业人员中，应停止领取失业保险金并同时停止享受其他失业保险待遇的有（　　）。

A. 应征服兵役的蒋某　　B. 已享受基本养老保险待遇的陈某
C. 重新就业的孙某　　D. 移居境外的杜某

【6-2016 单选】 根据社会保险法律制度的规定，关于符合条件的失业人员享受失业保险待遇的下列表述中，不正确的是（　　）。

A. 失业人员在领取失业保险金期间死亡的，其遗属有权领取一次性丧葬补助金和抚恤金
B. 失业人员领取失业保险金的期限自办理失业登记之日起计算
C. 失业人员领取失业保险金的标准，不得低于当地最低工资标准
D. 失业人员在领取失业保险金期间享受基本医疗保险待遇

【7-2016 多选】 下列属于失业保险待遇的有（　　）。

A. 失业保险金　　B. 死亡补助
C. 基本医疗保险待遇　　D. 生育医疗费用

答案及解析

1. 【答案】ABCD

【解析】A、B、C、D选项均属于停止领取失业保险金的法定情形。

2. 【答案】BCD

【解析】工伤保险费由用人单位缴纳，职工不需要缴纳工伤保险费。

3. 【答案】ABCD

【解析】失业人员在领取失业保险金期间有下列情形之一的，停止领取失业保险金，并同时停止享受其他失业保险待遇：（1）重新就业的（选项A）；（2）应征服兵役的（选项C）；（3）移居境外的（选项D）；（4）享受基本养老保险待遇的（选项B）；（5）被判刑收监执行的；（6）无正当理由，拒不接受当地人民政府指定部门或者机构介绍的适当工作或者提供的培训的。

4.【答案】BCD

【解析】失业人员在领取失业保险金期间，参加职工基本医疗保险，享受基本医疗保险待遇。

5.【答案】ABCD

【解析】停止领取失业保险金及其他失业保险待遇的情形：重新就业的（选项 C）；应征服兵役的（选项 A）；移居境外的（选项 D）；享受基本养老保险待遇的（选项 B）；被判刑收监执行的；无正当理由，拒不接受当地人民政府指定部门或者机构介绍的适当工作或者提供的培训的。

6.【答案】C

【解析】选项 C，失业保险金的标准，不得低于城市居民最低生活保障标准；一般也不高于当地最低工资标准，具体数额由省、自治区、直辖市人民政府确定。

7.【答案】ABC

【解析】失业保险待遇包括：领取失业保险金；领取失业保险金期间享受基本医疗待遇；领取失业保险金期间的死亡补助；职业介绍与职业培训补贴；国务院规定或者批准的与失业保险有关的其他费用。

子题部分——参考答案

第一章　总论

第一节　法律基础

【法律关系】

考查形式

子题 1-1-1-1：属于法律关系要素的是主体、内容、客体。

子题 1-1-2-1：属于法律关系主体的是自然人、法人、非法人、国家。

子题 1-1-2-2：甲公司与乙公司签订买卖合同，向乙公司购买了一栋房屋，价款 80 万元。该买卖合同法律关系的主体是甲公司与乙公司。

子题 1-1-2-3：属于非法人组织的是个人独资企业、合伙企业、不具法人资格的专业服务机构等。

子题 1-1-2-4：属于法人组织的是有限责任公司、股份有限公司、事业单位、社会团体、基金会、社会服务机构、机关法人、农村集体经济组织法人、城镇农村的合作经济组织法人、基层群众性自治组织法人等。

子题 1-1-3-1：以自己的劳动收入为主要生活来源的公民，应视为完全民事行为能力人。该年龄阶段为≥16 周岁。

子题 1-1-3-2：蔡某，15 周岁，系舞者，月收入 2 500 元，完全能够满足自己生活所需。关于蔡某民事行为能力的正确表述是限制行为能力人。

子题 1-1-3-3：自然人属于无民事行为能力人的是不满 8 周岁的未成年人、不能辨认自己行为的人。

子题 1-1-3-4：自然人中，属于限制民事行为能力人的有 8 周岁以上的未成年人、不能完全辨认自己行为的成年人。

子题 1-1-4-1：80 周岁的人犯罪，有关该自然人的刑事责任的正确表述是可以从轻或减轻处罚。

子题 1-1-5-1：属于法律关系的客体有物、人身、人格、精神产品（智力成果）、行为。

子题 1-1-5-2：属于精神产品的有作品；发明、实用新型、外观设计；商标。

【法律事实】

考查形式

子题 1-1-6-1：能够引起法律关系发生、变更和消灭的事实是法律事件和法律行为。

子题1-1-6-2：法律事实根据是否以人的意志为转移分为法律事件和法律行为。

子题1-1-6-2：A公司与B公司签订买卖合同，约定A公司购买B公司一台设备，价款1万元。引起该买卖法律关系发生的法律事实是签订买卖合同的行为。

子题1-1-7-1：属于法律事件的是自然灾害、生老病死、意外事故、社会革命、战争、重大政策改变。

子题1-1-7-1：属于法律事实中的相对事件的是社会革命、战争、重大政策改变。

子题1-1-7-2：属于法律事实中的绝对事件的是自然灾害、生老病死、意外事故。

子题1-1-8-1：属于法律行为的是人为可控，以人的主观意识为转移的行为。

子题1-1-8-2：根据行为是否需要特定形式或实质要件，法律行为可以分为要式行为（票据）和非要式行为（口头订立合同）。

【法的形式和分类】

考查形式

子题1-1-9-1：规范性文件中，属于行政法规的是国务院发布的，通常冠以条例、办法、规定等名称。

子题1-1-9-2：属于国家的根本大法、具有最高法律效力的是《宪法》。

子题1-1-10-1：对法所作的分类中，以法的创制方式和发布形式为依据进行分类的是成文法和不成文法。

子题1-1-10-2：对法所作的分类中，属于以按法的内容、效力和制定程序为依据进行分类的是根本法（如：宪法）和普通法。

子题1-1-10-3：对法所作的分类中，属于以按法的空间效力、时间效力或对人的效力为依据进行分类的是一般法和特别法。

子题1-1-10-4：对法所作的分类中，属于以法的内容为依据进行分类的是实体法和程序法。

子题1-1-10-5：对法所作的分类中，属于以法的主体、调整对象和渊源为依据进行分类的是国际法和国内法。

子题1-1-11-1：法的形式中，效力等级由高到低的是宪法＞法律＞行政法规＞地方性法规＞同级和下级政府规章。

子题1-1-11-2：行政法规的地位低于宪法和法律，高于地方性法规、规章。

子题1-1-12-1：部门规章之间、部门规章与地方政府规章之间不一致的提请国务院裁决。

子题1-1-12-2：根据授权制定的法规与法律不一致的，由全国人民代表大会常务委员会裁决。

第二节 经济纠纷的解决途径

【仲裁】

考查形式

子题1-2-1-1：纠纷中，当事人可以提请仲裁的有合同纠纷和其他财产权益纠纷（经济纠纷）。

子题1-2-1-2：根据《仲裁法》的规定，纠纷中，当事人不能提请仲裁的有婚姻、收养、监护、扶养、继承纠纷；行政争议；劳动争议；农业集体经济组织内部的农业承包合同纠纷的仲裁。

子题1-2-1-3：纠纷中，可以适用《仲裁法》解决的是合同纠纷和其他财产权益纠纷（经济纠纷）。

子题1-2-2-1：甲与乙因合同纠纷申请仲裁，但是甲不服仲裁庭作出的裁决，则不得上诉，仲裁为一裁终局。

子题1-2-2-2：仲裁庭的裁决为终局裁决。（√）

子题1-2-2-3：仲裁的基本原则包括自愿原则；依据事实和法律，公平合理地解决纠纷的原则；独立仲裁原则；一裁终局制度。

子题1-2-2-4：关于一裁终局表述正确的是仲裁庭作出的仲裁裁决为终局裁决。

子题1-2-3-1：经济纠纷案件当事人只能向纠纷发生地仲裁机构提请仲裁。（×）

子题1-2-3-2：仲裁委员会隶属于行政机关。（×）

子题1-2-3-3：仲裁委员会不按行政区划层层设立。（√）

子题1-2-4-1：根据《仲裁法》的规定，关于仲裁协议效力的表述中，正确的有必须书面形式订立；独立性。

子题1-2-4-2：当事人对仲裁协议的效力有异议的，可以请求仲裁委员会作出决定或者请求人民法院作出裁定。

子题1-2-4-3：属于仲裁协议应当具备内容的有请求仲裁的意思表示；仲裁事项；选定的仲裁委员会。

子题1-2-4-4：合同变更、解除、终止或者无效，不影响仲裁协议效力。

子题1-2-5-1：仲裁庭不能形成多数意见时，裁决应当由首席仲裁员作出。

子题1-2-5-2：关于仲裁裁决书生效时间的表述中，正确的是经双方当事人签收后即发生法律效力。

子题1-2-5-3：仲裁实行级别管辖和地域管辖。（×）

子题1-2-5-4：仲裁员必须要回避的情形有是本案当事人，或者当事人、代理人近亲属；与本案有利害关系；与本案当事人、代理人有其他关系，可能影响公正仲裁的；私自会见当事人、代理人，或者接受当事人、代理人请客送礼的。

【民事诉讼】

考查形式

子题1-2-6-1：适用《民事诉讼法》的案件有平等主体之间的财产关系和人身关系纠纷：民事案件；商事案件；劳动争议案件；法律规定人民法院适用民事诉讼法审理的非讼案件。

子题1-2-7-1：根据民事诉讼法律制度的规定，关于公开审判制度的正确表述有国家秘密、个人隐私应当不公开审理；离婚案件、商业秘密申请不公开，可以不公开审理；不论案件是否公开审理，一律公开宣告判决。

子题1-2-7-2：对终审民事判决，当事人不得上诉；如果发现确有错误，可以通过审判监督程序予以纠正。

子题1-2-7-3：法院审理民事案件，除涉及商业秘密的以外，应当公开进行。(×)

子题1-2-7-4：甲、乙公司因技术转让合同的履行产生纠纷，甲公司向某人民法院提起诉讼，法院受理该案件。已知该案件涉及商业秘密，关于该案件是否公开审理的正确表述是申请不公开的，可以不公开审理。

子题1-2-7-5：当事人申请不公开审理，可以不公开审理。(×)

子题1-2-8-1：因不动产纠纷提起的民事诉讼，由不动产所在地人民法院管辖。

子题1-2-8-2：因产品、服务质量不合格造成他人财产、人身损害提起的诉讼，产品制造地、产品销售地、服务提供地、侵权行为地、被告住所地人民法院均有管辖权。

子题1-2-8-3：因确认股东资格纠纷提起的民事诉讼，由公司住所地人民法院管辖。

子题1-2-8-4：如果两个以上法院都有管辖权（共同管辖）的诉讼，原告可以向其中一个法院起诉（选择管辖）；原告向两个以上有管辖权的法院起诉的，由最先立案的法院管辖。

子题1-2-8-5：一般地域管辖实行“原告就被告”原则。(√)

子题1-2-8-6：甲、乙因房屋买卖纠纷欲提起诉讼，则对该案件向有管辖权的人民法院是房屋所在地人民法院。

子题1-2-9-1：根据民事法律制度的规定，不适用诉讼时效的请求权是请求停止侵害、排除妨碍、消除危险；不动产物权和登记的动产物权的权利人请求返回财产；请求支付抚养费、赡养费、扶养费。

子题1-2-9-2：身体受到伤害要求赔偿属于民事诉讼，适用3年的普通诉讼时效期间。

子题1-2-9-3：当事人可自行约定诉讼时效的期间、计算方法以及中止、中断的事由。(×)

子题1-2-10-1：根据民事法律制度的规定，在诉讼时效期间最后6个月内，造成权利人不能行使请求权的情形中，可以导致诉讼时效中止的有不可抗力；无民事行为能力人或者限制民事行为能力人没有法定代理人，或者法定代理人死亡、丧失民事行为能力、丧失代理权；继承开始后未确定继承人或者遗产管理人；权利人被义务人或其他人控制。

子题1-2-10-2：属于诉讼时效中断的是权利人向义务人提出履行要求；义务人同意履行义务；权利人提出诉讼或者申请仲裁；与提起诉讼或者申请仲裁具有同等效力的其他情形。

子题1-2-10-3：根据民事法律制度的规定，在诉讼时效期间的一定期间内，因不可抗力或者其他障碍致使权利人不能行使请求权的，诉讼时效期间暂停计算，该期间为诉讼时效的中止。

子题1-2-11-1：调解书经双方当事人签收后，即具有法律效力。

子题1-2-11-2：当事人不服地方人民法院第一审判决的，有权在判决书送达之日起15日内向上一级法院提起上诉。

【行政复议】

考查形式

子题1-2-12-1：当事人可以申请行政复议的情形是对行政机关作出行政处罚、证书、自然资源的所有权或者使用权、行政强制措施等的决定不服的；认为行政机关变更或者废止农业承包合同，侵犯其合法权益的；认为行政机关侵犯其合法的经营自主权的；认为行政机关违法集资、征收财物、摊派费用或者违法要求履行其他义务的；认为没有依法发放抚恤金、社会保险金或者最低生活保障费；认为行政机关不履行保护人身权利、财产权利、受教育权利法定职责的；认为行政机关的其他具体行政行为侵犯其合法权益的。

子题1-2-12-2：不属于行政复议范围的情形是当事人不服行政机关作出的行政处分或者其他人事处理决定的；不服行政机关对民事纠纷的调解或其他处理的。

子题1-2-13-1：行政复议决定书一经送达即发生法律效力。

子题1-2-13-2：行政复议机关受理复议申请收取行政复议费，由申请人先行预交。(×)

子题1-2-13-3：在行政复议期间，行政行为一律不停止执行。(×)

子题1-2-13-4：行政复议期间具体行政行为不停止执行，但是有被申请人认为需要停止执行的；行政复议机关认为需要停止执行的；申请人申请停止执行，行政复议机关认为其要求合理，决定停止执行的；法律规定停止执行的情形可以停止执行。

子题1-2-13-5：申请人申请行政复议，可以口头进行申请。(√)

子题1-2-13-6：关于行政复议决定期限的正确表述是自受理申请之日起60日内作出行政复议决定，经行政复议机关负责人批准，可以适当延长，延长期限不得超过30日。

子题1-2-14-1：对县级以上地方各级人民政府工作部门的具体行政行为不服的，可以向该部门的本级人民政府申请行政复议，也可以向上一级主管部门申请行政复议。

子题1-2-14-2：根据行政复议法律制度的规定，属于行政复议参加人的是申请人、被申请人、第三人。

【行政诉讼】

考查形式

子题1-2-15-1：当事人对行政机关作出的决定不服提起行政诉讼，人民法院不予受理的是国防、外交等国家行为；行政法规、规章或者行政机关制定、发布的具有普遍约束力的决定、命令；行政机关对行政机关工作人员的奖惩、任免等决定；法律规定由行政机关最终裁决的具体行政行为。

子题1-2-15-2：对行政机关人员作出的行政处分不服的，向人民法院提起诉讼的，人民法院不予受理。

子题1-2-16-1：对限制人身自由的行政强制措施不服提起的诉讼，由被告所在地或者原告所在地人民法院管辖。(√)

子题1-2-16-2：经过行政复议的行政诉讼案件，均由行政复议机关所在地人民法院管辖。(×)

子题1-2-16-3：根据行政诉讼法律制度的规定，海关处理的第一审行政案件，应当由中级人民法院管辖。

子题1-2-17-1：行政赔偿、补偿以及行政机关行使法律、法规规定的自由裁量权的行政诉讼案件可以调解。

子题1-2-17-2：当事人不服人民法院第一审裁定的，有权在判决书送达之日起15日内向上一级人民法院提起上诉。

子题1-2-17-3：行政诉讼可以口头起诉。(√)

第三节　法律责任

【法律责任的种类】

考查形式

子题1-3-1-1：法律责任形式中，属于民事责任的是返还财产、赔偿损失、支付违约金。

子题1-3-1-2：法律责任形式中，属于行政责任的是行政处罚、行政处分。

子题1-3-1-3：行政责任形式中，属于行政处罚的有警告、罚款、没收违法所得、没收非法财物、责令停产停业、暂扣或吊销许可证、暂扣或者吊销执照、行政拘留。

子题1-3-1-4：责任形式中，属于行政处分的是警告、记过、记大过、降级、撤职、开除。

子题1-3-1-5：法律责任形式中，属于刑事责任的有主刑、附加刑。

子题1-3-1-6：刑事责任形式中，属于主刑的有管制、拘役、有期、无期、死刑。

子题1-3-1-7：某行政机关财务负责人王某因犯罪被人民法院判处有期徒刑，并处罚金和没收财产，后被该行政机关开除。王某承担的法律责任中，属于刑事责任的有没收财产、罚金、有期徒刑。

子题1-3-1-8：刑事责任形式中，属于附加刑的有罚金、剥夺政治权利、没收财产、驱逐出境。

子题1-3-1-9：附加刑可以同主刑一起使用，还可以单独使用。(√)

第二章 会计法律制度

第一节 会计法律制度概述

【会计工作管理体制】

考查形式

子题2-1-1-1：县级以上地方各级人民政府财政部门管理本行政区域内的会计工作。

子题2-1-1-2：国务院主管全国的会计工作。(×)

子题2-1-1-3：单位负责人对本单位的会计工作和会计资料的真实性、完整性负责。

子题2-1-2-1：我国会计工作行政管理的主管部门是国务院财政部门。

子题2-1-2-2：我国会计工作行政管理的原则是统一领导、分级管理。(√)

第二节 会计核算与监督

【会计核算】

考查形式

子题2-2-1-1：原始凭证记载的各项内容均不得涂改。(×)

子题2-2-1-2：伪造会计资料，是指用涂改、挖补等手段来改变会计凭证和会计账簿的真实内容。(×)

子题2-2-1-3：变造会计资料，是以虚假的经济业务为前提来编制会计凭证和会计账簿，旨在以假充真。(×)

子题2-2-2-1：根据会计法律制度的规定，不属于会计核算内容的是订计划、签合同。

子题2-2-2-2：根据会计法律制度的规定，属于有价证券的收付的主要内容的是有价证券的购入、无偿取得、债券重组取得；有偿转让、抵债、对外投资、捐赠；利息和股利、溢价与折价的摊销、期末结存、减值等。

子题2-2-2-3：根据会计法律制度的规定，财物的收发、增减和使用的主要内容的有财物的收发、增减和使用，包括存货、固定资产、投资、无形资产等的购入、自行建造、无偿取得、债务重组取得、融资租入、接受捐赠、出售、转让、抵债、无偿调出、捐赠、减值等。

子题2-2-2-4：有价证券的收付主要包括货币资金的收入、转存、付出、结存等。(√)

子题2-2-3-1：我国会计年度每年公历1月1日—12月31日。(√)

子题2-2-3-2：会计年度可以按照公历日期具体划分为半年度、季度、月度。

子题2-2-4-1：在编制财务会计报告时，记账本位币应折算为人民币。(√)

子题2-2-4-2：根据会计法律制度的规定，一般单位用人民币作为本位币，特殊单位日常核算时选定一种外币为记账本位币。(√)

子题2-2-5-1：根据会计法律制度的规定，属于会计报表的有资产负债表、利润表、现金流量表及相关附表（所有者权益变动表）。

子题2-2-5-2：应在财务报告签名或盖章的人员包括单位领导人、总会计师、会计机构负责人、会计主管人员。

子题2-2-5-3：根据会计法律制度的规定，账务核对包括账账核对、账证核对、账实核对、账表核对。

子题2-2-5-4：根据会计法律制度的规定，属于会计账簿类型的有总账、明细账、日记账、备查账簿。

子题2-2-5-5：根据会计法律制度的规定，原始凭证的金额有错误时，应当采取的正确做法是重开或者由出具单位更正且加盖出具单位印章。

【会计档案管理】

考查形式

子题2-2-6-1：根据会计法律制度的规定，属于会计档案的有会计凭证、会计账簿、财务会计报告、其他会计资料。

子题2-2-6-2：会计资料中，应当按照会计档案归档的是会计凭证、会计账簿、财务会计报告、其他会计资料，包括银行存款余额调节表、银行对账单、纳税申报表、会计档案移交清册、会计档案保管清册、会计档案销毁清册、会计档案鉴定意见书及其他具有保存价值的会计资料。

子题2-2-7-1：单位档案管理机构在接受电子会计档案时，应当对电子档案进行检测，属于应检测的内容有电子会计档案的准确性、完整性、可用性、安全性。

子题2-2-7-2：单位合并后一方存续其他方解散的，各单位的会计档案应由存续方统一保管。(√)

子题2-2-8-1：根据会计法律制度的规定，企业会计档案中，最低保管期限为30年的是凭证、账簿、会计档案移交清册，10年包括月、季、半年度财务报告、银行存款余额调节表、银行对账单、纳税申报表。

子题2-2-8-2：根据会计法律制度的规定，企业和其他组织的会计档案中，应永久保管的有年度财务报告、会计档案销毁清册、会计档案保管清册、会计档案鉴定意见书。

子题2-2-8-3：根据会计法律制度的规定，记账凭证的保管时间应达到法定最低期限，该期限为30年。

子题2-2-9-1：会计档案的鉴定工作应由单位档案管理机构牵头组织进行。

子题2-2-9-2：关于甲公司对会计档案鉴定的表述中，正确的是会计档案鉴定工作应当由单位档案管理机构牵头，组织单位会计、审计、纪检监察等机构或人员共同进行。

子题2-2-10-1：除档案管理机构经办人外，还应当在会计档案销毁清册上签署意见的是单位负责人、档案管理机构负责人、会计管理机构负责人、档案管理机构经办人、会计管理机构经办人。

子题2-2-10-2：会计档案销毁之后，监销人应该在销毁清册上签名和盖章。(×)

子题2-2-10-3：档案机构编制销毁清册，单位负责人、档案管理机构负责人、会计管理机构负责人及档案管理和会计管理机构的经办人销毁时在销毁清册上签署意见。(√)

【会计监督】

考查形式

子题2-2-11-1：属于公司内部会计监督主体的有各单位的会计机构、会计人员。

子题2-2-11-2：内部会计监督的对象是单位的经济活动。

子题2-2-12-1：单位内部控制应遵循的原则包括全面性原则、重要性原则、制衡性原则、适应性原则、成本效益原则。

子题2-2-12-2：内部控制应当在治理结构、机构设置及权责分配、业务流程等方面形成相互制约、相互监督属于单位内部控制制衡性原则。(√)

子题2-2-12-3：企业内部控制应当权衡实施成本与预期效益，以适当的成本实现有效控制属于单位内部控制成本效益原则。(√)

子题2-2-13-1：属于企业内部控制应当采用措施的有不相容职务分离控制、授权审批控制、会计系统控制、财产保护控制、预算控制、运营分析控制、绩效考评控制。

子题2-2-13-2：不相容职务包括授权批准与业务经办、业务经办与会计记录、会计记录与财产保管、业务经办与稽核检查、授权批准与监督检查。(√)

子题2-2-13-3：属于行政事业单位内部控制方法的有不相容岗位相分离、内部授权审批控制、归口管理、预算控制、财产保护控制、会计控制、单据控制、信息内部公开。

子题2-2-13-4：不相容岗位相分离属于企业内部控制应当采取的措施。(×)

子题2-2-14-1：根据会计法律制度的规定，属于会计工作政府监督的是财政部门对各单位的会计工作进行监督检查。

子题2-2-14-2：会计工作的政府监督，主要是指财政部门代表国家对各单位和单位中相关人员的会计行为实施的监督检查，以及对发现的违法会计行为实施行政处罚。(√)

子题2-2-15-1：财政部门会计监督的主要内容包括财政部门对各单位是否依法

设置会计账簿；会计凭证、会计账簿、财务会计报告和其他会计资料是否真实、完整；会计核算是否符合规定；从事会计工作的人员是否具备专业能力、遵守职业道德等情况实施会计监督；“国务院财政部门及其派出机构”可以向被监督单位的往来单位和金融机构“查询”有关情况（查询权）。

子题2-2-16-1：会计工作的社会监督，主要指由注册会计师及其所在的会计师事务所等中介机构接受委托，依法对单位的经济活动进行审计，出具审计报告，发表审计意见的一种监督制度。（√）

子题2-2-16-2：任何单位或者个人不得以任何方式要求或者示意注册会计师及其所在的会计师事务所出具不实或者不当的审计报告。（√）

子题2-2-17-1：根据会计法律制度的规定，注册会计师已经获取被审计单位充分、适当的审计证据作为形成审计意见的基础，但认为未发现的错报对财务报表可能产生的影响重大且具有广泛性时，应发表的审计意见是否定意见。

子题2-2-17-2：根据会计法律制度的规定，审计意见的类型包括无保留意见、保留意见、否定意见、无法表示意见。

第三节　会计机构和会计人员

【代理记账】

考查形式

子题2-3-1-1：会计师事务所及其分所可依法从事代理记账业务。（√）

子题2-3-1-2：会计师事务所从事代理记账业务，应当经县级以上人民政府财政部门（简称审批机关）批准，领取由财政统一规定样式的代理记账许可证书。（√）

子题2-3-2-1：属于代理记账机构的业务范围的有根据委托人提供的原始凭证和其他资料，按照国家统一的会计制度规定进行会计核算，“审核”原始凭证、填制记账凭证、登记会计账簿、编制财务会计报告；对外提供财务会计报告；向税务机关提供税务资料。

子题2-3-2-2：代理记账机构可以接收委托人的委托对外提供财务会计报告。（√）

子题2-3-3-1：根据会计法律制度的规定，属于委托方需要履行的义务的是“填制或取得”原始凭证并及时提供；应当配备专人负责“日常”货币收支保管；及时向代理记账机构提供真实、完整的原始凭证和其他相关资料；对于代理记账机构退回的，要求按照国家统一的会计制度规定进行更正、补充的原始凭证，应当及时予以更正、补充。

子题2-3-3-2：根据会计法律制度的规定，属于代理记账机构需要履行的义务的是遵守法律、法规和国家统一的会计制度的规定，按委托合同办理代理记账业务；对在执行业务中知悉的商业秘密予以保密；拒绝违法要求；对委托人提出的有关会计处理相关问题予以解释。

【会计岗位的设置】

考查形式

子题 2-3-4-1：各项工作出纳不得兼任的有稽核，会计档案保管和收入、支出、费用、债权债务账目的登记工作。

子题 2-3-4-2：出纳可以兼任稽核、会计档案保管和收入、支出、费用、债权债务账目的登记工作。(×)

子题 2-3-5-1：根据《会计基础工作规范》的要求，实行回避制度的单位，单位领导人的直系亲属不得担任本单位的出纳工作。

子题 2-3-5-2：会计机构负责人、会计主管人员的直系亲属可以在本单位会计机构中担任出纳工作。(×)

子题 2-3-5-3：单位领导人的直系亲属不得担任本单位的会计机构负责人、会计主管人员；会计机构负责人、会计主管人员的直系亲属不得在本单位会计机构中担任出纳工作。(√)

【会计人员】

考查形式

子题 2-3-6-1：会计人员不包括担任单位会计机构负责人（会计主管人员）、总会计师的人员。(×)

子题 2-3-6-2：会计人员具体包括(1) 出纳；(2) 稽核；(3) 资产、负债和所有者权益（净资产）的核算；(4) 收入、费用（支出）的核算；(5) 财产成果（政府预算执行结果）核算；(6) 财务会计报告（决算报告）编制；(7) 会计监督；(8) 会计机构内会计档案管理；(9) 其他工作人员。

子题 2-3-7-1：具备从事会计工作所需要的专业能力属于会计人员的一般要求。(√)

子题 2-3-7-2：担任单位会计机构负责人（会计主管人员）的，应当具备会计师以上专业技术资格或者从事会计工作 2 年以上经历。(×)

子题 2-3-8-1：因故意销毁会计凭证被依法追究刑事责任的会计人员，不得再从事会计工作。(√)

子题 2-3-9-1：根据会计法律制度的规定，属于会计专业技术资格的有初级资格、中级资格和高级资格。

子题 2-3-9-2：初级、中级、副高级和正高级职称名称依次为助理会计师、会计师、高级会计师和正高级会计师。(√)

子题 2-3-9-3：根据会计法律制度的规定，注册会计师属于会计职称。(×)

子题 2-3-9-4：会计人员职称层级分为初级、中级、副高级和正高级。(√)

子题 2-3-10-1：会计专业技术人员继续教育学分要求为每年累计不少于90 学分。

子题 2-3-10-2：会计专业技术人员继续教育不少于总学分的 2/3。(√)

子题 2-3-11-1：根据会计法律制度的规定，必须设置总会计师的企业是国有的和国有资产占控股地位的或者主导地位的大、中型企业。

子题 2-3-11-2：有限责任公司应当设置总会计师。(×)

子题 2-3-11-3：根据会计法律制度的规定，关于总会计师地位的正确表述是总会计师是主管本单位会计工作的行政领导，是单位行政领导成员，是协助单位行政领导人工作，直接对单位行政领导人负责。

【会计工作交接】

考查形式

子题 2-3-12-1：根据会计法律制度的规定，负责对一般会计人员办理会计工作交接手续进行监交的是一般会计人员由会计机构负责人监交，会计机构负责人由单位负责人监交。

子题 2-3-12-2：会计工作交接之后交接双方和监交人需要在移交清册上签名并者盖章。(×)

子题 2-3-12-3：会计工作接替人员应当使用新的会计账簿。(×)

第四节　会计职业道德

【会计职业道德】

考查形式

子题 2-4-1-1：提高技能不属于会计职业道德的主要内容。(×)

子题 2-4-1-2：会计职业道德的主要内容包括爱岗敬业、诚实守信、廉洁自律、客观公正、坚持准则、提高技能、参与管理、强化服务。

子题 2-4-1-3：会计职业道德的主要内容包括爱岗敬业、诚信友善、廉洁奉公、客观公正。(×)

第五节　违反会计法律制度的法律责任

【违反会计法律制度的法律责任】

考查形式

子题 2-5-1-1：对于变造、伪造会计凭证的正确说法是伪造、变造会计凭证、会计账簿，编制虚假财务会计报告，尚不构成犯罪的，由县级以上人民政府财政部门予以通报，可以对单位并处 5 000 元以上 10 000 元以下的罚款；对其直接负责的主管人员和其他直接责任人员，可以处 3 000 元以上 50 000 元以下的罚款。

子题 2-5-1-2：根据会计法律制度的规定，属于违法行为的情形有违反国家统一的会计制度行为；伪造、变造会计凭证、会计账簿，编制虚假财务会计报告；隐匿或者故意销毁依法应当保存的会计凭证、会计账簿、财务会计报告；授意、指使、强令会计机构、会计人员及其他人员伪造、变造会计凭证、会计账簿，编制虚假财务会计报告或者隐匿、故意销毁依法应当保存的会计凭证、会计账簿、财务会计报告；单位负责人对依法履行职责、抵制违反《会计法》规定行为的会计人员实行打击、报复行为。

子题 2-5-1-3：会计机构负责人采取虚增营业收入等方法调整财务会计报告行为性质及法律后果的正确表述是构成犯罪的，依法追究刑事责任；尚不构成犯罪的：1）由县级以上人民政府财政部门予以通报，可以对单位并处 5 000 元以上 100 000 元以下的罚款；2）对其直接负责的主管人员和其他直接责任人员，可以处3 000 元以上 50 000 元以下的罚款；3）属于国家工作人员的，还应当由其所在单位或者有关单位依法给予撤职直至开除的行政处分；4）其中的会计人员，5 年内不得从事会计工作。

子题 2-5-1-4：授意、指使、强令他人伪造、变造或隐匿、故意销毁依法应保存的会计资料，说法正确的是罚款（5 000～50 000 元），给予“降级、撤职、开除”的行政处分，构成犯罪依法，追究刑事责任。

子题 2-5-1-5：属于违反国家统一会计制度行为需要承担的行政责任有责令限期改正（县级以上）；罚款（单位 3 000～50 000 元，个人 2 000～20 000 元）；给予行政处分（公务员）；会计人员 5 年内不得从事会计工作（情节严重）。

第三章 支付结算法律制度

第一节 支付结算概述

【支付结算原则】

考查形式

子题 3-1-1-1：非金融机构作为支付中介机构办理支付业务需经中国人民银行批准。(√)

子题 3-1-2-1：根据支付结算法律制度的规定，银行没有为存款人垫付的义务体现了银行不垫款的原则。

子题 3-1-2-2：根据支付结算法律制度的规定，属于支付结算原则的有恪守信用，履约付款原则；谁的钱进谁的账，由谁支配原则；银行不垫款原则。

子题 3-1-2-3：支付结算遵循银行不垫款的原则。(√)

【支付结算基本要求】

考查形式

子题3-1-3-1：2019年3月18日，甲公司向乙公司签发一张金额为20万元、用途为服务费的转账支票，发现填写有误。该支票记载的事项中，可以更改的是用途。

子题3-1-3-2：根据支付结算法律制度的规定，金额、日期、收款人名称不得更改。（√）

子题3-1-3-3：结算凭证金额以中文大写和阿拉伯数码同时记载，二者必须一致，二者不一致的，银行不予受理。（√）

子题3-1-3-4：关于支票出票及补记行为的正确表述是支票的金额、收款人名称，可以由出票人授权补记，未补记前不得背书转让和提示付款。

子题3-1-3-5：签发支票时，拟在支票上的签章中，正确的是支票上的出票人的签章，出票人为单位的，为与该单位在银行预留签章一致的财务专用章或者公章加其法定代表人或者其授权的代理人的签名或者盖章。

子题3-1-3-6：单位、银行在票据上的签章和单位在结算凭证上的签章，为该单位、银行的签章加其法定代表人或其授权的代理人的签名或盖章。（√）

子题3-1-3-7：根据支付结算法律制度的规定，关于日期的正确表述是票据的出票日期必须使用中文大写。为防止变造票据的出票日期，在填写月、日时，月为“壹”“贰”和“壹拾”的，日为“壹”至“玖”和“壹拾”“贰拾”“叁拾”的，应在其前加“零”；日为“拾壹”至“拾玖”的，应在其前加“壹”。

子题3-1-4-1：无权限人假冒他人或虚构他人名义签章的行为属于变造行为。（×）

子题3-1-4-2：属于伪造行为的有伪造出票签章、背书签章、承兑签章和保证签章等。

子题3-1-4-3：当票据内容有误时，可以对票据加以剪接、挖补、覆盖、涂改。（×）

第二节　银行结算账户

【银行结算账户的种类】

考查形式

子题3-2-1-1：未在银行开立账户的W市退役军人事务局，经批准在银行开立了预算单位零余额账户，该零余额账户应按其管理的账户种类是基本存款账户。

子题3-2-1-2：根据支付结算法律制度的规定，属于存款人对其特定用途资金进行专项管理和使用而成立的银行结算账户的是专用存款账户。

子题3-2-1-3：预算单位开立基本存款账户的，预算单位零余额账户作为专用存款账户管理。（√）

子题3-2-1-4：单位银行结算账户分为基本存款账户、一般存款账户、专用存款账户、临时存款账户。（√）

【银行结算账户的开立、变更、撤销和相关管理】

考查形式

子题3-2-2-1：根据支付结算法律制度的规定，关于开立企业银行结算账户办理事项的正确表述是银行应与存款人签订银行结算账户协议，明确双方权利和义务；对存在法定代表人或者负责人对单位经营规模及业务背景等不清楚、注册地和经营地均在异地的单位，银行应当与其法定代表人或者负责人面签银行结算账户管理协议，并留存视频、音频资料等；银行为存款人开通非柜面转账业务时，双方应签订协议，约定非柜面渠道向非同名银行账户和支付账户转账的日累计限额、笔数和年累计限额等，超出限额和笔数的，应到银行柜面办理；银行应建立存款人预留签章卡片，并将签章式样和有关证明文件的原件或复印件留存归档。存款人为单位的，其预留签章为该单位的公章或财务专用章加其法定代表人（单位负责人）或其授权的代理人的签名或者盖章。存款人为个人的，其预留签章为该个人的签名或者盖章。

子题3-2-2-2：没有字号的个体工商户开立银行结算账户，其预留银行签章中公章或财务专用章应是“个体户”字样加营业执照上载明的经营者的签字或盖章。（√）

子题3-2-2-3：存款人开立的银行结算账户中，须经中国人民银行分支机构核准的是预算单位专用存款账户；合格境外机构投资者在境内从事证券投资开立的人民币特殊账户和人民币结算资金账户。对核准类账户，银行应将存款人的开户申请书、相关的证明文件和银行审核意见等开户资料报送中国人民银行当地分支行，经其核准并核发开户许可证后办理开户手续。

子题3-2-2-4：甲公司预留银行单位公章不慎丢失，向开户银行申请更换印章。甲公司应向开户银行出具的文件有单位遗失预留公章或财务专用章的，应向开户银行出具书面申请、开户许可证、营业执照等相关证明文件。单位存款人申请更换预留公章或财务专用章但无法提供原预留公章或财务专用章的，应向开户银行出具原印鉴卡片、开户许可证、营业执照正本、司法部门的证明等相关证明文件。

子题3-2-2-5：存款人未清偿其开户银行债务的，也可以撤销该银行结算账户。（×）

子题3-2-2-6：根据支付结算法律制度的规定，关于单位存款人申请变更预留银行的单位财务专用章的正确表述是向开户银行出具书面申请、原预留公章或财务专用章等相关证明文件，若无法提供原预留签章应向开户银行出具原印鉴卡片、开户许可证、营业执照正本、司法部门证明等。

子题3-2-2-7：根据支付结算法律制度的规定，存款人应向开户银行提出撤销银行结算账户申请的情形有被撤并、解散、宣告破产或关闭的；注销、被吊销营业执照的；因迁址需要变更开户银行的；其他原因需要撤销银行结算账户的。

子题3-2-2-8：存款人申请开立单位银行结算账户时，需要其授权代理人的签名并盖章。（×）

子题3-2-2-9：存款人由于其他原因撤销基本存款账户后，需要重新开立基本存款账户，应在撤销其原本存款账户后10日内申请重新开立基本存款账户。

【各类银行结算账户的开立和使用】

考查形式

子题3-2-3-1：根据支付结算法律制度的规定，临时存款账户的有效期最长不得超过一定期限，该期限为2年。

子题3-2-3-2：单位设立的独立核算账户的附属机构不得开立基本存款账户。(×)

子题3-2-3-3：可开立基本存款账户的有企业法人；非法人企业；机关、事业单位；团级（含）以上军队、武警部队及分散执勤的支（分）队；社会团体；民办非企业组织；异地常设机构；外国驻华机构；个体工商户；居民委员会、村民委员会、社区委员会；单位设立的独立核算的附属机构，包括食堂、招待所、幼儿园；其他组织（如业主委员会、村民小组等）。

子题3-2-3-4：因借款转存开立的一般存款账户，自开立之日起3个工作日后，方可使用该账户办理付款业务。(×)

子题3-2-3-5：一个单位可以根据实际需要在银行开立两个以上基本存款账户。(×)

子题3-2-3-6：根据支付结算法律制度的规定，企业临时到外地开展摄影工作3个月，可以开设的账户为临时存款账户。

子题3-2-3-7：根据支付结算法律制度的规定，预算单位应向财政部门申请开立零余额账户。

子题3-2-4-1：个人银行账户分为Ⅰ类银行账户、Ⅱ类银行账户、Ⅲ类银行账户。(√)

子题3-2-4-2：个人银行结算账户开立证明为实名制并需出具本人有效身份证件。(×)

子题3-2-5-1：个人可以通过开立的Ⅰ类银行账户存取现金。(√)

子题3-2-5-2：Ⅲ类银行账户任一时点账户余额不得超过1 000元。(×)

子题3-2-5-3：通过手机银行等电子渠道受理开户申请的，银行可为开户申请人开立Ⅰ类账户。(×)

子题3-2-5-4：新入学大学生开立用于缴纳学费的个人银行结算账户，可由所在大学代理办理。(√)

第三节 票据

【票据的概念和特征】

考查形式

子题3-3-1-1：票据非基本当事人包括承兑人、背书人、被背书人、保证人。(√)

子题3-3-1-2：票据基本当事人包括出票人、付款人和收款人。(√)

子题 3-3-2-1：票据当事人可以凭借自己的信誉，将未来才能获得的金钱作为现在的金钱来使用，这反映了票据的信用功能。

子题 3-3-2-2：票据可以代替货币在不同地方之间运送，方便异地之间的支付，这反映了票据的汇兑功能。

子题 3-3-2-3：根据支付结算法律制度的规定，企业以未到期的汇票向银行申请贴现体现了票据的融资功能。

子题 3-3-2-4：属于票据功能的有支付功能、汇兑功能、信用功能、结算功能、融资功能。

子题 3-3-2-5：票据所表示的权利与票据不可分离，即票据权利完全证券化，换句话说，票据权利的产生、行使、转让和消灭都离不开票据。(√)

【票据的权利与责任】

考查形式

子题 3-3-3-1：根据支付结算法律制度的规定，关于票据权利时效的表述中，正确的是对票据出票人和承兑人的权利，自票据到期日起2年；见票即付的汇票、本票，自出票日起2年；对支票出票人的权利，自出票日起6个月；追索权，自被拒绝承兑或者被拒绝付款之日起6个月；再追索权，自清偿或者被提起诉讼之日起3个月。

子题 3-3-3-2：根据《票据法》的规定，票据持有人有以欺诈、偷盗或者胁迫等手段取得票据的，或者明知有上述情形，出于恶意取得票据的；持票人因重大过失取得不符合《票据法》规定的票据的情形，不得享有票据权利。

子题 3-3-3-3：票据权利时效持票人对前手的再追索权，自清偿或者被提起诉讼之日起6个月。(×)

【票据行为】

考查形式

子题 3-3-4-1：背书人在票据上背书时未记载背书日期的，背书无效。(×)

子题 3-3-4-2：根据支付结算法律制度的规定，属于票据行为的有出票、背书、承兑和保证。

子题 3-3-4-3：背书人未记载被背书人名称即将票据交付他人的，持票人在票据被背书人栏内记载自己的名称与背书人记载具有同等法律效力。(√)

子题 3-3-4-4：根据支付结算法律制度的规定，保证人与被保证人对持票人承担连带责任。(√)

【票据追索】

考查形式

子题3－3－5－1：属于票据追索时使用的情形是到期后追索和到期前追索。

子题3－3－5－2：持票人对汇票被拒绝承兑情形行使的追索属于到期后追索。（×）

子题3－3－5－3：持票人对承兑人或者付款人死亡、逃匿的情形行使的追索属于到期前追索。（√）

子题3－3－6－1：持票人应当按照票据债务人的先后顺序依次行使追索权。（×）

子题3－3－6－2：根据支付结算法律制度的规定，关于票据追索权行使的正确表述是持票人在行使追索权时，应当提供被拒绝承兑或拒绝付款的有关证明。

子题3－3－7－1：票据被拒绝付款的，持票人只能按票据债务人的顺序对直接前手行使追索权。（×）

子题3－3－7－2：持票人应当自收到被拒绝承兑或者被拒绝付款的有关证明之日起3日内，将被拒绝事由书面通知其前手的前手。（×）

【银行汇票】

考查形式

子题3－3－8－1：根据支付结算法律制度的规定，出票人为银行的票据是银行汇票。

子题3－3－8－2：根据支付结算法律制度的规定，银行汇票退款缺少解讫通知的，出票银行应于提示付款期满3个月后办理。（×）

子题3－3－8－3：银行汇票是出票银行签发的，可以用于转账，填明“现金”字样的银行汇票也可以用于支取现金。（√）

子题3－3－8－4：银行汇票的实际结算一经填写不得更改，更改实际结算金额的银行汇票无效。（√）

子题3－3－8－5：签发银行汇票必须记载事项包括字样、承诺、金额、收款人、出票日、出票章。（×）

【商业汇票】

考查形式

子题3－3－9－1：银行承兑汇票由承兑银行签发。（×）

子题3－3－9－2：根据支付结算法律制度的规定，电子承兑汇票付款期限自出票日至到期日不得超过一定期限，该期限为自出票日至到期日不超过1年。

子题3－3－9－3：根据支付结算法律制度的规定，关于电子银行承兑汇票持票人向银行申请办理贴现条件的正确表述是票据未到期；未记载“不得转让”字样；持票人非个人（在银行开立基本存款账户的企业法人、其他组织）；与出票人或者直接前手具有真实商品交易关系。

子题 3－3－9－4：根据支付结算法律制度的规定，银行汇票可以办理贴现。(×)

子题 3－3－9－5：根据支付结算法律制度的规定，关于商业汇票出票的正确表述是商业承兑汇票可以由付款人签发并承兑，也可以由收款人签发交由付款人承兑。

子题 3－3－9－6：2017 年 12 月 12 日，甲公司持有一张出票人为乙公司，金额为 100 万元，到期日为 2017 年 12 月 12 日，承兑人为 P 银行的银行承兑汇票。甲公司于 12 月 12 日去 P 银行提示付款，发现乙公司账户只有存款 20 万元。P 银行拟采取的做法中，正确的有于 2017 年 12 月 12 日起对乙公司欠款 80 万元开始计收利息；于 2017 年 12 月 12 日向甲公司付款 100 万元。

子题 3－3－9－7：根据支付结算法律制度的规定，超过提示付款期限的，持票人仍可以采用委托收款方式提示付款。(×)

【银行本票】

考查形式

子题 3－3－10－1：根据支付结算法律制度的规定，银行本票只限于单位使用，个人不得使用。(×)

子题 3－3－10－2：甲公司向 P 银行申请签发一张银行本票交付乙公司。乙公司在收票时应当审查的票据事项有收款人是否确为本单位或本人；银行本票是否在提示付款期限内；必须记载的事项是否齐全；出票人签章是否符合规定，大小写出票金额是否一致；出票金额、出票日期、收款人名称是否更改，更改的其他记载事项是否由原记载人签章证明。

子题 3－3－10－3：根据支付结算法律制度的规定，属于银行本票必须记载事项的有表明“银行本票”的字样；无条件支付的承诺；确定的金额；收款人名称；出票日期；出票人签章。

子题 3－3－10－4：根据支付结算法律制度的规定，银行本票必须记载事项六项：“银行本票”字样；无条件支付的承诺；确定的金额；收款人名称；出票日期；出票人签章。无付款人名称。(√)

子题 3－3－10－5：银行本票可以用于支取现金。(×)

【支票】

考查形式

子题 3－3－11－1：持票人对支票出票人的权利时效，自出票日起 6 个月。

子题 3－3－11－2：根据支付结算法律制度的规定，关于支票提示付款的正确说法是提示付款期限为自出票日起 10 日内；持票人持有转账支票向付款人提示付款，应在支票背面背书人签章栏签章，并将支票和填制的进账单送交出票人开户银行；持票人持有现金支票向付款人提示付款，应在支票背面“收款人签章”处签章，持票人为个人的，还需交验本人身份证件，并在支票背面注明证件名称、号码及发证机关。

子题 3-3-11-3：根据支付结算法律制度的规定，关于支票出票中可以授权补记的事项包括金额和收款人名称。(√)

子题 3-3-11-4：单位或个人签发空头支票的，由其开户银行处以罚款。(×)

子题 3-3-11-5：有关在支票上的签章的正确说法是出票人为单位的，与该单位在银行预留签章一致的财务专用章或者公章加其法定代表人或者其授权代理人的签名或盖章；出票人为个人的：与该个人在银行预留签章一致的签名或盖章。

子题 3-3-11-6：属于支票必须记载事项的有表明“支票”的字样；无条件支付的委托；确定的金额；付款人名称（为支票上记载的出票人开户银行）；出票日期；出票人签章。

第四节　银行卡

【银行卡的种类】

考查形式

子题 3-4-1-1：银行卡的分类有按是否透支分为借记卡和信用卡；按币种分为人民币卡和外币卡；按信息载体分为磁条卡和芯片卡；按发行对象分为单位卡和个人卡。

子题 3-4-1-2：根据支付结算法律制度的规定，支付工具中，可以透支的是信用卡。

子题 3-4-1-3：属于按照是否具有透支功能对银行卡分类的是信用卡与借记卡。

子题 3-4-1-4：银行卡按币种不同分为人民币卡、外币卡和比特币卡。(×)

子题 3-4-1-5：属于借记卡的主要功能的有消费、存取款、转账、代收付、外汇买卖、投资理财、网上支付。

子题 3-4-1-6：银行卡按照信息载体可分为单位卡和个人卡。(×)

子题 3-4-1-7：银行卡按照发行对象可分为磁条卡和芯片卡。(×)

【银行卡账户和交易】

考查形式

子题 3-4-2-1：关于注销银行卡的正确说法是持票人在还清全部交易款项、透支本息和有关费用后，可申请办理销户。

子题 3-4-2-2：注销银行卡时，需要在发卡行受理注销之日起 30 天后，被注销信用卡方能清户。(×)

子题 3-4-2-3：单位人民币卡可以办理商品交易和劳务供应款项的结算，可以透支。(×)

子题3-4-2-4：属于发卡银行追偿透支款项和诈骗款项的途径的有扣减持卡人保证金；依法处理抵押物和质押物；向保证人追索透支款项；通过司法机关的诉讼程序进行追偿。

【银行卡计息与收费】

考查形式

子题3-4-3-1：根据支付结算法律制度的规定，信用卡的特点是先消费后还款。(√)

子题3-4-3-2：发卡银行应当对借记卡持卡人在ATM机等自助机具取款设定交易上限，每卡每日累计提款不得超过2万元。

子题3-4-3-3：发卡机构调整信息卡利率的，应至少提前45个自然日按照约定方式通知持卡人。(√)

子题3-4-3-4：储值卡的面值或卡内币值不得超过1 000元人民币。(√)

子题3-4-3-5：发卡银行应当对信用卡持卡人在ATM机等自助机具取款设定交易上限，每卡每日累计提款不得超过1万元。

子题3-4-3-6：银行卡的发行机构对向持卡人收取的年费不得计收利息。(√)

【银行卡收单业务】

考查形式

子题3-4-4-1：属于收单机构业务和风险管理措施的有建立特约商户检查制度、资金结算风险管理制度、收单交易风险监测系统以及特约商户收单银行结算账户设置和变更审核和制度等。

子题3-4-4-2：特约商户，是指与收单机构签订银行卡受理协议、按约定受理银行卡并委托收单机构为其完成交易资金结算的企事业单位、个体工商户或其他组织，以及按照国家工商管理机关有关规定开展网络商品交易等经营活动的企业法人。(×)

子题3-4-4-3：根据支付结算法律制度的规定，关于银行卡收单业务的正确表述是特约商户为个体工商户或自然人的，可以使用其同名个人银行结算账户作为收单银行结算账户；收单机构向特约商户收取的收单服务费由收单机构与特约商户协商确定具体费率。

子题3-4-4-4：属于收单机构会遇到的风险事件的有套现、洗钱、欺诈、移机、留存或泄露持卡人账户信息；特约商户使用单位银行结算账户作为收单银行结算账户的，收单机构应当审核其合法持有该账户的证明文件；收单机构应当对实体特约商户收单业务进行本地化经营和管理，不得跨省域开展收单业务。

子题3-4-4-5：在收单机构发现特约商户发生风险事件时，应当采取的措施有延迟资金结算、暂停银行卡交易、收回受理终端（关闭网络支付接口）；涉嫌违法及时报案。

子题3-4-4-6：对非营利性医疗机构、教育机构、社会福利机构、养老机构、慈善机构刷卡交易，实行发卡行服务费、网络服务费全额减免。(√)

第五节 网上支付

【网上银行】

考查形式

子题 3-5-1-1：网上银行按服务对象可分为分支型网上银行、纯网上银行。(×)

子题 3-5-1-2：网上银行是指不受时间、空间限制，能够在任何时间、任何地点，以任何方式为客户提供金融服务。(√)

子题 3-5-2-1：属于个人网上银行具体业务功能的是账户信息查询；人民币转账业务；银证转账业务；外汇买卖业务；账务管理业务；B2C 网上支付。

子题 3-5-2-2：属于企业网上银行具体业务功能的是账户信息查询；支付指令；B2B 网上支付；批量支付。

【第三方支付】

考查形式

子题 3-5-3-1：根据支付结算法律制度的规定，属于线下支付的是POS 机刷卡支付、拉卡拉等自助终端支付、电话支付、手机近端支付、电视支付。

子题 3-5-3-2：根据支付结算法律制度的规定，属于线上支付的是互联网在线支付、移动支付中的远程支付。

子题 3-5-3-3：银联商务、快钱、易宝支付、汇付天下、拉卡拉属于第三方支付机构的金融型支付企业。(√)

子题 3-5-3-4：属于第三方支付机构中金融型支付企业的有银联商务、快钱、易宝支付、汇付天下、拉卡拉。

子题 3-5-3-5：互联网在线支付、移动支付中的远程支付属于线上支付方式。(√)

子题 3-5-3-6：属于第三方支付机构中互联网型支付企业的有支付宝、财付通。

第六节 结算方式和其他支付工具

【汇兑】

考查形式

子题 3-6-1-1：根据支付结算法律制度的规定，签发汇兑凭证必须记载的事项有表明“信汇”或“电汇”的字样；无条件支付的委托；确定的金额；收款人名称；汇款人名称；汇入地点；汇入行名称；汇出地点；汇出行名称；委托日期；汇款人签章。

子题 3-6-1-2：2018年1月10日，甲报社以汇兑方式向李某支付稿费2 000元。甲报社可以申请撤销汇款的情形是汇款人对汇出银行尚未汇出的款项。

子题 3-6-1-3：根据支付结算法律制度的规定，关于办理汇兑业务的正确表述是汇款回单只能作为汇出银行受理汇款的依据，不能作为该笔汇款已转入收款人账户的证明；汇兑凭证记载的汇款人、收款人在银行开立存款账户的，必须记载其账号；收账通知是银行将款项确已转入收款人账户的凭据。

子题 3-6-1-4：汇出银行向汇款人签发的汇款回单是银行将款项已转入收款人账户的凭据。(×)

子题 3-6-1-5：单位的各种款项的结算不可使用汇兑结算方式。(×)

【委托收款】

考查形式

子题 3-6-2-1：委托收款以单位为付款人的，银行收到委托收款凭证及债务证明，审查无误后应于当日将款项主动支付给收款人。(×)

子题 3-6-2-2：单位和个人凭已承兑的商业汇票、债券、存单等付款人债务证明办理款项的结算，均可以使用委托收款结算方式。(√)

子题 3-6-2-3：属于签发托收凭证必须记载的事项的是表明"委托收款"字样；确定的金额；付款人名称；委托收款凭据名称及附寄单证张数；委托日期；收款人签章。

子题 3-6-3-1：根据支付结算法律制度的规定，属于办理委托收款的程序的有签发委托收款凭证；委托；付款；拒绝付款。

子题 3-6-3-2：委托收款以银行为付款人的，银行应当及时通知付款人，需要将有关债务证明交给付款人的应交给付款人。(×)

【国内信用证】

考查形式

子题 3-6-4-1：根据支付结算法律制度的规定，国内信用证是以人民币计价、不可撤销的跟单信用证，限于转账，不得取现。(√)

子题 3-6-4-2：国内信用证可以支取现金。(×)

子题 3-6-4-3：信用证申请人交存的保证金和其存款账户余额不足支付的，开证行仍应在规定的付款时间内进行付款。(√)

子题 3-6-4-4：信用证可以用于转账结算和支取现金。(×)

子题 3-6-4-5：远期信用证付款期限最长不超过5个月。(×)

子题 3-6-4-6：开证行、保兑行、议付行未在信用证有效期内收到单据的，开证行可在信用证逾有效期1个月后予以注销。(√)

【预付卡】

考查形式

子题3-6-5-1：预付卡以人民币计价，具有透支功能。(×)

子题3-6-5-2：单张记名预付卡资金限额不得超过5 000元，单张不记名预付卡资金限额不得超过1 000元。(√)

子题3-6-6-1：李某使用现金购买了30 000元的记名预付卡，现金充值2 000元的不记名预付卡，该行为正确。(×)

子题3-6-6-2：根据支付结算法律制度的规定，关于预付卡的正确表述是单位一次性购买预付卡5 000元以上，个人一次性购买预付卡5万元以上的，应当通过银行转账等非现金结算方式购买，不得使用现金；预付卡一次性充值金额5 000元以上的，不得使用现金；购卡人不得使用信用卡购买预付卡；预付卡只能通过现金或银行转账方式进行充值，不得使用信用卡为预付卡充值。

子题3-6-6-3：多用途预付卡可以使用信用卡进行充值。(×)

子题3-6-6-4：王某购买了一张记名预付卡，根据支付结算法律制度的规定，该张预付卡内的资金最高限额为5 000元。

子题3-6-6-5：根据支付结算法律制度的规定，王某一次性购买6万元的预付卡，不能用的方式有现金、信用卡。

子题3-6-6-6：记名卡不可以挂失，不记名卡可以挂失。(×)

子题3-6-6-7：记名卡可以赎回，不记名卡不可以赎回。(√)

第七节　结算纪律与法律责任

【支付结算纪律】

考查形式

子题3-7-1-1：属于银行的支付结算纪律要求的是不准受理无理拒付、不扣少扣滞纳金；不准无理拒绝支付应由银行支付的票据款项；不准违章签发、承兑、贴现票据，套现银行资金；不准签发空头银行汇票、银行本票和办理空头汇款；不准在支付结算制度之外规定附加条件，影响汇路畅通；不准以任何理由压票、任意退票、截留挪用客户和他行资金；不准违反规定以单位和个人开立账户；不准拒绝受理、代理他行正常结算业务。

子题3-7-1-2：属于单位和个人的支付结算纪律要求的是不准签发没有资金保证的票据或远期支票，套现银行信用；不准签发、取得和转让没有真实交易和债权债务的票据，套现银行和他人资金；不准无理拒绝付款，任意占用他人资金；不准违反规定开立和使用账户。

【违反支付结算法律制度的法律责任】

考查形式

子题3-7-2-1：属于违法支付法律制度的法律责任有签发空头支票、印章与预留印鉴不符支票、未构成犯罪行为的法律责任；无理拒付，占用他人资金行为的法律责任；违反账户规定行为的法律责任；票据欺诈等行为的法律责任。

子题3-7-2-2：空头支票罚款的标准是票面金额5%但不低于1 000元。

子题3-7-2-3：商业承兑汇票的付款人对见票即付或者到期的票据，故意压票、退票、拖延支付的，按照规定处以压票、拖延支付期间内每日票据金额万分之五的罚款。(×)

子题3-7-2-4：非法大量持有他人信用卡的，应追究其刑事责任。(√)

第四章 增值税、消费税法律制度

第一节 税收法律制度概述

【税法法律关系和要素】

考查形式

子题4-1-1-1：税收具有强制性、无偿性、固定性特征。

子题4-1-1-2：税收具有强制性。(√)

子题4-1-2-1：根据税收征收管理法律制度的规定，属于税收法律关系主体/客体/内容的有主体：征税机关、纳税人；客体：征税对象；内容：指主体所享受的权利和所应承担的义务。

子题4-1-2-2：税法的内容是税收法律关系中最实质的东西，也是税法的灵魂。

子题4-1-2-3：征税对象是税收法律关系的客体。

子题4-1-3-1：区分不同税种的重要标志是征税对象。

子题4-1-3-2：税目是征税对象的具体化。

子题4-1-3-3：税率是计算税额的尺度。

子题4-1-3-4：属于我国税法规定的税率形式有比例税率、累进税率、定额税率。

子题4-1-3-5：增值税纳税人销售额未达到起征点的，免征增值税。(√)

子题4-1-3-6：增值税纳税人销售额超过免征额的，全额征增值税。(×)

【现行税种与征收机关】

考查形式

子题4-1-4-1：由税务局负责征收和管理的税种有国内增值税、消费税；企业所得税；个人所得税；资源税；城镇土地使用税；城市维护建设税；印花税；土地增值税；房产税；车船税；车辆购置税；烟叶税；耕地占用税；契税；环境保护税；出口产品退税；非税收入和社会保险费的征收。

子题4-1-4-2：根据税收征收管理法律制度的规定，由海关代征的税款是关税、船舶吨税、代征的进口环节增值税、消费税。

第二节 增值税法律制度

【纳税人和扣缴义务人】

考查形式

子题4-2-1-1：除个体工商户以外的其他个人不属于增值税一般纳税人。(√)

子题4-2-1-2：年应征增值税销售额500万元以上或会计核算健全的，也可申请为一般纳税人。

子题4-2-1-3：小规模纳税人销售其取得的不动产不得自行对外开具增值税专用发票，但可以到税务机关代开专票。

子题4-2-1-4：登记为一般纳税人后不得转为小规模纳税人。

【征税范围】

考查形式

子题4-2-2-1：根据增值税法律制度的规定，应按照“销售货物”计缴增值税的是在中国境内有偿转让货物的所有权。

子题4-2-2-2：根据营业税改征增值税的相关规定，卫星电视信号落地转接服务，属于增值电信服务。(√)

子题4-2-2-3：属于增值税征税范围的有销售/进口货物、提供应税劳务、销售服务、销售无形资产/不动产。

子题4-2-3-1：甲公司聘用的全职司机为甲公司提供的驾驶服务，属于非经营活动，不征收增值税。

子题4-2-3-2：乙公司为其职工提供通勤班车服务，属于非经营活动，不征收增值税。

子题4-2-3-3：英国的丙航空公司将中国公民杨某从英国运送到美国，该航空运输服务完全发生在境外，无须向中国政府缴纳增值税。

子题4-2-4-1：应视同销售服务、无形资产或者不动产征收增值税的行为有单位或者个体工商户向其他单位或者个人无偿提供服务、转让无形资产或者不动产，但用于公益事业或者以社会公众为对象的除外；财政部和国家税务总局规定的其他情形。

子题4-2-4-2：丁房地产企业将底商用于抵偿工程款/无偿赠送给关联企业/用于出租/发放给职工，应视同销售，并征收增值税。

子题 4-2-4-3：戊公司将外购的水果发放给职工，不视同销售，并做进项税额转出。

子题 4-2-4-4：己公司将外购的机器设备分配给股东和投资者/无偿赠与其他个人/投资给其他单位，应视同销售，并征收增值税。

子题 4-2-5-1：纳税人销售活动板房、机器设备、钢结构件等自产货物的同时提供建筑、安装服务，不属于混合销售，应分别核算货物和建筑服务的销售额，分别适用不同的税率或者征收率。

子题 4-2-5-2：A公司销售货物同时提供运输服务，取得含税货物销售款11300元，含税运费113元，则该行为属于混合销售，A公司应按销售货物缴纳增值税，适用销售货物13%的税率。

子题 4-2-5-3：纳税人兼营行为中，未分别核算的，兼有不同税率和征收率的经营，从高适用税率。

子题 4-2-6-1：不应征收增值税的是根据国家指令无偿提供的铁路运输服务、航空运输服务，按规定用于公益事业的服务；存款利息；被保险人获得的保险赔付；代收的住宅专项维修资金；纳税人在资产重组过程中，通过合并、分立、出售、置换等方式，将全部或者部分实物资产以及与其相关联的债权、负债和劳动力一并转让给其他单位和个人，其中涉及的货物转让，不动产、土地使用权转让行为。

子题 4-2-6-2：被保险人获得的保险赔付不征收增值税。(√)

【税率和征收率】

考查形式

子题 4-2-7-1：根据增值税法律制度规定，增值税服务中，增值税税率为9%的是交通运输服务、邮政服务、基础电信服务、建筑服务、不动产租赁服务。

子题 4-2-7-2：根据增值税法律制度的规定，一般纳税人销售的货物中，适用9%增值税税率的有粮食等农产品、食用油、食用盐；自来水、暖气、冷气、热水、煤气、石油液化气、天然气、二甲醚、沼气、居民用煤炭制品；图书、报纸、杂志、音像制品、电子出版物；饲料、化肥、农药、农机、农膜等。

子题 4-2-7-3：境内的单位和个人销售的服务和无形资产中，适用增值税零税率的有国际运输服务；航天运输服务；向境外单位提供的完全在境外消费的研发服务；合同能源管理服务；设计服务；广播影视节目（作品）的制作和发行服务；软件服务；电路设计及测试服务；信息系统服务；业务流程管理服务；离岸服务外包业务；转让技术。

子题 4-2-7-4：纳税人提供国际运输服务，适用的增值税税率为零税率。

子题 4-2-8-1：一般纳税人可选择简易办法，按3%征收率征税的行为是县级及县级以下小型水力发电单位生产的电力；建筑用和生产建筑材料所用的砂、土、石料；以自己采掘的砂、土、石料或其他矿物连续生产的砖、瓦、石灰；用微生物、微生物代谢产物、动物毒素、人或动物的血液或组织制成的生物制品；自来水；商品混凝土。

子题 4-2-8-2：纳税人销售自用小汽车，按 3%减按 2%征收率征税。

子题 4-2-8-3：纳税人需按 5%征收率纳税的行为是转让、出租不动产；销售自行开发的房地产；提供劳务派遣服务，选择差额纳税的。

【销项税额】

考查形式

子题 4-2-9-1：销售额是指纳税人销售货物、提供应税劳务或者发生应税行为向购买方收取的全部价款和价外费用，但是不包括收取的销项税额。

子题 4-2-9-2：2019 年 5 月甲公司销售产品取得含增值税价款 113 000 元，另收取包装物租金 6 780 元。已知增值税税率为 13%，甲公司当月该笔业务增值税销项税额的算式为(113 000+6 780) ÷ (1+13%) ×13%=13 780 (元)。

子题 4-2-9-3：根据增值税法律制度的规定，纳税人销售货物向购买方收取的款项中，属于价外费用的有价外向购买方收取的手续费、补贴、基金、集资费、返还利润、奖励费、违约金、滞纳金、延期付款利息、赔偿金、代收款项、代垫款项、包装费、包装物租金、储备费、优质费、运输装卸费等。

子题 4-2-9-4：根据增值税法律制度的规定，一般纳税人收取的款项中，应并入销售额计算销项税额的有不含增值税的销售额和价外费用。

子题 4-2-10-1：需要核定销售额的情形包括纳税人发生视同销售行为，无销售额的；纳税人发生应税销售行为的价格明显偏低并无正当理由，由税务机关核定其销售额。

子题 4-2-10-2：甲服装厂为增值税一般纳税人，2019 年 4 月将自产的 100 件新型羽绒服作为福利发给本厂职工，该新型羽绒服生产成本为单件 1 130 元，增值税税率为 13%，成本利润为 10%。计算甲服装厂当月该笔业务增值税销项税额的算式为 100×1 130× (1+10%) ×13%=16 159 (元)。

子题 4-2-10-3：根据子题 4-2-10-2，甲服装厂的羽绒服同类含税销售价格为单件 2 260 元，则甲服装厂当月该笔业务增值税销项税额为 2 260×100÷ (1+13%) ×13%=26 000 (元)。

子题 4-2-10-4：根据子题 4-2-10-2，甲服装厂无同类羽绒服价格，市场上有同类羽绒服含税价格为 2 373 元，则甲服装厂当月该笔业务增值税销项税额为 2 373×100÷ (1+13%) ×13%=27 300 (元)。

子题 4-2-11-1：甲公司为增值税一般纳税人，2019 年 5 月采取商业折扣方式销售货物一批，该批货物不含税销售额为 90 000 元，折扣额为 9 000 元，销售额和折扣额在同一张发票上金额栏分别注明。已知增值税税率为 13%。甲公司当月该笔业务增值税销项税额的计算列式为(90 000−9 000) ×13%=10 530 (元)。

子题 4-2-11-2：根据子题 4-2-11-1，若销售额和折扣额在同一张发票上备注栏分别注明，则甲公司当月该笔业务增值税销项税额为 90 000×13%=11 700 (元)。

子题4-2-11-3：根据子题4-2-11-1，若销售额和折扣额在不同发票上金额栏注明，则甲公司当月该笔业务增值税销项税额为90 000×13%=11 700（元）。

子题4-2-12-1：纳税人采取以旧换新方式销售货物的，应当按新货物的同期销售价格确定销售额，不得扣减旧货物的收购价格。

子题4-2-12-2：纳税人采用以旧换新方式销售的金银首饰，应按实际收取的不含增值税的全部价款征收增值税。(√)

子题4-2-12-3：甲公司为增值税一般纳税人，当月采取以旧换新方式销售N型彩电500台，N型彩电同期不含增值税销售单价4 000元每台，旧彩电每台折价324.8元，甲公司销售N型彩电增值税销项税额为500×4 000×13%=260 000（元）。

子题4-2-12-4：乙首饰店为增值税一般纳税人，2019年5月采取“以旧换新”方式销售一批金项链。该批金项链不含增值税价款为130 000元，换回的旧项链作价120 000元，首饰店实际收取差价款10 000元，首饰店当月该笔业务增值税销项税额为10 000×13%=1 300（元）。

子题4-2-13-1：纳税人采取还本销售方式销售货物，其销售额就是货物的销售价格，不得从销售额中减除还本支出。

子题4-2-13-2：以物易物双方都应作购销处理。

子题4-2-13-3：甲贸易公司为增值税一般纳税人，2018年10月以不含税价格为15万元的玉米与乙公司不含税价格为8万元的罐头进行交换，差价款由乙公司以银行存款支付，双方均向对方开具增值税专用发票，假定当月取得的相关票据均符合税法规定，并在当月抵扣进项税额，甲贸易公司当月应缴纳增值税15×9%-8×13%=0.31（万元）。

子题4-2-14-1：包装物押金是含税收入，包装物租金属于价外费用，在销售货物时随同货款一并计算增值税款。

子题4-2-14-2：甲厂为增值税一般纳税人，2018年5月销售食品取得含增值税价款113万元，另收取包装物押金2.26万元。已知增值税税率为13%，甲厂当月销售食品应缴纳增值税为113÷（1+13%）×13%=13（万元）。

子题4-2-15-1：贷款服务适用全额计税。(√)

子题4-2-15-2：金融商品转让适用差额计税。(√)

【进项税额】

考查形式

子题4-2-16-1：一般纳税人购进货物、服务取得的合法凭证中，属于增值税扣税凭证的有增值税专用发票（含税控机动车销售统一发票）；海关进口增值税专用缴款书；农产品收购发票或者销售发票；代扣代缴税款的完税凭证；符合规定的国内运输旅客发票。

子题4-2-16-2：根据营业税改征增值税试点的相关规定，一般纳税人购进的服务中，准予抵扣进项税额的有取得增值税扣税凭证的服务。

子题 4-2-16-3：从境外单位或者个人购进服务、无形资产或者不动产，从税务机关或者扣缴义务人取得的解缴税款的代扣代缴税款的完税凭证上注明的增值税额准予抵扣。

子题 4-2-17-1：纳税人购进用于生产销售或委托加工 13%税率货物的农产品，按照 10%的扣除率计算进项税额。

子题 4-2-17-2：纳税人购进用于生产销售或委托加工 9%税率货物的农产品，按照 9%的扣除率计算进项税额。

子题 4-2-17-3：购进农产品除取得增值税专用发票或者海关进口增值税专用缴款书外，按照农产品收购发票或者销售发票上注明的农产品买价和扣除率计算进项税额。

子题 4-2-18-1：增值税一般纳税人购进的服务，不得抵扣进项税额的有贷款服务、餐饮服务、居民日常服务和娱乐服务。

子题 4-2-18-2：增值税一般纳税人租入固定资产既用于一般计税方法计税项目又用于简易计税方法计税项目。其进项税额准予从销项税额中全额抵扣。(√)

子题 4-2-19-1：已抵扣进项税额的固定资产或者无形资产发生税法规定的不得从销项税额中抵扣情形，按照下列公式计算不得抵扣的进项税额不得抵扣的进项税额＝固定资产或者无形资产净值×适用税率。

子题 4-2-19-2：适用一般计税方法的纳税人，兼营简易计税方法计税项目、免税项目而无法划分不得抵扣的进项税额的，按下列公式计算不得抵扣的进项税额不得抵扣的进项税额＝当月无法划分的全部进项税额×（当期简易计税方法计税项目销售额＋免征增值税项目销售额）÷当期全部销售额。

子题 4-2-20-1：一般纳税人发生应税行为可以选择适用简易计税方法计税的有公共交通运输服务；经认定的动漫企业为开发动漫产品提供的服务，以及在境内转让动漫版权；电影放映服务、仓储服务、装卸搬运服务、收派服务和文化体育服务；在纳入“营改增”试点之日前取得的有形动产为标的物提供的经营租赁服务、签订的尚未执行完毕的有形动产租赁合同。

【应纳税额的计算】

考查形式

子题 4-2-21-1：增值税一般纳税人应缴纳增值税税额的计算公式为当期应纳税额＝当期销项税额－当期准予抵扣的进项税额。

子题 4-2-21-2：计算增值税一般纳税人增值税销项税额的计算公式为销项税额＝不含增值税销售额×适用税率＝含税销售额÷（1＋适用税率）×适用税率。

子题 4-2-22-1：企业为增值税小规模纳税人，其计算应纳增值税税额的公式为应纳税额＝不含税销售额×征收率。

子题 4-2-22-2：一般纳税人发生财政部和国家税务总局规定的特定应税行为，可以选择适用简易计税方法计税，但一经选择，36 个月内不得变更。

子题 4-2-22-3：小规模纳税人或适用简易计税方式的一般纳税人购进货物支付的增值税款不得抵扣。

子题 4-2-23-1：纳税人进口货物，无论是一般纳税人还是小规模纳税人，均应按照组成计税价格和规定的税率计算应纳税额。

子题 4-2-23-2：如果进口货物不征收消费税，则上述公式中组成计税价格的计算公式为组成计税价格=关税完税价格+关税。

子题 4-2-23-3：如果进口货物征收消费税，则上述公式中组成计税价格的计算公式为组成计税价格=关税完税价格+关税+消费税=(关税完税价格+关税)÷(1-消费税税率)。

【税收优惠与征收管理】

考查形式

子题 4-2-24-1：根据增值税法律制度的规定，农业生产者销售自产农产品免征增值税。

子题 4-2-24-2：个人销售自建自用住房，应缴纳增值税。(×)

子题 4-2-24-3：增值税小规模纳税人月销售额不超过 10 万元（含）的，免征增值税。(√)

子题 4-2-24-4：根据增值税法律制度的规定，残疾组织进口的残疾人专用品免征增值税。(√)

子题 4-2-24-5：残疾人提供修理自行车劳务，应缴纳增值税。(×)

子题 4-2-25-1：委托代销的增值税纳税义务发生时间是收到代销清单或者收到全部或部分货款的当天。

子题 4-2-25-2：某房地产企业采取预收款方式销售不动产，其纳税义务发生时间为收到预收款当天。(√)

子题 4-2-26-1：总分机构不在同一县（市）的固定业户的申报纳税地点经批准，可以由总机构汇总向总机构所在地的主管税务机关申报。

子题 4-2-27-1：不能按照固定期限纳税的，可以按次缴纳。

子题 4-2-27-2：小规模纳税人和银行业金融机构按季度纳税。

子题 4-2-27-3：纳税人进口货物，应当自海关填发进口增值税专用缴款书之日起 15 日内缴纳税款。

【增值税专用发票使用规定】

考查形式

子题 4-2-28-1：纳税人不允许开具增值税专用发票的业务为零售（不包括劳保用品）；适用免税规定；向消费者个人销售。

子题 4-2-28-2：根据增值税法律制度的规定，关于增值税专用发票记账联用途的正确表述是销售方核算销售收入和增值税销项税额的记账凭证。

第三节 消费税法律制度

【征税范围和税目】

考查形式

子题 4-3-1-1：根据消费税法律制度的规定，属于消费税征税范围的有/应缴纳消费税的情形是生产并销售、委托加工、进口应税消费品的行为。

子题 4-3-1-2：根据消费税法律制度的规定，在零售环节加征消费税的是超豪华小汽车。

子题 4-3-1-3：属于消费税纳税人的是在中国境内生产并销售、委托加工、进口应税消费品的单位和个人。

子题 4-3-2-1：根据消费税法律制度规定，属于征收消费税的税目是烟、酒、高档化妆品、贵重首饰及珠宝玉石、鞭炮焰火、成品油、摩托车、小汽车、高尔夫球及球具、高档手表、游艇、木制一次性筷子、实木地板、电池、涂料。

子题 4-3-2-2：不按照“高档化妆品”税目计征消费税的是演员用的“油彩、上妆油、卸妆油”。

子题 4-3-2-3：购进中轻型商用客车整车改装生产的汽车，不征收消费税。(×)

子题 4-3-2-4：实行从量定额与从价定率相结合的复合计征办法征收消费税的有卷烟、白酒。

子题 4-3-2-5：采用从量计征办法计缴消费税的有啤酒、黄酒、成品油。

子题 4-3-2-6：雪茄烟适用从价定率和从量定额相结合的复合计征办法征收消费税。(×)

【应纳税额的计算】

考查形式

子题 4-3-3-1：2019 年 5 月啤酒厂生产啤酒 150 吨，销售 100 吨，取得不含增值税销售额 30 万元，增值税税额 3.9 万元。当月销售啤酒消费税计税依据为 100 吨。

子题 4-3-3-2：关于应税消费品销售额的正确表述是指纳税人销售应税消费品向购买方收取的全部价款和价外费用，不包括应向购买方收取的增值税税款。

子题 4-3-3-3：自产自用应税消费品的销售数量为应税消费品的移送使用数量。

子题 4-3-4-1：纳税人通过自设非独立核算门市部销售的自产应税消费品，应当按照门市部对外销售额或者销售数量征收消费税。(√)

子题4-3-4-2：根据消费税法律制度的规定，应当以纳税人同类应税消费品的最高销售价格作为计税依据计算缴纳消费税的是纳税人用于换取生产资料和消费资料、投资入股和抵偿债务等方面的应税消费品。

子题4-3-4-3：甲汽车厂将1辆生产成本5万元的自产小汽车用于抵偿债务，同型号小汽车不含增值税的平均售价10万元/辆，不含增值税最高售价12万元/辆。已知小汽车消费税税率为5%。甲汽车厂该笔业务应缴纳消费税税额的计算列式为12×5%=0.6（万元）。

子题4-3-4-4：根据消费税法律制度的规定，酒厂生产销售白酒收取的款项中，应并入销售额缴纳消费税的有酒厂向商业销售单位收取的品牌使用费、包装物押金等。

子题4-3-4-5：红酒生产企业销售红酒收取的包装物押金应并入红酒销售额，征收消费税。（√）

子题4-3-4-6：金银首饰与其他产品组成成套消费品销售的，按销售全额征收消费税。（√）

子题4-3-5-1：某木地板厂为增值税一般纳税人。2019年4月15日向某建材商场销售实木地板一批，取得含增值税销售额101.7万元。已知实木地板适用的增值税税率为13%，消费税税率为5%。该厂当月应纳消费税税额为4.5万元。

子题4-3-5-2：某石化公司2017年6月销售汽油1 000吨，柴油500吨，另向本公司在建工程车辆提供汽油5吨。已知汽油1吨=1 388升，柴油1吨=1 176升；汽油的定额税率为1.52元/升，柴油的定额税率为1.2元/升。该公司当月应纳消费税税额为282.590 88万元。

子题4-3-5-3：某卷烟生产企业为增值税一般纳税人，2017年2月销售乙类卷烟1 500标准条，取得含增值税销售额84 750元。已知乙类卷烟消费税比例税率为36%，定额税率为0.003元/支，每标准条有200支，增值税税率为13%。该企业当月应纳消费税税额为27 900元。

子题4-3-6-1：某化妆品厂是增值税一般纳税人，其将自产的高档化妆品移送生产普通护肤品，并于当月全部销售，取得不含增值税销售价款100 000元。已知，该化妆品厂没有同类高档化妆品的销售价格，该批高档化妆品的成本为60 000元，成本利润率为5%，消费税税率为15%。应纳消费税为11 117.65元。

子题4-3-6-2：甲卷烟厂为增值税一般纳税人，受托加工一批烟丝，委托方提供的烟叶成本47 460元，甲卷烟厂收取含增值税加工费2 373元。已知增值税税率为13%，消费税税率为30%，无同类烟丝销售价格，计算甲卷烟厂该笔业务应代收代缴消费税税额的算式为[47 460+2 373÷（1+13%）]÷（1−30%）×30%。

子题4-3-6-3：某汽车贸易公司2017年4月从国外进口小汽车50辆，海关核定的每辆小汽车关税完税价为28万元，已知小汽车关税税率为20%，消费税税率为25%。该公司进口小汽车应纳消费税税额为560万元。

子题4-3-7-1：企业将外购已税高档化妆品原料用于连续生产高档化妆品，已缴纳的消费税准予扣除。（√）

子题4-3-7-2：企业用委托加工已税高档手表为原料生产的高档手表，已缴纳的消费税准予扣除。（×）

【征收管理】

考查形式

子题 4-3-8-1：纳税人采取预收货款结算方式销售应税消费品的，其纳税义务发生时间为发出应税消费品的当天。

子题 4-3-8-2：纳税人自产自用应税消费品的，其纳税义务发生时间为应税消费品使用当天。(×)

子题 4-3-9-1：纳税人销售应税消费品的消费税纳税地点为机构所在地或者居住地的主管税务机关。

子题 4-3-9-2：委托加工的应税消费品，除受托方为个人以外，应由受托方在向委托方交货时代收代缴消费税。(√)

子题 4-3-9-3：甲公司为增值税一般纳税人，机构所在地在 S 市。2017 年 2 月，在 S 市销售货物一批，在 W 市报关进口货物一批，接受 Y 市的客户委托加工应缴纳消费税的货物一批。甲公司上述业务的纳税地点为S 市主管税务机关、W 市海关、S 市主管税务机关。

子题 4-3-10-1：纳税人进口应税消费品，应当自海关填发海关进口消费税专用缴款书之日起 15 日内缴纳税款。

第五章　企业所得税、个人所得税法律制度

第一节　企业所得税法律制度

【征税对象】

考查形式

子题 5-1-1-1：在中国境内设立机构、场所且取得的所得与其所设机构、场所有实际联系的非居民企业，适用的企业所得税税率为 20%。(×)

子题 5-1-1-2：依照中国法律在中国境内设立的企业，不属于企业所得税纳税人的有个体工商户、个人独资企业和合伙企业。

子题 5-1-1-3：有来源于中国境内所得的企业中，属于非居民企业的是依照外国法律、法规成立且实际管理机构不在中国境内，但在中国境内设立机构、场所的，或者在中国境内未设立机构场所，但有来源于中国境内所得的企业。

子题 5-1-2-1：动产转让所得的企业所得税来源地按照转让动产的企业或者机构、场所所在地确定。(√)

子题 5-1-2-2：企业所得税纳税人转让不动产所得按照机构、场所所在地确定。(×)

【收入】

考查形式

子题5-1-3-1：根据企业所得税法律制度的规定，属于企业取得收入的货币形式的有现金、存款、应收账款、应收票据、准备持有至到期的债券以及债务的豁免等。

子题5-1-3-2：在计算企业所得税应纳税所得额时，应计入收入总额的有销售货物收入、提供劳务收入、转让财产收入、股息、红利等权益性投资收益、利息收入、租金收入、特许权使用费收入、接受捐赠收入、其他收入。

子题5-1-3-3：提供专利权使用权取得的收入，属于特许权使用费收入。

子题5-1-4-1：应视同销售货物的有企业发生非货币性资产交换，以及将货物、财产、劳务用于捐赠、偿债、赞助、集资、广告、样品、职工福利或者利润分配等用途的。

子题5-1-4-2：企业接受捐赠收入的，关于收入确认/实现时间的正确表述是按照合同约定的捐赠日期确认收入的实现。

子题5-1-4-3：甲公司销售产品，由于购买数量多，甲公司给予购买方9折优惠，销售额和折扣额在同一张发票金额栏分别列示，销售额为含税价格4.52万元，则甲公司应确认的产品销售收入为3.6万元。

子题5-1-4-4：关于采用托收承付方式下销售商品收入金额确定的表述中，正确的是办妥托收手续时确认收入。

子题5-1-4-5：根据企业所得税法律制度的规定，属于不征税收入的是财政拨款；依法应纳入财政管理的行政事业性收费、政府性基金；国务院规定的其他不征税收入。

子题5-1-4-6：根据企业所得税法律制度的规定，属于免税收入的是国债利息收入；符合规定的股息、红利等权益性投资收益；符合条件的非营利组织的收入。

【税前扣除项目】

考查形式

子题5-1-5-1：根据企业所得税法律制度的规定，企业缴纳的税金中，不得在计算企业所得税应纳税所得额时扣除的有准予扣除的增值税、企业所得税。

子题5-1-5-2：甲企业2018年发生合理的工资薪金支出100万元，发生职工福利费18万元，职工教育经费1.5万元。根据企业所得税法律制度的规定，甲企业计算2018年企业所得税应纳税所得额时，准予扣除的职工福利费和职工教育经费金额合计为15.5万元。

子题5-1-5-3：2019年5月，甲公司向非关联企业乙公司借款100万元用于生产经营，期限为半年，双方约定年利率为10%，已知甲、乙公司都是非金融企业，金融企业同期同类贷款年利率为7.8%，甲公司在计算当年企业所得税应纳税所得额时，准予扣除的利息费用为7.8万元。

子题 5-1-5-4：甲公司 2018 年实现会计利润总额 300 万元，预缴企业所得税税额 60 万元，在“营业外支出”账目中列支了通过公益性社会团体向灾区的捐款 38 万元。已知企业所得税税率为 25%，计算甲公司当年应补缴企业所得税税额的算式为[300+(38−300×12%)] ×25%−60=15.5（万元）。

子题 5-1-5-5：甲公司 2018 年度取得销售货物收入 1 000 万元，发生的与生产经营活动有关的业务招待费支出 6 万元，已知在计算企业所得税应纳税所得额时，业务招待费支出按照发生额的 60%扣除，但最高不得超过当年销售（营业）收入的 5‰。甲公司在计算 2018 年度企业所得税应纳税所得额时，准予扣除的业务招待费支出为 3.6 万元。

子题 5-1-5-6：甲企业是服装制造企业，2019 年取得销售收入 3 000 万元，广告费支出 400 万元，上年结转广告费 60 万元。根据企业所得税法律制度的规定，甲企业 2018 年准予扣除的广告费是 450 万元。

子题 5-1-5-7：根据企业所得税法律制度的规定，准予在以后纳税年度结转扣除的有职工教育经费、广告和业务宣传费、符合规定的捐赠支出、亏损弥补。

子题 5-1-5-8：根据企业所得税法律制度，保险企业发生的手续费及佣金支出企业所得税进行税前扣除的比例为 18%。

子题 5-1-6-1：根据企业所得税法律制度的规定，在计算企业所得税应纳税所得额时，不得扣除的是向投资者支付的股息、红利等权益性投资收益款项；企业所得税税款；税收滞纳金；罚金、罚款和被没收财物的损失；超过规定标准的公益性捐赠支出及所有非公益性捐赠支出；赞助支出；未经核定的准备金支出；企业之间支付的管理费、企业内营业机构之间支付的租金和特许权使用费，以及非银行企业内营业机构之间支付的利息；与取得收入无关的其他支出。

【资产的税务处理】

考查形式

子题 5-1-7-1：根据企业所得税法律制度的规定，在计算企业所得税应纳税所得额时不得计算折旧扣除的固定资产有房屋、建筑物以外未投入使用的固定资产；以经营租赁方式租入的固定资产；以融资租赁方式租出的固定资产；已足额提取折旧仍继续使用的固定资产；与经营活动无关的固定资产；单独估价作为固定资产入账的土地。

子题 5-1-7-2：应以同类固定资产的重置完全价值为计税基础的是盘盈的固定资产。

子题 5-1-7-3：固定资产折旧的正确处理是企业应当自固定资产投入使用月份的次月起计算折旧；停止使用的固定资产，应当自停止使用月份的次月起停止计算折旧。

子题 5-1-7-4：甲公司为增值税小规模纳税人，2019 年 4 月购入一台生产用机器设备，取得增值税普通发票注明金额 60 万元、税额 7.8 万元；支付安装费，取得增值税普通发票注明金额 2 万元、税额 0.18 万元。计算甲公司该台机器设备企业所得税计税基础的算式为 60+7.8+2+0.18=69.98（万元）。

子题5-1-7-5：根据企业所得税法律制度的规定，运输货物的大卡车最低折旧年限是4年。

子题5-1-8-1：停止使用的生产性生物资产，应当自停止使用的当月起停止计算折旧。(×)

子题5-1-8-2：外购的生产性生物资产，以购买价款和支付的相关税费为企业所得税的计税基础。(√)

子题5-1-8-3：根据企业所得税法律制度的规定属于生产性生物资产的有经济林、薪炭林、产畜和役畜。

子题5-1-8-4：应当以该资产的公允价值和支付的相关税费为计税基础的无形资产有通过捐赠、投资、非货币性资产交换、债务重组等方式取得的无形资产。

子题5-1-8-5：根据企业所得税法律制度的规定，属于长期待摊费用的有已足额提取折旧的固定资产；租入固定资产的改建支出；固定资产的大修理支出。

【应纳税额的计算】

考查形式

子题5-1-9-1：计算×公司20××年度企业所得税应纳税所得额的算式为应纳税所得额=收入总额-不征税收入-免税收入-各项扣除-以前年度亏损。

子题5-1-9-2：计算×公司20××年度企业所得税应纳税额的等式为应纳税额=应纳税所得额×适用税率-减免税额-抵免税额。

子题5-1-9-3：甲公司2018年度企业所得税应纳税所得额为1 000万元，减免税额10万元，抵免税额为20万元。已知企业所得税税率为25%，甲公司当年企业所得税应纳税额的计算列式为1 000×25%-10-20=220（万元）。

子题5-1-10-1：关于甲公司2018年度接受捐赠原材料企业所得税纳税调整的表述中，正确的是应将材料价值及其相关税费金额，进行纳税调增。

子题5-1-10-2：关于甲公司2018年度发生的未形成无形资产的研究开发费用在企业所得税纳税调整的表述中，正确的是研发费用在原扣除的基础上可以加计扣除75%，进行纳税调减。

子题5-1-10-3：计算×公司20××年度应补缴企业所得税税款的算式为应补缴企业所得税税款=应纳税额-预缴企业所得税额。

【税收优惠与征收管理】

考查形式

子题5-1-11-1：企业从事花卉种植、海水养殖的所得，减半征收企业所得税。(√)

子题5-1-11-2：根据企业所得税法律制度的规定，企业从事下列项目的所得，免征企业所得税的有农、林、牧、渔；居民企业“500万元”以内的“技术转让”所得；

合格境外机构投资者境内转让股票等权益性投资资产所得；外国政府向中国政府提供贷款取得的利息所得；国际金融组织向中国政府和居民企业提供优惠贷款取得的利息所得。

子题 5-1-11-3：可以在计算企业所得税应纳税所得额时加计扣除的支出有研发费用、残疾人工资。

子题 5-1-11-4：创业投资企业采取股权投资方式投资于未上市的中小高新技术企业两年以上的，可以按照其投资额的 70%在股权持有满两年的当年抵扣该创业投资企业的应纳税所得额。

子题 5-1-11-5：根据企业所得税法律制度的规定，不适用研究开发费用税前加计扣除政策的行业有烟草制造业；住宿和餐饮业；批发和零售业；房地产业；租赁和商务服务业；娱乐业。

子题 5-1-12-1：企业在年度中间终止经营活动的，应当自实际经营终止之日起60日内，向税务机关办理当期企业所得税汇算清缴。(√)

子题 5-1-12-2：企业在一个纳税年度中间开业，或者终止经营活动，使该纳税年度的实际经营期不足12个月的，应当以实际经营期为1个纳税年度。(√)

子题 5-1-12-3：根据企业所得税法律制度的规定，企业应当自纳税年度终了之日起一定期限内，向税务机关报送年度企业所得税纳税申报表，并汇算清缴，结清应缴应退税款，该期限为 5个月。

第二节　个人所得税法律制度

【纳税人和所得来源的确定】

考查形式

子题 5-2-1-1：居民纳税人是指在中国境内有住所或无住所但居住累计满 183 天的纳税人。

子题 5-2-1-2：居民纳税人境内所得是否需要缴纳个人所得税：需要缴纳。

子题 5-2-1-3：非居民纳税人的境外所得是否需要缴纳个人所得税：不需要缴纳。

子题 5-2-1-4：非居民纳税人负有有限纳税义务。

子题 5-2-1-5：一个纳税年度是指自公历1月1日起至12月31日止。

子题 5-2-2-1：许可各种特许权在中国境内使用而取得的所得属于来源中国境内所得。

【应税所得项目】

考查形式

子题 5-2-3-1：现行个人所得税，分为工资薪金所得，劳务报酬所得，稿酬所得，特许权使用费所得，经营所得，利息、股息、红利所得，财产租赁所得，财产转让所得，偶然所得应税项目。

子题 5-2-4-1：津贴、补贴是否属于工资薪金范畴：属于。

子题 5-2-4-2：差旅费津贴、误餐补助是否需要缴纳个税：不缴纳个税。

子题 5-2-4-3：离退休人员再任职按工资薪金所得税目征收个人所得税。

子题 5-2-4-4：离退休人员从原任职单位取得补贴、奖金、实物是否需要缴纳个税：需要缴纳个税。

子题 5-2-4-5：兼职律师从律所取得工资薪金，是否可以减除其他费用：不可以减除其他费用。

子题 5-2-4-6：非营利性研发机构和高校，科技成果转让收入中的现金奖励，减按 50%计入工资薪金所得。

子题 5-2-4-7：演员在外演出取得所得按劳务报酬所得税目征收个人所得税。

子题 5-2-4-8：稿酬所得是指作品以图书、报刊形式出版、发表。

子题 5-2-4-9：证券经纪人、个人保险代理人取得佣金，扣除 25%的展业成本。

子题 5-2-4-10：不以图书、报刊形式出版、发表的翻译、审稿、书画所得按劳务报酬所得计税。

子题 5-2-4-11：杂志社记者发表作品属于工资薪金所得。

子题 5-2-4-12：出版社的专业作者以图书形式出版而取得的稿费收入，属于稿酬所得。

子题 5-2-4-13：作者去世后，财产继承人取得的遗作稿酬，属于稿酬所得。

子题 5-2-4-14：特许权使用费所得包括专利权、商标权、著作权、非专利技术以及其他特许权的使用权取得的所得。

子题 5-2-4-15：作者拍卖“手稿原件或复印件”属于特许权使用费所得。

子题 5-2-4-16：编剧取得的“剧本使用费”属于特许权使用费所得。

子题 5-2-4-17：综合所得是指工资薪金所得、劳务报酬所得、稿酬所得和特许权使用费所得。

子题 5-2-4-18：合伙企业缴纳个人所得税。

子题 5-2-4-19：持有上市公司股票期限在 1 个月以上至 1 年（含 1 年）取得的股息，暂减按 50%计入应纳税所得额。

子题 5-2-4-20：个人从上市公司取得的持有期一年以上的股息、红利免税。

子题 5-2-4-21：个人取得的财产转租收入属于财产租赁所得。

子题 5-2-4-22：转让限售股属于财产转让所得。

子题 5-2-4-23：单张有奖发票奖金不超过“800（含）元”暂免征收个人所得税。

子题 5-2-4-24：彩票一次中奖收入“在 1 万元以上”全额征收个人所得税。

子题 5-2-4-25：出租汽车经营单位对驾驶员采取单车承包、承租的，驾驶员从事客货营运取得的收入按“工资薪金所得”征税。

子题 5-2-4-26：出租车属个人所有，但挂靠出租汽车经营单位或企事业单位，驾驶员向挂靠单位缴纳管理费的，或出租汽车经营单位将出租车所有权转移给驾驶员的，按“经营所得”征税。

【税率和应纳税额的计算】

考查形式

子题 5-2-5-1：个人出租住房所得暂按 10%征收个人所得税。

子题 5-2-5-2：纳税人的综合所得适用七级超额累进税率征收个人所得税。

子题 5-2-6-1：特许权使用费所得的收入额是按收入减除 20%的费用后的余额计算。

子题 5-2-6-2：稿酬所得收入额减按 70%计算。

子题 5-2-6-3：非居民个人取得的劳务报酬属于同一事项连续取得收入的，以一个月内取得的收入为一次收入。

子题 5-2-6-4：同一作品再版取得的所得，应视为另一次稿酬所得计征个人所得税。

子题 5-2-6-5：同一作品在出版和发表时，以预付稿酬或分次支付稿酬等形式取得的收入，应合并计算为一次。

子题 5-2-6-6：专项扣除是指基本养老保险、基本医疗保险、失业保险等社会保险费和住房公积金等。

子题 5-2-6-7：专项附加扣除是指子女教育、继续教育、大病医疗、住房贷款利息、住房租金、赡养老人。

子题 5-2-6-8：子女教育费附加按照每个子女每月 1 000 元的标准定额扣除。

子题 5-2-6-9：养子女是否属于子女教育费附加的扣除范围：属于。

子题 5-2-6-10：子女教育费附加，父母可以选择由其中一方按扣除标准的 100%扣除，也可以选择由双方分别按扣除标准的 50%扣除，具体扣除方式在一个纳税年度内不能变更。

子题 5-2-6-11：在中国境内接受学历（学位）继续教育的支出，在学历（学位）教育期间按照每月 400 元定额扣除。

子题 5-2-6-12：同一学历（学位）继续教育的扣除期限不能超过 48 个月。

子题 5-2-6-13：接受技能人员职业资格继续教育、专业技术人员职业资格继续教育的支出，在取得相关证书的当年，按照 3 600 元定额扣除。

子题 5-2-6-14：在一个纳税年度内，纳税人发生的与基本医保相关的医药费用支出，扣除医保报销后个人负担（指医保目录范围内的自付部分）累计超过 15 000 元的部分，由纳税人在办理年度汇算清缴时，在 80 000 元限额内据实扣除。

子题 5-2-6-15：发生的首套住房贷款利息支出，在实际发生贷款利息的年度，按照每月 1 000 元的标准定额扣除，扣除期限最长不超过 240 个月。

子题 5-2-6-16：纳税人只能享受一套首套住房贷款的利息扣除。

子题 5-2-6-17：省会（首府）城市的租房租金专项扣除按照 1 500 元/月的标准定额扣除。

子题 5-2-6-18：住房租金支出由签订租赁住房合同的承租人扣除。

子题 5-2-6-19：发生的赡养老人专项支出，独生子女按照每月 2 000 元的标准定额扣除。

子题5-2-6-20：发生的赡养老人专项支出，非独生子女由其与兄弟姐妹分摊每月2 000元的扣除额度，每人分摊的额度不能超过每月1 000元。

子题5-2-6-21：被赡养人是指年满60岁的父母（生父母、继父母、养父母），以及子女均已去世的年满60岁的祖父母、外祖父母。

子题5-2-6-22：个体工商户经营所得的职工教育经费扣除比例：工资薪金总额的2.5%的标准内据实扣除。

子题5-2-6-23：经营所得的赞助支出是否可以在税前扣除：不得税前扣除。

子题5-2-6-24：代扣的个人所得税税款是否可以在税前扣除：不得税前扣除。

子题5-2-6-25：个体工商户经营所得的公益事业捐赠支出扣除比例：不超过应纳税所得额30%的部分可据实扣除。

子题5-2-6-26：对个人按市场价格出租的居民住房取得的所得，自2001年1月1日起暂减按10%的税率征收个人所得税。

子题5-2-6-27：财产租赁过程中发生的实际开支的修缮费用以800元为限。

子题5-2-6-28：股息、利息、红利所得以每次收入额为应纳税所得额。

子题5-2-6-29：偶然所得以每次收入额为应纳税所得额。

子题5-2-7-1：教育、扶贫、济困等公益慈善事业的捐赠支出的扣除限额标准：在应纳税所得额中按30%扣除。

子题5-2-7-2：向公益性青少年活动场所捐赠是否可以全额扣除：可以全额扣除。

【税收优惠】

考查形式

子题5-2-8-1：国债和国家发行的金融债券利息是否属于免税范围：属于。

子题5-2-8-2：退休工资是否属于免税范围：属于。

子题5-2-8-3：个人转让自用“5年以上”并且是家庭“唯一”“生活用房”取得的所得免征个人所得税。

子题5-2-8-4：省级人民政府、国务院部委和中国人民解放军军以上单位，以及外国组织、国际组织颁发的科学、教育、技术、文化、卫生、体育、环境保护等方面的奖金免征个人所得税。

子题5-2-8-5：外籍个人以现金形式或实报实销的住房补贴是否属于免税范围：不属于。

子题5-2-8-6：彩票一次中奖收入“在1万元以下”免征个人所得税。

子题5-2-8-7：上市公司个人股东转增股本，个人持股期限超过1年的，股息红利所得免征收个人所得税。

子题5-2-9-1：因严重自然灾害造成重大损失的，属于减税范畴。

【征收管理】

考查形式

子题 5-2-10-1：居民个人从两处或两处以上取得综合所得，且综合所得年收入额减去专项扣除余额超过 6 万元的需要进行汇算清缴。

子题 5-2-10-2：纳税年度内预缴税额高于应纳税额是否需要进行汇算清缴：不需要。

子题 5-2-10-3：居民个人取得综合所得需要办理汇算清缴，应在取得所得的次年 3 月 1 日至 6 月 30 日内办理。

子题 5-2-10-4：取得应税所得无扣缴义务人是否应依法自行纳税申报：是。

子题 5-2-10-5：因移居境外注销中国户籍的个人应在户籍所在地纳税申报。

子题 5-2-10-6：纳税人取得经营所得的，应在月度或季度终了后 15 日内预缴。

子题 5-2-10-7：纳税人取得经营所得的，应在次年 3 月 31 日前办理汇算清缴。

子题 5-2-10-8：纳税人进行纳税申报方式有远程办税端、邮寄等方式申报，也可以直接到主管税务机关申报。

子题 5-2-11-1：扣缴义务人每月或者每次预扣、代扣的税款，应当在次月 15 日内缴入国库。

第六章　其他税收法律制度

第一节　关于房地的小税种

【房产税】

考查形式

子题 6-1-1-1：房产产权未确定以及租典纠纷未解决的，暂不征收房产税。(×)

子题 6-1-1-2：张某将个人拥有产权的房屋出典给李某，则李某为该房屋房产税的纳税人。(√)

子题 6-1-1-3：根据房产税法律制度的规定，不属于房产税征税范围的房屋是农村的房屋。

子题 6-1-2-1：2018 年甲公司的房产原值为 1 000 万元，已计提折旧 400 万元。已知从价房产税税率为 1.2%，当地规定的房产税扣除比例为 30%。甲公司当年应缴纳房产税税额的计算式为 1 000×（1−30%）×1.2%＝8.4（万元）。

子题 6-1-2-2：甲公司厂房原值 500 万元，已提折旧 200 万元，已知房产原值减除比例为 30%；房产税从价征税率为 1.2%，计算甲公司年度应缴纳房产税税额的算式为 500×（1−30%）×1.2%＝4.2（万元）。

子题 6-1-2-3：2016 年 7 月 1 日，甲公司出租商铺，租期半年。一次性收取含增值税租金 126 000 元，已知增值税征收率 5%，房产税从租计征的税率为 12%，计算甲公司出租商铺应纳税额的算式为 126 000÷（1＋5%）×12%＝14 400（元）。

子题6-1-2-4：某企业一幢房产原值600 000元，已知房产税税率为1.2%，当地规定的房产税扣除比例为30%，该房产年度应缴纳的房产税税额为5 040元。

子题6-1-3-1：宗教寺庙、公园、名胜古迹自用的房产减半征收房产税。(×)

子题6-1-3-2：企业拥有并运营管理的大型体育场馆，其用于体育活动的房产免征房产税。(×)

子题6-1-3-3：房地产开发企业建造的商品房，在出售前，不征收房产税，但对出售前房地产开发企业已使用或出租、出借的商品房应按规定征收房产税。(√)

子题6-1-4-1：甲公司委托某施工企业建造一幢办公楼，工程于2018年12月完工，2019年1月办妥（竣工）验收手续，4月付清全部工程价款。根据房产税法律制度的规定，甲公司对此幢办公楼房产税的纳税义务发生时间是2019年2月。

子题6-1-4-2：纳税人将原有房产用于生产经营，从生产经营下月起，缴纳房产税。(×)

【城镇土地使用税】

考查形式

子题6-1-5-1：根据城镇土地使用税法律制度的规定，应缴纳城镇土地使用税的城市用地有凡在城市、县城、建制镇、工矿区范围内的土地，不论是国家所有土地，还是集体所有土地，都属于城镇土地使用税的征税范围。

子题6-1-5-2：根据城镇土地使用税法律制度的规定，关于城镇土地使用税纳税人的正确表述是城镇土地使用税由拥有土地使用权的单位或者个人缴纳；拥有土地使用权的纳税人不在土地所在地的，由"代管人或者实际使用人"缴纳；土地使用权未确定或者权属纠纷未解决的，由"实际使用人"纳税；土地使用权共有的，共有各方均为纳税人，由共有各方按实际使用土地的面积占总面积的比例分别缴纳。

子题6-1-5-3：拥有土地使用权的纳税人不在土地所在地的，由代管人或实际使用人缴纳城镇土地使用税。(√)

子题6-1-6-1：甲贸易公司位于市区，实际占地面积为5 000平方米，其中办公区占地4 000平方米，生活区占地1 000平方米，甲贸易公司还有一处位于农村的仓库，实际面积为1 500平方米。已知城镇土地使用税适用税率每平方米税额为5元。计算甲贸易公司全年应缴纳城镇土地使用税税额的算式为5 000×5=25 000（元）。

子题6-1-7-1：根据城镇土地使用税法律制度的规定，企业生活区用地不属于城镇土地使用税免税项目。(√)

子题6-1-7-2：根据城镇土地使用税法律制度的规定，对火电厂厂区围墙外的灰场、输灰管、输油（气）管道、铁路专用线用地，免征城镇土地使用税。(×)

子题6-1-7-3：根据城镇土地使用税法律制度的规定，水库管理部门的办公用地属于城镇土地使用税免税范围。(×)

子题6-1-7-4：根据城镇土地使用税法律制度的规定，不征收城镇土地使用税的土地是农村的集体所有土地。

子题 6－1－8－1：根据城镇土地使用税法律制度的规定，纳税人以出让方式有偿取得土地使用权，应从合同约定交付土地使用时间的次月起缴纳城镇土地使用税。（√）

子题 6－1－8－2：纳税人购置新建商品房，自房屋交付使用当月缴纳城镇土地使用税。（×）

子题 6－1－8－3：根据城镇土地使用税法律制度的规定，缴纳了耕地占用税的，从批准征用之日起满 1 年后征收城镇土地使用税。（√）

【耕地占用税】

考查形式

子题 6－1－9－1：建设直接为农业生产服务的生产设施占用税法规定的农用地的，不征收耕地占用税。（√）

子题 6－1－9－2：根据耕地占用税法律制度的规定，免征耕地占用税的有军事设施、学校、幼儿园、社会福利机构、医疗机构。

子题 6－1－9－3：根据耕地占用税法律制度的规定，县级以上人民政府教育行政部门登记注册或者备案的幼儿园内专门用于幼儿保育、教育的场所免征耕地占用税。（√）

子题 6－1－9－4：根据耕地占用税法律制度的规定，经批准建设的港口内供船舶进出、停靠以及旅客上下、货物装卸的场所免征耕地占用税。（×）

子题 6－1－9－5：经批准设立的养老机构内专门为老年人提供生活照顾的场所免征耕地占用税。（√）

子题 6－1－9－6：纳税人改变占地用途，不再属于免征或减征情形的，应自改变用途之日起 30 日内申报补缴税款，补缴税款按改变用途的实际占用耕地面积和改变用途时当地适用税额计算。

子题 6－1－9－7：根据耕地占用税法律制度的规定，铁路、公路、飞机场跑道、停机坪、水利工程、港口、航道属于减半征收范围。（×）

第二节　房地权属转移

【契税】

考查形式

子题 6－2－1－1：根据契税法律制度的规定，属于契税纳税人的是我国境内承受土地、房屋权属的单位和个人。

子题 6－2－1－2：根据契税法律制度的规定，属于契税征收范围的是国有土地使用权出让；土地使用权转让；房屋买卖、赠与、交换；视同应税行为。

子题 6－2－1－3：张某转让位于市区的一套自有房产，该交易涉及的契税应由张某申报缴纳。（×）

子题6-2-1-4：张某将自有房屋对外出租，不缴纳契税。（√）

子题6-2-1-5：根据契税法律制度的规定，不征收契税的是土地、房屋典当、继承、分拆（分割）、"抵押"以及出租等行为。

子题6-2-1-6：房屋抵押不属于契税的征税范围。（√）

子题6-2-2-1：2019年10月陈某与李某互换房屋，经房地产评估机构评估，陈某房屋价值220万元，李某房屋价值180万元，李某向陈某支付差价40万元，该房屋交换行为缴纳契税的计税依据是40万元。

子题6-2-2-2：2016年2月周某以150万元价格出售自有住房一套，购进价格200万元住房一套。已知契税适用税率为5%，计算周某上述行为应缴纳契税税额的算式为200×5%=10（万元）。

子题6-2-2-3：2016年10月王某购买一套住房，支付房价97万元，增值税税额8.73万元，已知契税适用税率为3%，计算王某应缴纳契税税额的算式为97×3%=2.91（万元）。

子题6-2-3-1：国家机关承受房屋用于办公，免征契税。（√）

子题6-2-3-2：纳税人承受荒山、荒沟、荒丘、荒滩土地使用权，用于农、林、牧、渔业生产的，免征契税。（√）

子题6-2-3-3：城镇职工按规定第一次购买公有住房的免征契税。（√）

子题6-2-3-4：纳税人应当自纳税义务发生之日起15日内应向土地、房屋所在地的税收征收就按办理纳税申报，并在税收征收机关核定的期限内缴纳税款。（×）

【土地增值税】

考查形式

子题6-2-4-1：根据土地增值税法律制度的规定，属于土地增值税纳税人的是转让国有土地使用权、地上建筑物及其附着物（简称转让房地产）并取得收入的单位和个人。

子题6-2-4-2：根据土地增值税法律制度的规定，属于土地增值税征税范围的是出让与转让、赠与、整体改制重组、合并分立、投资联营、房屋交换、抵押。

子题6-2-5-1：根据地方增值税法律制度的规定，在计算土地增值税计税依据时，应列入房地产开发成本的有土地征用及拆迁补偿费（含耕地占用税）、前期工程费、建筑安装工程费、基础设施费、公共配套设施费和开发间接费用。

子题6-2-5-2：纳税人建造普通标准住宅出售，增值额超过扣除项目金额20%的，应按全部增值额计算缴纳土地增值税。（√）

子题6-2-5-3：甲房地产公司2015年销售自行开发的商业房地产项目，取得收入20 000万元，准予从房地产转让收入额减除的扣除项目金额12 000万元。已知土地增值税税率为40%，速算扣除系数为5%，甲房地产公司该笔业务应缴纳土地增值税税额的计算列式为(20 000−12 000)×40%−12 000×5%=2 600（万元）。

子题6-2-5-4：根据土地增值税法律制度的规定，在计算土地增值税计税依据时不允许扣除的是对于超过贷款期限的利息部分在计算土地增值税时不允许扣除。

子题6-2-6-1：房地产开发项目中同时包含普通住宅和非普通住宅的，应分别计算土地增值税的增值额。(√)

子题6-2-6-2：根据土地增值税法律制度的规定，免征土地增值税的是纳税人建造普通标准住宅出售，增值额未超过扣除项目金额20%；转让旧房作为公共租赁住房房源且增值额未超过扣除项目金额20%。

子题6-2-6-3：根据土地增值税法律制度的规定，不属于纳税人应当进行土地增值税清算的是房地产开发项目（包含普通住宅和非普通住宅）全部竣工、完成销售；整体转让未竣工决算房地产开发项目；直接转让土地使用权。

【印花税】

考查形式

子题6-2-7-1：根据印花税法律制度的规定，属于印花税征税范围的有合同类，产权转移书据，营业账簿，权利、许可证照，证券交易。

子题6-2-7-2：甲公司与乙公司签订买卖合同，合同约定丙为担保人，丁为鉴定人。关于该合同印花税纳税人的正确表述是甲、乙为纳税人。

子题6-2-7-3：根据印花税法律制度的规定，属于印花税纳税人的有书立合同的当事人、领受人和使用人。

子题6-2-8-1：根据印花税法律制度的规定，下列各项中，以件数为印花税计税依据的是不动产权证书、营业执照、商标注册证、专利证书。

子题6-2-8-2：根据印花税法律制度的规定，应税产权转移书据的计税依据，为产权转移书据列明的价款，不包括增值税税款。(√)

子题6-2-9-1：甲公司向乙公司租赁2台起重机并签订租赁合同，合同注明起重机总价值为80万元，租期为2个月，每台每月租金2万元。已知租赁合同适用的印花税税率为1‰。根据印花税法律制度的规定，甲公司和乙公司签订该租赁合同共计应缴印花税160元。

子题6-2-9-2：根据印花税法律制度的规定，按件贴花的是权利、许可证照。

子题6-2-9-3：纳税人签订的商品房销售合同应按照“产权转移书据”税目计缴印花税。(√)

子题6-2-10-1：根据印花税法律制度的规定，印花税季度、年末终了之日起15日内申报并缴纳税款。(√)

子题6-2-10-2：纳税人已履行并贴花的合同，发现实际结算金额与合同所载金额不一致的，一般不再补贴印花。(√)

第三节 关于车船的小税种

【车船税】

考查形式

子题6-3-1-1：根据车船税法律制度的规定，不属于车船税征税范围的是拖拉机。

子题6-3-1-2：根据车船税法律制度的规定，应缴纳车船税的是依法应当在车船登记管理部门登记的机动车辆和船舶；依法不需要在车船登记管理部门登记的在单位内部场所行驶或者作业的机动车辆和船舶。

子题6-3-1-3：甲钢铁厂依法不需要在车船登记管理部门登记的在单位内部场所行驶的机动车辆，属于车船税的征税范围。(√)

子题6-3-2-1：甲公司2016年拥有机动船舶10艘，每艘净吨位为150吨，非机动驳船5艘，每艘净吨位为80吨，已知机动船舶适用年基准税额为每吨3元。计算甲公司当年应缴纳车船税税额的计算式为 10×150×3+5×80×3×50%=5 100（元）。

子题6-3-2-2：根据车船税法律制度的规定，以“辆数”为计税依据的是乘用车、客车和摩托车。

子题6-3-2-3：根据车船税法律制度规定，非机动驳船计税依据为净吨位数。

子题6-3-3-1：根据车船税法律制度的规定，非新能源的救护车、市政公务车、公共汽车需要征收车船税。(√)

子题6-3-3-2：根据车船税法律制度的规定，军队、武警部队专用车船，警用车船（白牌）免征车船税。(√)

子题6-3-3-3：根据车船税法律制度的规定，节约能源的车船（1.6升以下小排量）全额征收车船税。(×)

子题6-2-3-4：根据车船税法律制度的规定，拖船、非机动驳船和挂车免征车船税。(×)

子题6-2-4-1：根据车船税法律制度的规定，车船税纳税义务发生时间为取得车船所有权或者管理权的当天。(√)

子题6-2-4-2：已办理退税的被盗抢车船失而复得的，纳税人应当从公安机关出具相关证明的当月起计算缴纳车船税。(√)

【车辆购置税】

考查形式

子题6-3-5-1：根据车辆购置税法律制度的规定，不属于车辆购置税免税项目的是汽车、摩托车、电车、挂车、农用运输车。

子题6-3-5-2：根据车辆购置税法律制度的规定，免征车辆购置税的是黑牌车（外用）；设有固定装置的非运输车（想成清洁车）；公共电汽车；新能源汽车、白牌车（军用警用）、纯电动汽车、插电式（含增程式）混合动力汽车、燃料电池汽车；悬挂应急救援专用号牌的国家综合性消防救援车辆。

子题6-3-5-3：根据车辆购置税法律制度的规定，不属于车辆购置税征税范围的是电动自行车、火车、购置后他用的、购置已征车船税的车辆。

子题6-3-5-4：根据车辆购置税法律制度的规定，计入车辆购置税价外费用的是基金、集资费、违约金、手续费、包装费、优质费、运输装卸费、保管费以及其他各种性质的价外收费。

子题6-3-5-5：甲企业进口自用小汽车一辆，海关审定的关税完税价格为60万元，缴纳关税15万元，消费税25万元。已知车辆购置税税率为10%。计算甲企业进口小汽车应缴纳车辆购置税税额的算式为(60+15+25)×10%=10（万元）。

第四节　海关负责征收

【关税】

考查形式

子题6-4-1-1：关税的纳税人包括进、出口货物的收、发货人；入境物品的所有人或持有人；进口个人邮递物品的收件人。

子题6-4-1-2：购货代理人属于关税的纳税人。(×)

子题6-4-1-3：因故退还的中国出口货物，可以免征进口关税，但已征收的出口关税不予退还。(√)

子题6-4-1-4：属于经海关审查无误后可以免征关税的是一票货物关税税额在人民币50元以下的；无商业价值的广告品及货样；国际组织、外国政府无偿赠送的物资；进出境运输工具装载的途中必需的燃料、物料和饮食用品；因故退还的中国出口货物，可以免征进口关税，但已征收的出口关税不予退还；因故退还的境外进口货物，可以免征出口关税，但已征收的进口关税不予退还。

子题6-4-1-5：关税的课税对象是进出境的货物、物品。

子题6-4-1-6：海关可以酌情减免关税的是在境外运输途中或者在起卸时，遭受到损坏或者损失的；起卸后海关放行前，因不可抗力遭受损坏或者损失的；海关查验时已经破漏、损坏或者腐烂，经证明不是保管不慎造成的。

子题6-4-1-7：无商业价值的广告品及货样，经海关审核无误后可以免征关税。(√)

子题6-4-2-1：根据关税法律制度的规定，原产于与我国签订含有特殊关税优惠条款的是特惠税率。

子题6-4-2-2：原产地不明的进口货物适用的关税税率是普通税率。

子题6-4-2-3：到岸价格包括货价，加上货物运抵我国关境内输入地点起卸后的包装费、运费、保险费和其他劳务等费用构成的一种价格。(√)

子题6-4-2-4：关税应纳税额计算方法中，关税税率随进口商品价格的变动而反方向变动的是滑准税计算方法。

子题6-4-2-5：进口货物中，实行从量定额计征关税的有啤酒、原油。

子题6-4-2-6：根据关税法律制度的规定，实行从价加从量复合税率计征进口关税的有广播用录像机、放像机、摄像机。

子题6-4-2-7：进口货物成交过程中，卖方付给进口人的正常回扣，在计算进口货物完税价格时不得从成交价格中扣除。(×)

子题6-4-3-1：由于海关误征、货物短卸、已征出口关税但因故未装运出口申报退关的，纳税人可以从缴纳税款之日起1年内申请退税。

子题6-4-3-2：进出口货物完税后，如发现少征或漏征税款，海关有权在1年内予以补征。

子题6-4-3-3：发货人或其代理人违反规定而造成少征或漏征税款的，海关在3年内可以追缴。

【船舶吨税】

考查形式

子题6-4-4-1：不予以免征船舶吨税的是船舶净吨位；拖船和非机动驳船。

子题6-4-4-2：属于船舶吨税征税范围的是自中国境外港口进入境内港口的船舶。

子题6-4-4-3：拖船和非机动驳船按相同净吨位船舶税率的50%计征。

子题6-4-4-4：根据船舶吨税法律制度的规定，应税船舶负责人应当自海关填发吨税缴款凭证之日起一定期限内缴纳税款，该期限是15日。

第五节　关于资源的小税种

【资源税】

考查形式

子题6-5-1-1：属于资源税征税范围的是原油；天然气；煤炭；金属矿、海盐、其他非金属矿（井矿盐、提取地下卤水晒制盐）。

子题6-5-1-2：海盐属于资源税征税范围。(√)

子题6-5-1-3：开采原油过程中用于“加热、修井”的原油免征资源税。

子题6-5-1-4：属于资源税纳税人的是在中国领域及领海开采规定的矿产品或者生产盐的单位和个人。

子题6-5-1-5：纳税人将开采的原煤自用于连续生产洗选煤的，在原煤移送使用环节缴纳资源税。(×)

子题6-5-1-6：根据资源税法律制度的规定，实木地板应征收资源税。(×)

子题 6-5-2-1：征税对象为原矿的，销售自采原矿加工的精矿，应将精矿销售额折算为原矿销售额；征税对象为精矿的，销售原矿时，将原矿销售额换算为精矿销售额；计算公式分别为原矿销售额＝精矿销售额×折算率。

子题 6-5-2-2：粘土砂石采用从量定额计征资源税。

子题 6-5-2-3：将原煤加工为洗选煤销售的，以洗选煤销售额乘以折算率作为应税煤炭销售额。

子题 6-5-3-1：根据资源税法律制度的规定，自采原矿加工精矿产品的，原矿移送使用时不缴纳，精矿销售或自用时缴纳。(√)

子题 6-5-3-2：纳税人以 1 个月为 1 期纳税的，自期满之日起 10 日内申报纳税。

子题 6-5-3-3：资源税纳税地点为开采地、生产地、收购地的主管税务机关。

【环境保护税】

考查形式

子题 6-5-4-1：减征环境保护税的是排放浓度值低于规定标准 30%的，减按 75%征收；低于规定标准 50%的，减按 50%征收；工业噪声声源一个月内超标“不足 15 天”的，减半计算。

子题 6-5-4-2：环境保护税的纳税人是直接向环境排放应税污染物的企业事业单位和其他生产经营者。

子题 6-5-4-3：属于环境保护税征税范围的是大气污染物、水污染物、固体废物、噪声。

子题 6-5-4-4：免征环境保护税的是农业生产（不包括规模化养殖）；机动车、航空器等流动污染源排放应税污染物的；污染物集中处理场所排放应税污染物，不超过规定标准；纳税人综合利用的固体废物，符合环保标准的。

子题 6-5-4-5：排放浓度值低于规定标准 30%的，减按 75%征收环境保护税；低于规定标准 50%的，减按 50%征收环境保护税。

子题 6-5-5-1：企业事业单位和其他生产经营者向依法设立的污水集中处理、生活垃圾集中处理场所排放应税污染物的，不缴纳相应污染物的环境保护税。(×)

子题 6-5-6-1：关于环境保护税纳税义务发生时间的正确表述是排放污染物当日。

子题 6-5-6-2：环境保护税纳税地点为应税污染物排放地的主管税务机关。

【烟叶税】

考查形式

子题 6-5-7-1：根据烟叶税法律制度的规定，属于烟叶税纳税人的是收购烟叶的单位。

子题6-5-7-2：烟叶税的计税依据为纳税人收购烟叶实际支付的价款总额，具体包括纳税人支付给烟业销售者的烟叶收购价款和价外补贴。

子题6-5-7-3：属于烟叶税征税范围的是晾晒烟叶、烤烟叶。

子题6-5-7-4：属于烟叶税纳税环节的是烟叶收购环节。

子题6-5-7-5：纳税人自纳税义务发生之日起15日内申报并缴纳烟叶税税款。

子题6-5-7-6：烟叶税纳税地点为烟叶收购地的主管税务机关。

第六节 城市维护建设税及教育费附加

【城市维护建设税及教育费附加】

考查形式

子题6-6-1-1：城建税与教育费附加的计税依据是纳税人实际缴纳的增值税、消费税税额，以及出口货物、劳务或跨境服务、无形资产增值税免抵税额。

子题6-6-1-2：对于由减免增值税、消费税而发生退税的，已征收的城市维护建设税不予退还。(×)

子题6-6-1-3：根据城市维护建设税法律制度的规定，关于城市维护建设税税收优惠的表述中，正确的是进口不征；出口不退；“两税”减免而退税，同时退还；对“两税”先征后返、先征后退、即征即退，除另有规定“城、教”不予退还。

子题6-6-1-4：对出口产品退还增值税的，可同时退还已缴纳的城市维护建设税。(×)

第七章 税收征收管理法律制度

第一节 税收征收管理法概述

【税收征收管理法的概念及适用范围】

考查形式

子题7-1-1-1：税收征收管理法包括国家权力机关制定的税收征管法律、国家权力机关授权行政机关制定的税收征管行政法规和有关税收征管的规章制度等。

子题7-1-1-2：由海关负责征收的关税以及海关代征的进口环节的增值税、消费税，依照法律、行政法规的有关规定执行。

子题7-1-1-3：我国同外国缔结的有关税收的条约，协定同《税收征收管理法》有不同规定的，依照条约、协定的规定办理。

子题7-1-1-4：凡依法由税务机关征收的各种税收的征收管理，均适用《税收征收管理法》。(√)

子题7-1-1-5：我国同外国缔结的有关税收条约、协定与《税收征收管理法》有不同规定，按《税收征收管理法》规定办理。(×)

【征纳双方的权利和义务】

考查形式

子题7-1-2-1：征税主体的职权包括税收立法权、税务管理权、税款征收权、税务检查权、税务行政处罚权、其他职权。

子题7-1-2-2：纳税主体的权利包括知情权、要求保密权、依法享受税收优惠权、申请退还多缴税款权、申请延期申报权、纳税申报方式选择权、申请延期缴纳税款权、索取有关税收凭证的权利、委托税务代理权、陈诉权、申辩权、对未出税务检查证和税务检查通知书的拒绝检查权、依法要求听证的权利、税收法律救济权、税收监督权。

子题7-1-2-3：依法设置账簿、保管账簿和有关资料以及依法开具、使用、取得和保管发票的义务属于征税主体的义务。（×）

第二节 税务管理

【税务登记】

考查形式

子题7-2-1-1：企业在外地设立从事生产、经营的场所不需要办理税务登记。（×）

子题7-2-1-2：非从事生产经营但依法负有纳税义务的单位和个人不用办理纳税登记。（×）

子题7-2-1-3：无固定生产经营场所的流动性农村小商贩需要办理税务登记。（×）

子题7-2-1-4：属于需要办理税务登记的人员的有从事生产、经营的纳税人；非从事生产经营但依法负有纳税义务的单位和个人；扣缴义务人。

子题7-2-1-5：属于不用办理税务登记的人员的有个人；国家机关；无固定生产经营场所的流动性农村小商贩。

子题7-2-2-1：五证合一的“五证”指的是工商营业执照、组织机构代码证、税务登记证、社会保险登记证、统计登记证。（√）

【账簿和凭证管理】

考查形式

子题7-2-3-1：从事生产、经营的纳税人应当自领取营业执照或者发生纳税义务之日起15日内，按照国家有关规定设置账簿。

子题7-2-3-2：根据税收征收管理法律制度规定，从事生产、经营的纳税人应当自领取营业执照或者发生纳税义务之日起，一定期限内，按照国家规定设置账簿，该期限为15日。

子题 7-2-3-3：从事生产、经营的纳税人应当领取营业执照或者发生纳税义务之日起15日内，按照国家有关规定设置账簿。(√)

子题 7-2-4-1：根据税收征收管理法律制度规定，账簿、记账凭证、报表、完税凭证、发票、出口凭证以及其他有关涉税资料应当保存10年。

子题 7-2-4-2：账簿、记账凭证、完税凭证及其他有关资料不得伪造、变造或者擅自损毁。(√)

【发票管理】

考查形式

子题 7-2-5-1：根据税收征收管理法律制度的规定，开具发票的单位和个人应当依照税务机关的规定存放和保管发票，已经开具的发票存根联和发票登记簿应当至少保存一定期限，该期限为5年。

子题 7-2-5-2：根据税收征收管理法律制度的规定，属于税务机关发票管理权限的有检查印制、领购、开具、取得、保管和缴销发票的情况；调出发票查验；查阅、复制与发票有关的凭证、资料；向当事各方询问与发票有关的问题和情况；在查处发票案件时，对与案件有关的情况和资料，可以记录、录音、录像、照相和复制。

子题 7-2-5-3：根据税收征收管理法律制度的规定，属于增值税专用发票的是增值税专用发票、机动车销售统一发票。

子题 7-2-5-4：根据税收征收管理法律制度的规定，属于虚开发票行为的有为他人、为自己开具与实际经营业务情况不符的发票；让他人为自己开具与实际经营业务情况不符的发票；介绍他人开具与实际经营业务情况不符的发票。

子题 7-2-5-5：根据税收征收管理法律制度的规定，任何单位和个人应当按照发票管理规定使用发票，禁止的行为有转借、转让、介绍他人转让发票、发票监制章和发票防伪专用品；知道或者应当知道是私自印制、伪造、变造、非法取得或者废止的发票而受让、开具、存放、携带、邮寄、运输；拆本使用发票；扩大发票使用范围；以其他凭证代替发票使用。

子题 7-2-5-6：已开具的发票存根联和发票登记簿应当保存5年。(√)

【纳税申报】

考查形式

子题 7-2-6-1：根据税收征收管理法律制度的规定，属于纳税申报内容的是税种、税目；应纳税项目或应代扣代缴、代收代缴税款项目；计税依据；扣除项目及标准；适用税率或者单位税额；应减免税项目及税额；应纳税额或者应代扣代缴、代收代缴税额；税款所属期限、延期缴纳税款、欠税、滞纳金等。

子题7-2-7-1：纳税人在纳税期内没有应纳税款，可以不办理纳税申报。(×)

子题7-2-7-2：根据税收征收管理法律制度的规定，属于纳税申报方式的有自行申报；邮寄申报；数据电文申报；其他方式（简易申报、简并征期）。

子题7-2-7-3：扣缴义务人因不可抗力因素不能按期办理纳税申报或者报送代扣代缴、代收代缴税款报告表的，可以延期办理。(√)

子题7-2-7-4：简易申报、简并征期实行定期定额缴纳税款。(√)

子题7-2-7-5：邮寄申报以寄出的邮戳日期为办理申报手续日期。(√)

子题7-2-7-6：纳税人、扣缴义务人在规定的申报期限内，自行直接到主管税务机关指定的办税服务场所办理的纳税申报手续属于自行申报方式。(√)

子题7-2-7-7：享受减免税，需要纳税申报。(√)

子题7-2-7-8：纳税人享受免税待遇的，在免税期间无须办理纳税申报。(×)

第三节　税款征收与税务检查

【税款征收】

考查形式

子题7-3-1-1：税务机关针对纳税人的不同情况可以采取不同的税款征收方式。对于账册不健全，但能控制原材料、产量或进销货物的单位，适用的税款征收方式是查定征收。

子题7-3-1-2：根据税收征收管理法律制度的规定，适用于纳税人财务制度不健全，生产经营不固定，零星分散，流动性大的税源的税款征收方式是查验征收。

子题7-3-2-1：根据税收征收管理法律制度的规定，税务机关可以责令纳税人提供纳税担保的是税务机关有根据认为纳税人有逃避纳税义务行为，在规定的纳税期限之前经责令其限期缴纳税款，在“限期内”发现纳税人有明显的转移、隐匿财产的迹象；欠缴税款、滞纳金的纳税人或者其法定代表人需要出境；纳税人同税务机关在“纳税”上发生争议而未缴清税款，需要申请行政复议。

子题7-3-2-2：根据税收征收管理法律制度的规定，属于纳税担保范围的是税款、滞纳金和实现税款、滞纳金的费用。

子题7-3-2-3：根据税收征收管理法律制度的规定，纳税人发生的情形中，税务机关有权核定其应纳税额的有依照法律、行政法规的规定可以不设置账簿的；依照法律、行政法规的规定应当设置但未设置账簿的；擅自销毁账簿或者拒不提供纳税资料的；虽设置账簿，但账目混乱或者成本资料、收入凭证、费用凭证残缺不全，难以查账的；发生纳税义务，未按照规定的期限办理纳税申报，经税务机关责令限期申报，逾期仍不申报的；纳税人申报的计税依据明显偏低，又无正当理由的。

子题 7-3-2-4：根据税收征收管理法律制度的规定，不适用税收保全的财产是个人及其所扶养家属维持生活必需的住房和用品，不在税收保全措施的范围之内；生活必需的住房和用品不包括机动车辆、金银饰品、古玩字画、豪华住宅或者一处以外的住房。

子题 7-3-2-5：维持生活必需的住房和用品，不在强制执行措施的范围之内。对单价在一定金额以下的其他生活用品，不采取强制执行措施。该金额为 5 000 元。

子题 7-3-2-6：根据税收征收管理法律制度的规定，属于税务机关可以采取的强制执行措施是强制扣款和拍卖变卖。

子题 7-3-2-7：根据税收征收管理法律制度的规定，属于纳税担保方式的是保证、抵押（所有权未转移）、质押（所有权已转移）。

子题 7-3-2-8：税务机关在查阅甲公司公开披露的信息时发现，其法定代表人张某有一笔股权转让收入未申报缴纳个人所得税，要求张某补缴 80 万元。张某在未结清应纳税款、滞纳金的情况下，拟出国考察，且未提供纳税担保，税务机关知晓后对张某可以采取的税款征收措施是通知出境管理机关阻止其出境。

子题 7-3-2-9：根据税收征收管理法律制度的规定，属于税收保全措施的有书面通知“冻结”金额“相当于应纳税款”的存款；“扣押、查封”价值“相当于应纳税款”的商品、货物或者其他财产，其他财产包括纳税人的房地产、现金、有价证券等不动产和动产。

子题 7-3-2-10：按照规定甲公司最晚应于 2019 年 5 月 15 日缴纳应纳税款，甲公司迟迟未缴纳，主管税务机关责令其于当年 6 月 30 日前缴纳，并加收滞纳金，甲公司最终于 7 月 14 日缴纳税款，关于主管税务机关对甲公司加收滞纳金的起止时间为自税款法定缴纳期限届满次日起（5 月 16 日）至纳税人、扣缴义务人实际缴纳或者解缴税款之日止（7 月 14 日）。

【税务检查】

考查形式

子题 7-3-3-1：纳税人对税务检查人员未出示税务检查证和税务检查通知书的，有权拒绝检查。（√）

子题 7-3-3-2：税务人员进行税务检查时，应当出示税务检查证和税务检查通知书。（√）

子题 7-3-3-3：根据税收征收管理法律制度的规定，属于税务机关纳税检查职权的有检查扣缴义务人代扣代缴、代收代缴税款账簿、记账凭证和有关资料（查账）；检查纳税人托运、邮寄应税商品、货物或者其他财产的有关单据（查账）；检查纳税人存放在生产、经营场所的应纳税的货物（查物）；检查纳税人的账簿、记账凭证、报表和有关资料（提供资料）；询问纳税人、扣缴义务人与纳税或者代扣代缴、代收代缴税款有关的问题和情况。

第四节　税务行政复议

【范围】

考查形式

子题 7-4-1-1：根据税收征收管理法律制度的规定，纳税人对税务机关作出的具体行政行为不服，可以提出行政复议申请的有确认纳税主体、征税对象、征税范围、减税、免税、退税、抵扣税款、适用税率、计税依据、纳税环节、纳税期限、纳税地点和税款征收方式等具体行政行为，征收税款、加收滞纳金，扣缴义务人、受税务机关委托的单位和个人作出的代扣代缴、代收代缴、代征行为。

子题 7-4-1-2：税务机关不依法开具完税凭证的行为属于税务行政复议的范围。(√)

子题 7-4-1-3：根据税收征收管理法律制度的规定，税务机关作出的征税行为包括确认纳税主体、征税对象、征税范围、减税、免税、退税、抵扣税款、适用税率、计税依据、纳税环节、纳税期限、纳税地点。(√)

子题 7-4-1-4：行政复议纠纷的解决途径：一般案件采用或议或诉、议中不诉、诉中不议、议后可诉、诉后不可议。(√)

子题 7-4-1-5：根据税收征收管理法律制度的规定，行政处罚行为包括罚款；没收财物和违法所得；停止出口退税权。

【管辖】

考查形式

子题 7-4-2-1：对国家税务总局的具体行政行为不服的，向国务院申请行政复议。(×)

子题 7-4-2-2：对各级税务局的具体行政行为不服的，应该向上一级税务局申请行政复议。(√)

子题 7-4-2-3：对计划单列市税务局的具体行政行为不服的，向国务院申请行政复议。(×)

子题 7-4-2-4：逾期不缴纳罚款加处罚款时，对加处罚款不服的，应当向作出行政处罚决定的税务机关的上一级税务机关申请行政复议。(×)

【申请与受理】

考查形式

子题 7-4-3-1：根据税收征收管理法律制度的规定，纳税人申请税务行政复议的法定期限是在知道税务机关作出具体行政行为之日起 60 日内。

子题 7-4-3-2：根据税收征收管理法律制度的规定，申请人可以在知道税务机关作出具体行政行为之日起 30 日内提出行政复议申请。(×)

子题 7-4-3-3：申请人对税务机关作出逾期不缴纳罚款加处罚款的决定不服的，应当先缴纳罚款和加处罚款，再申请行政复议。(√)

子题7-4-3-4：申请人申请行政复议，不可以口头申请，只可以书面申请。(×)

子题7-4-4-1：复议机关收到行政复议申请后，应当在5个工作日内进行审查，决定是否受理。

子题7-4-4-2：根据税收征收管理法律制度的规定，属于可以采取停止执行的情况是被申请人认为需要停止执行的；复议机关认为需要停止执行的；申请人申请停止执行，复议机关认为其要求合理，决定停止执行的；法律规定停止执行的。

子题7-4-4-3：根据税收征收管理法律制度的规定，申请人申请停止执行，复议机关认为其要求合理，决定停止执行的，可以停止执行。(√)

【审查和决定】

考查形式

子题7-4-5-1：根据税收征收管理法律制度的规定，税务行政复议机构认为被审查的具体行政行为符合法定情形时，可以决定撤销、变更或者确认该具体行政行为违法。该法定情形有主要事实不清、证据不足的；适用依据错误的；违反法定程序的；超越或滥用职权的；具体行政行为明显不当的。

子题7-4-5-2：根据税收征收管理法律制度的规定，复议机关应当自受理申请之日起180日内做出行政复议决定。(×)

子题7-4-5-3：税务行政复议决定自作出之日起发生法律效力。(×)

子题7-4-5-4：根据税收征收管理法律制度的规定，关于税务行政复议审查听证的表述中，正确的是重大、复杂案件，申请人提出要求或者行政复议机构认为必要；听证公开举行（涉及国家秘密、商业秘密、个人隐私除外）；行政复议机构审理行政复议案件，听证人员不得少于2人，听证主持人由行政复议机构指定。

子题7-4-5-5：行政复议听证人员不得少于5人。(×)

第五节 税收法律责任

【税收法律责任】

考查形式

子题7-5-1-1：扣缴义务人未按照规定设置、保管代扣代缴、代收代缴税款账簿或保管代扣代缴、代收代缴税款记账凭证及有关资料，税务机关责令限期改正，处2 000元以上5 000元以下的罚款。(×)

子题7-5-1-2：扣缴义务人应扣、应收而不收的，由税务机关向纳税人追缴税款，对扣缴义务人处应扣未扣、应收未收税款50%以上3倍以下罚款。

子题7-5-1-3：纳税人、扣缴义务人编造虚假计税依据的，由税务机关责令限期改正，并处5万元以下的罚款。(√)

子题 7-5-2-1：纳税人对税务机关作出逾期不缴纳罚款加处罚款的决定不服，申请行政复议前应先缴纳罚款和加处罚款。(√)

子题 7-5-2-2：根据税收征收管理法律制度的规定，纳税人发生逃税行为时，税务机关可以行使的权力有追缴税款、滞纳金，并处罚款。

子题 7-5-2-3：根据税收征收管理法律制度的规定，纳税人发生欠税行为时，税务机关可以行使的权力有追缴税款、滞纳金，并处罚款。

子题 7-5-2-4：根据税收征收管理法律制度的规定，纳税人发生抗税行为时，税务机关可以行使的权力有追缴税款、滞纳金，并处罚款。

子题 7-5-2-5：根据税收征收管理法律制度的规定，纳税人发生骗税行为时，税务机关可以行使的权力有追缴税款，并处税款 1 倍以上 5 倍以下的罚款，在规定期间内停止办理退税。

子题 7-5-2-6：根据税收征收管理法律制度的规定，纳税人发生逃税行为时，税务机关可以追缴税款和滞纳金，并处以罚金。(×)

子题 7-5-2-7：纳税人有骗税行为，由税务机关追缴其骗取的退税款并按规定处罚款，构成犯罪的依法追究刑事责任。(√)

子题 7-5-2-8：根据税收征收管理法律制度的规定，纳税人有骗税行为，由税务机关追缴其骗取的退税款，并处骗取税款一定倍数的罚款，该倍数为1倍以上 5 倍以下。

子题 7-5-2-9：下列属于税法规定的逃税手段的有纳税人采取欺骗、隐瞒手段进行虚假纳税申报或者不申报，逃避缴纳税款，伪造、变造、隐匿、擅自销毁账簿、记账凭证，或者在账簿上多列支出或者不列、少列收入，或者经税务机关通知申报而拒不申报或者进行虚假的纳税申报的手段，不缴或者少缴应纳税款。

子题 7-5-3-1：未作出决定的案件，经税务机关查证处理，进行公告 30 日后，依法向社会公布。

子题 7-5-3-2：重大税收违法失信案件信息自公布之日起满 3 年的，停止公布并从公告栏中撤出。

子题 7-5-3-3：纳税人欠缴应纳税款，采取转移或者隐匿财产的手段，妨碍税务机关追缴欠缴的税款，欠缴税款金额 10 万元以上的属于公布的信息的案件范围。(√)

子题 7-5-3-4：具有偷税、逃避追缴欠税、骗取出口退税、抗税、虚开发票等行为，经税务机关检查确认走逃（失联）属于公布的案件信息内容。(×)

第八章　劳动合同与社会保险法律制度

第一节　劳动合同法律制度

【劳动合同的订立】

考查形式

子题 8-1-1-1：根据劳动合同法律制度的规定，用人单位不得招用未满 16 周岁未成年人劳动者。

子题8-1-1-2：特定用人单位中，可以招用未满16周岁未成年人的有文艺、体育、特种工艺。

子题8-1-1-3：属于用人单位订立劳动合同时应当承担的义务有无执照亦无委托书的不得订立劳动合同，不得扣押劳动者证件，不得要求劳动者提供担保和收取财物，负有告知义务。

子题8-1-2-1：用人单位与劳动者自签订书面劳动合同之日起建立劳动关系。（×）

子题8-1-2-2：2018年4月10日，李某到甲公司工作。4月14日，甲公司与李某订立劳动合同，约定合同期限3年，试用期2个月。5月16日，甲公司向李某发放4月份工资。根据劳动合同法律制度的规定，甲公司与李某劳动关系建立的时间是2018年4月10日。

子题8-1-2-3：2018年4月，赵某应聘到甲公司工作，双方口头约定了1个月试用期，但未订立书面劳动合同。根据劳动合同法律制度的规定，关于双方劳动关系建立的正确表述是自用工之日起建立劳动关系。

子题8-1-2-4：用人单位自用工之日起超过1个月不满1年未与劳动者订立书面劳动合同的，应当与劳动者补签合同并支付双倍工资经济补偿。

子题8-1-2-5：用人单位自用工之日起满1年未与劳动者订立书面劳动合同的，应当立即补订合同并支付11个月双倍工资，视为已订立无固定期限合同。

子题8-1-2-6：李某2018年8月进入甲公司工作，甲公司按月支付工资。至年底甲公司尚未与李某签订劳动合同。关于甲公司与李某劳动关系的正确表述是自用工之日起已建立劳动关系，用人单位应当与劳动者补签合同并支付双倍工资经济补偿。

子题8-1-2-7：用人单位自用工之日起满1年未与劳动者订立书面劳动合同的，视为自用工之日起满1年的当日已经与劳动者订立无固定期限劳动合同。（√）

子题8-1-2-8：可作为非全日制用工劳动者劳动报酬支付周期结算单位的有按小时、日或周结算工资，但报酬结算周期最长不得超过15日。

子题8-1-2-9：根据劳动合同法律制度的规定，非全日制用工可以约定试用期（×）。

子题8-1-2-10：用人单位与劳动者可以不签订书面劳动合同的是非全日制用工。

子题8-1-3-1：关于无效劳动合同法律后果的正确表述有无效合同，自始无效；部分无效的、其他部分仍然有效；合同被确认无效，给对方造成损害的，有过错的一方应当承担赔偿责任。

子题8-1-3-2：劳动合同无效或者部分无效的有欺诈、胁迫、乘人之危的；单位免除自己的法定责任的；排除劳动者权利的；违反法律、法规强制性规定的。

【劳动合同的主要内容】

考查形式

子题8-1-4-1：根据劳动合同法律制度的规定，属于劳动合同必备条款的有用人单位的名称、住所和法定代表人或者主要负责人；劳动者的姓名、住址和居民身份证或者其他有效身份证件号码；劳动合同期限；工作内容和工作地点；工作时间和休息时间；劳动报酬；社会保险；劳动保护、劳动条件和职业危害防护。

子题 8-1-4-2：2008 年以来，甲公司与职工均已连续订立 2 次固定期限劳动合同，再次续订劳动合同时，除职工提出订立固定期限劳动合同外，甲公司应与之订立无固定期限劳动合同的有劳动者没有存在法定的情形。

子题 8-1-4-3：用人单位自用工之日起 1 年内不与劳动者订立书面劳动合同的，视为订立无固定期限劳动合同。

子题 8-1-4-4：张某于 2013 年 1 月首次就业后一直在甲公司工作，2018 年张某可以享受的当年年休假天数为 5 天。

子题 8-1-4-5：刘某在甲公司工作 3 年。已知刘某累计工作 18 年且符合享受年休假条件。刘某可享受的当年年休假天数为 10 天。

子题 8-1-4-6：国家法定休假日、休息日不计入年休假的假期。(√)

子题 8-1-4-7：机关、团体、企业、事业单位等单位的职工连续工作 6 个月以上的，享受带薪年休假。(×)

子题 8-1-4-8：方某工作已满 15 年，2009 年上半年在甲公司已休带薪年休假 5 天；下半年调到乙公司工作，提出补休年休假的申请。已知，方某调到乙公司工作时当年剩余日历天数占全年日历天数的比例约为 1/2。乙公司对方某补休年休假申请符合法律规定的答复是可补休年休假 5 天。

子题 8-1-4-9：职工带薪事假累计 20 天以上，不可享受当年年休假。(√)

子题 8-1-4-10：职工享受寒暑假超过年休假天数的，当年可享受年休假。(×)

子题 8-1-4-11：用人单位与劳动者约定的日期支付，如遇节假日或休息日，则应该延迟至最近的工作日。(×)

子题 8-1-4-12：劳动报酬支付应当以法定货币支付，不得以实物及有价证券替代货币支付。

子题 8-1-4-13：2018 年 5 月甲公司安排李某于 5 月 1 日（国际劳动节）、5 月 7 日（周六）分别加班 1 天，事后未安排补休，已知甲公司实行标准工时制，李某的日工资为 200 元。计算甲公司应支付李某 5 月最低加班工资的算式为 200×200%×1+200×300%×1=1 000（元）。

子题 8-1-4-14：2016 年 5 月甲公司安排职工刘某在日标准工作时间以外延长工作时间累计 12 小时。已知甲公司实行标准工时制度，刘某日工资为 160 元。甲公司应支付刘某 5 月最低加班工资的算式为 160÷8×12×150%=360（元）。

子题 8-1-4-15：工人李某在加工一批零件时因疏忽致使所加工产品全部报废，给工厂造成经济损失 6 000 元。工厂要求李某赔偿经济损失，从其每月工资中扣除，已知李某每月工资收入 1 100 元，当地月最低工资标准 900 元。根据劳动合同法律制度的规定，该工厂可从李某每月工资中扣除的最高限额为 200 元。

子题 8-1-5-1：根据劳动合同法律制度的规定，劳动合同包括的可备条款有服务期、试用期、保密协议及竞业限制。

子题 8-1-5-2：同一用人单位与同一劳动者只能约定一次试用期。

子题 8-1-5-3：劳动合同仅约定试用期没有约定劳动合同期限的，劳动合同无效。(×)

子题 8-1-5-4：张某与A公司签订了3年期限的劳动合同，试用期2个月，试用期满后月工资2 000元，当地最低工资标准为1 500元。根据劳动合同法律制度的规定，张某的试用期工资不得低于1 600元。

子题 8-1-5-5：试用期应包含在劳动合同期限内。(√)

子题 8-1-5-6：劳动合同期限小于3个月的，不能约定试用期。(√)

子题 8-1-5-7：吴某受甲公司委派去德国参加技术培训，公司为此支付培训费用10万元。培训前双方签订协议，约定吴某自培训结束后5年内不得辞职，否则应支付违约金10万元。吴某培训完毕后在甲公司连续工作满2年时辞职。甲公司依法要求吴某支付的违约金数额最高为6万元。

子题 8-1-5-8：根据劳动合同法律制度的规定，劳动者违反服务期的约定，应当向用人单位支付违约金。

子题 8-1-5-9：甲公司为员工张某支付培训费用3万元，约定服务期3年。2年后，张某以甲公司自其入职之日起从未按照合同约定提供劳动保护为由，向甲公司提出解除劳动合同。根据劳动合同法律制度的规定，表述正确的是解除劳动关系，单位有过错的，不得要求劳动者支付违约金。

子题 8-1-5-10：根据劳动合同法律制度的规定，对负有保密义务的劳动者，用人单位可以在劳动合同或者保密协议中与劳动者约定竞业限制条款，但竞业限制不得超过一定期限。该期限为2年。

子题 8-1-5-11：劳动者违反竞业限制约定，向用人单位支付违约金后，用人单位要求劳动者按照约定继续履行限制义务的，人民法院应予以支持。

子题 8-1-5-12：用人单位仅可在“服务期”及“竞业限制”中与劳动者约定违约金。

子题 8-1-5-13：用人单位和劳动者订立保密协议及竞业限制时，未约定补偿金的，保密协议及竞业限制无效。(√)

子题 8-1-5-14：单位和劳动者签订竞业限制，由于单位原因导致“3个月”不支付补偿金的，劳动者可要求支付，同时可以要求解除约定。

【劳动合同的履行与变更】

考查形式

子题 8-1-6-1：用人单位不得强迫或者变相强迫劳动者加班，安排加班的，应当支付加班费。

子题 8-1-6-2：用人单位发生合并或者分立等情况，原劳动合同不再继续履行。(×)

子题 8-1-6-3：用人单位应当将直接涉及劳动者切身利益的规章制度和重大事项决定公示或者告知劳动者。(√)

子题 8-1-6-4：未采用书面形式，但已实际履行了口头变更超过1个月，且变更后的劳动合同内容不违法，当事人未以书面形式主张合同变更无效的，则变更有效。

【劳动合同的解除与终止】

考查形式

子题 8-1-7-1：根据劳动合同法律制度的规定，劳动者需提前通知用人单位即可解除劳动合同的情形有试用期提前 3 天，非试用期提前 30 天。

子题 8-1-7-2：甲公司职工周某不能胜任工作。公司为其调整工作岗位后，仍不能胜任，甲公司拟解除与周某的劳动合同。关于甲公司解除劳动合同方式及后果的正确表述是单位提前 30 天通知周某解除合同或额外支付 1 个月工资补偿周某即可解除合同。

子题 8-1-7-3：根据劳动合同法律制度的规定，属于用人单位可依据法定程序进行经济性裁员的情形有企业依照《企业破产法》规定进行重整的；生产经营发生严重困难的；企业转产、重大技术革新或者经营方式调整，经变更劳动合同后，仍需裁减人员。

子题 8-1-7-4：根据劳动合同法律制度的规定，该公司裁减人员达到一定人数或者一定比例以上，甲公司应当向工会或者全体职工说明情况，听取工会或者职工的意见，并将裁减人员方案向劳动行政部门报告，甲公司可不执行该程序的裁减人员的最多数量是 20 人或者裁减人员占企业职工总数 10%的。

子题 8-1-7-5：用人单位经济性裁员应优先留用的职工有与本单位订立较长期限的固定期限劳动合同的；与本单位订立无固定期限劳动合同的；家庭无其他就业人员，有需要抚养的老人或者未成年人的。

子题 8-1-8-1：用人单位"维持或者提高"劳动合同约定条件续订劳动合同，劳动者不同意续订的，用人单位无须支付经济补偿给劳动者。

子题 8-1-8-2：劳动者达到法定退休年龄，用人单位未为其缴纳社会保险的，用人单位需支付经济补偿给劳动者。

子题 8-1-8-3：从事接触职业病危害作业的劳动者未进行离岗前职业健康检查，或者疑似职业病病人在诊断或者医学观察期间的，不得终止劳动合同。

子题 8-1-8-4：劳动者在本单位连续工作满 15 年，且距法定退休年龄不足 5 年的，单位不得终止劳动合同。

子题 8-1-8-5：无论是合同解除还是终止，只要不是在试用期间，劳动者无过错且非主动提出离职单位就应当给予补偿。

子题 8-1-8-6：计算劳动合同解除时用人单位应向劳动者支付经济补偿数额的算式为经济补偿金=工作年限×月工资。

子题 8-1-8-7：根据劳动合同法律制度的规定，用人单位违法解除劳动合同时，劳动者可以得到的赔偿金的情形有用人单位由于自己的过错给劳动者造成损害的。

子题 8-1-8-8：用人单位支付了赔偿金的，不再支付经济补偿。（√）

【集体合同与劳务派遣】

考查形式

子题 8-1-9-1：集体合同草案应当提交职工代表大会或者全体职工讨论，全体≥2/3 出席方可举行；全体≥1/2 同意方可通过。

子题 8-1-9-2：集体合同中双方约定的劳动报酬和劳动条件等标准可以低于当地人民政府规定的最低标准。(×)

子题 8-1-9-3：集体合同订立后，应当报送劳动行政部门，自其收到合同之日起15 日内未提出异议的，集体合同即行生效。

子题 8-1-10-1：劳务派遣由劳务派遣单位与劳动者订立劳动合同，与用工单位订立劳务派遣协议，将被派遣劳动者派往用工单位给付劳务。

子题 8-1-10-2：根据劳动合同法律制度的规定，关于劳务派遣用工适用的岗位包括临时性工作岗位、辅助性工作岗位、替代性工作岗位。

子题 8-1-10-3：劳务派遣单位应当与被派遣劳动者订立 2 年以上的固定期限劳动合同。(√)

子题 8-1-10-4：根据劳动合同法律制度的规定，劳务派遣临时性岗位最长期限为 6 个月。

【劳动争议的解决】

考查形式

子题 8-1-11-1：根据劳动合同法律制度的规定，用人单位与劳动者发生争议，可以采取的解决方法包括协商和解、劳动调解、劳动仲裁、劳动诉讼。

子题 8-1-11-2：用人单位与劳动者发生劳动争议，劳动者可以与用人单位协商，也可以请工会或者第三方共同与用人单位协商，达成和解协议。(√)

子题 8-1-11-3：劳动者和用人单位发生劳动争议，可以不经劳动仲裁直接向人民法院提起劳动诉讼。(×)

子题 8-1-11-4：行政复议的举证责任，由被申请人承担。

子题 8-1-11-5：根据劳动争议调解仲裁法律制度的规定，劳动者对劳动争议的终局裁决不服，可以自收到仲裁裁决书之日起一定期限内向人民法院提起诉讼。该期限为 15 日内。

子题 8-1-12-1：劳动仲裁开庭并公开，当事人协议不公开进行或者涉及国家秘密、商业秘密和个人隐私的，经当事人书面申请，应当不公开。

子题 8-1-12-2：仲裁员与案件当事人、代理人有其他关系，可能影响公正裁决的，在仲裁劳动争议案件时应当回避。(√)

子题 8-1-12-3：劳动者与用人单位因确认劳动关系发生劳动争议的，应当自知道或应当知道其权利被侵害之日起一定期限内提出仲裁申请。该期限为 1 年。

子题 8-1-12-4：经济纠纷仲裁和劳动仲裁均不按行政区划层层设立。(√)

第二节　社会保险法律制度

【社会保险费征缴与管理】

考查形式

子题8-2-1-1：根据社会保险法律制度的规定，用人单位应当自用工之日起30日内为其职工向社会保险经办机构申请办理社会保险登记。

子题8-2-1-2：社会保险费职工个人缴纳部分，由用人单位代扣代缴。

子题8-2-1-3：社会保险基金管理应按照社会保险险种分别建账，分账核算。(√)

子题8-2-1-4：用人单位未按时足额缴纳社会保险费的，由社会保险费征收机构责令限期缴纳或者补足，并自欠缴之日起按日加收滞纳金。(√)

【职工基本养老保险】

考查形式

子题8-2-2-1：职工每月应缴纳的基本养老保险费按本人工资的8%缴纳。

子题8-2-2-2：根据社会保险法律制度的规定，参加职工基本养老保险的个人，达到法定退休年龄且累计缴费满一定年限的，方可享受职工基本养老保险待遇，该年限为15年。

子题8-2-2-3：根据社会保险法律制度的规定，城镇个体工商户和灵活就业人员参加职工基本养老保险的，以当地上年度在岗职工平均工资为缴费系数，按一定比例缴纳职工基本养老保险费，该比例为20%。

子题8-2-2-4：个人因病或者非因工死亡的，其遗属可以领取丧葬补助金和抚恤金，所需资金从基本养老保险基金中支付。

子题8-2-2-5：对符合职工基本养老保险享受条件的人员，国家按月支付基本养老金。(√)

子题8-2-2-6：参加基本养老保险的个人死亡，同时符合领取基本养老保险丧葬补助金、工伤保险丧葬补助金和失业保险丧葬补助金条件的，其遗属只能选择领取其中的一项。(√)

【职工基本医疗保险】

考查形式

子题8-2-3-1：单位缴费职工基本医疗保险的30%转入个人账户，其余用于建立统筹基金。

子题8-2-3-2：职工非因工负伤享受医疗期待遇的，公休、假日和法定节日不包括在病休期间。(×)

子题 8-2-3-3：医疗期是指企业职工因工负伤停止工作，治病休息的期限。(√)

子题 8-2-3-4：甲公司职工赵某实际工作年限为 6 年，在甲公司工作年限为 2 年。赵某因患病住院治疗，其依法可享受的医疗期限为 3 个月。

子题 8-2-3-5：医疗期内不得解除劳动合同，医疗期内遇合同期满，合同必须续延至医疗期满。

【工伤保险】

考查形式

子题 8-2-4-1：工伤保险由单位缴纳，为本单位职工工资总额乘以单位缴费费率之积。

子题 8-2-4-2：员工在工作时间和工作岗位，突发疾病死亡或者在 48 小时内经抢救无效死亡的，应当视同（认定/视同）工伤。

子题 8-2-4-3：员工因工外出期间，由于工作原因受到伤害或者发生事故下落不明的，应当认定（认定/视同）工伤。

子题 8-2-4-4：参加工伤保险的职工因工死亡，其近亲属可以按照一定标准从工商保险金领取一次性工亡补助金。该标准为上一年度全国城镇居民人均可支配收入的 20 倍。

子题 8-2-4-5：根据社会保险法律制度的规定，参加工伤保险的职工因工伤死亡的，其近亲属可享受遗属待遇，属于该待遇的有丧葬补助；遗属抚恤金；一次性工亡补助金。

子题 8-2-4-6：职工发生工伤事故但所在用人单位未依法缴纳工伤保险费的，不享受工伤保险待遇。(×)

【失业保险】

考查形式

子题 8-2-5-1：不可再继续领取失业保险金的人员有重新就业的；应征服兵役的；移居境外的；享受基本养老保险待遇的；被判刑收监执行的；无正当理由，拒不接受培训的。

子题 8-2-5-2：根据社会保险法律制度的规定，属于失业保险待遇的有失业保险金；基本医疗保险待遇；死亡补助；职业介绍与培训补贴。

子题 8-2-5-3：失业人员领取失业保险金的期限自失业之日起计算。(×)

子题 8-2-5-4：根据社会保险法律制度的规定，单位与劳动者已累计缴纳失业保险满 4 年的，劳动者领取失业保险金的期限最长为 12 个月。

子题 8-2-5-5：失业保险费由用人单位缴纳，职工不需要缴纳失业保险费。(×)

图书在版编目（CIP）数据

经济法基础·精讲 600 题 / 环球网校会计学院组编 . -- 北京：中国人民大学出版社，2020.1
ISBN 978-7-300-27685-4

Ⅰ.①经… Ⅱ.①环… Ⅲ.①经济法－中国－资格考试－题解 Ⅳ.①D922.29-44

中国版本图书馆 CIP 数据核字（2019）第 258460 号

经济法基础·精讲 600 题
环球网校会计学院　组编
Jingjifa Jichu · Jingjiang 600 Ti

出版发行	中国人民大学出版社		
社　　址	北京中关村大街 31 号	**邮政编码**	100080
电　　话	010－62511242（总编室）		010－62511770（质管部）
	010－82501766（邮购部）		010－62514148（门市部）
	010－62515195（发行公司）		010－62515275（盗版举报）
网　　址	http://www.crup.com.cn		
经　　销	新华书店		
印　　刷	北京昌联印刷有限公司		
规　　格	185 mm×260 mm　16 开本	**版　　次**	2020 年 1 月第 1 版
印　　张	29.25	**印　　次**	2020 年 1 月第 1 次印刷
字　　数	700 000	**定　　价**	69.00 元